Karl-Werner Schulte (Hrsg.)

Handbuch Immobilien-Projektentwicklung

Handbuch Immobilien-Projektentwicklung

mit 89 Abbildungen

Prof. Dr. Karl-Werner Schulte (Hrsg.)

Inhaber des Stiftungslehrstuhls Immobilienökonomie an der EUROPEAN BUSINESS SCHOOL (ebs), Schloß Reichartshausen

Wissenschaftlicher Leiter der ebs IMMOBILIENAKADEMIE GmbH

unter Mitarbeit von

Dr. Stephan Bone-Winkel

Geschäftsführer der ebs IMMOBILIENAKADEMIE GmbH

Bernd Heuer

Herausgeber des Immobilien Managers;
Geschäftsführer der Bernd Heuer Communications GmbH

Rudolf Müller

Die Deutsche Bibliothek – CIP-Einheitsaufnahme

Handbuch Immobilien-Projektentwicklung /
Karl-Werner Schulte (Hrsg.).
Unter Mitarb. von Bernd Heuer ; Stephan Bone-Winkel. –
Köln : R. Müller, 1996

ISBN 3-932687-16-7

NE: Schulte, Karl-Werner [Hrsg.]

ISBN 3-932687-16-7

Erstausgabe 1996

Umschlaggestaltung: Patrizia Obst, Köln
Satz: Satzstudio Widdig, Köln
Druck: Media-Print Informationstechnologie GmbH, Paderborn
Printed in Germany

Das vorliegende Buch wurde auf umweltfreundlichem Papier
aus chlorfrei gebleichtem Zellstoff gedruckt.

Vorwort des Herausgebers

Die Projektentwicklung gewinnt zunehmend das Gewicht einer eigenen Spezialisierungsrichtung von Unternehmen der Bau- und Immobilienwirtschaft. Aufgrund der wirtschaftlichen, politischen und raumplanerischen Bedeutung der von Developern initiierten Projekte findet ihre Tätigkeit inzwischen auch öffentliche Aufmerksamkeit in der allgemeinen Wirtschaftspresse: Schlagzeilen wie »Mut zum Risiko – Immobilienentwickler: Eine Branche drängt ins Rampenlicht« (Wirtschaftswoche) unterstreichen das wachsende Interesse an Projektentwicklung.

Banken, institutionelle Investoren, Makler und Bauunternehmen – sie alle haben die Projektentwicklung als lukratives und bislang nahezu unbestelltes Geschäftsfeld entdeckt. Neben dem Aufbau eigener Developerkompetenz als Erweiterung des bisherigen Stammgeschäftes sind hier auch die Wege der Gründung neuer, auf das Entwicklungsgeschäft spezialisierter Tochtergesellschaften sowie die aktive oder stille Beteiligung an Projektentwicklungsunternehmen erfolgreich beschritten worden. Daneben sind gerade in den Boomzeiten der vergangenen Jahre vermehrt auch ausländische Developer in den deutschen Markt eingetreten.

Die mit der Projektentwicklung im eigenen Hause verbundenen Vorteile liegen auf der Hand: An erster Stelle wird in diesem Zusammenhang immer der Entwicklungsgewinn genannt, dessen Abschöpfung zu einem günstigeren Einkauf der Objekte führt. Von größerer Bedeutung ist längerfristig jedoch die Möglichkeit, frühzeitig aktiven Einfluß auf die Gestaltung der Immobilien zu nehmen. Dieser Aspekt ist insbesondere für die institutionellen Investoren entscheidend, deren Objekte ganz bestimmten qualitativen Anforderungen – etwa hinsichtlich Funktionalität und Flexibilität, Drittverwendungsfähigkeit und Mietermix – entsprechen müssen.

Für Finanzdienstleister steht dabei einerseits die Überlegung im Vordergrund, ein möglichst intelligentes und umfassendes Angebot rund um die Immobilie zu schaffen. Andererseits wächst jedoch auch die Erkenntnis, daß die Finanzierung größerer Immobilienvorhaben immer die Übernahme eines unternehmerischen Engagements und Risikos enthält und daß Banken als Projektpartner daher auch eine gewisse Kompetenz im Entwicklungsgeschäft aufbauen müssen.

Recht diffus sind jedoch die begrifflichen und inhaltlichen Vorstellungen über Projektentwicklung. Die Vielzahl der Auffassungen spiegelt hier auch die Heterogenität der gesamten Immobilienbranche wider. Grundsätzlich können jedoch zwei Sichtweisen, eine engere und eine weitere, unterschieden werden: Im engeren Sinne umfaßt die Projektentwicklung diejenigen Tätigkeiten, die erforderlich sind, um ein (Neubau-)Projekt bis zur Planungs- bzw. Baufreigabe heranzubilden. In einem weiteren Sinne werden dem Projektentwicklungsprozeß sämtliche Schritte von der Initiierung eines Projektes bis zur Nutzungsübergabe und dem Verkauf bzw. der Überführung in den eigenen Bestand zugerechnet. Die eigentliche Leistung des Projektentwicklers besteht darin, wie Diederichs in seinem

Beitrag schreibt, die drei wesentlichen Faktoren Standort, Projektidee und Kapital so miteinander zu kombinieren, daß einzelwirtschaftlich wettbewerbsfähige und zugleich gesamtwirtschaftlich sozial- und umweltverträgliche Immobilienobjekte geschaffen und gesichert werden.

Mit der einsetzenden Abkühlung der Immobilienkonjunktur in Ost und West wird häufig auch der Zusammenbruch des Entwicklungsgeschäfts prognostiziert. Eine solche Einschätzung erscheint jedoch zu undifferenziert. Zwar führt eine spürbar nachlassende Mietnachfrage zu einer Marktbereinigung und Verdrängung der unprofessionellen Anbieter. Andererseits besteht Projektentwicklung nicht nur aus dem Neubau von Immobilien; in vielen Städten in den alten und vor allem in den neuen Bundesländern liegen die großen Herausforderungen der Zukunft im Bestand. Der städtebauliche Wandel und die Erneuerung von Innenstädten bedingen immer auch die Revitalisierung von Immobilienobjekten. Hier liegt für die Projektentwicklung noch ein gewaltiges Potential. Der schwieriger werdende Immobilienmarkt stellt also steigende Anforderungen an die Qualifikation der Developer und an die Weiterbildung auf dem Gebiet der Projektentwicklung.

In einer komplexer und dynamischer werdenden Umwelt (Stichworte: technologische Innovationen, gesellschaftlicher Wertewandel, Globalisierung) sehen sich die Unternehmen in Dienstleistung, Industrie und Handel einem verschärften internationalen Wettbewerb um Ressourcen und Märkte ausgesetzt. Während sich die Immobilienwirtschaft in der Vergangenheit von der Entwicklungsgeschwindigkeit auf Produkt- und Dienstleistungsmärkten weitgehend abgekoppelt sah, werden die Immobilienunternehmen in Zukunft auf steigende Anforderungen seitens der Nutzergruppen schnell und flexibel reagieren müssen. Letztlich führt eine engere Vernetzung von Anbieter- und Nachfragerseite auf den Vermietungsmärkten zu der ehedem nur im Handel feststellbaren Verkürzung der ökonomischen Lebenszyklen in der Immobilienwirtschaft. Mit dem Vorgang der Erneuerung einer Immobilie ist stets auch die Funktion der Projektentwicklung verbunden. Projektentwicklung ist damit ein wichtiger Baustein innerhalb des Immobilienmanagements, dessen Beherrschung den Eigentümer einer Immobilie in die Lage versetzt, diese langfristig lebens- und wettbewerbsfähig zu erhalten.

Mit diesem Sammelwerk wird erstmals der Versuch unternommen, das breite Spektrum der Projektentwicklung abzubilden. Es findet seinen Ursprung in einer Reihe von Colleg-Seminaren zu diesem Thema, die die ebs IMMOBILIENAKADEMIE in Zusammenarbeit mit Bernd Heuer Communications in den Jahren 1993 bis 1995 durchgeführt hat. Auf diese Weise sind elf Beiträge von führenden Vertretern aus Wissenschaft und Praxis entstanden. Den Autoren sei an dieser Stelle für ihre engagierte Mitwirkung herzlich gedankt. Mein Dank richtet sich auch an Herrn Dr. Stephan Bone-Winkel und Herrn Bernd Heuer für die Veranstaltung der Collegs zur Projektentwicklung und ihr Engagement für diese Veröffentlichung. Mein besonderer Dank gilt Herrn Dipl.-Kfm. Gerrit Leopoldsberger, der die Entstehung dieses Handbuchs in wissenschaftlicher und organisatorischer Hinsicht tatkräftig unterstützt hat.

Schloß Reichartshausen, im Dezember 1995

Prof. Dr. Karl-Werner Schulte HonAssocRICS (Hrsg.)

Autoren

Bone-Winkel

Dr. Stephan Bone-Winkel ist seit 1993 Geschäftsführer der ebs IMMOBILIENAKADEMIE und leitet die Niederlassung Berlin. Er studierte Betriebswirtschaftslehre an der Universität zu Köln und der HEC in Paris und promovierte an der EUROPEAN BUSINESS SCHOOL Schloß Reichartshausen über Immobilien-Portfolio-Management und Projektentwicklung.

Conzen

Dr. Georg Conzen führte eine Strukturanalyse über den bundesrepublikanischen Projektentwicklermarkt durch und promovierte zu diesem Thema.

Seit 1994 ist Dr. Conzen als Projektleiter bei der zur E. Heitkamp GmbH gehörenden Heitkamp Projektentwicklung in Herne tätig.

Diederichs

Professor Dr.-Ing. Claus Jürgen Diederichs ist seit 1981 Inhaber des Lehrstuhls für Bauwirtschaft und seit 1992 Leiter des Instituts für Qualität im Bauwesen (IQ-Bau) an der Bergischen Universität - GH Wuppertal.

Er ist geschäftsführender Gesellschafter von Fachbüros für Unternehmens- und Projektberatung sowie Umweltplanung in München, Wuppertal und Goßwitz (Thüringen).

Seit 1990 ist Professor Dr. Diederichs 1. Vorsitzender des Deutschen Verbandes der Projektsteuerer e.V. (DVP) Berlin/Wuppertal.

Follak

Dr. Klaus Peter Follak ist stellvertretender Direktor bei der Bayerischen Hypotheken- und Wechsel-Bank AG.

Sein Aufgabenschwerpunkt liegt im Realkredit.

Jagenburg

Professor Dr. Walter Jagenburg ist seit 1965 Rechtsanwalt in Köln. Seit 1989 ist er Honorarprofessor an der Universität zu Köln. Er ist Partner des Anwaltsbüros JAGENBURG SIEBER

MANTSCHEFF Köln/Dresden, das sich auf Fragen des Bau- und Bauwirtschaftsrechts spezialisiert hat.

Professor Dr. Jagenburg ist Gründungsmitglied der Deutschen Gesellschaft für Baurecht sowie der Gesellschaft für immobilienwirtschaftliche Forschung (GIF).

Leopoldsberger

Gerrit Leopoldsberger studierte Betriebswirtschaftslehre an der Universität Paderborn, der Lock Haven University of Pennsylvania sowie der Universidad de las Américas, Puebla, Mexiko.

Seit 1993 ist er wissenschaftlicher Mitarbeiter der Berliner Niederlassung der ebs IMMOBILIENAKADEMIE.

Muncke

Günter Muncke ist Geschäftsführer der Müller Consult GmbH, Hamburg.

Beratende und verantwortliche Mitwirkung bei der Planung, Entwicklung, Umstrukturierung und Bewertung von gewerblichen Immobilienobjekten im In- und Ausland sowie insbesondere Markt- und Standortanalysen bilden seine beruflichen Schwerpunkte.

Ropeter

Sven-Eric Ropeter studierte an der EUROPEAN BUSINESS SCHOOL Schloß Reichartshausen Betriebswirtschaftslehre.

Seit 1993 ist er wissenschaftlicher Mitarbeiter der ebs IMMOBILIENAKADEMIE.

Schriever

Dr. Wolf Schriever studierte Maschinenbau in Berlin und Wirtschaftswissenschaften in Göttingen. Seit 1991 ist er leitender Mitarbeiter der USC Urban System Consult GmbH, Frankfurt am Main/Berlin. Darüber hinaus ist er seit 1993 leitender Mitarbeiter der BAAG Berlin Adlershof Aufbaugesellschaft mbH.

Er beschäftigt sich schwerpunktmäßig mit der Entwicklung der »Wissenschaftsstadt Adlershof-Johannisthal«, eines neuen Stadtteils für Forschung und Gewerbe in Berlin-Treptow.

Professor Dr. Karl-Werner Schulte HonAssocRICS ist Inhaber des Stiftungslehrstuhls Immobilienökonomie an der EUROPEAN BUSINESS SCHOOL Schloß Reichartshausen sowie wissenschaftlicher Leiter der ebs IMMOBILIENAKADEMIE. **Schulte**

1994 wurde ihm die Ehrenmitgliedschaft in der Royal Institution of Chartered Surveyors verliehen.

Professor Dr. jur. Rudolf Stich war von 1955 bis 1966 als Straf-, Zivil- und Verwaltungsrichter tätig, danach bis 1968 als Regierungsdirektor in der Staatskanzlei und anschließend als Ministerialrat im Kultusministerium des Landes Rheinland-Pfalz. 1971 wurde er als ordentlicher Professor für »Verwaltungs- und Rechtslehre des Bauwesens, der Raumplanung und des Umweltschutzes« an die Universität Kaiserslautern berufen, an der er 1993 emeritiert wurde. **Stich**

Wolfgang Usinger ist seit 1972 Rechtsanwalt und seit 1986 Notar. Er ist Partner der Kanzlei Pünder, Volhard, Weber und Axster, Berlin/Düsseldorf/Frankfurt am Main/Leipzig. **Usinger**

Seit Tätigkeitsschwerpunkt liegt auf dem Immobilienrecht, insbesondere auf der Vertragsberatung bei Projektentwicklungen (Kauf-, Bau-, Miet-, Architekten- und Baubetreuungsrecht einschließlich öffentlich-rechtlicher Verträge).

Dr. Job von Nell ist Direktor der Deutschen Immobilien Anlagegesellschaft mbH, Frankfurt am Main und Leiter des Regionalbüros Berlin. **von Nell**

Seit 1994 ist Dr. von Nell Chartered Surveyor und Mitglied der Royal Institution of Chartered Surveyors.

Inhalt

Teil 1
Grundkonzeption der Projektentwicklung

Prof. Dr. Claus Jürgen Diederichs

1.1 Grundlagen der Projektentwicklung

Inhaltsverzeichnis

1.1.1 Projektentwicklung im Rahmen der strategischen Unternehmensführung

Projektentwicklung in der Bauwirtschaft

Seit etwa zehn Jahren hat die Projektentwicklung im Bereich der Bauwirtschaft – und zu ihr zählt auch die Immobilienwirtschaft – zunehmende Bedeutung erlangt. Die meisten größeren Baufirmen haben in den letzten Jahren eigene Projektentwicklungs-Abteilungen oder auch Tochter-GmbHs gegründet. Bauträger sehen in der Projektentwicklung ein zunehmend wichtigeres Geschäftsfeld. Consultingbüros wandeln sich zu Developern, die den Kapitalanlagegesellschaften – wie Banken und Versicherungen – Projektideen und geeignete Standorte anbieten, in Zusammenarbeit mit Grundstücksmaklern.

Projektentwicklung fördert die Bauwirtschaft

Damit trägt die Projektentwicklung maßgeblich zur Förderung der Bauwirtschaft und damit auch der Volkswirtschaft bei. In der Bundesrepublik Deutschland ist etwa jeder zwölfte Berufstätige in der Bauwirtschaft tätig oder eng mit ihr verbunden, wobei diese Zahl steigende Tendenz hat.

Immobilienobjekte sind regional- und standortbezogen (Abb. 1.1.1) [1]). Durch Planungen und Berechnungen von Architekten und Ingenieuren werden Bauleistungen und Lieferungen möglich, die üblicherweise in tragende Konstruktionen, technische Gebäudeausrüstung, raumschließenden und raumauskleidenden Ausbau sowie Ausstattung und Einrichtung gegliedert werden.

Lebenszyklus eines Immobilienobjektes

Der Lebenszyklus eines Immobilienobjektes setzt ein System von Institutionen voraus, bestehend aus Initiatoren, Bauherren, Planungs-, Ausführungs- und Wartungsbetrieben sowie aus Nutzern und Betreibern.

Die Entfaltung der Bauwirtschaftsbranche durch Immobilienobjekte wird zahlreichen exogenen Einflußfaktoren aus gesetzlichen und behördlichen Vorgaben, aus Belangen des Umweltschutzes und der Öffentlichkeit sowie endogenen Randbedingungen aus der Nutzerpartizipation und der Kreditwürdigkeit des Investors bzw. der Investition unterworfen.

Die Projektentwicklung erlangt volkswirtschaftliche Bedeutung durch Verstetigung und Stabilisierung des Bauvolumens im Sinne gezielter Wirtschaftsförderung.

---

[1]) Pfarr, K.: Grundlagen der Bauwirtschaft, Deutscher Consulting Verlag, Essen 1984.

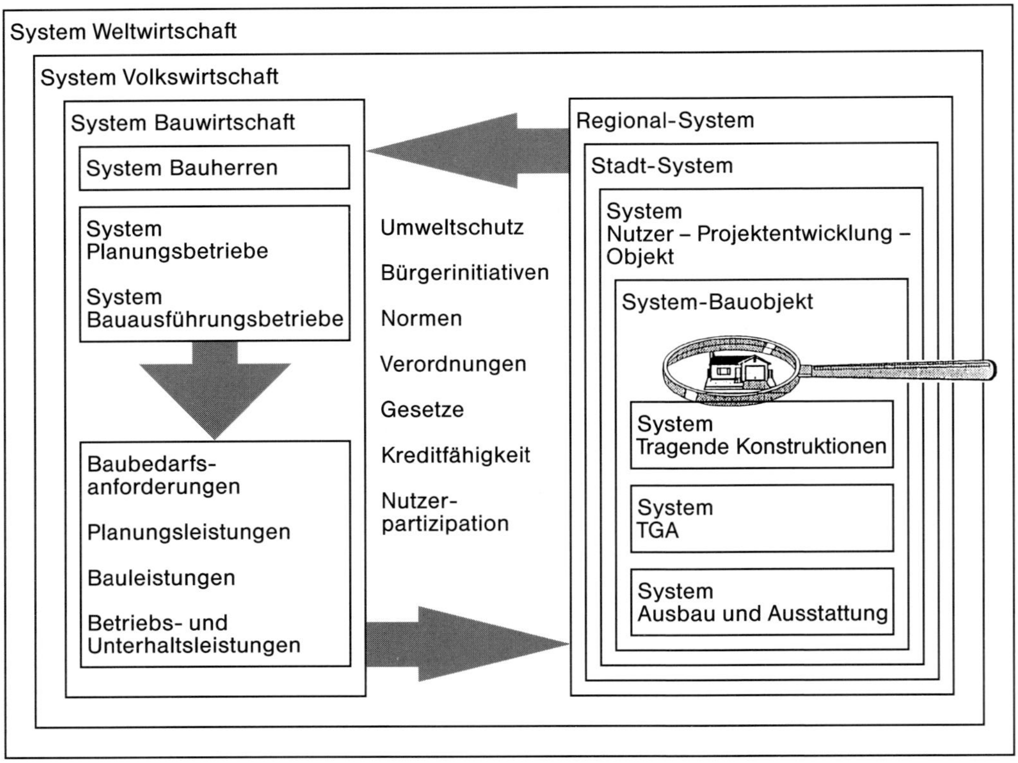

Abb. 1.1.1: Einbettung der Bauwirtschaft in die Volkswirtschaft

Dreidimensionales Koordinatensystem der Bauwirtschaftslehre

Versucht man, die Projektentwicklung im Koordinatensystem der Bauwirtschaftslehre zu etablieren, so ist die zweidimensionale Betrachtungsweise der Allgemeinen Betriebswirtschaftslehre mit ihren Institutionen und Funktionen/Prozessen um eine Projekt-/Objektachse zu einem dreidimensionalen Koordinatensystem zu erweitern (Abb. 1.1.2).

Projektentwicklung ist darin zunächst eine Funktion, die sich über einen kürzeren oder auch längeren Zeitraum mit eng begrenzten oder umfänglichen Aufgaben erstrecken kann. Diese Funktion ist wahrzunehmen von Institutionen, die entweder der künftigen Nutzerseite, aber auch dem Bauherren-, Planungs-, Bauunternehmens- und Finanzierungssektor nahestehen können. Im Zusammenhang mit dem Schlagwort »Public Private Partnership« sind auch behördliche Institutionen, wie z.B. Stadtplanungs- und Wirtschaftsförderungsämter, involviert.

Gewerbeimmobilien und Wohnungsbauten als mögliche Projekte

Als Projekte kommen vor allem Gewerbeimmobilien und Wohnungsbauten (z. B. Seniorenresidenzen) in Betracht. Infolge der begrenzten Mittel der öffentlichen Vermögenshaushalte erlangen auch Projektentwicklungs-Modelle für öffentliche Infrastrukturinvestitionen und deren Finanzierung durch privates Anlagekapital zunehmend an Bedeutung.

Die system- und entscheidungsorientierte Projektentwicklung wird maßgeblich ergänzt durch verhaltensorientierte Ausrichtung auf die unmittelbar betroffenen Nachbarn, die Träger öffentlicher Belange sowie die mittelbar betroffene Öffentlichkeit.

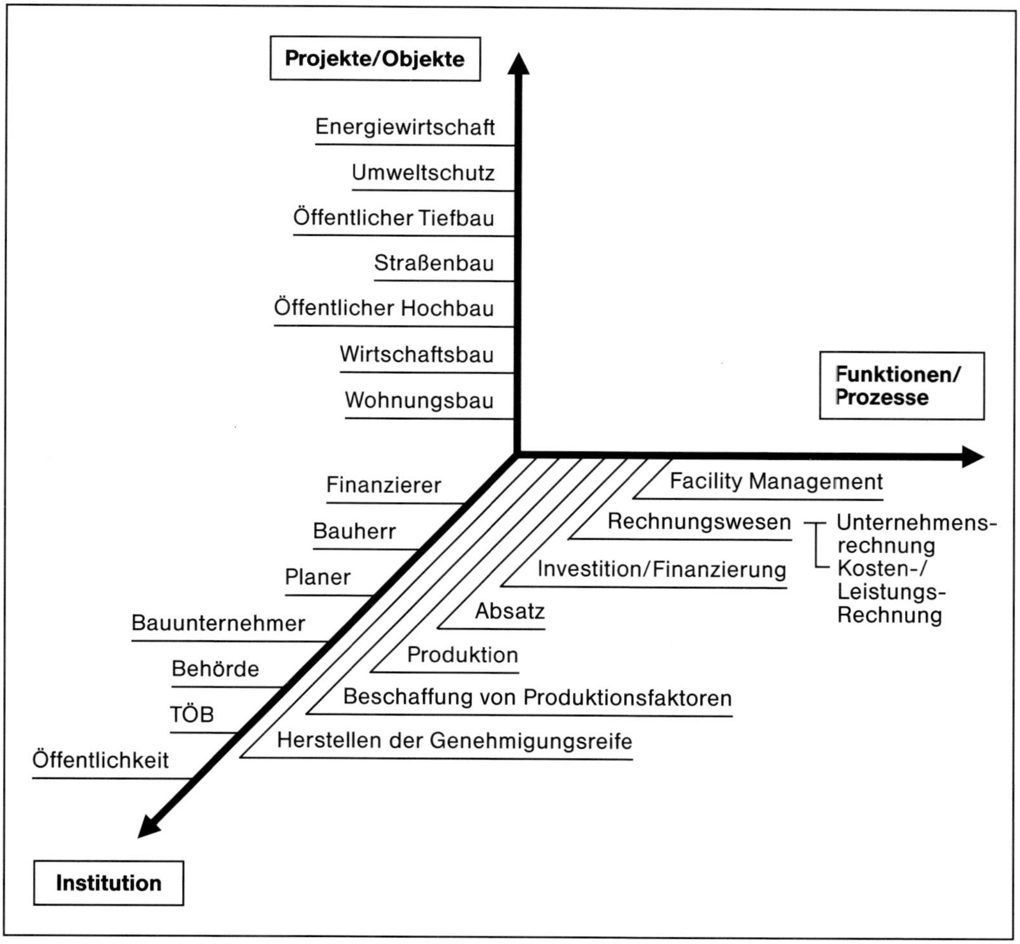

Abb. 1.1.2: Koordinatensystem der Bauwirtschaftslehre

Unternehmens-ziele berücksichtigen

Im System der freien und sozialen Marktwirtschaft sind die Erlangung und Bewahrung von Wettbewerbsvorteilen der Kern der eigentlichen Unternehmensleistung. Will nun ein Unternehmen die Projektentwicklung zu einem seiner Geschäftsfelder machen, so muß diese Entscheidung im Einklang mit seinen Unternehmenszielen stehen (Abb. 1.1.3)[2]. Dabei hat es sich bewährt, eine Gliederung nach unternehmensbezogenen – marktwirtschaftlichen und gesellschaftsbezogenen – sozialen Zielen vorzunehmen, wobei in beiden Bereichen die Innen- und Außenwirkung zu beachten ist. Fragt man nach der Förderung der in Abb. 1.1.3 genannten Teilziele durch die Projektentwicklung, so ist durchgängig eine hohe Konformität festzustellen. Ein erfolgreicher Projektentwickler für Einkaufszentren wird mit jedem realisierten Projekt seinen Marktanteil erhöhen bzw. seine Marktposition behaupten. Eine erfolgreiche Projektentwicklung verlangt Benutzerfreundlichkeit bei marktüblichen Mieterträgen oder Verkaufspreisen. Bei den beteiligten Institutionen der Bauwirtschaft werden Arbeitsplätze geschaffen bzw. erhalten und soziales Engagement ermöglicht.

Strategische Planung

Aufgabe der strategischen Planung ist es, Wettbewerbsstrategien zu formulieren, die die Konkurrenzfähigkeit des Unternehmens sichern (Abb. 1.1.4). Durch sie sollen Art und Richtung der Unternehmensentwicklung in einer mittel- bis langfristigen Perspektive festgelegt werden. Dazu sind die definierten Unternehmensziele weiter auf Sparten und Geschäftsfelder aufzuteilen mit Differenzierung in einzelne Produkte (Projektarten) und Märkte (regionale Abgrenzung).

Voraussetzungen

Eine der wesentlichen Voraussetzungen für strategische Planung ist professionelle Marktforschung durch Analyse und Prognose der Nachfrage und des Angebotes. Ferner müssen unternehmensintern die Stärken und Schwächen in den einzelnen Geschäftsfeldern ermittelt, analysiert und mit Hilfe von Frühindikatoren auch in ihrer voraussichtlichen weiteren Entwicklung prognostiziert werden.

Das Ziel der strategischen Planung besteht nun darin, Art und Richtung der Unternehmensentwicklung in einer mittel- bis langfristigen Perspektive festzulegen.

Die strategischen Stoßrichtungen eines Unternehmens mit Projektentwicklungsaktivitäten sind abhängig von der

---

[2]) Diederichs, C. J.: Strategische Alternativen für Bauunternehmen, Zeitschrift Bauwirtschaft, Hefte März, April und Mai 1991.

jeweiligen Marktattraktivität der bevorzugten Projektart und den relativen Wettbewerbsvorteilen des Unternehmens im Hinblick auf diese Projektart im Vergleich zu den Konkurrenten.

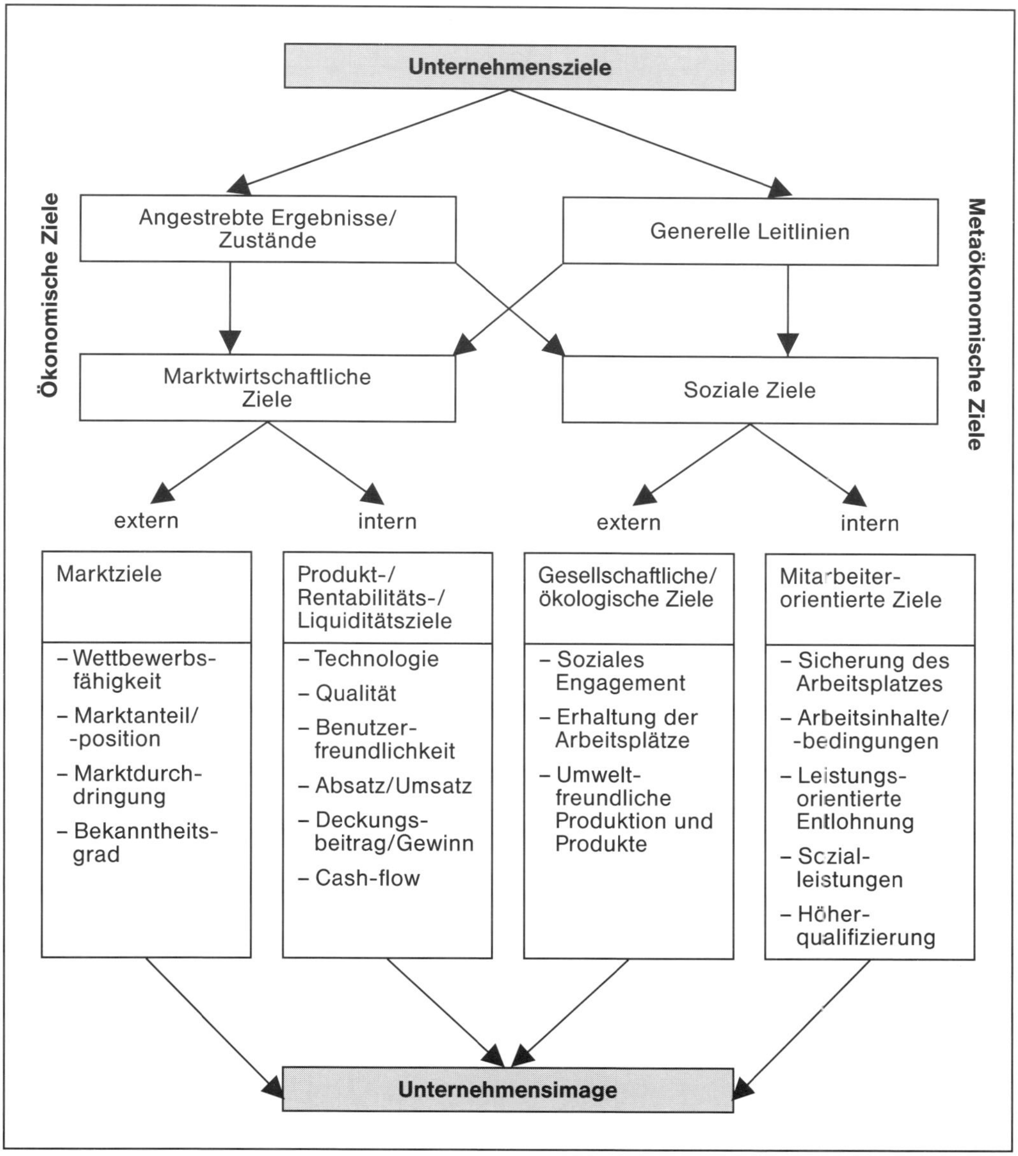

Abb. 1.1.3: Unternehmensziele

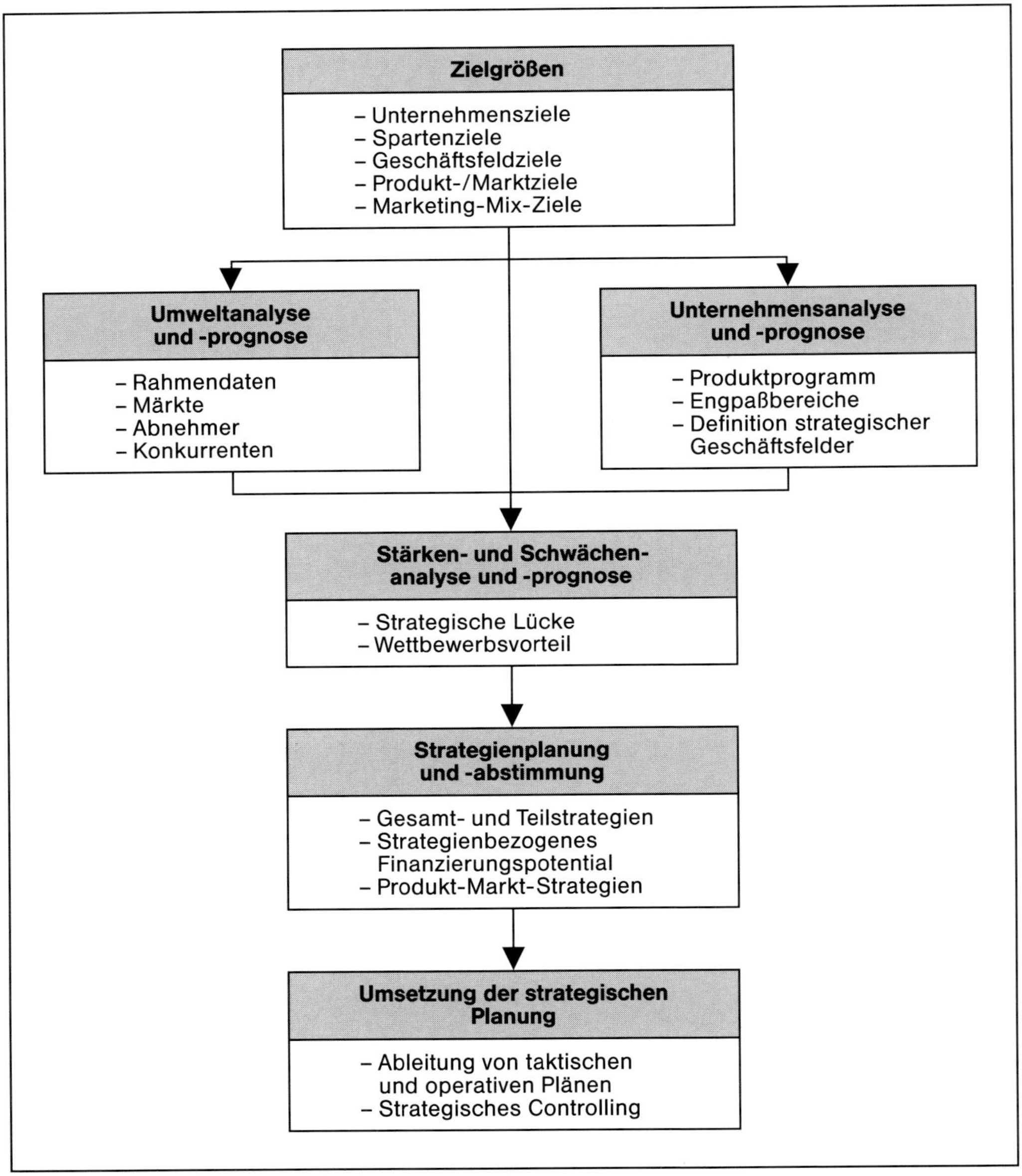

Abb. 1.1.4: Grundstruktur der strategischen Planung

Die maßgeblichen Komponenten der Marktattraktivität von Geschäftsfeldern einer Unternehmung zeigt allgemein Abb. 1.1.5. Auch für Projektentwicklungen ist das Steigerungspotential der mengenmäßigen Nachfrage der am häufigsten verwendete Maßstab der Marktattraktivität. Das Marktwachstum ist dabei immer im Zusammenhang mit der Marktgröße zu sehen.

Marktqualität

Bei der Frage nach der Marktqualität sind die Struktur der Nachfrage nach der favorisierten Projektart und die Struktur der konkurrierenden Anbieter zu erkunden sowie die voraussichtlich erzielbare Rentabilität zu ermitteln. Ferner sind Fragen der Verfügbarkeit von Ressourcen und hier insbesondere des Personals, des Grundstückes und des Kapitals von hoher Bedeutung für die Beurteilung der Attraktivität einer Projektidee. Sie steht und fällt ferner mit der langfristig zu erwartenden Umweltsituation, d.h. der mittel- und langfristigen Konjunktur- und Kapitalmarktsituation, der politischen Stabilität im Hinblick auf die Wirtschaftsordnung, dem Ausmaß der staatlichen Eingriffe in Planung, Bau und Betrieb sowie dem Einfluß der öffentlichen Meinung.

Relative Wettbewerbsposition

Die relative Wettbewerbsposition der Projektentwicklungen eines Unternehmens innerhalb konkurrierender Projektentwicklungen ist abhängig von bestimmten Kriterien (vgl. Abb. 1.1.6). Die relative Marktposition wird maßgeblich beeinflußt durch die Art des Wettbewerbsvorteils, z. B. durch Kostenführerschaft oder Konzentration auf Schwerpunkte. Bei Kostenführerschaft steht das Ziel im Vordergrund, kostengünstigster Anbieter von Gebäuden und Einrichtungen, z. B. für Warenverteilzentren, zu sein. Bei der Konzentration auf Schwerpunkte werden Projektideen ausgewählt zur maßgeschneiderten Bedienung besonderer Kunden unter Ausschluß anderer Konkurrenten (z. B. Bau und Betrieb von Kläranlagen und Abwassernetzen).

Wettbewerbsvorsprung durch besonderes Leistungspotential

Bei dem relativen Know-how und Innovationspotential geht es um das technisch-wirtschaftliche Leistungspotential des Projektentwicklers, der z. B. durch neue Technologien, Baustoffe oder Bauverfahren oder durch neuartige Finanzierungs- oder Steuermodelle Wettbewerbsvorsprünge vor Mitbewerbern erringt.

1. Marktwachstum und -größe	– realer jährlicher Zuwachs – regionale Ausdehnung
2. Marktqualität	– Rentabilität der Branche – Spielraum für Preispolitik – Wettbewerbsverhalten anderer Unternehmen – Struktur der Abnehmer
3. Verfügbarkeit von Ressourcen	– Personal (Fach- und Führungskräfte) – Baustoffe – Maschinen und Geräte – Kapital – Boden
4. Umweltsituation	– Konjunktur und Kapitalmarkt – öffentliche Meinung – politische Verhältnisse

Abb. 1.1.5: Komponenten der Marktattraktivität

1. Relative Marktposition	– Marktanteil und Etablierung – Größe und Wachstumsrate – Rentabilität – Marketing und Vertriebspotential – Kostenführerschaft oder Konzentration auf Schwerpunkte
2. Relatives Produktionspotential	– Kosten und Standortvorteile – Innovation und technisches Know-how – Flexibilität – Produktivitätssteigerung – Verfügbarkeit von Ressourcen
3. Relative Qualifikation des Personals	– Professionalität – Mitarbeiter/-fluktuation – Aus- und Weiterbildung

Abb. 1.1.6: Komponenten der relativen Wettbewerbsvorteile

Portfolio-Matrix

In Abhängigkeit von der Marktattraktivität der Projektentwicklungen der Branche und den relativen Wettbewerbsvorteilen (Stärken) der Projektentwicklungen der Unternehmung in bezug auf die Konkurrenten sind nun drei Normstrategien zu unterscheiden (Abb. 1.1.7)

- die Investitions- und Wachstumsstrategie,
- die Abschöpfungs- und Desinvestitionsstrategie,
- die selektive Strategie der Offensive, des Überganges oder der Defensive.

Die Portfolio-Matrix ist ein grafisches Hilfsmittel, um die Kombinationen aus externen Chancen (Marktattraktivität) und internen Ressourcen (relative Wettbewerbsvorteile) sowie die sich daraus ergebenden kurz- bis langfristigen Auswirkungen auf Gewinn, Liquidität und Wachstum darzustellen.

Je nach Lage der Projektentwicklungen eines Unternehmens in einer z. B. neunfeldrigen Matrix zur Kennzeichnung der allgemeinen Marktattraktivität und ihrer relativen Wettbewerbsvorteile ergeben sich unterschiedliche strategische Stoßrichtungen, die mit Hilfe strategischer Alternativen, funktionaler Politiken und Aktionsprogramme unternehmensindividuell zu gestalten sind.

Investitions- und Wachstumsstrategie

Investitions- und Wachstumsstrategien werden für solche Projektentwicklungen formuliert, deren Marktattraktivität und relative Wettbewerbsvorteile jeweils als hoch einzustufen sind. Die strategischen Maßnahmen müssen darauf gerichtet sein, die solide Wettbewerbsposition zu stärken und weiter auszubauen, um Konkurrenzunternehmen abzuhalten, in dieses Marktsegment einzudringen.

Projekte im Desinvestitionsfeld vermeiden

Projektentwicklungen mit niedriger Marktattraktivität und geringen relativen Wettbewerbsvorteilen haben keine hohen zukünftigen Gewinnchancen. In gut geführten Unternehmen liegen selten Projektentwicklungen im Desinvestitionsfeld. Es gehört daher zu den Aufgaben der Führungskräfte, bei Verschlechterung der Marktperspektiven oder aber bei Verringerung der Wettbewerbsvorteile solche Projektentwicklungen erst gar nicht zu beginnen oder aber rechtzeitig zu stoppen, um die wirtschaftlichen Verluste in Grenzen zu halten.

Selektive Strategien

Projektentwicklungen, die in der Portfolio-Matrix auf der Diagonale von links oben nach rechts unten einzuordnen sind, erfordern selektive Strategien. Bei hoher Marktattraktivität und geringen relativen Wettbewerbsvorteilen müssen, z. B. durch eine Offensivstrategie, Wettbewerbsvorteile gegenüber den wichtigsten Konkurrenzunternehmen aufgebaut werden, z. B. durch Kostenführerschaft infolge neuartiger Bau- und Montageverfahren im Industriebau.

1. Investitions- und Wachstumsstrategie
   - Expansion, Marktführer

2. Abschöpfungs- oder Desinvestitionsstrategie
   - Abschöpfung, Rückzug, Desinvestition

3. Selektive Strategien
   3.1 Offensive Strategien
   - Wachstum

   3.2 Übergangsstrategien
   - Expansion
   - Konsolidierung
   - Rückzug

   3.3 Defensivstrategien
   - Kostenführerschaft
   - Konzentration auf Schwerpunkte
   - Preispolitik

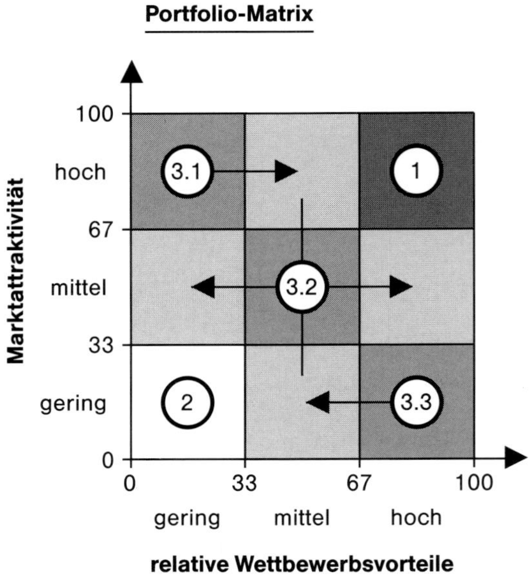

Abb. 1.1.7: Norm-Strategien

1.1.2 Projektentwicklung im engeren und im weiteren Sinne

Hinsichtlich des Begriffes und der Funktion der Projektentwicklung bestehen in der Bau- und Immobilienwirtschaft noch sehr unterschiedliche und teilweise diffuse Vorstellungen.

Definition Projektentwicklung

Die ganzheitlich-systematisierende und bereits seit mehreren Jahren verbreitete Definition des Verfassers lautet[3]):

Durch Projektentwicklungen sind die Faktoren

- **Standort**
- **Projektidee und**
- **Kapital**

so miteinander zu kombinieren, daß einzelwirtschaftlich wettbewerbsfähige,

- **arbeitsplatzschaffende und -sichernde sowie**
- **gesamtwirtschaftlich,**
- **sozial- und umweltverträgliche**

Immobilienobjekte geschaffen und dauerhaft rentabel genutzt werden können.

Mit diesem Begriffsverständnis werden sowohl die gesamtwirtschaftliche als auch die einzelwirtschaftliche Wirkungsebene der Projektentwicklung angesprochen. Gesamtwirtschaftlich wird gefordert, daß die Immobilie als Ergebnis der Projektentwicklung öffentlichen Belangen entgegenkommt.

Einzelwirtschaftliches Effizienzkriterium ist die Wettbewerbsfähigkeit der Immobilie und deren dauerhafte rentable Nutzung.

Bereiche des ganzheitlichen Immobilienmanagements

Unter Beachtung des Lebenszyklusgedankens von Immobilien sind nun drei Bereiche des ganzheitlichen Immobilienmanagements zu unterscheiden, die sich im Zeitablauf abwechseln, dabei jedoch auch gegenseitig überlagern: die Projektentwicklung, das Projektmanagement und das Facility Management (Abb. 1.1.8).

---

3) Diederichs, C. J. u. a.: Neue Handlungsspielräume schaffen – Baumarketing-Management und Projektentwicklung, Bauwirtschaft September 1989, und
Diederichs, C. J.: Grundlagen der Projektentwicklung, Seminar Projektentwicklung der ebs-Immobilienakademie GmbH in Oestrich-Winkel vom 3. Mai 1993 in Castrop-Rauxel.

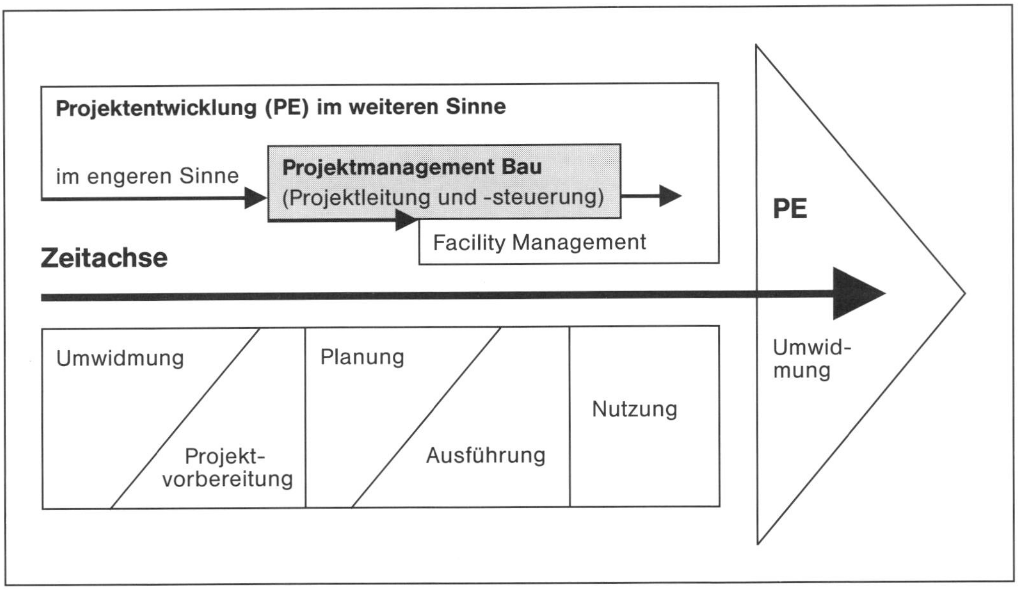

Abb. 1.1.8: Abgrenzung zwischen Projektentwicklung, -management und Facility Management

Projektentwicklung im weiteren Sinne

Dabei umfaßt die Projektentwicklung im weiteren Sinne den gesamten Lebenszyklus der Immobilie vom Projektanstoß bis hin zur Umwidmung oder dem Abriß am Ende der wirtschaftlich vertretbaren Nutzungsdauer.

In zeitlicher Abfolge werden darin nacheinander die Projektphasen

- Projektentwicklung im engeren Sinne
- Projektmanagement mit Projektleitung und Projektsteuerung sowie
- Facility Management

unterschieden.

Projektentwicklung im engeren Sinne

Projektentwicklung im engeren Sinne umfaßt die Phase vom Projektanstoß bis zur Entscheidung über die weitere Verfolgung der Projektidee durch Erteilung von Planungsaufträgen bzw. bis zur Entscheidung über die Einstellung aller weiteren Aktivitäten aufgrund zu hoher Projektrisiken (Abb. 1.1.9).

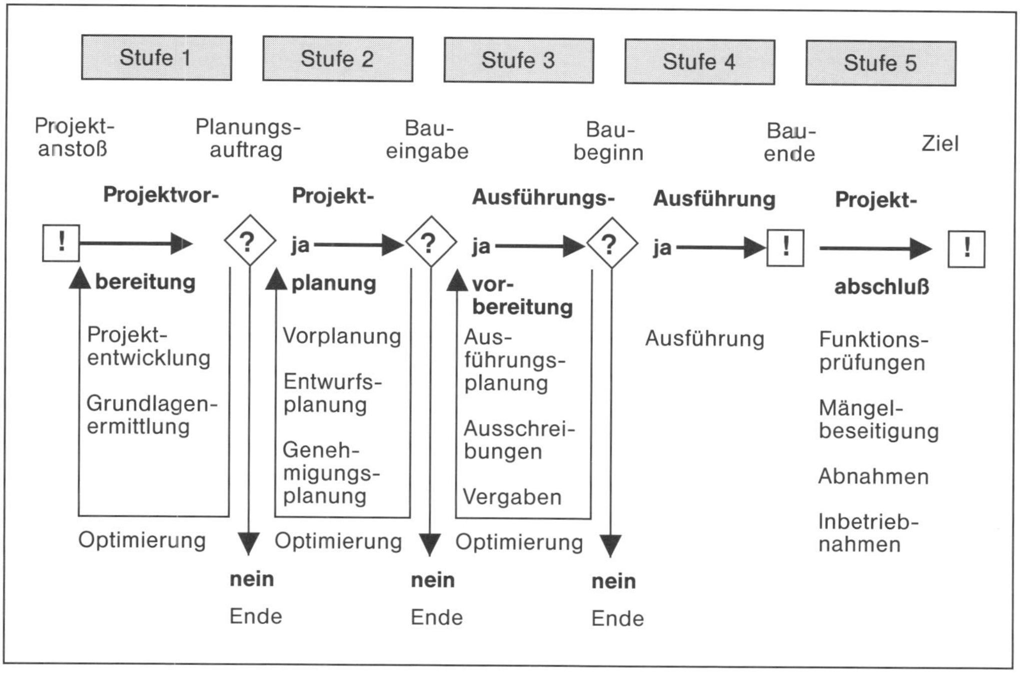

Abb. 1.1.9: Projektstufen und Entscheidungspunkte

Verschiedene Ausgangssituationen

Bei der Projektentwicklung sind grundsätzlich zwei verschiedene Ausgangssituationen zu unterscheiden:

- Projektentwicklung zur Realisierung einer Projektidee oder eines konkreten Nutzerbedarfes für einen *fiktiven, noch zu beschaffenden Standort* (Abb. 1.1.10) oder
- Projektentwicklung bei *fixiertem, gegebenem Standort* mit zu entwickelnder Projektidee (Abb. 1.1.11).

Fiktiver versus fixierter Standort

Der erste Fall (Projektidee für fiktiven Standort) ist in den Jahren des Wiederaufbaues nach dem 2. Weltkrieg und auch derzeit in den neuen Bundesländern häufiger anzutreffen und im allgemeinen auch einfacher zu lösen. Der zweite Fall (Projektidee für fixierten Standort) stellt eine schwierigere Aufgabe dar, da das zu verwendende Grundstück häufig mit nachteiligen Eigenschaften hinsichtlich seiner Lage, seines Zuschnittes, seiner Größe/Erweiterungsfähigkeit und seiner topografischen Verhältnisse, seiner zulässigen Bodenpressung, seiner hydrogeologischen Verhältnisse oder aber mit Altlasten behaftet ist. Nach der Projektentwicklung im

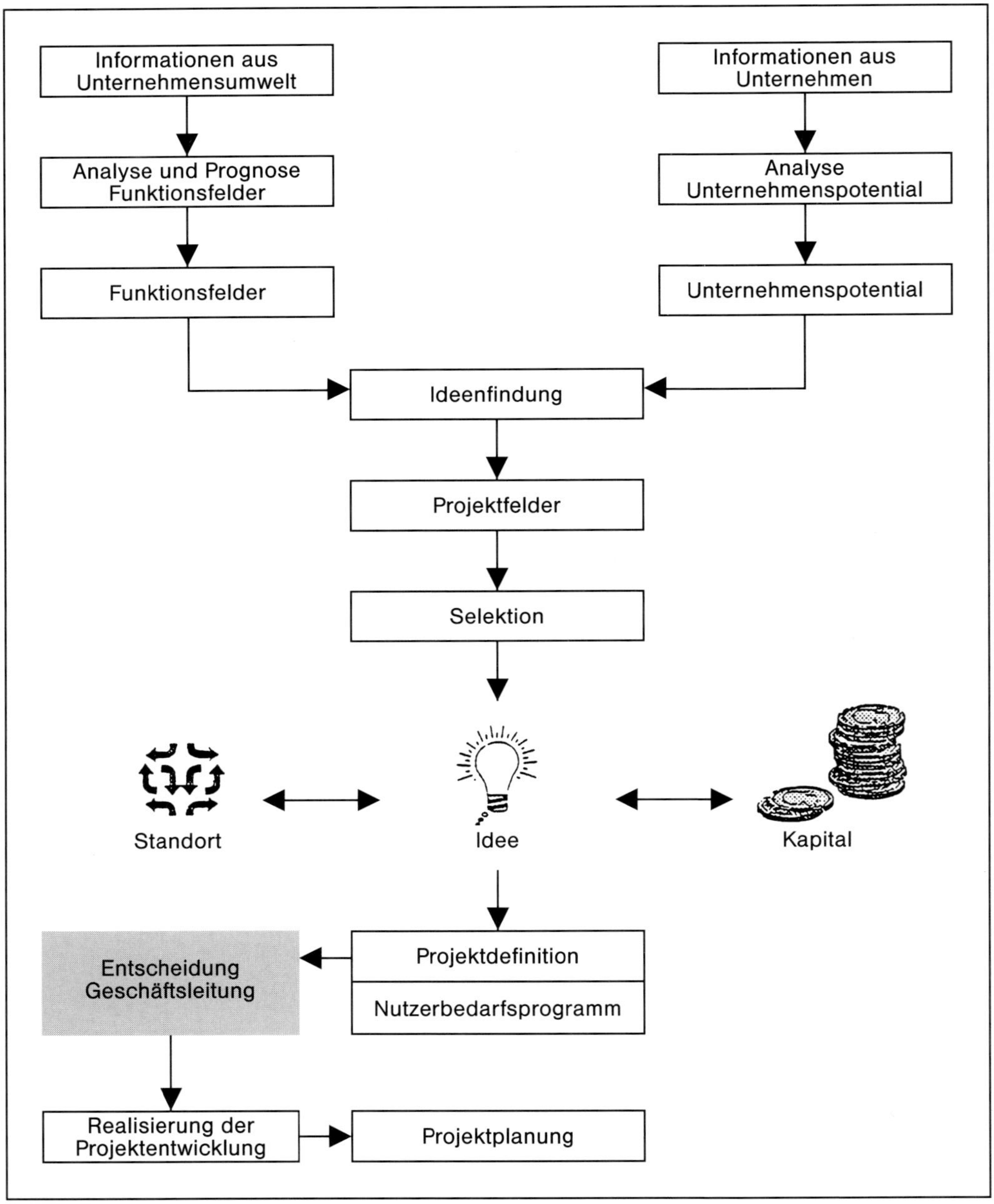

Abb. 1.1.10: Grundmuster I – Projektentwicklung aus Projektidee

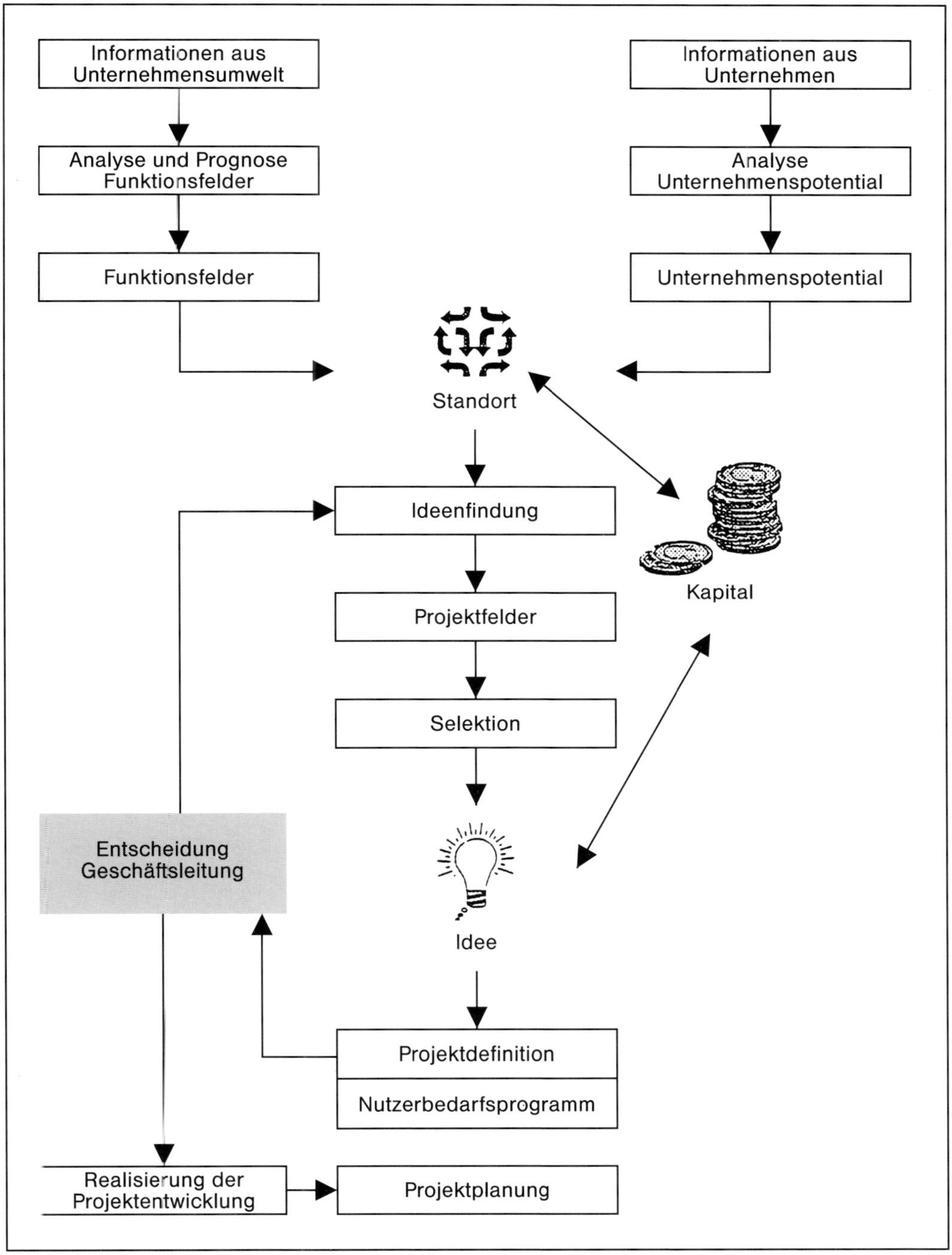

Abb. 1.1.11: Grundmuster II – Projektentwicklung aus Standort

engeren Sinne, die ihren Abschluß mit der Entscheidung über die Fortführung des Projektes durch einen Planungsauftrag mit der Leistungsphase 2 – Vorplanung – gemäß HOAI (Honorarordnung für Architekten und Ingenieure) findet, beginnt das Projektmanagement, das die Phasen der Planung und Ausführung der Immobilie bis zur Abnahme/Übergabe und auch die Gewährleistungsphase umfaßt.

Definition Projektmanagement

Unter Projektmanagement wird nach DIN 69901 [4]) die Gesamtheit von Führungsaufgaben, -organisationen, -techniken und -mitteln für die Abwicklung eines Projektes verstanden.

Nach dem Verständnis der HOAI [5]) und auch des Deutschen Verbandes der Projektsteuerer (DVP) [6]) umfaßt Projektmanagement sowohl Projektleitung als auch Projektsteuerung.

Projektsteuerung

Nach der Berufsordnung des DVP ist Projektsteuerung die neutrale und unabhängige Wahrnehmung delegierbarer Auftraggeberfunktionen in technischer, wirtschaftlicher und rechtlicher Hinsicht im Sinne von § 31 HOAI.

Wegen der in § 31 Abs. 1 HOAI nicht nach Projektphasen und Aufgabenfeldern strukturierten Aufgabenaufzählung wurde vom DVP ein in fünf Projektstufen (anstelle der neun Leistungsphasen nach HOAI), nach Grundleistungen und Besonderen Leistungen sowie innerhalb jeder Projektstufe jeweils nach den vier Handlungsbereichen

- Organisation, Information, Koordination, Dokumentation
- Qualitäten und Quantitäten
- Kosten und Finanzierung
- Termine und Kapazitäten

strukturiertes Leistungsbild Projektsteuerung entwickelt, das seit 1990 weite Verbreitung im deutschsprachigen Raum gefunden hat (Abb. 1.1.12 und 1.1.13) [6]).

Projektleitung

Projektleitung umfaßt dagegen den in aller Regel nicht delegierbaren Teil der Auftraggeberfunktionen mit Entscheidungs- und Durchsetzungskompetenz.

Der Projektleitung obliegt stets die direkte Verantwortung für die Erreichung der Projektziele. Sie hat Linienfunktion

---

[4]) DIN 69901 – Projektmanagement – Begriffe, August 1987.

[5]) HOAI Honorarordnung für Architekten und Ingenieure i. d. F. vom 14. Juli 1995 (5. Novelle).

[6]) Diederichs, C. J. (Hrsg.): DVP-Informationen 1994, 3. Aufl., Deutscher Verband der Projektsteuerer, DVP-Verlag, Wuppertal 1994.

und ist infolgedessen mit Entscheidungs-, Weisungs- und Durchsetzungsbefugnis ausgestattet. Die wichtigsten Aufgaben der Projektleitung zeigt Abb. 1.1.14.

Projektstufen	**Projektphasen**	**Grundleistungen**	**Besondere Leistungen**
1. Projektvorbereitung	0. Projektentwicklung 1. Grundlagenermittlung	1. Organisation, Information Koordination, Dokumentation 2. Qualitäten und Quantitäten 3. Kosten und Finanzierung 4. Termine und Kapazitäten	1. Organisation, Infcrmation Koordination, Dokumentation 2. Qualitäten und Quantitäten 3. Kosten und Finanzierung 4. Termine und Kapazitäten
2. Planung	2. Vorplanung 3. Entwurfsplanung 4. Genehmigungsplanung		
3. Ausführungsvorbereitung	5. Ausführungsplanung 6. Vorbereiten der Vergabe 7. Mitwirken bei Vergabe		
4. Ausführung	8. Projektüberwachung		
5. Projektabschluß	9. Projektbetreuung, Dokumentation	1. Organisation, Information Koordination, Dokumentation 2. Qualitäten und Quantitäten 3. Kosten und Finanzierung 4. Termine und Kapazitäten	1. Organisation, Information Koordination, Dokumentation 2. Qualitäten und Quantitäten 3. Kosten und Finanzierung 4. Termine und Kapazitäten

Abb. 1.1.12: Struktur des Leistungsbildes Projektsteuerung

Handlungs-bereiche
Projektvorbereitung
Planung
Phase 0 Projekt-entwicklung
Phase 1 Grundlagen-ermittlung
Phase 2 Vorplanung
Phase 3 Entwurfs-planung
Phase 4 Genehmi-gungsplanung
Organisation + Dokumentation
Organisations-Handbuch für Planung,
Projektstruktur
Projekt-Handbuch
Sachstandsinformation / Quartalsberichte
Qualitäten + Quantitäten
Nutzerbedarfsprogramm
Raum + Funktionsprogramm
→ Gebäude + Raumbuch 1
Ausstattung + Standard
Wirtschaftlichkeitsuntersuchung (WU)
Qualitätskontrolle und -steuerung
Kosten + Finanzierung
Kostenrahmen
Kosten-schätzung prüfen
Kosten-berechnung (KB) prüfen
Mittelbedarfs- und Abflußplanung
Kostenvergleich, -kontrolle und -steuerung
Baunutzungskosten (BNK)
Termine + Kapazitäten
Generalablauf
Generalablauf Planung und Ausführung
Detailablauf (Da.) Planung
Vertragstermine Planung
Ablaufkontrolle Planung
Planungsbesprechungen

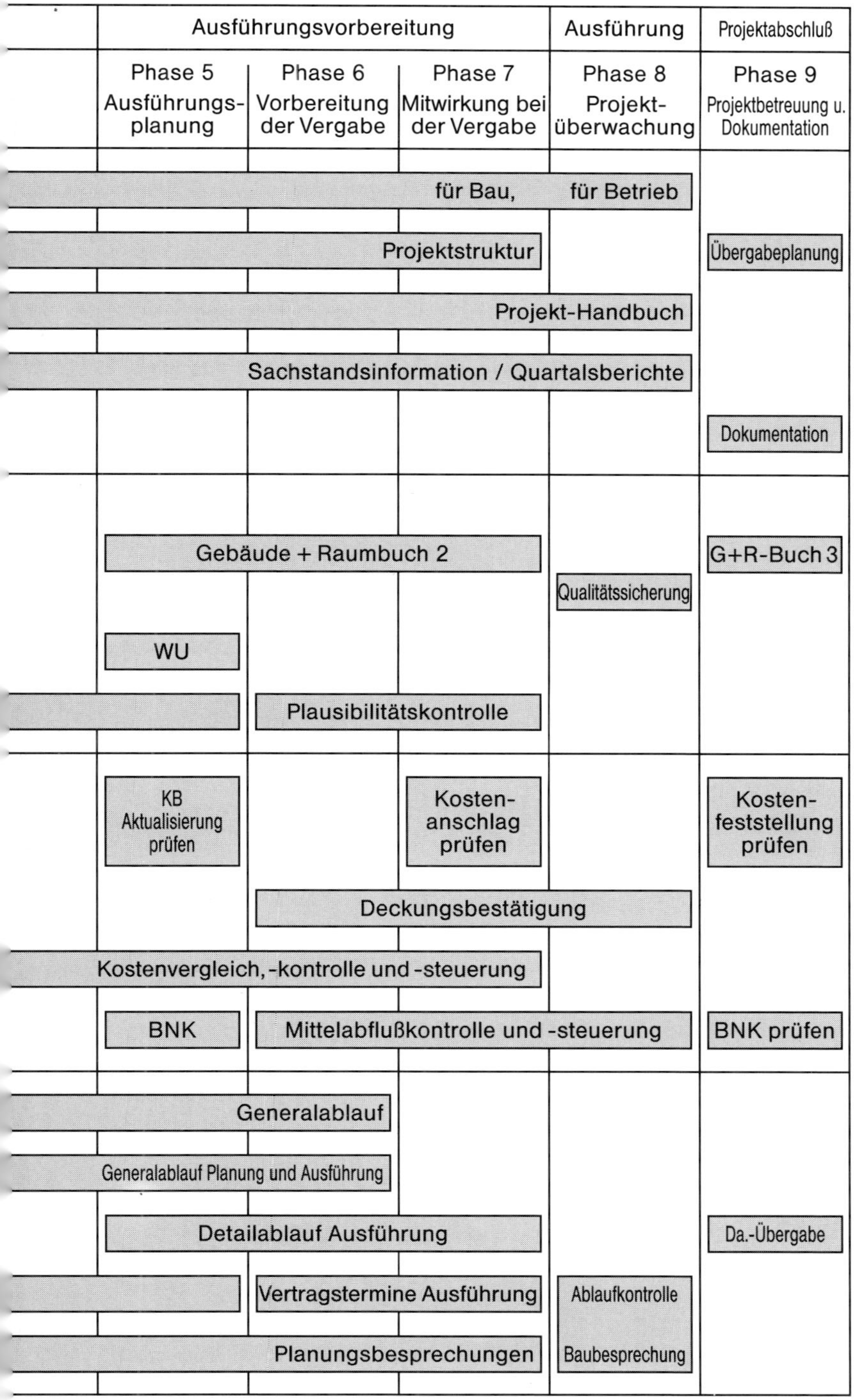

Abb. 1.1.13: Leistungen der Projektsteuerung im Projektablauf

Projektleitung

1. Rechtzeitiges Herbeiführen bzw. Treffen der erforderlichen Entscheidungen sowohl hinsichtlich Funktion, Konstruktion, Standard und Gestaltung als auch hinsichtlich Qualität, Kosten und Terminen.
2. Durchsetzen der erforderlichen Maßnahmen und Vollzug der Verträge unter Wahrung der Rechte und Pflichten des Auftraggebers.
3. Herbeiführen aller erforderlichen Genehmigungen, Einwilligungen und Erlaubnisse im Hinblick auf die Genehmigungsreife.
4. Konfliktmanagement zur Orientierung der unterschiedlichen Interessen der Projektbeteiligten auf einheitliche Projektziele hinsichtlich Qualitäten, Kosten und Terminen, u.a. im Hinblick auf
   - die Pflichten der Projektbeteiligten zur fachlich-inhaltlichen Integration der verschiedenen Planungsleistungen und
   - die Pflicht der Projektbeteiligten zur Untersuchung von alternativen Lösungsmöglichkeiten.
5. Leiten von Projektbesprechungen auf Geschäftsführungs-, Vorstandsebene zur Vorbereitung/Einleitung/Durchsetzung von Entscheidungen.
6. Führen aller Verhandlungen mit projektbezogener – vertragsrechtlicher oder öffentlich – rechtlicher Bindungswirkung für den Auftraggeber.
7. Wahrnehmen der zentralen Projektanlaufstelle; Sorge für die Abarbeitung des Entscheidungs-/Maßnahmenkataloges.
8. Wahrnehmen von projektbezogenen Repräsentationspflichten gegenüber dem Nutzer, dem Finanzier, den Trägern öffentlicher Belange und der Öffentlichkeit.

Abb. 1.1.14: Leistungsbeschreibung der Projektleitung

Als grobe Faustformel kann davon ausgegangen werden, daß der Aufwand zur Wahrnehmung der Projektleitung bis zu 50% des Aufwandes für die Wahrnehmung der delegierbaren Projektsteuerungsaufgaben ausmacht.

Abgrenzung von Projektleitung und Projektsteuerung

Viele Auftraggeber unterscheiden kaum zwischen den Aufgaben der Projektleitung und der Projektsteuerung. Dennoch ist es aus Gründen der Haftung und Verantwortung wichtig, die Unterschiede zu kennen und zu beachten. Nicht selten wurden in der Vergangenheit Aufträge für Projektsteuerung erteilt mit der Erwartungshaltung des Auftraggebers, daß der Auftragnehmer selbstverständlich auch die Projektleitung wahrnehmen werde. Die wesentlichen Unterschiede zwischen Projektleitung und Projektsteuerung zeigt Abb. 1.1.15.

Facility Management

Im Rahmen der ganzheitlichen Betrachtungsweise bei Betreibern von Bauwerken und Anlagen, setzen diese auf optimale Planung, das Einstellen von Gebäuden, Systemen und Inhalten auf die dort arbeitenden Menschen mit dem Ziel der optimalen Wertschöpfung aus vorhandenen Ressourcen durch kostengünstiges und effizientes Errichten, Anpassen und Erneuern der Immobilien. Teilweise noch überlappend mit der Planung – und in höherem Maße mit der Bauausführung – setzt für die Betreuung des Gebäudebestandes ein komplexes Aufgabenfeld ein, das Gebäude- oder Facility Management (Abb. 1.1.16).

Zielsetzungen

Wesentliche Zielsetzungen des technischen, organisatorischen und kaufmännischen Gebäudemanagements sind:

- die hohe Auslastung der nutzbaren Flächen durch Veranstaltungs-/Flächenmanagement
- die Verbesserung der Gebäudequalität durch Raumorganisation, technische Funktionen, das Erscheinungsbild sowie die Kommunikation,
- die Senkung von Betriebs-, insbesondere Energie- und Instandhaltungskosten
- das Entwickeln und Verfolgen von Strategien und Programmen zur Werterhaltung des Gebäudebestandes.

1. Die *Projektleitung* hat Linienfunktion, die *Projektsteuerung* hat Stabsfunktion.
2. Die *Projektleitung* entscheidet, setzt durch, vollzieht, veranlaßt, gibt Weisung, läßt sich berichten, übernimmt die Verantwortung; die *Projektsteuerung* bereitet Lösungsvorschläge und Entscheidungen vor, schlägt Anpassungsmaßnahmen vor, sorgt für Aktenlage und Dokumentation, gibt Impulse, berät, berichtet, schätzt Risiken ab, schafft Sicherheit für die Projektleitung.
3. *Projektleiter* sind im wesentlichen Generalisten, *Projektsteuerer* sind Spezialisten mit Entwicklungstendenz zum Generalisten.
4. *Projektleiter* benötigen Führungseigenschaften, Projektsteuerer können bei einer funktionsfähigen Projektleitung auch ohne auskommen; häufig wird jedoch von *Projektsteuerern* die Übernahme der Projektleitung ohne Auftrag erwartet.
5. *Projektleitung und Projektsteuerung* bedingen sich gegenseitig.

Abb. 1.1.15: Abgrenzung Projektleitung – Projektsteuerung

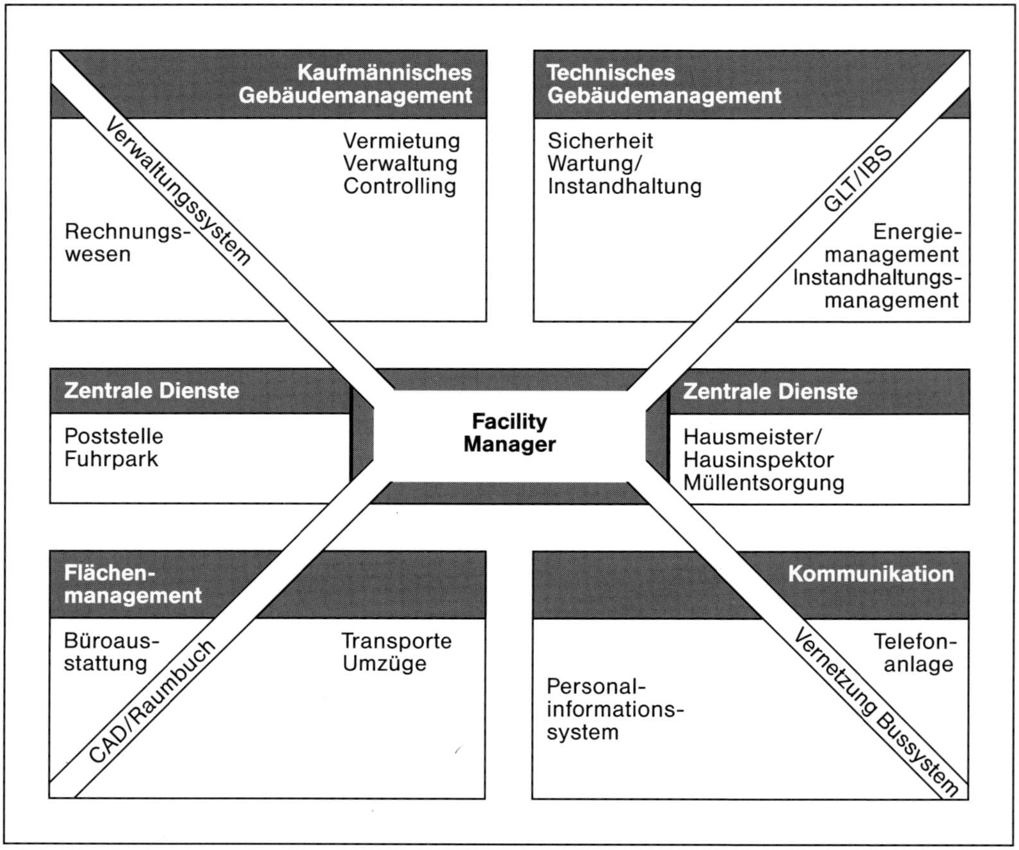

Quelle: nach Landis & Gyr Building Control GmbH

Abb. 1.1.16: Facility Management

1.1.3 Chancen und Risiken der Projektentwicklung

Hauptmotiv der Projektentwickler

Das unternehmerisch vorrangige Ziel der Projektentwicklung im weiteren Sinne besteht darin, durch Vereinigung der Immobilienmanagement-Aktivitäten in einer Hand und preiswertem Einkauf der Immobilie vor der Projektentwicklung sowie günstigem Verkauf der Immobilie nach Fertigstellung oder während der Nutzungsphase die Handelsspannen in den verschiedenen Stadien vor und nach der eigentlichen Bauausführung einzubeziehen und als Development-Gewinne abzuschöpfen. Darüber hinaus bietet die Projektentwicklung weitere Chancen mit einzel- und gesamtwirtschaftlicher Bedeutung, aber auch Risiken, die nicht übersehen werden dürfen und denen mit geeigneten Risikotherapien zu begegnen ist.

1.1.3.1 Motive der Immobiliendeveloper

Der wesentliche Vorteil der Projektentwicklung liegt in der Ausdehnung des unternehmerischen Entscheidungs- und Handlungsspielraums mit aktiver gestalterischer Einflußnahme auf neue oder vorhandene Immobilienmärkte.

Offene Immobilienfonds

Bone-Winkel[7]) nennt für das strategische Management von offenen Immobilienfonds folgende Motive:

Mangel an fondsgeeigneten Objekten

Die Projektentwicklung erweitert das Spektrum des marktstrategischen Auftretens offener Immobilienfonds. In Phasen ansteigenden Preisniveaus gehen sie daher verstärkt dazu über, Immobilien selbst zu entwickeln, anstatt Objekte mit einer niedrigen Performance einzukaufen. Damit dient die Projektentwicklungstätigkeit der Entkopplung von den zyklisch verlaufenden Angebots- und Nachfrageschwankungen auf den Immobilienmärkten. Auch in Zeiten nachlassender Nachfrage auf den Vermietungsmärkten bietet die Projektentwicklung die Chance, Immobilienvorhaben mit einer besonderen Projektidee oder -philosophie zu entwickeln, die Wettbewerbsvorteile vor bestehenden Konkurrenzobjekten aufweisen.

Einfluß auf die Vermietung

Beim Kauf vermieteter Objekte hat der Käufer keinen Einfluß mehr auf die Wahl und Ausgestaltung der Mietverhältnisse. Bei der Projektentwicklung besteht dagegen die Möglichkeit, frühzeitig einen den strategischen Zielen des Inve-

---

[7]) Bone-Winkel, S.: Das strategische Management von offenen Immobilienfonds unter besonderer Berücksichtigung der Projektentwicklung von Gewerbeimmobilien, Verlag Rudolf Müller, Köln 1994.

stors gerecht werdenden Mietermix aufzubauen, eine detaillierte Prüfung der wirtschaftlichen Leistungsfähigkeit potentieller Mieter vorzunehmen und die anforderungsgerechte Gestaltung der Mietverträge vorzunehmen.

Höhere Objektqualität

Bei bestehenden Immobilienobjekten sind deren Qualitätsstandards weitgehend fixiert. Bei Projektentwicklungen besteht jedoch Entscheidungsfreiheit innerhalb der durch das geltende Baurecht gesetzten Grenzen im Hinblick auf das Funktions-, Raum- und Ausstattungsprogramm. Eine der herausragenden Anfangsaufgaben der Projektentwicklung ist die Erarbeitung eines Nutzerbedarfsprogrammes (NBP). Das Nutzerbedarfsprogramm beschreibt die vom künftigen Nutzer erwarteten Bedarfsanforderungen im Hinblick auf Nutzung, Funktion, Flächen- und Raumbedarf, Gestaltung und Ausstattung, Budget und Zeitrahmen[8]).

Niedrigere Gesamtkosten

Projektentwicklung bietet die Chance zur Erzielung zahlreicher Kostenvorteile. Dazu zählen zunächst die ersparte Grunderwerbssteuer sowie die Notar- und Gerichtskosten, da diese nicht auf das gesamte Objekt, sondern nur auf das erworbene Grundstück zu entrichten sind. Dies gilt analog für die Maklercourtage. Durch Berücksichtigung neuer Erkenntnisse über energiesparende Bauweisen lassen sich beträchtliche Einsparungen bei den Betriebskosten erzielen. Der durch eine Projektentwicklung realisierte Vorteil kann aus der Differenz zwischen dem Verkehrswert des Objektes nach Fertigstellung und dem Investitionsvolumen inklusive Grundstück ermittelt werden. Beim Übergang einer Immobilie vom Projekt- zum Objektstadium, ist daher in aller Regel mit einem Wertzuwachs zu rechnen.

Darüber hinaus sind auch eine Reihe weiterer Vorteile der Projektentwicklung mit gesamtwirtschaftlicher Nutzenstiftung zu nennen:

Angemessene Verwendung nicht adäquat genutzter Grundstücke

Durch Projektentwicklungen werden Grundstücke, die eine unzureichende Bodenrente erwirtschaften, wieder einer wettbewerbsfähigen Verwendung zugeführt.

Verbesserung der städtischen/ regionalen Umweltbedingungen und Erhöhung der Lebensqualität

Durch Projektentwicklung besteht durch städtebauliche, gestalterische und landschaftsökologische Maßnahmen die Chance zur Aufwertung von qualitativ geringwertigen Standorten.

---

[8]) Diederichs, C. J.: Kostensicherheit im Hochbau, DVP-Verlag, Wuppertal 1984.

Gesamtwirtschaftliche Umwelt- und Wirtschaftsförderung

Durch Projektentwicklungen wird primär für Architekten und Fachingenieure, Rechtsanwälte und Steuerberater, Unternehmer und Lieferanten Beschäftigung ausgelöst. Durch den Multiplikatoreffekt in den angrenzenden Wirtschaftszweigen entsteht eine entsprechende Belebung der Geschäftstätigkeit, die wiederum eine Verbesserung der Umweltbedingungen ermöglicht.

Erhöhung der Kapazitätsauslastung in der Bauwirtschaft

Bauunternehmungen, die auch Projektentwicklung im weiteren Sinne betreiben, kehren sich damit ab von der Mentalität des passiven Bereitstellungsgewerbes und übernehmen statt dessen die Rolle des aktiven Anbieters von Bauprojekten, die durch ihre Qualität auf latent vorhandene Nachfrage stoßen. Damit kommt es auch zu einer Verstetigung der Kapazitätsauslastung in der Bauwirtschaft trotz konjunktureller Schwankungen der Nachfrage der gewerblichen, öffentlichen und privaten Bauherren.

Zusammenfassend ist festzustellen, daß Projektentwicklungen aus einzelwirtschaftlicher Sicht auf operativer Ebene zur Stabilisierung und Erhöhung des Unternehmenserfolges beitragen und in strategischer Sicht Wettbewerbsvorteile für wichtige Geschäftsfelder des Unternehmens ermöglichen bzw. fördern können. Aus gesamtwirtschaftlicher Sicht trägt Projektentwicklung zur Wirtschaftsförderung bei und zur Lageverbesserung durch Steigerung der regionalen Standortqualität.

1.1.3.2 Risiken der Projektentwicklung

Den offenkundigen Chancen der Projektentwicklung stehen jedoch auch zahlreiche Risiken gegenüber (Abb. 1.1.17). Risiken müssen zunächst erkannt, in ihrer Bedeutung gewichtet und bewertet und dann durch prophylaktische Maßnahmen minimiert werden. Hier sind dem Projektentwickler jedoch Grenzen gesetzt, dabei ist zwischen externen und internen Risiken zu unterscheiden. Risiken, die sich dem Einfluß des Projektentwicklers entziehen, weil sie außerhalb seiner Wirkungssphäre Gefahren für das zu entwickelnde Projekt auslösen können, sollen als externe Risiken bezeichnet werden. Risiken, auf die der Projektentwickler im Rahmen seiner Handlungs- und Entscheidungsfreiheit Einfluß nehmen kann, sollen dagegen als interne Risiken verstanden werden.

Externe Risiken

Zu den vorrangig externen Risiken zählen:

- *Entwicklungsrisiko*

Jede Projektentwicklung birgt das Wagnis einer nicht marktkonformen Projektkonzeption mit der Folge einer Erschwernis der späteren Verwertung durch Weiterverkauf oder Vermietung (Verkaufs- oder Leerstandsrisiko). Diesem Risiko kann in begrenztem Umfang durch sorgfältige Marktanalyse, Marktrecherche und Bedarfsprognosen begegnet werden, die dann zu erfolgreichen Projektideen führen. Da solche Marktprognosen jedoch stets auch vom Eintritt der erwarteten gesamtwirtschaftlichen Entwicklung abhängig sind, verbleibt stets ein Restrisiko aus der Projektentwicklung selbst.

- *Standortrisiko*

Das Standortrisiko aus der Lage des Grundstückes läßt sich bei einer Projektidee für einen fiktiven, noch zu beschaffenden Standort, durch sorgfältige Standortwahl eingrenzen. Das wichtigste Kriterium, das über den Erfolg oder Mißerfolg einer Immobilie entscheidet, ist bekanntlich die Lage des Standortes.

Abb. 1.1.17: Motive und Risiken der Projektentwicklung

Motive und Risiken der Immobiliendeveloper

- **Motive**

1. Vereinigung der Immobilienmanagement-Aktivitäten in einer Hand
2. Mangel an fondsgeeigneten Objekten
3. Einfluß auf die Vermietung
4. Höhere Objektqualität
5. Niedrigere Gesamtkosten
6. Angemessene Verwendung nicht adäquat genutzter Grundstücke
7. Verbesserung der städtischen/regionalen Umweltbedingungen und Erhöhung der Lebensqualität
8. Gesamtwirtschaftliche Umwelt- und Wirtschaftsförderung
9. Erhöhung der Kapazitätsauslastung der Bauwirtschaft

- **Risiken**

Externe Risiken

1. Entwicklungsrisiko (z.T. internes Risiko)
2. Standortrisiko
3. Genehmigungsrisiko
4. Finanzierungsrisiko

Interne Risiken

1. Baugrundrisiko
2. Qualitäts-, Kosten- und Terminrisiko
3. Organisationsrisiko

Bei Renditeimmobilien kann der Anspruch an die Grundstücksqualität nie zu hoch gesteckt werden. Daraus ergeben sich nach den Spielregeln des Marktes entsprechende Konsequenzen für den Grundstückspreis, aber auch für die erzielbare Miete.

Eine Projektentwicklung für den fixierten Standort erfährt durch die Einschränkung der Wahlfreiheit bei einem der wichtigsten Erfolgsparameter ein erhebliches Risiko, dem nur mittel- bis langfristig durch Hebung der Standortqualität infolge der Projektentwicklung dort und evtl. auch in angrenzenden Bereichen begegnet werden kann.

- *Genehmigungsrisiko*

Bei jedem Projekt stellt sich die Frage nach der Genehmigungsfähigkeit konzipierter Projektideen, die abhängig ist vom vorhandenen Baurecht gemäß Bauleitplanung bzw. möglichen Baurecht aufgrund der Ermessens- und Entscheidungsspielräume der Bauaufsichtsbehörden, von der Akzeptanz der Projektideen bei angrenzenden Nachbarn oder auch der weiteren Öffentlichkeit. Aus der grundsätzlichen Möglichkeit der Ablehnung der Genehmigung erwächst ein existentielles Projektrisiko. Zusätzlich besteht ein erhebliches Zeit- und damit Finanzierungsrisiko in der Genehmigungsdauer. Die Verzögerung des Baugenehmigungsbescheides um ein oder zwei Jahre kann durchaus den Abbruch einer Projektentwicklung bewirken. Die Möglichkeiten des Projektentwicklers zur Minimierung des Genehmigungsrisikos sind zunächst auf die Einhaltung der baurechtlichen Randbedingungen begrenzt und im weiteren nicht immer mit rationellen Maßstäben meßbar. In diesem Zusammenhang ist bedeutsam, daß nach langjährigen Beobachtungen der Verwaltungsgerichte etwa 90 % aller Nachbareinsprüche als unbegründet zurückgewiesen werden.

- *Finanzierungsrisiko*

Immobilienprojekte werden im allgemeinen und auch bei Projektentwicklungen mit einem hohen Anteil an Fremdkapital finanziert. Dadurch sind die Rendite-Erwartungen maßgeblich abhängig von den prognostizierten Kapitalmarktkonditionen, die sich einem direkten Einfluß des Projektentwicklers vollständig entziehen.

Interne Risiken

Als vorrangig interne Risiken des Projektentwicklers sind vor allem zu nennen:

- *Baugrundrisiko*

Sowohl bei einer Projektentwicklung mit fixiertem Standort als auch bei vorschneller Kaufentscheidung ergeben sich für einen ausgewählten Standort Baugrundrisiken. Diese

Risiken ergeben sich weniger aus den allgemein sichtbaren topografischen Verhältnissen, sondern vielmehr aus nur durch sorgfältige Untersuchungen feststellbaren Eigenschaften wie Kontaminationen aus Altlasten, Nutzungseinschränkungen oder Bauzeitverzögerungen aus vorgefundenen Bodendenkmälern, Einschränkungen der zulässigen Bodenpressung bzw. Zusatzkosten aus erforderlichen Sondergründungen, Überraschungen aus unerwarteten hydrogeologischen Verhältnissen mit dem Erfordernis besonderer Aufriebssicherungen und Abdichtungsmaßnahmen.

- *Qualitäts-, Kosten- und Terminrisiko*

Dieses Risiko ergibt sich vor allem aus der Auswahl der fachlich beteiligten Planer, Unternehmer und Lieferanten im Rahmen der abgeschlossenen Planer-, Bau- und Lieferverträge. Diesen Risiken kann durch klare Aufbau- und Ablauforganisation, sorgfältige Vertragsgestaltung und konsequenten Vollzug dieser Verträge begegnet werden.

Neuerdings wird versucht, die trotz der Risikoverteilung verbleibenden Restrisiken durch sog. »Multi-Risk-Versicherungen« aufzufangen, wobei die begrenzten Deckungssummen und die vorhandenen Ausschlüsse z. B. im Hinblick auf Termin-, Massen- und Kostenrisiken zu beachten sind.

Entscheidend ist, daß eine Projektentwicklung stets von einem verantwortlichen und kompetenten Projektleiter getragen wird, der sich vollständig mit dem Projekt identifiziert und sich durch Sachkenntnis, Entscheidungs- und Durchsetzungsfähigkeit sowie natürliche Autorität auszeichnet.

1.1.4 Differenzierung des Projektentwicklermarktes

Zur Gewinnung eines Überblicks über den Markt der Projektentwicklung ist es erforderlich, näher auf seine verschiedenen Merkmale einzugehen.

1.1.4.1 Qualität des Standortes

Die Qualität einer Projektentwicklung kommt maßgeblich dadurch zum Ausdruck, daß man für jede Lage das richtige Konzept findet. Dabei ist nach den Eigenschaften von 1a- und 1b-Lagen sowie Lagen außerhalb von Stadtzentren zu unterscheiden.

Projekte in 1a-Lage

Vielfach wird der Erfolg von Projekten in 1a-Lage allein durch den Standort als gesichert angesehen. Solche Lagen sind aber sehr teuer und erfordern einen hohen Kapitalaufwand. Exponierte Standorte haben i.d.R. stadtentwicklungspolitisch hohe Bedeutung und benötigen einen langen Entwicklungszeitraum sowie viel Erfahrung im Umgang mit den Genehmigungsbehörden. Die Risiken einer Projektentwicklung in 1a-Lage sind zwar als relativ gering einzustufen (Selbstläufer), jedoch ist die laufende Rendite zumindest in den Anfangsjahren auch relativ niedrig. Solche Lagen benötigen daher eine langfristige Betrachtung, um den wirtschaftlichen Erfolg durch Wertsteigerung zu sichern.

Projekte in 1b-Lage

1b-Lagen und Randlagen stellen hohe Anforderungen an die Standortanalyse, bieten andererseits jedoch große Chancen. So kann durch eine geschickte Projektentwicklung ein Standort so aufgewertet werden, daß eine positive städtebauliche Entwicklung für einen ganzen Stadtteil bewirkt wird. Um solche Initialzündungen auszulösen, sind exakte Kenntnisse des Umfeldes und der Region unerläßlich.

Projekte außerhalb von Städten

Bei Grundstücken außerhalb von Städten sind die Nutzungsmöglichkeiten eingeschränkt. Das Konzept muß daher so überzeugend sein, daß Nutzer, die primär auf innerstädtische Lagen fixiert sind, diese außerstädtischen Standorte mit in Erwägung ziehen. Dies kann über den Preis, die Ausstattung, die Verkehrsanbindung oder aber spätere Erweiterungsmöglichkeiten erreicht werden.

Zusammenfassend haben bessere Lagen überschaubarere Risiken bei zunächst geringerer Rendite. Nicht eingeführte Lagen bergen einerseits größere Risiken, andererseits aber auch erhebliche Chancen infolge des Standortpotentials in sich.

1.1.4.2 Projektarten

Neben der Beurteilung eines Standortes ist die Entscheidung für eine bestimmte Projektart von hochrangiger Bedeutung bei der Konzipierung der Projektentwicklung. Viele Projektentwickler sind auf bestimmte Projektarten festgelegt, da durch die vorhandenen Kontakte zu einer bestimmten Nutzergruppe gute Voraussetzungen für eine erfolgreiche Vermarktung gegeben sind. Dennoch ist es in den letzten Jahren Kennzeichen der Projektentwicklung, in Ergänzung zu bestehenden Projektarten neue Ideen zu entwickeln, wie z. B. Gewerbeparks oder Boardinghouses (Abb. 1.1.18)[9]).

Projektentwicklung von Gewerbeimmobilien

Für die Projektentwicklung von Gewerbeimmobilien sind nur solche für Dienstleistungs- und Handelsunternehmen interessant, da Immobilien für das produzierende Gewerbe und für Organisationen ohne Erwerbszweck stark nutzerspezifisch sind und deshalb meist von diesen selbst durchgeführt werden.

Hotels

Hotels haben hinsichtlich der Lage eine starke Verkehrsorientierung. Sie benötigen für Geschäftskunden gute Anbindung an Flughäfen, Autobahnen, Ringstraßen und Bahnhöfe, für Besucher die Nähe zu Sehenswürdigkeiten und Freizeiteinrichtungen. Die Größe, Qualität, Architektur und vor allem die Ausstattung der Hotels wird vielfach nicht durch die Projektentwickler, sondern durch die Betreiber vorgegeben.

Gewerbeparks

Gewerbeparks benötigen gute Verkehrsanbindung. Der Erfolg von Gewerbeparks ist abhängig von der Flexibilität, sich auf neue Nutzer einstellen zu können, da sich in Gewerbeparks sowohl Firmen aus dem produzierenden Gewerbe, dem Handel als auch der Dienstleistungsbranche ansiedeln. Ausstattung und Qualität haben ein gehobenes Niveau. Die durch die Funktionalität bestimmte Architektur verlangt ansprechende Gestaltungselemente.

Büro- und Verwaltungsgebäude

Büro- und Verwaltungsgebäude müssen in funktioneller Hinsicht modernen Anforderungen an das Büro der Zukunft genügen (intelligente Gebäude, Kombibüro) und wirtschaftliche und dabei flexible Raumaufteilungen ermöglichen. Viele Nutzer erwarten von der Architektur eine Unterstützung der Corporate Identity ihres Unternehmens.

---

[9]) Bone-Winkel, S.: Das strategische Management von offenen Immobilienfonds unter besonderer Berücksichtigung der Projektentwicklung von Gewerbeimmobilien, Verlag Rudolf Müller, Köln 1994.

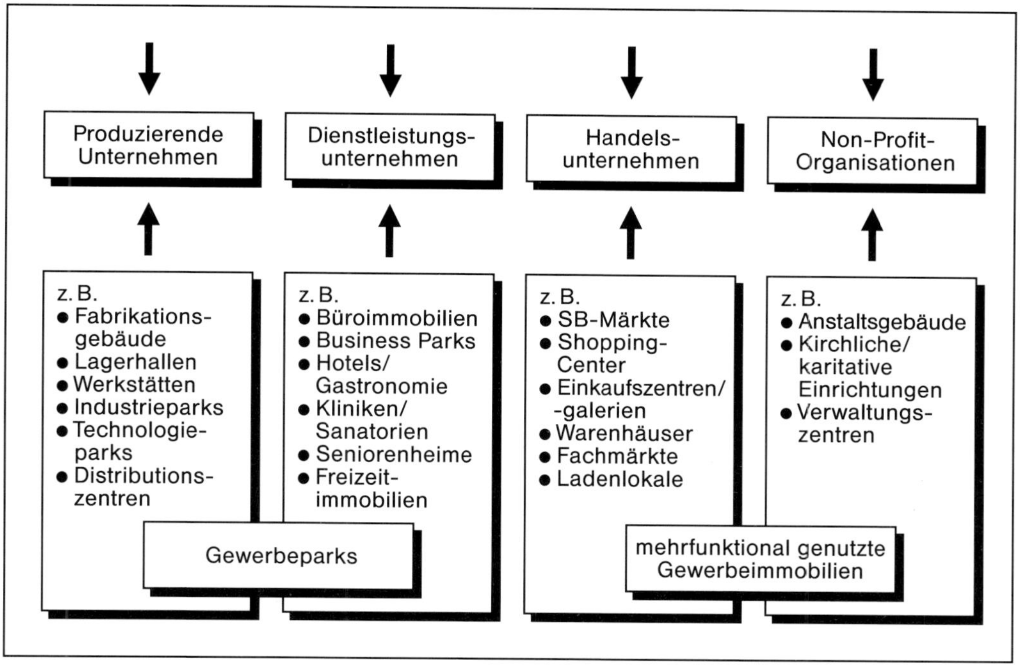

Abb. 1.1.18: Nutzungsformen von Gewerbeimmobilien [10]

Handelsimmobilien

Für Handelsimmobilien ist ein abgestimmter Mieter- bzw. Nutzermix von entscheidender Bedeutung. Handelsimmobilien kommen an allen Standorten mit guter Verkehrsanbindung und ausreichenden Parkmöglichkeiten in Betracht. Sie werden in den verschiedensten Größen gebaut.

Wohnimmobilien

Wohnimmobilien erfordern sehr differenzierte Anforderungen an die Projektentwicklung hinsichtlich Architektur und Ausstattung, da sie generell als Anlageobjekte nicht sehr interessant sind. Die Gründe liegen in den relativ niedrigen Mietpreisen, so daß als Investoren auf dem Markt für Wohnimmobilien entweder Selbstnutzer auftreten oder aber Institutionen, die unter steuerlichen Aspekten Wohnungseigentum schaffen wollen, wie z. B. Versicherungsgesellschaften. Andere Investoren, wie z. B. offene Immobilienfonds, schreckt neben geringer Rendite und hohen Grundstückspreisen auch das sehr mieterfreundliche Recht von Investitionen in Wohnimmobilien ab.

---

[10]) Bone-Winkel, S.: Das strategische Management von offenen Immobilienfonds unter besonderer Berücksichtigung der Projektentwicklung von Gewerbeimmobilien, Verlag Rudolf Müller, Köln 1994.

1.1.4.3 Projektgröße als Bestimmungsmerkmal des Projektentwicklermarktes

Die Projektgröße wird sinnvollerweise unterschieden nach dem monetären Investitionsvolumen. Aus jüngsten Untersuchungen über den Projektentwicklermarkt in Deutschland ist bekannt, daß Zusammenhänge zwischen Projektgröße und Projektentwicklermarkt auf der Angebots- und Nachfrageseite bestehen (Abb. 1.1.19)[11].

Danach ist die Zahl der Anbieter im Bereich zwischen zehn und 1.000, die Zahl der Nachfrager im Bereich zwischen 100 und 20.000 anzusiedeln.

Nr.	Projektgröße in Mio. DM → Projektmerkmale ↓	klein 5–20	mittel 20–100	groß 100–500
1	Anzahl der Anbieter (Projektentwickler)	< 1.000	100–50	10–20
2	Anzahl Nachfrager (potentielle Käufer)	5.000 –20.000	< 1.000	< 100
3	Standorte	> 15.000 Einwohner	> 60.000 Einwohner	> 500.000 Einwohner
4	Abwicklungsdauer in Monaten – bis Baubeginn – Bauausführung – Gesamt	 6 18 (12–24) 24 (18–30)	 11,5 (6– 9) 21 (18–24) 32,5 (24–43)	 20 (6–84) 24 (18–30) 44 (24–64)
5	Umsatz pro Projekt in Mio. DM p.a.	∅ 6,5 (2,5–10)	∅ 24 (18–40)	∅ 72 (50–94)
6	Deckungsbeitrag (Projektgewinn in % der Investitionssumme)	8–10 %	10–15 %	15–30 %

Abb. 1.1.19: Projektgröße und Projektentwicklermarkt

Großprojekte ab 100 Mio. DM Investitionssumme kommen nur in Standorten mit mehr als 500.000 Einwohnern in Betracht.

Die durchschnittliche Abwicklungsdauer bewegt sich im Bereich zwischen 18 und 64 Monaten, wobei die Dauer der Bauausführung mit zwölf bis 30 Monaten eine deutlich

[11]) v. Weichs, C.: Projektentwicklung im Rahmen des Strategischen Managements eines Immobilienunternehmens, Seminar Projektentwicklung der ebs - Immobilienakademie GmbH in Oestrich-Winkel vom 03. bis 07. Mai 1993 in Castrop-Rauxel.

geringere Spreizung einnimmt als die Dauer der Konzeptions- und Planungsphasen bis zum Baubeginn (sechs bis 34 Monate). Der Jahresumsatz pro Projekt bewegt sich im Bereich zwischen 2,5 bis 94 Mio. DM p.a. Als Projektgewinn vor Steuern werden 5 bis 30% der Investitionssumme (i.d.R. ohne Wert des Baugrundstückes) erwirtschaftet.

1.1.4.4 Nachfrage nach Projektentwicklungen

Die Struktur der Nachfrage nach Projektentwicklungen ist naturgemäß einem ständigen Wandel unterworfen. Aus einer Marktanalyse aus dem Jahr 1993 ergibt sich ein Überblick (Abb. 1.20)[12]).

Rentabilität

Die Zielsetzungen der Anleger in offene Immobilienfonds lassen sich durch die Faktoren Rentabilität, Sicherheit und Liquidität erfassen[13]). Die Rentabilität wird häufig durch den Begriff »Performance« ersetzt, d.h. die Summe von Ausschüttungsrendite und Wertsteigerung, bezogen auf den Fondsanteil. Diese bewegte sich bei beobachteten acht von bestehenden 14 offenen Immobilienfonds im Zehnjahresvergleich zwischen 7,7 und 10,4% p.a.

Sicherheit

Die Sicherheit der Kapitalanlage kommt durch die Wahl der Immobilienobjekte selbst und durch die Maßnahmen des Managements zur Risikostreuung nach Standorten, Projektarten, -größen, -mietern und -alter zum Ausdruck. 1991 waren z.B. 87,4% des Immobilienvermögens offener Fonds in reine Gewerbeimmobilien investiert.

Liquidität

Die Liquidität, im Sinne der Gewährleistung der jederzeitigen Zahlungsbereitschaft, ist Grundvoraussetzung und Nebenbedingung jedes unternehmerischen Handelns. Offene Immobilienfonds müssen darüber hinaus aufgrund der übernommenen jederzeitigen Rücknahmeverpflichtung der Anteilsscheine ein bestimmtes Mindestmaß an Liquidität aufweisen. Damit begründen Art und Höhe der Liquiditätsbevorratung ein betriebswirtschaftliches Entscheidungsproblem.

Bei offenen Immobilienfonds werden innerstädtische Standorte in Städten mit mehr als 200.000 Einwohnern bevorzugt. Um Projekte in ihren Bestand aufzunehmen, fordern offene

---

[12]) v. Weichs, C.: Projektentwicklung im Rahmen des Strategischen Managements eines Immobilienunternehmens, Seminar Projektentwicklung der ebs - Immobilienakademie GmbH in Oestrich Winkel vom 03. bis 07. Mai 1993 in Castrop-Rauxel.

[13]) Bone-Winkel, S.: Das strategische Management von offenen Immobilienfonds unter besonderer Berücksichtigung der Projektentwicklung von Gewerbeimmobilien, Verlag Rudolf Müller, Köln 1994.

Immobilienfonds hohe Vergütungsgarantien. Nach dem Kapitalanlagegesetz, dem die offenen Immobilienfonds unterliegen, darf das Investitionsvolumen für ein Projekt nicht mehr als 15% des Fondvermögens ausmachen.

Für geschlossene Immobilienfonds sind Möglichkeiten der Steuerstundung vorrangiges Anlagemotiv. Die Projektgröße bewegt sich in der Regel zwischen 8 bis 15 Mio. DM, Vermietungsgarantien werden vielfach nicht gefordert.

Für institutionelle Anleger wie Versicherungen und Versorgungskassen steht die Sicherheit der Investition im Vordergrund. Sie begnügen sich mit einer Mindestrendite von 4% p.a., legen allerdings hohen Wert auf Vermietungsgarantien. Eine Versicherung wird sich nicht zum Kauf einer Immobilie entschließen, wenn nicht mindestens 70% des Objektes vermietet sind. Das Investitionsvolumen bewegt sich vorrangig in Bereichen zwischen 10 und 25 Mio. DM pro Projekt.

Für Immobilienleasing-Gesellschaften sind sowohl die Bonität des Leasingnehmers als auch die Drittverwendungsfähigkeit des Leasingobjektes vorrangige Entscheidungskriterien.

Das Verhalten der weiteren in Abb. 1.1.20 genannten Investoren ist vielfältig und von individuellen Interessen geprägt.

Abb. 1.1.20: Nachfrage nach Projektentwicklungen (Investoren/Käufer) [14]

Nr.	Art der Nachfrage	Anzahl	Investitionsvermögen
		Schätzungen von 1993	
1	Offene Immobilienfonds	14	32,4 Mrd. DM
2	Geschlossene Immobilienfonds	10– 15	
3	Immobilienleasinggesellschaften	15– 20	
4	Leasinggesellschaften mit Privatinvestoren	20– 30	
5	Institutionelle Investoren (Versicherungen, Versorgungskassen)	100–150	
6	Einzelinvestoren (Stiftungen, Vermögensverwaltungen)	100–200	
7	Ausländische Investoren	nicht überschaubar	
	Summe	260–430	

[14]) v. Weichs, C.: Projektentwicklung im Rahmen des Strategischen Managements eines Immobilienunternehmens, Seminar Projektentwicklung der ebs - Immobilienakademie GmbH in Oestrich-Winkel vom 03. bis 07. Mai 1993 in Castrop-Rauxel.

1.1.5 Institutionen und Aufgabenfelder der Projektentwicklung

Beteiligte Institutionen

Betrachtet man das Zusammenwirken der Institutionen der Bauwirtschaft, so sind darin zunächst der Bauherr als Auftraggeber sowie Architekten, Fachplaner und ausführende Firmen als Auftragnehmer zu unterscheiden.

Zwischen dem Auftraggeber und dem späteren Nutzer kommt es zu Kauf- oder Mietverträgen, zwischen Auftraggeber und Finanziers zu Kredit- bzw. Finanzierungsverträgen.

Die Abwicklung von Projekten wird maßgeblich bestimmt durch Prüf- und Genehmigungsbehörden sowie die unmittelbar oder mittelbar betroffene Öffentlichkeit.

Im Rahmen einer Projektentwicklung im weiteren Sinne übernimmt der Projektentwickler die Aufgaben des Auftraggebers/Bauherrn (Abb. 1.1.21). Im Rahmen einer Projektentwicklung im engeren Sinne ist der Projektentwickler lediglich fachlich Beteiligter, der für seinen Auftraggeber eine Projektentwicklung konzipiert und zur Entscheidung vorlegt. Wird die Projektentwicklung akzeptiert, so folgen die Planungsaufträge an Architekten und Fachplaner. Andernfalls wird die Projektentwicklung zur Überarbeitung zurückgegeben oder aber gänzlich gestoppt.

Aufgabenfelder der Projektentwicklung

Bei fixiertem Standort sind im Rahmen der Projektentwicklung im engeren Sinne vor allem folgende Aufgabenfelder zu bearbeiten (Abb. 1.1.22 und Abb. 1.1.23 in Verbindung mit Abb. 1.1.9):

- Marktanalyse und -beurteilung zur Gewinnung von Projektideen
- Erstellung des Nutzerbedarfsprogrammes zur Bestimmung der Meßlatte für die Nutzeranforderungen und der Vergleichsmaßstab für die Erfüllung der Planungs- und Ausführungsleistungen
- Investitionsanalyse zur Ermittlung der wirtschaftlichen Tragfähigkeit des Objektes
- die Sicherung der Projektfinanzierung
- Durchführung von Risiko-/Sensivitätsanalysen unter besonderer Berücksichtigung der Genehmigungsfähigkeit des Projektes und der voraussichtlichen Akzeptanz in der Öffentlichkeit.

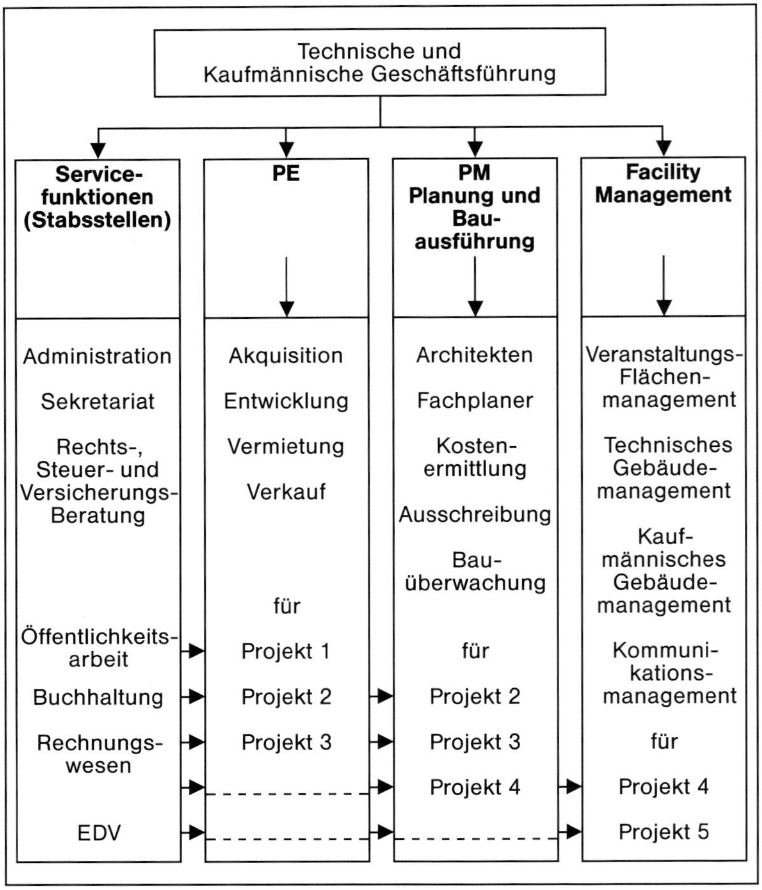

Abb. 1.1.21: Aufbauorganisation eines Projektentwicklungs-Teams (PE im weiteren Sinne)

Weitere Projektstufen

Bei positivem Abschluß der Projektentwicklung und Erteilung des Planungsauftrages folgen die weiteren Projektstufen der Planung, Ausführungsvorbereitung, Ausführung und des Projektabschlusses bis zur Inbetriebnahme sowie der Nutzung des Objektes während der bestimmungsgemäßen Nutzungsdauer (Abb. 1.1.9).

1.1.5.1 Arten von Projektentwicklern

Die Arten der Projektentwickler sind sowohl nach Herkunft, Motiven und Projektentwicklungsumfang (im engeren oder im weiteren Sinne) zu unterscheiden[15]).

[15]) Rautzenberg, A.: Risiken der Projektentwicklung und deren Minimierung, Diplomarbeit an der Bergischen Universität GH Wuppertal (Prof. Dr.-Ing. Diederichs), September 1993.

Projektentwicklung in größeren Bauunternehmungen

Alle größeren Bauunternehmungen betreiben mittlerweile seit mehreren Jahren Projektentwicklung im weiteren Sinne durch Einrichtung von Projektentwicklungsabteilungen in den Niederlassungen oder aber durch Gründung von Projektentwicklungs-Tochtergesellschaften. Sie wollen damit keineswegs nur in konjunkturellen Tiefphasen ihre eigenen Baukapazitäten auslasten, sondern durch Schaffung eigener Nachfragemärkte ihre Bautätigkeit verstetigen und bei ihren Projekten auch eigene Bauverfahren und -systeme gezielt zum Einsatz bringen.

Die Wettbewerbsebene der Bildung von Marktpreisen für die Ausführung wird in die Angebotsphase für die Vermietung oder den Verkauf verschoben. Zur Nutzung von Wettbewerbsvorteilen der Konkurrenz werden gelegentlich durchaus auch Fremdunternehmen für die Ausführung solcher Bauleistungen eingeschaltet, die normalerweise mit eigenen Kapazitäten erbracht werden.

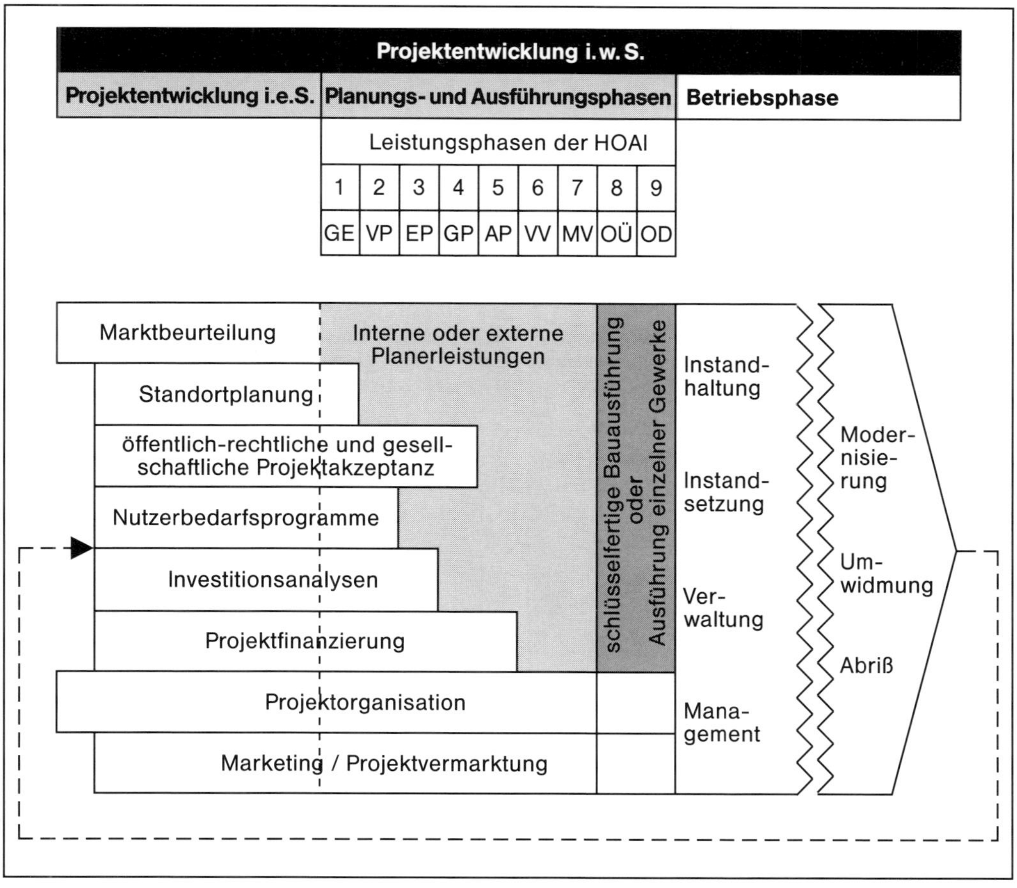

Abb. 1.1.22: Aufgabenfelder der Projektentwicklung

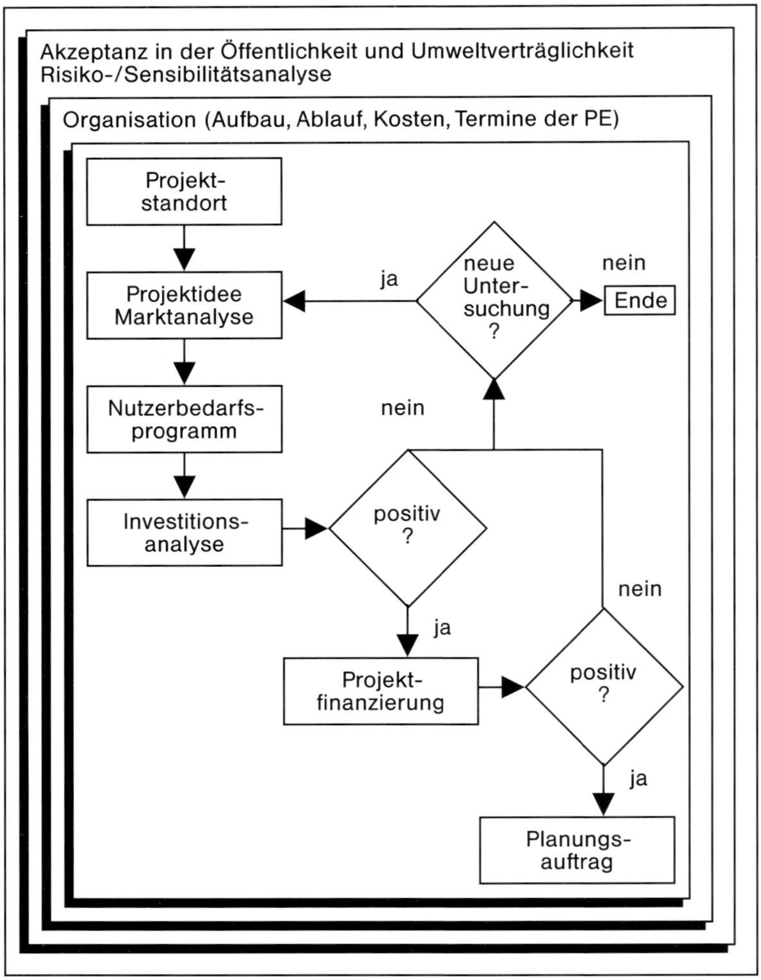

Abb. 1.1.23: Projektentwicklung bei gegebenem Standort

Neue Kundenkreise durch Projektentwicklung erschließen

Durch Projektentwicklungen unterstreichen Bauunternehmen ihre Kompetenz auch in den Projektstufen vor und nach der eigentlichen Bauausführung von der Projektidee bis zum Betrieb und Unterhalt und machen dadurch neue Kundenkreise auf sich aufmerksam.

Einen zusätzlichen Anreiz bietet die Erkenntnis, daß durch Projektentwicklung im weiteren Sinne Gewinnmargen aus sämtlichen Aufgabenfeldern und Projektstufen abgeschöpft werden können.

Motive für professionelles Engagement im Immobilienbereich

In der Bundesrepublik Deutschland gibt es erst etwa *40 Aktiengesellschaften*, die ein professionelles Engagement im Immobilienbereich aufgenommen haben. Motiv für diese Gesellschaften ist ein hoher Immobilienbestand, der aus Belegschaftswohnungen, nicht mehr genutzten Betriebs-

oder Produktionsgebäuden und Betriebsverlagerungen an günstigere Standorte besteht. So gibt es z. B. Bergwerksgesellschaften mit Belegschaftswohnungen und ehemaligem Zechengelände, Brauereien mit hervorragenden innerstädtischen Standorten, die ihre Produktion auch in Randgebieten durchführen können oder Textilfirmen, die große Lagerhallen in ihrem Besitz haben und ein neues Geschäftsfeld in der Immobilienbewirtschaftung entdecken. Von den 40 Aktiengesellschaften betreiben 30 selbst Projektentwicklung, davon bieten etwa 10 die Projektentwicklung auch als Dienstleistung an.

Projektentwicklung durch Investoren

Auch *Investoren, wie offene und geschlossene Immobilienfonds oder institutionelle Anleger*, betreiben eigene Projektentwicklungen. Für Investoren, die in Spezialimmobilien wie Kliniken, Hotels und Altenheime investieren, ist die Projektentwicklung nötig, weil die Ansprüche der Investoren sehr variieren und es nur wenige Anbieter von Projektentwicklungen für Spezialimmobilien gibt. Als wesentliche Vorteile der eigenen Projektentwicklung durch Investoren sind zu nennen:

- Der Investor kann exakt auf seine Nutzeranforderungen eingehen und muß nicht akzeptieren, was der Markt anbietet.
- Der Investor kann den Gewinn der Projektentwickler selbst erwirtschaften.
- Projektentwickler als Dienstleister betonen vor allem die Anfangsrendite und vernachlässigen die Wachstumsaussichten.
- Investoren können den Verkehrswert einer Immobilie über den Ertragswert besser einschätzen als externe Projektentwickler.

Dem stehen für den Investor jedoch auch wichtige Nachteile gegenüber:

- Durch Schwankungen der eigenen Geldzuflüsse (Prämien, Beiträge, Anteile) schwankt auch der Bedarf an Projektentwicklungen, so daß eine gleichmäßige Auslastung der Mitarbeiter in der Projektentwicklung schwierig werden kann.
- Einem Investor, der selber Projektentwicklungen durchführt, werden Projekte von externen Projektentwicklern erst dann angeboten, wenn andere Investoren an diesem Projekt nicht mehr interessiert sind.
- Alle Risiken der Projektentwicklung müssen vom Investor allein getragen werden.

- Die Reaktion auf Fehler bei anderen ist schneller als bei eigenen Fehlern, die man erst selbst erkennen und sich eingestehen muß.
- Investoren zahlen aus Rücksichtnahme auf Geschäftsverbindungen vielfach höhere Preise für Ausführungs- und Lieferleistungen als bei unbeschränktem Wettbewerb.
- Die Gewährleistungsverfolgung verbleibt beim Investor.

Makler

Makler betreiben Projektentwicklung, um mit erhöhten Chancen Grundstücke oder Gebäude zu verkaufen. Durch eine fundierte Nutzungsidee oder durch eine Baugenehmigung soll die Immobilie aufgewertet werden. Hinsichtlich der Nutzungsmöglichkeiten der Immobilie soll die Attraktivität des Grundstückes für den späteren Käufer erhöht und das Risiko verringert werden unter gleichzeitiger Betonung der Kompetenz des Maklers. Für diesen ist die Projektentwicklung Mittel zur Verkaufsförderung. Sein Interesse an der Projektentwicklung erlischt allerdings häufig mit Erhalt der Courtage.

Kommunen und Länder

Die Motivation von *Wirtschaftsförderungsgesellschaften der Kommunen und Länder* besteht in dem Bemühen, durch Erschließung und Reaktivierung von Standorten Flächen zu schaffen, die für die Ansiedlung neuer Betriebe geeignet sind, in der Region Arbeitsplätze schaffen und Einnahmen aus der Gewerbesteuer bringen.

Das Betätigungsfeld der mittlerweile in allen Bundesländern vorhandenen *Landesentwicklungsgesellschaften (LEG'en)* geht über die Aufgaben der Wirtschaftsförderungsgesellschaften hinaus. Die LEG'en betreiben Projektentwicklung im weiteren Sinne, d. h., daß sie neben der Standortentwicklung und dem Flächenrecycling auch die Planung und Ausführung von z. B. Wohnungs- und Verwaltungsbauten oder Gewerbeparks übernehmen sowie für die Vermarktung, Verwaltung, Instandhaltung und Modernisierung verantwortlich zeichnen. Die dazu erforderlichen Infrastrukturmaßnahmen werden ebenfalls durchgeführt.

Consultants/ Projektsteuerer

Consultants/Projektsteuerer sehen in der Projektentwicklung ein neues Geschäftsfeld mit entsprechender Ausdehnung der Aufgaben der Projektsteuerung in die Projektvorbereitung vor dem eigentlichen Planungsbeginn.

Kleinere und mittlere Projektentwickler

Kleine bis mittlere Projektentwicklungsgesellschaften oder -abteilungen haben im allgemeinen nur etwa drei bis sechs Mitarbeiter, bestehend aus der Geschäftsführung, dem Immobilienkaufmann, einem Projektsteuerer, einem Vermieter und dem Sekretariat.

Größere Unternehmen mit bis zu 100 Mitarbeitern stellen dann zusätzlich eigene Akquisiteure, Architekten, Bauingenieure und Verwaltungsspezialisten ein. Die Rechts- und Steuerberatung wird auch hier i.d.R. aus externen Kanzleien eingekauft.

Meistens werden etwa drei bis fünf Projekte parallel in unterschiedlichen Entwicklungsstadien abgewickelt. Das jährliche Investitionsvolumen schwankt zwischen 25 und 250 Mio. DM.

1.1.5.2 Standortuntersuchung

Fiktiver oder fixierter Standort

Eines der wichtigsten Aufgabenfelder der Projektentwicklung ist die Standortuntersuchung. Hierbei ist zunächst zu unterscheiden, ob es sich um einen noch fiktiven Standort für eine vorhandene Projektidee oder aber um einen bereits fixierten Standort für eine noch zu definierende Projektidee handelt.

Im ersten Fall wird der »Idealstandort« zu einer gegebenen Nutzungskonzeption gesucht unter Eingrenzung des Untersuchungsraumes durch vorhandene Präferenzen oder Restriktionen regionaler, persönlicher oder finanzieller Art.

Standortfaktoren

Da im Rahmen eines eigenen Beitrages auf die Standort- und Marktanalyse im Rahmen der Projektentwicklung eingegangen wird (vgl. Kapitel 2.2), soll hier nur auf die Möglichkeiten der Standortanalyse, -bewertung und Auswahl mit Hilfe von Nutzwertanalysen unter Einbeziehung harter, d. h. anhand der jeweiligen Grundstückssituation physikalisch meßbarer, sozio-ökonomischer, d. h. sozial- und wirtschaftsstruktureller, sowie weicher, d. h. durch Wohn-, Kultur- und Freizeitqualität bestimmter Standortfaktoren hingewiesen werden.

Bei Renditeimmobilien kann der Anspruch an die Grundstücksqualitäten nie zu hoch gesteckt werden. Daraus ergeben sich nach den Spielregeln des Marktes entsprechende Konsequenzen für den Grundstückspreis.

Entwicklung des Grundstücksmarktes

Der Grundstücksmarkt ist in der Bundesrepublik Deutschland im Zuge der Wiedervereinigung heftig in Bewegung geraten. Nach Stagnation auf Niveau in den 80er Jahren ist vielerorts aus dem teilweise schon vorhandenen Käufermarkt überwiegend wieder ein Verkäufermarkt geworden. Die Kaufpreissammlungen der Gutachterausschüsse eignen sich mit ihren Bodenrichtwerten vielfach nurmehr als grobe Richtschnur für den relativen Vergleich, da die ausgewiesenen Quadratmeterpreise von den aktuellen Verkehrswerten erheblich übertroffen werden. Andererseits gibt es nicht nur in den alten, sondern insbesondere auch in den neuen Bundesländern zahlreiche Grundstücke, die wegen hoher Kontaminationen quasi unverkäuflich sind.

Ermittlung des Verkehrswertes

Sach-, Ertrags- und Vergleichswertverfahren

Grundlage der Vorgehensweise bei der Ermittlung des Verkehrswertes von bebauten und unbebauten Grundstücken ist die Wertermittlungsverordnung 1988, die je nach Nutzungsart drei Verfahren zur Ermittlung des Verkehrswertes vorgibt (Sach-, Ertrags- und Vergleichswertverfahren). Diese Verfahren können als bekannt vorausgesetzt werden, wenngleich für die konkrete Verkehrswertermittlung im Einzelfall stets erhebliche Ermessensspielräume und damit Bewertungsrisiken offenbleiben. Die Hinzuziehung von öffentlich bestellten und vereidigten Sachverständigen für die Wertermittlung von Grundstücken und Gebäuden ist daher in den meisten Fällen dringend anzuraten.

Residualverfahren

Als weiteres Bewertungsverfahren ist das Residualverfahren zur Ermittlung einer Obergrenze bekannt, die für Grund und Boden maximal aufgewendet werden kann [16]). Dieser Maximalbetrag ergibt sich aus dem Veräußerungserlös des Development-Objektes abzüglich sämtlicher Kosten inkl. Unternehmergewinn des Developments.

Wegen seines »Restwertcharakters« und seiner Abhängigkeit von sämtlichen Developmentrisiken ist dieses Verfahren für Plausibilitätsbetrachtungen heranzuziehen.

Mittel- und langfristige Chancen der Projektentwicklung in Deutschland

Im Zusammenhang mit den mittel- und langfristigen Chancen der Projektentwicklung, ist nach der Qualität des Immobilienstandortes Bundesrepublik Deutschland zu fragen. Im internationalen Vergleich bestehen Nachteile durch höchste Löhne und Lohnnebenkosten, kürzeste Jahresarbeitszeit und damit auch sehr hohe Lohnstückkosten, da relative Produktivitätsvorsprünge gegenüber anderen Ländern zunehmend vermindert werden. Nachteilig wirken auch hohe Steuerbelastungen, langwierige Bauleitplanungs- und Baugenehmigungsverfahren sowie kostenträchtige Genehmigungsauflagen.

Vorteile im internationalen Vergleich

Durch das 1994 in Kraft getretene Standortsicherungsgesetz sind in begrenztem Umfang steuerliche Erleichterungen eingetreten. Als deutliche Vorteile des Standortes Bundesrepublik Deutschland sind im internationalen Vergleich jedoch die relativ stabilen politischen Verhältnisse, die gute Infrastruktur, die zentrale Lage in Europa sowie die gemäßigten klimatischen Verhältnisse anzuführen. Daher wird der

[16]) Kruse, D. T.: Bewertungsproblematik bei Development-Projekten, in: Projektentwicklung am Bau, Seminar Management-Circle am 30. und 31. März 1992 in Frankfurt/Main.

Immobilienstandort Bundesrepublik Deutschland mittelfristig in seinen zentralen Regionen Großraum Hamburg, Ruhrgebiet, Düsseldorf/Köln, Frankfurt, Rhein/Main/Neckar, Stuttgart, München, Nürnberg/Erlangen, Erfurt/Weimar, Dresden/Chemnitz, Leipzig/Halle, Hannover/Braunschweig/Magdeburg und insbesondere auch Berlin durchaus attraktiv bleiben.

Standortanalyse für bereits fixierten Standort

Die Standortanalyse für einen bereits fixierten Standort kann sich von Anfang an auf die harten, d.h. physikalisch meßbaren Standortfaktoren konzentrieren. Dazu gehören u.a. die Tragfähigkeit des Baugrundes, die hydrogeologischen Verhältnisse, Handicaps infolge von Kontaminationen durch Altablagerungen oder Altstandorte sowie Bebauungsprobleme oder -verzögerungen durch Bodendenkmäler, die in engem Zusammenwirken mit den Denkmalschutzbehörden gesichert, geschützt und ggf. behutsam ab- und andernorts wieder aufgebaut werden müssen.

Möglichkeiten bzw. Begrenzungen für die Bebaubarkeit nach dem geltenden Baurecht sind anhand bestehender Bebauungspläne oder durch Auskünfte von Bauplanungs- und Bauordnungsämtern festzustellen. Eventuelle Lasten und Beschränkungen sind zuverlässig nur durch Einsicht in das Grundbuch zu erkennen (Abteilung II). Dies gilt auch für die Belastung des Grundstückes mit Grund- und Rentenschulden (Abteilung III).

1.1.5.3 Marktanalyse zur Schöpfung von Projektideen

Anhand von Marktanalysen, -bewertungen und -prognosen sind unter Einschätzung des eigenen Unternehmenspotentials Projektideen zu entwickeln, die einzelwirtschaftlich wettbewerbs- und zugleich gesamtwirtschaftlich sozial- und umweltverträglich sind.

Bisherige Erfahrungen nutzen

Projektentwickler stützen sich bei der Schöpfung neuer Projektideen i.d.R. auf bereits bearbeitete Projektarten (Strategie der Konzentration auf Schwerpunkte). Der vorhandene Erfahrungshorizont läßt sich dann durchaus auf ähnliche Projektarten und Nutzungsbereiche erweitern, deren neuartige Kombination interessante Projektideen innerhalb des verfügbaren Erfahrungspotentials liefern kann.

Im Rahmen einer Umfrage am Lehrstuhl für Bauwirtschaft der Bergischen Universität Wuppertal im Jahre 1989 wurde festgestellt, daß die wichtigsten Quellen für Projektideen aus Anregungen von Auftraggebern, intensiver Marktbeobachtung, intuitiven Ideen, Mitarbeiteranregungen sowie Architekten-, Behörden- und Maklerkontakten stammen (Abb. 1.1.24).

Unterstützung durch Marktforschungsinstitute

Wertvolle Hilfe bei der Gewinnung von Projektideen bieten auch Marktforschungsinstitute, wie z. B. das Institut für Wirtschaftsforschung in München, das im Auftrag des Hauptverbandes der Deutschen Bauindustrie und des Zentralverbandes des Deutschen Baugewerbes regelmäßig Baubedarfsprognosen erstellt. Nach den vorliegenden Prognosen für die alten Bundesländer bis zum Jahr 2000 und für die neuen Bundesländer bis zum Jahre 2005 dominiert jeweils der Wohnungsbaubedarf mit 48 bzw. 41 %, wobei jeweils ein größerer Anteil in der Modernisierung/Erhaltung als im Neubau gesehen wird.

Im Bereich des Umweltschutzes hat die Erhaltung und Erneuerung von Anlagen der Abwasserbeseitigung erste Priorität.

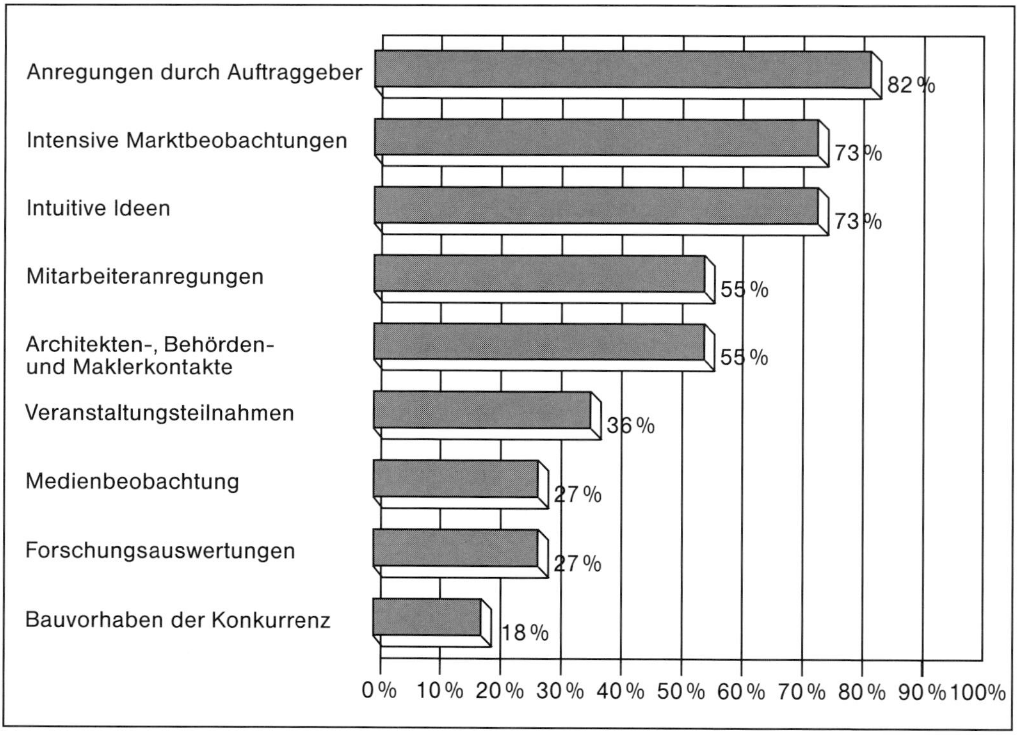

Quelle: BUGHW Bestandserhebung PE in BU 1989

Abb. 1.1.24: Ideenquellen für Projektentwicklungen

Projektentwicklung für öffentliche Infrastrukturinvestitionen

Die knappen Mittel der öffentlichen Haushalte und die Finanzierung des wirtschaftlichen Aufschwunges in den neuen Bundesländern lassen nur wenig Mittel aus den Vermögenshaushalten zur Finanzierung öffentlicher Bauinvestitionen erwarten. Es sind daher in hohem Maße privatwirtschaftliche Finanzierungs- und Betreibermodelle für öffentliche Infrastrukturinvestitionen gefragt.

Projektentwicklungen zur Energieeinsparung

Unter der Voraussetzung eines konstant weiter ansteigenden Weltenergieverbrauches reichen die Vorkommen von Erdöl und Erdgas, deren Förderung unter heutigen Bedingungen wirtschaftlich ist, noch für ca. 30 bis 50 Jahre, für Kohle etwa 250 Jahre. Bei einer Industrialisierung der heutigen Entwicklungsländer wird deren Energiebedarf sprunghaft ansteigen und damit die genannten Reichweiten entsprechend verkürzen. Projektentwicklungen zur Energieeinsparung oder aber zur Energiegewinnung aus regenerativen Energiequellen gewinnen daher zunehmend an Bedeutung.

1.1.5.4 Nutzerbedarfsprogramm

Das Nutzerbedarfsprogramm bildet den Übergang von der Projektentwicklung im engeren Sinne zur Projektsteuerung. Sind ein Nutzungskonzept für eine Sachanlageninvestition und die Absicht zur Realisierung einer Projektidee mit bereits vorhandenen oder noch zu suchenden Nutzern gegeben, so ist ein Nutzerbedarfsprogramm (NBP) aufzustellen. Dabei kann zunächst durchaus offen bleiben, ob bereits ein Grundstück vorhanden ist (Projektidee für fixierten Standort) oder noch beschafft werden muß (Projektidee für fiktiven Standort).

Aufgaben des Nutzerbedarfsprogrammes

Das Nutzerbedarfsprogramm hat dann die Aufgabe, den (voraussichtlichen) Nutzerwillen in eindeutiger und erschöpfender Weise zu definieren und zu beschreiben, um damit einen Maßstab zu schaffen, der projektbegleitend Auskunft darüber gibt, ob und inwieweit mit den Planungs- und Ausführungsergebnissen die Anforderungen des Nutzers erfüllt werden. Das Nutzerbedarfsprogramm ist damit Ergebnis der vom künftigen Nutzer (möglichst) federführend erarbeiteten Bedarfsanforderungen im Hinblick auf Nutzung, Funktion, Flächen- und Raumbedarf, Gestaltung und Ausstattung, Budget und Zeitrahmen [17]).

Ob und inwieweit durch das Nutzerbedarfsprogramm auch die Erreichung eines wirtschaftlichen Erfolges definiert wird (z. B. 10 % Rendite auf das eingesetzte Kapital vor Steuern), ist abhängig von der Art des jeweiligen Investors.

---

[17]) Diederichs, C. J.: Kostensicherheit im Hochbau, DVP-Verlag, Wuppertal 1984.

Bedarfsanforderungen des künftigen Nutzers

Nachfolgend wird vorausgesetzt, daß aus einer oder mehreren Projektideen bereits eine konkrete Investitionsabsicht entstanden ist. Die Formulierung der konkreten Bedarfsanforderungen ist dann Aufgabe des künftigen Nutzers. Dieser ist mit seiner derzeitigen Situation (Ist-Zustand) nicht zufrieden. Um seine Situation zu verbessern, muß er sich mit dem (aufgrund gesetzlicher oder tariflicher Notwendigkeiten) erforderlichen oder (aufgrund betrieblicher Rationalisierungsüberlegungen) wünschbaren Soll-Zustand auseinandersetzen. Dabei muß er auch die künftige Entwicklung prognostizieren, um die Bedarfsdeckungserfordernisse für die Dauer der voraussichtlichen Nutzungsphase einzubeziehen.

Aus der Differenz zwischen künftigen Soll-Anforderungen und derzeitiger Ist-Situation ergibt sich die Bedarfsformulierung, für deren Deckung im nächsten Schritt Bedarfsdekkungsalternativen zu entwickeln sind.

Bedarfsplanung

Zur Bedarfsplanung gehören im wesentlichen die in Abb. 1.1.25 und 1.1.26 aufgelisteten Untersuchungsbereiche [18]).

Bedarfsalternativen

So wird z. B. durch Prognose der Personalentwicklung für einen Betrachtungszeitraum von 15 Jahren festgestellt, daß für eine Geschäftsbank der vorhandene Flächen- und Raumumfang um ca. 50 % erhöht werden muß. Für einen zunächst nur grob formulierten Bedarf sind im nächsten Schritt Bedarfsdeckungsalternativen zu untersuchen. Im Hochbau kommen allgemein folgende Möglichkeiten in Betracht:

- Erweiterung
- Umbau
- Erweiterung mit Umbau
- Neubau
- Bezug von neuem/anderem Altbau.

Die Vorentscheidung für die Auswahl einer Bedarfsdekkungsalternative ist einerseits abhängig von steuerbaren Vorgaben des Nutzers/Investors wie

- wirtschaftlichen Rahmenbedingungen (Budget, Rendite, Planungskennwerte),
- zeitlichen Vorgaben (Baubeginn in neun Monaten, Fertigstellung in 27 Monaten),
- räumlichen Vorgaben (Standort, Lage, Verkehrsanbindung)

[18]) Diederichs, C. J.: Nutzerbedarfsprogramm – Meßlatte der Projektziele, in: Bausteine der Projektsteuerung – Teil 1, DVP-Seminar am 25. März 1994 in Berlin, DVP-Verlag, Wuppertal 1994.

1 Eingrenzung der Aufgabenstellung

2 Aufbauorganisation

2.1 Personalstruktur
2.2 Arbeitsplatz- und Raumstruktur
2.3 Kommunikationsuntersuchung und Mitarbeiterbefragung

3 Ablauforganisation

3.1 Funktionale Beziehungen in und zwischen den Abteilungen
3.2 Ablauforganisation in Sonderbereichen und zwischen Abteilungen und Sonderbereichen
3.3 Alternative Modelle der Ablauforganisation (Analyse, Bewertung und Entscheidung)

4 Nutzungsspezifische Gebäude-/Raumkonzeptionen (Beispiel: Büronutzung)

4.1 Arbeitsplatz- und Raumtypen
4.2 Formen der Raumorganisation
4.3 Alternative Gebäude- und Raumkonzeption (Analyse, Bewertung und Entscheidung)
4.4 Funktionsprogramm

5 Ermittlung des Flächenbedarfs

5.1 Nutzungszweckspezifische Flächen (hier: Büros)
5.2 Sonderflächen, Sonderräume und Zentrale Dienste
5.3 Einstellplätze
5.4 Raum- und Flächenprogramm nach DIN 277

6 Anforderungen an Bauweise und Geschoßbelegung

6.1 Standortfaktoren
6.2 Bauweise
6.3 Geschoßverteilung und -belegung

Abb. 1.1.25: Untersuchungsbereiche der Bedarfsplanung (Teil 1)

und andererseits von nicht steuerbaren Randbedingungen:

- rechtlicher Art (Bauleitplanung und Bauordnungsrecht),
- umfeld- und naturbedingten Randbedingungen (Beschränkungen der Freiräume aus topologischen, geologischen, hydrogeologischen und klimatischen Gegebenheiten),
- örtlichen und überörtlichen Verhältnissen (Konjunktur- und Wirtschaftssituation).

Die Bedarfsplanung bildet den eigentlichen Kern des Nutzerbedarfsprogrammes. Sie umfaßt die Eingrenzung der Aufgabenstellung mit der wichtigen Überlegung, ob in die Bedarfsplanung eine Organisationsuntersuchung einbezogen werden soll, die im Ergebnis dazu führt, daß mit dem Umzug in ein neues/anderes Gebäude auch eine neue/veränderte Aufbau- und Ablauforganisation realisiert werden soll.

Aufbauorganisation

Im Rahmen der Aufbauorganisation ist die Personalstruktur im Ist mit dem gegenwärtigen Zustand und im Soll für die zukünftige Entwicklung zu untersuchen.

Ablauforganisation

Aus einer Mitarbeiterbefragung mit Kommunikationsuntersuchung und der Soll-Konzeption für die Ablauforganisation in den eigentlichen »Produktionsbereichen« sowie in den Sonderbereichen sind Modelle alternativer Ablauforganisationen für die künftige Zusammenarbeit zu entwickeln, die als Chance zur Verbesserung künftiger Arbeitsbedingungen begriffen werden müssen.

Bei der Untersuchung nutzungsspezifischer Gebäude-/Raumkonzeptionen sind z.B. für Verwaltungsbauten verschiedene Büroraumarten zu unterscheiden.

7 Anforderungen an die tragenden und nichttragenden Baukonstruktionen

7.1 Raster und Module
7.2 Geschoßhöhen
7.3 Deckentragfähigkeit
7.4 Fassaden und Fenster
7.5 Decken- und Wandbekleidungen, Bodenbeläge
7.6 Verkehrsflächenanordnung mit Ein- und Ausgängen und Verkehrsanbindung
7.7 Technische Kerne
7.8 Garagen und Stellplätze

8 Anforderungen an die Technischen Anlagen

8.1 Beleuchtung
8.2 Informationstechnische Anlagen
8.3 Raumlufttechnik
8.4 Starkstromanlagen
8.5 Förderanlagen
8.6 Sanitäre Anlagen
8.7 Nutzungsspezifische Anlagen
- Küchentechnik
- Medienversorgung
- Abfallentsorgung und Wertstoffrecycling

8.8 Gebäudesicherheit und -überwachung

9 Anforderungen an Einbauten und Ausstattung

10 Anforderungen an Außenanlagen

Anlagen

1 Kommunikationsmatrix
2 Ergebnisse der Mitarbeiterbefragung
3 Personalentwicklung
4 Arbeitsplatz- und Raumtypenkatalog
5 Funktionsprogramm
6 Raum- und Flächenprogramm
7 Anforderungskatalog an Baukonstruktion, Technische Anlagen und Außenanlagen
8 Ausstattungsprogramm

Abb. 1.1.26: Untersuchungsbereiche der Bedarfsplanung (Teil 2)

Basis der Flächenbedarfsermittlung sind Arbeitsplatztypen, deren Art, Struktur und Zusammensetzung aufgrund organisatorischer Erkenntnisse und Erfahrungswerte bestimmt werden.

Die Anforderungen an die Bauweise und Geschoßbelegung sind zunächst abhängig von den Standortfaktoren des Grundstückes. Für die Grundrißgestaltung bestehen allgemeingültige Regeln, wie z.B. Flächen mit überwiegendem Personen- und Materialverkehr möglichst im Erdgeschoß unterzubringen.

Die Anforderungen an die Baukonstruktionen werden maßgeblich bestimmt durch Achsraster, Geschoßhöhen und Deckentragfähigkeit.

Die Planung der Anforderungen an die Technischen Anlagen hat einen hohen Stellenwert, da diese maßgeblich das Wohlbefinden der Mitarbeiter beeinflussen.

Abschluß durch Entscheidungsempfehlung

Ist als Voraussetzung für den Planungswettbewerb/-auftrag das Nutzerbedarfsprogramm mit allen teils ausführlich, teils gestrafft erläuterten Bestandteilen fertiggestellt, so muß der Bericht mit einer Entscheidungsempfehlung und -begründung zu den untersuchten Alternativen abgeschlossen werden.

1.1.5.5 Investitionsrahmen inklusive Folgekosten und Investitionsanalyse

Wichtiger Bestandteil der Projektentwicklung ist die Abschätzung der Investitionen und Folgekosten für das durch die Bedarfsplanung ermittelte Funktions-, Raum-, Flächen-, Bau- und Ausstattungsprogramm.

Struktur der Kostenplanung ermitteln

Die Problematik der Ermittlung der Erstinvestitionen liegt darin, daß vor Erteilung des Planungsauftrages noch keine Planungsunterlagen vorliegen und statt dessen mit den Ergebnissen der Bedarfsplanung gearbeitet werden muß, d.h. mit nutzerbezogenen Daten wie Nutzeinheiten oder Nutzflächen bzw. mit geometrischen Bezugsgrößen (BGF, BRI, FBG) (Abb. 1.1.27).

Für diese Bezugsgrößen werden Kostenkennwerte benötigt, die entweder aus eigenen abgewickelten Projekten stammen, die dem neuen Projekt sehr ähnlich sind oder aber durch »Transformationsfaktoren« angepaßt werden.

Da die Fortführung von Projektentwicklungen sehr wesentlich abhängig ist von der wirtschaftlichen Tragfähigkeit, dürfen zwischen der erstgenannten Zahl und den Schlußabrechnungssummen mit dem Generalunternehmer sowie

Bereich	Projektstufe	Methode	Bezugsbasis
Kostenermittlung (KE)	KE vor Planungsbeginn	KE mit Nutzungsdaten	Nutzeinheiten Nutzfläche Kostenflächen
		KE mit geometrischen Bezugsgrößen	BGF BRI FBG UBF
		KG-Verhältniszahlen	in % von Kgr. 3.1 in % von Kgr. 3.1–3.4
		KE mit freien Ansätzen	verschiedene
	KE während der Planung	KE mit elementorientierten Strukturen	Grobelemente Gebäudeelemente Ausführungsarten CAD-Positionen
		KE mit ausführungsorientierten Strukturen	Leistungsbeschreibung Leitpositionen Vergabeeinheiten LV-Positionen
		KE mit freien Ansätzen	
	KE während der Ausführung	Kostenkontrolleinheiten	Vergabeeinheiten
		über Vertragswerte	Aufträge Nachträge Abrechnung
	KE mit Haushaltsdaten	über Abschätzung der Schlußabrechnung	Abrechnungswerte geschätzt
Kostenkontrolle und -steuerung	in allen Projektstufen	Vergleich zwischen und innerhalb der Projektstufen, Optimierung, Aktualisierung	verschiedene
Kostenfeststellung Dokumentation Analyse	Kostenfeststellung Objekt-Dokumentation Kennzahlenbildung	Auswertung der Schlußabrechnung	LV-Titel LV-Positionen
Schnittstellen	Projektverwaltung CAD Raum- und Gebäudebuch Terminplanung Haushaltswesen AVA Kostenkennwerte Fachingenieurprogramm		

Abb. 1.1.27: Struktur der Kostenplanung

aller sonstigen Planer- und Firmenaufträge keine großen Abweichungen nach oben bestehen, da ansonsten das wirtschaftliche Ergebnis gefährdet ist. Hierin besteht das sog. »Dilemma der erstgenannten Zahl«.

Abschätzung der Folgekosten

Die Ermittlung der Erstinvestitionen ist allerdings nicht ausreichend, um eine Investitionsanalyse und damit eine Beurteilung der wirtschaftlichen Tragfähigkeit des Projektes vornehmen zu können. Zusätzlich muß eine Abschätzung der Folgekosten vorgenommen werden, die sich aus den Baunutzungskosten nach DIN 18 960 [19]) sowie den Personal- und Sachkosten der Nutzer zusammensetzen (Abb. 1.1.28). Die Untersuchung der Betriebskosten und der Bauunterhaltungskosten (KG 5 und 6 nach DIN 18960) stellen jeweils eigene Themenkreise dar (Abb. 1.1.29).

Kapitalwertmethode

Durch die Investitionsanalyse wird nach den Methoden der Investitionsrechnung und hier vorrangig der Kapitalwertmethode festgestellt, ob die aus einer Projektentwicklung erwarteten wirtschaftlichen Ergebnisse voraussichtlich erreicht werden können. Die Kapitalwertmethode setzt voraus, daß es möglich ist, Zahlungsreihen der voraussichtlichen Aufwendungen und Erträge für den jeweiligen Betrachtungszeitraum (z.B. 20 Jahre) zu entwickeln, dabei Indexentwicklungen zu berücksichtigen, Restwerte am Ende des Betrachtungszeitraums abzuschätzen und den kalkulatorischen Zinssatz des einzusetzenden Kapitales vorzugeben. In Abb. 1.1.30 wird die Kapitalwertformel mit teilweiser Fremdkapitalfinanzierung nach Steuern vorgestellt.

Ist der *Kapitalwert positiv*, so wird durch die Investition eine höhere Verzinsung des eingesetzten Kapitales erzielt als mit dem kalkulatorischen Zinssatz vorausgesetzt, d.h. es wird darüber hinaus ein Vermögenszuwachs erwirtschaftet.

Ist der *Kapitalwert negativ*, so erreicht diese Investition die geforderte kalkulatorische Verzinsung des Kapitaleinsatzes nicht.

Ist der *Kapitalwert gerade gleich Null*, so wird die Mindestverzinsung zum kalkulatorischen Zinssatz genau erreicht.

Methode des internen Zinsfußes

Bei der Methode des internen Zinsfußes wird der *Kapitalwert gleich Null gesetzt.*

---

[19]) DIN 18960 – Baunutzungskosten von Hochbauten, April 1976.

Lfd. Nr.	Begriff	Erläuterungen
1	Investitionen im Hochbau	Summe aller Aufwendungen für Güter, Dienstleistungen und Abgaben inkl. Umsatzsteuer, die für die Planung, Errichtung, den Umbau, den Abbruch und die Sanierung von Hochbauten erforderlich sind.
	Kostengruppen nach DIN 276	1. Baugrundstück 2. Erschließung 3. Bauwerk 4. Gerät 5. Außenanlagen 6. Zusätzliche Maßnahmen 7. Baunebenkosten
2	Folgekosten im Hochbau	Summe der bei Hochbauten und deren Grundstücken unmittelbar entstehenden regelmäßig oder unregelmäßig wiederkehrenden Kosten, die vom Beginn der Nutzbarkeit bis zum Zeitpunkt der Beseitigung anfallen.
2.1	Personalkosten der Nutzer	Betriebsspezifische und produktionsbedingte Personalkosten für Löhne, Gehälter und Lohnnebenkosten.
2.2	Sachkosten der Nutzer	Betriebsspezifische und produktionsbedingte Sachkosten, die für den betrieblichen Erzeugungsprozeß benötigt werden, z.B. Roh-, Hilfs- und Betriebsstoffe sowie Halbfabrikate in einem Industriebetrieb.
2.3	Baunutzungskosten Kostengruppen nach DIN 18960	Folgekosten ohne Personal- und Sachkosten der Nutzer. 1. Kapitalkosten; Zinsen für Fremdmittel, Eigenkapital und Eigenleistungen, 2. Abschreibung; verbrauchsbedingte Wertminderung der Gebäude, Anlagen und Einrichtungen, 3. Verwaltungskosten; Fremd- und Eigenleistungen für Gebäude- und Grundstücksverwaltung, 4. Steuern für Gebäude und Grundstücke; z.B. Grundsteuer 5. Betriebskosten; Sicherung der Bedingungen für die vorgesehene Nutzung der Gebäude und Außenanlagen 6. Bauunterhaltungskosten; Gesamtheit der Maßnahmen zur Bewahrung und Wiederherstellung des Sollzustandes von Gebäuden und dazugehörenden Anlagen.

Abb. 1.1.28: Investitionen und Folgekosten im Hochbau

Lfd. Nr.	Begriff	Erläuterungen	Quelle
1	Betriebskosten Gliederung nach DIN 18960 KG 5	Kosten zur Sicherung der Bedingungen für die vorgesehene Nutzung der Gebäude und Außenanlagen 5.1 Gebäudereinigung; Innen-, Fenster- und Fassadenreinigung; bei Verwaltungsgebäuden Anteil an den Betriebskosten ca. 40 % 5.2 Abwasser und Wasser 5.3 Wärme und Kälte; Heizstoffe, auch Fernwärme und Fernkälte zur Erzeugung von Raum-, Lüftungs- und Wirtschaftswärme oder -kälte 5.4 Strom; Gesamtverbrauch, außer zur Erzeugung von Wärme und Kälte; bei Verwaltungsgebäuden Anteil der KG 5.3 und 5.4 an den Betriebskosten ca. 40 % 5.5 Bedienung von haus- und betriebstechnischen Anlagen 5.6 Wartung und Inspektion der haus- und betriebstechnischen Anlagen 5.7 Verkehrs- und Grünflächen; Reinigung und Pflege 5.8 Sonstiges; z. B. Abfallbeseitigung, Schornsteinreinigung, Aufsichts- und Hausmeisterdienst, Versicherungen	DIN 18960 (27) KG 5
2	Bauunterhaltungskosten	Kosten der Gesamtheit aller Maßnahmen zur Bewahrung und Wiederherstellung des Soll-Zustandes von Gebäuden und dazugehörenden Anlagen.	DIN 18960 KG 6
2.1	Instandhaltung	Maßnahmen zur Bewahrung des Soll-Zustandes (Wartung) sowie zur Feststellung und Beurteilung des Ist-Zustandes (Inspektion) ohne Wartung und Inspektion der haus- und betriebstechnischen Anlagen nach KG 5.6 der DIN 18960.	DIN 31051 (29)
2.2	Instandsetzung	Maßnahmen zur Wiederherstellung des Soll-Zustandes bzw. des bestimmungsgemäßen Gebrauchs, d. h. Behebung von baulichen Mängeln, insbesondere solchen, die infolge von Abnutzung, Alterung, Witterungseinflüssen oder Einwirkungen Dritter entstanden sind.	ModEnG (56)
2.3	Modernisierung	Verbesserung von Bauwerken durch bauliche Maßnahmen, die den Gebrauchswert der Bauwerke nachhaltig erhöhen oder die allgemeinen Nutzungsverhältnisse auf die Dauer verbessern. Zu solchen Maßnahmen gehören insbesondere die Verbesserung 1. des Grundrißzuschnittes, 2. der Belichtung und Belüftung, 3. des Schallschutzes, 4. der Energie- und Wasserversorgung sowie der Entwässerung, 5. der sanitären Einrichtungen, 6. der Beheizung, 7. der Funktionsabläufe im Bauwerk 8. der Sicherheit vor Diebstahl und Gewalt. Maßnahmen zur Einsparung von Heizenergie sind insbesondere: 1. wesentliche Verbesserung der Wärmedämmung von Fenstern, Außentüren, Außenwänden, Dächern, Kellerdecken und obersten Geschoßdecken, 2. wesentliche Verminderung des Energieverlustes und des Energieverbrauchs der zentralen Heizungs- und Warmwasseranlagen. 3. Änderung von zentralen Heizungs- und Warmwasseranlagen innerhalb des Gebäudes für den Anschluß an die Fernwärmeversorgung, die überwiegend aus Anlagen der Kraft-Wärme-Kopplung, zur Verbrennung von Müll oder zur Verwertung von Abwärme gespeist wird, 4. Rückgewinnung von Wärme und 5. Nutzung von Energie durch Wärmepumpen- und Solaranlagen.	ModEnG
3	Sanierung	Abbruch und vollständiger Neubau von Bauwerken oder Bauteilen; Sanierungsmaßnahmen sind Investitionsmaßnahmen.	

Abb. 1.1.29: Betriebs-, Bauunterhaltungs- und Sanierungskosten im Hochbau

$$KW_{fs} = -\sum_{t=0}^{bz} (EK_t + FIN_t + S_t) \times q_s^{-t} + \sum_{t=bz+1}^{T} (ME_t - FIN_t - S_t) \times q_s^{-t} + RW_T \times q_s^{-T} - FK_T \times q_s^{-T}$$

KW_{fs} = Kapitalwert mit Fremdkapitalfinanzierung nach Steuern

EK_t = Eigenkapitalausgabe im Jahre t

FIN_t = Finanzierungszahlungen (Zins + Tilgung) im Jahre t

S_t = Steuerzahlungen im Jahre t

ME_t = Mieterträge abzüglich ungedeckter Betriebs- und Bauunterhaltungskosten im Jahre t

RW_T = Restwert am Ende des Planungszeitraumes T

FK_T = Rest-Fremdkapital am Ende des Planungszeitraumes T

q_s = $(1 + p_s/100)$

p_s = Kalkulationszinssatz nach Steuern (%)

bz = Bauzeit (Jahre)

t = laufendes Jahr

T = Planungszeitraum (Jahre)

Abb. 1.1.30: Kapitalwertformel

1.1.5.6 Terminrahmen

Die Investitionsanalyse benötigt Beginn- und Fertigstellungsdaten, um die Zeitreihen der jährlichen Einnahmen und Ausgaben einsetzen zu können. Dabei entsteht die Frage nach dem Idealablauf innerhalb der Regeldauer.

Projektdauer und Umsatz

In der Praxis gibt es z. B. Projektdauern mit 15 Monaten für die Ausführung und einem halben Jahr Vorlauf für die Planung eines Warenverteilzentrums mit einer Gesamtinvestition von ca. 180 Mio. DM netto. Dies bedeutet einen Umsatz, verteilt über die gesamte Projektdauer, von ca. 100 Mio. DM/Jahr. Für die Planung eines Amtsgerichtes mit einer Investitionssumme von 15 Mio. DM netto vom Projektanstoß bis zum Baubeginn verstreichen dagegen zunächst elf Jahre und dann für die Realisierung nochmals vier Jahre, d. h. letztlich werden 1 Mio. DM/Jahr »umgesetzt«. Die Frage nach dem Idealablauf läßt sich daher nicht so einfach beantworten.

Einfluß äußerer Faktoren auf den Terminrahmen

In der Praxis kommt es häufig vor, daß Zeit-, Finanzierungs- oder Personalzwänge die Eckdaten setzen und die Projektbeteiligten mit dieser Situation »leben« müssen, sei es nun mit außerordentlichem Termindruck oder aber mit unendlicher Langmut, nicht selten mit dem Wechsel zwischen beiden Extremen bei demselben Projekt. Diese Fälle sind als besonders schwierig, dabei aber doch als interessant einzustufen. Zum Nutzerbedarfsprogramm kann i. d. R. lediglich ein Terminrahmen geliefert werden, der – ausgehend vom gegenwärtigen Zeitpunkt – die Meilensteine Planungsauftrag, Baueingabe, Baugenehmigung, Baubeginn, Fertigstellung des Rohbaus und der wetterfesten Gebäudehülle zur Aufnahme der Bauheizung, Baufertigstellung, Abnahme-/Übergabephase und Beginn des Einzuges fixiert (Abb. 1.1.31).

Aus der Kombination von Investitions- und Terminrahmen ist dann bereits ein erster Mittelabflußplan ableitbar.

1.1.5.7 Finanzierung

Da der Finanzierung von Bauprojekten ein eigener Beitrag vorbehalten ist (vgl. Kapitel 2.4), sei hier nur der Vollständigkeit halber darauf hingewiesen. Die Erteilung eines Planungsauftrages setzt voraus, daß zumindest die Finanzierung für die Durchführung der ersten Leistungsphasen (Projektentwicklung, Grundlagenermittlung, Vorplanung), ggf. mit Durchführung eines Architektenwettbewerbes, gesichert ist.

Finanzierungsformen von Bauprojekten

Die verschiedenen Formen der Eigenkapitalfinanzierung durch die Investoren selbst, der Fremdkapitalfinanzierung durch Banken und Leasingunternehmen, der Mischfinanzierung durch offene und geschlossene Immobilienfonds und auch durch Konzessionsmodelle, ggf. unter Einbindung von Fördermitteln aus den verschiedensten Quellen, sind im Einzelfall hinsichtlich Mittelbedarf und Mittelabfluß nach Höhe und Fristigkeit sorgfältig zu planen, zu überwachen und zu steuern.

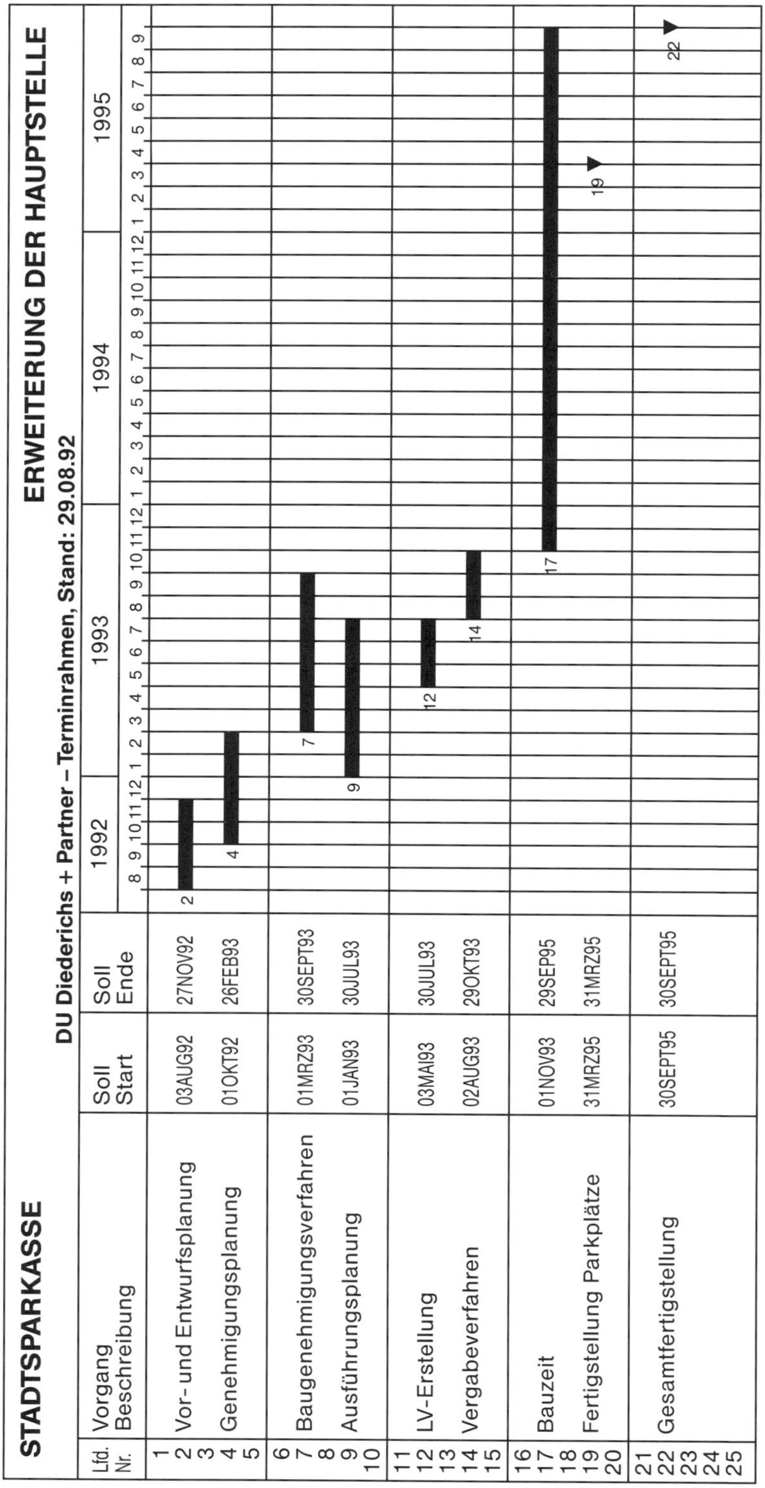

Abb. 1.1.31: Terminrahmen

1.1.6 Ablauforganisation der Projektentwicklung im weiteren Sinne

Entwicklung der Ablauforganisation

Für die Aufbauorganisation gemäß Abb. 1.1.21 wird nun die Ablauforganisation entwickelt. Dazu werden die Aufgaben chronologisch nach fünf Projektstufen differenziert und auf die Projektentwicklung, das Projektmanagement, das Facility Management sowie die Servicefunktionen aufgeteilt. Nach Erarbeitung wesentlicher Daten trifft sich das Team, bespricht die Ergebnisse und die weitere Vorgehensweise. Dieser Ablauf wird über alle Projektstufen beibehalten. Durch den Projektmix mit unterschiedlichen Projektstufen ist meistens ein regelmäßiger Abstimmungsbedarf vorhanden.

Die nachstehende Ablauforganisation ist nicht als Standardablauf zu verstehen. Sie soll aufzeigen, welche Aufgaben erledigt werden müssen, um Entscheidungen treffen zu können. In dem Ablaufschema von Abb. 1.1.32–1.1.34 sind besondere Entscheidungsorgane wie Geschäftsführung, Aufsichts- oder Beirat nicht gesondert aufgeführt.

Suche nach Standort oder Projektidee

Die Projektentwicklung beginnt mit der Grundstücksakquisition oder der Suche nach einer Projektidee aufgrund einer gründlichen Marktrecherche. Bei einer Projektidee für einen fiktiven Standort steht die Standortsuche am Anfang, bei einer Projektidee für einen fixierten Standort ist es die Standortanalyse. Nach Klärung des Baurechtes kann das Nutzungskonzept vervollständigt werden, auf dessen Grundlage das Nutzerbedarfsprogramm mit Investitionsanalyse und Finanzierungsalternativen entsteht.

Je nach dem Ergebnis der Empfehlungen im Erläuterungsbericht zum Nutzerbedarfsprogramm kann entschieden werden, ob die Projektentwicklung beendet, optimiert oder fortgesetzt wird.

Nutzerbedarfsprogramm zuerst erstellen

Es wird viel diskutiert über mögliche oder nicht mögliche Überschneidungen zwischen Planung und Ausführung. Dabei kursieren Begriffe wie Konsekutiv- und Synchronmodell sowie ähnliche Wortschöpfungen. Innerhalb gewisser Grenzen ist dies alles verzeihlich. Das »synchrone« Erstellen eines Nutzerbedarfsprogrammes parallel zu einer bereits fortgeschrittenen Planung oder gar bereits begonnenen Bauausführung rächt sich jedoch stets bitter für den Investor und macht auch die übrigen Projektbeteiligten nicht glücklich. Daher lautet die eindeutige Forderung: *Das Nutzerbedarfsprogramm hat Vorrang vor dem Einstieg in die eigentliche Planung, erst recht vor dem Einstieg in die Ausführung!*

Projektstufe	Servicefunktion	Projektentwicklung	Projektmanagement	Facility Management
1 Projektvorbereitung 1.1 Projektentwicklung 1.2 Grundlagenermittlung →	● Rechtsberatung ● Steuerberatung	● Projektanstoß ● Marktrecherchen ● Projektidee ● Standortanalysen ● Klärung Baurecht ● Nutzungskonzept ● Nutzerbedarfsprogramm ● Investitionsanalyse ● Finanzierungs-alternativen	● Kostenrahmen ● Terminrahmen	
→ Planungsauftrag?	Ja →	Projektplanung	Nein → Ende	
2 Projektplanung 2.1 Vorplanung 2.2 Entwurfsplanung 2.3 Genehmigungs-planung →	● Rechtsberatung ● Steuerberatung ● Versicherungsberatung ● Öffentlichkeitsarbeit ● Projektbuchhaltung	● Nutzungskonzept ● Vermarktungskonzept ● Kontakt: Nutzer/Investor ● Erschließungskonzept ● Wirtschaftlichkeits-berechnung ● Grundstückssicherung	● Beauftragung: Architekten, Fachplaner ● Vorplanung ● Entwurfsplanung ● Bauvorlagen ● Bodengutachten ● Altlastenuntersuchung	

Abb. 1.1.32: Ablauforganisation der Projektentwicklung im weiteren Sinne (Teil 1)

Projektstufe	Servicefunktionen	Projektentwicklung	Projektmanagement	Facility Management
→ Baueingabe?	Ja →	Ausführungsvorbereitung	Nein → Ende	
3 Ausführungsvorbereitung 3.1 Ausführungsplanung 3.2 Vorbereiten Vergaben 3.3 Vergaben	● Rechtsberatung ● Steuerberatung ● Versicherungsberatung ● Öffentlichkeitsarbeit ● Projektbuchhaltung	● Vermietungsverhandlungen ● Verkaufsverhandlungen ● Grundstückskauf ● Finanzierungsmittel	● Beschaffung der Baugenehmigung ● Ausführungsplanung ● Ausschreibungsunterlagen ● Vergabeverhandlungen	
Baubeginn?	Ja →	4 Ausführung	Nein → Ende	
4 Ausführung	● Rechtsberatung ● Steuerberatung ● Versicherungsberatung ● Öffentlichkeitsarbeit ● Projektbuchhaltung	● Vermietungsverhandlungen ● Verkaufsverhandlungen ● Finanzierungsmittel ● Kostenprüfung ● Abschluß Miet-/Kaufverträge	● Vergaben ● Organisation Baustelle ● Koordination Fachfirmen ● Termine, Leistungsstand ● Qualitäten ● Kosten ● Abrechnung Kreditoren ● Mängelbeseitigungen ● Abnahme/Übergaben	● Einarbeitung Veranstaltungs-/Flächenmanagement ● Technisches Gebäudemanagement ● Kaufmännisches Gebäudemanagement ● Kommunikationsmanagement

Abb. 1.1.33: Ablauforganisation der Projektentwicklung im weiteren Sinne (Teil 2)

Projektstufe	**Servicefunktionen**	**Projektentwicklung**	**Projektmanagement**	**Facility Management**
→ Nutzer vorhanden?	Ja →	5 Nutzung	Nein →	Vertriebsoffensive
5 Nutzung	• Rechtsberatung • Steuerberatung • Versicherungsberatung • Öffentlichkeitsarbeit • Projektbuchhaltung	• Abschluß fehlender Miet-/Kaufverträge	• Mängelbeseitigung	• Gewährleistungs-verfolgung • Veranstaltungs-/Flächenmanagement • Technisches Gebäudemanagement • Kaufmännisches Gebäudemanagement • Kommunikations-management • Datenauswertung • Überprüfung Projekterfolg
→ 6 Weitere Nutzung?	**Ja →**	**5 Nutzung**	**Nein → 7**	
→ 7 Umwidmung?	**Ja →**	**1 Projektvorbereitung**	**Nein → 8**	
→ 8 Abriß?	**Ja →**	**1 Projektvorbereitung**	**Nein →**	**Verkauf**

Abb. 1.1.34: Ablauforganisation der Projektentwicklung im weiteren Sinne (Teil 3)

Voraussetzungen für den Grundstückskauf

Um über den Grundstückskauf entscheiden zu können, müssen möglichst das Nutzungskonzept festgelegt, Erschließungsuntersuchungen durchgeführt, Kontakte zu Nutzern und Investoren gesucht, die Wirtschaftlichkeitsberechnung überprüft und die Planungen bis zur Baueingabe fortgeführt worden sein zusammen mit Boden- und ggf. Altlastenuntersuchungen.

Nach diesen Schritten muß entschieden werden, ob der Bauantrag zusammen mit den Bauvorlagen eingereicht und das Grundstück gekauft werden soll. Der Grundstückskauf ist ein entscheidender Punkt in der Projektentwicklung, weil ein nachträglicher Abbruch der Projektentwicklung i. d. R. große Verluste nach sich zieht. Daher sollte versucht werden, das Grundstück bis zur Vergabe der Bauleistungen, z. B. durch Optionsverträge, zu sichern, damit die voraussichtlichen Bauinvestitionen bereits durch Submissionsergebnisse abgesichert sind und weitere Daten hinsichtlich der Vermarktung gesammelt werden können.

Von den Stabsstellen wird jeweils für die erforderliche Rechts-, Steuer- und Versicherungsberatung sowie Öffentlichkeitsarbeit gesorgt.

Tätigkeiten während der Ausführungsvorbereitung

Während der Ausführungsvorbereitung wird von den Projektentwicklern das Vermietungskonzept verabschiedet und der Kontakt zu Investoren und Nutzern (Mietern) intensiviert. Im Bereich des Projektmanagements häufen sich die Aufgaben durch Koordination des Architekten und der Fachplaner bei der Ausführungsplanung sowie der Erarbeitung der Ausschreibungsunterlagen und durch die Vergabeverhandlungen.

Die Stabsstellen decken notwendige versicherungstechnische Belange ab und führen die Projektbuchhaltung fort. Wenn die Vergabeverhandlungen zu einem annehmbaren Ergebnis geführt haben, muß über die Vergabe, den Baubeginn und die weitere Optimierung der Projektentwicklung entschieden werden.

Aufgaben der Projektentwicklung bei Baubeginn

Mit Baubeginn wird von der Projektentwicklung die Vermarktung forciert, wobei sie von der Stabsstelle Öffentlichkeitsarbeit unterstützt wird. Zusätzlich kümmert sich die Projektentwicklung um die Kostenverfolgung und sorgt für die betrags- und zeitgerechte Mittelbereitstellung. Der Bereich Baudurchführung organisiert und koordiniert die Baustelle und führt Qualitäts-, Leistungs- und Terminkontrollen durch. Ferner überprüft er Zahlungen an die Auftragnehmer.

Facility Management

Der Bereich Facility Management, der bisher nur bei Teamentscheidungen mitgewirkt hat, beginnt nun mit der Einarbeitung in das Projekt und übernimmt Aufgaben der Dokumentation und Archivierung von Projektunterlagen.

Aufgaben bei Baufertigstellung

Mit der Baufertigstellung, Abnahme und Übergabe ist es Aufgabe des Bereiches Projektentwicklung, den Abschluß ausstehender Miet- oder Kaufverträge herbeizuführen. Dem Bereich Projektmanagement obliegt die Koordination der Mängelbeseitigung. Das Facility Management hat Aufgaben der Mieterbetreuung, der Kontrolle von Wartungsfirmen, der Gewährleistungsverfolgung, der Beauftragung von Sanierungs- und Instandsetzungsmaßnahmen sowie die Beschaffung und Aufbereitung von aktuellen Projektdaten wahrzunehmen, um im Team nach angemessener Nutzungsdauer Entscheidungen hinsichtlich der Umwidmung oder später des Abrisses vorbereiten zu können.

Eine weitere Differenzierung der Leistungen des Projektmanagements, ist aus dem Entwurf einer Leistungs- und Honorarordnung Projektsteuerung des Deutschen Verbandes der Projektsteuerer zu entnehmen[20]).

[20]) Diederichs, C. J. (Hrsg.): DVP-Informationen 1994, 3. Aufl., Deutscher Verband der Projektsteuerer, DVP-Verlag, Wuppertal 1994.

Teil 2
Handlungsfelder der Projektentwicklung

Dr. Job von Nell

2.1 Die Entwicklung einer Nutzungskonzeption als Grundstein der Projektentwicklung

Inhaltsverzeichnis

2.1.1 Visionen versus Fakten

2.1.1.1 Die Grundsätze der Projektentwicklung

Voraussetzungen für den Erfolg der Projektentwicklung

Jeder Projektentwickler ist daran interessiert, die richtige Nutzungskonzeption zu haben, das richtige Produkt zum richtigen Zeitpunkt am richtigen Standort mit der passenden Finanzierung und zu einem Preis, der stimmt, zu schaffen. Beherrscht der Projektentwickler neben diesen Grundsätzen auch noch die Absatzwege für die Vermietung oder den Verkauf und ist das Projekt von der Öffentlichkeit akzeptiert, dann wird es nachhaltigen wirtschaftlichen Erfolg haben und den Standort aufwerten.

Die Grundsätze der Projektentwicklung so zu beschreiben, wirkt befremdlich, dennoch sind darin die wesentlichen Bausteine der Projektentwicklung enthalten. Im Anwendungsfall ist jedoch diese Definition der Projektentwicklung als Arbeitshilfe subjektiv und völlig untauglich, denn was »richtig« ist, ist interpretationsbedürftig.

2.1.1.2 Die Projektidee

Entwicklung einer Nutzungskonzeption

Die Entwicklung einer Nutzungskonzeption (= Projektidee im engeren Sinne[1]) ist die wesentliche Aufgabe der Projektentwicklung für einen gegebenen Standort[2]). Die Projektidee muß gewährleisten, daß das *Projekt einzelwirtschaftlich tragfähig* und *gesamtwirtschaftlich umwelt- und sozialverträglich* ist. Kann sie das nicht, muß die Projektentwicklung zur Schadensbegrenzung beendet werden, denn die Phase, in der das Objekt steht und keine entsprechenden Erträge erwirtschaftet, ist kostenintensiver als alle anderen Phasen.

2.1.1.3 Die Wurzeln der Projektidee

Herkunft und Entwicklung der Projektidee

Projektideen können auf unterschiedliche Weise entwickelt werden oder sich entwickeln. Es stellt sich die Frage, ob sie eher ein Ergebnis von *Inspiration* und Vision *oder* eher ein Ergebnis von *Marktanalysen*, der Organisationsform und des Know-how des eigenen Unternehmens sind. Und kommt die Projektidee eigentlich immer vom Projektentwickler?

---

[1]) Projektidee im weiteren Sinne umfaßt zusätzlich die baulich-räumliche Ausformung einer Nutzungskonzeption und die Lösung der mit dem Projekt zusammenhängenden Organisations-, Finanzierungs- und Marketingfragen.

[2]) Für die Projektentwicklung gibt es zwei unterschiedliche Ausgangslagen. Im ersten Fall muß für eine vorhandene Projektidee ein Grundstück gefunden werden. Im zweiten Fall wird für einen vorgegebenen Standort eine Projektidee gesucht. Nur letzterer Fall wird im vorliegenden Beitrag berücksichtigt.

Die letzte Frage läßt sich leicht beantworten, denn die Projektideen können selbstverständlich auch aus dem Umfeld des Projektgeschehens, sei es von Auftraggebern oder von dritter Seite kommen.

Der Auftraggeber beauftragt den Projektentwickler, seine Nutzungsvorstellungen baulich-räumlich in einer bestimmten Art, z. B. als Bürobau, umzusetzen. Dann gibt es Projektideen, die von dritter Seite kommen. Staatliche oder kommunale Institutionen, Architekten oder Stadtplaner, Interessenvertreter oder auch Forschungsinstitute können Vorschläge machen. Da sind außerdem die Kommunen, die für die Entwicklung eines Standortes innerhalb eines Stadtgebietes Vorstellungen über Nutzungsfunktionen sowie über Art und Maß der Gebäude vorgeben. Bei allen diesen Möglichkeiten bleibt dem Projektentwickler nur ein begrenzter Spielraum, eine Projektidee zu entwickeln, sondern es geht darum, die vorgegebenen Nutzungsfunktionen wirtschaftlich und räumlich effizient zu verwirklichen.

Idee als Vision und als Ergebnis einer Analyse

Bei der Entwicklung einer Nutzungskonzeption für einen vorgegebenen Standort ist die Antwort schwieriger. Die grundsätzliche Frage, ob der Weg zu einer guten und tragfähigen Idee über eine Intuition oder eine Vision oder mittels der Analyse von Fakten zu erreichen ist, muß immer individuell entschieden werden.

Der eine glaubt intuitiv an seine Idee und ist von deren Erfolg überzeugt, der andere schließt von Fakten und Analysen auf Ideen und deren Tragfähigkeit. Beide Wege können zum Erfolg führen. Die Chancen des »visionären« Wegs liegen in der *persönlichen Interpretation einer Nutzung*, um eine Immobilie einzigartig, unverwechselbar und damit attraktiv zu machen. Dieser Weg birgt Risiken, wenn die eigene Vorstellung keine Akzeptanz findet, sei es von den Banken, der Öffentlichkeit oder den vorgesehenen Nutzern. Doch der visionäre Weg muß auch dann nicht immer richtig sein, wenn er in der Breite akzeptiert scheint. Das zeigen die Erfahrungen des Städtebaus der 60er und 70er Jahre, als gewachsene Stadtteile durch gemeinsam getragene Leitbilder in großteilige und monofunktionale Bereiche umgestaltet wurden. Vor dieser Gefahr stehen auch heute, in den ersten Jahren nach der Wiedervereinigung, die Städte in den neuen Bundesländern, insbesondere durch z.T. überstürzt geplante Großbauvorhaben.

Die Chancen des analytischen Vorgehens liegen darin, daß man *auf Bewährtes zurückgreift* und damit eigentlich nichts »schiefgehen« kann. Hier verbirgt sich jedoch das Risiko des analytischen Vorgehens. Die entscheidende Frage ist, ob eine Immobilie mit einer Nutzungsidee automatisch immer schon dann funktioniert, wenn sie sich oftmals in anderer Umgebung bewährt hat. Wie andersartig darf oder muß eine Immobilie sein, um einen neuen Mietermarkt zu erschließen? Und sehen die Innenstädte insbesondere die Fußgängerzonen und Haupteinkaufsstraßen deswegen vielleicht auch alle austauschbar aus, geprägt vom typischen Erscheinungsbild der Großfilialisten? Ein zusätzliches Risiko birgt auch die subjektive Interpretation der aus Daten gewonnenen Informationen und nicht zuletzt die Subjektivität der Daten selbst.

Um auf diese Fragen weiter einzugehen, gilt es festzuhalten, daß eine »richtige« Nutzungsidee aus dem *Spannungsfeld von Visionen und Fakten*, mit individueller Präferenz, erwachsen sollte. Dabei setzt die Persönlichkeit des Projektentwicklers und dessen Erfahrung und Engagement den ausschlaggebenden Akzent.

2.1.2 Die ersten Schritte im Rahmen einer Projektentwicklung

2.1.2.1 Der genius loci eines Standortes

Auch wenn Nutzungskonzeptionen vom einzelnen Projektentwickler geprägt werden, lassen sich einzelne Grundsätze für das *Finden einer Projektidee* beschreiben.

Anforderungen an den Projektentwickler

Wir unterstellen, daß sich der Projektentwickler im Rahmen des eigenen Unternehmens-Know-hows intensiv mit den gegenwärtigen und zukünftigen Anforderungen an Immobilien auseinandersetzt und daß er bemüht ist, die Trends des Marktes einzuschätzen. Der Projektentwickler versucht also, den Markt für seine Vorhaben aufgrund von Marktuntersuchungen über die derzeitige und zukünftige Angebot[3])- und Nachfragesituation[4]) sowie über die allgemeine wirtschaftliche Situation[5]) zu verstehen. Außerdem kennt er aufgrund von allgemeinen Untersuchungen des Standortes die gegebene und zukünftige Infrastruktur[6]) und die Entwicklung des Standortumfeldes[7]). Dies voraus gesetzt, kann der Projektentwickler nun eine Nutzungsidee für einen gegebenen Standort entwickeln, indem er die ortsspezifischen Ressourcen und das Potential des Standortes herausarbeitet und dessen genius loci mobilisiert.

In der Praxis bedeutet dies, daß sich der Projektentwickler mit dem *Standort aus historischer, wirtschaftlicher, sozialer und kultureller Sicht* befassen sollte. Was hat den Ort in der Vergangenheit geprägt, wie kann dessen nähere oder weitere Geschichte als Trend für die Zukunft weitergeschrieben werden? Der Projektentwickler sollte sich außerdem mit der Integration seines Projektes in die zukünftige Stadt(teil)entwicklung beschäftigen, um stadtstrukturelle Vorgaben bzw. bestehende Planungen sowie stadtentwicklungspolitisch relevante Belange berücksichtigen zu können.

2.1.2.2 Die Geschichte des genius loci

Berücksichtigung historischer Nutzungsstrukturen

Gerade in den Städten der neuen Bundesländer, insbesondere in Berlin, scheint der Rückgriff auf *historische Nutzungsstrukturen* eine gute Möglichkeit zu sein, zukünftige Nutzungsentwicklungen zu erkennen. Die Gründe, warum Stadtteile in der Vergangenheit funktioniert haben, gelten

---

[3]) Konkurrenzsituation, Mietniveau, Leerstände.
[4]) geplante Neuansiedlungen, Entwicklung der Unternehmen im Umfeld.
[5]) Entwicklungstendenzen, Investitionsklima, Standortimage.
[6]) Verkehrsanbindung, Kultur-, Dienstleistungs-, Bildungs- und Freizeitangebot.
[7]) Landes-, Regional-, Stadtplanung, besondere Projekte.

auch heute noch[8]). In der Regel entwickelte sich die Lebendigkeit eines Quartiers aus der dichten Verflechtung verschiedener Nutzungsarten heraus. Am Beispiel der Friedrichstraße in Berlin, einer historisch durch Mischnutzung geprägten Straße, wird dies deutlich. Die Friedrichstraße lebte dadurch, daß sie einer Vielzahl kleinteiliger Nutzungen auf dem gewerblichen, kulturellen und wohnwirtschaftlichen Sektor Raum bot und darüber hinaus im nahen Umfeld interessante Komplementärnutzungen aus den Bereichen Politik, Hotellerie, Banken, Presse, Gastronomie usw. bei guter Infrastruktur vorzufinden waren. Diese Straße funktionierte, obwohl oder vielleicht auch gerade weil deren heterogenes architektonisches Erscheinungsbild sich in ein wandlungsfähiges, aus dem Barock stammendes Straßen- und Bebauungsraster im Typus »Schachbrett« einfügte.

2.1.2.3 Das zeitgemäße Fortschreiben von Geschichte

Beispiel Friedrichstadtpassagen

Die aktuellen großen Projektentwicklungen an der Friedrichstraße nutzen deren Tradition und schreiben den Mischnutzungsgedanken als genius loci fest. Ein Beispiel dafür sind die Friedrichstadtpassagen mit einem Investitionsvolumen von rd. 1,5 Mrd. DM (Abb. 2.1.1).

Dort ist das Nutzungskonzept scheinbar einfach. Einzelhandel über zwei Etagen, darüber Büros und Wohnungen. Es wird dem alten städtischen Prinzip der Mischnutzung gefolgt.

Dennoch knüpft dieses Projekt nicht ohne Anpassungen an heutige Erfordernisse an die alte Tradition der Straße an. Zum einen haben sich die Dimensionen der zu planenden Grundstücke dort von der Parzellen- auf die Quartiersgröße verändert. Dies ist insofern problematisch, da sich eine *Nutzungsvielfalt nicht automatisch ergibt*, wie es bei verschiedenen Eigentümern von Objekten auf »Parzellengröße« der Fall wäre, sondern sie muß behutsam innerhalb eines Gebäudes *und* in enger Abstimmung mit den Nutzungskonzepten der Nachbarn geplant werden. Denn nicht das reine additive Nebeneinander von Nutzungen, sondern allein deren feine Abstimmung aufeinander garantieren den Erfolg des Nutzungskonzeptes.

Zum anderen aber zeigt das Projekt, daß der Projektentwickler die Frage nach der erfolgreichen Immobilie nicht nur mit dem zugrundeliegenden Nutzungskonzept zu beantworten sucht, sondern z.B. auch mit dessen *architektonischer Inter-*

---

[8]) Auch hat sich gezeigt, daß Alteigentümer oder deren Nachfolger, die mit ihren Gebäudenutzungen auch Stadtteile prägten, sich auch heute wieder mit gleichen oder ähnliche Nutzungsvorstellungen an den alten Plätzen um die Restitution der Grundstücke bewerben (z.B. im sog. Banken-, Mode-, Presseviertel in Berlins historischer Mitte etc.).

Abb. 2.1.1: Quartier 207 der Friedrichstadtpassagen

pretation. Der Architekt Jean Nouvel hat das Nutzungskonzept im Quartier 207 der Friedrichstadtpassagen sehr individuell interpretiert. Im gewerblichen Teil des Objekts soll eine nicht reflektierende Glasfassade das Gebäude »entmaterialisieren« und die Kommunikation zwischen Straße und Gebäude-Innerem erleichtern. Eine vollständig neue Innenwelt, von lichtdurchlässigen Kegeln und Zylindern geprägt, verschafft ein besonderes Raumerlebnis. Das Objekt spricht einen speziellen Nutzerkreis an, der über die Funktionalität der Räume hinaus an einem Image-Transfer zwischen ihm und der fortschrittlichen Perfektion des Gebäudes interessiert ist.

Aufgabe des Projektentwicklers

Die Aufgabe des Projektentwicklers dabei ist, genau diese Verbindung zwischen *Fortschritt, Qualität, Nutzbarkeit und Bezahlbarkeit* einer Immobilie herzustellen. Es wird deutlich, daß sich der Projektentwickler nicht nur mit der allgemeinen Nutzungskonzeption für ein Projekt, sondern auch mit dessen spezieller architektonischer Interpretation beschäftigen und das Projekt effizient und im richtigen Timing durchführen muß.

2.1.2.4 Die zeitgemäße Wiederbelebung städtischer Lebensformen

Der Rückgriff auf die Geschichte eines Ortes und die architektonische Interpretation von Nutzungskonzepten ist aber nicht in jedem Fall ohne Einschränkungen möglich.

Abb. 2.1.2: Die Hackeschen Höfe

Beispiel Hackesche Höfe

Das zeigen die Hackeschen Höfe in Berlin-Mitte (Abb. 2.1.2). Im Sanierungsgebiet der Spandauer Vorstadt gelegen, stellen sie ein Bindeglied zwischen der sie umgebenden Altstadt und der City am Alexanderplatz her. Neun Höfe und unterschiedliche Gebäudetypen bezeugen die Nutzungsvielfalt der Höfe zu Beginn des Jahrhunderts. Vor allem eine gewerbliche Nutzung, aber auch Wohnen, Kultur und Gastronomie waren dort vorzufinden. Ab den 30er Jahren unterlagen die Höfe einer fortschreitenden Fehlnutzung (Warenhaus, Lager, Autowerkstatt usw.). Diese sowie die Weiterentwicklung städtischer Lebensformen erlauben keine direkte Anknüpfung des Nutzungskonzeptes an die Tradition der Hackeschen Höfe.

Die Projektentwickler haben sich dennoch nach intensiver Auseinandersetzung mit der Geschichte des Ortes und des Umfeldes sowie im Dialog mit Betroffenen und Beratern entschlossen, die sich in den Höfen schon andeutungsweise etablierende *Symbiose verschiedener städtischer Lebensformen* als genius loci des Ortes anzunehmen und in der Erarbeitung einer Nutzungskonzeption zu berücksichtigen. Im breiten Konsens aller Beteiligten wird versucht, in den Hakkeschen Höfen eine zeitgemäße städtische Mischnutzung von Gewerbe, Kultur, Gastronomie und Wohnen zu etablieren. Die Architektur der Höfe wird dabei nicht verändert. Außerdem bedarf ein solches Nutzungskonzept, welches vom behutsamen Dialog und der Verflechtung unterschiedlicher Lebensfunktionen lebt, keiner besonderen architektonischen Interpretation.

2.1.2.5 Der pure genius loci

Orte ohne einheitliche Geschichte

Nun gibt es auch Fälle, in denen die Geschichte eines Ortes abreißt oder bei denen es gar keine »verwertbare« Geschichte gibt. Dazu zählen zum Beispiel Flächen, auf denen früher produziert wurde, die Produktion eingestellt ist und baulich-räumliche Ausprägungen vorhanden sind, die in ausschließlicher und sinnvoller Beziehung allein zu den früheren Güter- und Personentransportwegen standen. In Berlin sind das riesige Flächen, wie z. B. an der Rummelsburger Bucht, die neu zu beleben sind.

Analyse des Standorts im Stadtzusammenhang

Zur Entwicklung von Nutzungskonzepten solcher aufgelassenen Brachflächen bedarf es der *Analyse des Standortes im Stadtzusammenhang* mit dessen Infrastruktur, des Ambientes und der vorhandenen Nutzungen. Sodann erfolgt der Blick auf den Standort selbst, auf die vorhandenen gliedernden und topografischen Elemente, die Erschließung und Anbindung und nicht zuletzt auf die Chancen innerhalb eines Stadtentwicklungs-Szenarios. Zuletzt folgt die Frage, welchen Bezug es zu Arbeit und Gewerbe am Standort gibt oder geben kann. Es ist vorstellbar, daß sich Dienstleistungen oder Produktion an diesem Standort ansiedeln, oder daß sich der Standort mehr als Wohnort mit Komplementär- und Folgenutzungen anbietet. Möglicherweise ist der Standort sogar für ein durch Wohnen und Arbeiten dicht durchmischtes urbanes Konzept geeignet.

Beispiel Rummelsburger Bucht

Bei der Entwicklung von Nutzungsvorstellungen für das Gebiet der Rummelsburger Bucht, wurde als prägendes landschaftliches Element die Wasserfläche der Spree und der besondere Charakter der Landschaft herausgearbeitet. Diese Erkenntnis ist in das Grundkonzept »Städtische Landschaft« eingeflossen, welches landschaftliche Offenheit und gleichzeitig städtische Konzentration in ihrer Nutzungsvielfalt ermöglichen kann. In diesem Projekt haben damit die *Topografie des Standortes und die Infrastruktur* Pate für die Entwicklung von typischen Stadtnutzungen gestanden – allerdings in einer offeneren Form. Auf der Grundlage eines »Masterplanes« sollen hier selbständige Siedlungseinheiten, die jeweils eigenständig thematisiert und baulich ausgeprägt sind, geschaffen werden. Die zukünftigen Gebäude werden in ihrer Orientierung Bezug zum Wasser sowie zu Parks und Grünflächen haben, aber dennoch aufeinander als städtische raumbildende Körper dem Konzept einer neu verstandenen »Städtischen Landschaft« folgen.

Bei der Rummelsburger Bucht liegt inhaltlich eine tragfähige Konzeption vor. In deren näheren Umgebung entstehen aber gleichzeitig weitere Großvorhaben, die in Konkurrenz zu diesem Projekt treten. So wird die Entwicklung der Rummelsburger Bucht nicht nur von ihrem Konzept, sondern auch von weiteren Parametern wie etwa der gleichzeitigen Herstellung wichtiger Infrastruktureinrichtungen und der zügigen Beseitigung von Altlasten bestimmt. Die Stadt muß die Entwicklung dieses Projektes entsprechend fördern, sonst bleibt es für Investoren trotz des guten Nutzungskonzeptes eher langfristig von Interesse.

Damit wird deutlich, daß ein gutes Nutzungskonzept ohne gleichzeitiges Vorliegen der weiteren Voraussetzungen für eine Projektentwicklung praktisch nicht umsetzbar ist. Zur Durchsetzung guter Nutzungskonzepte gehörten immer der Dialog mit allen notwendigen Beteiligten und die Herstellung der entsprechenden Rahmenbedingungen. Nur so werden Ideen zu verbindlichen Tatsachen[9]).

2.1.2.6 Weitere Ideenquellen

Auf frühere Erfahrungen zurückgreifen

Grundsätzlich bedarf die Entwicklung von Nutzungskonzepten *kreativer Motivation und komplexer unternehmerischer Überlegungen.* Es sei jedoch an dieser Stelle darauf hingewiesen, daß der Projektentwickler als weitere Quelle von Projektideen bereits mit Erfolg realisierte Projekte kennen und auf übertragbare Elemente zurückgreifen sollte. Das bedeutet, daß der Projektentwickler nach Möglichkeit viele verschiedene Orte und Projekte gesehen haben sollte, um aus diesem Wissen Analogien ziehen zu können. Erst dieser Erfahrungsschatz ermöglicht es ihm, auch scheinbar desolate Situationen zu bewältigen. Außerdem bringt ein *permanenter Erfahrungsaustausch* mit Nutzern, Architekten, Behörden, Maklern, Marktforschungsinstituten usw. wertvolle Anregungen für die Generierung und Weiterentwicklung von Projektideen. Es gilt, das »Ohr am Markt« zu haben, um rechtzeitig Entwicklungs- und Nachfragetrends des Nutzer zu erkennen.

---

[9]) Umgekehrt funktioniert die Entwicklung eines Standortes nicht, wenn für diesen zwar seitens der öffentlichen Hand optimale Förderbedingungen geschaffen würden, der Standort aber nicht tragfähig ist oder am Bedarf vorbei geplant wurde. Beispiele hierfür sind eine Reihe von erschlossenen Äckern vor allem in den neuen Bundesländern, insbesondere auch einige Wohnungsbauprojekte im Umland Berlins.

Kontakte zu Nutzern pflegen

Darüber hinaus sollte der Projektentwickler vor Ort gute *Kontakte zu standortprägenden Nutzern* haben. Das sind jene Nutzer, die »adressenbildend« für einen Standort sind und ihn maßgeblich beeinflussen. Besonders wichtig ist der Kontakt zu Einzelhandel, Gastronomie und Kultur. Denn insbesondere diese Nutzungen tragen dazu bei, einen Gebäudekomplex oder auch einen Stadtteil nachhaltig zu prägen und zu beleben.

2.1.3 Die Rahmenbedingungen für ein erfolgreiches Projekt

2.1.3.1 Die Projektstudie

In einem ersten Schritt muß der Projektentwickler die Projektidee für den Standort in einer Projektstudie konkretisieren, um die Finanzierung des Projektes begründen zu können. In der Regel sollte die Finanzierung des Projektes vor dem Grundstücksankauf gesichert sein, so daß auch die Projektstudie entsprechend früh fertiggestellt sein muß.

Inhalt der Projektstudie

Die Projektstudie enthält zum Standort die erarbeiteten Markt- und Standortanalysen und bewertet sie im Hinblick auf das vorgesehene Projekt. Außerdem stellt sie die Projektidee und deren Anforderung an Funktion, Ausstattung und Qualität der Immobilie dar. Die Projektstudie enthält auch den voraussichtlichen Zeitplan der Projektentwicklung und daran anknüpfend eine Investitions- und Ertragsrechnung für den »best and worst case«. Bereits in dieser Phase bietet sich ein erster Kontakt zu den betroffenen öffentlichen Planungsbehörden an, um die Realisierungschancen für das Projekt festzustellen. Gedanken zur Marketing- und Absatzstrategie sowie erste Gesprächserfahrungen zu potentiellen Nutzern sollten die Projektstudie abrunden.

Die Projektstudie ist grundsätzlich *Meßlatte für die späteren Planungs- und Ausführungsphasen*. Dennoch erfährt sie im Laufe der Projektdurchführung Konkretisierungen oder Anpassungen.

2.1.3.2 Der Projektentwurf

Aufgabe des Architekturbüros

Ebenfalls in einem sehr frühen Stadium der Projektentwicklung, am besten vor dem Grunderwerb, wird der Kontakt zu einem Architekturbüro gesucht. Mit diesem werden Projektidee und Standort besprochen. Das Architekturbüro erarbeitet dann einen ersten – mit den Planungsbehörden eventuell bereits abgestimmten – Grundentwurf nebst Flächenangaben und einer ersten Baukostenschätzung. Auch diese Unterlage ist Teil der Projektstudie. Bei komplexeren Projektentwicklungen empfiehlt sich die Durchführung eines Architekturwettbewerbes. Häufig wird dieses von der öffentlichen Verwaltung gefordert. Wegen des höheren Aufwandes sollte ein solcher Wettbewerb erst nach der Grundstückssicherung erfolgen. Ein Wettbewerb bringt aber den Vorteil, daß der Projektentwickler in kurzer Zeit von verschiedenen Personen zu den unterschiedlichen Fragen des Projektes interessante Lösungsvorschläge erhält.

Die Immobilie erhält durch einen Wettbewerb ein besseres Profil, da sie schon in einem frühen Stadium in der Teilöffentlichkeit und damit in der Diskussion steht. Allerdings ersetzen die *Architekturwettbewerbe* nicht fehlende Nutzungskonzepte und garantieren allein nicht Stadtqualitäten.

2.1.3.3 Die Projektfinanzierung

Voraussetzungen der Finanzierungsplanung

Eine besondere Rahmenbedingung für den Erfolg eines Projektes ist dessen Finanzierung. Aus der Sicht des Projektentwicklers, der in der Regel nur an einer kurz- bis mittelfristigen Finanzierung des Projektes interessiert ist, müssen der Finanzierungsbedarf, die Finanzierungsdauer, das Verhältnis von Fremd- und Eigenkapitaleinsatz und die Finanzierungsinstrumente – abhängig von der Erwartung des Zinsniveaus – sowie die Stellung von Sicherheiten behandelt werden.

Finanzierungsbedarf

Der Finanzierungsbedarf des Projektes ergibt sich aus der in der Projektstudie enthaltenen Objektkalkulation. Allerdings beinhaltet die Kalkulation nur den gesamten Finanzierungsbedarf und den Verkaufszeitpunkt der Immobilie. Angaben über den konkreten Mittelbedarf im Verlauf der Projektentwicklung sind vom Projektentwickler in Form einer Cash-flow-Rechnung separat zu erbringen.

Anhand dieser Angaben und der Einschätzung des Zinsniveaus können für den Mittelbedarf die entsprechenden Finanzierungen bereitgestellt werden. Dies sind nicht mehr nur die traditionellen, z. B. Festsatz-, Langfrist- und Kontokorrentkredit, sondern auch die derivaten Finanzierungsinstrumente wie z. B. Roll-over-Kredite mit Zinssicherungsinstrumenten.

Risiken

Projektfinanzierungen zeichnen sich dadurch aus, daß sie zuerst über das *Projekt selbst und den durch das Projekt zu generierenden Cash-flow* besichert werden. Inwieweit die Risiken des Projektes vom Projektentwickler auf den Finanzierer übergehen, ist von der Einschätzbarkeit der Risiken selbst und natürlich von den einzelnen Verhandlungen abhängig. Das spezielle Risiko einer Immobilie ist letztlich deren Vermietbarkeit, die wiederum von Lage, Art, Größe, Flächenzuschnitt und Bauweise sowie dem Umfeld der Immobilie und den allgemeinen volkswirtschaftlichen Rahmenbedingungen abhängt.

2.1.3.4 Die Grundstückssicherung

Nachdem die Finanzierung des Projektes gesichert ist, ist die Grundstückssicherung zweite und wichtigste Rahmenbedingung für den Erfolg des Projektes. *Ohne Grundstück gibt es keine Projektentwicklung*, es sei denn, die Projektentwicklung wird als Dienstleistung erbracht.

Grundstückssicherung

Die Grundstückssicherung geschieht durch eine Grundstücksoption, ein notarielles Kaufangebot oder durch den direkten Grundstückserwerb. Die Fragen zu Baurecht, Altlasten oder Boden-/Baugrundbeschaffenheit sollten vor dem Eigentumsübergang des Grundstückes geklärt sein.

Wenngleich die Grundstückssicherung in den allermeisten Fällen über die Höhe des Kaufpreises oder anderer kaufpreisbildender Faktoren geschieht, kommt insbesondere bei den Liegenschaftsverkäufen der öffentlichen Hand der Bewertung der Projektidee eine besondere Bedeutung zu. Die Projektidee ist dann wichtiges Kriterium bei der Grundstücksvergabe, denn ihre Realisierung sichert zukünftige Stadtqualität. Allein das Preisinstrument als Vergabekriterium einzusetzen führt dazu, daß in der Immobilie tendenziell nur Nutzer etabliert werden können, die in der Lage sind, entsprechend hohe Mieten zu zahlen. Einem größeren Kreis interessanter Nutzer bleibt die Immobilie dann verschlossen.

2.1.3.5 Die Kommunikationsstrategie

Ziel der Kommunikationsstrategie

Eine weitere Voraussetzung für den Erfolg des Projektes ist die Erarbeitung einer Kommunikationsstrategie. Ziel der Strategie ist es, das *eigene Vorhaben im Markt positiv zu positionieren*. Hier müssen die Stärken und Schwächen sowie die Konkurrenzfähigkeit der Immobilie und des Nutzungskonzeptes erkannt und argumentativ aufgearbeitet werden. Auch muß die Kommunikationsstrategie grundsätzliche Aussagen zum Objektmarketing und zur Vermarktung sowie zu deren zeitlichen Dimensionen enthalten.

Objektmarketing

Bei dem Thema Objektmarketing sollten vor allem die Fragen des corporate identity und die werbliche Darstellung behandelt werden. Vermarktung sind die Fragen des Vertriebes der Immobilie über Makler, Maklergemeinschaften oder eigene Wege zu klären. Die Kommunikationsstrategie hat sich auch intensiv mit den Zielgruppen auseinanderzusetzen. Das sind nicht nur Käufer, Mieter und sonstige Nutzer der Immobilie, sondern auch diejenigen Personenkreise, die über die Akzeptanz des Projektes entscheiden, also Finanzierer, Mitarbeiter der öffentlichen Verwaltung, Politiker und Nachbarn.

Kommunikationskonzept

Das Instrument der Kommunikationsstrategie ist das Kommunikationskonzept, in welchem sich die strategischen Überlegungen in operative Handlungen ausformen.

Besonders wichtig ist es, die Maßnahmen des Kommunikationskonzeptes mit Projektbeginn umzusetzen. Je eher das Projekt mit Außenwirkung begleitet wird, desto eher können einsehbare Einwände Außenstehender in das Projekt eingearbeitet und desto eher kann es auch von Außenstehenden akzeptiert werden. Eine frühe Akzeptanz sichert die Durchführung und den nachhaltigen Erfolg des Projektes.

Es ist einsichtig, daß die *Kommunikationsstrategie ein gutes Nutzungskonzept*, ein effizientes Gebäude oder den Wert eines Standortes *nicht ersetzen* kann. Allerdings kann sie all diese wichtigen Faktoren unterstützen und in Kombination mit dem Nutzungskonzept sogar Standorte »machen«.

Beispiel Berlin

Die Stadtentwicklung Berlins im allgemeinen und die immobilienwirtschaftliche Entwicklung im besonderen ist auch fünf Jahre nach dem Fall der Mauer noch von Unsicherheiten über die mittel- bis langfristigen Rahmenbedingungen gekennzeichnet. In der jüngsten Vergangenheit haben sich erst in Teilbereichen der Innenstadt die künftigen Bürolagen herauskristallisiert. Die Entwicklung der City-Randlagen bleibt schwierig einzuschätzen. Vermietungserfolge stellen sich bei sehr guter Infrastruktur und günstigem Mietniveau ein.

In einem solchen Markt läßt sich ein »Standort machen«, vor allem dann, wenn die hierfür notwendigen finanziellen Ressourcen mit den Nachbarn gemeinsam aufgebracht werden können. Klar ist, daß der Projektentwickler in diesen Fällen das Feld der Kommunalpolitik betritt. Die Fragen der Stadtentwicklung sind für beide Seiten von entscheidender Bedeutung, und es gilt, mit den Politikern die Visionen der Stadt zu diskutieren und sie für die Bedeutung und Visionen des oder der Projekte zu sensibilisieren und Widerstände aufzuheben.

2.1.3.6 Die Projektorganisation

Eine weitere Rahmenbedingung für den Erfolg eines Projektes ist dessen Organisation. *Ein Projektentwickler muß sich immer auf Qualitäten konzentrieren.* Bauten sind nur so gut, wie die Menschen, die dahinterstehen, und deshalb muß jedem einzelnen Projekt die maximale Aufmerksamkeit gewidmet werden. Besonders einleuchtend wird diese Einstellung, wenn man ein Vorhaben unter der Maßgabe des langfristigen Besitzes und der Eigenverwaltung entwickelt.

Individuell konzipierte Organisation erforderlich

Jedes Projekt erfordert daher eine *individuell konzipierte Organisation* auf der Seite des Projektentwicklers. Er leitet das Vorhaben und koordiniert alle Beteiligten, er bewertet Potentiale, verhandelt und setzt das Projekt um. Um der

Komplexität des Vorhabens Rechnung zu tragen und um die Kosten zu kontrollieren, ist die frühzeitige Integration und die kontinuierliche Zusammenarbeit mit den anderen Beteiligten am Projekt unabdingbar. Dies gilt vor allem in den folgenden Bereichen:

- Entwurf und Bauausführung – der Projektentwickler koordiniert die Architekten, Ingenieure und anderen Fremdfirmen im abgestimmten Kostenrahmen und hat die Bauleitung. Er realisiert das Projekt in enger Abstimmung mit den Trägern öffentlicher Belange.
- Hausverwaltung – sie berät im Entwurfs- und Baustadium und ist für den Betrieb und Unterhalt des Baus, für Mieter und Miete verantwortlich.
- Finanzierung – Übersicht über alle finanziellen Aspekte einschließlich der begleitenden Kostenkontrolle sowie Anregungen zur Einsparung von Zeit und Kosten vom Entwurfsstadium bis zur Abrechnung.
- Vermietung und Vermarktung – Zusammenarbeit mit Kommunikationsberatern und Maklern.

Die zahlreichen Aufgaben also, die im kaufmännischen oder technischen Bereich eines Projektes anfallen, sind unternehmerisch klar zu strukturieren und zu definieren. Organisationsformen, Zuständigkeiten, Entscheidungswege und Kompetenzen sind festzulegen. Ergebnisse von Entscheidungen oder zu erledigenden Aufgabenstellungen müssen in Protokollen dokumentiert werden.

2.1.4 Resümee

Nutzungskonzept als Schlüsselaufgabe der Projektentwicklung

Wenn man festhält, daß Städte komplexe Gebilde und Netzwerke von Nachbarschaftsbeziehungen, Gewohnheiten und Verhaltensweisen sind und sie nur funktionieren, wenn *Nutzungsarten und -abläufe aufeinander abgestimmt* sind, dann wird deutlich, daß die Entwicklung eines Nutzungskonzeptes für eine Immobilie oder einen Standort eine Schlüsselaufgabe der Projektentwicklung ist. Thesenartig läßt sich formulieren:

- Das richtige Nutzungskonzept ist wesentliche Voraussetzung dafür, eine rentable, wettbewerbsfähige, sozial- und umweltverträgliche Immobilie zu schaffen.
- Ein sach- und zeitgerechtes Nutzungskonzept bietet eher Chancen, Grundstücke und Kapital zu akquirieren und das Projekt zu realisieren.
- Das richtige Nutzungskonzept bedeutet bei dessen Realisation, daß ein »Standort gemacht« wird, auch wenn es die Lage als nach wie vor wichtiges wertbestimmendes Element der Immobilie nicht ersetzen kann.
- Nicht das bloße additive Nebeneinander von Funktionen, sondern konkrete, fein abgestimmte Nutzungen bestimmen die Qualität des Nutzungskonzeptes.
- Erfolgreiche Architekturwettbewerbe sind kein Ersatz für Nutzungskonzepte und kein alleiniger Garant für Stadtqualitäten.
- Gute Architektur kann ohne ein stimmiges Nutzungskonzept kaum entstehen, wie auch andersherum ein gutes Nutzungskonzept für einen städtischen Standort nicht ohne gelungene, nutzungsadäquate Architektur bestehen kann.

Günter Muncke

2.2 Standort- und Marktanalyse in der Immobilienwirtschaft

Ziele, Gegenstand, methodische Grundlagen, Datenbasis und Informationslücken

Inhaltsverzeichnis

2.2.1 Das Umfeld

Auch wenn man in einem Beitrag für eine Buch-Publikation allzu aktuelle Beispiele meiden sollte – nach dem *»Fall Schneider«* hat sich das Umfeld für Standort- und Marktanalysen sowie deren Stellenwert in der Immobilien-Projektentwicklung doch fundamental geändert. Dieser Fall hat exemplarisch die Notwendigkeit einer neutralen, methodisch einwandfreien und fachlich fundierten Analyse der wesentlichen Rahmenbedingungen im Vorfeld einer Immobilien-Investition verdeutlicht.

Standort- und Marktanalysen fehlen häufig im Immobilienbereich

Während beispielsweise die Einführung einer neuen Zahnpasta mit genauesten Analysen der Zielgruppen, ihres Zahnputzverhaltens und der Anbieter-Konkurrenz generalstabsmäßig geplant wird, werden im Immobilienbereich auch dreistellige Millionenbeträge nicht selten nur emotional, auf der Basis einseitiger bzw. an subjektiver Interessenlage ausgerichteter Informationen investiert. Von Budgets mit 10 bis 20 % Umsatzanteil für Marktforschung und Marketing kann man auch heute im Immobiliensektor nur träumen, selbst 1 bis 2 % der Investitionssumme gibt kaum jemand hierfür aus.

Notwendigkeit der Standort- und Marktanalyse

Angesichts tiefgreifender Umbrüche in der Immobilien-Nutzung, sich immer rascher ändernder Anforderungen auf seiten der Wirtschaft sowie schwerwiegender Ungleichgewichte in den Regional- und Teilmärkten läßt sich aber der Bedarf an qualifizierter Standort- und Marktanalyse immer weniger abstreiten. Auch und gerade in schwierigen Zeiten kann man sich nicht mehr auf den Standpunkt zurückziehen, es sei doch alles so chaotisch und unvorhersehbar, und so würden einem die möglicherweise ermittelbaren Daten ohnehin nicht helfen.

Welche eklatanten Informationslücken oft vorherrschen und zu welchen fatalen Fehlentscheidungen diese führen können, zeigt das Beispiel eines Investors in einer ostdeutschen Mittelstadt, der ein Shopping-Center-Projekt mit seinerzeit gutem Vorvermietungsstand gekauft hatte und erst kurz vor der Eröffnung feststellte, daß wenige hundert Meter entfernt noch einmal ein ungefähr gleich großes, ähnlich problembehaftetes Objekt fast zur selben Zeit in Betrieb genommen wurde. Abgesehen von gravierenden konzeptionellen Schwachstellen beider Center bleibt heute nur die resignierende Feststellung: Zwei Objekte ähnlicher Konzeption sind für den Standort zuviel, jedes einzelne ist zum Überleben zu klein, zum »Zusperren« aber viel zu teuer.

Vermietungserfolg ist nicht mehr sicher

Also: Auch in Zeiten immer unübersichtlicherer Märkte, struktureller Verwerfungen und rascher konjunktureller Änderungen sollte ein auf Langfristigkeit angelegtes Investment – wie das in Immobilien – fundiert abgesichert sein. Denn es ist nicht mehr so, daß – wie nahezu in der gesamten Nachkriegszeit – ein Automatismus etwa dahingehend besteht, daß man von einem Immobilien-Produkt unter Berücksichtigung von Standort, Qualität und Mietpreis einen relativ genau vorhersehbaren Vermietungserfolg erwarten kann. Selbst Projekte, die für die »blue chips« der internationalen Industrie- und Dienstleistungs-Elite geplant wurden, fallen heute manches Mal dem Rotstift zum Opfer. Binnen weniger Jahre haben weltbekannte Industrieunternehmen in Deutschland und Europa sechsstellige Quadratmeter-Flächen freigesetzt. Nicht alle diese »Brüche« kann eine wissenschaftlich fundierte Analyse vorhersagen. Aber ohne die Daten, deren Erfassung und Aussagequalität im Folgenden beschrieben werden, ist man den Unbilden des Marktes, den strukturellen und konjunkturellen Stürmen völlig hilflos ausgeliefert.

Entwicklungen im Umfeld beachten

Weil man sich heute als Immobilien-Investor auf seinen Mieter – als die letzten Endes zu »melkende Kuh« – im Verlaufe eines zehnjährigen oder längeren Mietvertrages nicht mehr »verlassen« kann, ist es um so wichtiger, zu wissen, was sich in der Welt der Nutzer bewegt, was sich im Standortumfeld und im Bereich des konkurrierenden Immobilienangebotes tut. Nur dann kann auch in der Immobilienwirtschaft das eingeführt werden, was sich jetzt in der Industrie immer breiter durchsetzt, nämlich das Prinzip der »lean production« – also der flexibel aufgebaute Produktionsprozeß ohne ausgeprägte Unternehmens-Hierarchie, mit sowohl arbeitsplatz- als auch kundennahen Entscheidungsprozessen. Auf die Immobilienbranche übertragen heißt *lean project development* sinngemäß: Immobilien-Entwicklung auf der Grundlage fundierter Kenntnisse der Nutzeransprüche, des Standortumfeldes und der Wettbewerbsprojekte sowie der Möglichkeit, ein Projekt auch während der Entwicklung noch laufend an sich ändernde Bedürfnisse anpassen zu können. In einem chaotischen Umfeld reicht offensichtlich nicht mehr allein systematisches und logisches Vorgehen wie im Schachspiel aus, man benötigt immer mehr auch andere Techniken wie Evolution, Lernen, ständiges Anpassen, schlicht: mehr Flexibilität.

Zur Rolle des Gutachters

Während diese einleitenden Hinweise sich in erster Linie auf das allgemeine Umfeld zu dem Thema »Standort- und Marktanalyse in der Immobilienwirtschaft« bezogen, sei hier jetzt noch ein Hinweis auf die spezifische Beziehung zwischen dem Auftraggeber und dem Auftragnehmer einer solchen Analyse gestattet: Gutachter sind in der Regel im Auftrage eines Investors tätig und daher fast zwangsläufig nicht neutral. Gutachter müssen sich vielmehr, wenn sie einen Auftrag annehmen, mit einem Grundstück, einem Projekt oder einem bestehenden Objekt mehr oder weniger identifizieren. Sie leiden bei einer Projektentwicklung mit, wenn sich die erwarteten (oder auch unerwarteten) Schwierigkeiten einstellen. Nur eines dürfen sie nicht tun: die Augen verschließen vor unangenehmen Daten und Wahrheiten. Sie dürfen nicht »schön reden«, Fakten verschweigen, mit einem Wort: keine »bestellten« Gutachten liefern. Gutachter sind also sicher nicht neutral, sie müssen sich aber um **größtmögliche Objektivität** bemühen, auch wenn das nicht immer ganz einfach ist.

Expertise rechtzeitig einholen

Besonders schwer fällt eine kritisch-objektive Beurteilung dann, wenn ein Investor schon investiert hat und dann erst eine Expertise bestellt. Manch einer aus der Gutachter-Zunft macht es sich da leicht und rät, entweder den Auftrag gar nicht erst anzunehmen oder er zeigt dem Unternehmer schonungslos seine Fehler auf. Seiner betriebs- wie volkswirtschaftlichen Rolle wird der Berater aber meines Erachtens nur dann gerecht, wenn er in Kenntnis der Fehler und Schwachstellen mit seinem Know-how die relativen Stärken einer Immobilie herausarbeitet und den entstandenen Schaden durch innovative Konzepte und Strategien zu minimieren versucht.

Auch hieraus wird deutlich: Je früher im Ablauf einer Projektentwicklung ein Gutachten in Auftrag gegeben wird, desto eher können kostspielige Fehler vermieden werden (also im besten Fall auf einen Kauf oder ein Investment verzichten). Andererseits ist es in dieser Phase gerade für Projektentwickler eine Hauptaufgabe, Kosten zu minimieren. Einen Ausweg aus diesem Dilemma zeigen **stufenweise vertiefte Gutachten**: Oft liefern schon ein »quick look«, eine reine »desk research« oder eine Kurz-Expertise als *erste Phase* genügend Argumente für den Stopp einer Projektentwicklung bzw. zeigen weiteren Untersuchungsbedarf vor der Fortführung auf. Hat man sich dann prinzipiell für das Projekt entschieden und steht der Etat, können alle für die Entwicklung notwendigen Informationen auf relativ gesicherter Grundlage in einer *zweiten Phase* erhoben werden. Letzten Endes stehen die Ausgaben für ein Gutachten aber in keinem Verhältnis zu jenen, die eine schlecht verwertbare Immobilie verursachen kann.

2.2.2 Definition, Ziele, Gegenstand und Quellen der Standort- und Marktanalyse

Definition Standort- und Marktanalyse

Unter der **Standort- und Marktanalyse (STOMA)** ist das systematische Sammeln, Gewichten und Auswerten von direkt und indirekt mit einer Immobilie in Zusammenhang stehenden Informationen zu verstehen. Die STOMA muß alle für die Beurteilung der Entwicklungsmöglichkeiten der Immobilie notwendigen Rahmenbedingungen aufzeigen und im Lichte möglicher Entwicklungsziele bewerten sowie die wesentlichen Restriktionen hierfür herausarbeiten.

Sie dient im Rahmen der Projektentwicklung insbesondere als Hilfe bei Entscheidungen über einen Kauf oder über eine Investition in Bau- oder Umbaumaßnahmen. Neben den erwähnten »äußeren« Rahmenbedingungen müssen dabei aber auch mehr und mehr die »inneren« Voraussetzungen eines Projektes oder Objektes mit bewertet werden – also letzten Endes das Bau- und Nutzungskonzept in seiner Eignung und Verwertbarkeit. Im Verlauf einer Projektentwicklung sollte die STOMA daher ganz am Anfang stehen.

Die STOMA ersetzt nicht die unternehmerische Entscheidung bezüglich des Ankaufes eines Projektes oder der Realisierung eines Konzeptes. Sie soll dazu beitragen, erste oft nur gefühlsmäßige Urteile und Bewertungen abzusichern oder auch zu revidieren.

Ziele

Das Ziel einer im Rahmen einer Projektentwicklung erstellten STOMA ist das objektive und gezielte Erheben von relevanten Informationen, so daß hierauf aufbauend eine plausible und abgesicherte Investitionsentscheidung getroffen werden kann. Die STOMA sollte im besten Falle eine Bewertung eines Standortes und eines konkreten Projektes in seiner Größenordnung, Nutzungsstruktur und -qualität sowie damit letzten Endes seiner Verwertbarkeit bzw. seiner Wirtschaftlichkeit ermöglichen. Sie muß daher Restriktionen für die Immobilien-Projektentwicklung und Stärken wie Schwächen des Standortes, des Marktes und des Projektes aufzeigen. In diesem Sinne helfen keine umfassenden Datensammlungen über alle möglichen Faktoren und Rahmenbedingungen, sondern wirklich nur die Informationen, die für das Projekt relevant sind.

Unterschiede zur Strukturanalyse

Insofern unterscheidet sich die STOMA auch deutlich von einer Strukturanalyse, wie z. B. einem breit angelegten Büromarktbericht oder einer Einzelhandels-Strukturanalyse für eine gesamte Region. Der *Fokus* ist ein anderer: Im Zentrum der Betrachtung steht das Immobilienprojekt oder -objekt.

Um richtig fokussieren zu können, ist es nämlich notwendig, sich in einem frühen Stadium der Informationsbeschaffung mit den möglichen Eigenschaften eines Projektes zu befassen und sich im Sinne eines heuristischen Vorgehens zwischen unterschiedlichen Projektentwicklungsmöglichkeiten einerseits und Rahmenbedingungen andererseits auf eine mit hoher Wahrscheinlichkeit machbare Lösung einzupendeln[1]).

Beispiel

Ein Beispiel: Auf einem gut 6 ha großen Projektentwicklungsgebiet in Hannover wäre prinzipiell von 0 bis 20.000 oder 30.000 m² Einzelhandelsfläche alles möglich gewesen. Hätte man als ein Extrem die Null-Variante anvisiert, hätte man überhaupt keine Daten zum Thema Einzelhandel berücksichtigen müssen; hätte man hingegen die große Lösung für machbar erachtet, hätte man eine sehr umfangreiche und umfassende Analyse des Einzelhandels-Sektors in dieser Stadt durchführen müssen.

Das heuristische Herangehen – also die iterative[2]) Berücksichtigung unterschiedlicher Ziele, Restriktionen und Möglichkeiten – hat gezeigt: Die »Null-Variante« wäre weder von der Standortsituation noch von den Projektentwicklungsvorstellungen her angemessen gewesen, die »große Lösung« hingegen hätte sowohl einen politischen Kraftakt (Genehmigung!) bedeutet, als auch das Projekt einseitig überfordert (Anfahrbarkeit, Parkplätze, gegenseitige Störungen). Somit hat man in einer frühen Phase das Ziel einer mittelgroßen (Nahversorgungs-)Lösung ins Auge gefaßt und ausschließlich deren Machbarkeit genauer untersucht. Allerdings hat sich dabei gezeigt, daß die Rahmenbedingungen (Einzugsgebiet; Kaufkraft/Marktvolumen) für eine solche mittlere Lösung nicht sehr gut waren, so daß es voraussichtlich nur zu einer kleineren Lösung mit einigen Geschäften im Erdgeschoß ohne ausgeprägten Zentrums-Charakter kommen wird.

[1]) Die heuristische Methode arbeitet mit Vermutungen, Analogien, Arbeitshypothesen und Modellen der verschiedenen Art. Sie kann als ein Spezialfall der Trial-and-Error-Methode angesehen werden. Die Heuristik studiert tatsächlich vorkommende Fälle und versucht, aus ihnen allgemeine Gesetze abzuleiten, die nicht von der jeweiligen konkreten Aufgabe abhängig sind. Nach Klaus, G.: Philosophisches Wörterbuch, Berlin 1972.

[2]) Schrittweise Annäherung.

Ziel: Standort- und marktadäquate Lösungen

Dieses Beispiel soll zeigen, daß bereits in einem sehr frühen Stadium der STOMA das Mitdenken über die Projektentwicklung insgesamt vor dem Hintergrund der Standort- und Marktsituation einsetzen muß, um die STOMA – aber auch die Projektentwicklung selbst – in Richtung einer standort- und marktadäquaten Lösung zu lenken. Dieses quasi rückkoppelnde Vorgehen setzt auf der Seite des Gutachters eine umfangreiche Erfahrung mit vielen Projektentwicklungen und Standorten voraus, die ihn in die Lage versetzt, im Wege des kritischen Analogie-Schlusses Objekte und Projekte auf ihre Realisierungs-Chancen hin ökonomisch, konkret und relevant zu untersuchen.

Was ist nun der Gegenstand der Standort- und Marktanalyse? Diese Frage läßt sich anhand des unten abgebildeten Schemas wie folgt darstellen: Einerseits geht es um die Standort-Rahmenbedingungen, also alle Faktoren, die den Standort mehr oder weniger »hart« prägen, von der Erschließung, Topografie und Nachbarschaft eines Projektes bis hin zu den sozio-ökonomischen, politischen und administrativen Gegebenheiten sowie den eigentlichen »weichen« Standortfaktoren wie Kultur-, Wohn- und Freizeit-Qualität.

Auf der anderen Seite sind die marktseitigen Gegebenheiten zu untersuchen, und zwar sowohl diejenigen des oder der Nutzungssektors(en) als auch die Marktsituation in dem eigentlichen Immobiliensektor (Abb. 2.2.1).

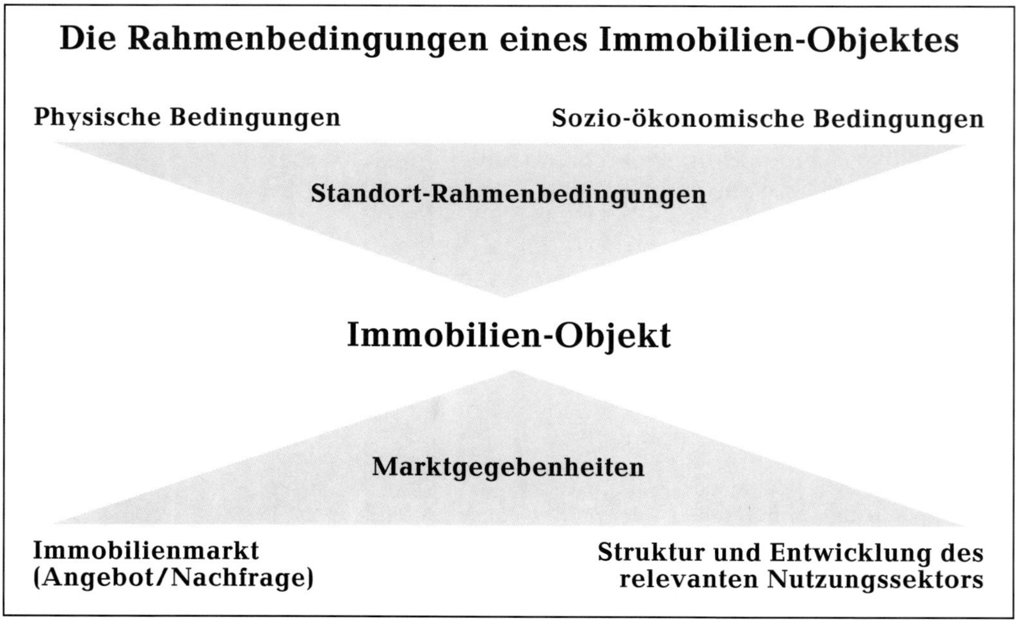

Abb. 2.2.1: Die Rahmenbedingungen einer Immobilie

Geht es nicht nur um ein Projekt, muß vielmehr ein bereits fertiggestelltes Gebäude mit untersucht werden, kommt die Analyse der Objektgegebenheiten hinzu, also z. B. Gebäudealter, benutzte Materialien, Konstruktionsweise, haustechnische Anlagen bis hin zu Mieterart und -anzahl, Mietdauer, Mietvertragstechnik usw.

Informationsquellen für die STOMA

Auf welchen Quellen baut die STOMA auf? Aufgrund der relativ umfassenden Bandbreite der zu untersuchenden Faktoren und Gebiete ist auch das Quellenmaterial sehr heterogen und umfangreich. Es ist allerdings auch von sehr unterschiedlicher Qualität: Während z. B. die amtliche Statistik oder auch die Marktforschung im Sektor Einzelhandel methodisch und informationell auf hohem Niveau stehen, gibt es im Kernbereich der Immobilien-Marktforschung noch große empirische und definitorische Schwachstellen. So gibt es z. B. weder verläßliche Daten über den Bestand an Büroflächen in Deutschland insgesamt, geschweige denn in den großen deutschen Bürozentren, noch übereinstimmende Definitionen oder Kennwerte von Begriffen wie »Bürobeschäftigte«, »Mietflächen«, »Leerstand« oder »Flächenbedarf pro Beschäftigten«[3]).

Hier eine **Auswahl potentieller Informationsquellen**:

- amtliche Statistik des Bundes, der Länder, der Gemeinden, der Bundesanstalt für Arbeit usw. (insbesondere zur Bevölkerungs- und Wirtschaftsstruktur sowie -entwicklung)
- Grundlagenforschung, Regionalanalysen, Raumordnungsberichte zuständiger Länderministerien, sektorale oder regionale Strukturanalysen (z. B. Bundesforschungsanstalt für Landeskunde und Raumordnung, Wirtschaftsforschungsinstitute)
- Immobilienmarktberichte großer Makler, zunehmend auch von Hochschulen und Universitätsinstituten
- Verkehrszählungen von Bauämtern der Gemeinden oder Länder, Verkehrsbetrieben, Privaten (Fußgängerfrequenz, Nutzung von Haltestellen des öffentlichen Nahverkehrs, Bundesbahnhöfen, Fährterminals, Flughäfen; Fahrzeug-Frequenzmessungen an Hauptverkehrsstraßen, Nutzung von Parkplätzen und Garagen; Eingangs- und Kundenzählungen von Einkaufszentren und Warenhäusern)
- Erhebung von konkurrierenden Immobilienobjekten und -projekten nach Lage, Größe, Struktur, Preisen usw.

[3]) Hier versucht die neugegründete gif-Gesellschaft für Immobilienwirtschaftliche Forschung verbindliche Standards zu setzen.

- Bestandsaufnahmen von Betrieben (u. a. Büro-, Einzelhandels-, Dienstleistungsbetrieben) nach Lage, Größe, Branche, Erscheinungsbild usw.
- Befragungen von Haushalten, Kunden, Passanten, Einzelhändlern, tatsächlichen und potentiellen Nutzern von Immobilien usw. durch Marktforschungsinstitute und Gutachter
- Experten- und Informationsgespräche mit Maklern, Projektentwicklern, Stadtplanungs- und Entwicklungsbehörden, Kammern und ähnlichen Sachverständigen über die Marktsituation und die Entwicklung von Wettbewerbsprojekten
- nichtamtliche Statistiken über regionalisierte einzelhandelsbezogene Kaufkraft und Umsätze (insbesondere GfK Gesellschaft für Konsumforschung, Nürnberg)
- Presse-Archive mit Berichterstattung über Projekte, Leistungskennziffern, Unternehmensplanungen usw.

Gerade angesichts der Fülle möglichen Informationsmaterials verwundert es, wenn auch bei der Vorbereitung großer und größter Immobilieninvestments oft gar keine oder viel zu wenig Daten zum wirtschaftlichen Umfeld, zum Nutzerverhalten und zur Wettbewerbssituation erhoben werden.

2.2.3 Standortfaktoren

2.2.3.1 Von »harten« und »weichen« Standortfaktoren

Im ersten Untersuchungskreis geht es darum, bezüglich des Standortes alle spezifischen Faktoren für die Immobilie und ihre potentielle Nutzung sowie ihre jeweilige Ausprägung herauszuarbeiten, zu überprüfen und zu bewerten. Unterschieden werden kann dabei – je nach Betrachtungsebene – grundsätzlich zwischen »harten« und »weichen«, »physischen« und »sozio-ökonomischen« und mehr oder weniger vom Investor beeinflußbaren Standortfaktoren. Hierbei ist es in erster Linie erforderlich, die Qualitäten eines Standortes (also nicht eines Konzeptes!) und seine Eignung für unterschiedliche Nutzungen festzustellen, da die *Eignung je nach Nutzung stark variieren* kann.

Beeinflußbarkeit der Faktoren

Abb. 2.2.2 zeigt eine Darstellung der Faktoren entlang der Skala »hart« ... »weich«. Diese Skala erklärt auch zugleich das scheinbare Paradoxon, daß »harte« (physische) Faktoren viel stärker von Investoren beeinflußt werden können als »weiche«: Eine bewegte Topografie läßt sich ebenso einebnen wie ein häßliches Nachbargebäude, die Verkehrsanbindung kann (auf wessen Kosten auch immer) ebenso verbessert werden wie ein individuelles Baurecht. Hingegen kann die »Adresse« eines Baugebietes oder das »Image« eines Standortes in der Regel durch ein Projekt allein ebensowenig beeinflußt werden wie das durch bestimmte kommunalpolitische Konstellationen geprägte Investitionsklima einer Gemeinde.

Standort-faktoren		**Beeinflußbar-keit durch Investoren**
»harte«/ physische		**hoch**
	– Topografie/Bodenbeschaffenheit	
	– technische Ver- und Entsorgung	
	– Nachbarschaft (Umfeld, Qualität der Versorgung mit Dienstleistungen, integrierte oder solitäre Lage, Nutzungsstruktur, Sichtanbindung)	
	– Verkehrsanbindung/Erreichbarkeit für das potentielle Absatz-/Einzugsgebiet (ÖV, IV, Fußgänger, Parken, Airport)	
	– Raumordnung/Bauleitplanung	
sozio-ökono-mische	– Sozio-ökonomischer Datenkranz (Bevölkerungsentwicklung, Sozialstruktur, Wirtschaftsstruktur)	
	– rechtliche, steuerliche, devisen-technische Situation (vor allem bei Auslands-Investment)	
	– »Adresse«	
	– Verwaltungsstruktur	
	– Investitionsklima	
»weiche«	– Kultur-, Wohn- und Freizeitqualität	**niedrig**

Abb. 2.2.2: Standortfaktoren

2.2.3.2 Makro- und Mikro-Standorte

Eine andere Bezugsebene für die Darstellung von Standortfaktoren liefern die Begriffe Makro- bzw. Mikro-Standort. Sie beziehen sich auf das räumliche Umfeld, in dem die Faktoren zu analysieren sind. Sie ermöglichen allerdings keine klare inhaltliche Abgrenzung. In der Regel wird unter Makro-Standort die Gemeinde, evtl. aber auch der Kreis oder die Region bzw. der Raum verstanden, für den die Immobilie Bedeutung hat. Der Mikro-Standort stellt das direkte Umfeld, maximal in fußläufiger Entfernung, dar.

Auch hier gilt: Der Mikro-Standort ist in seiner Faktorenausprägung so genau wie möglich zu erfassen, der Makro-Standort nur insoweit, als er Bedeutung für die Projektentwicklung hat.

Die in Kapitel 2.2.3.1 dargestellten Faktoren lassen sich häufig sowohl für den Makro- als auch für den Mikro-Standort aufbereiten. Aufschlußreich sind sie aber entweder eher für den einen oder für den anderen Bereich – wie Abb. 2.2.3 zeigt.

Standortfaktoren mit Bedeutung für...		
... nur Makro-Standort	**... beide**	**... nur Mikro-Standort**
	Topografie	Bodenbeschaffenheit
	technische Ver- und Entsorgung	
		Nachbarschaft/Umfeld/ Sichtanbindung
überregionale ...	... Verkehrsanbindung	*kleinräumige ...*
(Flughafen, Schiene, Bahnhof, Wasserstraße)	(ÖV, Hauptverkehrs-Straßen)	(Parken, Fußgänger, Erschließungsstraßen)
Raumordnung	*vorbereitende ...*	*verbindliche ...*
	... Bauleitplanung	
	städtebauliche/ infrastrukturelle Rahmenplanungen	
	»sozio-ökonomischer Datenkranz« im ...	
... *weiteren* Einzugsgebiet (Kreis, Region, Bezirk)		... *engeren* Einzugsgebiet (fußläufig/Nahbereich)
		»Adresse«
Verwaltungsstruktur/ Investitionsklima		
	Wohn-, Kultur- und Freizeit-Qualität	

Abb. 2.2.3: Standortfaktoren und deren Bedeutung für Makro- und Mikro-Standort

2.2.3.3 Die Standortfaktoren im einzelnen – Operationalisierung und Messung

Die Lage objektiv bewertbar machen

Mit der Analyse der Standortfaktoren wird nichts anderes versucht, als den komplexen Begriff Lage in einzelne, meßbare, intersubjektiv vergleichbare Kriterien zu zerlegen. Mancher Projektentwickler behauptet von seinem Bau, mancher Wirtschaftsförderer von seinem Standort, er weise eine *zentrale Lage* auf. Das behauptet die Gemeinde Helmstedt, etwa auf halbem Wege zwischen Hannover und Berlin, genauso wie die Region Siegen, die ungefähr in der Mitte zwischen Ruhrgebiet und Frankfurt liegt. Ob ein Gebiet aber wirklich zentral liegt, entscheidet sich ganz offensichtlich nicht allein aus der jeweils gleichen Entfernung zu benachbarten Ballungsräumen. Oder: Ist eine *gute Cityrand-Lage* in Leipzig z. B. am Innenstadtring oder an einer der Ausfallstraßen an beliebiger Stelle im noch bebauten Stadtgebiet gegeben?

Über den Begriff Lage und die Lagequalität kann man mithin trefflich streiten, solange man keine Kriterien hierfür definiert und objektiv bewertet hat. Erst mit Hilfe eines solchen objektivierenden Kriteriengerüstes kann man sich also Aufschluß über die tatsächliche Lagequalität verschaffen. Dann dürfte es eigentlich auch keine Meinungsunterschiede mehr geben hinsichtlich Einschätzungen von zentraler, verkehrsgünstiger oder integrierter Lage.

Dies setzt allerdings voraus, daß Kriterien richtig definiert und so operationalisiert werden, daß sie auch einer objektiven Messung unterzogen werden können. So kann z. B. sowohl ein Makro- als auch ein Mikro-Standort zentral gelegen sein. Aber erst, wenn man den Begriff *zentral* genauer definiert, kann man ihn messen und bewerten. Es reicht nicht aus, einem Makro-Standort die zentrale Lage nur aufgrund der gegebenen Geografie (also z. B. »mitten in Deutschland«) zu attestieren. Es müssen Faktoren hinzukommen, wie z. B. Qualität und Dichte der Anbindung an das lokale, regionale wie überregionale Straßennetz und an das Schienen- und Luftverkehrsnetz, enge Anbindung an ein vorhandenes Ballungszentrum mit seinem Arbeitskräfte-Reservoir und Absatzmärkten sowie Entfernung/Erreichbarkeit benachbarter in- und ausländischer Ballungszentren. Nimmt man dieses Kriteriengerüst, so wird rasch einsichtig, daß ein Standort wie Frankfurt oder auch Düsseldorf unvergleichlich zentraler liegt als Berlin, Dresden oder Bremen, ganz zu schweigen von den eingangs erwähnten Beispielen Siegen oder Helmstedt – die sicherlich andere Qualitäten als »zentrale Lage« aufweisen.

Im folgenden soll nun versucht werden, einige wichtige – für die Messung von Standortqualität grundlegende – Faktoren zu operationalisieren, Hinweise zur Messung zu geben und ihre Relevanz für die Projektentwicklung aufzuzeigen.

2.2.3.4 Darstellungs- und Bewertungsformen

Standortfaktoren gewichten

Die vorstehende Übersicht (Abb. 2.2.3) hat schon gezeigt, daß es notwendig ist, allgemein umschriebene Kriterien durch möglichst genaue Operationalisierung und Messung ihrer Unverbindlichkeit zu entheben. Insofern ist es nicht nur sinnvoll, sondern auch notwendig, Standortfaktoren in Haupt-, Ober- und Unterkriterien aufzusplitten.

Beispiel:

Hauptkriterium	Verkehrsanbindung		
Oberkriterium	Anbindung, z.B. ...	... an das Individualverkehrsnetz	... an das öffentliche Verkehrsnetz
Unterkriterium	Lage, z.B. ...	... an Hauptverkehrsstraße	... an schienengebundene Verkehrsmittel
Operationalisierung	gemessene Entfernung, z.B. ...	... von Autobahn oder Bundesstraße	... von Haltestelle

Erst, wenn man durch eine solche Aufgliederung des Kriteriengerüstes wirklich vergleich- und meßbare Unterkriterien erarbeitet und bewertet hat, ist es möglich, den Inhalt *verschiedener Urteile über einen Standort* oder *vergleichender Urteile über verschiedene Standorte* transparent zu machen und dann letzten Endes auch vergleichend bewerten zu können.

Standort nach den Bedürfnissen des jeweiligen Nutzers bewerten

Von größter Bedeutung in diesem Zusammenhang ist allerdings, daß ein und derselbe Standort durchaus unterschiedliche Bewertungen erfahren kann: Während für einen vertriebsorientierten Betrieb die Lage in einem autobahnnahen Gewerbegebiet absolut vorteilhaft sein mag, ist derselbe Standort für ein hochwertiges Dienstleistungsunternehmen kaum akzeptabel. Die Standortanalyse muß mithin zweistufig erfolgen: In einem ersten Schritt sind die Standortkriterien im Lichte der Interessen und Ziele der Investoren (letzten Endes aber vor allem: der Nutzer) zu *gewichten*; und in einem zweiten Schritt können die Faktoren dann *gemessen* und damit dann auch bewertet werden.

Beispiel: Nur wenn man sich vorher (z.B. durch Befragungen) darüber klar geworden ist, ob beispielsweise ein Autobahnanschluß für einen bestimmten Büronutzer sehr wichtig, wichtig oder weniger wichtig ist, läßt sich die Relevanz (also das »Gewicht«) eines solchen Kriteriums ermessen. Wenn sich herausstellen sollte (was zu erwarten ist), daß das Kriterium Autobahnnähe für viele Büronutzer in der Regel von nicht so großer Bedeutung ist, wird klar, daß auch ein noch so nahe an einer Autobahn gelegener Bürostandort in der Regel einen geringeren Nutzwert als ein im Zentrum gelegener hat. Das gleiche gilt übrigens auch für das Kriterium Flughafen-Nähe, wie sich aus vielen Umfragen bei Nutzern belegen läßt. Wer solche einfachen Zusammenhänge zwischen Lage-Anforderungen und -Qualität verstanden hat, wird sich auch nicht wundern, daß reine Bürobauvorhaben, deren einzige Standort-Qualität aus Autobahn- und/oder Flughafen-Nähe besteht, einen geringen Nutzwert haben und daher kaum erfolgreich zu vermarkten sind.

Zu den Standort-Anforderungen von Nutzern hier zwei Beispiele, die aus entsprechenden Umfragen gewonnen wurden: Zum einen das Ergebnis einer Umfrage des Deutschen Instituts für Urbanistik hinsichtlich der gewünschten Makro-Standorte (Abb. 2.2.4), zum anderen das Ergebnis einer Umfrage von Müller Consult unter Mietern nach Umzug in neue Flächen (Abb. 2.2.5), die angaben, wie wichtig bestimmte Kriterien für sie seien und in welchem Maße diese erfüllt seien.

Nutzwert

Der Begriff **Nutzwert** ergibt sich quasi als **Produkt aus der Gewichtung** – also der subjektiven Bedeutungszuweisung durch den Bauherrn oder Projektentwickler, die tunlichst die Interessen potentieller Nutzer berücksichtigen sollte – **und dem effektiven Wert** bzw. der gemessenen Ausprägung **des Kriteriums**. Die klassische Nutzwertanalyse baut daher auf diesem *Doppelschritt der Gewichtung und der Bewertung* auf, wie das Beispiel in Abb. 2.2.6 und 2.2.7 zeigen möge.

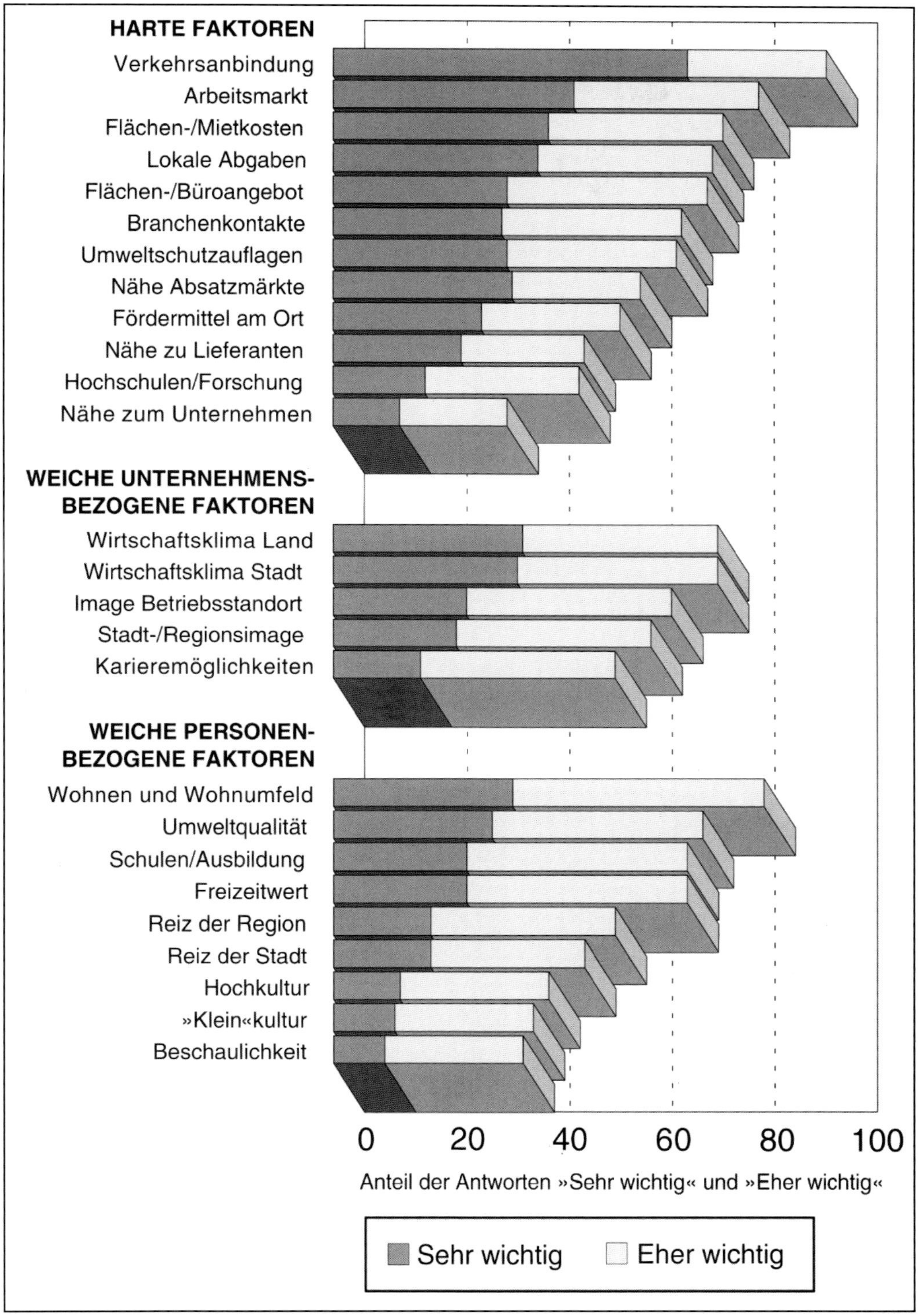

Abb. 2.2.4: Bedeutung der verschiedenen Standortfaktoren

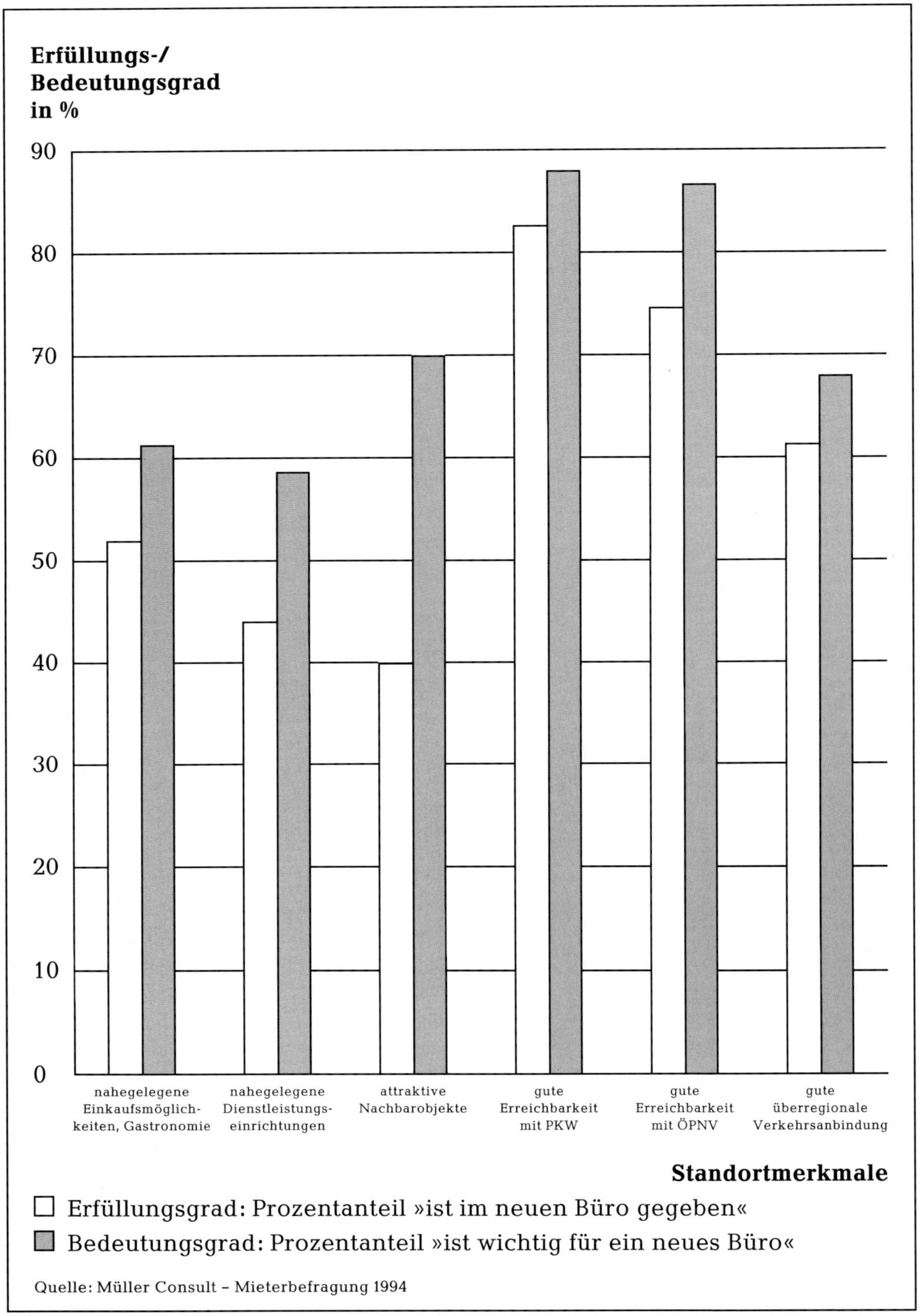

Abb. 2.2.5: Standortfaktoren von Büronutzern – Erfüllungs- und Bedeutungsgrade

Zielkriterien (1)	**Zielerfüllungsgrad** (auf Skala von 0–100) (2)	**Gewicht. der Zielkriterien 1. Variante** (Summe = 1) (3)	**Teilnutzen 1. Variante** (2 x 3) (4)	**Gewicht. der Zielkriterien 2. Variante** (Summe = 1) (5)	**Teilnutzen 2. Variante** (2 x 5) (6)
Teilziel A: Liegenschaft					
A1 Bezirkszugehörigkeit	70	0,12	8,4	0,05	3,5
A2 Viertelzugehörigkeit	60	0,12	7,2	0,05	3,0
A3 Werbesichtanbindung	10	0,10	1,0	0,04	0,4
A4 Nutzfläche über 8.000 m^2 möglich	80	0,05	4,0	0,02	1,6
A5 Grundstückszuschnitt	40	0,04	1,6	0,01	0,4
A6 Alt-/Restbebauung	30	0,01	0,3	0,01	0,3
A7 Unterbauung	20	0,05	1,0	0,02	0,4
		0,49	**23,5**	**0,20**	**9,6**
Teilziel B: Umfeld					
B1 Agglomerationseffekte	100	0,04	4,0	0,10	10,0
B2 integrierte Lage	90	0,06	5,4	0,15	13,5
B3 Höhenentwicklung der Umgebung	80	0,01	0,8	0,02	1,6
B4 Straßenprofil	70	0,02	1,4	0,05	3,5
B5 Bauzustand der Nachbarprojekte	100	0,01	1,0	0,02	2,0
B6 Entfernung zu zentralen Einrichtungen	100	0,02	2,0	0,05	5,0
B7 Versorgung mit EH, Gastronomie	90	0,03	2,7	0,08	7,2
B8 Entfernung zu Grün-/Freizeitflächen	90	0,01	0,9	0,02	1,8
		0,20	**18,2**	**0,49**	**44,6**
Teilziel C: Verkehr					
C1 Fußgängerzugänglichkeit	40	0,02	0,8	0,02	0,8
C2 Fußgängerfrequenz	60	0,02	1,2	0,02	1,2
C3 übergeordneter ÖPNV	50	0,10	5,0	0,10	5,0
C4 Bahn/Bus	50	0,02	1,0	0,02	1,0
C5 ÖPNV-Frequenz	70	0,02	1,4	0,02	1,4
C6 Erreichbarkeit	100	0,07	7,0	0,07	7,0
C7 Anfahrbarkeit	90	0,03	2,7	0,03	2,7
C8 Parkplatzsituation Umgebung	40	0,02	0,8	0,02	0,8
C9 Kfz-Frequenz	60	0,01	0,6	0,01	0,6
		0,31	**20,5**	**0,31**	**20,5**
Σ Gesamtnutzwert			**62,2**		**74,7**

Abb. 2.2.6: Beispiel für eine Nutzwertanalyse (1. Variante: Lagekriterien wichtiger; 2. Variante: Umfeld wichtiger)

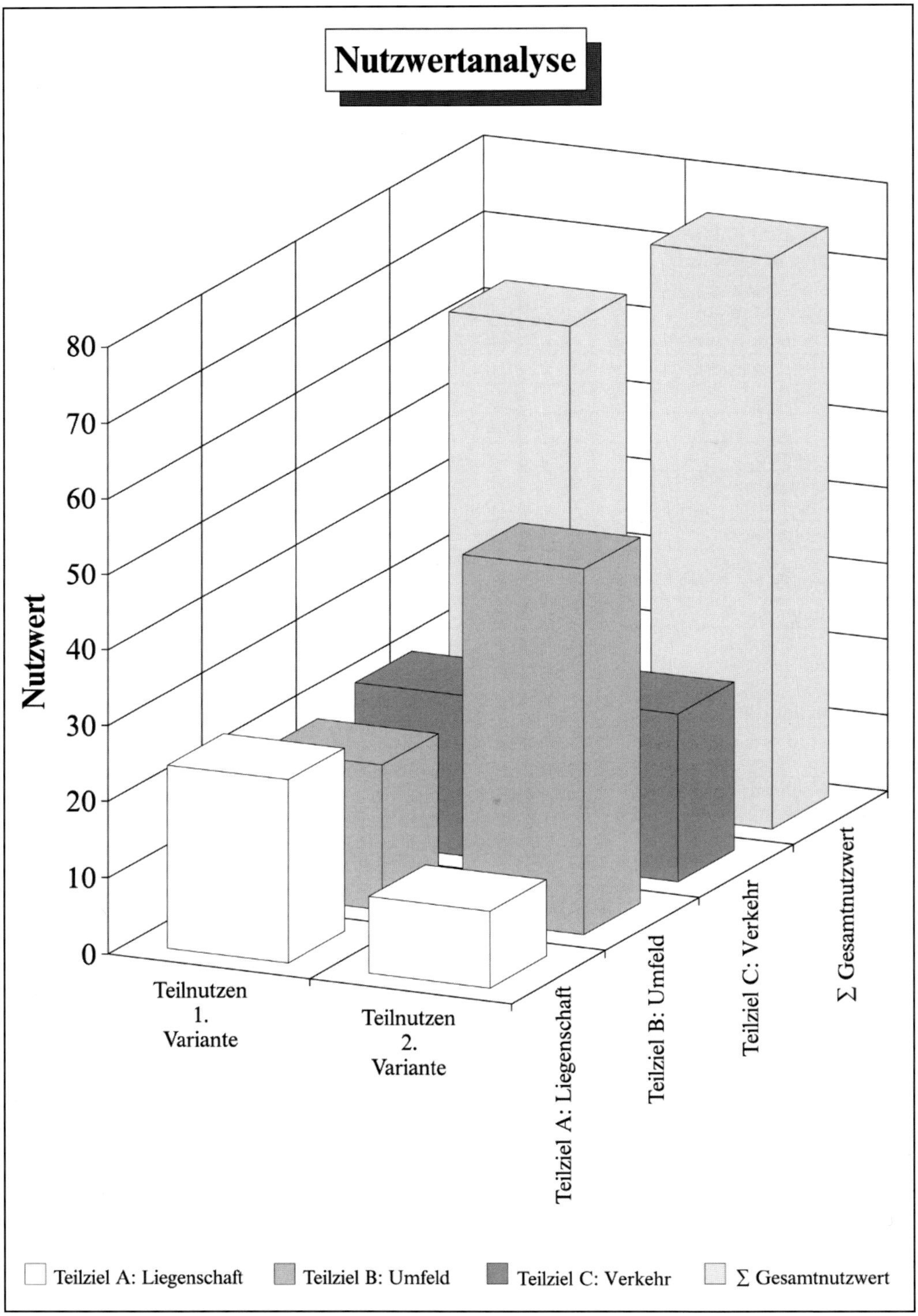

Abb. 2.2.7: Darstellung der Ergebnisse einer Nutzwertanalyse/Werte aus Abb. 2.2.6

Quantitative Nutzwertanalyse

In diesem Beispiel (Abb. 2.2.6 und 2.2.7) wird von einem Gesamtgewicht der Investoren-/Nutzer-Ziele von eins (oder 100 oder 1.000) ausgegangen, die Teilnutzen ergeben in der Summe also den Gesamtnutzen von eins (100, 1.000). Wie ergibt sich der konkrete Teilnutzen, also die relative Bedeutung der einzelnen Standortfaktoren? Im besten Falle setzen sich Standortforscher und Nutzer zusammen und gleichen diskursiv die Teilnutzen-Werte so lange miteinander ab, bis sich der Gesamt-Zielwert von eins oder der entsprechenden Zehner-Potenz ergibt. Dieses Verfahren zwingt dazu, den *relativen Nutzen* in aller Konsequenz festzulegen, eben zu gewichten.

Die Bewertung bzw. Messung des jeweiligen Kriteriums erfolgt dann aufgrund der Recherchen des Standortanalytikers und wird z. B. auf einer Skala von null bis 100 festgemacht: »null« hieße also nicht erfüllt, »100« vollständig erfüllt.

Es wird also klar, daß ein wichtiges Ziel, das zu 100 % erfüllt wird, den höchsten Nutzwert hat.

Die Nutzwertanalyse zwingt den Auftraggeber und den Auftragnehmer einer Standortanalyse zu einem objektivierenden Verfahren. Obwohl noch in Teilen durchaus subjektiv geprägt, ermöglicht sie ein quantifizierendes Vorgehen und rechnerisch-zahlenmäßige Vergleiche.

Qualitative Nutzwertanalyse

Wenn man sich nicht der Mühe unterziehen will, das Bewertungsverfahren sehr stark quantitativ aufzubauen, kann man sich auch mit einer einfacheren, qualitativen Nutzwertanalyse behelfen, bei der man mittels einer Checkliste die zu bewertenden Standort-Kriterien *gleichzeitig gewichtet und bewertet*, z. B. mit Hilfe einer Skala von »++« über »0« bis »- -«. Ähnlich wirkt eine Skala von »unwichtig« über »weniger wichtig«, »neutral«, »wichtig« bis zu »sehr wichtig«. Bei dem folgenden Beispiel einer einfachen Nutzwertanalyse (Abb. 2.2.8) wurden verschiedene Standortfaktoren (»Oberkriterien«) mit verschiedenen Nutzungsarten in Beziehung gebracht und die prinzipielle Eignung des Standortes hierfür bewertet. Bei dem gegebenen Standort kann man nun durch einfache Saldierung von »+« und »–« oder durch Addition der »+«-Zeichen prüfen, ob sich manche Nutzungen am Standort besser eignen als andere.

Nutzwertanalyse Brauerei-Areal						
	Bewertung der Standortfaktoren bezüglich ihrer Eignung für die Nutzungsarten ...					
Standort-faktoren	Einzel-handel	Gewerbe-flächen	Büroflächen	Wohnen	Hotel/ Freizeit	Kultur/ Bildung
1. Verkehrsanbindung						
Individual-verkehr	++	+	++	–	++	++
Ruhender Verkehr	– –	0	–	–	– –	– –
Lastverkehr	– –	– –	0	–	0	0
ÖPNV	–	0	+	+	–	0
Passanten-frequenz	– –	+	0	0	0	–
2. Nutzbarkeit der Bausubstanz	0	+	– –	– –	– –	0
3. Umfeldsituation						
Topografie	0	– –	0	+	0	0
Nutzungs-strukturen	–	+	–	0	– –	0
4. Marktsituation	**+**	**++**	**–**	**+**	**–**	**+**
5. Zielsetzung						
Investor	+	0	+	–	–	0
Stadt	– –	+	++	0	+	+
Gesamtbewertung	**–6**	**+3**	**+1**	**–3**	**–6**	**+1**

Abb. 2.2.8: Beispiel für eine vereinfachte Form der Nutzwertanalyse

Real Estate Norm Ein sehr ausgeklügeltes System einer Nutzwertanalyse stellt die Real Estate Norm (REN-Norm) dar, die in Holland von Immobilien-Beratungsunternehmen und einem Projektentwickler erarbeitet worden ist (vgl. Abb. 2.2.9). Mit Hilfe von klaren Definitionen und teilweise grafischen bzw. bildlichen Beispielen lassen sich Standort-, vor allem aber auch Objekt-Qualitäten, sehr gut bewerten und vergleichen[4]. – Quantifizierende Nutzwertanalysen wie die REN-Norm ermöglichen, Immobilien in komplexerer Form darzustellen, also nicht nur auf einer, sondern auch auf zwei oder mehr Dimensionen (Matrix) und so z. B. ein Portfolio verschiedener Objekte grafisch-visuell leichter miteinander vergleichbar zu machen (vgl. Abb. 2.2.10).

[4]) Real Estate Norm, Nienwegen 1992.

1.2.2 public transport
1.2.2.1 proximity to railway station
distance to closest railway station

1 more than 2000 m
2 between 1500 and 2000 m
3 between 1000 and 1500 m
4 between 500 and 1000 m
5 less than 500 m

5

1.2.2.2 type of railway station
number of connections/services

1 local trains (single service)
2 local trains (multiple services)
3 intercity trains (single service)
4 intercity trains (multiple services)
5 (4) + international trains

1

5

1.2.2.3 proximity to a (fast) tram or metro stop
walking distance to the closest stop
with a connection to a railway station

1 more than 2000 m (or not available in the surroundings)
2 between 1500 and 2000 m
3 between 1000 and 1500 m
4 between 500 and 1000 m
5 less than 500 m

5

1.2.2.4 proximity to a bus stop
walking distance to the closest stop
with a connection to a railway station

1 more than 2000 m
2 between 1500 and 2000 m
3 between 1000 and 1500 m
4 between 500 and 1000 m
5 less than 500 m

5

Abb. 2.2.9: Beispiele aus dem Kriterienkatalog zur Standortbewertung gemäß Real Estate Norm

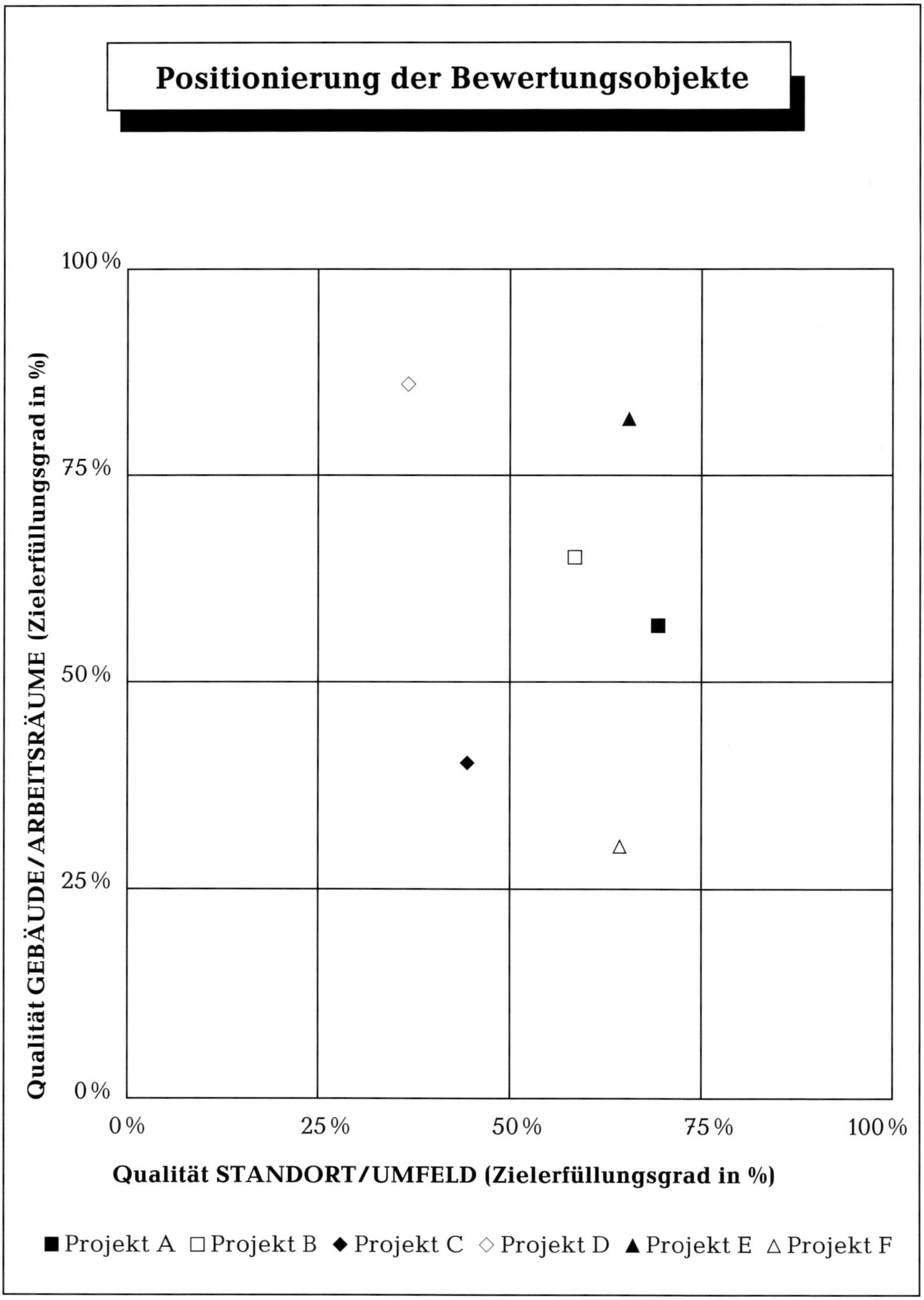

Abb. 2.2.10: Portfolio-Matrix zur vergleichenden Bewertung mehrerer Immobilienobjekte

Portfolio-Matrix

Die Portfolio-Matrix kann also z. B. aufzeigen, daß ein Objekt auf der Y-Achse »Gebäude-Qualität« durchaus hohe Werte aufweist, hingegen auf der Dimension »Standort-Qualität« (X-Achse) nur bescheidene. Möglicherweise wurde hier ein gutes Produkt an der falschen Stelle errichtet. Umgekehrt kann die Werte-Kombination »geringe Gebäude-Qualität« / »gute Standort-Qualität« aufzeigen, daß mit Hilfe von Nach-Investitionen eine der Standort-Qualität entsprechende bessere Gebäudequalität und in der Folge eine höhere Miete erreicht werden kann[5]).

[5]) Neben den Standortfaktoren/-dimensionen können in eine komplexe Nutzwertanalyse selbstverständlich auch marktseitige Faktoren und Trends eingearbeitet werden (s. Kapital 2.2.5).

2.2.4 Zur Analyse von Nutzungssektoren

2.2.4.1 Allgemeine Hinweise

Gebäude auf Nutzerbedürfnisse abstimmen

Manchmal hat man den Eindruck, daß neue Gebäude nur als Reaktion auf kurzfristige Trends des Immobilienmarktes (Kapitel 2.2.5) gebaut werden. Es klingt banal, aber es muß immer wieder betont werden: Gebäude sollten für Nutzer gebaut werden – und nicht weil gerade einmal die Mieten steigen oder besonders günstige Abschreibungsmöglichkeiten bestehen! Nutzer haben je nach Branche ganz unterschiedliche konjunkturelle Situationen und Entwicklungsperspektiven. Nur wenn man sich etwas näher mit diesen Trends der Nutzerseite befaßt hat und einzuschätzen vermag, welche wirtschaftlichen Aussichten potentielle Nutzer einer Immobilie haben, investiert man zielgerichtet. Nur dann kann man die Nachhaltigkeit einer Projektentwicklung oder einer Vermietung bzw. auch das Risiko genauer einschätzen.

Investiert man z. B. in Bürogebäude, muß man sich mit den Entwicklungsperspektiven von Büronutzern, das sind überwiegend Dienstleistungs-Branchen, näher auseinandersetzen. Bei Einzelhandels-genutzten Immobilien sind die Entwicklungsmöglichkeiten dieser Branche genau zu prüfen – bei Hotels der Tourismus am Makro-Standort, bei Altenheimen die Altersstruktur im Einzugsgebiet, bei Kinos das Freizeitverhalten der lokalen Bevölkerung usw. Letzten Endes entscheidet sich das Schicksal jeder Immobilie aufgrund der wirtschaftlichen Dynamik der in Frage kommenden Nutzerbereiche. Nur wenn diese über regionale, nationale oder internationale Exportbeziehungen einen »Bedeutungsüberschuß« erzielen, werden sie expandieren. Nur wenn sich die lokalen und regionalen Einkommen erhöhen, kann z. B. ein zusätzliches Einzelhandels-Angebot per wachsender Kaufkraft ohne Verdrängung absorbiert werden.

Qualitative Anforderungen

Neben übergeordneten quantitativen Entwicklungstendenzen sind aber auch qualitative Ansprüche und Anforderungen der nachfragenden Nutzungssektoren zu erfassen – also z. B. Ausstattungswünsche, Lageanforderungen, nachgefragte Größenklassen.

Zwar wird man als Experte im Bereich Standort- und Marktforschung für Immobilien nie auch »allwissender« Fachmann für die unterschiedlichsten Nutzerbranchen sein können, man sollte sich aber tunlichst mit den wesentlichen Trends auf der Nutzerseite auseinandersetzen und diese zu verfolgen versuchen.

Solche Firmen- und Branchentrends lassen sich z. B. über die Erhebung von Firmen-Neugründungen (Kammern), Veränderung der Beschäftigung (amtliche oder Verbands-Statistik, Zeitungsberichte), Umsatzentwicklung, Analyse von Geschäftsberichten, Reports der Wirtschaftsfachverbände und der Wirtschaftsforschungsinstitute, Personalanzeigen usw. erfassen. Anhand von zwei für einen großen Teil der Immobilienentwicklung wesentlichen Nutzungssektoren wird das im folgenden konkret dargestellt (Einzelhandel: Kapitel 2.2.4.2 und Büro: Kapitel 2.2.4.3).

2.2.4.2 Einzelhandel

Nutzung »Einkaufen«

Die Nutzung »Einkaufen« ist einerseits so weit verbreitet, daß sich fast jeder als »Experte« für diesen Nutzungssektor ansehen mag. Gleichzeitig werden aber in kaum einem Immobiliensektor so viele Fehler wie bei Einzelhandelsobjekten gemacht. Möglicherweise, weil die Hauptbeteiligten - Architekten und professionelle Projektentwickler - offenbar völlig *untypische Konsumenten* und Einzelhandels-Nutzer sind. Zu oft sind wohl auch Urlaubs- und Freizeiterlebnisse gehobener Einkommensschichten (atypisches Einkaufsverhalten in der Freizeit) Vorbild und Veranlassung für die Planung von Einzelhandelsflächen.

Was aber tatsächlich jeden Tag am Tresen bzw. an der Kasse großer Selbstbedienungsmärkte bzw. in regionalen oder lokalen Einkaufszentren geschieht, ist relativ gut erforscht und kann unter Berücksichtigung der spezifischen Rahmenbedingungen analog auf die Planung neuer Einzelhandels-Einrichtungen übertragen werden, weil das Einkaufsverhalten in entwickelten Volkswirtschaften in hohem Maße homogen ist.

Auf der Seite der Nachfrage läßt sich somit praktisch für jeden Standort oder jedes halbwegs vorstrukturierte neue Objekt/Projekt die relevante Kaufkraft, das Einzugsgebiet, das Marktvolumen und die mögliche Kaufkraftbindung vorher ermitteln (vgl. Abb. 2.2.11 und 2.2.12).

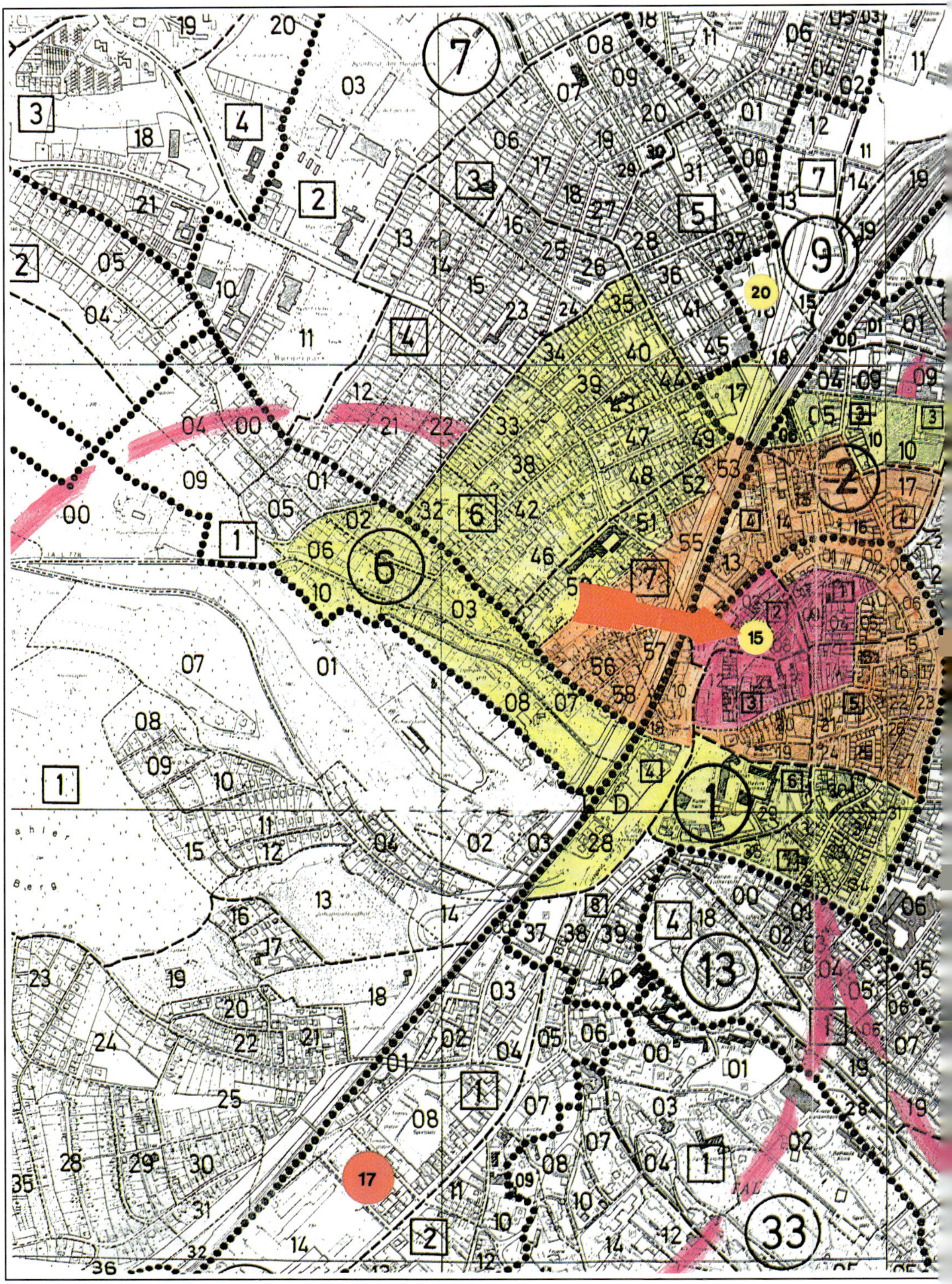

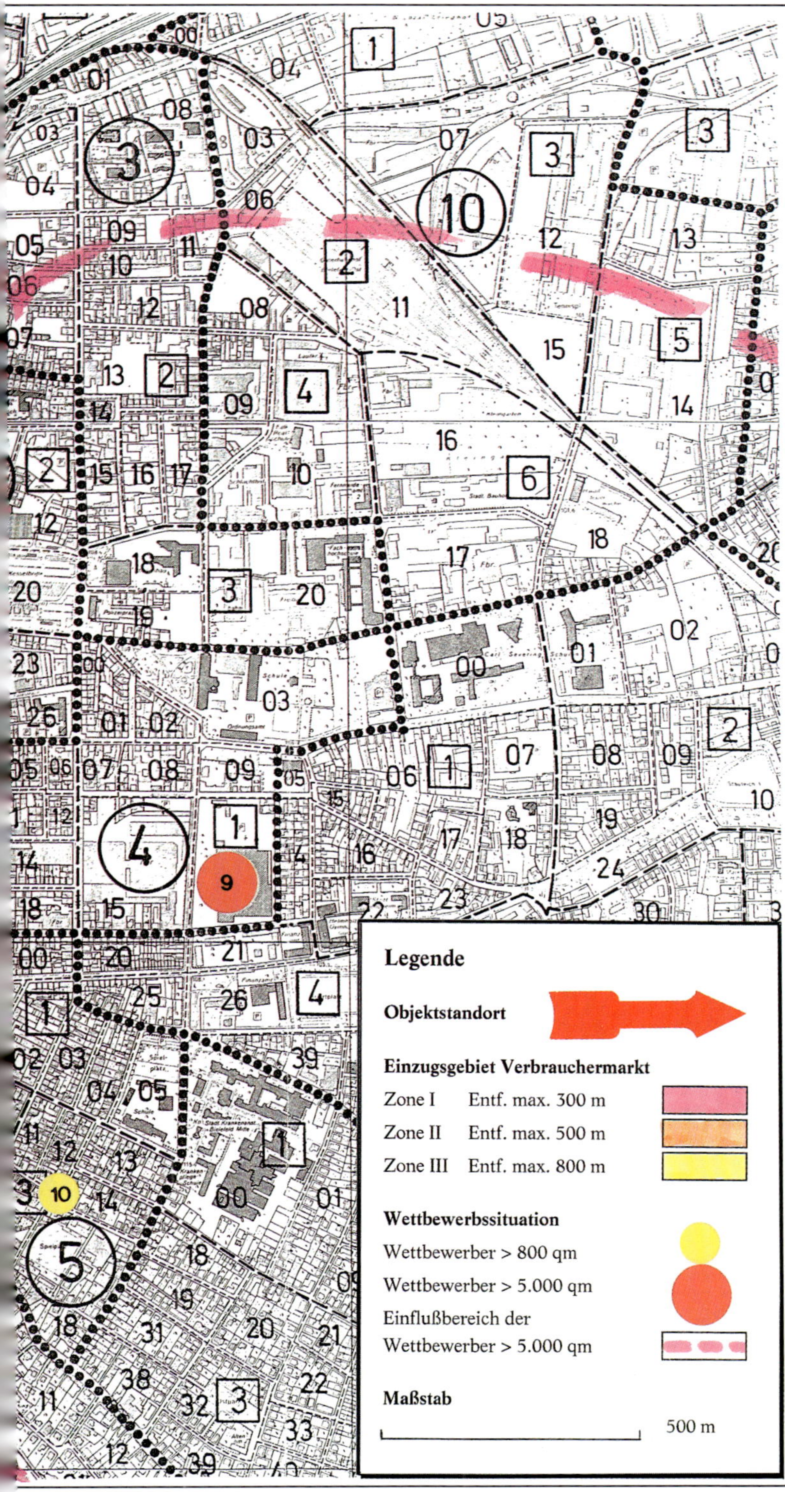

Abb. 2.2.1.1: Einzugsgebiet Verbrauchermarkt/ Wettbewerbssituation

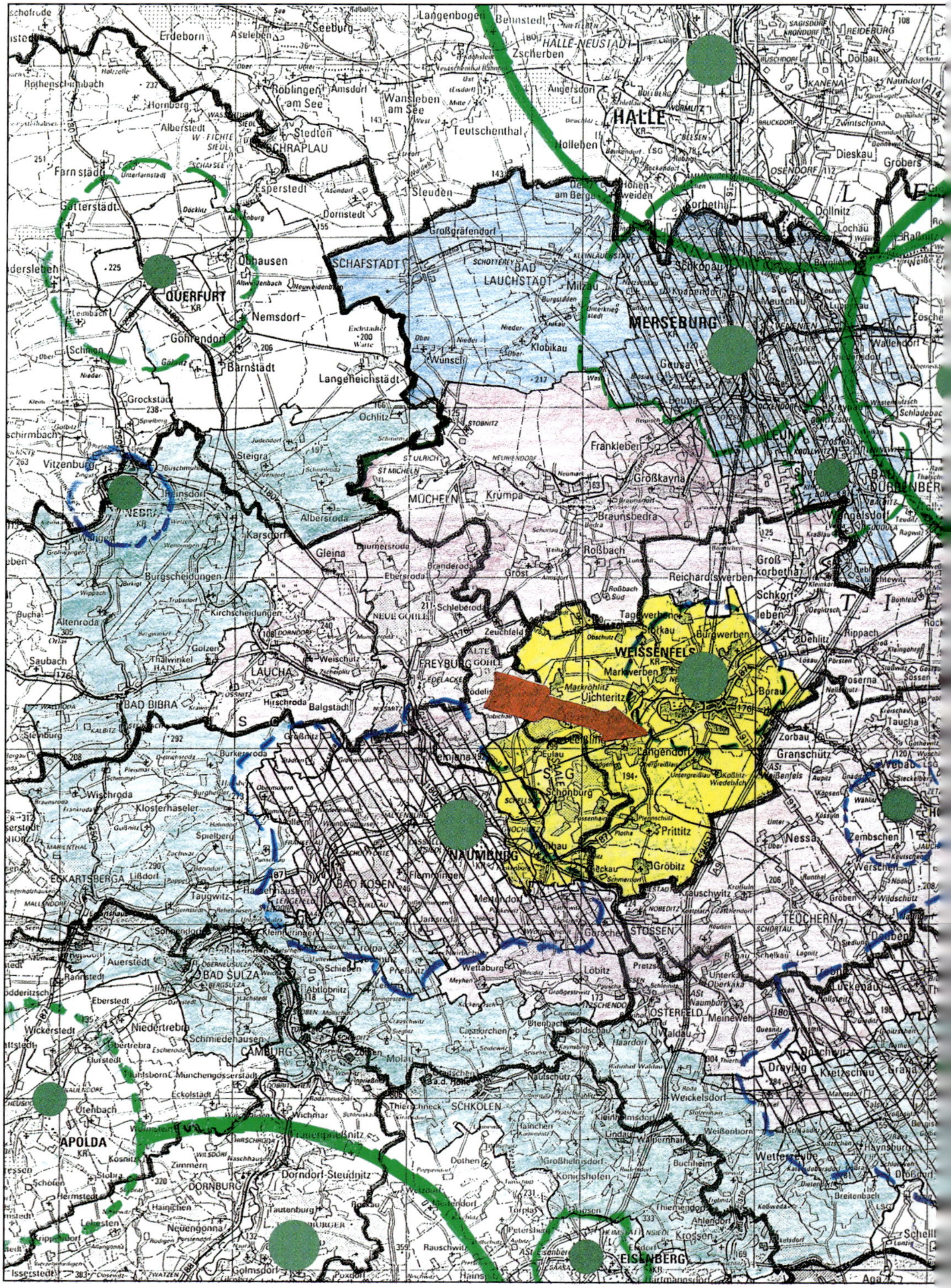
HALLE
Langenbogen
Seeburg
Erdeborn
Teutschenthal
Rothenschirmbach
Farnstädt
Querfurt
Obhausen
Nemsdorf
Barnstädt
Schafstadt
Bad Lauchstädt
Großgräfendorf
Merseburg
Geusa
Langeneichstädt
Frankleben
Großkayna
Braunsbedra
Mücheln
Krumpa
Nebra
Karsdorf
Gleina
Bad Dürrenberg
Großkorbetha
Reichardtswerben
Weissenfels
Markwerben
Uichteritz
Langendorf
Burgscheidungen
Laucha
Freyburg
Bad Bibra
Naumburg
Bad Kösen
Prittitz
Gröbitz
Eckartsberga
Bad Sulza
Auerstedt
Camburg
Schkölen
Osterfeld
Teuchern
Apolda
Dornburg
Eisenberg
Dornburg-Steudnitz
Granschütz
Stössen

Abb. 2.2.1.2:
Einzugsgebiet Verbrauchermarkt/
Wettbewerbssituation

Nachfrage im Einzelhandel

Aufgrund von laufenden Erhebungen in existierenden Geschäften, Passagen oder Einkaufszentren läßt sich die Herkunft, Besuchshäufigkeit, Verkehrsmittelwahl und auch die Kaufkraftbindung von unterschiedlichen Einzelhandelseinrichtungen entsprechend der Tiefe und Breite des Angebotes mit großer Genauigkeit bestimmen[6]). Das gilt auch für die Aufenthaltsdauer, die Nutzung von Ober- und/oder Untergeschossen mehrgeschossiger Geschäfte oder Einkaufszentren, die Mehrfachnutzung von Geschäften usw. Aufgrund von Frequenzzählungen und Laufstudien weiß man z.B. recht genau, wieviel (oder besser: wie wenig) Prozent einer gegebenen Besucheranzahl in der Regel ein Ober- oder ein Untergeschoß aufsuchen. Trotzdem ist es immer wieder verblüffend, mit welcher Ignoranz bezüglich der immanenten Risiken zwei- oder gar mehrgeschossige Einkaufszentren gebaut werden, offenbar in der Hoffnung, es werde schon funktionieren. Selbstverständlich gibt es auch funktionierende mehrgeschossige Einkaufszentren – dort muß aber eine ganze Menge getan werden, um die innewohnenden Probleme zu bewältigen.

Angebot an Einzelhandelsflächen

Noch eindeutiger als die Nachfrage nach Einzelhandelsgütern und damit nach Geschäftslokalen läßt sich die Seite des Angebotes eingrenzen. Das bezieht sich sowohl auf den Bestand an Geschäften, deren Fläche, Lage und Leistungen aufgrund von Messungen und Erfahrungswerten von Experten sehr genau eingeschätzt werden können, als auch auf geplante Einzelhandelsflächen. Letztere werden i.d.R. frühzeitig publiziert oder können über Expertenbefragung in Erfahrung gebracht werden. Was neue Geschäftsansiedlungen angeht, so treten insbesondere in Zeiten laufend zunehmender Unternehmenskonzentration immer weniger Akteure als Anbieter im Sektor Einzelhandel auf. Deren Verhalten – insbesondere die Akquisition und Anmietung von neuen Flächen als das für unser Thema wichtigste Feld – läßt sich heute mit großer Genauigkeit vorhersagen. Die großen Einzelhandels-Konzerne haben meist klare Anforderungsprofile, was Standort- und Objektqualität angeht. Man kennt ihre Expansionsstrategie, ihre Leistungen und Marktanteile, ihr Suchverhalten und auch ihre Mietzahlungsfähigkeit und -bereitschaft.

---

[6]) Selbstverständlich dürfen diese Erfahrungswerte nicht ohne weiteres auf neue Objekte übertragen werden: Jeder Einzelfall ist aufgrund seines Umfeldes, seiner spezifischen Erreichbarkeit (Topografie, Barrieren, Verkehrsachsen), seiner zu erwartenden Größe und Attraktivität, seines Wettbewerbsumfeldes usw. anders zu bewerten. Aus dem idealtypischen kreisförmigen Einzugsgebiet mit nach Entfernung regelmäßig abnehmender Bindung wird so ein »Flickenteppich« unterschiedlich geschnittener Zonen.

Nutzerverhalten berücksichtigen

Schließlich ist dieses ganze Aktivitätsfeld ein Reflex des Kundenverhaltens, also der Nachfrage: Weil Kunden ungern eine Treppe nach oben oder unten benutzen, mieten Einzelhändler ungern mehrgeschossige Ladenlokale an. Weil jede Stufe in oder vor einem Geschäft potentielle Kunden abhält, werden solche Barrieren verständlicherweise abgelehnt oder zur Mietsenkung benutzt. Weil das Unternehmen X nur dann eine Miete Y bezahlen kann, wenn es einen Umsatz Z macht und dafür eine Besucherzahl B mit einer Kaufbereitschaft K benötigt, kommt ein Vertrag über ein bestimmtes Mietlokal zustande. All diese Dinge sind bekannt. Um so verwunderlicher ist es, daß diese fundamentalen Erfahrungen im Nutzungssektor Einzelhandel immer wieder mißachtet und ungeeignete Flächen daran nicht interessierten Mietern angeboten werden.

2.2.4.3 Büronutzung

Tertiärisierung genau beobachten

Im Sektor Büronutzung sind die trendsetzenden Elemente weniger eindeutig als im Sektor Einzelhandel zu ermitteln. Es genügt eben nicht, ein neues Büroprojekt lediglich auf die Aussage eines allgemeinen Trends zur Tertiärisierung oder gar nur auf die Fortsetzung eines Mietsteigerungstrends abzustützen. Im übrigen wird der tertiäre Sektor, also der ganze Dienstleistungsbereich, zunehmend nicht nur durch qualifizierte Büroarbeitsplätze, sondern mehr und mehr auch durch haushaltsbezogene oder kundendienst- und unternehmensorientierte einfache Dienstleistungen ohne Bürobedarf geprägt. Aber auch in diesem Felde wächst mit dem Verständnis für den **Arbeitsplatz Büro** – und das Wissen über die Nachfrage danach – die Erkenntnis, ob an einem bestimmten Makro- oder Mikro-Standort eine Büroentwicklung mittel- und langfristig sinnvoll ist.

Faktoren der Büronutzung

Grundsätzlich erwächst die Dynamik im Sektor Büronutzung aus drei Faktoren:

- dem strukturellen Wachstum des Dienstleistungssektors, dessen Schwerpunkt in der Bürobeschäftigung liegt
- der Zunahme des Flächenbedarfs pro Beschäftigten/Arbeitsplatz aufgrund (bis dato teilweise noch) zunehmenden Ausstattungs- und Repräsentations-Standards
- dem Ersatzbedarf für nicht mehr zeitgemäße Bürogebäude.

Alle drei Faktoren lassen sich empirisch z. Zt. nur relativ schwer erfassen. So gibt es keine Statistik der Bürobeschäftigung[7]), auch über den Flächenbedarf pro Bürobeschäftigten bzw. dessen Veränderung gibt es wenig verläßliche Daten und Erhebungen. Untersucht man den Zusammenhang zwischen den Zuwachsraten für Büroflächen (aus den Baufertigstellungs-Statistiken) und für die (näherungsweise errechneten) Bürobeschäftigten, so hat sich in den 70er und 80er Jahren eine Erhöhung des durchschnittlichen Flächenanspruchs von 0,1 % pro Arbeitsplatz und Jahr ergeben. Dieser bisher immer wieder in Bedarfsprognosen eingegangene Durchschnittswert ist aber immer mehr zu relativieren, wenn man die aktuellen Tendenzen zum *lean office* und zur Rationalisierung auch in der Verwaltung berücksichtigt.

Die Ermittlung der dritten Bedarfskomponente, des Ersatzbedarfes, setzt genaue Daten über die Altersstruktur und den Erhaltungszustand von Bürohäusern voraus. Diese liegen aber nicht vor!

Einfluß der Konjunktur

Alle Bestimmungsfaktoren sind außerdem besonders konjunkturreagibel: In Zeiten des Wirtschaftsaufschwungs und -optimismus wird Personal überproportional ausgebaut, man mietet auf »Zuwachs« (überdurchschnittlicher Pro-Kopf-Flächenansatz), ältere Gebäude werden eher ersetzt – und umgekehrt.

Einschätzung der zukünftigen Entwicklung

Zwar sollte man sich bei Aussagen über die Zukunft (also z. B. die Einschätzung der Büroflächennachfrage und damit auch der nachhaltigen Vermietbarkeit eines Bürohauses) sicherlich nicht nur auf die Vergangenheit verlassen. Allerdings lehrt die Erfahrung, daß – bei Ausbleiben fundamentaler infrastruktureller oder politisch-wirtschaftlicher Veränderungen – die Entwicklung der Wirtschaft einer durchschnittlichen deutschen Stadt keine besonderen Brüche aufweist, sondern die Werte aus der Vergangenheit extrapoliert werden können. Jedoch nicht auf dem Trend der letzten zwei bis vier Jahre, sondern der letzten sieben bis zehn Jahre – also mindestens unter Einschluß einer Boom- und einer Baisse-Phase. So lassen sich aus längeren statistischen Zeitreihen, z. B. über die Zunahme der Beschäftigten in bestimmten Wirtschaftszweigen oder über die Baufertigstellung von Bürogebäuden, Trends ableiten.

[7]) Die meisten Gutachter arbeiten hier mit geschätzten Prozent-Anteilen je nach Wirtschaftsgruppe, auf Basis der sozialversicherungspflichtig Beschäftigten. Abgesehen davon, daß damit nur 70 bis 80 % aller Beschäftigten erfaßt werden (keine Beamten, keine Selbständigen), ist die Ungenauigkeit dieser Methode deutlich größer als die möglichen jährlichen Veränderungsraten. Vgl. hierzu Anhang A und B. Genauere Zahlen soll in Kürze eine spezielle Analyse der BfA liefern.

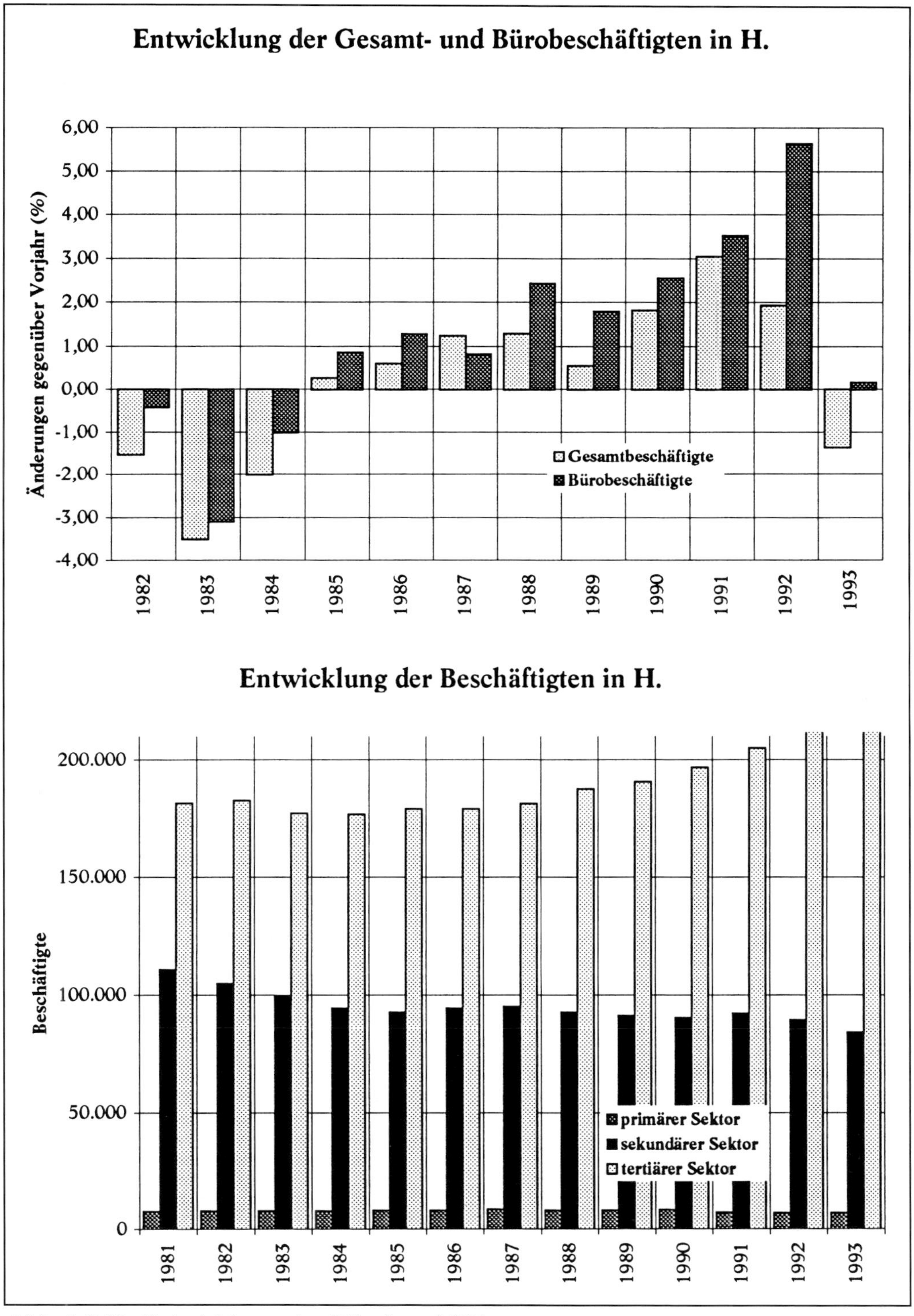

Abb. 2.2.13: Entwicklung der Bürobeschäftigung

Hat also die Analyse der Entwicklung der Bürobeschäftigung in einer Stadt über die letzten zehn Jahre ein durchschnittliches Wachstum um 1.000 Arbeitsplätze ergeben (vgl. Abb. 2.2.13), so ist nicht einsichtig, warum sich der konjunkturell oder politisch bedingte außerordentliche Zuwachs der drei Jahre 1990 – 1992 mit plus rd. 3.000 Beschäftigten p. a. stetig fortsetzen sollte. Somit sollte man sich in dieser Beispielstadt (vgl. Abb. 2.2.13) beim Büroneubau an den langfristigen Trends orientieren, die wie folgt lauten:

- rd. 1.000 zusätzliche Beschäftigte p. a.
- rd. 0,1 % zusätzlicher Flächenanspruch p. a.
- rd. 1% Ersatzbedarf p. a.
- und daraus resultierend rd. 50.000 bis 100.000 m^2 Vermietungsleistung p. a.

Wenn dann verschiedene Investoren praktisch zeitgleich, im Wissen voneinander, über eine halbe Million Quadratmeter Büroflächen planen, davon einzelne Projekte mit weit über 50.000 m^2, dann läßt sich ohne große Probleme feststellen, daß hier die fundamentalen Bedingungen des Nutzungssektors büroorientierte Dienstleistungen am gegebenen Standort sträflich mißachtet werden (vgl. Kapitel 2.2.5).

Qualitative Ansprüche an das Objekt

Neben den quantitativen Aspekten der Entwicklung dieses Nutzungssektors treten in Zeiten des Überangebots mehr und mehr die qualitativen Ansprüche – vor allem hinsichtlich der Qualität des Umfeldes und des Objektes – in den Vordergrund: Empirische Erhebungen bei Nutzern, Maklern, erfolgreichen Projektentwicklern geben Aufschluß über das sich laufend wandelnde und regional durchaus unterschiedliche Anforderungsprofil. Wie dieses Profil bezüglich der Objektqualität derzeit aussieht und wie die vorgefundene Realität, zeigt Abb. 2.2.14 aus der bereits zitierten Müller Consult-Mieterumfrage (s. Abb. 2.2.5).

Zusammenfassend ist also festzuhalten, daß erst nach Analyse der wirtschaftlichen Entwicklungstrends und handlungsleitenden Bestimmungsfaktoren der Nutzungsseiten ein vertieftes Verständnis dafür entstehen kann, warum, ob, wann und wie Flächennachfrage (oder -freisetzung) stattfindet, also von woher das aktuelle Handeln auf den Immobilienmärkten seinen Ausgangspunkt nimmt. Hierzu im nächsten Kapitel mehr.

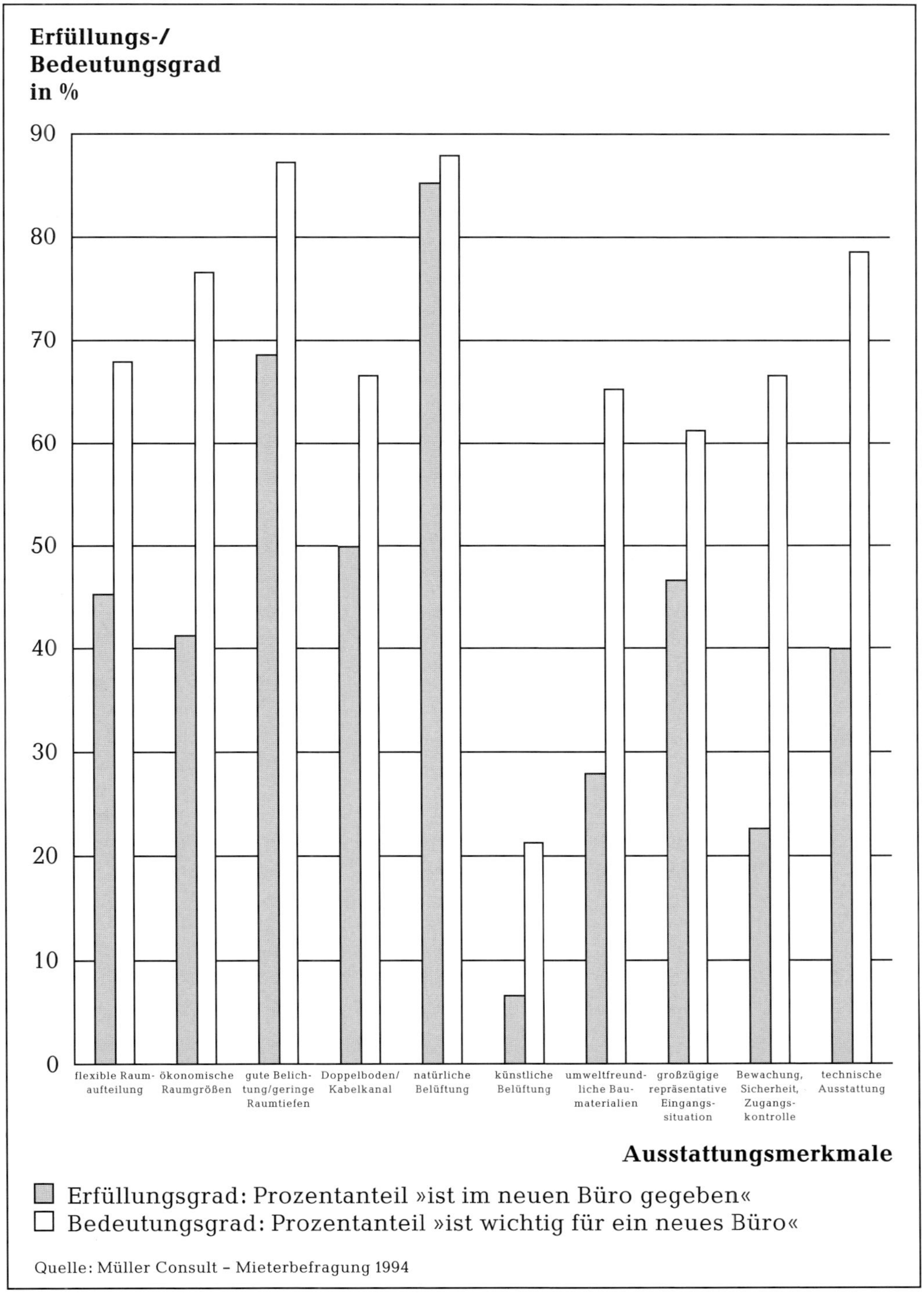

Abb. 2.2.14: Ausstattungsmerkmale eines neu angemieteten Büros – Erfüllungs- und Bedeutungsgrade

2.2.5 Die Analyse des gewerblichen Immobilienmarktes

2.2.5.1 Der Immobilien-Kreislauf

Entwicklungs-Kreislauf von Gewerbeimmobilien

Das Geschehen auf den gewerblichen Immobilienmärkten läßt sich am besten anhand eines Kreislauf-Modells erklären, bei dem das Flächenangebot und die Nachfrage jeweils unterschiedliche Formen annehmen (vgl. Abb. 2.2.15). Ausgangspunkt für jegliches Geschehen auf diesen Märkten ist sicherlich die Nachfrage nach Flächen, die einerseits von Mietinteressenten, andererseits von Eigennutzern herrührt. Aufgrund solcher Nachfrage wird in unterschiedlicher Form ein Flächenangebot erzeugt (Neubau, Umwidmung, Modernisierung). Da Nutzer gerade im gewerblichen Sektor auch einmal ausziehen, ergeben sich im Verlaufe der Nutzungsdauer einer gewerblichen Immobilie immer wieder Leerstände. Eine besondere – Mitte der 90er Jahre allerdings immer häufiger auftretende – Form des Leerstandes stellen bei Fertigstellung noch nicht vermietete, also offenbar am Markt der Nutzer vorbeigebaute, Flächen dar. Leere Flächen werden in der Regel wieder einer Nutzung zugeführt, wenn nicht, erfolgt Abriß oder Umwidmung in einen vom Markt stärker gefragten Nutzungszweck. Aus Abriß resultiert in der Regel Neubau, und hier schließt sich – meistens – der Kreis.

Fehlende Grundlagenforschung

Was auf den ersten Blick so plausibel und schlüssig erscheint, weist bei näherer Analyse eine Fülle von definitorischen, empirischen und methodischen Problemen und Fallstricken auf, die z. T. auch die manchmal voneinander abweichenden Aussagen der Marktberichte der großen Immobilienmakler erklären. Wenn man bedenkt, welche Investitionssummen und -entscheidungen auch auf diesen Marktberichten fußen, wird deutlich, welcher Nachholbedarf an angewandter Grundlagenforschung im Sektor Immobilien-Marktforschung noch besteht. Hierüber in den folgenden Abschnitten mehr.

2.2.5.2 Die Nachfrage-Analyse

Die Nachfrage nach gewerblich genutzten Flächen läßt sich immer nur näherungsweise ermitteln, denn es gibt – etwa im Gegensatz zur Wohnungs-Nachfrage – schließlich keine amtliche Statistik oder Meldepflicht hinsichtlich des Flächenbedarfs von Unternehmen.

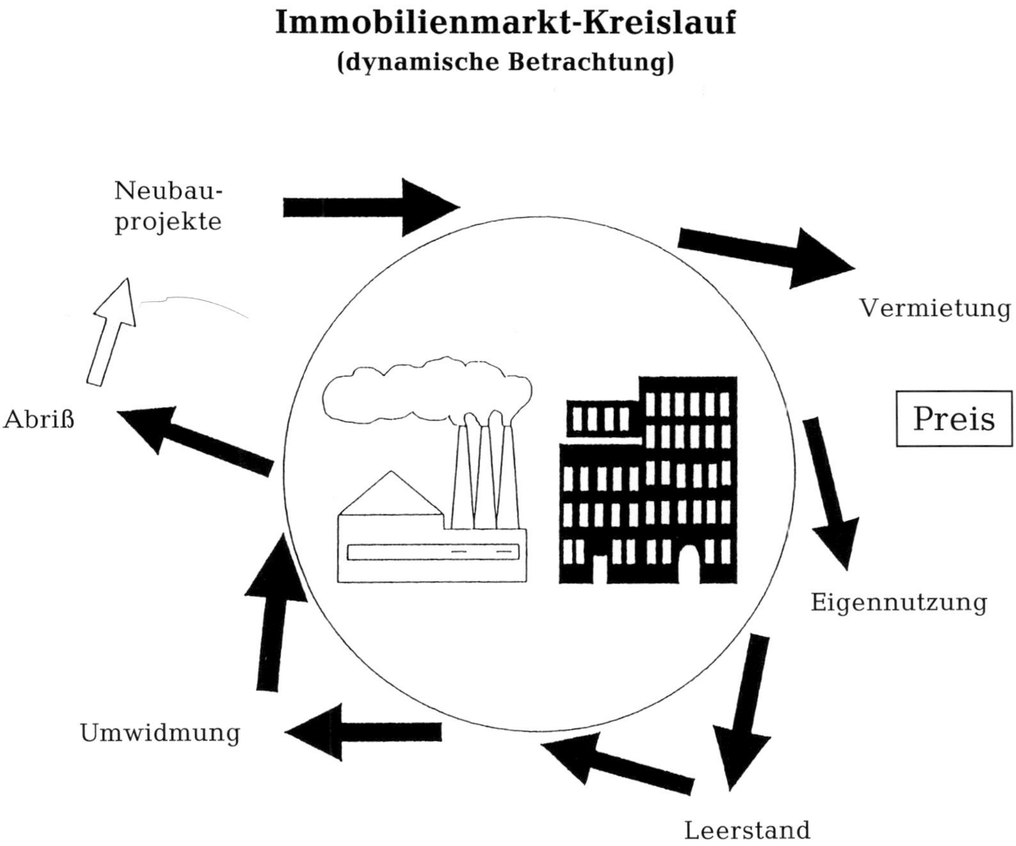

Abb. 2.2.15: Immobilienmarkt-Kreislauf für Gewerbeimmobilien

Ursachen für zusätzlichen Flächenbedarf

Bevor man versucht, die aktuelle Nachfrage nach Flächen zu erfassen, sollte man sich erst einmal darüber klarwerden, was eigentlich die grundlegenden Ursachen zusätzlichen Flächenbedarfs sein können (auf den immanenten Zusammenhang zwischen der wirtschaftlichen Entwicklung des Nutzungssektors und dem Geschehen auf den davon bestimmten Immobilienmärkten sei hier noch einmal verwiesen - vgl. hierzu die Ausführungen in Kapitel 2.2.4.3). Hier einige der wesentlichen bedarfs-verursachenden Komponenten:

- Wachstum von Unternehmen/Mitarbeiterzuwachs
- Gründung neuer Unternehmen/Niederlassungen/Ausbreitung des Vertriebsnetzes[8])
- wachsender Flächenbedarf pro Mitarbeiter
- neue Produktions-/Handels-/Bedienungs-Formen
- Rationalisierung (Suche nach Flächen mit höherer Raumproduktivität)
- gestiegenes Repräsentations-Bedürfnis
- Standortumfeld genügt den Ansprüchen nicht mehr
- bisherige Flächen/Gebäude genügen den Ansprüchen nicht mehr

Meist entsteht der Bedarf aus einer Vielzahl dieser Faktoren. Ob allerdings aus Bedarf nun auch Nachfrage wird, hängt nur zum Teil von solchen objektiven Faktoren ab. Letzten Endes ist auch die *Entscheidung über den Umzug* in neue Räumlichkeiten, sowohl für eigengenutzte als auch für angemietete, eine *investive Entscheidung*, und solche hängen nun einmal sehr stark von der Einschätzung der wirtschaftlichen Entwicklung und der Gewinnerwartung ab. Der Bezug neuer Räume läßt sich häufig auch ohne Probleme über eine gewisse Zeit verschieben - entweder rückt man noch ein bißchen enger zusammen, oder aber man wartet in nicht optimalen Räumlichkeiten »auf bessere Zeiten«.

[8]) Diese Komponente rührt überwiegnd aus exogener (= von außen kommender) Nachfrage - alle anderen (meist 90 % oder mehr) sind endogen bestimmt.

Bedarf → Nachfrage → Flächenabsorption

Erst wenn wirklich konkret neue Flächen gesucht werden, *wandelt sich Bedarf in Nachfrage*. Und erst wenn die Unterschriften unter einen Miet- oder Kaufvertrag gesetzt worden sind, wird aus Nachfrage schließlich Flächen-Absorption. Allerdings sagt der Vertragsabschluß selbst noch nichts über den Zeitpunkt der Absorption: Wenn z.B. eine große Versicherung 1994 durch Kaufvertrag ab 1997 oder 1998 zu nutzende 90.000 m^2 erwirbt, so beeinflußt dies – durch das Verschwinden der diesbezüglichen Nachfrage und des Angebotes – zwar den Markt schon 1994, die Marktaufnahme selbst erfolgt aber erst zum Bezugszeitpunkt – und dann werden wahrscheinlich auch derzeit genutzte Flächen frei.

Diese Hinweise mögen verdeutlichen, daß es so gut wie unmöglich ist, zu einem gegebenen Zeitpunkt sowohl den eher diffusen Bedarf als auch die konkrete Nachfrage zu ermitteln. Die aufschlußreichsten Informationsquellen hierfür dürften nach wie vor die großen einschlägigen Makler darstellen, bei denen sich in aller Regel potentielle Nachfrager melden. Gerade große Nachfrager gehen aber meistens zu verschiedenen Maklern, so daß deren Angaben hinsichtlich angemeldeter *Gesuche keinesfalls addiert* werden dürfen! In Zeiten des Flächenüberangebotes kommt es aber genauso häufig vor, daß sich Nachfrager aufgrund von Bauschildern oder sonstigen Informationen direkt bei Bauherren melden, um so z. B. Courtage-Zahlungen zu vermeiden. Große Eigennutzer bauen selbst oder lassen bauen, oft ohne daß der Markt dies frühzeitig zur Kenntnis bekommt.

Nachfrage-Analyse möglichst breit absichern

Angesichts dieser Probleme einer fundierten Nachfrage-Analyse wird klar, daß hier so viele Quellen wie möglich herangezogen werden sollten: Also neben der Befragung von (mehr oder weniger auskunftsbereiten) Maklern kann man versuchen, z.B. über eine Analyse von Suchanzeigen in der regionalen Presse, eine Anfrage bei örtlichen Wirtschaftsförderern oder Kammern, auch über direkte Umfragen bei Unternehmen[9]), Flächenbedarf festzustellen. Es wird gleichwohl klar, daß auch bei noch so hohem Aufwand keine hinreichende Genauigkeit in punkto Flächennachfrage erzielt werden kann, weil es so gut wie ausgeschlossen ist, selbst im Rahmen einer Totalerhebung von tatsächlich allen Entscheidungsbefugten zum aktuellen Zeitpunkt eine definitive Aussage zu erhalten.

---

[9]) Das auf Einzelhandels-Vermietung spezialisierte Makler-Unternehmen Comfort z.B. erfaßt und aktualisiert laufend die Gesuche von rd. 2.500 Betriebstypen des Einzelhandels in Städten mit über 30.000 Einwohnern, so daß – in einer allerdings großen Bandbreite – ein ungefährer Flächenbedarf ermittelt und eine »Hitliste« der begehrtesten Städte abgeleitet werden kann.

Insofern ist bezüglich der Kategorie Bedarf ein *Blick in die Vergangenheit* oft hilfreicher, sei es in der Form, daß der Trend in der Beschäftigung (vgl. Kapitel 2.2.4) oder in der Form vergangener Flächenaufnahmen erfaßt wird.

Wie schon dargestellt, »gerinnt« die Nachfrage in Form von Vermietungen bzw. Bezug von eigengenutzten Flächen zu tatsächlicher Flächenabsorption. Anhand derart absorbierter Flächen kann Nachfrage rückwirkend konkret belegt werden. Daher arbeitet Müller Consult in seinen Büromarktberichten die Vermietungen eines jeden Jahres auf und bildet Zeitreihen, um darstellen zu können, welche kurz- und langfristigen Bewegungen auf den verschiedenen regionalen Teilmärkten stattgefunden haben. Die Diagramme in Abb. 2.2.16 zeigen den Vermietungsumfang in einigen großen deutschen Büromarktzentren in den vergangenen Jahren. Sie belegen zwar durchaus eine hohe Konjunktur-Reagibilität, verlaufen aber ansonsten auf jeweils eigenen Niveaus und Trend-Kurven. So läßt sich zumindestens retrospektiv der weitaus wichtigste Teil des Büromarktes – der Mietflächenanteil von 60 bis 80 %[10]) – erfassen.

Aber selbst hier ist einsichtig, daß die von den großen Maklerorganisationen dargestellten Vermietungsumsätze immer noch eine Unsicherheits-Marge aufweisen, weil einerseits kleinere Vermietungen, aber auch Direktvermietungen, Nachvermietungen, Untervermietungen usw. gar nicht flächendeckend erfaßt werden können. Ein weiterer Aspekt, der zur Ungenauigkeit beiträgt, ist der des unterschiedlichen Zeitpunktes von Vertragsabschluß und Flächenabsorption.

2.2.5.3 Die Angebots-Analyse

Angebots-Komponenten

Während sich die Nachfrage, wie im vorigen Kapitel dargestellt, aus verständlichen methodischen Gründen prospektiv wohl nie genau ermitteln läßt, dürfte es hinsichtlich des Angebotes solche grundsätzlichen Probleme der Erfassung eigentlich nicht geben, denn für eine leerstehende oder in Bau oder in Planung befindliche Fläche kann es an sich keine unterschiedlichen Bemessungsgrundlagen geben. Dem ist aber leider nicht so: Denn darüber, ob solche Flächen nach der DIN-Norm als Bruttogeschoßflächen, Nettogrundrißflächen oder als Mietflächen nach Makler- oder Bauherren-Definition gemessen werden, gibt es keine verbindlichen Regeln[11]). Doch zuerst einige definitorische Klarstellungen bezüglich der unterschiedlichen Angebots-Komponenten:

---

[10]) Die Absorption durch Eigennutzer ist weniger gut erfaßbar und schwankt auch oft beträchtlich.

[11]) Vgl. hierzu Abschnitt 2.2.2, Fußnote [3]).

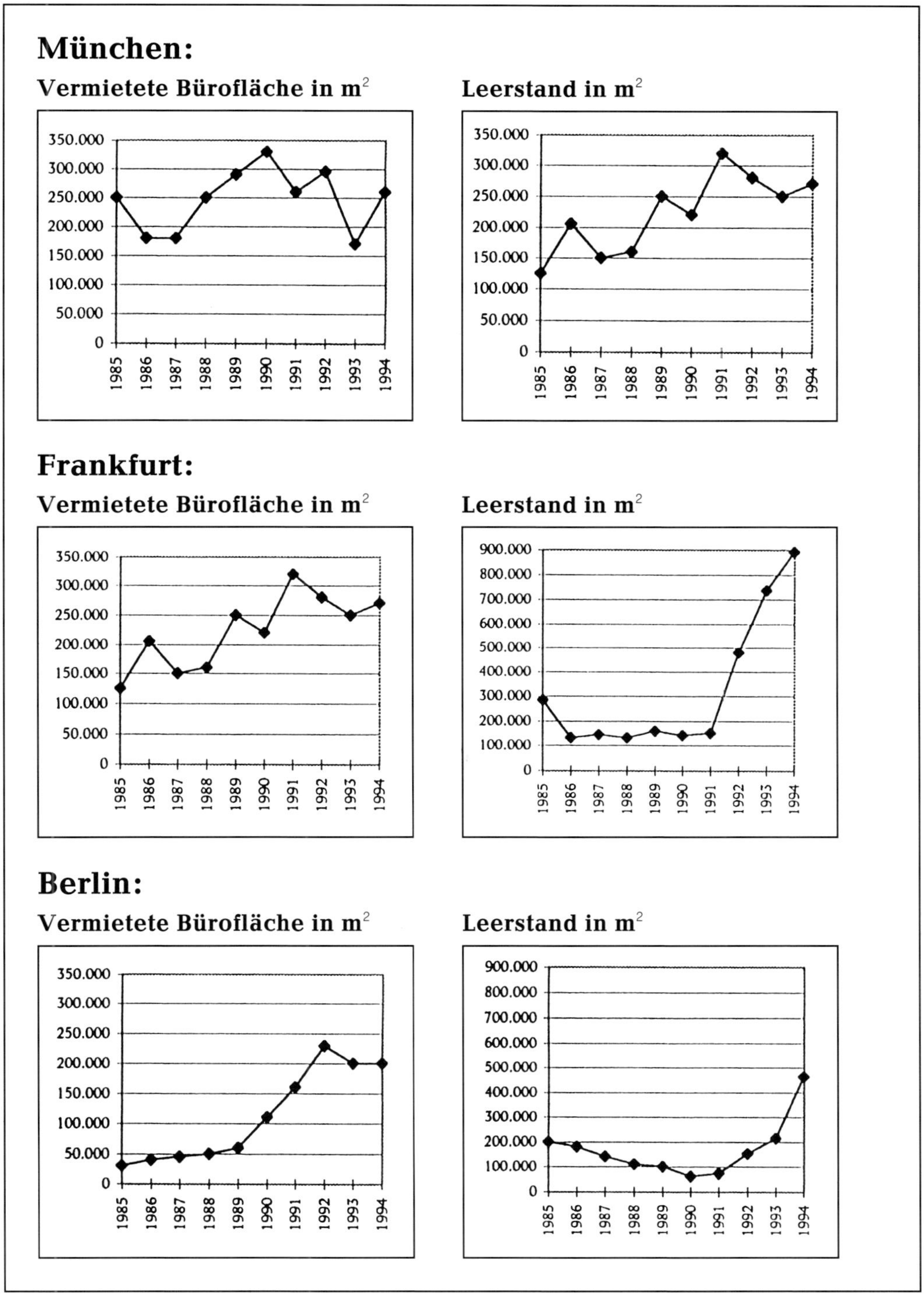

Abb. 2.2.16: Zeitreihen zu Vermietungs- und Leerstandsumfang von Büroflächen in ausgewählten Großstädten

- *Leerstand* – nach meiner Definition nur in bereits festgestellten Gebäuden, also entweder in Altbauten oder in noch nicht übernommenen Neubauten
- *in Bau befindliche, aber noch nicht fertiggestellte Flächen,* z.B. auch in Form von Umwidmungen bisher anders genutzter Flächen
- *in konkreter Planung oder in Projektierung befindliche Flächen* (»Pipeline«)

Als »verfügbares Angebot« betrachte ich nur die Summe aus Leerstand plus (noch nicht vergebene) im Bau befindliche Flächen, bei denen der Markteintritt sicher absehbar ist. Noch im Planungsstadium befindliche Flächen kann man als »latentes« Angebot bezeichnen.

Zum **Leerstand** zählen allerdings nicht nur effektiv leerstehende Flächen, sondern auch solche Flächen von Mietern oder Eigennutzern, die diese nicht mehr oder nur teilweise (bzw. zeitlich befristet) noch nutzen. Hierfür hat Müller Consult den Begriff »latenter Leerstand« geprägt. Auch in diesem weiten Feld gibt es natürlich keine amtliche Meldepflicht (im Gegenteil: gerade große Unternehmen geben solche Flächen-Freisetzungen nur ungern bekannt, so daß der Marktanalytiker sich schon selbst »auf den Weg machen« muß, um verläßliche Daten zu erhalten).

Aber selbst wenn er alle leerstehenden Altbauten (mit oder ohne Vermietungsschilder!), alle fertigen, noch nicht oder nur teilweise vermieteten Projekte und auch die in Bau befindlichen Projekte erfaßt hat, kann nie ausgeschlossen werden, daß Objekte oder Projekte übersehen werden, daß Aus- und Umzüge kurzfristig erfolgen, daß durch Personalabbau latenter Leerstand entsteht usw. Eine ganz besondere *Unsicherheit* gibt es naturgemäß *in bezug auf geplante Flächen,* also bei solchen Objekten, bei denen der Investor in der Entscheidung über eine Verwirklichung noch frei ist. Hier ergeben sich oft erstaunliche Verschiebungen von Jahr zu Jahr – je nach regionaler Immobilien-Konjunktur.

Leerstandsquote

Noch einige kritische Anmerkungen zum gerade von internationalen Maklerorganisationen gerne benutzten Begriff *Leerstandsquote:* Hier wird versucht, die Summe der leerstehenden Flächen dem Gesamtbestand gegenüberzustellen. Ein solcher Indikator (vgl. auch Kapitel 2.2.5.5) stößt meines Erachtens aber auf gravierende methodische Bedenken, weil es *keine verläßlichen Daten über den Büroflächenbestand* gibt (der Einzelhandelsflächenbestand wird wenigstens etwa alle sieben bis zehn Jahre im Wege einer bundesstatistischen Totalaufnahme erfaßt). Es weiß niemand, wieviel Quadratmeter Bürofläche (einmal abgesehen von den flächen-definitorischen Fragen – s. o.) es z. B. in einer Stadt wie Frankfurt oder gar in der Region Frankfurt am Main gibt[12]. I.d.R. behilft man sich hier damit, daß die Bürobeschäftigten – deren Erfassung aber ebenfalls nicht sehr verläßlich ist – über einen Quadratmeter-Multiplikator von in der Regel 20 bis 23 m^2 hochgerechnet werden. Hierdurch ergeben sich in der Regel Büro-Bruttogeschoßflächen, während die leerstehenden Flächen in aller Regel frei definierte Mietflächen sind. Es werden also nicht eindeutig definierte Begriffe miteinander verglichen. Mit dem Begriff Leerstandsquote sollte man mithin vorsichtig umgehen[13]), deshalb wird in Kapitel 2.2.5.5 versucht, einen sehr viel »marktnäheren« Indikator in Form des **Verfügbarkeitsfaktors** zur Diskussion zu stellen.

Wettbewerbsumfeld analysieren

Trotz dieser Unsicherheiten gehört es zu den entscheidenden Grundlagen einer qualifizierten Marktanalyse, das Wettbewerbsumfeld – also das einschlägige vorhandene und künftige Flächenangebot – so sorgfältig wie möglich zu analysieren. Die Quellen hierfür sind neben den Marktberichten der Maklerorganisationen eigene Bestandsaufnahmen von Bau- und Vermietungsschildern, Befragungen von Investoren und Projektentwicklern, von Planungsämtern und Wirtschaftsförderern usw. Weniger hilfreich ist in diesem Zusammenhang die Baugenehmigungs- und Baufertigstellungsstatistik, weil sie keine vernünftigen Abgrenzungskriterien für den gewerblichen Immobilienmarkt enthält.

Sektorale und regionale Differenzierung bei Angebots-Erhebungen

Angesichts so vieler Ungenauigkeiten und Unwägbarkeiten stellt sich die Frage nach dem Wert von generalisierenden Marktanalysen. Meines Erachtens ist gerade in Zeiten eines zunehmenden, strukturell aber sehr unterschiedlichen Überangebotes eine pauschale großräumige Erfassung immer weniger hilfreich. In bezug auf das Angebot müssen empirische Erhebungen in Zukunft noch viel genauer sektoral und regional differenziert werden. *Sektoral* - d. h. nach Altbau/Neubau, Standard/Qualität, Monofunktionalität/Multifunktionalität usw.; *regional* - d. h. nach der Lage in bestimmten Stadtteilen bzw. nach Qualität der Standort-Faktoren (s. o.). Je kleinräumiger die wettbewerbsrelevanten

---

[12]) Neben ausschließlich für Bürozwecke genutzten Gebäuden gibt es zahllose gemischt genutzte Objekte (Einzelhandel, Wohnen, Industrie, Lager, Krankenhäuser, Universitäten usw.), deren anteilige Büro-Flächen nur per umfassender Gebäudezählung ermittelbar wäre.

[13]) Die Stadt München ist eine der wenigen Gemeinden, die regionalisiert Flächenbestände fortführt (nach 224 Stadtbezirken). Hier wurden von Müller Consult 1994 – auf der Basis gleichermaßen regionalisierter Leerstandsdaten – erstmals weitgehend verläßliche, kleinräumige Leerstandsquoten errechnet. Sie reichen von 1,7 % im Zentrum bis zu 14 % in einigen peripheren Bezirken – einschließlich des latenten Leerstandes.

anderen Flächenanbieter erfaßt werden, desto aufschlußreicher sind sie für die Beurteilung eines Vorhabens oder einer Miete. Es ist i.d.R. so, daß sowohl eine Bürofläche als auch eine Einzelhandelsfläche nicht mit allen Flächen in einer Region konkurriert, sondern in erster Linie mit den strukturell vergleichbaren Flächen in einem mehr oder weniger engen Umfeld. Denn meistens suchen auch die Nachfrager nach diesen Flächen nicht in einer gesamten Region oder einem gesamten Stadtgebiet, sondern nur in bestimmten Teilgebieten. Mithin kommt es vor allem darauf an, in einem – entsprechend einschlägiger Erfahrungen umrissenen – Einzugsgebiet alle relevanten Flächenangebote nach Größe, Bezugszeitraum, Ausstattungsstandard und sonstigen Qualitätsmomenten zu untersuchen. Dann relativieren sich auch die heute teilweise gewaltigen Kennziffern für Leerstand sowie in Bau oder in Planung befindlicher Flächen.

2.2.5.4 Die Preis-Analyse

Geheimhaltung der Preise beeinträchtigt Analyse

Ein Faktor, der schon die Analyse der Flächen-Nachfrage und des Angebotes oft entscheidend beeinträchtigt, hemmt nun auch in besonderem Maße die Analyse des letzten Endes **entscheidenden Markt-Indikators**, des Preises: Alles, was mit konkreten Miet- oder Kaufpreisen zu tun hat, unterliegt der nach wie vor üblichen Geheimhaltungspraxis in der Immobilienwirtschaft. Im Gegensatz zu den vorgenannten Aspekten des Marktes, der Nachfrage und dem Angebot, gibt es zwar in bezug auf Kaufpreise die Verpflichtung, diese den Gutachterausschüssen zu melden, damit diese die Bodenrichtwertkarten erstellen können. Jeder Experte weiß aber, daß der Bodenwertanteil bei einem Projekt keinen festen Bestandteil darstellt, sondern entsprechend den steuerlichen Zielen des Investors angepaßt werden kann. So sind die Bodenrichtwertkarten bzw. die Angaben der Gutachterausschüsse eine zwar nicht immer ausreichende, aber gleichwohl notwendige Hilfe bei der Ermittlung der Bodenpreise. Auch Mietpreise werden selbstverständlich nicht öffentlich dokumentiert. Somit sind auch bezüglich dieses Aspektes in erster Linie die Publikationen der Makler-Organisationen hilfreich, wobei allerdings sorgfältig zwischen den verschiedenen Preiskategorien unterschieden werden muß:

- *Spitzenpreise* stellen i.d.R. die mehrfach erzielten Preise (ca. 5 bis 10 % des Marktes) am oberen Ende der Mietpreis-Skala dar. Darüber hinausgehende »Ausreißer« im Sinne von Höchstmietpreisen, die nur in ganz wenigen Fällen aus verschiedenen, meist einmaligen Gründen vereinbart wurden, dürfen nicht als Marktindikator herangezogen werden.

- *Durchschnittsmietpreise* beziehen sich auf den Durchschnitt der neu vermieteten Flächen.
- *Bestandsmieten* stellen ebenfalls Durchschnittsmieten dar, aber solche im breiten Bestand einer Region oder eines Marktgebietes.

Alle drei Kategorien lassen sich sowohl für eine Stadt insgesamt - mit entsprechend unscharfer Bedeutung - als auch für ein lokal umgrenztes Marktgebiet darstellen. Auch hier gilt wieder: Je enger umrissen das Untersuchungsgebiet, desto präziser und plausibler die Aussagen.

Lagequalitäten im Einzelhandel

Was für Büros gilt, läßt sich sinngemäß auch auf die Marktgebiete des Einzelhandels, also die verschiedenen Lagequalitäten, übertragen: So gibt es in den verschiedenen Zentren-Typen einer Region (City, Bezirkszentrum, Stadtteilzentrum, Grundzentrum) in aller Regel jeweils 1a-, 1b-, 2a- und 2b-Lagen mit ihren unterschiedlichen Ausprägungen an Passantenlauf und Geschäftsbesatz/-niveau sowie relativ gut erfaßbaren Mietspannen (vgl. Marktreports von Comfort und anderen Einzelhandelsmaklern; RDM-Mietspiegel). Allerdings muß man beim Einzelhandel noch viel genauer als bei Büros auf die unterschiedlichen Qualitäten eines Objektes achten, also auf Größe, Schaufensterbreite, Verhältnis Breite/Tiefe, Geschossigkeit, direktes Umfeld und bauliche Besonderheiten (Stufen, Pfeiler, Verwinkelung). Erst aus der Summe dieser Faktoren entwickelt sich aus der standort- und marktüblichen Grundmiete die *objektspezifische Miete*, die auch bei unmittelbar benachbarten Geschäften mithin große Unterschiede aufweisen kann.

2.2.5.5 Markt-Indikatoren

Wenn es auch schwierig ist, die wesentlichen Markt-Komponenten genau zu ermitteln, so lassen sich dennoch aus den wesentlichen Daten recht informative Zeitreihen und Indikatoren aufbauen, wobei allerdings auf die Vergleichbarkeit der Datenerfassung geachtet werden muß. Nachfolgend seien einige gebräuchliche Markt-Indikatoren aufgeführt.

Leerstandsquote

Zu diesem Thema wurde bereits in Kapitel 2.2.5.3 Stellung genommen. Leerstandsquoten sollten wirklich nur dort verwendet werden, wo es hinreichend verläßliche Daten über den Flächenbestand gibt, wie z. B. in München. Leerstandsquoten sollten dann auch nicht nur über eine gesamte Stadt oder eine Region publiziert werden, sondern möglichst kleinräumig, weil nur so hinreichend differenziert werden kann.

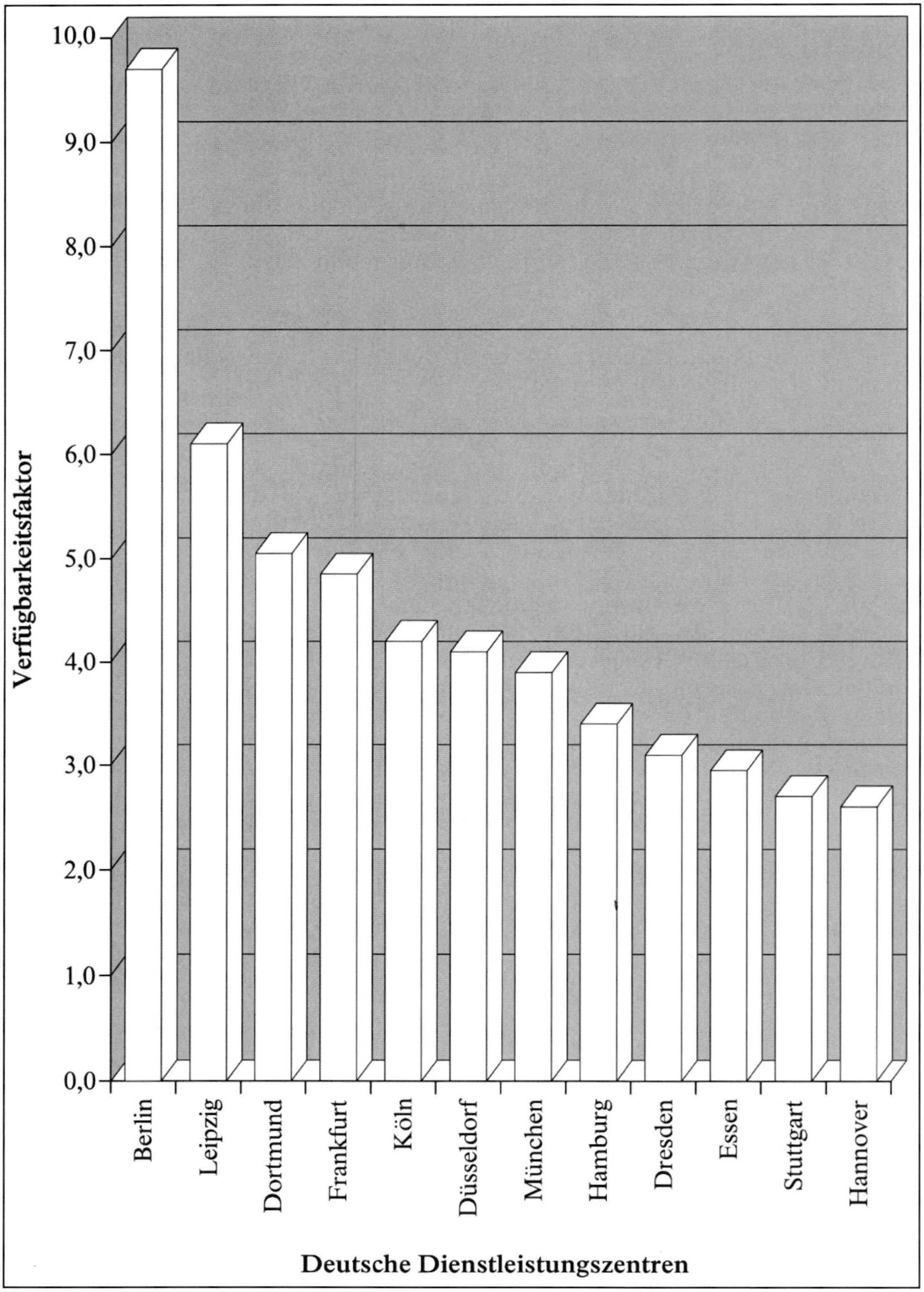

Abb. 2.2.17: Verfügbarkeitsfaktoren in den deutschen Bürogebieten zum Jahreswechsel 1994/95

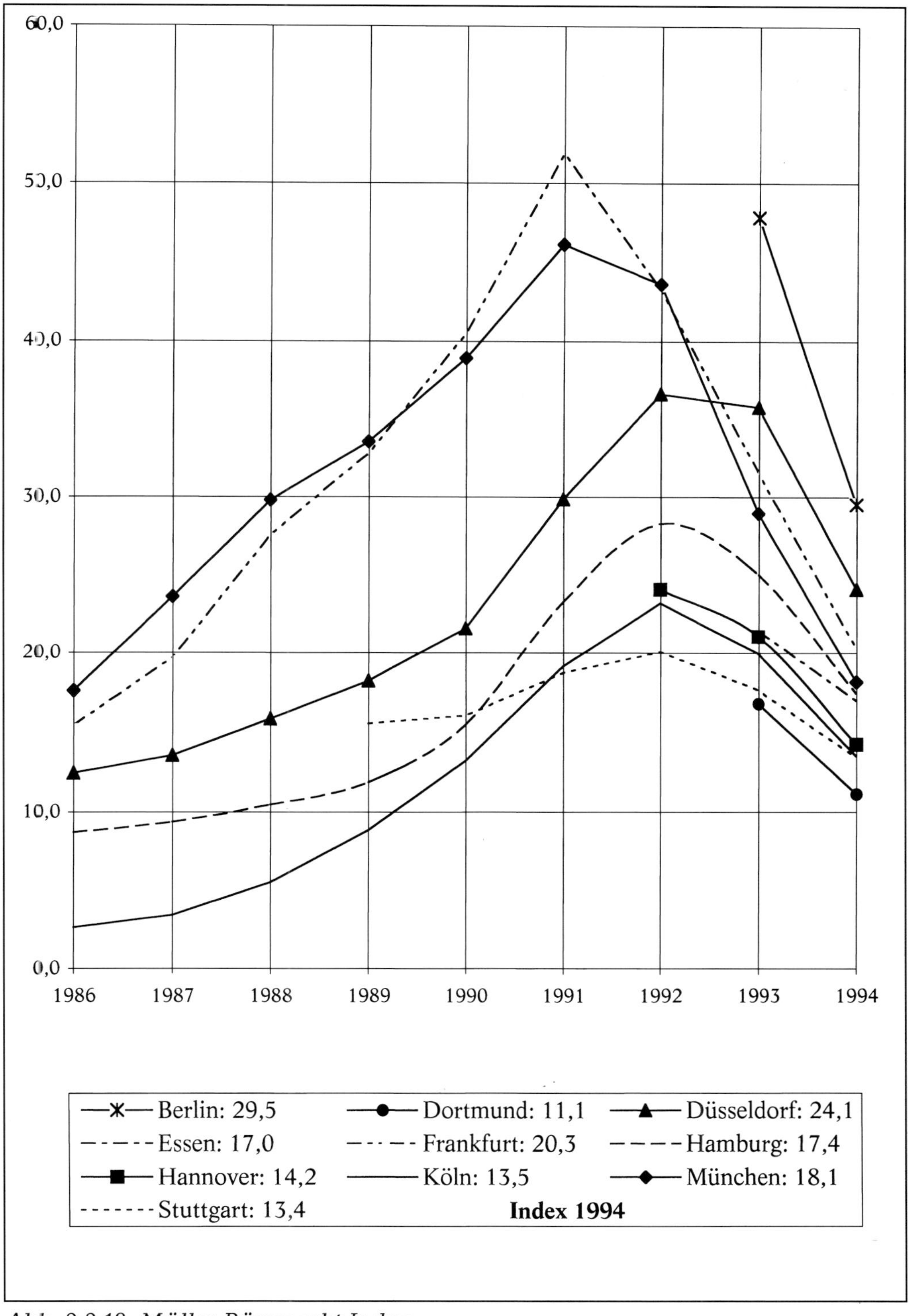

Abb. 2.2.18: Müller-Büromarkt-Index

Aber selbst solche – eine hohe statistische Genauigkeit suggerierende – Leerstandsquoten weisen ein grundlegendes Problem auf: In ihnen sind hinsichtlich des Bestandes auch sämtliche Eigennutzerflächen erfaßt, d.h. Büroflächen von Ministerien, von großen Unternehmenszentralen sind genauso erfaßt, wie die von Universitäten, Kaufhäusern oder Logistik-Betrieben am Rande irgendwelcher Lagerkomplexe. Der größte Teil solcher Eigennutzerflächen ist überhaupt nicht marktrelevant, sondern fest im Nutzungsbestand der entsprechenden Institutionen.

Verfügbarkeitsfaktor

Weil es so gravierende Schwächen bei der Ermittlung des Leerstandsfaktors gibt, hat Müller Consult einen Indikator entwickelt, der genaueren Aufschluß über die aktuellen Marktgegebenheiten liefern soll: den Verfügbarkeits-Faktor. Ausgangspunkt hierfür ist die Überlegung, daß nicht nur die Eigennutzerflächen, sondern auch ein Großteil der anderen (Miet-)Flächen auf dem Markt überhaupt nicht wirksam werden. Vielmehr sind für diesen praktisch nur die verfügbaren Flächen und die tatsächliche Nachfrage danach relevant und letzten Endes preisbildend.

Die **verfügbaren Flächen** wurden oben (s. Kapitel 2.2.5.3) wie folgt definiert: (effektiver plus latenter) **Leerstand plus im Bau befindliche Flächen**. Hinsichtlich der Nachfrage wurde herausgearbeitet, daß diese sich am ehesten über die getätigten Vermietungen in einer zurückliegenden Periode festmachen läßt. Setzt man nun das verfügbare Angebot und die Nachfrage in Form der getätigten Vermietungen ins Verhältnis, so ergibt sich der Verfügbarkeitsfaktor. Je höher dieser Faktor ist, desto länger dauert es rein rechnerisch, bis das auf dem Markt befindliche Angebot von der Nachfrage absorbiert werden wird. Einen Überblick über die aktuellen Verfügbarkeitsfaktoren in den deutschen Bürogebieten zum Jahreswechsel 1994/95 ergibt sich aus der Abb. 2.2.17.

Müller-Büromarkt-Index

Nun kann ein solcher Verfügbarkeitsfaktor lokale Märkte mit einer aktuellen Marktenge unverhältnismäßig interessant erscheinen lassen. Um auch die Preiskomponente mit einzubringen, verwendet Müller Consult neben dem Verfügbarkeitsfaktor noch den Müller-Büromarkt-Index, der über längere Zeit die regionalen Entwicklungen auf den Märkten abbildet und vergleichbar macht. Dieser Büromarkt-Index wird wie folgt ermittelt:

$$\frac{\text{vermietete Flächen} \cdot \text{Spitzenpreis}}{\text{verfügbares} + \text{absorbiertes Angebot}}$$

Mit dieser Formel wird also über den aktuellen Spitzenmietpreis einer Region die unterschiedliche immobilienwirtschaftliche Bedeutung mit eingebracht. Abb. 2.2.18 zeigt den markanten Kurvenverlauf in den vergangenen Jahren mit einem raschen Abfall des Index in Folge eines zuvor besonders ausgeprägten Immobilienbooms und einer sich anschließenden starken Baisse in den wichtigen deutschen Büromärkten.

Renditen

Ein Indikator, der alle Investoren naturgemäß besonders brennend interessiert, ist die Rendite, die ihre Immobilien-Investition abwirft. Bezüglich ihrer eigenen oder zu erwerbender Objekte haben die »Player« ziemlich genaue Vorstellungen und würden daher gerne wissen, wie es bei vergleichbaren Objekten aussieht bzw. wie sich die Renditen am jeweiligen Standort entwickelt haben bzw. entwickeln werden.

Angesichts der Unwilligkeit der meisten Marktteilnehmer, hierüber auch nur inoffiziell Auskunft zu geben, ist – wie schon in Kapitel 2.2.5.4 angedeutet – der ganze Bereich der Ertragssituation von Immobilien in Deutschland nach wie vor sehr intransparent. Ganz im Gegensatz zu Großbritannien, wo relativ verläßliche und transparente Informationen über Kauf-Transaktionen und die dabei erzielten yields (Renditen) vorliegen.

Aber nicht nur wegen der fehlenden Informationen sind Veröffentlichungen bezüglich erzielbarer oder erzielter Durchschnitts- oder Spitzenrenditen mit Vorsicht zu genießen, denn zu unterschiedlich sind die Bedingungen, die letzten Endes die Verzinsung des eingesetzten Kapitals bestimmen: Das reicht von der Frage des Gebäudealters, der Mietvertragsgestaltung und -laufzeit, der Bonität und Anzahl der Mieter, der Mono- und Multifunktionalität eines Gebäudes, der Vereinbarung einer Mietgarantie bis hin zur Gesamtgröße und last but not least auch der Lagequalität eines Objektes. Aus der Zusammenschau dieser Faktoren und den darauf aufbauenden Erwartungen eines Käufers hinsichtlich der Wertsteigerung von Grund und Boden sowie der Mieten beruht letzten Endes der Kapitalisierungsfaktor bzw. der in Deutschland gebräuchliche »Vervielfältiger«. Obwohl dieser Wert praktisch bei jeder Immobilien-Investmententscheidung eine zentrale Rolle spielt, gibt es so gut wie keine Literatur oder empirische Quellen hierfür. Trotzdem ist es so, daß zwei erfahrene Experten bei der Beurteilung einer Immobilie in aller Regel rasch Übereinstimmung über den Vervielfältiger erzielen. Folgende relativ stabilen *Erfahrungswerte* lassen sich bezüglich der Rendite für die großen deutschen Immobilien-Märkte für gut vermietete Objekte (nicht Projekte!) nennen:

- erstklassige innerstädtische Büro- und Geschäftshäuser: 5 bis 5,5 %
- autonome Bürohäuser in guten Innenstadtrandlagen: von 5,5 bis etwas über 6 %
- Bürohäuser in Gewerbegebieten und an der Peripherie: 7 bis 8 %
- Gewerbeparks: 8 bis 10 %
- Vermietete Lager- oder Produktions-Hallen: 10 bis 11,5 %.

In mittleren Großstädten bzw. in entsprechend kleineren Gemeinden sind jeweils um 1 bis 2 % höhere Verzinsungen anzusetzen.

Die zunehmende Professionalisierung der Immobilienbranche, die sich verbreiternden internationalen Einflüsse sowie das wachsende Interesse an profunden und stimmigen Informationen tragen dazu bei, daß das Datenmaterial zum Immobilienmarkt allmählich stichhaltiger wird. So ist es heute schon relativ gut möglich, die großen Büromärkte nach Teilräumen gegliedert über ca. zehn Jahre in ihren wesentlichen Marktindikatoren nachzuvollziehen. Will man aus dieser Entwicklung der Vergangenheit Schlußfolgerungen ziehen, so ist dringend anzuraten, lange Zeitreihen zu bilden und zu interpretieren, um kurzfristige konjunkturelle Schwankungen auszugleichen. Aus den hieraus ableitbaren Trends läßt sich – mit entsprechender Vorsicht – auch die Entwicklung für die Zukunft ablesen.

2.2.6 Ergebnisse der Standort- und Marktanalyse – Möglichkeiten, Restriktionen und Schlußfolgerungen

Zentrale Frage der Analyse

Die Standort- und Marktanalyse sollte nicht nur mehr oder weniger zusammenhängende »Datenberge« ergeben, sondern relevante Informationen liefern. Ausgangspunkt aller Ergebnisse sollten die Fragen sein: Welche Nutzer hat die Immobilie oder wird sie voraussichtlich haben? Welche Anforderungen an Standort und Objekt haben diese? Welche marktseitigen Aspekte haben Auswirkungen auf die Entscheidungen und später auf die Zufriedenheit der Nutzer? Im besten Falle hat die Standort- und Marktanalyse die wesentlichen Daten zur Beantwortung dieser Fragen zu liefern.

Restriktionen für das Investment

Die Standort- und Marktanalyse steht in der Regel in einem Entscheidungszusammenhang: Der Auftraggeber erwartet über die gelieferten Daten hinaus möglichst konkrete Hinweise bezüglich seines Projektes. Daher kommt es vor allem darauf an, ob standort- und marktseitige oder auch objekt- bzw. konzeptspezifische Restriktionen für das Investment vorliegen. Solche Restriktionen können z. B. sein:

- der Standort erweist sich für die Nutzung als nicht geeignet oder nur suboptimal (»falsche« Straßenseite ...)
- die Erschließung für die erforderlichen Verkehrsarten reicht nicht aus/ist zu verbessern
- es gibt zu viel typähnlichen oder gar besseren Wettbewerb
- die Nachfrage ist zu gering
- es ergeben sich Einschränkungen aus der Nachbarschaft (zu viel Verkehr, mangelhafte Ausblicksqualität, zu viel Immissionen, Veränderungen in der Infrastruktur, »Adresse«).

Angesichts solcher konkreten Erkenntnisse wird vom Standort- und Marktanalytiker, wie ich ihn verstehe, heute auch praktischer Rat hinsichtlich konzeptioneller Anforderungen und Anpassungsnotwendigkeiten erwartet, die er aufgrund seiner vielfältigen Erfahrungen liefern können sollte. Solche Anpassungsanforderungen werden insbesondere hinsichtlich der Eignung für die vorgesehene Nutzung, ihre Art und Größenordnung sowie ihre Struktur und Anordnung im Projekt erwartet.

Zusammenfassung

- Zusammenfassend kann also festgestellt werden, daß die Standort- und Marktanalyse einem Investor die Rahmenbedingungen des Standortes und die Marktgegebenheiten aufzeigen, Chancen und Restriktionen für die Projektentwicklung herausarbeiten und konkrete, praktische Schlußfolgerungen für die Entscheidung über das Investment oder das Konzept liefern soll.

Weil Immobilien-Objekte und -Märkte in jedem Fall immer wieder auch in Phasen des Überangebotes geraten werden, können nur die Objekte, die optimal in den Standort und flexibel in den Markt eingebettet sind, risikoarm entwickelt werden. Aus diesem Grund ist für den langfristigen Erfolg eines Immobilienprojektes weniger die momentane Marktsituation ausschlaggebend als vielmehr vor allem die Qualität des Standortes (nur in wenigen Fällen kann ein außergewöhnliches Konzept tatsächlich einen Standort »machen«). Und weil es der Markt (also die Nutzer) schon heute und in Zukunft immer mehr so fordert, müssen Immobilienprojekte baulich-technisch so konzipiert sein, daß sie möglichst flexibel die im Leben einer Immobilie unumgänglichen Phasen der Umstrukturierung leicht absolvieren können.

Als **Resümee** kann daher folgende Aussage gelten:

Die **Marktanalyse** gibt hauptsächlich Auskunft über kurzfristige Perspektiven (also die Verhältnisse von Angebot und Nachfrage, die vor diesem Hintergrund zu erwartende Vermietungsgeschwindigkeit, Miet- und Kaufpreise) und sicherlich auch über die Chancen eines Nutzungskonzeptes.

Die **Standortanalyse** hingegen muß die langfristig wirksam werdenden Qualitäten einer Immobilie bzw. ihres Standortes aufzeigen: im idealen Falle die Übereinstimmung von Lage, Konzept und Nutzung.

Anhang A

Methodische Erläuterungen zur Büromarktberichterstattung[1])

1. Bürobeschäftigte:

Ein wichtiger Indikator zur Bestimmung des Büroflächenbestandes und für prognostische Aussagen zur erwarteten Büroflächennachfrage ist die Anzahl und Entwicklung der Bürobeschäftigten. Diese werden in Deutschland von der amtlichen Statistik nicht erhoben.

Um zu einer Einschätzung der Zahl der Bürobeschäftigten insgesamt zu gelangen, werden die Daten der amtlichen Arbeitsstättenzählung von 1987, der letzten Vollerhebung der Beschäftigten in der alten Bundesrepublik, herangezogen. Die Statistik weist sowohl die sozialversicherungspflichtig Beschäftigten als auch die Beamten, die Selbständigen und die Teilzeitbeschäftigten aus.

Um eine zeitliche Fortschreibung des Gesamtwertes aus 1987 zu ermöglichen, wird unterstellt, daß sich die Anzahl der Gesamtbeschäftigten mit der gleichen Rate verändert wie die der sozialversicherungspflichtig Beschäftigten (die laufend fortgeschrieben werden).

Zur Errechnung des Anteils der Bürobeschäftigten wird eine jährliche Erhebung des Schweizer Bundesamtes für Statistik, Bern, verwendet, die den Anteil der Bürobeschäftigten nach Wirtschaftszweigen und Branchen zeitnah empirisch ermittelt. Aufgrund des hohen Tertiärisierungsgrades der Schweizer Wirtschaft lassen sich diese Zahlen auf die entsprechenden Wirtschaftsabteilungen gemäß der deutschen Beschäftigungsstatistik übertragen.

Wie im Müller-Büromarktbericht 94 wird wiederum mit einer verfeinerten Aufgliederung der Wirtschaftszweige und Branchen (dies betrifft neben den unterschiedlichen Ausprägungen im Dienstleistungsbereich insbesondere auch die Industriezweige des verarbeitenden Gewerbes) der Anteil der Bürobeschäftigten in deutschen Großstädten auf Basis der schweizerischen Daten berechnet. Die Beschäftigtenzahlen in den verschiedenen Wirtschaftsgruppen (auf der Basis der mit Hilfe der sozialversicherungspflichtig Beschäftigten fortgeschriebenen Arbeitsstättenzählung) werden mit den entsprechenden %-Anteilen des Bürobeschäftigungsgrades multipliziert. Das Resultat ist die Summe der Bürobeschäftigten. Aufgrund der tiefstrukturierten Aus-

[1]) Quelle: Müller Büromarktbericht 1995, Düsseldorf.

gangsdaten ergeben sich schlüssige Werte hinsichtlich der strukturellen Unterschiede in den einzelnen Wirtschaftszentren.

2. Büroarbeitsplätze:

Da in die Summe der Bürobeschäftigten die der Teilzeitbeschäftigten vollständig eingeht, diese aber in der Regel nicht alle einen kompletten eigenen Büroarbeitsplatz okkupieren, wird im zweiten Schritt die Zahl der eigentlichen B ü r o a r b e i t s p l ä t z e bestimmt. Diese Zahl kann als maßgebliche Größe für die Büroflächenbedarfsermittlung verwandt werden. Sie beträgt etwa 90% der Anzahl der Bürobeschäftigten, weil die Teilzeitbeschäftigten in diese Summe nur mit 50% eingehen.

Müller Consult geht nach eigenen empirischen Erhebungen davon aus, daß der Flächenanspruch pro Büroarbeitsplatz im Bestand im Mittel circa 20 m^2 Netto- beziehungsweise 23 m^2 Bruttogeschoßfläche beträgt. Bei einigen Neubauprojekten erreicht dieser Wert zwar bis zu 30 m^2 Brutto; die aktuellsten Entwicklungen deuten jedoch darauf hin, daß der Trend der Inanspruchnahme von immer mehr Fläche pro Arbeitsplatz zu Ende geht bzw. sogar schon rückläufig ist.

3. Bürodichte:

Der Indikator »Bürodichte« bringt das Verhältnis der Zahl der Bürobeschäftigten zur Gesamteinwohnerzahl einer Großstadt zum Ausdruck. Er wurde gewählt, um das Gewicht der Büromärkte in den jeweiligen Städten darzustellen und mit anderen Orten vergleichbar zu machen.

Bürodichte = Zahl der Bürobeschäftigten je 100 Einwohner

4. Vermietungsleistung:

Unter vermieteten Flächen fassen wir die wesentlichen, uns bekanntgewordenen Vermietungen (unabhängig vom Zeitpunkt des Bezugs der angemieteten Flächen) im Jahre 1994 innerhalb der einzelnen Märkte zusammen. Darin enthalten sind Neuvermietungen in neuerstellten oder renovierten Gebäuden sowie Nachvermietungen in leerfallenden Gebäuden. Kleinflächige Vermietungen/Untervermietungen, die ohne Makler stattgefunden haben, sind in den Zahlen nicht enthalten.

5. Leerstand:

Verfügbare Büroflächen in bestehenden Bürogebäuden per 31. Dezember 1994.

6. In Bau befindliche Flächen:

Baufertigstellungen voraussichtlich 1995 bis 1996.

7. Verfügbares Angebot:

Das verfügbare Angebot setzt sich zusammen aus:

	Leerstand
+	in Bau befindlichen Flächen
–	eigengenutzter Anteil
–	Flächen, die bereits vermietet sind
=	verfügbares Angebot

Anhang B

Arbeitspapier Universität Dortmund (Prof. Hennings/ Dipl.-Ing. M. Dobberstein) zum Thema Methoden der Ermittlung von Bürobeschäftigung, Dortmund 1994/95

Bürobeschäftigte

Es gibt in der Bundesrepublik keine amtliche Statistik, die die Zahl der Bürobeschäftigten wiedergibt. Alle Verfahren, mit deren Hilfe versucht wird, die Zahl der Bürobeschäftigten zu ermitteln, beruhen auf Schätzungen. In der Bundesrepublik Deutschland werden zur Zeit verschiedene Schätzverfahren verwendet, von denen im folgenden drei ausgewählte Verfahren dargestellt und erläutert werden, um die Problematik der Ermittlung der Bürobeschäftigten exemplarisch zu beleuchten.

I.

Zunächst sei mit aller Vorsicht das Verfahren dargestellt, das nach eigenen Angaben von Müller Consult angewandt wird. »Zur Errechnung des Anteils der Bürobeschäftigten wird eine jährliche Erhebung des Schweizer Bundesamtes für Statistik, Bern, verwendet, die den Anteil der Bürobeschäftigten nach Wirtschaftszweigen und Branchen zeitnah empirisch ermittelt«, so Müller Consult in seinem jährlichen Büromarktbericht[1]). Im Rahmen einer von mir mitverfaßten Diplomarbeit, in der eine Auseinandersetzung mit Bürobeschäftigtenquoten stattfindet, wurde versucht, mehr über diese Datengrundlage zu erfahren. Die Ergebnisse unserer telefonisch durchgeführten Recherche sehen folgendermaßen aus:

Das Schweizer Amt für Statistik hat die genannte Statistik in den Jahren 1987 bis 1992 quartalsmäßig erhoben. Befragt wurden Betriebe, die als Vorbereitung der Erhebung einmalig repräsentativ ausgewählt und in jedem Quartal erneut befragt wurden. Die Statistik beruht also auf einer Stichprobe. Erhebungskriterien waren die Gesamtbeschäftigung und das Betriebspersonal. Die Bürobeschäftigung errechnete sich aus der Differenz der beiden Werte. Aus den erhaltenen Daten konnten abschließend branchenbezogene Bürobeschäftigtenquoten errechnet werden. Müller Consult geht in diesem Zusammenhang davon aus, daß sich diese

---

[1]) Z.B. Müller Consult: Müller Büromarktbericht 1994, Düsseldorf, S. 24.

Zahlen aufgrund des hohen Tertiärisierungsgrades der Schweizer Wirtschaft auf die deutschen Großstädte übertragen ließen[2]). Demzufolge schien Müller Consult die Schweizer Quoten zunächst für alle deutschen Städte ohne eine weitere Differenzierung zu verwenden. Neuere Zitate lassen vermuten, daß bei aktuellen Untersuchungen mit Hilfe einer tieferen Branchengliederung Differenzierungen durchgeführt werden[3]). Die genaue Handhabung ist mir allerdings nicht bekannt.

Ich möchte jetzt zu einer vorsichtigen Bewertung dieses Verfahrens kommen:

Vorzüge:

1. Der große Vorteil dieses Schätzverfahrens ist, daß die Quoten auf einer empirischen Erhebung beruhen.

2. Bei der Orginärerhebung wurde keine Abgrenzung in sozialversicherungspflichtig Beschäftigte, Selbständige, Beamte und nicht sozialversicherungspflichtig Beschäftigte vorgenommen. Es handelt sich also um eine Bürobeschäftigtenquote bezogen auf die Gesamtbeschäftigung.

Neben diesen Vorteilen weist das Verfahren jedoch auch Nachteile auf, die zum Teil auf Unzulänglichkeiten in der Originärerhebung beruhen, zu anderen Teilen durch die Übertragung der Schweizer Quoten auf deutsche Großstädte sowie durch fehlende Datengrundlagen entstehen.

1. Die fehlende Definition des Begriffs »Bürobeschäftigte«. Die Zahl der Bürobeschäftigten wurde als Restgröße ermittelt. Selbst für den Begriff »Betriebspersonal«, der Erhebungskriterium war, gab es keine eindeutige Bestimmung. Allgemein verstand man unter dem Begriff die im engen Sinne produzierenden Beschäftigten. Eine genaue Beschreibung des genannten Begriffes für die Betriebe, in denen die Daten erhoben wurden, erfolgte aber nicht.

2. Es erscheint problematisch, daß die Beschäftigten, die sowohl im Betrieb als auch im Büro arbeiteten, nur als Betriebspersonal erfaßt wurden. Im Rahmen einer Büroflächennachfrageprognose muß es jedoch Ziel sein, nicht nur die Beschäftigten zu erfassen, die ausschließlich in einem Büro arbeiten, sondern alle Beschäftigten, die einen Büroarbeitsplatz benötigen und damit Flächenansprüche stellen.

---

2) Vgl. ebenda, S. 24.
3) Vgl. ebenda, S. 24.

3. Die Daten gelten für die gesamte Schweiz, sind also ein Durchschnittswert aus verdichteten und ländlichen Gebieten. Es ist jedoch bekannt, daß die branchenbezogenen Bürobeschäftigtenquoten von Stadt zu Stadt stark schwanken. Selbst für eine Schweizer Untersuchung müßten hier Zu- bzw. Abschläge vorgenommen werden, um die lokalen Besonderheiten zu erfassen. Um so mehr ist die unterschiedslose Übertragung auf deutsche Großstädte problematisch.

4. Das Fehlen der jährlich erhobenen Datengrundlage für die Zahl der Gesamtbeschäftigten. Zwar werden die Quoten für die Bürobeschäftigung quartalsmäßig auf Basis der Gesamtbeschäftigten ermittelt, die Gesamtbeschäftigung, mit der diese Quoten multipliziert werden müssen, wird jedoch nur in unregelmäßigen Zeitabständen bei der Arbeitsstättenzählung erhoben, ein Problem, das allen der im folgenden dargestellten Verfahren gemein ist. Müller Consult geht in diesem Zusammenhang davon aus, daß die Gesamtbeschäftigung mit der gleichen Rat wächst wie die Zahl der sozialversicherungspflichtig Beschäftigten, deren Zahl quartalsweise vorliegt.

II.

Ein anderes Verfahren wird v. Einem/Tonndorf praktiziert. Es ist in der Studie »Büroflächenentwicklung im regionalen Vergleich« des BMBAU ausführlicher dargestellt[4]). Es beruht im wesentlichen auf einer Sonderauswertung der sozialversicherungspflichtig Beschäftigten, die die Zahl der jeweiligen Beschäftigten in einer Berufsordnung[5]) angibt. Diese Sonderauswertung wird auf Anfrage bei der Bundesanstalt für Arbeit erstellt.

V. Einem/Tonndorf wählen aus allen Berufsordnungen diejenigen aus, von denen sie glauben, daß dies Beschäftigte sind, die in einem Büro arbeiten. Diese Berufsordnungen werden zu Berufsgruppen[6]) zusammengefaßt, und für jede Gruppe wird eine Quote der Bürobeschäftigung angesetzt.

---

[4]) V. Einem, E./Tonndorf, Th.: Büroflächenentwicklung im regionalen Vergleich, Schriftenreihe »Forschung« des Bundesministers für Raumordnung, Bauwesen und Städtebau, Heft Nr. 484, Berlin 1990.

[5]) Unter Berufsordnungen sind im Prinzip die einzelnen Berufe zu verstehen. Die Berufsordnungen sind in zweistellige Ziffern aufgeteilt, für die es jeweils dreistellige Unterziffern gibt. Z. B. ist die Berufsordnung 734 die Ziffer für Telefonisten. Sie ist eine Unterziffer der Ziffer 73, das sind Berufe des Nachrichtenwesens.

[6]) V. Einem bildet z. B. die Berufsgruppe Sicherheitsberufe. Sie besteht aus den Ziffern 801 »Soldaten, Polizeibedienstete«, 802 »Berufsfeuerwehrleute«, 803 »Sicherheitskontrolleure«, 811 »Rechtsfinder«, 812 »Rechtspfleger« und 814 »Rechtsvollstrecker«. Für ihre Summe wird eine Bürobeschäftigtenquote von 25 % festgelegt. Vgl. v. Einem/Tonndorf, S. 28.

Der große Vorteil bei der Verwendung dieser Quoten ist, daß die Zahl der Bürobeschäftigten individuell für jede Stadt ermittelt werden kann. Auch Vergangenheitswerte können leicht ermittelt werden.

Nachteile des Verfahrens:

1. Der Begriff »Bürobeschäftigte« ist nicht hinreichend definiert. V. Einem/Tonndorf erfassen zwar die Beschäftigten, die »zumindest einen Büroarbeitsplatz okkupieren«[7]), definieren jedoch nicht den Begriff des Büroarbeitsplatzes bzw. analog dazu den Begriff Bürofläche. V. Einem/Tonndorf scheinen unter Bürofläche im wesentlichen die Flächen zu verstehen, die in der Bautätigkeitsstatistik in der Kategorie Büro- und Verwaltungsgebäude erfaßt werden. Zum Teil werden Berufe nicht berücksichtigt, deren zugehörige Beschäftigte zwar typische Schreibtischtätigkeiten ausführen, ihren Arbeitsplatz aber i.d.R. in ihrer eigenen Wohnung haben oder deren Büro Teil einer Fläche ist, bei der die Bürofläche nur eine sehr untergeordnete Rolle spielt.

2. Die angegebenen Quoten wurden nicht empirisch ermittelt, sondern aufgrund einer globalen Plausibilitätskontrolle festgesetzt.

3. Als Ergebnis des Verfahrens erhält man nicht die branchenbezogenen Bürobeschäftigtenquoten, sondern nur berufsgruppenbezogene, die weniger aussagekräftig sind.

4. Die berufsgruppenbezogenen Quoten beziehen sich lediglich auf die sozialversicherungspflichtig Beschäftigten. V. Einem/Tonndorf ziehen weitere Statistiken heran, die Auskunft über die Zahl der Beamten[8]), der Selbständigen[9]) und der nicht sozialversicherungspflichtig Beschäftigten[10]) geben. Für die unterschiedlichen Gruppen werden Quoten festgelegt, die aber ebenfalls nicht empirisch überprüft sind. Hinzu kommt, daß die verwendeten Statistiken nicht auf regionaler Ebene vorliegen, so daß auch hier der Anteil der jeweiligen Stadt geschätzt werden muß. Eine Darlegung dieses Schätzverfahrens erfolgt in der Studie von v. Einem/Tronndorf nicht und kann deshalb hier nicht beurteilt werden.

---

[7]) Ebenda, S. 26.

[8]) „Die Zahl der Beamten wird vom Statistischen Bundesamt im Rahmen der Berichterstattung über die im öffentlichen Dienst Beschäftigten ausgewiesen." Ebenda, S. 27.

[9]) „Die Zahl der Selbständigen stützt sich auf Zählungen des Statistischen Bundesamtes aus dem Mikrozensus." Ebenda, S. 27.

[10]) „Angaben über die nicht-sozialversicherungspflichtig Beschäftigten könne [...] einer 1989 fertiggestellten Studie des Bundesministeriums für Arbeit und Sozialordnung entlehnt werden." Ebenda, S. 27.

III.

Ein drittes Verfahren wird von Hennings angewandt. Es beruht im wesentlichen auf einer Datenzusammenstellung aus der Statistik der sozialversicherungspflichtig Beschäftigten, die Bade für eigene Untersuchungen erstellt hat. Grundlage dieser Datenzusammenstellung ist ebenfalls die Bildung von Berufsgruppen, deren Klassifizierung - aufgrund eines anderen Forschungsinteresses von Bade - jedoch nicht derjenigen von v. Einem/Tonndorf entspricht. Auf dieser Grundlage gibt die Datenzusammenstellung Auskunft darüber, aus welchen Berufsgruppen und der dazugehörigen absoluten Zahl der Beschäftigten sich eine Branche zusammensetzt.

Das Verfahren von Hennings besteht im Prinzip aus zwei Arbeitsschritten. Im ersten Schritt werden - ähnlich wie bei v. Einem/Tonndorf - für die von Bade klassifizierten Berufsgruppen Bürobeschäftigtenquoten festgelegt. Im zweiten Arbeitsschritt werden mit Hilfe der berufsgruppenbezogenen Quoten und der zuvor genannten Datenzusammenstellung von Bade für jede Branche absolute Zahlen der Bürobeschäftigung berechnet, aus denen eine branchenbezogene Quote ermittelt werden kann.

Die Vorteile des Verfahrens:

1. Eine individuelle Ermittlung der Bürobeschäftigten für jede Stadt ist möglich. Auch Vergangenheitswerte können leicht originär ermittelt werden.
2. Das Ergebnis bilden branchenbezogene Bürobeschäftigtenquoten, die den Vergleich mit anderen bisher veröffentlichten Quoten ermöglichen und mit denen relativ einfach weitergearbeitet werden kann.

Die Nachteile des Verfahrens:

1. Auch hier ist der Begriff »Bürobeschäftigte« nur unzureichend definiert. Die verwendete Definition entspricht im Prinzip derjenigen von v. Einem/Tonndorf. Jeder, der einen Büroarbeitsplatz beansprucht, wird erfaßt. Dabei verwendet Hennings jedoch einen weiter gefaßten Begriff des Büroarbeitsplatzes. Für ihn sind Büroflächen alle Flächen, auf denen Schreibtischtätigkeiten durchgeführt werden. Nach dieser Definition zählen zu Büroflächen auch Flächen, die in der Bautätigkeitsstatistik nicht in der Kategorie Büro- und Verwaltungsgebäude erfaßt werden.
2. Die berufsgruppenbezogenen Bürobeschäftigtenquoten sind bisher ebenfalls - wie bei v. Einem/Tonndorf - nicht empirisch überprüft.

3. Die Statistik, die die Branchenbeschäftigten nach Berufsgruppen erfaßt, ist nicht allgemein verfügbar.

4. Die Klassifizierung der Berufsgruppen aus der Datenzusammenstellung von Bade kann – obwohl in einigen Punkten für die Ermittlung der Bürobeschäftigten nicht immer sinnvoll – nicht verändert werden.

5. Die Zahl der Gesamtbeschäftigten wird nicht jährlich erhoben. Die Umrechnung von sozialversicherungspflichtig Beschäftigten erfolgt mit Hilfe der Annahme, daß sich das Verhältnis von sozialversicherungspflichtig Beschäftigten zur Gesamtbeschäftigung nicht verändert.

6. Die Quoten wurden auf Basis der sozialversicherungspflichtig Beschäftigten erfaßt, müssen aber auf die Gesamtbeschäftigung bezogen werden. Hier wird vorausgesetzt, daß bei den nicht sozialversicherungspflichtig Beschäftigten die gleiche Quote der Bürobeschäftigung besteht wie bei den sozialversicherungspflichtig Beschäftigten.

In unserer Diplomarbeit haben wir – angeregt von Prof. Hennings – seine Quoten und die von V. Einem verglichen. Da eine unmittelbare Vergleichbarkeit aufgrund der unterschiedlichen Klassifizierung der Berufsgruppen nicht gegeben ist, mußten zunächst die jeweiligen Berufsgruppen in die zugehörigen Berufsordnungen aufgespalten werden. So konnte ein Vergleich jeder einzelnen Berufsgruppe vorgenommen werden. Da uns im weiteren Verlauf der von uns durchgeführten Büroflächennachfrageprognose für Dortmund ebenfalls die von Bade erstellte Datenzusammenstellung zur Verfügung stand, war diese Klassifizierung Grundlage der Überprüfung. Die Veränderungen der »Hennings-Quoten«, die in allen Fällen zu einer Reduzierung der Quoten führte, wurde nach Absprache und mit Einverständnis von Prof. Hennings vorgenommen. Unserer Überprüfung lag dabei der Büroflächen-Begriff von Hennings zugrunde.

Bei der Überprüfung konnte aber genauso wie bei Hennings und v. Einem/Tonndorf nur eine allgemeine Plausibilitätskontrolle erfolgen. Eine empirische Untersuchung wurde auch von uns bisher nicht durchgeführt.

Weiterhin wurden in unserer Diplomarbeit die Schweizer branchenbezogenen Bürobeschäftigtenquoten auf der einen Seite und die mit Hilfe der Bade-Statistik und den neu festgelegten berufsgruppenbezogenen Quoten berechneten branchenbezogenen Bürobeschäftigtenquoten für die Stadt Dortmund auf der anderen Seite gegenübergestellt. Dabei konnte festgestellt werden, daß in einigen Branchen sehr ähnliche Ergebnisse erzielt wurden. In anderen Branchen gab es zwar erhebliche Abweichungen, diese konnten aber durch die besondere Struktur der untersuchten Stadt Dortmund erklärt werden. Nur einige Branchen wiesen sehr große Differenzen aus, die nicht auf den ersten Blick geklärt werden konnten. Eine Veränderung der von uns berechneten Quoten für die Stadt Dortmund wurde aber nicht vorgenommen, da die individuell ermittelten Quoten als sichere Datenbasis galten. Die Übereinstimmung in vielen Branchen zeigt aber, daß die von Hennings und uns festgelegten Quoten zwar nicht empirisch bewiesen sind, aber offensichtlich in hohem Maße der Realität entsprechen.

Abschließend kann festgehalten werden, daß Klärungs- bzw. Forschungsbedarf in folgenden Bereichen vorliegt:

1. Der Begriff »Bürobeschäftigte« muß einheitlich definiert werden. Gleiches gilt auch für den Begriff »Bürofläche«. Darüber hinaus muß eine Harmonisierung der beiden Begriffe dahingehend stattfinden, daß die als Bürobeschäftigte definierten Personen, auf den Flächen arbeiten, die als Bürofläche definiert sind.

2. Die berufsgruppenbezogenen Bürobeschäftigtenquoten müssen empirisch überprüft werden.

3. Es muß untersucht werden, wie die Fortschreibung der Zahl der Gesamtbeschäftigten am besten vorgenommen werden kann.

4. Die Übertragbarkeit der branchenbezogenen Bürobeschäftigtenquoten der sozialversicherungspflichtig Beschäftigten auf die Gesamtbeschäftigten muß untersucht werden.

Prof. Dr. Karl-Werner Schulte
Sven-Eric Ropeter

2.3 Rentabilitätsanalyse für Immobilienprojekte

Inhaltsverzeichnis

2.3.1 Einleitung

Jede Projektentwicklung, verstanden als gezielte Aufwertung eines Grundstückes oder eines Gebäudes, stellt für den damit befaßten Entscheidungsträger eine Investition dar. Unabhängig davon, ob ein »klassischer« Projektentwickler ein Grundstück am Markt erwirbt, entwickelt und anschließend zu einem möglichst hohen Preis verkauft, oder ob eine Projektentwicklungs-Abteilung eines Industrie-, Handels- oder Dienstleistungsunternehmens eine Immobilie aus dem betrieblichen Immobilienbestand entwickelt – in jedem Fall werden nicht unerhebliche Beträge investiert. Aus diesem Grund stehen bei der Entscheidung über die Durchführung möglicher Projekte wirtschaftliche Erwägungen mit an erster Stelle.

Um Aussagen zur wirtschaftlichen Attraktivität eines geplanten Vorhabens machen zu können, bedient man sich i. d. R. einer Wirtschaftlichkeitsanalyse. Zu diesem Zweck sind in der Investitionstheorie eine Reihe von Methoden entwickelt worden, die die Vorteilhaftigkeit einer Investition auf die unterschiedlichste Art und Weise beurteilen.

Praxisorientierter Lösungsansatz

Dieser Beitrag untersucht die besonderen Anforderungen an eine Wirtschaftlichkeits- bzw. Rentabilitätsanalyse für Immobilienprojekte und stellt einen praxisorientierten Lösungsansatz vor. Hierzu werden zunächst die allgemeinen Anforderungen an eine Investitionsrechnung erläutert und anschließend um projektentwicklungsspezifische Aspekte ergänzt.

Vor diesem Hintergrund erfolgt eine generelle Typologisierung und Kritik der existierenden Methoden der Investitionsrechnung.

Im folgenden Abschnitt wird ein aktuell in der Immobilienpraxis angewandter Rechenansatz kurz dargestellt und anhand des entwickelten Anforderungskataloges bezüglich seiner Anwendbarkeit und Aussagekraft untersucht. Den Abschluß bildet die Darstellung eines eigenen, speziell auf die konkrete Problematik zugeschnittenen Analyseansatzes auf der Basis Vollständiger Finanzpläne.

2.3.2 Anforderungen an eine Investitionsrechnung

2.3.2.1 Allgemeine Anforderungen

Um die an eine Investitionsrechnung zu stellenden Anforderungen abzuleiten, ist es hilfreich, sich zunächst die mit ihr verfolgten Ziele zu verdeutlichen. Diese lassen sich wie folgt beschreiben:

Beurteilung der wirtschaftlichen Vorteilhaftigkeit

Die Hauptaufgabe der Investitionsrechnung besteht darin, dem Entscheider Informationen darüber zu liefern, ob es wirtschaftlich sinnvoll ist, eine bestimmte Investition durchzuführen.

Um diese Frage zu beantworten, benötigt der Entscheider zwei Teilinformationen:

- Lohnt sich die geplante Investition? Dies ist die Frage nach der *absoluten Vorteilhaftigkeit einer Investition,* d. h., ob es aus rein wirtschaftlichen Überlegungen sinnvoll ist, die Investition zu tätigen.
- Ist die betrachtete Investition besser als andere, alternativ mögliche Investitionen? Dies ist die Frage nach der *relativen Vorteilhaftigkeit einer Investition* gegenüber den Alternativen, d. h., ob es sinnvoll ist, die Mittel für Vorhaben A, B oder C einzusetzen.

Absolute und relative Vorteilhaftigkeit

Als Anforderung an die Investitionsrechnung folgt hieraus, daß sie sowohl eine Aussage über die absolute Vorteilhaftigkeit eines Investitionsvorhabens liefern als auch einen Vergleich mit alternativen Investitionen (relative Vorteilhaftigkeit) ermöglichen muß.

Um die absolute Vorteilhaftigkeit einer Investition beurteilen zu können, muß bei jeder Investitionsrechnung zunächst die Gesamtheit des Investitionsvorhabens auf seine monetäre Dimension, d. h. Einnahmen und Ausgaben, reduziert werden.

Direkte und indirekte Zahlungen

Dabei ist zwischen direkten, d.h. unmittelbar durch die Investition verursachten Zahlungen (z. B. Anschaffungskosten), und indirekten, d.h. zwar durch das Investitionsobjekt ausgelösten, aber sich als Konsequenz aus den direkten Einnahmen und Ausgaben ergebenden Zahlungen (z. B. Zwischenfinanzierungen oder Wiederanlagen aufgrund positiver bzw. negativer Zahlungssalden, Steuerzahlungen etc.) zu unterscheiden. Abb. 2.3.1 systematisiert die im Zusammenhang mit einer Investition anfallenden Zahlungen.

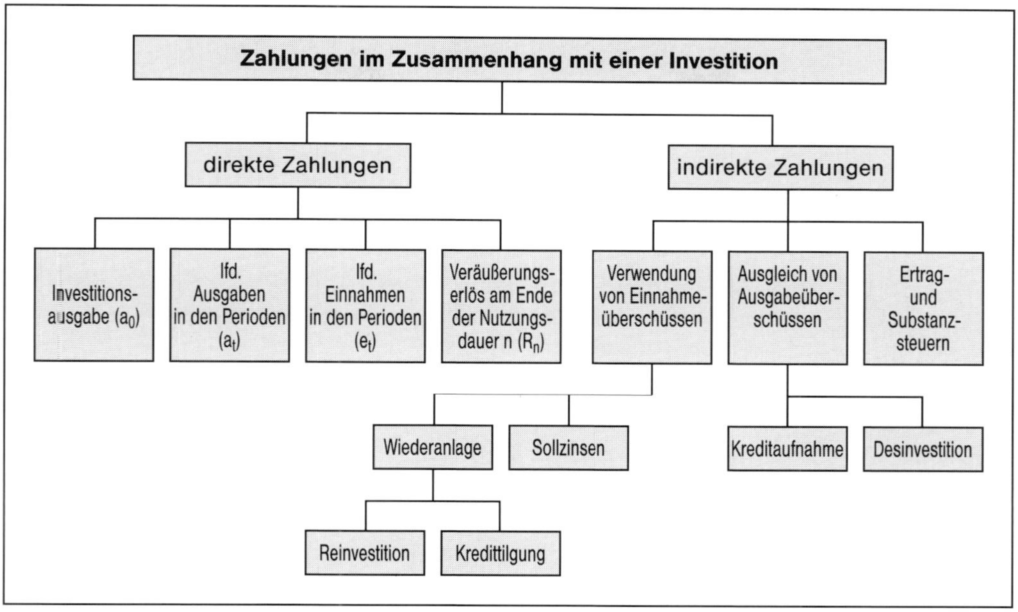

Quelle: Schulte, K.-W.: Wirtschaftlichkeitsrechnung, 4. Auflage, Physika-Verlag, Heidelberg 1986, S. 20

Abb. 2.3.1: Systematisierung der Zahlungen im Zusammenhang mit einer Investition

Für jede Investitionsrechnung ist es dabei notwendig, bezüglich der indirekten Zahlungen Annahmen zu treffen. Da diese Annahmen unter Umständen einen nicht unerheblichen Einfluß auf die prognostizierte Wirtschaftlichkeit des Investitionsvorhabens haben können (z.B. die Höhe des Zinssatzes für eventuell notwendige Zwischenfinanzierungen), sollten sie in möglichst hohem Maße durch den Entscheider beeinflußbar oder zumindest explizit erläutert sein.

Berücksichtigung und Vergleichbarmachung der Zahlungszeitpunkte

Da jede Investition die langfristige Bindung finanzieller Mittel in einem Investitionsobjekt bedeutet, liegen die resultierenden Mittelrückflüsse und ein eventuell notwendiger zusätzlicher Kapitaleinsatz ebenfalls mehr oder weniger weit in der Zukunft.

Dem Investor kann es jedoch nicht gleichgültig sein, ob er beispielsweise 100.000 DM in einem oder erst in zehn Jahren erhält. Die hierin zum Ausdruck kommende Bedeutung der zeitlichen Dimension hat zwei Aspekte:

- Ein Investor wird die Vorteilhaftigkeit eines Investitionsvorhabens i.d.R. an einer »Mindestverzinsung«, d.h. einem bestimmten Verhältnis der Netto-Rückflüsse zum eingesetzten Kapital festmachen. Dieses Verhältnis ist bei gleich hohen Rückflüssen jedoch um so geringer und damit unvorteilhafter, je weiter sie in der Zukunft liegen.

- Zwei alternative Investitionsmöglichkeiten unterscheiden sich i. d. R. nicht nur in der absoluten Höhe der anfallenden Zahlungen, sondern vielmehr auch in deren zeitlicher Struktur. Um sie nun vergleichen zu können, müssen die Zahlungen entsprechend ihrem zeitlichen Anfall »bewertet« werden.

Als Anforderung an die Investitionsrechnung ergibt sich daraus, daß sie dem Zeitbezug einer Zahlung in geeigneter Form Rechnung tragen muß.

Gewinnung von entscheidungsrelevanten Informationen

Bei jeder Investitionsrechnung handelt es sich um ein entscheidungsunterstützendes Instrument, das dem Entscheider lediglich Informationen zur Begründung der von ihm zu treffenden Entscheidung liefern, nicht aber alleinige Grundlage der Entscheidung sein sollte.

Um so komplizierter nun die Methode der Investitionsrechnung, desto problematischer ist ihre Anwendung zu beurteilen. Ist der Anwender nicht in der Lage, die Auswirkungen einer Datenänderung innerhalb der Rechenmethode nachzuvollziehen, so ist er auch nicht mehr imstande, die Bedeutung des gelieferten Ergebnisses der Investitionsrechnung zu beurteilen. Ohne eine kritische Würdigung kann die Entscheidung dann aber nur noch entweder rein mechanistisch anhand des gelieferten Wertes oder auf der Grundlage einer rein subjektiven »Wertung« des Ergebnisses erfolgen. Auf jeden Fall geht der eigentlich angestrebte Informationsgewinn zumindest teilweise verloren – das Ziel und die Aufgabe der Investitionsrechnung werden verfehlt.

Anforderungen an die Investitionsrechnung

Hieraus ergeben sich folgende Anforderungen:

- Die Investitionsrechnung sollte die in ihr verwandten Daten in übersichtlicher Form darstellen und möglichst einfach in der Anwendung sein.
- Die einfließenden Daten sollten eine möglichst exakte Abbildung des Vorhabens erlauben und einfach variierbar sein, um eine Risikoanalyse vornehmen zu können.
- Die angewandte Methode muß alle für die Vorteilhaftigkeit relevanten Rahmenbedingungen (z. B. Finanzierungsformen, steuerliche Gegebenheiten usw.) möglichst exakt abbilden können.

Zusammenfassung

Entsprechend der im vorangegangenen dargestellten Aufgaben einer Investitionsrechnung muß sie den Entscheider in die Lage versetzen,

- die absolute Vorteilhaftigkeit eines Vorhabens zu beurteilen,

- die relative Vorteilhaftigkeit eines Vorhabens zu beurteilen
- und den Zeitpunkt jeder Zahlung zu berücksichtigen.

Sie sollte darüber hinaus möglichst

- die ihr zugrundeliegenden realen Sachverhalte exakt abbilden,
- die in ihr verwandten Daten übersichtlich darstellen,
- alle in ihr enthaltenen Annahmen flexibel halten und transparent darstellen,
- in der Anwendbarkeit einfach und nachvollziehbar sein
- und eine einfache Variation der Daten für Risikoanalysen zulassen.

2.3.2.2 Spezielle Anforderungen an eine Investitionsrechnung für Immobilien

Die speziellen Anforderungen an eine Investitionsrechnung für Immobilien leiten sich aus den Besonderheiten des Wirtschaftsgutes Immobilie sowie dem Selbstverständnis und der Position des Projektentwicklers im Immobilienmarkt ab.

Besonderheiten des Wirtschaftsgutes Immobilie

- Immobilieninvestitionen zeichnen sich im Vergleich zu maschinellen Anlagen i.d.R. durch äußerst lange Lebensdauern aus; die wirtschaftliche Nutzungsdauer liegt bei einigen Immobilien dagegen weit darunter.
- Der Wert einer Immobilie setzt sich aus dem Wert des bebauten Grund und Bodens und dem Wert der aufstehenden Bauten zusammen. Zumindest für Grund und Boden konnte in der Vergangenheit konstant eine Wertsteigerung beobachtet werden. Darüber hinaus kann sich auch für die Bausubstanz eine Wertsteigerung ergeben. Viele Immobilien-Investitionen sind in der Praxis durch Wertsteigerungspotentiale motiviert.
- Die vom Staat geförderte Bildung von Realvermögen findet sich in der momentanen Ausgestaltung der Steuergesetze wieder und führt zu einer steuerlichen Begünstigung von Immobilien-Investitionen gegenüber alternativen Anlageformen.

Die dargestellten Besonderheiten des Wirtschaftsgutes Immobilie bedingen folgende Anforderungen an eine immobilienorientierte Investitionsrechnung:

Aufgrund der langen Lebensdauer und der daraus resultierenden langen Kapitalbindungsdauer sind die mit der Investition zusammenhängenden Zahlungen besonders sorgfältig zu differenzieren und zu prognostizieren. Für die konkrete Berücksichtigung in der Investitionsrechnung lassen sich entsprechend der Systematisierung in Abb. 2.3.1 die folgenden Zahlungen identifizieren:

- **Die Investitionsausgabe (a_0)**

  Das Symbol a_0 repräsentiert die Investitionsausgabe, die entsprechend dem Index 0 dem Investitionszeitpunkt zuzuordnen ist. Sie setzt sich zusammen aus

  - den *Anschaffungskosten* für Grund und Boden sowie für eventuell miterworbene Aufbauten,
  - den *Erstellungskosten* des Projektes und den *Erwerbsnebenkosten*, bestehend aus Maklergebühren, Grundbuchgebühren, Notarkosten und Grunderwerbsteuer.

  Für den Projektentwickler ergibt sich die besondere Problematik, daß die Investitionsausgabe nicht auf einen einzigen Zeitpunkt beschränkt ist, sondern sich vielmehr über die gesamte Entwicklungsphase bis zum Verkauf erstreckt. Die anfallenden Ausgaben müssen daher möglichst exakt prognostiziert und ihrem zeitlichen Anfall entsprechend in die Berechnung eingestellt werden.

- **Die laufenden Ausgaben der Perioden (a_t)**

  Das Symbol a_t repräsentiert die laufenden Ausgaben der Betrachtungsperioden, wobei der Laufindex t jeweils die Periode bezeichnet, der die entsprechende Zahlung zuzuordnen ist. Für die Berechnungen ist es dabei unerheblich, ob t Monate oder Jahre bezeichnet, da sich außer des Umfangs und der Exaktheit der notwendigen Berechnungen keine Veränderungen in der grundsätzlichen Konzeption ergeben.

  Die **laufenden Ausgaben** setzen sich zusammen aus

  - den *periodischen Kosten*, d.h. Ausgaben, die regelmäßig in jeder Periode anfallen, wie
    - Versicherungen,
    - Verwaltungskosten,
    - Instandhaltungskosten und
    - Betriebskosten,
  - den *aperiodischen Kosten*, d.h. Ausgaben, die entweder in ihrer Höhe oder dem Zeitpunkt ihres Anfalls unregelmäßig auftreten, wie
    - Instandsetzungskosten und
    - Modernisierungskosten,
  - sowie den *Abrißkosten*, die entweder zu Beginn einer Investition zur Freimachung des Grund und Bodens oder während der Nutzungsdauer als Bestandteil einer Sanierung oder Modernisierung anfallen können.

- **Die laufenden Einnahmen der Perioden (e_t)**

  Das Symbol e_t repräsentiert die laufenden Einnahmen der Betrachtungsperioden. Diese setzen sich zusammen aus

  - den *Mieten*, bestehend aus
    - der Grundmiete,
    - dem vereinbarten Nebenkostenanteil sowie
    - zusätzlichen Anteilen gemäß der individuellen Ausgestaltung des Mietvertrages
  - und *sonstigen Periodenerlösen* aus der gesonderten Vermietung von
    - Park- oder sonstigen Stellflächen,
    - Werbeflächen usw.

- **Die laufenden Einnahmen-/Ausgabenüberschüsse der Perioden**

  Aus der Differenz der direkten Einnahmen und Ausgaben einer Periode ergibt sich jeweils ein Einnahmen- bzw. Ausgabenüberschuß ($ü_t = e_t - a_t$).

- **Der Veräußerungserlös am Ende der Nutzungsdauer (R_n)**

  Wie bereits erläutert, ist der Wert einer Immobilie zusammengesetzt aus dem Wert des Grund und Bodens und dem Wert der aufstehenden Bauten.

  Da nicht von einer identischen Wertentwicklung beider Komponenten ausgegangen werden kann, muß die Prognose getrennt für

  - den Anteil der Aufbauten und
  - den Anteil von Grund und Boden

  erfolgen.

  Über den Veräußerungszeitpunkt muß dabei für die Investitionsrechnung eine Annahme getroffen werden.

- **Die Verwendung von Einnahmenüberschüssen**

  Wird in einer Periode ein Einnahmenüberschuß erzielt, so ist zu entscheiden, wie dieser verwandt werden soll. Folgende Alternativen kommen in Betracht:

- *Reinvestition* der freien Mittel in
  - das betrachtete Objekt, z.B. zur Verbesserung der Substanz und damit Erzielung einer Wertsteigerung,
  - andere Objekte oder
  - Finanzanlagen, wie z.B. Wertpapiere
- oder *Kredittilgung* zur Verringerung der Zinsbelastung.

- **Der Ausgleich von Ausgabenüberschüssen**

  Übersteigen in einer Periode die Ausgaben die Einnahmen, so kommt es zu einem Fehlbetrag. Dessen Ausgleich ist auf zwei Wegen möglich:

  - per *Kreditaufnahme* oder
  - per *Desinvestition:*
    - Verkauf eines anderen Objektes,
    - Auflösung einer Finanzanlage.

- **Die Steuern**

  Die Bedeutung der Besteuerung ist im Immobilienbereich vergleichsweise hoch. Ohne detailliert auf die verschiedenen Steuern, auf den Ertrag oder das Vermögen eingehen zu wollen, lassen sich die zu betrachtenden Steuern allgemein nach

  - Steuern in der Investitionsphase,
  - Steuern in der Nutzungsphase und
  - Steuern in der Desinvestitionsphase

  unterteilen.

Verkaufserlöse

Anders als bei sonstigen Investitionsgütern kann für Immobilien-Investitionen kein abnehmender Restverkaufserlös angenommen werden.

Da es ausschließlich in der Entscheidung des Investors liegt, ob eine eventuelle Wertsteigerung der Immobilie durch einen Verkauf realisiert wird und damit zu einer Einnahme führt, muß ein Wertsteigerungspotential in der Rechnung berücksichtigt werden.

Steuereffekte

Bei einer Investitionsrechnung könnte mit folgendem Argument eventuell auf die Berücksichtigung von Steuereffekten verzichtet werden:

Wird eine einheitliche Besteuerung für unterschiedliche Anlagen unterstellt, so ist das Ergebnis einer Berechnung vor Steuern immer proportional größer als der entsprechende Wert nach Steuern. Sofern alternative Investitionsvorhaben identisch besteuert werden, würde sich damit auch nach Steuern nichts an ihrer relativen Vorteilhaftigkeit ändern.

Das deutsche Steuerrecht sieht allerdings eine solche einheitliche Besteuerung gerade nicht vor. Vielmehr werden unterschiedliche Einkünfte und Vermögen entsprechend steuerpolitischer Ziele bewußt unterschiedlich besteuert. Aus dieser Tatsache folgt, daß Investoren durch ein Engagement in Immobilien steuerliche Vorteile erlangen können, die mittels anderer Anlageformen nicht erzielbar sind. Dies hat zur Konsequenz, daß eine Immobilieninvestition, die vor Steuern relativ ungünstiger ist als eine alternative Anlage, nach Steuern vorteilhaft sein kann.

Eine immobilienorientierte Investitionsrechnung muß diesem Sachverhalt folglich durch eine möglichst exakte Erfassung steuerlicher Tatbestände und Regelungen Rechnung tragen. Dies gilt um so mehr, als Immobilieninvestitionen auf dem Kapitalmarkt in zunehmendem Maße in direkter Konkurrenz zu anderen Anlageformen stehen.

Selbstverständnis und Position des Entwicklers im Immobilienmarkt

Der Projektentwickler als Teilnehmer am Immobilienmarkt konzipiert und erstellt eine Immobilie häufig mehr oder weniger spekulativ, d. h. er antizipiert zukünftigen Bedarf sowohl nach Menge als auch Struktur und benötigter Gebäudekonfiguration. Er versteht sich demgemäß primär als Anbieter, der für seine Kunden tätig wird und seinen Gewinn aus der Veräußerung des fertiggestellten Objektes erzielt. Die Erzielung von Einkünften aus der Nutzung und dem Betrieb einer Immobilie stellen – wenn überhaupt – nur eine kurzfristige Überschneidung mit der Sphäre des Nutzers/Betreibers dar.

Die zentrale Bestrebung des Projektentwicklers ist es daher, ein Objekt möglichst kostenoptimal zu erstellen und zu einem möglichst hohen Preis am Markt zu plazieren.

Hieraus ergibt sich die Frage: Was unterscheidet die Investitionsrechnung eines Projektentwicklers von der eines »klassischen« Immobilieninvestors?

Eine erste Antwort läßt sich anhand der unterschiedlichen Komponenten des wirtschaftlichen Erfolges ableiten.

Der Anlagehorizont des Entwicklers ist bei weitem kürzer als der des End-Investors und erstreckt sich i.d.R. nur auf die Erstellungsphase bis zur Vermietung. Aus diesem Grund ist die Bedeutung der Baukosten sehr hoch, während die der laufenden Einnahmen (Hauptkriterium des Anlegers) gegen Null geht. Gleichzeitig stellt die Steigerung des Wertes der Immobilie und damit der erzielbare Verkaufserlös für den Entwickler neben den Erstellungskosten die Hauptkomponente des Erfolges dar.

Offensichtlich muß der Projektentwickler, anders als ein Investor, der ein fertiggestelltes Objekt zu einem festgelegten Preis erwirbt, bei seinen Projekten hohen Wert auf eine möglichst exakte Planung und Einhaltung der Bau- und Baunebenkosten legen. Andererseits scheint die exakte Prognose der Nutzungsphase jedoch von nicht so hoher Bedeutung zu sein, da der Entwickler keine laufenden Einnahmen erzielen will. Als problematisch bei dieser Argumentation erweist sich bei einer genaueren Analyse allerdings die große Bedeutung des Veräußerungserlöses.

Um den maximal erzielbaren Verkaufspreis bestimmen zu können, muß der Entwickler die Position und Interessen des Käufers berücksichtigen - d.h. im Endeffekt genauso denken und rechnen wie dieser.

Für den Projektentwickler ergibt sich aus dieser Tatsache, daß seine Rentabilitätsanalyse zweigeteilt sein sollte:

Zum einen muß er die Erstellungsphase in einem geeigneten Ansatz abbilden, um zu einer möglichst exakten Prognose der entstehenden Kosten zu gelangen.

Zum anderen muß er die Position des potentiellen Käufers in einer Rechnung abbilden, um anhand dessen Renditevorstellung und individueller Situation bestimmen zu können, was dieser maximal für das Objekt zu zahlen bereit sein wird.

Bei der praktischen Umsetzung lassen sich dabei wiederum zwei Ansätze unterscheiden:

- Entweder kann der Entwickler mit der Prognose der Erstellungskosten beginnen und durch Gegenüberstellen mit dem prognostizierten Verkaufserlös anschließend die Entscheidung treffen, ob er das Vorhaben durchführen will (Abb. 2.3.2).
- Alternativ kann er aber auch mit der Prognose des erzielbaren Verkaufserlöses beginnen und anhand seiner gewünschten Zielrendite die maximal vertretbaren Erstellungskosten ermitteln, um durch einen Vergleich mit den prognostizierten Erstellungskosten zu einer Entscheidung über die Durchführung des Vorhabens zu gelangen (Abb. 2.3.3).

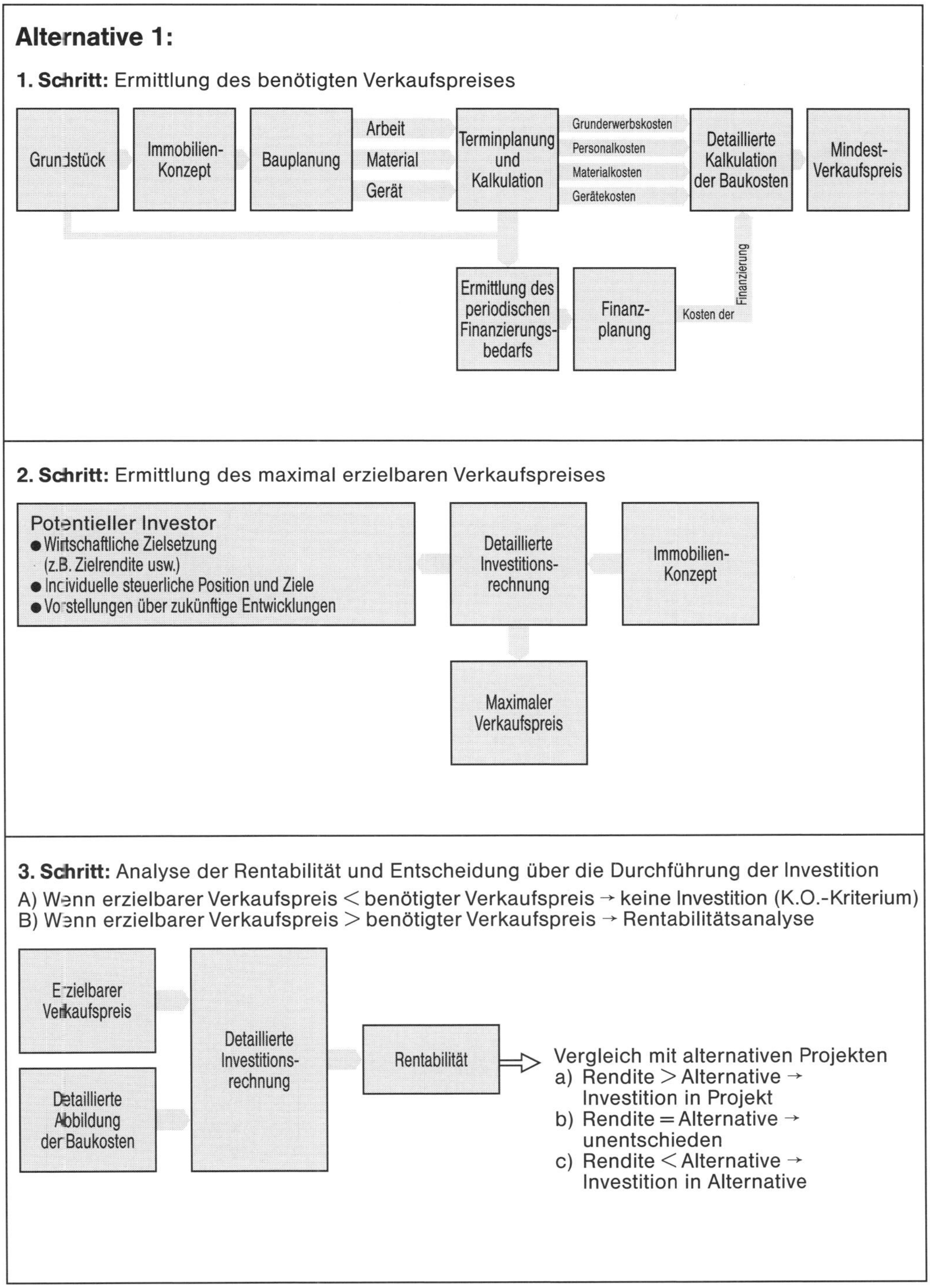

Abb. 2.3.2: Basiskonzept einer Rentabilitätsanalyse für Immobilienprojekte – Alternative 1

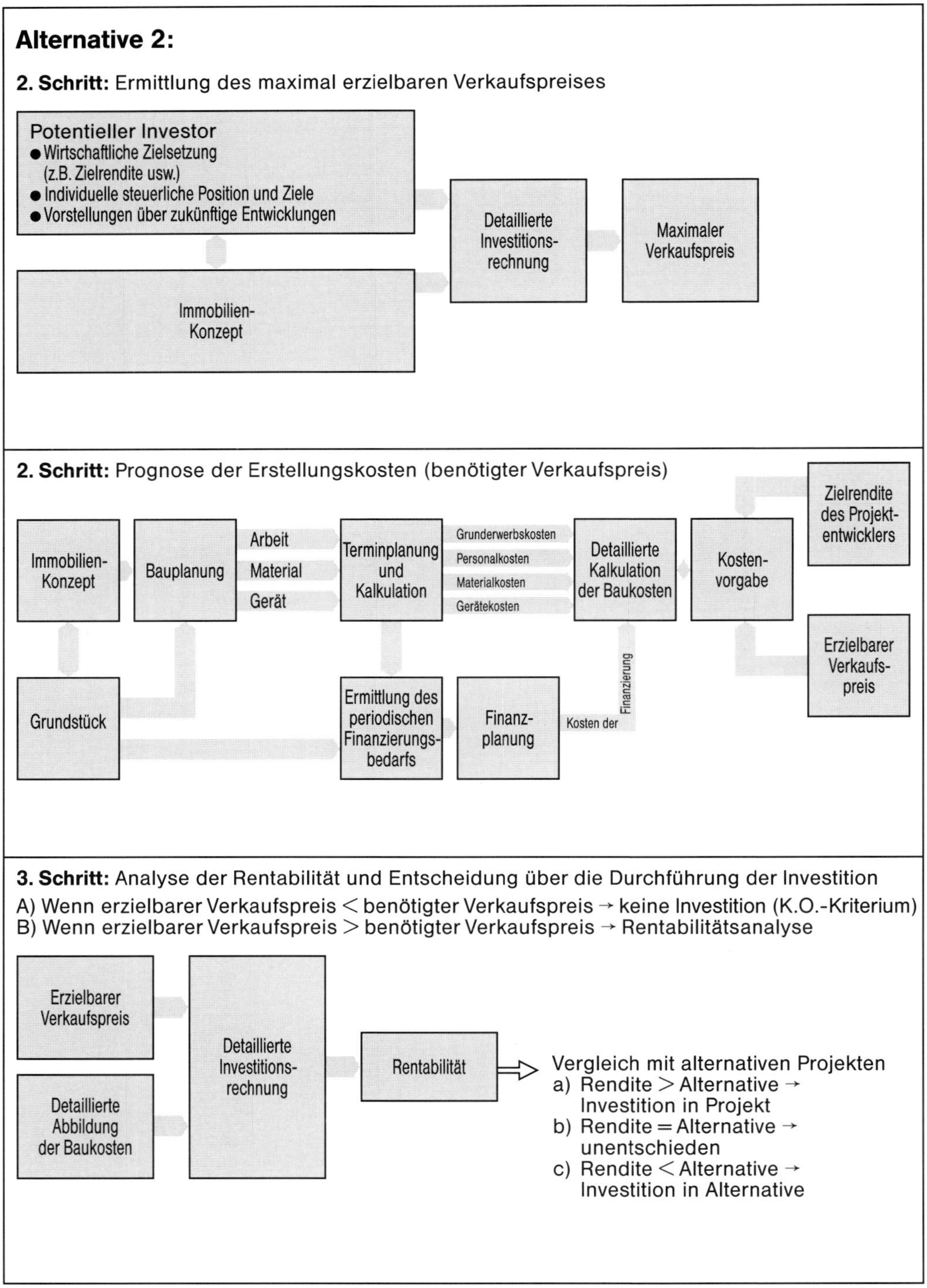

Abb. 2.3.3: Basiskonzepte einer Rentabilitätsanalyse für Immobilienprojekte – Alternative 2

2.3.3 Methoden der Investitionsrechnung

2.3.3.1 Generelle Typologisierung der Methoden der Investitionsrechnung

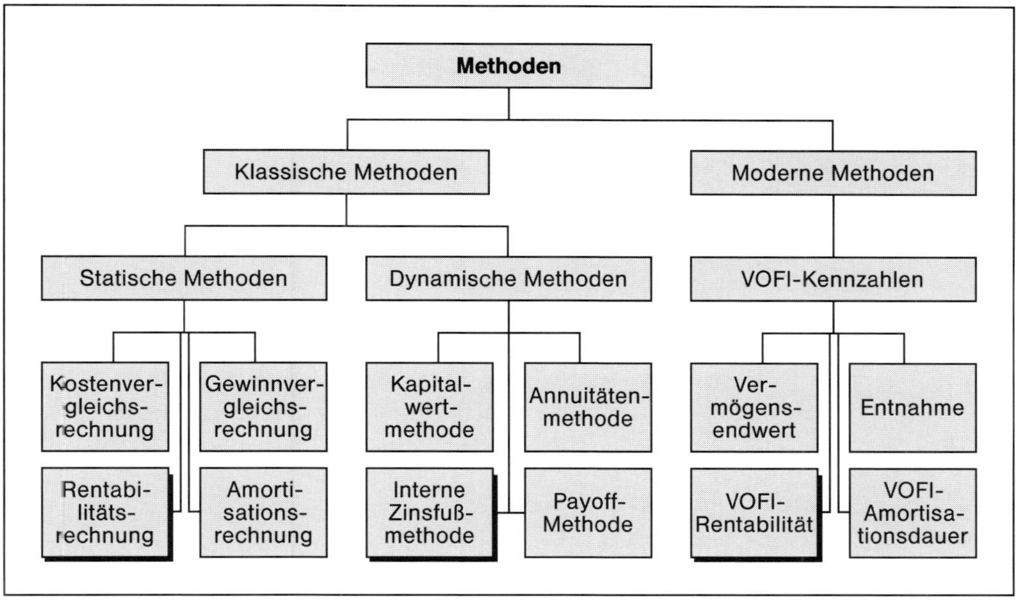

Quelle: Schulte, K.-W.: Investition und Besteuerung, o. O, o. J.

Abb. 2.3.4: Typologisierung der Methoden der Investitionsrechnung

Die in der allgemeinen Investitionstheorie entwickelten Ansätze lassen sich – wie in Abb. 2.3.4 dargestellt – in einem ersten Schritt nach klassischen und modernen Methoden unterscheiden. Innerhalb der klassischen Methoden muß darüber hinaus zwischen statischen und dynamischen Methoden differenziert werden.

Innerhalb jeder dieser drei Gruppen können dann wiederum die primär rentabilitätsorientierten Methoden (Rentabilitätsrechnung, Interne Zinsfuß-Methode und VOFI-Rentabilität) von den Methoden abgegrenzt werden, die als Entscheidungskriterium eine andere Größe als die Rentabilität verwenden.

Rentabilität

Rentabilität bezeichnet dabei ganz allgemein das prozentuale Verhältnis von Erfolg zu eingesetztem Kapital – im Falle einer Immobilieninvestition dementsprechend das Verhältnis von Netto-Rückflüssen ($ü_t$) zur Summe des eingesetzten Kapitals.

Bei der Ermittlung der Rentabilität ist zwischen Eigenkapitalrentabilität und Gesamtkapitalrentabilität zu unterscheiden.

Bei der *Eigenkapitalrentabilität* stellt ausschließlich das eingesetzte Eigenkapital die Bezugsgröße für die Netto-Rückflüsse dar und bezeichnet damit die Verzinsung der von den Eigenkapital-Gebern eingesetzten Mittel.

Im Gegensatz dazu werden bei der *Gesamtkapitalrentabilität* die Netto-Rückflüsse zuzüglich des Zinsaufwandes auf das insgesamt eingesetzte Kapital bezogen.

2.3.3.2 Statische Methoden

Unter den statischen Methoden werden in dieser Systematisierung alle die Methoden zusammengefaßt, bei denen der Zeitpunkt, zu dem eine bestimmte Zahlung anfällt, in der Investitionsrechnung unberücksichtigt bleibt und damit Zins- und Zinseszinseffekte vernachlässigt werden.

Diese Effekte spielen gerade bei langen Investitionsdauern jedoch eine nicht unerhebliche Rolle, was konsequenterweise zu der allgemeinen Forderung nach Berücksichtigung der Zahlungszeitpunkte führt, die von den statischen Methoden jedoch nicht erfüllt werden können (vgl. Kapitel 2.3.2.1). Folglich sind aus der Kritik an den statischen Ansätzen heraus die sogenannten dynamischen Methoden entwickelt worden, die eine exaktere Abbildung der realen Sachverhalte ermöglichen.

2.3.3.3 Dynamische Methoden

Das Grundkonzept der dynamischen Methoden

Bei diesen Methoden wird versucht, dem Zeitpunkt der jeweiligen Zahlungen durch Diskontierung auf einen gemeinsamen Bezugspunkt (i.d.R. den Investitionszeitpunkt) Rechnung zu tragen. Der Grundgedanke dieser Methoden läßt sich wie folgt zusammenfassen: Je weiter eine Einnahme oder Ausgabe in der Zukunft liegt, desto geringer ist ihr Wert, bezogen auf den Zeitpunkt der Investition.

Barwert

Exkurs zum *Barwert*
(= heutiger Wert oder Gegenwartswert einer zukünftigen Zahlung):

Stünde der erst in der Zukunft fällige Betrag dem Investor sofort zur Verfügung, so hätte er den für ihn maximalen Wert. Die Zeit zwischen heute und Fälligkeit stellt für ihn eine Art »Wertminderung« dar. Um den Umfang dieser Wertminderung zu bestimmen, bedient man sich der folgenden

Überlegung: Wie hoch ist der monetäre Nutzen, den ein bestimmter Betrag in dem entsprechenden Zeitraum stiften könnte? Dieser Wert entspricht annahmegemäß der Verzinsung, die der Investor erzielen könnte, würde er den Betrag sofort bis zu dessen Fälligkeit anlegen. Der Barwert läßt sich dementsprechend durch Diskontieren des zukünftigen Wertes mit einem sogenannten Kalkulationszinsfuß ermitteln.

Folgende Beispiele verdeutlichen das Konzept:

Beispiel

- Der Investor erwartet in zehn Jahren eine sichere Zahlung in Höhe von 100.000 DM. Da er jedoch sofort Geld benötigt, nimmt er bei einer Bank einen Kredit auf, der mit seiner Forderung besichert ist. Darüber hinaus gestaltet er den Kredit so, daß er über die gesamte Laufzeit keine Zinsen zahlt (da er ja annahmegemäß auch erst in zehn Jahren sein Geld erhält) und sowohl die Zinsen als auch die Tilgung in t_{10} aus der dann fälligen Summe bedient werden.

  Um die Höhe des Kredites zu bestimmen, der dem Investor eingeräumt werden kann, muß die Bank nun den Wert ermitteln, der bei einem gegebenen Kreditzins (hier 10 %) in zehn Jahren inkl. Zinseszins auf 100.000 DM anwächst.

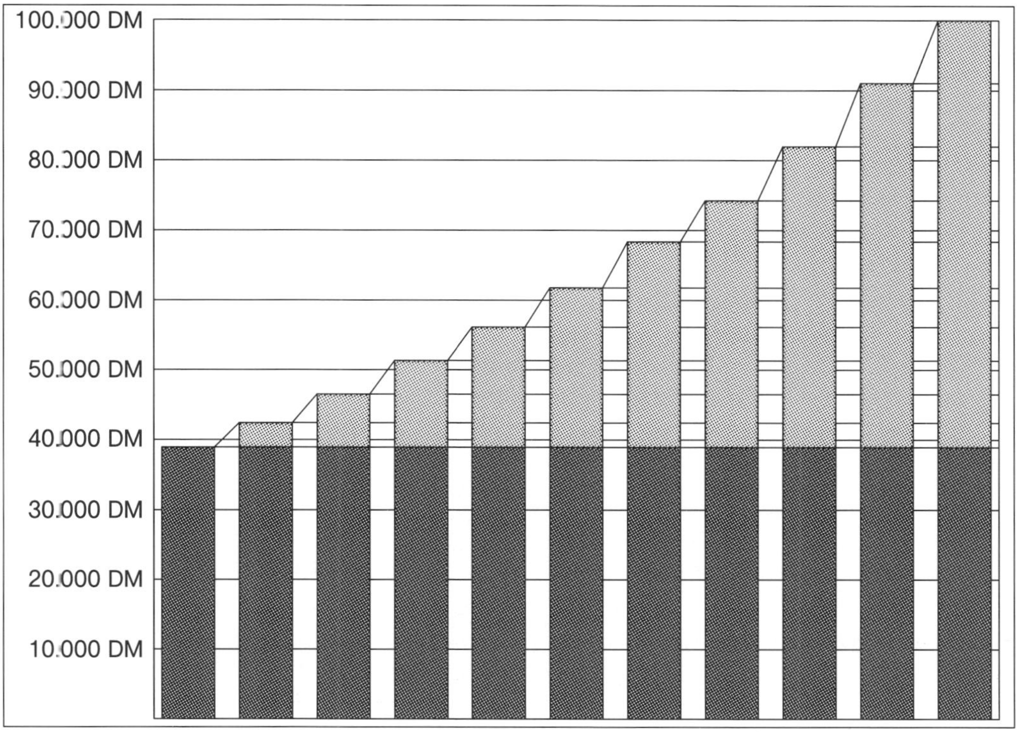

Abb. 2.3.5: Barwert von 100.000,– DM in t_{10} bei $i = 10\,\%$

Abb. 2.3.5 macht deutlich, wie sich der Barwert von 38.554 DM durch Zins- und Zinseszins über zehn Jahre auf 100.000 DM aufsummiert. Der Investor kann folglich für seine Forderung heute lediglich rund 38.550 DM als Kredit erhalten.

Mathematisch ergibt sich der Wert anhand folgender Formel:

$$\text{Barwert} = K_N \times (1+i)^{-N} = \frac{K_N}{(1+i)^N}$$

$$\text{Barwert} = 100.000 \text{ DM} \times (1+0{,}1)^{-10} = 100.000 \text{ DM} \times 0{,}38554 = 38.554 \text{ DM}$$

mit:
N = Zeitindex
i = Kreditzinssatz
K_N = zukünftiger Wert im Jahr N

Beispiel

- Der Investor erwartet in zehn Jahren eine Reparatur in Höhe von 100.000 DM. Würde die Reparatur sofort vorgenommen, so bedeutete dies einen sofortigen Mittelabfluß in gleicher Höhe. Da sie jedoch erst in zehn Jahren anfallen wird, muß der Investor sich lediglich überlegen, welche Summe er heute anlegen (binden) muß, um in zehn Jahren über den dann benötigten Betrag zu verfügen.

  Auch in diesem Fall läßt sich das Ergebnis an Abb. 2.3.5 ablesen. Unter der Annahme, daß der Investor auch 10% Guthabenzinsen bei seiner Bank erhält, muß er heute 38.554 DM für zehn Jahre festlegen, um in t_{10} über die dann benötigten 100.000 DM zu verfügen. Die Differenz in Höhe von 61.446 DM repräsentiert dabei seine durch den Kalkulationszinsfuß bestimmte Zeitpräferenz.

Bereits anhand dieser knappen Darstellung wird die zentrale Bedeutung ersichtlich, die dem gewählten Kalkulationszinsfuß bei den dynamischen Modellen zukommt und die um so größer ist, je länger der Betrachtungszeitraum gewählt wird. *Je höher (niedriger) der Kalkulationszinsfuß gewählt wird, desto niedriger (höher) ist der Barwert einer zukünftigen Zahlung.*

Darüber hinaus wird eine weitere zentrale und nicht abänderbare Annahme der barwertorientierten Methoden deutlich:

Wiederanlageprämisse

Der mittels Diskontierung bestimmte Barwert einer zukünftigen Zahlung unterstellt implizit, daß sämtliche über den Betrachtungszeitraum anfallenden »Zinsen« wiederum zum Kalkulationszinsfuß verzinst werden (vgl. Abb. 2.3.5 – Der dort ermittelte Barwert ist nur dann korrekt, wenn sämtliche

Zinsen wiederum mit dem gleichen Zinssatz wie der Ausgangsbetrag verzinst werden) – Wiederanlageprämisse. Diese Annahme hat zusätzlich Geltung für alle in der Zukunft erzielten Einnahmen- oder Ausgabenüberschüsse.

Wahl des Kalkulationszinsfußes

Aufgrund der besonderen Bedeutung der Wahl des »richtigen« Kalkulationszinsfußes (KZF) sind die folgenden Ansätze zu seiner Festlegung entwickelt worden[1]).

- Für den Fall einer *vollständigen Eigenfinanzierung der Investition:*
  In diesem Fall muß der KZF die durch den Verzicht auf eine Alternativanlage entgangene Verzinsung widerspiegeln. Er ist daher definiert als Zinssatz einer risikofreien Kapitalanlage.
  $KZF = i^H$
- Für den Fall einer *vollständigen Fremdfinanzierung der Investition:* In diesem Fall ist es Aufgabe des KZF, die durch die Kreditfinanzierung entstandene Zinsbelastung abzubilden. Er ist folglich definiert als Zins für den aufgenommenen Kredit.
  $KZF = i^S$
- Für den Fall einer *Mischfinanzierung aus Eigen- und Fremdmitteln* hat der KZF eine Doppelfunktion. Er muß einerseits die von den Eigenkapitalgebern geforderte Verzinsung (= Verzinsung der entgangenen Alternativanlage) und andererseits die durch die anteilige Fremdfinanzierung verursachte Zinsbelastung widerspiegeln. Als Definition bietet sich daher das gewogene Mittel an:

$$KZF = \frac{i^H \cdot EK + i^S \cdot FK}{EK + FK}$$

mit:
EK = Eigenkapitalanteil
FK = Fremdkapitalanteil

Die Kapitalwert-Methode

Der Kapitalwert einer Investition ist die Differenz zwischen dem Barwert sämtlicher Rückflüsse (Einnahmenüberschüsse $ü_t$, Restverkaufserlös R_n) aus einer Investition und der Anschaffungsausgabe (a_0).

Er wird demzufolge berechnet, indem sämtliche zukünftigen Zahlungen zunächst für die jeweilige Periode saldiert und dann mit dem gewählten Kalkulationszinsfuß auf den Investitionszeitpunkt abgezinst werden. Von der Summe dieser

[1]) Weitere Ansätze siehe bei: Schulte, K.-W.: Wirtschaftlichkeitsrechnung, 4. Auflage, Physika-Verlag, Heidelberg, 1986 – sowie die dort zitierte Literatur.

diskontierten Zahlungen ist dann die Anschaffungsausgabe zu subtrahieren. Mathematisch ausgedrückt stellt sich diese Vorgehensweise wie folgt dar:

Berechnung des Kapitalwertes

$$C_0(n) = \sum_{t=1}^{n} (e_t - a_t) \times (1+i)^{-t} + R_n \times (1+i)^{-n} - a_0$$

oder mit $(e_t - a_t) = ü_t$

$$C_0(n) = \sum_{t=1}^{n} ü_t \times (1+i)^{-t} + R_n \times (1+i)^{-n} - a_0$$

Dabei haben die verwandten Symbole folgende Bedeutung:

C_0 = Kapitalwert
a_0 = Anschaffungsausgabe
$ü_t$ = laufender Überschuß der Perioden 1 bis n
R_n = Restverkaufserlös am Ende der Nutzungsdauer
i = Kalkulationszinsfuß
n = Nutzungsdauer

Die Vorgehensweise zur Ermittlung des Kapitalwertes soll im folgenden anhand einer stark simplifizierten Immobilien-Investition dargestellt werden.

Standardbeispiel einer vereinfachten Immobilien-Investition

Betrachtet wird der Erwerb einer Immobilie in t_0 für 1.000 DM. In den folgenden fünf Perioden erwirtschaftet die Immobilie einen jährlichen Einnahmenüberschuß in Höhe von 250 DM pro Periode. In t_5 wird ein Verkauf zu 1.000 DM unterstellt. Zur Finanzierung der Investition stehen 500 DM an Eigenkapital zur Verfügung, so daß eine Kreditaufnahme ebenfalls in Höhe von 500 DM notwendig ist. Der Kreditzins liegt bei 10 %, der Zinssatz für eine alternative Finanzanlage bei 5 %. Damit folgt für das Standardbeispiel:

a_0 = -1.000
$ü_t$ = 250
R_n = 1.000
i^H = 5 %
i^S = 10 %

$$i = \frac{0{,}05 \times 0{,}5 + 0{,}1 \times 0{,}5}{0{,}5 + 0{,}5} = 0{,}075 = 7{,}5\,\%$$

n = 5

$$C_0(n) = \sum_{t=1}^{n} ü_t \times (1+i)^{-t} + R_n \times (1+i)^{-n} - a_0$$

$$C_0(5) = \sum_{t=1}^{5} 250 \times (1+0{,}075)^{-t} + 1.000 \times (1+0{,}075)^{-5} - 1.000 = 708$$

Der Kapitalwert ist immer eine absolute Zahl

Das Ergebnis einer solchen Berechnung (der Kapitalwert einer Investition) ist dementsprechend immer eine absolute Zahl. Diese drückt das »Mehr« des betrachteten Investitionsvorhabens gegenüber der - implizit durch den Kalkulationszinsfuß erfaßten - Finanzanlage bzw. Kreditaufnahme aus. Es handelt sich also um eine »relative« Vorteilhaftigkeit im Vergleich zu der durch den Kalkulationszinsfuß repräsentierten Alternative.

Bei einer vollständig eigenfinanzierten Investition liefert ein Kapitalwert von 100 beispielsweise die Information, daß diese Investition 100 »mehr« erwirtschaftet als die durch den Kalkulationszinsfuß repräsentierte Alternativanlage.

Wurde die Investition vollständig fremdfinanziert, so liefert der gleiche Kapitalwert die Information, daß sie zusätzlich zum Kapitaldienst noch ein »Mehr« von 100 erwirtschaftet.

Die Tatsache, daß der Kapitalwert mit der relativen Vorteilhaftigkeit gegenüber der durch den Kalkulationszinsfuß erfaßten Alternative eine in den Augen der meisten Investoren nur sehr limitierte Information liefert, stellt einen Hauptgrund für die an dieser Methode immer wieder geäußerte Kritik dar.

So ist ein direkter Vergleich alternativer Investitionsvorhaben nur dann möglich, wenn für alle Vorhaben der Kapitalwert auf Basis eines identischen Kalkulationszinsfußes ermittelt wurde[2]).

[2]) Diese Aussage ist insoweit einzuschränken, als sie nur für den Fall gilt, daß der Entscheider seine Risikopräferenzen *nicht* im Kalkulationszinsfuß erfaßt. Wird der anzusetzende Kalkulationszinsfuß jedoch beispielsweise anhand des CAPM (Capital Asset Pricing Model) ermittelt, so spiegelt er die individuelle Risikoneigung des Investors sowie die Risikostruktur des Vorhabens wider. In diesem Fall müssen die für unterschiedliche Vorhaben anzusetzenden Zinsfüße bei Unterschieden in der Risikostruktur systematisch voneinander abweichen.
Siehe hierzu beispielsweise: Drukarczyk, J.: Theorie und Politik der Finanzierung, 2. Auflage, Vahlen Verlag, München 1993 - insbesondere Kapitel 9.

Der Kapitalwert liefert darüber hinaus nur sehr eingeschränkte Informationen über die Rendite einer Investition, da ein positiver Kapitalwert lediglich besagt, daß die Rendite höher ist als die der Alternative. Er läßt damit keinen direkten Vergleich auf Basis einer einheitlichen Kennziffer zu.

Da die Mehrheit der Investoren jedoch einen einfachen und direkten Vergleich der ihnen vorgelegten Investitionsalternativen auf Basis einer einheitlichen Kennziffer wünscht, wurde aus der Kapitalwertmethode die Interne Zinsfuß-Methode entwickelt.

Die Interne Zinsfuß-Methode

Die Interne Zinsfuß-Methode ist genau wie die ihr zugrundeliegende Kapitalwert-Methode den barwertorientierten Methoden zuzuordnen. Ihr Grundgedanke besteht darin, die einer Investition inhärente (interne), d.h. ausschließlich durch die Investition selbst verursachte Verzinsung der gebundenen Mittel zu bestimmen. Folglich ist der interne Zinsfuß einer Investition als derjenige Zinssatz definiert, bei dem der Kapitalwert einer Investition den Wert Null annimmt.

Ermittlung des Internen Zinsfußes

Um die »interne« Verzinsung der Investition zu ermitteln, wird in der oben bereits erläuterten Kapitalwert-Formel lediglich i (Kalkulationszinsfuß) durch r (gesuchter Zinssatz) ersetzt:

$$C_0(n) = \sum_{t=1}^{n} ü_t \text{ x } (1+r)^{-t} + R_n \text{ x } (1+r)^{-n} - a_0$$

Zunächst wird die Formel gleich Null gesetzt

$$C_0(n) = 0 = \sum_{t=1}^{n} ü_t \text{ x } (1+r)^{-t} + R_n \text{ x } (1+r)^{-n} - a_0$$

und anschließend nach der gesuchten Größe r aufgelöst.

Eindeutigkeit des Internen Zinsfußes

An dieser Stelle ergeben sich die ersten Probleme in der Anwendung der Internen Zinsfuß-Methode. Für eine zweiperiodige Investition (dies entspricht also einer zweijährigen Nutzungsdauer) läßt sich obige Formel noch relativ unproblematisch auflösen. Bereits ab der dritten Periode ist dies jedoch nicht mehr zwangsläufig der Fall. Daher muß die Lösung mittels sogenannter »Iterationsverfahren«[3]) be-

[3]) Bei einem solchen Iterationsverfahren wird von einer anfänglichen Schätzung ausgehend anhand eines mathematischen Algorithmus der Eingangswert solange variiert, bis das gesuchte Ergebnis erreicht wird.

stimmt werden. Darüber hinaus läßt sich nachweisen[4]), daß das Ergebnis nur dann eindeutig ist, wenn die Struktur der zukünftigen Zahlungen lediglich einen einzigen Vorzeichenwechsel aufweist. Bei mehr als einem Vorzeichenwechsel können sich entsprechend dem Betrachtungszeitraum bis zu n (mit n = Länge des Betrachtungszeitraumes) mathematisch korrekte Lösungen ergeben.

Daß es sich bei diesem Sachverhalt nicht um ein Problem »rein akademischer Natur« handelt, sollen die folgenden Darstellungen denkbarer Zahlungsstrukturen verdeutlichen. Dabei repräsentiert ein »+« einen Einnahmenüberschuß in der jeweils betrachteten Periode, während ein »–« für einen Ausgabenüberschuß steht (Abb. 2.3.6).

Beispiele für Zahlungsstrukturen mit mehr als einem Vorzeichenwechsel:

Zahlungsstruktur: – + + + – + + + + + –...
↖ Modernisierung

Zahlungsstruktur: – + + + + + + + + + –...
↖ Abriß

Abb. 2.3.6: Zahlungsstrukturen mit mehr als einem Vorzeichenwechsel

Offensichtlich sind insbesondere im Immobilienbereich also Konstellationen denkbar und nicht einmal sehr unwahrscheinlich, bei denen die Anwendung der Internen Zinsfuß-Methode zu mehr als einem mathematisch korrekten Ergebnis führt. Da die Ermittlung des Internen Zinsfußes i.d.R. mittels eines Iterationsverfahrens erfolgt, das bei der ersten gefundenen Lösung die Berechnung abbricht, bemerkt der Entscheider diese Tatsache häufig nicht.

Für das Standardbeispiel (vgl. Abschnitt 2.3.3.3 – Standardbeispiel) läßt sich, da nur ein einziger Vorzeichenwechsel vorliegt, mittels Iteration ein eindeutiger interner Zinsfuß von 25 % ermitteln:

$$C_0(5) = \sum_{t=1}^{5} ü_t \times (1+0{,}25)^{-t} + 1.000 \times (1+0{,}25)^{-5} - 1.000 = 0$$

4) Zur Existenz und Eindeutigkeit des Internen Zinsfuß siehe: Schulte, K.-W.: Wirtschaftlichkeitsrechnung, 4. Auflage, a.a.O., S. 96–106 – sowie die dort zitierte Literatur.

Implizite Wiederanlageprämisse

Von besonderer Bedeutung für die Interne Zinsfuß-Methode ist die bereits im Rahmen der Kapitalwert-Methode angesprochene Wiederanlageprämisse (vgl. Abschnitt 2.3.3.3 – Wiederanlageprämisse), deren Ausprägung bei der Internen Zinsfuß-Methode jedoch unterschiedlich ist. Dazu ein krasses Beispiel:

Betrachtet man die folgende Zahlungsreihe[5])

t_0	t_1	t_2
–1.000 DM	+5.000 DM	–6.000 DM

so erscheint es offensichtlich, daß dieses Investitionsvorhaben nicht sinnvoll sein kann.

Dennoch ergeben sich zwei interne Zinsfüße mit 100 % bzw. sogar 200 %. Die Anwendung der Internen Zinsfuß-Methode führt also zu einer überaus positiven Beurteilung des Vorhabens. Wie ist dies möglich?

Verständlich wird dieses Ergebnis nur vor dem Hintergrund der Wiederanlageprämisse der Internen Zinsfuß-Methode. Diese besagt, daß Einnahmenüberschüsse zum internen Zinsfuß wiederangelegt werden. Für das obige Beispiel folgt daraus die Unterstellung, daß der Einnahmenüberschuß in t_1 zu 100 % bzw. sogar zu 200 % reinvestiert wird. Entspricht diese Annahme der Realität, was zu bezweifeln ist, so ergibt sich tatsächlich der berechnete interne Zinsfuß, denn aus der Wiederanlage des Einnahmenüberschusses in Höhe von 5.000 DM würde der Investor bei 100 % (200 %) Verzinsung einen zusätzlichen Ertrag in Höhe von 5.000 DM (10.000 DM) erzielen. Dementsprechend würde er in zwei Jahren bei einem Kapitaleinsatz von 1.000 DM ein Endvermögen von 4.000 DM bzw. 9.000 DM[6]) erreichen – dies entspricht genau einer Verzinsung von 100 bzw. 200 %.

Tendenz zur Überschätzung der Rentabilität

Ist es dem Investor nicht möglich, alle Einnahmenüberschüsse sofort zum internen Zinsfuß wiederanzulegen, so führt die Anwendung dieser Methode zu einer erheblichen Überschätzung der Rentabilität des betrachteten Vorhabens. Dies gilt insbesondere dann, wenn der ermittelte interne Zinsfuß deutlich höher ist, als die vom Investor bei Zwischenanlagen erzielbare Rendite.

---

[5]) Vgl. Schulte, K.-W.: Wirtschaftlichkeitsrechnung, 4. Auflage, a.a.O., S. 94–96.

[6]) 5.000 DM aus der Anlage in t_1 + 5.000 DM Zinsen (entspricht 100 %) auf die Anlage abzüglich 6.000 DM Ausgabe in t_2 bzw.:
5.000 DM aus der Anlage in t_1 + 10.000 DM Zinsen (entspricht 200 %) auf die Anlage abzüglich 6.000 DM Ausgabe in t_2.

Zusammenfassung

Ohne die »Richtigkeit« der unterschiedlichen Interpretationsmöglichkeiten des internen Zinsfußes abschließend beurteilen zu wollen, läßt sich feststellen, daß die Interne Zinsfuß-Methode mit einer Anzahl von Problemen und Unsicherheiten verbunden ist, die ihre Anwendbarkeit in der Praxis als zumindest fragwürdig erscheinen lassen. In diesem Zusammenhang ist insbesondere auf die Problematik der Existenz und Eindeutigkeit des internen Zinsfußes sowie die Bedeutung der Wiederanlageprämisse zu verweisen.

2.3.3.4 Moderne Methoden

Das Basiskonzept Vollständiger Finanzpläne

Unter den modernen Methoden werden alle auf sog. Vollständigen Finanzplänen[7]) (VOFI) basierenden Methoden zusammengefaßt. Das Konzept Vollständiger Finanzpläne unterscheidet sich von den im vorangegangenen dargestellten Methoden hauptsächlich dadurch, daß alle mit der Investition verbundenen Zahlungen explizit abgebildet werden. Auf diese Weise wird eine vergleichsweise einfache und exakte Erfassung sämtlicher Zahlungsreihen und der sich ergebenden finanzwirtschaftlichen Konsequenzen ermöglicht.

Anders als bei den barwertorientierten Methoden werden darüber hinaus alle Zahlungen - statt auf den Investitionszeitpunkt - auf den Planungshorizont bezogen. Der Zeitpräferenz des Entscheiders wird dementsprechend über die Dauer der möglichen Wiederanlage bzw. der notwendigen Zwischenfinanzierung explizit Rechnung getragen. Der Zinssatz, zu dem diese Wiederanlagen oder Zwischenfinanzierungen erfolgen, kann dabei frei und an der tatsächlichen Situation orientiert gewählt werden. Die folgende schematische Darstellung verdeutlicht die grundlegende Funktionsweise des Konzeptes anhand des bereits in seinen Grundzügen dargestellten Standardbeispieles (Abb. 2.3.7).

[7]) Zur Entstehungsgeschichte des Konzeptes Vollständiger Finanzpläne vgl.: Schulte, K.-W.: Betriebliche Finanz- und Investitionsplanung, in: DSWR-Sonderheft 1991, S. 94 ff.

Basiskonzept eines VOFI ohne Steuern

- Anschaffungsausgabe für die Immobilie ①
- Einnahmenüberschüsse der Perioden ②
- Restverkaufserlös am Ende der Nutzungsdauer ⑧
- Finanzierung 50% EK + 50% FK ③

	t_0	t_1	t_2	t_3	t_4	t_5
Direkte Zahlungen						
* a_0	-1.000					
* $ü_t$		250	250	250	250	250
* R_n						1.000
Indirekte Zahlungen						
Kreditaufnahme	④ 500					
Eigenkapital	500					
Zinsen		-50	-50	-50	-50	-50
Tilgung		⑥ 0	⑥ 0	⑥ 0	⑥ 0	⑥ -500
Reinvestition t1		⑦ -200				
Habenzins (5%)			10			
Rückzahlung			200			
Reinvestition t2			⑦ -410			
Habenzins (5%)				21		
Rückzahlung				410		
Reinvestition t3				⑦ -631		
Habenzins (5%)					32	
Rückzahlung					631	
Reinvestition t4					⑦ -863	
Habenzins (5%)						43
Rückzahlung						863
Endvermögen						**1.606**
Kreditbetrag	500 ⑤	500 ⑤	500 ⑤	500 ⑤	500 ⑤	0

(Zahlen zur Darstellung kaufmännisch gerundet – Berechnung mit exakten Werten in DM)

Abb. 2.3.7:
Schematische Darstellung des Basiskonzeptes eines VOFI ohne Steuern

Erläuterungen zu Abb. 2.3.7:

Betrachtet wird der Erwerb einer Immobilie in t_0 zu Anschaffungskosten von insgesamt 1.000 DM. Die Investitionsausgabe (Ausgabe - negatives Vorzeichen; Einnahme - positives Vorzeichen) stellt die erste im VOFI zu erfassende direkte Zahlung dar ①.

Hierzu stehen 500 DM an Eigenkapital zur Verfügung, so daß weitere 500 DM als Kredit aufgenommen werden müssen ③. Diese »Zahlungen« resultieren aus der Tatsache, daß zur Anschaffung insgesamt 1.000 DM aufgebracht werden müssen.

Des weiteren werden für die folgenden fünf Jahre Netto-Mieteinnahmen (= Einnahmenüberschüsse) von jährlich 250 DM prognostiziert ②.

Für den aufgenommenen Kredit ④ sind in den Folgeperioden Zinsen ⑤ (in t_1 beispielsweise 50 DM = 500 DM x 10 %) und eventuell Tilgung ⑥ zu zahlen, wobei die Zinsbelastung entsprechend der Entwicklung des Kreditbetrages (Kredit der Periode = Kredit am Ende der Vorperiode abzüglich Tilgung der Vorperiode ⑥) durch die Folgeperioden fortgeschrieben wird (siehe ⑤ in den Perioden t_2 bis t_5).

Der Zahlungssaldo jeder Periode (in t_1 beispielsweise 250 DM - 50 DM = 200 DM) steht dem Entscheider dann für eine mögliche Reinvestition beispielsweise in Form einer kurzfristigen Finanzanlage zur Verfügung. In diesem Beispiel wird eine Anlage für jeweils ein Jahr zu 5 % Zinsen angenommen. Diese Zwischenanlage führt in der Folgeperiode zu Guthabenzinsen und wird zurückgezahlt (⑦ in t_2 beispielsweise : 200 DM x 5 % = 10 DM Zinsen und Rückzahlung der investierten 200 DM).

Um die Immobilieninvestition mit einer Alternativanlage vergleichen zu können, wird in t_5 ein hypothetischer Verkauf ohne Wertsteigerung unterstellt ③.

In der letzten betrachteten Periode erzielt der Investor dementsprechend:

1.000 DM aus dem hypothetischen Verkauf der Immobilie
+ 250 DM Netto-Miete
Er zahlt 50 DM Kreditzinsen und muß den (Rest)Kredit in Höhe von 500 DM tilgen.
Aus der Zwischenanlage in t_4 erhält er zusätzlich 43 DM an Guthabenzinsen und den angelegten Betrag in Höhe von 863 DM.

	250 DM
+	1.000 DM
-	50 DM
-	500 DM
+	43 DM
+	863 DM
=	1.606 DM

Der Kapitaleinsatz von 500 DM hat sich folglich in fünf Jahren zu einem Endvermögen in Höhe von 1.606 DM entwickelt.

Das Endvermögen als Entscheidungskriterium

Das Ergebnis des VOFI stellt das Endvermögen des Investors bei Durchführung der Investition mittels einer absoluten Zahl dar. Um diese zur Beurteilung der absoluten und relativen Vorteilhaftigkeit des Vorhabens heranziehen zu können, muß zusätzlich zum Endvermögen der Investitionsalternative das Endvermögen der Unterlassungsalternative - repräsentiert z. B. durch eine risikofreie Finanzanlage - ermittelt werden.

Zur Beurteilung der absoluten Vorteilhaftigkeit ist dann nur noch zu bestimmen, ob das Endvermögen bei Vornahme der Investition (K_N^I) größer ist als das der Unterlassungsalternative (K_N^U = mittels VOFI bestimmtes Endvermögen der Finanzanlage).

Ergänzend kann auch der sogenannte Vermögensendwert als Differenz der beiden Werte bestimmt werden ($\Delta K_N = K_N^I - K_N^U$), wobei ein positiver Vermögensendwert den Betrag angibt, um den das Endvermögen des Investors bei Durchführung des Vorhabens höher ist als bei der Unterlassungsalternative.

Für die Beurteilung der relativen Vorteilhaftigkeit ist für jede alternativ mögliche Investition ein Vollständiger Finanzplan aufzustellen. Diejenige Alternative, die das höchste Endvermögen aufweist, stellt dann das wirtschaftlich günstigste Vorhaben dar.

Obwohl die dargestellte Vorgehensweise sehr anschaulich und vergleichsweise einfach nachvollziehbar ist, wurde von seiten der Praxis wiederum die Forderung nach einer Renditekennzahl gestellt. Um diesem Wunsch Rechnung zu tragen, wurde das Konzept der VOFI-Rentabilität entwickelt.

Die VOFI-Rentabilität als Entscheidungskriterium

Zur Transformation des durch eine absolute Zahl beschriebenen Endvermögens in eine *Renditekennziffer* stellt sich ähnlich wie bei der Internen Zinsfuß-Methode die Frage, bei welcher Verzinsung das zu Anfang eingesetzte Kapital über die Investitionsdauer zu dem mittels VOFI berechneten Endvermögen anwächst.

Hierbei ist wiederum zu unterscheiden, ob die Rendite ausschließlich bezogen auf das eingesetzte Eigenkapital (Eigenkapitalrendite) oder auf das insgesamt eingesetzte Kapital (Gesamtkapitalrendite) ermittelt werden soll.

Da für den Investor insbesondere die Eigenkapitalrendite von entscheidender Bedeutung ist, soll ihre Ermittlung im folgenden erläutert werden[8]).

---

[8]) Zur Ermittlung der Gesamtkapitalrentabilität siehe Grob, H. L.: Investitionsrechnung mit Vollständigen Finanzplänen, Vahlen Verlag, München 1989, S. 80-85.

Ermittlung der VoFi-Rendite

Grundlage der Eigenkapitalrendite stellt der aus dem VOFI zu entnehmende Eigenkapitaleinsatz (EK_0) dar. Dieser wächst über die Investitionsdauer (N) zu dem per VOFI ermittelten Endvermögen (K_N) an. Gesucht ist also der Zinssatz r_{VOFI}, der EK_0 mit Zins und Zinseszins in N Jahren auf K_N anwachsen läßt. Mathematisch läßt sich dies wie folgt ausdrücken:

$$EK_0 \times (1 + r_{VOFI})^N = K_N$$ nach einer Umstellung

$$\frac{K_N}{EK_0} = (1 + r_{VOFI})^N$$ folgt durch Radizieren:

$$r_{VOFI} = \sqrt[N]{\frac{K_N}{EK_0}} - 1$$

Für das Standardbeispiel ergeben sich dementsprechend die folgenden Werte:

$$EK_0 = 500$$
$$N = 5$$
$$K_N = 1.606$$

$$r_{VOFI} = \sqrt[N]{\frac{K_N}{EK_0}} - 1 = \sqrt[5]{\frac{1.606}{500}} - 1 = 0{,}2629 = 26{,}29\,\%$$

Der Investor erzielt bezogen auf seinen Eigenkapitaleinsatz von 500 DM eine Rendite von ca. 26,3 % p. a.

Zusammenfassung

Durch die Transformation des Endvermögens in die VOFI-Rendite steht dem Anwender eine einfache Kennzahl zur Verfügung, die einen direkten Vergleich alternativer Investitionsmöglichkeiten erlaubt und damit den seitens der Praxis gestellten Anforderungen an den Informationsgehalt einer Investitionsrechnung gerecht wird, ohne dabei auf eine solide theoretische Fundierung zu verzichten.

2.3.4 »Einfache« Developer-Rechnung

2.3.4.1 Grundlagen

Ermittlung der Rendite eines Immobilien-Projektes

Im folgenden Kapitel soll beispielhaft ein in vergleichbarer Form in der Immobilienpraxis angewandtes Verfahren zur Ermittlung der Rendite eines Immobilien-Projektes dargestellt und erläutert werden. Die in diesem Rahmen verwandten Daten sind dazu aus mehreren real existierenden Objekten abgeleitet und können dementsprechend als realitätsnah angesehen werden.

Hauptziel der Darstellung ist es, die dem Verfahren zugrundeliegende Konzeption und die damit verbundenen Annahmen zu analysieren und einer konstruktiven Kritik zugänglich zu machen. Um das Verständnis der generellen Vorgehensweise dabei nicht unnötig zu komplizieren, wurden an einigen Stellen Vereinfachungen vorgenommen, so daß in bezug auf die in die Berechnung eingehenden Daten die Verständlichkeit der Exaktheit vorgezogen wird.

Basisinformationen zum folgenden Beispiel

Untersucht wird die Errichtung eines Büro- und Verwaltungsgebäudes in zentraler Lage in einer deutschen Großstadt. Die vorbereitenden Markt- und Standortanalysen sowie alle projektbezogenen Analysen des zu bebauenden Grundstückes (Baurecht, Altlasten usw.) werden vorausgesetzt[9]). Ebenso wird auf eine Untersuchung der Kaufvertragsgestaltung für das Grundstück verzichtet und davon ausgegangen, daß alle Risikoaspekte durch den Vertragstext ausreichend abgesichert sind[10]).

Eckdaten des Grundstückes:

Größe:	1.400 m^2
Grundflächenzahl (GRZ):	0,8
Geschoßflächenzahl (GFZ):	6
Anzahl der Geschosse:	7
Bruttogeschoßfläche (BGF):	7.250 m^2
Nutzfläche:	5.050 m^2
Nutzflächenfaktor:	0,7

---

9) Die exakte Analyse der Umfeldbedingungen und des daraus resultierenden Erfolgspotentials sind notwendige Voraussetzungen für eine aussagekräftige Investitionsrechnung – schon allein um die in der Rechnung verwandten Prognosedaten belegen zu können. An dieser Stelle kann hierzu jedoch lediglich auf die entsprechenden Kapitel in diesem Werk und die relevante Fachliteratur verwiesen werden.

10) Ebenso wie die Analyse der Umfeldbedingungen gehört auch die Analyse der Vertragsgestaltung (sowohl Kauf-, Verkaufs- als auch Mietvertrag) zu einer fundierten Investitionsrechnung. Ihre Aufgabe besteht darin, die im Vertragswerk definierten Sachverhalte mathematisch abzubilden.

Das Grundstück ist über einen Makler zu erwerben, für den 2,5% Maklercourtage zu berücksichtigen sind. Da das Grundstück nicht vollständig freigemacht ist, sind darüber hinaus Abrißkosten in Höhe von 100.000 DM sowie Dekontaminierungskosten in Höhe von 200.000 DM in die Rechnung mit einzubeziehen. Es wird davon ausgegangen, daß mit dem Bau ca. sechs Monate nach Erwerb des Grundstückes begonnen werden kann.

2.3.4.2 Beispielrechnung

Grunderwerbskosten

Bei der »einfachen Developer-Rechnung« werden in einem ersten Schritt die Grunderwerbskosten bestimmt. Diese setzen sich aus den direkten Kosten des bzw. der Grundstücke (sofern mehrere Grundstücke für ein Vorhaben erworben werden müssen) und den Erwerbsnebenkosten zusammen.

A. Grunderwerbskosten				
	Bezugsgröße		Preis	Kosten
	Bezug	Menge/Wert		
Grundstück 1 Grundstück 2 Grundstück ... Grundstück n	Grundstücksgröße	1.400 m^2	25.000 DM/m^2	35.000.000 DM
Summe A 1				35.000.000 DM
Beurkundungs-/ Gerichtskosten	Summe A1	35.000.000 DM	1,00 %	350.000 DM
Grunderwerbsteuer	Summe A1	35.000.000 DM	2,00 %	700.000 DM
Maklercourtage	Summe A1	35.000.000 DM	2,50 %	875.000 DM
Summe A2				1.925.000 DM
Summe Grunderwerbskosten				**36.925.000 DM**

Kosten der Grundstücksaufbereitung

Im Anschluß sind die Kosten zu ermitteln, die anfallen, um das Grundstück für die angestrebte Nutzung bebaubar zu machen. An dieser Stelle wird eine besonders wichtige Schnittstelle zur Analyse des Grundstückes und der Gestaltung der Grundstückskaufverträge deutlich: Die der Investitionsrechnung vorausgehenden Analysen müssen diejenigen Daten liefern, die in die Rechnung eingehen. Sie haben daher einen erheblichen Einfluß auf die Korrektheit der prognostizierten Ergebnisse und damit auf die Aussage zur Vorteilhaftigkeit des Vorhabens.

Aus diesem Grunde empfiehlt es sich, im Rahmen der Investitionsrechnung die zur Verfügung stehenden Daten nochmals auf ihre Plausibilität hin zu untersuchen.

B. Grundstücksaufbereitung	
Abbruch	100.000 DM
Dekontaminierung	200.000 DM
Äußere Erschließung	0 DM
Ablösung von Rechten	0 DM
Sonstige Kosten	0 DM
Summe Grundstücksaufbereitungskosten	**300.000 DM**

Baukosten

Die Bestimmung der Baukosten nimmt eine zentrale Position in der Investitionsrechnung des Projektentwicklers ein. Um zu einer noch exakteren Prognose der zu erwartenden Baukosten zu gelangen, kann die obige Darstellung in weiten Bereichen noch stärker detailliert werden. Eine solche Berechnung orientiert sich i.d.R. an den einzelnen Gewerken des Objektes und versucht dabei, anhand von in der Vergangenheit gesammelten Erfahrungswerten oder Baukostendatenbanken die für den konkreten Fall zu erwartenden Baukosten zu prognostizieren.

Da die Summe der Baukosten bei den meisten Objekten die mit Abstand größte Kostenposition repräsentieren dürfte, ist es bereits in der Konzeptionsphase eines Immobilien-Projektes von hoher Bedeutung, sich einen guten Überblick über das zu erwartende Kostenvolumen zu verschaffen. Diese Feststellung gilt ungeachtet der Tatsache, daß eine solche Prognose erst mit zunehmendem Fortschritt des Projektes zu exakten Daten führen kann.

C. Baukosten

1. Direkte Baukosten

	Bezugsgröße		Preis	Kosten
	Bezug	Menge/Wert		
Büroflächen	m^2 BGF Büro	7.000 m^2	2.100 DM/m^2	14.700.000 DM
Serviceflächen	m^2 BGF Service			
Wohnflächen inkl. MwSt.	m^2 BGF Wohnfläche			
Ladenflächen	m^2 BGF Laden			
Lagerflächen	m^2 BGF Lager			
Tiefgaragenflächen	m^2 BGF Tiefgarage			
Summe C1				14.700.000 DM
Freistellplätze	Anzahl der Plätze			
Garagen	Anzahl der Garagen			
Tiefgaragenplätze	Anzahl der Plätze	55	35.000 DM/m^2	1.925.000 DM
Ablösung von Stellplätzen	Anzahl der Plätze			
Summe C2				1.925.000 DM
Außenanlagen	m^2 Außenanlagen	360 m^2	200 DM/m^2	72.000 DM
Innere Erschließung				250.000 DM
Marketing-aufwendungen[1])				500.000.DM
Vermietungskosten[2])	Monatsmiete	2,5	341.500 DM/Monat	853.750 DM
Summe C3				1.675.750 DM
Summe C4 [C1+C2+C3]				18.300.750 DM
Sonstige Kosten (Grundsteuer usw.)	Summe C4	18.300.750 DM	2,00 %	366.015 DM
Unvorhergesehenes	Summe C5	18.300.750 DM	3,00 %	549.023 DM
Summe C5				915.038 DM
Summe Direkte Baukosten				**19.215.788 DM**

2. Baunebenkosten

	Bezugsgröße		Preis	Kosten
	Bezug	Menge/Wert		
Summe Baunebenkosten	Σ Direkte Baukosten	19.215.788 DM	10,00 %	**1.921.579 DM**
Summe Baukosten	Σ Direkte Baukosten + Σ Baunebenkosten			**21.137.366 DM**

[1]) Unter den Marketingaufwendungen werden alle vermietungsvorbereitenden Maßnahmen, z. B. zur Bekanntmachung des Objektes durch Werbetafeln usw. zusammengefaßt.

[2]) Bei den Vermietungskosten wird davon ausgegangen, daß ein Makler mit der Vermietung beauftragt wird und dafür eine Provision in Höhe von 2,5 Monatsmieten erhält.

Externes Projektmanagement

Wird für das Objekt ein externes Projektmanagement verpflichtet, so wird dessen Vergütung i.d.R. an die Summe der Baukosten geknüpft.

D. Projektmanagement-Fee				
	Bezugsgröße		Preis	Kosten
	Bezug	Menge/Wert		
Summe Projektmanagement-Fee	Summe Baukosten	21.137.366 DM	10,00 %	**2.113.737 DM**

Finanzierungskosten

Zur Ermittlung der Finanzierungskosten sind zunächst die einzelnen Komponenten der Baukosten, entsprechend ihrem zeitlichen Anfall, getrennt zu erfassen. Für jede dieser Komponenten wird dann die Zinsbelastung ermittelt, die sich aus der Höhe und der Laufzeit der zu finanzierenden Summe ergibt. Da während der Erstellungsphase keine Einnahmen zu erwarten sind, müssen die anfallenden Zinsen ebenfalls finanziert werden (Zinseszinsrechnung).

E. Finanzierungskosten (mit Zinseszins)				
	zu finanzierender Betrag	Dauer	Zinssatz	Kosten
Finanzierung des Grundstückes[1])	36.925.000 DM	18 Monate	7,00 %	3.944.203 DM
Finanzierung der Grundstücksaufbereitung[2])	300.000 DM	18 Monate	7,00 %	32.045 DM
Finanzierung der Baukosten[3])	21.137.366 DM	12 Monate	7,00 %	739.808 DM
Summe E1				4.716.056 DM
Finanzierung der Vermietungsphase[4])	63.078.422 DM	6 Monate	7,00 %	2.170.405 DM
Summe Finanzierungskosten				**6.886.461 DM**

[1]) Der für die Anschaffung des Grundstückes aufgewandte Gesamtbetrag ist zunächst bis zur Fertigstellung des Objektes zu finanzieren. Da der Baubeginn erst 6 Monate nach Anschaffung liegt, ist der Betrag folglich für:
6 Monate zwischen Anschaffung und Baubeginn + 12 Monate Bauzeit = 18 Monate zu finanzieren.
Da vor Verkauf des Objektes keine Mittelzuflüsse zu erwarten sind, sind darüber hinaus die anfallenden Sollzinsen ebenfalls für die jeweilige Restlaufzeit zu finanzieren (Zinseszinsrechnung).
Zinsbelastung = 36.925.000 DM x $1{,}07^{1{,}5}$ – 36.925.000 DM = 3.944.203 DM.

[2]) Bezüglich der Kosten für die Grundstücksaufbereitung wird aus Vereinfachungsgründen davon ausgegangen, daß sie in einer Summe direkt im Anschaffungszeitpunkt fällig sind. Damit ergibt sich analog zur Grundstücksfinanzierung:
Zinsbelastung = 300.000 DM x $1{,}07^{1{,}5}$ – 300.000 DM = 32.045 DM.

[3]) Bezüglich der Baukosten wird ebenfalls aus Vereinfachungsgründen von einer gleichmäßigen Verteilung über die Bauzeit ausgegangen, so daß – über die gesamte Bauzeit betrachtet – im Durchschnitt nur 50 % der Baukosten zu finanzieren sind. Daraus folgt:
Zinsbelastung = 21.137.366 DM ./. 2 = 10.568.683 DM → 10.568.683 DM x $1{,}07^{1}$ – 10.568.683 DM = 739.808 DM.

[4]) Für die Dauer der Vermietungsphase (6 Monate) sind zu finanzieren:

1. Grunderwerbskosten	39.925.000 DM
2. Grundstücksaufbereitung	32.045 DM
3. Baukosten	21.137.366 DM
4. Finanzierungskosten für Pos. 1–3	4.716.056 DM
=	63.078.422 DM

Diese Summe ist für 6 Monate mit 7 % zu finanzieren → 63.078.422 DM x $1{,}07^{0{,}5}$ – 63.078.422 DM = 2.170.405 DM.

Baukostenverlauf

Als problematisch bei dieser Vorgehensweise ist insbesondere anzusehen, daß durch die Linearisierung der Baukosten Durchschnittswerte angesetzt werden. Diese Vorgehensweise unterstellt einen Verlauf der Baukosten, wie er in der Praxis sicherlich nur in den seltensten Fällen vorzufinden sein dürfte.

Statt mit linearisierten Werten zu arbeiten, erscheint es sinnvoller, einen aus Erfahrungswerten gewonnenen idealtypischen Verlauf der Kostenentwicklung zu unterstellen und diesen für die Bestimmung des Finanzierungsbedarfes und damit des Finanzierungsaufwandes zugrunde zu legen. Der dabei zu unterstellende Baukostenverlauf muß dabei – neben der Art der Immobilie – die dem Entwickler zur Verfügung stehenden Ressourcen ebenso wie absehbare Restriktionen (z.B. in Form von Personal- oder Maschinenengpässen) abbilden.

F. Gesamtinvestition	
Grunderwerbskosten	36.925.000 DM
Grundstücksaufbereitungskosten	300.000 DM
Baukosten	21.137.366 DM
Projektmanagement-Fee	2.113.737 DM
Finanzierungskosten	6.886.461 DM
Summe	**67.362.564 DM**

Gesamtinvestitionsvolumen

Durch Addition der oben ermittelten Positionen ergibt sich das bis zum Verkaufszeitpunkt aufgelaufene Gesamtinvestitionsvolumen. Dieses stellt die Bezugsgröße für den erzielbaren Verkaufserlös dar und ist somit die erste Determinante des wirtschaftlichen Erfolges.

Erzielbarer Verkaufserlös

Im nächsten Schritt ist folglich der bei Verkauf erzielbare Erlös zu prognostizieren. Die Grundlage hierfür sind die dem potentiellen Investor in Form der Mieteinnahmen zufließenden Einkünfte.

G. Mieterträge			
Büroflächen	5.050 m² vermietbar	65 DM/m²	328.250 DM
Serviceflächen			
Wohnflächen inkl. MwSt.			
Ladenflächen			
Lagerflächen			
Freistellplätze			
Garagen			
Tiefgaragenplätze	53 Stück	250 DM/Stück	13.250 DM
Mieterträge pro Monat			341.500 DM
abzüglich Erbpacht pro Monat			
Mieterträge pro Jahr	**341.500 DM**	**x 12**	**4.098.000 DM**

Unter Mieterträgen werden in diesem Fall die Mieteinnahmen vor Zinsbelastung, Steuern und Abschreibungen verstanden.

H. Rendite (vor Zinsen, Steuern und AfA)	
Gesamtinvestition	67.362.564 DM
Mieterträge pro Jahr	4.098.000 DM
Anfangsrendite	**6,08 %**
Faktor	**16,44fache Jahresmiete**

Das Verhältnis von Mieterträgen pro Jahr zu dem Gesamtinvestitionsvolumen ergibt eine (statische) Anfangsrendite von 6,08 % in diesem Fall. Der Kehrwert dieser Zahl ergibt einen Faktor, der das Verhältnis von Gesamtinvestition zu Jahresmiete beschreibt. In diesem Fall entspricht die Investitionssumme der 16,44fachen Jahresmiete.

Marktplazierung

Basierend auf diesen Informationen wird der Projektentwickler nun den Faktor bestimmen, zu dem er das Objekt am Markt plazieren zu können glaubt. Grundlage dieser Überlegung ist wiederum das Konzept der statischen Anfangsrendite:

Der Faktor (oder auch Mietenmultiplikator) beschreibt – wie bereits dargestellt – das Verhältnis von Investitionsvolumen zu Jahresmiete und entspricht damit jeweils einer bestimmten, vom Investor zu erwartenden Rendite. Ein Faktor von 19 beschreibt dementsprechend beispielsweise eine statische, vom Investor zu erwartende Rendite von ca. 5,3 %. Unter der Voraussetzung, daß ein Investor auf dieser Basis kalkuliert und eine Rendite von 5 % erzielen will, wäre er also bereit, das Objekt zum 19fachen der Jahresmiete zu erwerben.

I. Trading Profit	
Mieterträge pro Jahr x Faktor 19	77.862.000 DM
Gesamtinvestition	- 67.362.564 DM
Trading Profit	**10.499.436 DM**
	= 15,59 %

Projektentwickler-Gewinn (Trading Profit)

Der Trading Profit (Projektentwickler-Gewinn) ergibt sich als Differenz aus dem Verkaufserlös und der Investitionssumme.

Bei der Umrechnung in einen Prozentwert ist allerdings zu beachten, daß es sich *nicht* um eine Periodenrendite, sondern um die Rendite bezogen auf die gesamte Investitionsdauer (in diesem Fall also zwei Jahre) handelt.

Risikoabschätung per Alternativmatrix

Um das Risiko abschätzen zu können, das mit einer Abweichung von den prognostizierten Werten verbunden ist, wird eine sogenannte Alternativenmatrix verwandt, in der unterschiedliche Szenarien abgebildet werden.

J. Alternativenmatrix

Mietertrags-variation	Miete p.a.	Faktor	Verkaufserlös/Trading Profit 18,00	19,00	20,00
+ 10 %	4.507.800 DM		81.140.400 DM 20,45 %	85.648.200 DM 27,15 %	90.156.000 DM ③ 33,84 %
± 0 %	4.098.000 DM		73.764.000 DM 9,50 %	77.862.000 DM ② 15,59 %	81.960.000 DM 21,67 %
- 10 %	3.688.200 DM		66.387.600 DM ① - 1,45 %	70.075.800 DM 4,03 %	73.764.000 DM 9,50 %

Bei der Alternativenmatrix werden die Faktoren variiert, die den Trading Profit am meisten beeinflussen (Mietertrag und Mietenmultiplikator). Bei jeweils drei Variationen ergibt sich die oben abgebildete 3x3-Matrix mit insgesamt neun möglichen Szenarien. Die Variation der Werte wird dabei i.d.R. so vorgenommen, daß ein Wert schlechter, einer gleich und der dritte besser als der für am wahrscheinlichsten gehaltene Wert gewählt wird. Im folgenden sollen drei besonders markante Szenarien kurz erläutert werden:

① Hierbei handelt es sich um den schlechtesten für möglich gehaltenen Fall. Sowohl die Entwicklung des Mietertrages (– 10 %) als auch der erzielbare Verkaufsfaktor (18 statt der geplanten 19) liegen unter den in der bisherigen Berechnung angesetzten Werten. Als Konsequenz ergibt sich ein Verkaufserlös von nur 66.387.600 DM, der unter der Investitionssumme liegt, so daß sich ein realer Verlust ergibt. Diese Tatsache spiegelt sich auch in dem negativen Trading Profit (– 1,45 %) wider.

② Bei Fall 2 handelt es sich sozusagen um den Basisfall. Sowohl die Mietentwicklung als auch der Verkaufsmultiplikator entsprechen der Prognose. Dementsprechend stimmen auch die Werte für den Verkaufserlös und den Trading Profit mit der bisherigen Berechnung überein.

③ Der Fall 3 beschreibt ein extrem positives Szenario, in dem sowohl die Mieten als auch der erzielbare Verkaufsmultiplikator die prognostizierten Werte übersteigen. Sollte dieser Fall eintreten, so könnte der Projektentwickler einen Trading Profit von ca. 34 % bezogen auf die Investitionssumme erzielen.

Das Instrument der Alternativenmatrix stellt einen einfachen und praxisorientierten Weg zur Risikoabschätzung dar und liefert damit wertvolle Informationen zur Beurteilung eines Investitionsvorhabens. Kritisch ist lediglich anzumerken, das relativ wenige Faktoren variiert werden, wodurch nicht alle Risikoaspekte abgedeckt sind. Als Ergänzung bietet sich dementsprechend eine Sensitivitätsanalyse an, mit deren Hilfe die Empfindlichkeit des Ergebnisses bei Veränderungen der einzelnen Faktoren untersucht werden kann. Die auf diese Weise als kritisch identifizierten Faktoren sind dann vom Entscheider besonders gründlich zu prognostizieren und während der Erstellungsphase zu überwachen.

K. Renditeberechnung unter Berücksichtigung der Alternativenmatrix

Miete p. a.		3.688.200 DM	4.098.000 DM	4.507.800 DM
Gesamtinvestition		67.362.564 DM	67.362.564 DM	67.362.564 DM
Eigenkapitalquote	20 %	13.472.513 DM	13.472.513 DM	13.472.513 DM
Fremdkapitalquote	80 %	53.890.051 DM	53.890.051 DM	53.890.051 DM
Fremdkapitalzins (10 Jahre Laufzeit, 100 % Auszahlung)	7,5 %			
Fremdkapitalzinsen p. a.		4.041.754 DM	4.041.754 DM	4.041.754 DM
Gewinn p. a. (nach Zinsen, vor Steuer und AfA)		– 353.554 DM	56.246 DM	466.046 DM
Anfangs-EK-Rendite (vor Steuer und AfA)		**–2,62 %**	**0,42 %**	**3,46 %**

Ermittlung der Anfangs-Eigenkapital-Rendite

Auf Basis der für die Alternativenmatrix erstellten Mieterttragsvariationen wird in einem letzten Schritt eine Anfangs-Eigenkapital-Rendite ermittelt.

Hierzu ist zunächst der jährliche Jahresüberschuß zu ermitteln. Dieser ergibt sich durch Subtraktion der für die Finanzierung des Immobilienerwerbes anfallenden Zinsbelastung von der Miete. Dementsprechend muß für den Erwerb eine bestimmte Finanzierungsstruktur unterstellt werden - in diesem Fall 20% Eigenkapital + 80% Fremdkapital. Aus der Finanzierungsstruktur ergibt sich die jährliche Zinsbelastung durch Multiplikation des Fremdkapitalbetrages mit dem vereinbarten Kreditzinssatz - hier: 53.890.051 DM x 0,075 = 4.041.754 DM jährliche Fremdkapitalzinsen.

Das Verhältnis von Jahresüberschuß zu dem eingesetzten Eigenkapital beschreibt dann die auf das Eigenkapital zu erwartende (statische) Rendite.

Bei dieser Rendite-Ermittlung wird also unterstellt, daß die Immobilie zu Erstellungskosten erworben wird und dieser Erwerb zu 80% fremdfinanziert wird. Es werden ausschließlich die Mieterträge des ersten Jahres entsprechend der Alternativenmatrix variiert. Die weitere Mietentwicklung sowie die Wert- und Kostenentwicklung der Immobilie in der Zukunft werden völlig vernachlässigt.

Kritische Würdigung

Das Instrument der »Einfachen« Developer-Rechnung hat seine Stärken sicherlich im Bereich der Abbildung der Bauphase. Hierzu bietet es einen durchaus logisch aufgebauten und konsequent weiterentwickelten Rahmen für die Erfassung und Aufbereitung der für die Investitionsrechnung benötigten Daten. Auf die durch die vorgenommenen Vereinfachungen entstehenden Probleme und Ungenauigkeiten wurde bereits an den entsprechenden Stellen hingewiesen[11]).

Die Schwächen dieses Ansatzes liegen eindeutig in der Ermittlung des erzielbaren Verkaufserlöses. Solange Investoren bereit sind, auf der Basis von Mietenmultiplikatoren ein Objekt zu erwerben, stellt dies kein Problem dar. Wenn allerdings der Investor, wie dies zunehmend der Fall ist, mit einer detaillierten Wirtschaftlichkeitsanalyse arbeitet, dann reicht diese Betrachtungsweise für den Projektentwickler nicht länger aus.

---

11) Vgl. beispielsweise die Annahme durchschnittlicher Baukosten zur Ermittlung der Finanzierungskosten, Kapitel 2.3.4.2.

Projektentwicklungen orientieren sich zunehmend an den Bedürfnissen der zukünftigen Nutzer. Dies bedeutet zum einen allgemein bessere Absatzchancen, zum anderen aber i. d. R. auch einen eingeschränkten Interessentenkreis.

Genauso, wie sich der Projektentwickler an den Raum-, Gestaltungs- und sonstigen Wünschen oder Bedürfnissen seines zukünftigen Kunden orientiert, so muß er in seine Investitionsrechnung die wirtschaftliche Zielsetzung und steuerliche Position des Kunden einbeziehen.

Konkret bedeutet dies, daß er sich gedanklich in die Position des Käufers versetzen muß, um sowohl dessen wirtschaftliche Zielsetzung als auch steuerliche Position in der Investitionsrechnung erfassen zu können. Erst durch das gedankliche Versetzen in die Position des Kunden wird es ihm möglich, diejenigen Aspekte der Investition zu erfassen, die für den Investor eine besondere Chance oder ein besonderes Risiko darstellen und damit erheblichen Einfluß auf dessen Preisvorstellung haben.

Auf Basis dieser zusätzlichen Informationen kann der Projektentwickler dann sein Angebot optimieren, um einen möglichst hohen Verkaufspreis zu erzielen; denn es ist unverständlich, warum steuerliche Aspekte, die für einen Immobilienerwerb sprechen, und Wertsteigerungschancen, die in einer Immobilie stecken, nur dem Investor zugute kommen sollten.

2.3.5 Entwicklung eines Analyseansatzes auf Basis Vollständiger Finanzpläne

2.3.5.1 Erweiterung des Basis-Konzeptes um steuerliche Aspekte

Die Grundlage für den im folgenden zu entwickelnden Analyseansatz stellt das bereits in Kapitel 2.3.3.4 dargestellte Basiskonzept Vollständiger Finanzpläne dar. Für die konkrete Aufgabenstellung muß es jedoch um steuerliche Aspekte erweitert werden.

Zur Bestimmung der steuerlichen Belastung wird dem VOFI eine ausschließlich steuerbezogene Nebenrechnung beigefügt. In dieser Nebenrechnung werden alle für die Besteuerung relevanten Sachverhalte explizit abgebildet und die Ermittlung der Steuerlast entsprechend der Vorgehensweise des Finanzamtes vorgenommen.

Aufgrund der Komplexität des deutschen Steuersystems und der Vielzahl der zu berücksichtigenden Steuerarten sind zur besseren Verständlichkeit der generellen Vorgehensweise an dieser Stelle eine Reihe von Vereinfachungen und Annahmen notwendig. Diese Annahmen sind jedoch keineswegs zwingend notwendig, sondern können in einem entsprechend umfangreicheren VOFI vollständig an die reale Situation angepaßt werden. Für die erleichterte Nachvollziehbarkeit wird in der Darstellung von *folgenden Vereinfachungen zur Steuerermittlung* ausgegangen:

- Die Bemessungsgrundlagen für die Einkommen- bzw. Körperschaftsteuer und für die Gewerbeertragsteuer sind identisch. Hinzurechnungen und Kürzungen bei der Gewerbeertragsteuer gleichen sich aus.

  Damit folgt als einheitliche Bemessungsgrundlage für die laufende Besteuerung[12]):

  Einnahmenüberschuß
  - Abschreibungen auf das Objekt
  - Abschreibungen auf ein eventuelles Disagio
  - Zinsaufwand
  + Zinsertrag

  = Einheitliche Bemessungsgrundlage

---

[12]) Hinsichtlich der Periode, in der die Immobilie verkauft wird, ist zwischen einer Veräußerung aus dem Privat- oder Betriebsvermögen zu unterscheiden: Bei einem Verkauf aus dem Privatvermögen ist der Veräußerungsgewinn (Differenz zwischen Verkaufserlös und Buchwert) steuerfrei. Bei einem Verkauf aus dem Betriebsvermögen ist der Veräußerungsgewinn hingegen steuerpflichtig und dementsprechend zur einheitlichen Bemessungsgrundlage zu addieren.

- Der Ertragsteuersatz, der auf die einheitliche Bemessungsgrundlage berechnet wird, ist vorgegeben und im Zeitablauf konstant. Im Beispiel wird ein Ertragsteuersatz von 50% angenommen.
- Die Ertragsteuerzahlung findet jeweils am Ende desjenigen Jahres statt, für das die Ertragsteuern berechnet worden sind (»sofortige Besteuerung«). Damit werden Vorauszahlungen und Abschlußzahlungen nicht berücksichtigt.
- Die erste Abschreibung geht als volle Jahresabschreibung in die ertragsteuerliche Bemessungsgrundlage am Ende des ersten Jahres ein.
- Ein ertragsteuerlicher Verlust, der bei dem betrachteten Investitionsobjekt anfällt, wird durch Gewinne aus anderen unternehmerischen Aktivitäten oder Einkunftsarten im gleichen Jahr kompensiert, so daß der Immobilien-Investition eine Steuererstattung zuzurechnen ist (»sofortiger Verlustausgleich«). Von einem Verlustvor- bzw. -rücktrag wird abgesehen.
- Substanzsteuern und andere Steuerarten werden nicht gesondert erfaßt.

Unter den genannten Annahmen stellt sich das um die steuerliche Komponente erweiterte VOFI-Basiskonzept dann wie folgt dar (Abb. 2.3.8).

	t_0	t_1	t_2	t_3	t_4	t_5
Direkte Zahlungen						
* a_0	-1.000					
* $ü_t$		① 250	① 250	① 250	① 250	① 250
* R_n						⑤ 1.000
Indirekte Zahlungen						
Kreditaufnahme	500					
Eigenkapital	500					
Zinsen		③ -50	③ -50	③ -50	③ -50	③ -50
Steuerzahlung		-50	-54	-58	-62	-316
Tilgung		0	0	0	0	-500
Reinvestition t1		-150				
Habenzins (5%)			④ 8			
Rückzahlung			150			
Reinvestition t2			-304			
Habenzins (5%)				④ 15		
Rückzahlung				304		
Reinvestition t3				-461		
Habenzins (5%)					④ 23	
Rückzahlung					461	
Reinvestition t4					-623	
Habenzins (5%)						④ 31
Rückzahlung						623
Endvermögen						**1.038**
Kreditbetrag	500	500	500	500	500	0
Habenzinssatz		5%	5%	5%	5%	5%
Sollzinssatz		10%	10%	10%	10%	10%

Abschreibungsplan						
AfA-Satz		10%	10%	10%	10%	10%
AfA-Grundlage	1.000	1.000	1.000	1.000	1.000	1.000
AfA-Betrag		② 100	② 100	② 100	② 100	② 100
Buchwert	1.000	900	800	700	600	⑥ 500

Steuerliche Nebenrechnung						
Mieteinnahmen	⊕	250	250	250	250	250
Abschreibung	⊕	-100	-100	-100	-100	-100
Habenzinsen	⊕	0	8	15	23	31
Sollzinsen	⊕	-50	-50	-50	-50	-50
Veräußerungserlös		0	0	0	0	1.000
Restbuchwert	⊕	900	800	700	600	500
Steuerpflichtiger Veräußerungsgewinn		0	0	0	0	500
Steuersatz	⊕	50%	50%	50%	50%	50%
Ergebnis vor Steuer		100	108	115	123	631
Steuerzahlung		⑦ **50**	**54**	**58**	**62**	**316**

Abb. 2.3.8: Schematische Darstellung des Basiskonzeptes eines VOFI mit Steuern

Erläuterungen zu Abb. 2.3.8:

Für die Erfassung der steuerlichen Sachverhalte müssen zusätzlich zum VOFI zwei Nebenrechnungen geführt werden. Bei diesen Nebenrechnungen handelt es sich um den Abschreibungsplan, in dem die Abschreibung und der Restbuchwert der jeweiligen Periode ermittelt werden, und die eigentliche steuerliche Nebenrechnung. Die Beziehungen zwischen diesen Rechnungen werden durch die entsprechenden Pfeile verdeutlicht:

① Zuerst wird der Einnahmenüberschuß der Periode in die steuerliche Nebenrechnung übertragen.

② Danach ist die Abschreibung der jeweiligen Periode dem Abschreibungsplan zu entnehmen und ebenfalls in die steuerliche Nebenrechnung einzustellen.

③ Als nächstes werden die Sollzinsen der Periode aus dem VOFI übernommen.

④ Werden in einer Periode aus der Zwischenanlage von freien Mitteln Guthabenzinsen erzielt, so sind diese ebenfalls zu übernehmen.

⑤ Der Verkauf einer Immobilie aus dem Betriebsvermögen löst eine Steuerpflicht auf den Veräußerungsgewinn aus. Wird in der entsprechenden Periode das Objekt verkauft, so ist der Verkaufserlös in die steuerliche Nebenrechnung einzustellen.

⑥ Zur Ermittlung des Veräußerungsgewinnes ist der Verkaufserlös ⑤ um den Restbuchwert ⑥ zu vermindern.

Entsprechend den vorangegangenen Vereinfachungen zur Steuerermittlung ergibt sich die Bemessungsgrundlage für die Steuerermittlung aus:

  Mieteinnahmen (Einnahmenüberschuß) ①
+ Guthabenzinsen ④
+ ein eventueller steuerpflichtiger Veräußerungsgewinn (⑤ – ⑥)
– Abschreibungen ②
– Sollzinsen ③.

Durch Multiplikation der Bemessungsgrundlage mit dem Steuersatz wird die Steuerzahlung bestimmt.

⑦ Die Steuerzahlung wird in den VOFI als indirekte Zahlung eingestellt und vermindert als Ausgabe die für eine Reinvestition zur Verfügung stehenden Mittel (Im obigen Beispiel stehen in t_1 beispielsweise statt der 200 DM im VOFI ohne Steuern nur noch 150 DM für die Zwischenanlage zur Verfügung). Handelt es sich um eine Steuererstattung aufgrund eines negativen steuerlichen Ergebnisses, so erhöht diese den zur Reinvestition zur Verfügung stehenden Betrag.

Als VOFI-Rendite nach Steuern ergibt sich in diesem Fall:

$$r_{s_{VOFI}} = \sqrt[N]{\frac{K_N}{EK_0}} - 1 = \sqrt[5]{\frac{1.038}{500}} - 1 = 0{,}1574 = 15{,}74\,\%$$

2.3.5.2 Anwendung des erweiterten Basiskonzeptes auf das Fallbeispiel

Ermittlung der Herstellungskosten

Für die Darstellung des auf dem Konzept Vollständiger Finanzpläne basierenden Analyseansatzes werden dieselben Basisdaten wie im vorangegangenen Beispiel zugrunde gelegt (vgl. Kapitel 2.3.4.1 - Basisinformationen). Um eine bessere Vergleichbarkeit der Ansätze herzustellen, wird auch in diesem Fall mit der Ermittlung der Herstellungskosten begonnen. Auf die Darstellung der alternativ möglichen Vorgehensweise, bei der die Bestimmung des möglichen Verkaufserlöses am Anfang stehen würde (vgl. Abb. 2.3.3: Basiskonzepte einer Rentabilitätsanalyse für Immobilienprojekte), wird verzichtet.

Ermittlung der Gesamtbaukosten (inklusive Finanzierungskosten) mittels Vollständigem Finanzplan

Für die Darstellung des Verfahrens werden dieselben Daten zugrunde gelegt wie bei der »Einfachen Developer-Rechnung« (vgl. Kapitel 2.3.4.1 - Basisinformationen).

Die Investitionsausgabe für das Grundstück - inklusive der Erwerbsnebenkosten - in Höhe von 36.925.000 DM kann aus der vorangegangenen Beispielrechnung (vgl. Kapitel 2.3.4.2 - Grunderwerbskosten) übernommen werden. Bezüglich der Abriß- und Dekontaminierungskosten wird ebenfalls davon ausgegangen, daß sie direkt bei Erwerb des Grundstückes fällig werden. Sonstige Kosten für die Grundstücksaufbereitung fallen nicht an.

Für die Ermittlung der Baukosten wird ein differenzierter Ansatz gewählt, bei dem ein idealtypischer Kostenverlauf über die zwölfmonatige Bauperiode zugrunde gelegt wird. Aus Gründen der Übersichtlichkeit wird dabei allerdings mit Quartals- statt mit Monatsdaten gearbeitet. Dementsprechend verteilen sich die Baukosten wie folgt:

Quartal 1: 20%
Quartal 2: 25%
Quartal 3: 25%
Quartal 4: 30%

Unter der Annahme, daß der Projektentwickler das Vorhaben zu 75% fremdfinanzieren kann, ergibt sich bei Ansatz der oben erläuterten Daten der folgende VOFI für die Erstellungsphase (Abb. 2.3.9).

VOFI der Erstellungsphase (ohne Steuern)

	t_0	t_1	t_2	t_3	t_4	t_5	t_6	t_7	t_8
Direkte Zahlungen									
* a_0 [Grund&Boden]	⓪ -37.225.000								
* a_3 [Baukosten Quartal 3]				⑦ 4.462.396					
* a_4 [Baukosten Quartal 4]					⑦ 5.577.994				
* a_5 [Baukosten Quartal 5]						⑦ 5.577.994			
* a_6 [Baukosten Quartal 6]							⑦ 6.693.593		
* a_9 [Maklerprovision]									⑨ 853.750
* $ü_t$		0	0	0	0	0	0	0	0
* R_n									⑩ 77.862.000
Indirekte Zahlungen									
Kreditaufnahme	① 27.918.750			3.346.797	4.183.496	4.183.496	5.020.195		
Eigenkapital	② 9.306.250			1.115.599	1.394.499	1.394.499	1.673.398		
Zinsen		③ -488.578	-488.578	-488.578	-547.147	-620.358	-693.569	-781.423	-781.423
Tilgung									-44.652.733
Zwischenfinanzierung t_1		④ 488.578							
1,75%			⑤ -8.550						
Rückzahlung			-488.578						
Zwischenfinanzierung t_2			⑥ 985.706						
1,75%				-17.250					
Rückzahlung				-985.706					
Zwischenfinanzierung t_3				1.491.534					
1,75%					-26.102				
Rückzahlung					-1.491.534				
Zwischenfinanzierung t_4					2.064.783				
1,75%						-36.134			
Rückzahlung						-2.064.783			
Zwischenfinanzierung t_5						2.721.275			
1,75%							-47.622		
Rückzahlung							-2.721.275		
Zwischenfinanzierung t_6							3.462.466		
1,75%								-60.593	
Rückzahlung								-3.462.466	
Zwischenfinanzierung t_7								4.304.482	
1,75%									-75.328
Rückzahlung									-4.304.482
Endvermögen									**27.194.283**

⊕ ⑧

	t_0	t_1	t_2	t_3	t_4	t_5	t_6	t_7	t_8
Kreditbetrag (Quartalsende)	27.918.750	27.918.750	27.918.750	31.265.547	35.449.042	39.632.538	44.652.733	44.652.733	0
Sollzinssatz (Quartalssatz)	1,75%	1,75%	1,75%	1,75%	1,75%	1,75%	1,75%	1,75%	1,75%
Habenzinssatz (Quartalssatz)	1,25%	1,25%	1,25%	1,25%	1,25%	1,25%	1,25%	1,25%	1,25%

Abb. 2.3.9: VOFI der Erstellungsphase (ohne Berücksichtigung der Besteuerung des Projektentwicklers)

Erläuterungen zu Abb. 2.3.9:

⓪ Die Investitionsausgabe für Grund und Boden setzt sich - wie bereits erläutert - aus den 36.925.000 DM für das Grundstück inkl. Erwerbsnebenkosten und den prognostizierten 300.000 DM Freimachungskosten zusammen. Sie wird aus rein rechentechnischen Gründen dem Ende des 0ten Quartals zugeordnet.

① Entsprechend der eingangs erläuterten Annahme werden 75 % der Anschaffungskosten fremdfinanziert; dies entspricht einer Kreditaufnahme in Höhe von 27.918.750 DM.

② Als Konsequenz sind folglich 9.306.250 DM aus eigenen Mitteln zu bestreiten.

③ Auf den Kredit werden aus Vereinfachungsgründen quartalsweise Zinsen gezahlt. Obwohl finanzmathematisch nicht ganz korrekt, wird hierzu mit 1/4 des Jahreszinses als Quartalszins gearbeitet. 1/4 von 7 % = 1,75 %. Beispielsweise ergeben 1,75 % von 27.918.750 DM den Betrag 488.578 DM.

④ Die notwendige Zwischenfinanzierung des ersten Quartales entspricht dem Zinsaufwand, da weder Einnahmen noch weitere Ausgaben anfallen.

⑤ Bezüglich der Zwischenfinanzierung wird angenommen, daß sie ebenfalls zum Quartalszins erfolgen kann. Von dieser Prämisse abweichende Annahmen (anderer Zinssatz oder längere Finanzierungszeiträume) sind problemlos abbildbar.

⑥ Der Zwischenfinanzierungsbedarf aus dem zweiten Quartal ermittelt sich durch Addition der Kreditzinsen für den Anschaffungskredit und für die Zwischenfinanzierung zuzüglich der hypothetischen Tilgung der Zwischenfinanzierung. Diese erfolgt, um die Trennung zwischen Zwischenfinanzierungen und Anschaffungskrediten beizubehalten. Würde keine Tilgung unterstellt, so müßte der Kredit für die Zwischenfinanzierung dem Anschaffungskredit hinzugeschlagen werden, wodurch die Transparenz und der Informationsgehalt des VOFI jedoch erheblich gemindert würden.

⑦ Am Ende des dritten Quartales werden die in dem Quartal (= Beginn der Bauarbeiten) aufgelaufenen Baukosten (20 % der gesamten Baukosten inkl. 20 % der Projektmanagement-Fees) bezahlt. Diese werden ebenfalls zu 75 % fremdfinanziert.

⑧ Die Kreditsumme am Quartalsende wird folgendermaßen ermittelt:

Kreditsumme am Ende der Vorperiode + Kreditaufnahme der Periode - Tilgung der Periode.

⑨ Am Ende des achten Quartales ist das Objekt annahmegemäß vollständig vermietet, so daß auch die Maklerprovision fällig wird.

⑩ Entsprechend der Darstellung bei der einfachen Developer-Rechnung wird zunächst ein Verkauf zum 19fachen der Jahresmiete unterstellt.

Aus dem in Abb. 2.3.9 dargestellten VOFI lassen sich die folgenden Informationen ablesen bzw. ermitteln:

- **die Summe der Baukosten inklusive Finanzierungskosten**
  Durch Addition der in t_8 anfallenden Zahlungen zuzüglich des über die Investitionsdauer aufgewandten Eigenkapitales lassen sich die Gesamtbaukosten inklusive Finanzierungskosten ermitteln: **65.551.961 DM.**
- **das Endvermögen des Investors bei Vornahme der Investition**
  Dieses beläuft sich auf **27.194.283 DM.**
- **die VOFI-Rendite**

  Für die Ermittlung der VOFI-Rendite muß zunächst der auf den Investitionszeitpunkt bezogene Eigenkapitaleinsatz bestimmt werden. Hierzu ist zu fragen, welche Summe an Eigenkapital durch die Investitionsentscheidung im Investitionszeitpunkt gebunden war. Demzufolge sind zunächst mittels VOFI die Eigenkapitalanteile der einzelnen Quartale auf ihren jeweiligen Barwert zu reduzieren. Die Summe der Barwerte ergibt dann den zum Investitionszeitpunkt gebundenen Eigenkapitaleinsatz.

  Da in diesem Beispiel kein Unterschied zwischen langfristigen und kurzfristigen Anlagen besteht, können die Barwerte auch einfach mittels Diskontierung mit dem Anlagezinssatz ermittelt werden.

  Es ergeben sich die folgenden Werte:
  Eigenkapitaleinsatz in t_0:
  9.306.250 DM → 9.306.250 DM x $(1+0{,}125)^{-0}$ = 9.306.250 DM
  Eigenkapitaleinsatz in t_3:
  1.115.599 DM → 1.115.599 DM x $(1+0{,}125)^{-3}$ = 1.074.788 DM
  Eigenkapitaleinsatz in t_4:
  1.394.499 DM → 1.394.499 DM x $(1+0{,}125)^{-4}$ = 1.326.899 DM
  Eigenkapitaleinsatz in t_5:
  1.394.499 DM → 1.394.499 DM x $(1+0{,}125)^{-5}$ = 1.310.518 DM
  Eigenkapitaleinsatz in t_6:
  1.673.398 DM → 1.673.398 DM x $(1+0{,}125)^{-6}$ = 1.553.206 DM
  Eigenkapitaleinsatz in t_8:
  853.750 DM → 853.750 DM x $(1+0{,}125)^{-8}$ = 772.984 DM

  Summe: 15.344.646 DM

Es ergibt sich also ein Eigenkapitaleinsatz in Höhe von 15.344.646 DM. Mit Hilfe der in Kapitel 2.3.3.4 dargestellten Formel läßt sich nun die VOFI-Rentabilität oder auch Eigenkapitalrentabilität wie folgt berechnen[13]):

$$r_{VOFI} = \sqrt[2]{\frac{27.194.283 \text{ DM}}{15.344.646 \text{ DM}}} - 1 = 0{,}3313 = 33{,}13\,\%$$

- **Der Developer-Gewinn**

  Natürlich läßt sich mit diesem Rechenansatz auch der Developer-Gewinn ermitteln. Dieser ergibt sich durch Subtraktion der Baukosten inklusive Finanzierungskosten vom prognostizierten Verkaufserlös: 77.862.000 DM - 65.551.961 DM = 12.310.039 DM und entspricht einer Gewinnspanne von 12.310.039 DM / 65.551.961 DM = 0,1878 = 18,78% bezogen auf die gesamte Investitionsdauer.

Damit ist der erste Teil der auf Vollständigen Finanzplänen aufgebauten Projektentwicklerrechnung abgeschlossen. Für die oben ermittelten Zusatzinformationen (Endvermögen, VOFI-Rendite und Developer-Gewinn) wurde dabei jedoch bereits ein Verkaufserlös unterstellt, der auf Basis des Mietenmultiplikators geschätzt wurde. Im zweiten Schritt soll nun ebenfalls auf Basis eines Vollständigen Finanzplanes der erzielbare Verkaufserlös unter Berücksichtigung der speziellen Position und Zielsetzung des Investors (= Käufers) bestimmt werden.

Ermittlung des erzielbaren Verkaufserlöses mittels Vollständigen Finanzplans

Um den Vollständigen Finanzplan für den potentiellen Käufer aufstellen zu können, werden zunächst die folgenden Zusatzinformationen[14]) benötigt:

Steuerrelevante Informationen:

- Rechtsform des Erwerbers (Personengesellschaft, Kapitalgesellschaft o. ä.)
- Mögliche Zuordnung der Immobilie zu Betriebs- oder Privatvermögen
- Geschätzter Steuersatz bzw. Steuerbefreiung
- Möglichkeiten zur Inanspruchnahme von Sonderabschreibungen

[13]) Dadurch, daß mit der zweiten anstatt mit der achten Wurzel gerechnet wird, erhält man sofort eine Jahres- statt einer Quartalsrendite.

[14]) Diese Liste der benötigten Informationen erhebt keinen Anspruch auf Vollständigkeit. Sie soll dem Leser vielmehr einen ersten Eindruck von den zu erfassenden Daten geben, und ihn dazu anregen, den Datenkatalog - auf die konkrete Problemstellung bezogen - zu vervollständigen.

Informationen zu den Finanzierungsmöglichkeiten des Erwerbers

- Angestrebte Fremdfinanzierungsquote
- Finanzierungsangebote
- Möglichkeiten zur Inanspruchnahme von Investitionszulagen oder -beihilfen

Informationen hinsichtlich der vom Investor akzeptierten Zukunftsprognosen bezüglich

- der Mietentwicklung
- der Wertentwicklung des Objektes
- der Bonität der Mieter und dem daher zu erwartenden Mietausfallwagnis
- der Mieterfluktuation

Informationen über das prognostizierte Kostenverhalten der Immobilie

- Betriebskosten
- Instandhaltungskosten usw.

Darüber hinaus sind die abgeschlossenen Mietverträge in der Prognoserechnung möglichst exakt abzubilden. Hierbei sind insbesondere vereinbarte Incentives[15]) sowie Mietanpassungsklauseln zu beachten.

Daten in der Beispielrechnung

Für die Beispielrechnung wird von folgenden Annahmen ausgegangen:

- Der Käufer erwirbt die zu 65 DM/m² vollvermietete Immobilie als Anlageobjekt für seine Gesellschaft.
- Das Objekt wird in das Betriebsvermögen eingestellt und voraussichtlich für mindestens zehn Jahre gehalten.
- Hinsichtlich des anzusetzenden Steuersatzes kann von 55 % ausgegangen werden. Sonderabschreibungen, Investitionszulagen oder -beihilfen jeglicher Form können nicht in Anspruch genommen werden.
- Die Fremdfinanzierungsquote für vergleichbare Transaktionen lag in der Vergangenheit bei ca. 80 %.
- Die Finanzierung kann über einen endfälligen Kredit zu 7,5 % erfolgen.

[15]) Insbesondere mietfreie Zeiten, Mietkürzungen u. ä.

- Hinsichtlich der Mietentwicklung wird der Investor voraussichtlich eine jährliche Steigerung in Höhe von 3% (über Wertsicherungsklausel im Mietvertrag abgesichert) akzeptieren. Für die Immobilie erscheint eine jährliche Wertsteigerung von 1,5% als realistisch.
- Die Beurteilung der Bonität der gefundenen Mieter ist ausgezeichnet, so daß von einem äußerst geringen Mietausfallwagnis ausgegangen werden kann.
- Da sämtliche Mieter einen Zehnjahresvertrag abgeschlossen haben, kann für diesen Zeitraum von einer Berücksichtigung einer eventuellen Mieterfluktuation abgesehen werden.
- In den Mietverträgen ist die Umlage sämtlicher Nebenkosten vorgesehen. Da die Immobilie von Anfang an vollvermietet ist, kann auf die Berücksichtigung umlagefähiger Kosten, die lediglich wegen eines Leerstandes nicht umgelegt werden können, verzichtet werden. Folglich fallen lediglich 15 DM/m^2 BGF Instandhaltungskosten sowie 2% der Jahres-Netto-Miete für das kaufmännische Objektmanagement als Kosten an.

Zeithorizont

Der auf diesen Annahmen basierende VOFI wird für einen Zeithorizont von zehn Jahren aufgestellt. Dabei wird von einer geplanten Zielrendite des Investors in Höhe von 5% *nach* Steuern ausgegangen.

Investitionsausgabe vor Erwerbsnebenkosten als Zielgröße der VOFI

Die Investitionsausgabe vor Erwerbsnebenkosten (= Verkaufserlös des Projektentwicklers) stellt die gesuchte Größe im VOFI dar. Sie ist jedoch gleichzeitig ein für die Rechnung unverzichtbares Eingabedatum, so daß an dieser Stelle auf ein in den meisten Tabellenkalkulationsprogrammen enthaltenes Werkzeug zurückgegriffen werden muß. Bei der Erstellung des Ausgangs-VOFI wird daher zunächst mit der bereits im vorangegangenen – auf Basis des Mietenmultiplikators bestimmten – Schätzung der Investitionsausgabe gearbeitet. Wenn der VOFI komplett erstellt wurde, wird die Zielwertsuche der Tabellenkalkulation verwandt. Hierzu ist zunächst die Zelle der VOFI-Rendite als die Zelle zu definieren, die das gewünschte Ergebnis (hier 5%) enthält. Zusätzlich wird die Zelle, die die Investitionsausgabe vor Erwerbsnebenkosten enthält, als die Zelle definiert, die vom Programm zu variieren ist. Je nach Voreinstellungen erhält man dann nach einer Anzahl von Variationsschritten das gesuchte Ergebnis.

Für den konkreten Fall stellt sich der VOFI wie folgt dar (Abb. 2.3.10):

	t_0	t_1	t_2	t_3	t_4
Direkte Zahlungen					
Anschaffungsauszahlung	-75.180.000				
Restverkaufserlös					
Jahresmiete		4.098.000	4.220.940	4.347.568	4.477.995
laufende Kosten		-190.710	-196.431	-202.324	-208.394
Großreparaturen		0	0	0	0
$ü_t$		3.907.290	4.024.509	4.145.244	4.269.601
Indirekte Zahlungen					
Eigenkapital	15.036.000				
Kreditaufnahme	60.144.000				
Fremdkapitalzinsen		-4.510.800	-4.510.800	-4.510.800	-4.510.800
Fremdkapitaltilgung		0	0	0	0
Steuerzahlung/-erstattung		1.191.990	1.111.336	1.026.934	938.640
Reinvestition/Kreditaufnahme		-588.480	588.480		
5,00%			29.424		
Reinvestition/Kreditaufnahme			-1.242.949	1.242.949	
5,00%				62.147	
Reinvestition/Kreditaufnahme				-1.966.474	1.966.474
5,00%					98.324
Reinvestition/Kreditaufnahme					-2.762.239
5,00%					
Reinvestition/Kreditaufnahme					
5,00%					
Reinvestition/Kreditaufnahme					
5,00%					
Reinvestition/Kreditaufnahme					
5,00%					
Reinvestition/Kreditaufnahme					
5,00%					
Reinvestition/Kreditaufnahme					
5,00%					
Endvermögen					

Nebenrechnungen:

	t_0	t_1	t_2	t_3	t_4
Finanzierungsplan:					
Kreditbetrag		60.144.000	60.144.000	60.144.000	60.144.000
Kapitaldienst		-4.510.800	-4.510.800	-4.510.800	-4.510.800
Fremdkapitalzinsen		-4.510.800	-4.510.800	-4.510.800	-4.510.800
Tilgung		0	0	0	0
Abschreibungsplan:					
Restbuchwert (gesamt):	75.180.000	73.616.256	72.052.512	70.488.768	68.925.024
Restbuchwert (Gebäude):	39.093.600	37.529.856	35.966.112	34.402.368	32.838.624
AfA-Bemessungsgrundlage	39.093.600	39.093.600	39.093.600	39.093.600	39.093.600
Sonderafa		0,00%	0,00%	0,00%	0,00%
Sonderafa-Betrag		0,00	0,00	0,00	0,00
Normalafa		4,00%	4,00%	4,00%	4,00%
Normalafa-Betrag		1.563.744	1.563.744	1.563.744	1.563.744
Gesamt-AfA		**1.563.744**	**1.563.744**	**1.563.744**	**1.563.744**
Steuerermittlung:					
Betriebsergebnis		3.907.290	4.024.509	4.145.244	4.269.601
Gesamt-AfA		-1.563.744	-1.563.744	-1.563.744	-1.563.744
Nettozinsen		-4.510.800	-4.481.376	-4.448.653	-4.412.476
Ergebnis vor Steuern		-2.167.254	-2.020.611	-1.867.153	-1.706.619
Steuerzahlung/-erstattung		**1.191.990**	**1.111.336**	**1.026.934**	**938.640**

Unterlassungsalternative:	20.060.469
Endvermögen:	**24.525.274**
Endvermögensdifferenz:	4.464.806
Eigenkapitalrendite:	**5,01%**

t_5	t_6	t_7	t_8	t_9	t_{10}
					83.094.723
4.612.335	4.750.705	4.893.226	5.040.023	5.191.224	5.346.961
-214.646	-170.764	-175.887	-181.164	-186.599	-192.197
0	0	0	0	0	0
4.397.689	4.579.941	4.717.339	4.858.859	5.004.625	5.154.764
4.510.800	-4.510.800	-4.510.800	-4.510.800	-4.510.800	-4.510.800
0	0	0	0	0	-60.144.000
846.308	722.109	619.784	512.891	401.256	-12.668.984
2.762.239					
138.112					
3.633.549	3.633.549				
	181.677				
	-4.606.477	4.606.477			
		230.324			
		-5.663.124	5.663.124		
			283.156		
			-6.807.231	6.807.231	
				340.362	
				-8.042.674	8.042.674
					402.134
					24.525.274

t_5	t_6	t_7	t_8	t_9	t_{10}
144.000	60.144.000	60.144.000	60.144.000	60.144.000	60.144.000
510.800	-4.510.800	-4.510.800	-4.510.800	-4.510.800	-64.654.800
510.800	-4.510.800	-4.510.800	-4.510.800	-4.510.800	-4.510.800
0	0	0	0	0	-60.144.000
.361.280	65.797.536	64.233.792	62.670.048	61.106.304	59.542.560
.274.880	29.711.136	28.147.392	26.583.648	25.019.904	23.456.160
.093.600	39.093.600	39.093.600	39.093.600	39.093.600	39.093.600
0,00%					
0,00					
4,00%	4 00%	4,00%	4,00%	4,00%	4,00%
.563.744	1.563.744	1.563.744	1.563.744	1.563.744	1.563.744
.563.744	**1.563.744**	**1.563.744**	**1.563.744**	**1.563.744**	**1.563.744**
.397.689	4.579.941	4.717.339	4.858.859	5.004.625	28.706.927
.563.744	-1.563.744	-1.563.744	-1.563.744	-1.563.744	-1.563.744
.372.688	-4.329.123	-4.280.476	-4.227.644	-4.170.438	-4.108.666
.538.743	-1.312.925	-1.126.881	-932.528	-729.557	23.034.517
846.308	**722.109**	**619.784**	**512.891**	**401.256**	**-12.668.984**

Abb. 2.3.10: Zur Ermittlung des käuferorientierten Verkaufspreises

Erstellung des korrigierten VOFI für die Erstellungsphase

Der mittels VOFI prognostizierte erzielbare Verkaufserlös ist nun nochmals in den VOFI der Erstellungsphase einzusetzen. Auf dieser Basis kann eine ziemlich realistische Analyse der mit dem betrachteten Objekt verbundenen Chancen und Risiken für den Projektentwickler erfolgen. Der allgemeine VOFI (Abb. 2.3.11) ist dabei die Ausgangsbasis für eine projektorientierte Sensitivitäts- und Szenarioanalyse[16]).

Aufgrund des im Vergleich zum ersten VOFI (vgl. Abb. 2.3.9) geringeren Verkaufserlöses ergibt sich logischerweise nun auch ein geringeres Endvermögen. Damit ist auch die Eigenkapitalrentabilität niedriger und liegt unter diesen Voraussetzungen bei:

$$r_{VOFI} = \sqrt[2]{\frac{21.132.283 \text{ DM}}{15.344.646 \text{ DM}}} - 1 = 0{,}1763 = 17{,}63\,\%$$

[16]) Auf die Darstellung der hierzu notwendigen Vorgehensweise kann in diesem Rahmen jedoch nicht mehr eingegangen werden.

	t_0	t_1	t_2	t_3	t_4	t_5	t_6	t_7	t_8
Direkte Zahlungen									
* a_0 [Grund&Boden]	-37.225.000								
* a_3 [Baukosten Quartal 3]				4.462.396					
* a_4 [Baukosten Quartal 4]					5.577.994				
* a_5 [Baukosten Quartal 5]						5.577.994			
* a_6 [Baukosten Quartal 6]							6.693.593		
* a_8 [Maklerprovision]									853.750
* $ü_t$		0	0	0	0	0	0	0	0
* R_n									71.800.000
Indirekte Zahlungen									
Kreditaufnahme	27.918.750			3.346.797	4.183.496	4.183.496	5.020.195		
Eigenkapital	9.306.250			1.115.599	1.394.499	1.394.499	1.673.398		
Zinsen		-488.578	-488.578	-488.578	-547.147	-620.358	-693.569	-781.423	-781.423
Tilgung									-44.652.733
Zwischenfinanzierung t_1		488.578							
1,75%			-8.550						
Rückzahlung			-488.578						
Zwischenfinanzierung t_2			985.706						
1,75%				-17.250					
Rückzahlung				-985.706					
Zwischenfinanzierung t_3				1.491.534					
1,75%					-26.102				
Rückzahlung					-1.491.534				
Zwischenfinanzierung t_4					2.064.783				
1,75%						-36.134			
Rückzahlung						-2.064.783			
Zwischenfinanzierung t_5						2.721.275			
1,75%							-47.622		
Rückzahlung							-2.721.275		
Zwischenfinanzierung t_6							3.462.466		
1,75%								-60.593	
Rückzahlung								-3.462.466	
Zwischenfinanzierung t_7								4.304.482	
1,75%									-75.328
Rückzahlung									-4.304.482
Endvermögen									**21.132.283**

Kreditbetrag (Quartalsende)	27.918.750	27.918.750	27.918.750	31.265.547	35.449.042	39.632.538	44.652.733	44.652.733	0
Sollzinssatz (Quartalssatz)	1,75%	1,75%	1,75%	1,75%	1,75%	1,75%	1,75%	1,75%	1,75%
Habenzinssatz (Quartalssatz)	1,25%	1,25%	1,25%	1,25%	1,25%	1,25%	1,25%	1,25%	1,25%

Abb. 2.3.11: VOFI der Erstellungsphase auf Basis des berechneten Verkaufserlöses

Erläuterungen zu Abb. 2.3.11:

- Die Investitionsausgabe in Höhe von 75.180.000 DM entspricht einem Verkaufserlös von 71.600.000 DM. Die Differenz ergibt sich aus den Erwerbsnebenkosten, die dem Verkäufer jedoch nicht zugute kommen.

- Die Jahresmiete im ersten Jahr ergibt sich aus:

65 DM/m² x 5.050 m² vermietet x 12 Monate	= 3.939.000 DM
+ 250 DM/TG-Platz/Monat x 53 Plätze x 12 Monate	= 159.000 DM
=	4.098.000 DM

Für die Folgeperioden ist diese Miete jeweils um 3 % zu erhöhen.

- Von dieser Summe sind die laufenden Kosten zu subtrahieren. Diese setzen sich zusammen aus:

Instandhaltungskosten 15 DM/m² BGF → 15 DM/m² · 7.250 m²	= 108.750 DM
kaufmännisches Projektmanagement 2 % der Jahresmiete	= 81.960 DM
=	190.710 DM

- Fremdfinanziert werden 60.144.000 DM (= 80 % der Anschaffungskosten) zu 7,5 % endfällig. Dies führt über die gesamte Haltedauer der Immobilie zu einer jährlichen Zinsbelastung in Höhe von 4.150.800 DM. Der gesamte Kredit wird im zehnten Jahr aus dem Veräußerungserlös getilgt - zwischenzeitliche Sondertilgungen sind nicht vorgesehen.

- Die Immobilie wird linear mit 4 % pro Jahr abgeschrieben. Abschreibungen sind nur auf den auf das Gebäude entfallenden Teil der Anschaffungskosten zulässig. Die Bemessungsgrundlage der AfA beläuft sich demzufolge auf 39.093.600 DM. Daraus ergibt sich eine jährliche Abschreibung in Höhe von 1.563.744 DM.

- Für die Steuerermittlung sind von der um die laufenden Kosten reduzierten Jahresmiete die Fremdkapitalzinsen und die AfA abzuziehen. Der sich ergebende Betrag stellt die steuerliche Bemessungsgrundlage dar. Für das erste Jahr ergibt sich folglich ein negatives Ergebnis vor Steuern in Höhe von 2.167.254 DM. Dies führt entsprechend den in Kapitel 2.3.5.1 erläuterten Annahmen zu einer Steuererstattung von 1.197.990 DM.

- Aus den oben erläuterten Daten ergibt sich in der ersten Periode ein Überschuß an Liquidität von 588.480 DM. Dieser kann annahmegemäß unterjährig zu 5 % reinvestiert werden und führt damit in der Folgeperiode zu positiven Zinserträgen.

- Insgesamt ergibt sich ein Endvermögen in Höhe von 24.525.274 DM. Dieses übersteigt das Endvermögen der Unterlassungsalternative (Anlage für zehn Jahre zu 6,5 % *vor* Steuern) um 4.464.806 DM. Damit ist die Investitionsalternative, die eine Eigenkapital-Rendite von 5,01 % *nach* Steuern erwirtschaftet, eindeutig positiv.

Der potentielle Investor kann mit dem Angebot durchaus zufrieden sein!

2.3.6 Zusammenfassung

VOFI als adäquater Ansatz zur Immobilien-Investitionsrechnung

Wie die vorangegangene Darstellung gezeigt hat, ist von den in der Investitionstheorie entwickelten Ansätzen der Vollständige Finanzplan offensichtlich am besten in der Lage, die an eine Investitionsrechnung für Immobilien zu stellenden Anforderungen zu erfüllen.

Durch die explizite Erfassung sämtlicher Zahlungen überwindet er die Problematik der in den dynamischen Verfahren implizit enthaltenen – und daher vom Anwender schwer zu beurteilenden – Prämissen und stellt dem Entscheider damit gleichzeitig ein strukturiertes und äußerst flexibles Instrument zur Investitionsanalyse zur Verfügung. Die klare Trennung der zu erfassenden Daten in direkte und indirekte Zahlungen sowie die Integration der notwendigen Nebenrechnungen (Abschreibungsplan, steuerliche Nebenrechnung usw.) liefern darüber hinaus weitaus detailliertere und praxisrelevantere Informationen als die aggregierten Daten der dynamischen Verfahren. Ein entsprechend aufgebauter und zeitnah aktualisierter VOFI kann dementsprechend auch als Grundlage eines Investitions-Controlling dienen, da die Auswirkungen jeglicher Datenänderung auf die Folgeperioden und damit die Vorteilhaftigkeit der Gesamtinvestition unmittelbar ablesbar sind.

Die in der Vergangenheit häufig am Umfang der notwendigen Berechnungen und dem bei Datenänderungen anfallenden Rechenbedarf festgemachte Kritik an diesem Konzept kann heute, im Zeitalter leistungsfähiger Rechner und Tabellenkalkulationsprogramme, sicherlich als nicht mehr zeitgemäß bezeichnet werden. Dennoch wäre es aufgrund des mit der Erstellung eines VOFI für ein komplexes Immobilienprojekt verbundenen Aufwandes zu begrüßen, wenn hierfür in Zukunft ein entsprechend standardisiertes EDV-Produkt entwickelt würde.

Dr. Klaus Peter Follak
Gerrit Leopoldsberger

2.4 Finanzierung von Immobilienprojekten

Inhaltsverzeichnis

2.4.1 Besonderheiten der Projektfinanzierung[1]) von Immobilien

Immobilieninvestitionen binden langfristig große Kapitalbeträge. Deshalb kann die Finanzierung normalerweise nicht oder nur zu einem geringen Teil aus vorhandenen freien Einkommensströmen eines Unternehmens oder Privatvermögens bezahlt werden. Die grundsätzlichen Überlegungen bei der Finanzierung von Immobilienprojekten entsprechen daher den gleichen Fragen, die sich der Investor selbst stellen muß.

- Bei bereits fertigen Immobilien lautet diese Frage: Welche Finanzierungskosten lassen sich aus den Einkommensströmen der Liegenschaft abdecken?
- Bei zu erstellenden Projekten lautet die Frage: Welche Rendite erwartet der endgültige Investor, also i. d. R. der spätere Käufer? Da der Endinvestor natürlich die bereits genannten Überlegungen zur Finanzierbarkeit bei gegebenen Einkommensströmen durchführen muß, läßt sich folgender Kernsatz für die Immobilienfinanzierung aufstellen:

  Bei der Immobilienfinanzierung muß die Bedienung aus dem Einkommen der Immobilie und die Besicherung aus dem Wert der Immobilie erfolgen.

Kernsatz für die Immobilienfinanzierung

Darin liegt der fundamentale Unterschied zum Unternehmenskredit, der i. d. R. aus anderen Quellen als der Investition besichert und bedient wird.

Wenn die Zahlung von Zins und Tilgung aber direkt von den Einnahmen aus einem Immobilienobjekt abhängig ist und die Erträge erst in einigen Jahren – gerechnet zwischen Beginn der konkreten Planung bzw. dem Zeitpunkt der Finanzierungszusage und der erfolgreichen Marktplazierung – zu erwarten sind, muß die Recherche vor der Kreditvergabe um so intensiver erfolgen. Dies gilt für alle der im folgenden dargestellten Arten der Projektfinanzierung, unabhängig davon, ob das Finanzierungsinstitut nur eine vermeintlich sichere Hypothekenfinanzierung zur Verfügung stellt oder mit in das Risiko einsteigt. Die Reihenfolge der dargestellten Finanzierungsinstrumente orientiert sich dabei an der Zunahme des Risikos.

---

[1]) Projektfinanzierung im weiteren Sinne umfaßt alle Finanzierungen von Immobilienprojekten. Als Projektfinanzierung im engeren Sinne gelten die Finanzierungsarten, bei denen das Finanzierungsinstitut mit ins Risiko der Projektentwicklung einsteigt, insbesondere die Joint-venture-Finanzierung (vgl. Abschnitt 2.4.2.8: L-Finanzierung als Joint-ventures zwischen Projektentwickler und Bank).

Mit dem Volumen der heutigen Immobilieninvestitionen steigt aber nicht nur der Finanzierungsbedarf, sondern auch die Projektlaufzeit, und damit wachsen unvermeidlich die Anforderungen an das Immobilien(markt)-Know-how bei den finanzierenden Instituten.

2.4.2 Arten der Immobilienfinanzierung

2.4.2.1 Klassische Finanzierung

Grundpfandrechtlich gesicherte Darlehen

Unter dem Begriff der klassischen Finanzierung sei hier die Finanzierung über grundpfandrechtlich gesicherte Darlehen – sowohl erst- als auch nachrangig – verstanden. Die Art des Finanzierungsinstituts, sei es nun Geschäftsbank, Hypothekenbank oder Bausparkasse, spielt dabei prinzipiell keine Rolle. Im großvolumigen Immobilienbau ist die Marktposition der Bausparkasse ohnehin von sehr geringer Bedeutung.

In der prozentualen Höhe der Beleihungsgrenze unterscheiden sich die Arten der Finanzierungsinstitute deutlich. Da durch die Konzernverbünde der großen Geschäftsbanken quasi alle Bankenarten unter einem Dach zu finden sind, können die Bankenarten ihren Beleihungsgrenzen entsprechend kombiniert werden und somit Probleme umgangen werden, die sich durch die Grenzen unter Umständen ergeben könnten. Im folgenden wird immer von der höchsten Beleihungsgrenze ausgegangen.

Grenzen der klassischen Finanzierung

Die Grenzen der klassischen Finanzierung werden gesetzt durch deren Deckung aus dem Einkommen und dem Wert der Sicherheit. Bei Gewerbeimmobilien werden die Grenzen i.d.R. mit 70–75% der angemessenen Gestehungskosten erreicht, was typischerweise eine Finanzierung von 60% durch erststellige Hypotheken und von weiteren 20% durch Nachrangdarlehen erlaubt. Die nachrangige Finanzierung muß häufig – zumindest teilweise – aus anderen Quellen als dem Immobilien-Projekt besichert und bedient werden. Hier kommt es entscheidend auf die Bonität und Kredithistorie des Investors an.

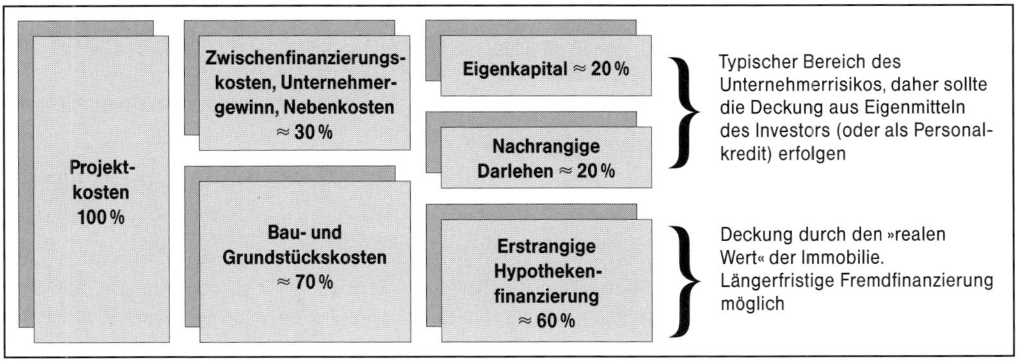

Abb. 2.4.1: Klassische Finanzierung

Wie Abb. 2.4.1 verdeutlicht, sind die Zwischenfinanzierungs- und Nebenkosten (wie z.B. Grunderwerbsteuern,

Notar- und Maklergebühren) in erster Linie aus dem Eigenkapital des Investors zu begleichen, da diese Ausgaben den Wert des Immobilienobjektes nicht erhöhen und somit bei einer Liquidation nicht erzielt werden können. Damit liegt auch das Problem der klassischen Finanzierung offen:

Problem der klassischen Finanzierung

- Die Größenordnungen heutiger Projekte überschreiten oft die geforderten Eigenmittelressourcen auch großer Projektträger.
- Eine weiter gehende Finanzierung bedeutet wirtschaftlich gesehen den Ersatz von Eigenkapital durch Fremdmittel. Damit beteiligt sich der Kreditgeber am unternehmerischen Risiko des Projektträgers, aber nicht an dessen Gewinn und nicht an seiner unternehmerischen Entscheidung.

Aus den genannten Problemen ergab sich die Notwendigkeit, alternative Finanzierungsmodelle für große Projekte zu entwickeln. Die nachfolgend dargestellten Projektfinanzierungsmethoden sind heute international üblich; ihre Marktbedeutung in Deutschland allerdings von Finanzierungsart zu Finanzierungsart noch recht unterschiedlich.

2.4.2.2 Mezzanine-Finanzierung oder Equity-Kicker-Finanzierung

Zusätzliche Darlehenstranche

Aus der klassischen Finanzierung hat sich die Mezzanine-Finanzierung entwickelt (Abb. 2.4.2). Frei übersetzt bedeutet Mezzanine-Finanzierung soviel wie »Zwischendrin«-Finanzierung, wobei das »Zwischendrin« die zusätzliche Darlehenstranche zwischen den Projektkosten einerseits und der Höhe der traditionellen Finanzierung andererseits kennzeichnet[2]). Von der finanzierenden Bank wird eine zusätzliche nachrangige Finanzierung von ca. 20 % bereitgestellt, so daß bis ca. 90 % der Gestehungskosten finanziert werden. Im Gegensatz zur klassischen Finanzierung wird diese nachrangige Tranche nicht aus Mitteln des Investors besichert, sondern ebenfalls aus dem Immobilien-Projekt.

Gewinnanteil als Gegenleistung

Diese zusätzliche Finanzierung und das damit verbundene erhöhte Risiko wird durch einen Anspruch auf einen Teil des Gewinnes aus dem Immobilienprojekt – dem sog. Equity-Kicker – ausgeglichen[3]).

---

[2]) Vgl. Gereth, B./Schulte, K.-W.: Mezzanine-Finanzierung, Verlag Josef Eul, Bergisch Gladbach/Köln 1992, S. 1.

[3]) Vgl. Follak, K. P.: Immobilienprojektfinanzierung – Joint-ventures und andere Modelle zur Teilung von Profit und Risiko, in: Der langfristige Kredit, Heft 4, 1993, S. 100.

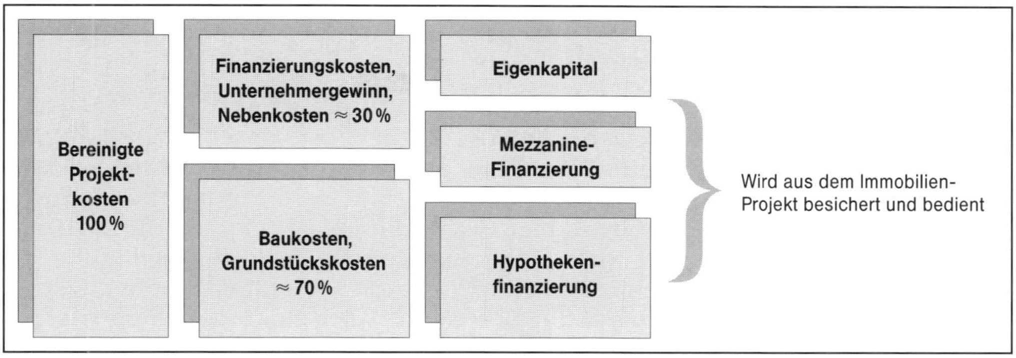

Abb. 2.4.2: Mezzanine-Finanzierung

Wohlgemerkt handelt es sich bei dem Equity-Kicker um eine zusätzlich zur Marge zu zahlende Gewinnbeteiligung; im für das Kreditunternehmen ungünstigsten Fall – das Immobilienprojekt schließt mit Verlust ab oder erreicht gerade die Nullschwelle – kann der Equity-Kicker daher null sein. Ein Verlustrisiko, das über die Risiken der klassischen Nachrangfinanzierung hinausginge, trägt das Bankinstitut bei dieser Finanzierungsart nicht.

Kein höheres Verlustrisiko

Die Vereinbarung eines Equity-Kickers stellt bei der Mezzanine-Finanzierung die Regel dar. Weniger typisch ist die Zahlung einer Extramarge, d.h. eines festen Betrages oder Zinsaufschlages, der in der Höhe unabhängig vom Gewinn des Investors ist.

Ähnlichkeit von Mezzanine- und klassischer Finanzierung

Das Modell der Mezzanine-Finanzierung ist der klassischen Kreditfinanzierung am ähnlichsten. Die Rollenverteilung zwischen Bank und Developer bleibt bestehen. Der Kreditgeber hat nach Freigabe der Mittel kaum mehr Einflußmöglichkeiten auf den Verlauf des Projektes, da die unternehmerische Führung allein beim Developer liegt. Deshalb ist eine strenge Qualitätskontrolle im Vorfeld unerläßlich.

Finanziell liegen die Equity-Kicker in einer Größenordnung von 1 % des Kreditvolumens.

Geringer Marktanteil

Generell läßt sich feststellen, daß in Deutschland die Mezzanine-Finanzierung nur sehr vereinzelt bei der Finanzierung von Immobilienprojekten eingesetzt wird[4]). Als Beispiel einer Anwendung der Mezzanine-Finanzierung sei der Frankfurter Messeturm genannt[5]).

[4]) Vgl. Gereth, B./Schulte, K.-W.: Mezzanine-Finanzierung, Verlag Josef Eul, Bergisch Gladbach/Köln 1992, S. 124f.

[5]) Vgl. Citibank AG (Hrsg.): Informationsbroschüre »Messeturm«, Eigenverlag, Frankfurt am Main 1986.

2.4.2.3 Leasingfinanzierung

Grundlagen

Immobilienleasing: Finanzierungen bis zu 100 %

Immobilienleasing bedeutet langfristige Nutzungsüberlassung von Gebäuden durch eine Besitzgesellschaft (Leasinggeber) im Rahmen eines Mietverhältnisses, meist verbunden mit einer Option auf den Erwerb der Immobilie durch den Leasingnehmer. Als Darlehensnehmer tritt die Besitzgesellschaft auf. Durch die Kombination der Immobilie als Sicherheit einerseits und der langfristig vertraglich festgeschriebenen Mietzahlungen andererseits sind Finanzierungen zu 100 % möglich.

Flexibilität

Der wirtschaftliche Erfolg des Immobilienleasings wie des Leasings im allgemeinen hat seine Gründe in der nicht eindeutigen Zuordnung zu den gesetzlich geregelten Vertragstypen; es ist weder ein reiner Mietvertrag noch ein echter Kaufvertrag. Diese fehlende gesetzliche Verankerung ermöglicht dem Leasing eine Flexibilität, die über die Möglichkeiten einer klassischen Finanzierung bei weitem hinausgeht. Ursprünglich aus steuerlichen Gründen angewandt, ist Immobilienleasing heute wegen des Know-hows der Leasinggeber interessant.

Vertragsvarianten

Zu unterscheiden sind grundsätzlich zwei verschiedene Vertragsgestaltungen: Das Vollamortisationsleasing und das Teilamortisationsleasing.

Vollamortisationsleasing

Beim Vollamortisationsleasing sind die Leasingraten so kalkuliert, daß im Rahmen der vertraglich vereinbarten Grundlaufzeit 100 % der Herstellungskosten des Objektes vom Leasingnehmer bezahlt werden. Diese Verträge werden von den wenigsten Leasingnehmern akzeptiert.

Teilamortisationsleasing

In der Praxis werden daher üblicherweise Teilamortisationsverträge mit Kaufoption für den Leasingnehmer geschlossen (Abb. 2.4.3)[6]. Die Miete des Leasingnehmers setzt sich in diesem Fall zusammen aus der anteiligen linearen Abschreibung, den Zinsen der Finanzierung sowie der Risiko- und Gewinnspanne des Leasinggebers. Nach Ablauf der Grundmietzeit kann der Leasingnehmer dann das Objekt zum linear abgeschriebenen Buchwert übernehmen, er sichert sich auf diesem Wege also die mögliche Wertsteigerung an »seinem« Objekt.

---

[6]) Vgl. Feinen, K.: Das Leasinggeschäft, 3. Aufl., Fritz Knapp Verlag, Frankfurt am Main 1990, S. 84 f.

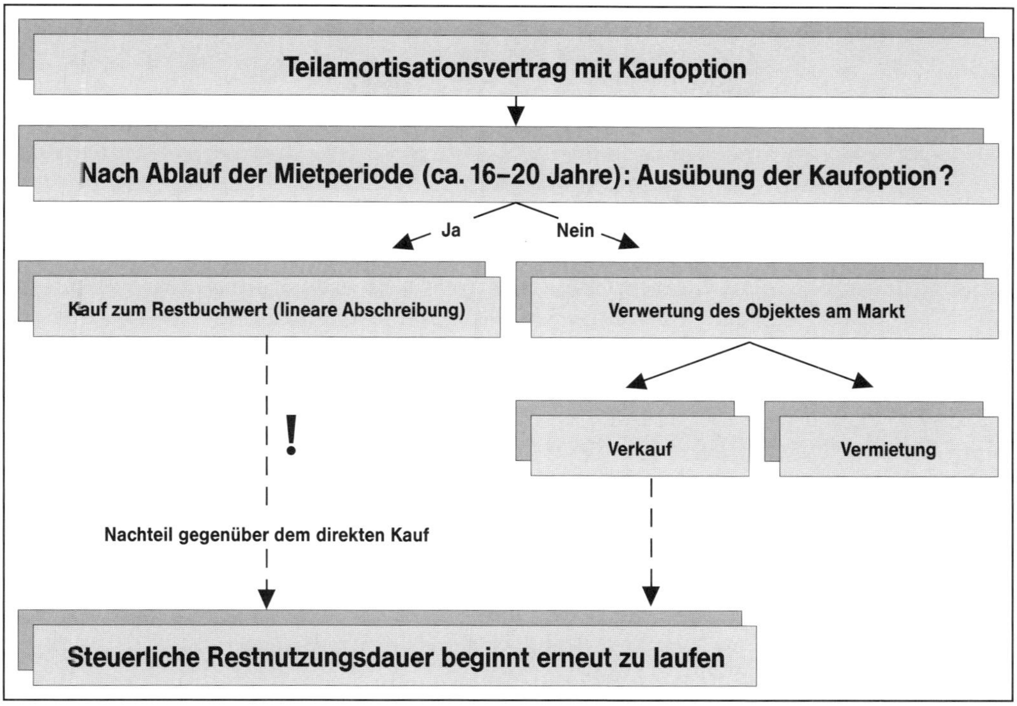

Abb. 2.4.3: Teilamortisationsverträge

Sale-And-Lease-Back-Verfahren

Eine besondere Vertragsgestaltung stellt das Sale-And-Lease-Back-Verfahren dar. Hierbei befindet sich das bereits erstellte Objekt im Besitz des späteren Leasingnehmers. Dieser verkauft das Objekt an die Leasinggesellschaft, um es gleichzeitig wieder von dieser langfristig zu mieten. Die Sale-And-Lease-Back-Lösung bietet sich an, wenn stille Reserven aus einer Immobilie aufgelöst werden sollen oder müssen, das Objekt aber zur Fortführung des Betriebes benötigt wird.

Steuerliche Beurteilung

Leasingerlasse

Aufgrund steuerlicher Vorteile nahm die Leasingbranche Ende der 60er Jahre eine stürmische Entwicklung. Die Möglichkeit, steuerliche Abschreibungsvorgaben durch hohe Leasingraten und niedrige Kaufoptionen scheinbar umgehen zu können, übte auf viele Marktteilnehmer eine Faszination aus. Spätestens Anfang der 70er Jahre kam es infolge höchstrichterlicher Entscheidungen und der sog. Leasingerlasse zu einer Marktberuhigung. Die erwähnten Leasingerlasse[7]) legen fest, wann die Leasingobjekte wirtschaftlich und damit steuerlich nicht dem juristischen Eigentümer, sondern dem Leasingnehmer zuzurechnen sind.

Teilarmortisationserlaß

Besondere Beachtung für das Immobilienleasing verdient bei der üblichen Vertragsgestaltung der Teilarmortisationserlaß. Ihm zufolge sind die Immobilienobjekte immer dann dem Leasingnehmer zuzuordnen, wenn

Zuordnung zum Leasingnehmer

- die Grundmietzeit über 90% der betriebsgewöhnlichen Nutzungsdauer beträgt und eine Kaufoption vereinbart wurde, deren Kaufpreis unter dem Restbuchwert der linearen Abschreibung liegt;
- die Grundmietzeit über 90% der betriebsgewöhnlichen Nutzungsdauer beträgt und eine Mietverlängerungsoption mit Mieten unter 75% der ortsüblichen Miete vereinbart wurde;
- es sich um ein sog. Spezialleasing handelt, das Leasingobjekt also ausschließlich vom Leasingnehmer wirtschaftlich sinnvoll genutzt werden kann – mithin keine Drittverwendungsfähigkeit vorliegt.

»Besondere Verpflichtungen«

Bei einer Vertragsgestaltung, die die beiden erstgenannten Fälle berücksichtigt, erfolgt die Zurechnung auch dann beim Leasingnehmer, wenn er »besondere Verpflichtungen« übernimmt. Darunter sind unter anderem folgende Vertragsbedingungen zu verstehen:

- Die Leistungspflicht des Leasingnehmers reduziert sich auch bei zufälligem Untergang des Leasingobjektes nicht, d. h. der Leasingnehmer trägt das Risiko des Unterganges.
- Der Leasingnehmer stellt den Leasinggeber von allen Ansprüchen Dritter frei, die sich aus dem Leasingobjekt ergeben könnten.

Verkürzung der Grundmietzeit

Verzicht auf Kauf-/Mietoption

Um die steuerliche Zuordnung beim Leasingnehmer zu vermeiden, muß die Grundmietzeit also kürzer als die oben genannten 90% der betriebsgewöhnlichen Nutzungsdauer sein oder aber es muß auf die steuerschädlichen Kauf- bzw. Mietoptionen verzichtet werden. Bei gegebener Drittverwendungsfähigkeit läßt sich mit solchen Vertragsgestaltungen auch in Zukunft sinnvoll Immobilienleasing betreiben.

Schwieriger stellt sich das Problem des Ausschlusses der Übernahme von besonderen Verpflichtungen dar. Da der

[7]) BMF: Ertragssteuerliche Behandlung von Leasingverträgen über bewegliche Wirtschaftsgüter vom 19. April 1971; BMF: Ertragssteuerliche Behandlung von Finanzierungsleasingverträgen über unbewegliche Wirtschaftsgüter vom 21. März 1972; BMF: Steuerliche Zuordnung des Leasinggegenstandes beim Leasinggeber vom 22. Dezember 1975; BMF: Ertragssteuerliche Behandlung von Teilarmortisationsleasingverträgen über unbewegliche Wirtschaftsgüter vom 23. Dezember 1991.

Versicherungslösung

Leasingnehmer das Risiko des zufälligen Unterganges laut Erlaß nicht tragen darf, bietet sich hier nur als Ausweg die Versicherungslösung an. Ähnlich wie im Fall der Ansprüche Dritter muß ein Versicherungsvertrag abgeschlossen werden, der die Risiken für den Leasinggeber - soweit wie möglich - ausschließt. Die Versicherungskosten können im Rahmen der Nebenkosten steuerunschädlich auf den Leasingnehmer übertragen werden. Nichtversicherbare Risiken müssen beim Leasinggeber verbleiben. Zwar ist der Inhalt des Erlasses umstritten - aus Gründen der steuerlichen Kalkulierbarkeit sollten die Vorgaben jedoch buchstabengetreu eingehalten werden.

Wirtschaftliche Beurteilung

Neben den steuerlichen Gesichtspunkten müssen zur Immobilienfinanzierung mittels Leasing folgende Aspekte berücksichtigt werden:

Vorteile für den Leasingnehmer

- Durch Kumulation der Immobiliensicherheit (Objektgesellschaft) mit der Bonität des Leasingnehmers (nachhaltige Einkommens- bzw. Unternehmensbilanz) läßt sich eine bis zu 100%ige Finanzierung der Immobiliengestehungskosten erzielen.
- Die gesamte vertraglich vereinbarte Tilgung zählt als Betriebsaufwand, daher wird die bei herkömmlicher Finanzierung unausweichliche Diskrepanz zwischen Abschreibungssätzen und höherer Tilgung vermieden.
- Die Zahlung von gleichbleibenden Leasingraten schont die Liquidität der Leasingnehmer, da die Ausgaben zeitlich synchron mit den Einnahmen anfallen.
- Als wirtschaftlicher Eigentümer der Immobilie erscheint der Leasinggeber, sofern die von den Leasingerlassen geforderten Auflagen erfüllt sind. Das bedeutet, daß sich die Transaktion nicht in der Bilanz des Leasingnehmers niederschlägt.
- Da leasingfinanzierte Immobilien bilanziell nicht ausgewiesen zu werden brauchen, verbessert sich bei schematischer Anwendung der Bilanzkennziffern die Situation des Leasingnehmers und damit sein finanzieller Spielraum. Dieser Vorteil sollte aber nicht überschätzt werden. Die Banken sind natürlich in der Lage, die Leasingdaten, die im Bilanzanhang als sonstige finanzielle Verpflichtungen auszuweisen sind[8]), umzurechnen und zu modifizieren,

[8]) § 285 Nr. 3 HGB.

um vergleichbare Bilanzkennziffern zu erhalten. Interessanter kann es für den Leasingnehmer sein, durch die Leasingfinanzierung seine Bilanz zu verkürzen und somit Prüfungs- und Offenlegungspflichten[9]) nur für eine kleinere Größenklasse erfüllen zu müssen. Für Unternehmen, die an der Schwelle zur nächsten Größenklasse stehen, bietet sich unter Umständen das Sale-And-Lease-Back-Verfahren an.

Steuerverlagerung

- Steuerliche Auswirkungen, die dem Leasing zu seinem Ruhm verholfen haben, gibt es heute fast nicht mehr. Allenfalls Steuerverlagerungen sowohl zeitlich als auch vom Leasingnehmer auf den Leasinggeber sind noch vorhanden. Bei Leasingfinanzierung und späterer Ausübung der Kaufoption kann es sogar zu steuerlich nachteiligen Auswirkungen kommen, da mit Ausübung der Option die Restnutzungsdauer neu festzulegen ist und diese i. d. R. über die ursprüngliche Restnutzungsdauer hinausreicht und sich somit die Abschreibungsmöglichkeiten verschlechtern. Gewerbesteuerliche Vorteile ergeben sich allerdings, wenn der Leasingnehmer die erweiterten Kürzungsmöglichkeiten[10]) in Anspruch nehmen kann.

Know-how-Vorsprung des Leasinggebers

- Ein ausschlaggebender Faktor für die Nutzung des Immobilienleasings kann der Know-how-Vorsprung des Leasinggebers sein. Dadurch, daß die Leasinggesellschaften regelmäßig mit der Planung, Baubetreuung und Überwachung beschäftigt sind, können sie durch ihr Wissen die Bauabwicklung professioneller und kostengünstiger durchführen, als es dem leasingnehmenden Unternehmer durch eigene Tätigkeit oder durch Übergabe an einen Generalunternehmer möglich wäre. Diese Kosteneinsparungen können durchaus die Servicekosten des Leasinggebers bei weitem übersteigen. Nicht zuletzt dieser Know-how-Vorsprung, gepaart mit der Möglichkeit, nicht streng nach VOB ausschreiben zu müssen, läßt die Immobilienleasing-Finanzierung auch für kommunale Anwender interessant erscheinen.

Fazit

Als Fazit läßt sich festhalten: Leasing ist nicht grundsätzlich billiger als andere Finanzierungsarten. Da es aber i.d.R. auch keine reine Finanzierungsart darstellt, sondern zugleich Service und Know-how des Leasinggebers miterworben werden, kann es insgesamt zu einer günstigen Nutzung von Immobilien führen.

---

[9]) §§ 266, 267 HGB.
[10]) § 9 Nr. 1 Sätze 2 bis 5 GewStG.

Bei diesen Vorteilen mag es für kleinere Unternehmen bedauerlich erscheinen, daß sich Immobilienleasing erst ab einer Größenordnung vom 10 Mio. DM für den Leasinggeber rechnet. Das durchschnittliche Volumen eines Immobilienleasingvertrages lag 1991 bei 17,7 Mio. DM[11]).

Zu den Besonderheiten der Fonds-Leasing-Finanzierung siehe Abschnitt 2.4.2.5.

2.4.2.4 Finanzierung über Immobilienfonds

Die besondere Funktion der Einschaltung eines Immobilienfonds liegt in der Beschaffung des neben der Fremdfinanzierung erforderlichen Eigenkapitals für sehr große Projekte. Dafür kommt i.d.R. nur eine Finanzierung mittels geschlossener Immobilienfonds in Betracht. Bei geschlossenen Fonds erwerben die Anleger Anteile an der Besitzgesellschaft, die i.d.R. als Gesellschaft bürgerlichen Rechts oder als Kommanditgesellschaft geführt wird. Sie werden damit mittelbar Eigentümer der Immobilie (Abb. 2.4.4).

Geschlossene Immobilienfonds

Der Vorteil liegt darin, daß der Anleger steuerlich dem Bauherrn gleichgestellt ist und entsprechende Verlustzuweisungen geltend machen kann.

Vorteil

Während der allgemeine Markt für geschlossene Immobilienfonds heute vermehrt Mehrobjektgesellschaften gründet, um damit eine Risikostreuung zu erreichen, kommt für die Finanzierung nur eine Einzelobjektgesellschaft in Frage. Bei der Finanzierung sind zwei Komponenten zu unterscheiden:

Einzelobjektgesellschaft

- die herkömmliche Immobilienfinanzierung, für die die Fondsgesellschaft als Kreditnehmer auftritt,
- für den individuellen Anteilseigner eventuell zusätzlich die (Teil-)finanzierung des Anteilserwerbes als personenbezogener Kredit (Abb. 2.4.4).

Die steuerlichen Vorteile lassen i. d. R. genügend Anleger zusammenkommen, um auch große Eigenkapitalsummen realisieren zu können. Objekte, bei denen eine Finanzierung mittels geschlossener Immobilienfonds ins Auge gefaßt wird, sollten in einer Größenordnung nicht unter 15 Mio. DM liegen. Die Kosten, die durch diese Art der Eigenkapitalbeschaffung entstehen, liegen bei etwa 15 bis 20 % der Herstellungskosten, wobei der prozentuale Anteil naturgemäß mit dem Umfang des zu finanzierenden Objektes sinkt.

Größenordnung

Hohe Kosten

---

[11]) Vgl. Busse, C.: Immobilienleasing: Die Branche hofft auf einen Boom in Ostdeutschland, zitiert nach Tacke, H. R.: Leasing, 2. Aufl., Verlag Schäffer-Poeschel, Stuttgart 1993, S. 199.

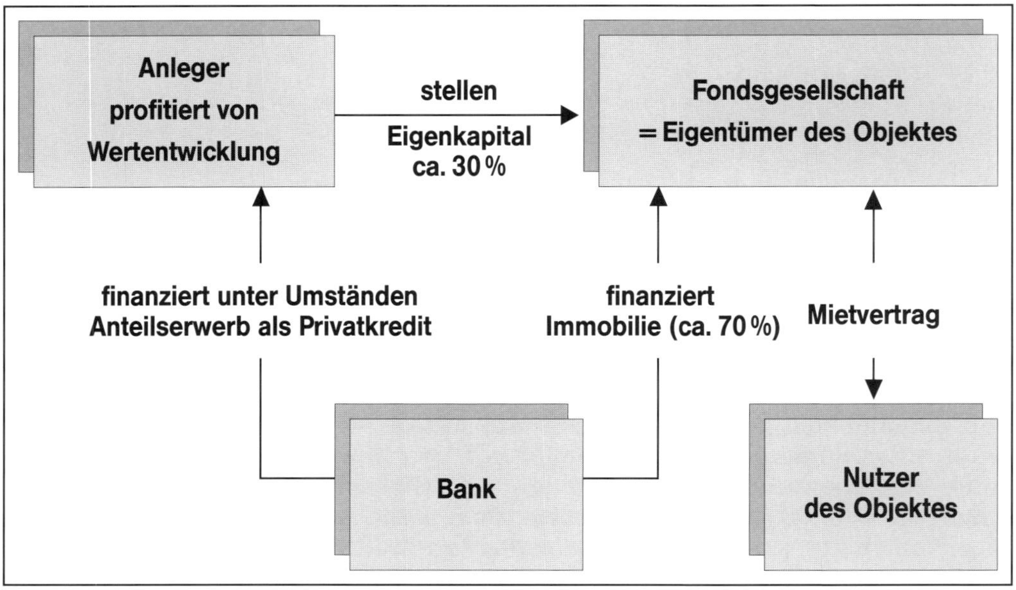

Abb. 2.4.4: Geschlossener Immobilienfonds

2.4.2.5 Kombinierte Fonds-Leasing-Finanzierung

Begriff

Diese Finanzierungsalternative ist erst in den letzten Jahren entwickelt worden - ihre Marktbedeutung daher noch gering. Sie zeichnet sich durch die zweigleisige Finanzierung eines Immobilienobjektes aus. Zum einen vermittelt die Leasinggesellschaft einen Teil der benötigten Mittel in Form von Bankdarlehen. Zur Beschaffung von weiterem Kapital wird zunächst eine Objektgesellschaft gegründet. Die restlichen Mittel werden dann als Eigenkapital dieser Objektgesellschaft in Form eines geschlossenen Immobilienfonds von privaten und institutionellen Anlegern aufgebracht (Abb. 2.4.5). In der Praxis werden diese Einlagen allerdings von den Anlegern wiederum durch Kredite finanziert.

Vollfinanzierung

Auf diese Weise läßt sich faktisch eine Vollfinanzierung erreichen.

Tacke weist darauf hin, daß bei dieser Finanzierungsart unter Umständen für den Leasingnehmer eine leichte Mietverbilligung eintritt, wenn die Zinsvorteile aus den verschiedenen Finanzierungen an den Leasingnehmer weitergegeben werden[12]).

Auswirkung auf den Kommanditisten

Problematisch ist diese Finanzierungsform allenfalls für den Kommanditisten der Objektgesellschaft, der im Gegensatz zu normalen Immobilienfonds i.d.R. nicht an den Wertstei-

12) Vgl. Tacke, H. R.: Leasing, 2. Aufl., Verlag Schäffer-Poeschel, Stuttgart 1993, S. 226.

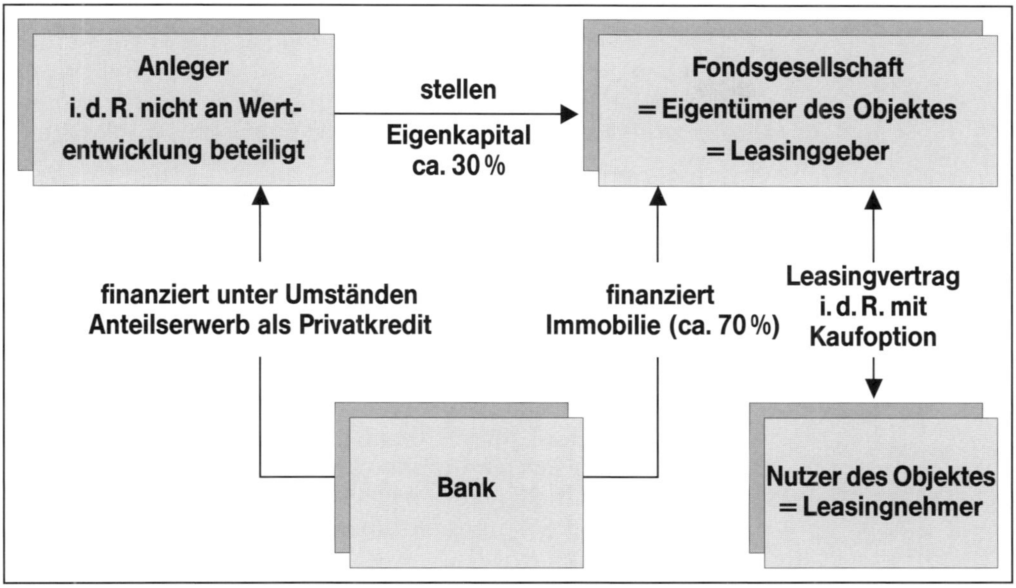

Abb. 2.4.5: Kombinierte Fonds-Leasing-Finanzierung

gerungen des Immobilienobjektes teilnimmt. Dies liegt daran, daß auch bei der Fonds-Leasing-Finanzierung dem Leasingnehmer im allgemeinen ein Kaufoptionsrecht eingeräumt wird.

Nach Opitz wird die Verbreitung der Fonds-Leasing-Finanzierung durch den Wegfall der degressiven Abschreibungsmöglichkeiten zum 31. Dezember 1993 für institutionelle Investoren bzw. zum 31. Dezember 1994 für Privatinvestoren in den alten Bundesländern stark abnehmen. In den neuen Bundesländern ist aber zumindest für die Fortdauer der Sonderabschreibungen bis zum 31. Dezember 1996 noch mit einer Vielzahl von Leasingfonds zu rechnen[13]).

2.4.2.6 Participating-Mortgage-Finanzierung

Charakteristika einer Participating-Mortgage-Finanzierung

Lösung der Probleme der Anfangsphase

In der Anfangsphase des Immobilienprojektes kann der Kapitaldienst die Rentabilität besonders stark beeinträchtigen; insbesondere bei Entwicklungen bis zur Vollvermietung bzw. bei Immobilienkäufen bis zur Realisation einkalkulierter Mietanpassungen kann es zu hohen Belastungen

---

[13]) Vgl. Opitz, G.: Geschlossene Immobilienfonds – wirtschaftliche, rechtliche und steuerliche Konzeptionen, Verlag Rudolf Haufe, Freiburg im Breisgau 1995, S. 140.

kommen. Zwar ließe sich der Kapitaldienst durch einen erhöhten Eigenkapitaleinsatz verringern, dies würde jedoch unweigerlich zu einer Reduktion der Eigenkapitalrendite führen. Hinzu kommen die bereits beschriebenen Probleme durch die heute üblichen Größenordnungen der Projekte.

Participating-Mortgage-Prinzip

Für diese Fälle hat sich am Markt das Instrument des Participating Mortgage entwickelt. Hierbei verzichtet die Bank auf einen Teil des Darlehenszinses und erhält zugleich eine Option auf eine Gewinnbeteiligung am Projekt. Infolge des geringeren Kapitaleinsatzes erhöht sich für den Investor trotzdem seine Eigenkapitalrendite.

Nachteil für die Bank

Kritisch muß angemerkt werden, daß die Risikoübernahme durch die Bank zwar in Form einer Gewinnbeteiligung abgegolten ist, der Bank jedoch damit noch keinerlei Mitspracherechte bzw. Einflußmöglichkeiten erwachsen[14]). Dies überproportionale und asymmetrische Risikozunahme bei Großprojekten für die Finanzierungsinstitute hat dazu geführt, daß diese Finanzierungsform am deutschen Markt nur einen geringen Anteil hat.

Beispiel einer Participating-Mortgage-Finanzierung

Ein älteres Objekt wird für 80 Mio. DM gekauft.
Die Mieteinnahmen betragen 5,6 Mio. DM p. a. (Vervielfältiger ca. 14, Rendite 7%).

Es wird in zwei Jahren für 20 Mio. DM umgebaut, die Mieteinnahmen erhöhen sich nach dem Umbau auf 8,8 Mio. DM.

Aus Sicherheitserwägungen wird der Vervielfältiger beibehalten. Daher ergibt sich ein Verkaufserlös von 125 Mio. DM.

Zu finanzieren sind also 100 Mio. DM.

Vergleich: Klassische Finanzierung/ Participating-Mortgage-Finanzierung

- Bei einer **klassischen Finanzierung** könnte dies etwa wie folgt aussehen:
  80 Mio. DM zu 8% und 20 Mio. DM Eigenkapital.

  Der Investor muß also folgende Mittel aufbringen:

Eigenkapital	20,0 Mio. DM
+ Zinsen (2 x 6,4)	12,8 Mio. DM
	32,8 Mio. DM

[14]) Vgl. Follak, K. P.: Immobilien-Projektfinanzierung – Joint-ventures und andere Modelle zur Teilung von Profit und Risiko, in: Der langfristige Kredit, Heft 4, 1993, S. 101.

Als Profit ergibt sich für den Investor:

Verkaufserlös	125,0 Mio. DM
- Tilgung	-80,0 Mio. DM
- Zinsen	-12,8 Mio. DM
- Eigenkapital	-20,0 Mio. DM
	12,2 Mio. DM

Der Gewinn von 12,2 Mio. DM entspricht einer Eigenkapitalrendite von 61 %, keine Berücksichtigung der Zinseszinsrechnung.

Die Bank erhält in diesem Beispiel 12,8 Mio. DM Zinsen.

Participating-Mortgage-Finanzierung

- Bei einer **Participating-Mortgage-Finanzierung** würde eine Finanzierung beispielsweise wie folgt aussehen:

  40 Mio. DM Hypothekenfinanzierung, 10 Mio. DM Eigenkapital und 50 Mio. DM als Participating-Mortgage mit halbem Sollzinssatz und Anspruch auf die Hälfte des Entwicklergewinnes:

  Der Investor hat folgende Mittel aufzuwenden:

Eigenkapital	10,0 Mio. DM
+ Zinsen [2 x (3,2 + 2,0)]	10,4 Mio. DM
	20,4 Mio. DM

  Als Entwicklungsprofit verbleibt ihm:

Verkaufserlös	125,0 Mio. DM
- Tilgung	-90,0 Mio. DM
- Zinsen	-10,4 Mio. DM
- Eigenkapital	-10,0 Mio. DM
	14,6 Mio. DM

  Wenn erneut Zinseszinseffekte vernachlässigt werden, so ergibt sich eine Eigenkapitalverzinsung von 73 %.

  In dieser Variante hätte das finanzierende Institut 17,7 Mio. DM in Form von Zinsen und Gewinnanteil erhalten.

Fazit

Aus Sicht des Projektentwicklers lohnt sich diese Participating-Mortgage-Lösung insbesondere bei tendenziell sinkenden Zinsen (durch die sich dann erhöhenden Vervielfältiger) und steigenden Mieten, da beides zu einer Erhöhung der Immobilienpreise führt.

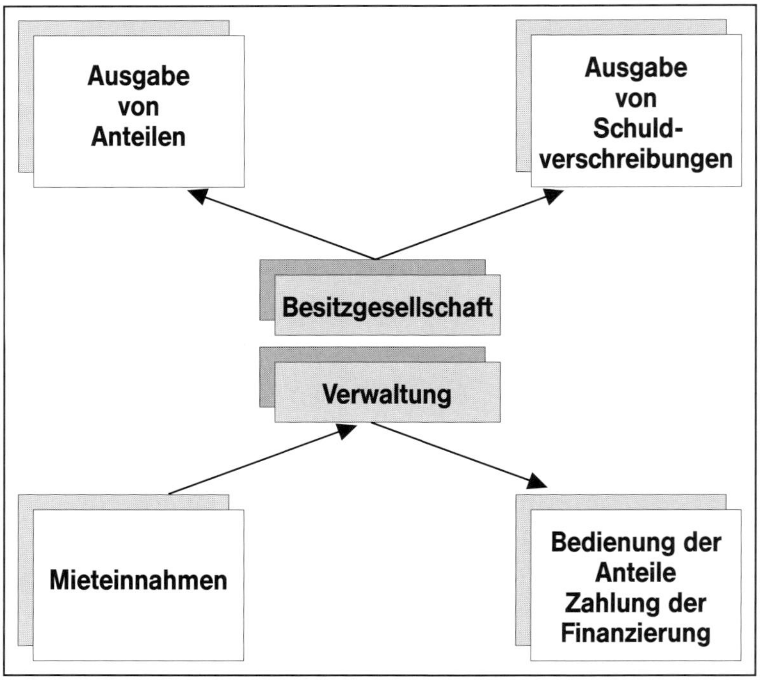

Abb. 2.4.6: Grundprinzip der Securitization

2.4.2.7 Securitization

Prinzip

Bei dieser Finanzierungsart überträgt der Developer das Immobilieneigentum einer Besitzgesellschaft, die nur zur Durchführung des Projektes gegründet worden ist. Diese Gesellschaft gibt einerseits Gesellschaftsanteile (z.B. Aktien), andererseits Schuldverschreibungen (Securities) zur Fremdfinanzierung heraus. Zinsen und Tilgung für die Securities werden aus dem Cash-flow des Immobilienprojektes bedient. Vereinfacht ausgedrückt finanziert sich die Immobilie auf diese Weise selbst (Abb. 2.4.6). Die Bank beschränkt sich auf die Rolle des Zwischenkreditgebers sowie auf das »Underwriting« und auf die Plazierung der Anteile und Schuldverschreibungen.

Diese Finanzstruktur ist wegen der erheblichen Transaktionskosten (z.B. für die eventuelle Börseneinführung) freilich nur für große Volumina (Größenordnungen über 100 Mio. DM) rentabel. Auch sind die entsprechenden Schuldverschreibungen meist nur mit Zusatzsicherheiten wie Bankgarantien absetzbar, weil sie nur dann das von den Anlegern erwartete »Rating« erhalten.

Interessant ist diese Finanzierungsform wegen der günstigen Finanzierungsmöglichkeit für den Projektentwickler einerseits und wegen der zusätzlichen Provisionseinnahmen für das Finanzierungsinstitut andererseits. Hinzu kommt die anonyme Teilung von Risiko und Profit am Besitz einer Großimmobilie.

Geringe Verbreitung

Daß sich diese Form der Immobilienfinanzierung in Kontinentaleuropa bisher nicht so recht durchsetzen konnte, liegt in erster Linie daran, daß keine ausreichenden Sekundärmärkte für diese Wertpapiere aufgebaut werden konnten. Für den Anleger sind die entsprechenden Schuldverschreibungen deshalb nicht mit liquiden Papieren wie beispielsweise Pfandbriefen vergleichbar. Die lange Abwicklungszeit der Emission aufgrund der Vorbereitung der komplexen Verträge und der damit verbundenen Kosten für Rechtsberatung und Emission der Securities wirkt sich ebenfalls hemmend auf die Inanspruchnahme dieser Finanzierungsmöglichkeit aus.

2.4.2.8 Finanzierung als Joint-venture zwischen Projektentwickler und Bank[15])

Charakteristika der Joint-venture-Finanzierung[16])

Prinzip

Bei der Joint-venture-Finanzierung wird das Eigentum an der Immobilie von einer Projektgesellschaft gehalten. Als deren gemeinsame Anteilseigner treten der Projektentwickler sowie – i. d. R. über eine zwischengeschaltete Holding – die finanzierende Bank auf, ggf. können weitere Anteilseigner beteiligt werden. Als weitere Miteigentümer der Projektgesellschaft kommen beispielsweise beteiligte Bauunternehmen in Frage (Abb. 2.4.7).

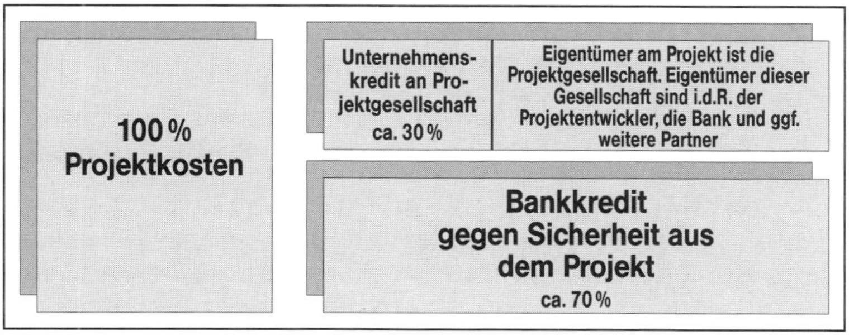

Abb. 2.4.7: Joint-venture-Finanzierung

---

[15]) Vgl. Follak, K. P.: Immobilienprojektfinanzierung – Joint-ventures und andere Modelle zur Teilung von Profit und Risiko, in: Der langfristige Kredit, Heft 4. 1993, S. 100–103.

[16]) Vgl. Nevit, P. K.: Project Financing, 4. Aufl., London 1993, S. 3 ff.

Beteiligung der Bank an unternehmerischen Entscheidungen

Diese Gestaltung ermöglicht der Bank sehr weit gehende Finanzierungen. Die Finanzierungsmittel fließen an die Projektgesellschaft, das Joint-venture. Damit wird die Bank am Unternehmensrisiko beteiligt, aber auch am entsprechenden Gewinn sowie an der unternehmerischen Projektentscheidung. Dies stellt den deutlichsten Unterschied zu den bereits dargestellten Finanzierungsmöglichkeiten dar. Eine Finanzierung außerhalb der Bilanz, eine Teilung des Risikos oder auch eine Gewinnteilung gab es auch bei den bereits dargestellten Projektfinanzierungsmöglichkeiten. Ein Mitspracherecht bzw. eine Pflicht zur unternehmerischen Entscheidung gibt es nur bei dieser Form der Projektfinanzierung. Diese Mitsprachemöglichkeit des Finanzierungsinstitutes bedeutet gleichzeitig einen teilweisen Verlust der Selbständigkeit des Investors. Zusätzlich muß der Projektentwickler auch noch auf Teile des Entwicklergewinnes verzichten. Diese Nachteile werden aber aufgewogen dadurch, daß

Vorteile für den Investor

- der Eigenmitteleinsatz auf das unbedingt notwendige Maß beschränkt bleibt;
- die Ausgliederung der Projektentwicklung in eine selbständige Gesellschaft die Projektfinanzierung völlig unabhängig vom daneben bestehendem Bedarf an Betriebsmittelkrediten macht;
- das Projektvolumen nur vom Know-how des Projektentwicklers abhängt – es also unabhängig von seiner Eigenkapitalausstattung bzw. seiner Bilanz ist.

Vorteile für die Bank

Auch für die finanzierende Bank ergeben sich Vorteile:

- Das Risiko des Kreditausfalls wird durch die bessere Einbindung in die unternehmerische Entscheidung und durch die bessere Kostenkontrolle minimiert.
- Für das eingegangene unternehmerische Risiko erhält die Bank einen entsprechenden Anteil am Profit der Objektgesellschaft.
- Infolge der besseren Kontrollmöglichkeiten fällt es der Bank leichter, Kredittranchen weiter zu plazieren und somit auf diesem Wege ihr eingegangenes Risiko zu teilen.

Fazit

Zusammengefaßt ergibt sich, daß das eingegangene unternehmerische Risiko der Bank nicht nur Anteile am Profit bringt. Vielmehr fordert es von der Bank – neben der Finanzierungserfahrung – auch unmittelbares Immobilien-Know-how. Nur dann kann sie dieses Risiko beherrschen.

Beispiel einer Joint-venture-Finanzierung

Es wird auf das Beispiel aus 2.4.2.6, Beispiel einer Participating-Mortgage-Finanzierung, zurückgegriffen.

Vergleich: Klassische Finanzierung/ Joint-venture-Finanzierung

Zur Erinnerung:
Der Entwicklergewinn betrug bei klassischer Finanzierung 12,2 Mio. DM.
Die Eigenkapitalverzinsung betrug 61 %.
Die Bank erhielt 12,8 Mio. DM Zinsen.

Bei der Joint-venture-Finanzierung werden nun 95 % der Investitionssumme fremdfinanziert, d. h., 95 Mio. DM Fremdkapital und 5 Mio. DM Eigenkapital werden benötigt. Die 5 Mio. DM Eigenkapital teilen sich Projektentwickler und finanzierendes Institut.

Zinsbelastung für das Joint-venture:
95 Mio. DM x 8 Prozent x 2 Jahre = 15,2 Mio. DM.

Aufwand für die Projektgesellschaft:

Eigenkapital	5,0 Mio. DM
+ Zinsen	15,2 Mio. DM
	20,2 Mio. DM

Profit aus der Projektentwicklung:

Verkaufserlös	125,0 Mio. DM
- Tilgung	-95,0 Mio. DM
- Zinsen	-15,2 Mio. DM
- Eigenkapital	- 5,0 Mio. DM
	9,8 Mio. DM

Dieser Entwicklungsgewinn von 9,8 Mio. DM geht zu gleichen Teilen an Entwickler und Bank. Dies entspricht einer Eigenkapitalrendite von 196 %, wobei auch hier die Eigenkapitalrendite vereinfacht ohne Berücksichtigung von Zinseszinseffekten ermittelt wurde.

Die Bank, die ebenfalls diese Rendite auf ihr eingesetztes Eigenkapital erhält, bekommt insgesamt 20,1 Mio. DM als Summe aus Zinsen und Gewinnbeteiligung.

Man beachte: Diese deutliche Verbesserung gegenüber der klassischen Finanzierung wird durch das bedeutend höhere Risiko erkauft!

2.4.3 Fazit

Die dargestellten Finanzierungsmethoden sind für große Immobilienprojekte entwickelt worden, da sich die klassische Finanzierung für die Großobjekte als nicht mehr durchführbar erwies. Umgekehrt ist die Größe für diese Finanzierungsmethoden aber auch Voraussetzung, da der erhöhte Aufwand seitens des Kreditinstitutes sich nur bei Großprojekten rechnet.

Es ist gezeigt worden, daß für die Finanzierung von Immobilienprojekten ein breites Spektrum an individuellen Gestaltungsmöglichkeiten geboten wird. Es sei aber nochmals deutlich gesagt:

Wenn sich die Gestehungskosten und die Einnahmen aus einem Immobilienprojekt nicht in Einklang bringen lassen, ermöglicht auch die innovativste Finanzierungslösung keine Quadratur des Kreises.

Daran ist besonders in Zeiten der Marktabschwächung zu denken.

Teil 3
Rechtliche Grundlagen der Projektentwicklung

Prof. Dr. Rudolf Stich

3.1 Öffentliches Planungs- und Baurecht

Inhaltsverzeichnis

3.1.5.3 Zur Frage der Leistungen, die eine Gemeinde in einem städtebaulichen Vertrag fordern kann, mit dem sie einem Vorhabenträger die bauliche Erstentwicklung oder Neuordnung einer ihm gehörigen größeren Grundfläche überläßt

3.1.5.4 Zur Frage, wie die Durchführung eingriffsbezogener Ausgleichs- und Ersatzmaßnahmen »auf andere Weise gesichert« werden kann

3.1.6 Weiterführende Literatur

3.1.1 Rechtsgrundlagen mit Abkürzungen

Baugesetzbuch in der Fassung der Bekanntmachung vom 8. Dezember 1986 (BGBl. I S. 2253), zuletzt geändert durch das Investitionserleichterungs- und Wohnbaulandgesetz vom 22. April 1993 (BGBl. I S. 466)	**BauGB**
Maßnahmengesetz zum Baugesetzbuch, Art. 2 des Wohnungsbauerleichterungsgesetzes vom 17. Mai 1990 (BGBl. I S. 926) in der Fassung der Bekanntmachung vom 28. April 1993 (BGBl. I S. 622)	**BauGB-MaßnG**
Verordnung über die bauliche Nutzung der Grundstücke (Baunutzungsverordnung) in der Fassung der Bekanntmachung vom 23. Januar 1990 (BGBl. I S. 132), zuletzt geändert durch das Investitionserleichterungs- und Wohnbaulandgesetz (s. o.: BauGB)	**BauNVO**
Bundesnaturschutzgesetz in der Fassung der Bekanntmachung vom 12. März 1987 (BGBl. I S. 889), zuletzt geändert durch das Investitionserleichterungs- und Wohnbaulandgesetz (s. o.: BauGB)	**BNatSchG**
Verordnung über die Ausarbeitung der Bauleitpläne und die Darstellung des Planinhaltes (Planzeichenverordnung) vom 18. Dezember 1990 (BGBl. I 1991 S. 58)	**PlanzV**
Gesetz über die Umweltverträglichkeitsprüfung vom 12. Februar 1990 (BGBl. I S. 205), zuletzt geändert durch das Investitionserleichterungs- und Wohnbaulandgesetz (s. o.: BauGB)	**UVPG**

3.1.2 Baugesetzbuch

3.1.2.1 Rechtsentwicklung, Verfassungsgrundlagen

Das **BauGB** ist in seiner Fassung durch die Bekanntmachung vom 8. Dezember 1986 (BGBl. I S. 2253) **seit dem 1. Juli 1987 in Kraft**. Es gilt **seit dem 1. Mai 1993** mit den **Änderungen durch das Investitionserleichterungs- und Wohnbaulandgesetz** vom 22. April 1993 (BGBl. I S. 466). Seine **Vorläufer** sind das **Bundesbaugesetz** (BBauG) vom 23. Juni 1960 (BGBl. I S. 341) in der Neufassung vom 18. August 1976 (BGBl. I S. 2256, 3617), ergänzt durch das sog. Beschleunigungsgesetz vom 6. Juli 1979 (BGBl. I S. 949), und das Gesetz über städtebauliche Sanierungs- und Entwicklungsmaßnahmen (**Städtebauförderungsgesetz** – StBauFG) vom 27. Juli 1971 (BGBl. I S. 1125) in der Neufassung vom 18. August 1976 (BGBl. I S. 2318, 3617), zuletzt geändert durch das Gesetz vom 5. November 1984 (BGBl. I S. 1312).

BBauG und StBauFG: Allgemeines und Besonderes Städtebaurecht

Im Sinne des heutigen Sprachgebrauchs des BauGB hatte das **BBauG** im wesentlichen das »Allgemeine Städtebaurecht« geregelt (s. den Titel des ersten Kapitels des BauGB), während das 1971 hinzugekommene **StBauFG** vor allem Gesetzesbestimmungen über die städtebauliche Sanierung und Entwicklung und damit das »Besondere Städtebaurecht« enthielt (s. den Titel des zweiten Kapitels des BauGB). Rechtsvorschriften, die beide Bereiche ergänzten, sind heute im dritten Kapitel des BauGB zusammengefaßt (Näheres s. 3.1.2.2).

Ergänzende Rechtsverordnungen

Ergänzt wird das BauGB durch **drei wichtige Rechtsverordnungen**: die Verordnung über die bauliche Nutzung der Grundstücke **(BauNVO)**, die Verordnung über die Ausarbeitung der Bauleitpläne und die Darstellung des Planinhaltes **(PlanzV)** sowie die Verordnung über die Grundsätze für die Ermittlung der Verkehrswerte von Grundstücken (**Wertermittlungsverordnung** – WertV) in der Fassung vom 6. Dezember 1988 (BGBl. I S. 2209). Für einen Zeitraum bis zum 31. Dezember 1997 werden zahlreiche Bestimmungen des BauGB teils geändert, teils ergänzt durch das **Maßnahmengesetz zum Baugesetzbuch** (BauGB-MaßnG).

Neue Länder

Mit welchen **Maßgaben** das in den vorgenannten Gesetzes- und Verordnungsbestimmungen normierte Bundesbaurecht **in den östlichen Bundesländern** anzuwenden ist, richtet sich nach den Regelungen in § 246 a BauGB (in der Neufassung durch das Investitionserleichterungs- und Wohnbaulandgesetz).

Verfassungsrechtliche Grundlage

Die **verfassungsrechtliche Grundlage des Bundesbaurechts** ist vor allem **Art. 74 Nr. 18 GG**, der die konkurrierende Gesetzgebung auf »den Grundstücksverkehr, das Bodenrecht und das landwirtschaftliche Pachtwesen, das Wohnungswesen, das Siedlungs- und Heimstättenwesen« erstreckt. Die **Grenzen der Gesetzgebungsbefugnis des Bundes** im Verhältnis zur ausschließlichen Gesetzgebungszuständigkeit der Länder auf dem Gebiet des öffentlichen Baurechts hat das **Bundesverfassungsgericht** in dem Rechtsgutachten vom 16. Juni 1954 (BVerfGE 3, S. 407) gezogen. Danach hat der Bund keine Rechtsetzungskompetenz für das »Baupolizeirecht im bisher gebräuchlichen Sinne«, das heute den Gegenstand der Bauordnungen der Länder und der sie ergänzenden Rechtsverordnungen bildet.

3.1.2.2 Überblick über den Regelungsinhalt des BauGB

Erstes Kapitel: Allgemeines Städtebaurecht (§§ 1 bis 135)

Regelung der baulichen und sonstigen Nutzung

Die Bestimmungen des Allgemeinen Städtebaurechts befassen sich als erstes mit der Bauleitplanung und ihrer Sicherung (§§ 1 bis 28). Die Aufgaben, die das **Städtebaurecht des Bundes** als das **»Bebauungsrecht«** (im Verhältnis zum »Bauordnungsrecht« der Länder) zu erfüllen hat, sind jedoch eher zu erfassen, wenn man von den **Vorschriften über die Regelung der baulichen und sonstigen Nutzung der Grundstücke** (§§ 29 bis 38) ausgeht. Denn am Anfang jedes Bauvorhabens steht die Frage, wo gebaut werden kann, also die **Frage nach der Bebaubarkeit** einer bestimmten Fläche. Sie ist **nach jeweils eigenständigen Bestimmungen zu beantworten** für den Geltungsbereich eines Bebauungsplans (§§ 30, 31), für das Gebiet der Aufstellung eines Bebauungsplans (§ 33), für die im Zusammenhang bebauten Ortsteile (§ 34), für den Außenbereich (§ 35), für den Geltungsbereich einer Satzung mit Vorhaben- und Erschließungsplan (§ 7 BauGB-MaßnG) und für den Geltungsbereich einer Außenbereichs-Bausatzung (§ 4 Abs. 4 BauGB-MaßnG).

Frage nach der Bebaubarkeit

Es wäre demnach **nicht zutreffend**, aus dem Umstand, daß am Beginn der Regelungen des BauGB die Vorschriften über die Bauleitplanung und ihre Sicherung stehen, zu schließen, **daß grundsätzlich nur im Geltungsbereich eines Bebauungsplans gebaut werden dürfe**. Allerdings ist der Bebauungsplan das wichtigste Instrument zur Schaffung neuen Baulands, vor allem für Wohn-, Gewerbe-, Industrie-, Gemeinbedarfs- und Infrastrukturzwecke, und der Flächennutzungsplan das Instrument zur Lenkung und Ordnung der städtebaulichen Entwicklung im ganzen Gemeindegebiet, so daß es im Hinblick auf die städtebaulichen Entwicklungserfordernisse der Nachkriegszeit verständlich ist, wenn die gesetzlichen Regelungen des Städtebaurechts mit den Vorschriften über die Bauleitplanung (§§ 1 bis 13) eingeleitet wurden.

Bauleitpläne: Flächennutzungsplan und Bebauungspläne

Bauleitpläne sind der **Flächennutzungsplan** als der vorbereitende Bauleitplan und die **Bebauungspläne** als die rechtsverbindlichen Bauleitpläne. Der Flächennutzungsplan erfaßt das gesamte Gebiet einer Gemeinde, die Bebauungspläne beziehen sich auf Teilbereiche des Gemeindegebietes. Die **Aufgabe der Bauleitpläne** besteht darin, die bauliche und sonstige Nutzung der Grundstücke im Gemeindegebiet nach Maßgabe der Regelungen des BauGB vorzubereiten und zu leiten. Für ihre Aufstellung sind die **Gemeinden** im Rahmen ihrer verfassungsrechtlich gewährleisteten Befugnisse der kommunalen Selbstverwaltung **zuständig** (vgl. Art. 28 Abs. 2 Satz 1 GG); sie unterliegen dabei allerdings der **Rechtsaufsicht durch die höhere Verwaltungsbehörde**.

Diese Rechtsaufsicht bezieht sich sowohl auf das bei der Aufstellung der Bauleitpläne einzuhaltende **Verfahren** (mit öffentlicher Bekanntgabe des Planaufstellungsbeschlusses, Beteiligung der Bürger und der Träger öffentlicher Belange, Offenlegung der Planentwürfe zur Einsicht durch jedermann, Beratung über vorgebrachte Bedenken und Anregungen sowie endgültiger Beschlußfassung durch die Gemeindevertretung) wie auch auf die Beachtung des Abwägungsgebotes und der **sachinhaltlichen Anforderungen** an die Bauleitplanung, in deren Rahmen die **Umweltbelange** eine zunehmende Rolle spielen.

Inhalt der Pläne

Der **Flächennutzungsplan besteht** aus den Darstellungen in der Planzeichnung, der Erläuterung der dabei verwendeten Planzeichen und einem Erläuterungsbericht; **die Bebauungspläne bestehen** aus den Festsetzungen in der Planzeichnung, der Erläuterung der dabei verwendeten Planzeichen, den textlichen Festsetzungen und der Begründung, in der die Ziele, Zwecke und wesentlichen Auswirkungen des Bebauungsplans darzulegen sind. Was die **inhaltliche Ausgestaltung** der Bauleitpläne angeht, so enthält das **BauGB** für den Flächennutzungsplan eine nicht abschließende Auflistung der Darstellungsmöglichkeiten und für die Bebauungspläne wegen ihrer Rechtsnatur als Satzung eine abschließende Aufzählung der Festsetzungsmöglichkeiten, die allerdings durch Landesrecht erweitert werden kann. **Ergänzt** wird das Gesetzesrecht bezüglich der Darstellungen und Festsetzungen über die Art und das Maß der baulichen Nutzung, die Bauweise und die überbaubaren Grundstücksflächen sowie über die in den Baugebieten zulässigen baulichen und sonstigen Anlagen **durch die Regelungen der BauNVO**, der in der Praxis der Bauleitplanung eine große Bedeutung im Sinne einer Planungsanleitung zukommt. Nichts anderes gilt für die **PlanzV**, die Anweisungen in bezug auf die zu verwendenden Planunterlagen (Karten) und die anzuwendenden Planzeichen sowie in ihrer Anlage eine umfangreiche Zusammenstellung solcher Planzeichen enthält.

Da die Aufstellung, Änderung, Ergänzung oder Aufhebung von Bebauungsplänen meist längere Zeit in Anspruch nimmt, finden sich im BauGB **mehrere Instrumente zur Sicherung der Bauleitplanung** (§§ 14 bis 28). Wenn die Gemeinde beschlossen hat, einen Bebauungsplan aufzustellen, zu ändern, zu ergänzen oder aufzuheben, kann sie zur Sicherung der Planung eine **Veränderungssperre** beschließen. Sie kann sich allerdings auch darauf beschränken, für ein einzelnes Bauvorhaben, dessen Genehmigung beantragt ist, bei der Baugenehmigungsbehörde zu veranlassen, daß die **Entscheidung** über die Zulässigkeit des Vorhabens für einen Zeitraum bis zu zwölf Monaten **ausgesetzt** wird. Die Veränderungssperre tritt grundsätzlich nach Ablauf von zwei Jahren außer Kraft. Sie kann jedoch unter bestimmten Umständen verlängert oder auch neu beschlossen werden. Erst wenn sie **länger als vier Jahre** dauert, ist den Betroffenen für dadurch entstandene Vermögensnachteile eine angemessene **Entschädigung** in Geld zu gewähren.

Veränderungssperre

Die gesetzlich vorgeschriebene Genehmigung der **Teilung von Grundstücken** hat einerseits den Zweck, Veränderungen in den Grundstücksgrößen und -zuschnitten zu unterbinden, die mit einer geordneten städtebaulichen Entwicklung nicht zu vereinbaren wären. Andererseits soll sie die Erwerber von Grundstücken davor schützen, daß sie mit Bebauungsabsicht Grundstücksteile erwerben, von denen sich bei der späteren Prüfung, ob auf ihnen ein Bauvorhaben zulässig ist (nach den §§ 30 Abs. 1, 34 und 35 sowie innerhalb des Geltungsbereiches einer Veränderungssperre), ergibt, daß dies nicht der Fall ist. Teilungsvorgänge, die einer Teilungsgenehmigung unterliegen, dürfen **in das Grundbuch** erst übernommen werden, wenn der Genehmigungsbescheid vorgelegt ist.

Genehmigung der Grundstücksteilung

Das **Vorkaufsrecht** ermöglicht es der Gemeinde, in einen Kaufvertrag über ein Grundstück oder einen Grundstücksteil, der zwischen dem Grundstückseigentümer und einem Dritten abgeschlossen worden ist, als Käufer einzutreten. Doch gilt dies selbstverständlich im Hinblick auf die verfassungsrechtliche Eigentumsgarantie (Art. 14 GG) nicht unbeschränkt. Das **allgemeine Vorkaufsrecht** steht der Gemeinde zu beim Kauf von Grundstücken im Geltungsbereich eines Bebauungsplans, soweit es sich um Flächen handelt, für die nach dem Bebauungsplan eine Nutzung für öffentliche Zwecke festgesetzt ist, in einem Umlegungsgebiet (§ 45 ff.), in einem Sanierungsgebiet (§ 136 ff.), in einem städtebaulichen Entwicklungsbereich (§ 165 ff.) und im Gel-

Vorkaufsrecht der Gemeinde

tungsbereich einer Erhaltungssatzung (§ 172 ff.), nach dem Wohnungsbau-Erleichterungsrecht auch beim Kauf von unbebauten Grundstücken, soweit es sich um Flächen handelt, für die nach dem Flächennutzungsplan eine Nutzung als Wohnbaufläche oder Wohngebiet dargestellt ist oder die nach den §§ 30, 33 oder 34 vorwiegend mit Wohngebäuden bebaut werden dürfen (Näheres in § 3 BauGB-MaßnG). Ein **besonderes Vorkaufsrecht** kann die Gemeinde beim Vorliegen bestimmter Voraussetzungen durch Satzung begründen. Auf die weiteren Vorschriften über den Ausschluß des Vorkaufsrechts und seine Abwendung sowie über das Verfahren und die möglicherweise in Frage kommende Entschädigung des Käufers oder des Inhabers eines früher begründeten vertraglichen Vorkaufsrechts kann nur hingewiesen werden.

Entschädigung

Im Anschluß an die Vorschriften über die Regelung der baulichen und sonstigen Nutzung der Grundstücke (§§ 29 bis 38), auf die bereits zu Beginn eingegangen wurde, folgen Bestimmungen über die **Entschädigung** (§§ 39 bis 44). Übrigens enthält das BauGB auch an anderer Stelle Entschädigungsregelungen (§§ 93 bis 103). Der Grund liegt darin, daß im Anschluß an die Bauleitplanung und die Zulässigkeit von Vorhaben die Fälle behandelt werden müssen, in denen aufgrund von Maßnahmen der Bebauungsplanung oder von Zulässigkeitsentscheidungen für die Grundstückseigentümer **Vermögensnachteile** eintreten, **ohne daß das Grundstückseigentum selbst in seinem Bestand geschmälert wird** (unscharf als »Planungsschäden« bezeichnet). Demgegenüber behandeln die Entschädigungsvorschriften im Enteignungsteil die Vermögensnachteile, die durch die Wegnahme oder Belastung von Grundstücken oder Grundstücksteilen entstehen. Besonders wichtig ist im Rahmen der Regelungen über die Entschädigung für sog. Planungsschäden die **siebenjährige Plangewährleistungsfrist** (§ 42): Ein Grundstückseigentümer kann eine angemessene Entschädigung in Geld verlangen, wenn die (aufgrund eines Bebauungsplans oder eines sonstigen Zulässigkeitstatbestandes) zulässige Nutzung eines Grundstückes aufgehoben oder geändert wird und dadurch eine nicht nur unwesentliche Wertminderung des Grundstückes eintritt. Wird jedoch die zulässige Nutzung eines Grundstückes später als sieben Jahre ab Zulässigkeit aufgehoben oder geändert, so kann der Eigentümer nur eine Entschädigung für Eingriffe in die **ausgeübte Nutzung** verlangen.

Plangewährleistungsfrist

Im Rahmen der Vorschriften über die Bauleitplanung wird ausgeführt, daß der Bebauungsplan die Grundlage für **weitere zum Vollzug des BauGB erforderliche Maßnahmen** bildet (§ 8 Abs. 1 Satz 2 BauGB). In der praktisch häufigsten

Reihenfolge handelt es sich dabei um die Bodenordnung (durch Umlegung und Grenzregelung), die Enteignung, die Erschließung, die Entscheidung über die Zulässigkeit von Vorhaben im Geltungsbereich eines Bebauungsplans und um den Ausspruch städtebaulicher Gebote.

Umlegung

Die **Umlegung** (§§ 45 bis 79) hat zum **Ziel**, im Geltungsbereich eines Bebauungsplans und innerhalb der im Zusammenhang bebauten Ortsteile zur Erschließung oder Neugestaltung bestimmter Gebiete bebaute und unbebaute Grundstücke in der Weise neuzuordnen, daß nach Lage, Form und Größe für die bauliche oder sonstige Nutzung zweckmäßig gestaltete Grundstücke entstehen. **Zuständig** für die Anordnung und Durchführung der Umlegung sind die **Gemeinden**, die dafür in den meisten Ländern aufgrund landesrechtlicher Durchführungsvorschriften zum BauGB **Umlegungsausschüsse** mit weitgehend selbständigen Entscheidungsbefugnissen bilden. Die Umlegung ist grundsätzlich ein **Grundstückstauschverfahren** ohne Enteignungswirkung. Die Grundstückseigentümer erlangen aufgrund ihrer in die Umlegung einbezogenen Grundstücke einen Sollanspruch auf (Wieder-)Zuteilung von Grundflächen, auf den sie sich wert- oder flächenmäßig den Vorteil, den die Umlegung bewirkt (indem sie die Grundflächen der Bebaubarkeit näherbringt), anrechnen lassen müssen. **Der Gemeinde** oder dem sonstigen Erschließungsträger sind aus der Umlegungsmasse die **Flächen vorab zuzuteilen**, die nach dem Bebauungsplan für öffentliche Zwecke benötigt werden. Was verbleibt, ist die Verteilungsmasse, aus der den Eigentümern, dem Umlegungszweck entsprechend, nach Möglichkeit Grundstücke in gleicher oder gleichwertiger Lage und entsprechend ihrem Sollanspruch zuzuteilen sind. Nach dem Abschluß des Umlegungsverfahrens wird das **Grundbuch** gemäß dem Inhalt des Umlegungsplans berichtigt.

Grenzregelung

Die **Grenzregelung** (§§ 80 bis 84) ist gewissermaßen die »kleine Umlegung«. Mit ihr können die Gemeinden im Geltungsbereich eines Bebauungsplans (§ 30) oder innerhalb der im Zusammenhang bebauten Ortsteile (§ 34) zur Herbeiführung einer ordnungsgemäßen Bebauung einschließlich Erschließung oder zur Beseitigung baurechtswidriger Zustände entweder benachbarte Grundstücke gegeneinander austauschen, wenn dies dem überwiegenden öffentlichen Interesse dient, oder benachbarte Grundstücke, insbesondere Splittergrundstücke oder Teile benachbarter Grundstücke, einseitig zuteilen, wenn dies im öffentlichen Interesse geboten ist. **Wertänderungen** der Grundstücke, die durch die Grenzregelung bewirkt werden, oder Wertunterschiede ausgetauschter Grundstücke sind von den Eigentümern in Geld auszugleichen.

Enteignung zum Wohl der Allgemeinheit

Von den nicht wenigen Zweckbestimmungen der **Enteignung** (§§ 85 bis 122) ist in der städtebaulichen Praxis die wichtigste, Grundflächen für die Verwirklichung von Festsetzungen in Bebauungsplänen zu beschaffen, die dem Wohl der Allgemeinheit dienen. Doch ist die Enteignung als der schwerste Eingriff in das verfassungsmäßig geschützte Grundeigentum (vgl. Art. 14 GG) **im einzelnen Fall nur zulässig, wenn das Wohl der Allgemeinheit sie erfordert** und der Enteignungszweck auf andere zumutbare Weise nicht erreicht werden kann. Deshalb muß der Rechtsträger, der ein Vorhaben im Interesse der Allgemeinheit verwirklichen will und dafür Flächen benötigt, immer erst ernsthaft versuchen, diese Flächen von den Eigentümern zu angemessenen Bedingungen freihändig zu erwerben. Gelingt ihm dies nicht, so kann er die Einleitung des förmlichen Enteignungsverfahrens beantragen, das **von der höheren Verwaltungsbehörde durchgeführt** wird. In seinem Rahmen wird eine mündliche Verhandlung abgehalten, während der nochmals auf eine Einigung zwischen dem Antragsteller und dem Enteignungsbetroffenen hinzuwirken ist. Schlägt dieses Bemühen fehl, hat die Enteignungsbehörde die gebotene Entscheidung zu treffen. Wenn sie dem Enteignungsantrag stattgibt, erläßt sie den **Enteignungsbeschluß**, in dem vor allem der Gegenstand der Enteignung zu bezeichnen ist sowie Art und Höhe der Entschädigung festzulegen sind. Zu erwähnen ist auch die Möglichkeit der **vorzeitigen Besitzeinweisung**: Wenn die sofortige Ausführung des beabsichtigten Vorhabens aus Gründen des Wohls der Allgemeinheit dringend geboten ist, kann die Enteignungsbehörde den Antragsteller auf Antrag durch Beschluß in den Besitz des vom Enteignungsverfahren betroffenen Grundstückes einweisen, so daß der Eingewiesene auf dem Grundstück das von ihm im Enteignungsantrag bezeichnete Bauvorhaben ausführen und die dafür erforderlichen Maßnahmen treffen kann.

Erschließung als Voraussetzung für die bauliche Nutzung

Den Vorschriften über die Zulässigkeit der baulichen und sonstigen Nutzung von Grundstücken (§§ 30 bis 35) ist zu entnehmen, daß ein Bauvorhaben nur zugelassen werden kann, wenn »die Erschließung gesichert ist« (in § 35: »die ausreichende Erschließung gesichert ist«). Die **Erschließung** (§§ 123 bis 126) besteht darin, für die Baugrundstücke die erforderliche Verbindung zu den Verkehrsflächen (§ 9 Abs. 1 Nr. 11) und zu den Ver- und Entsorgungsanlagen (vgl. § 127 Abs. 4) zu schaffen. Sie ist **grundsätzlich Aufgabe der Gemeinde**. Die Erschließungsanlagen sollen entsprechend den Erfordernissen der Bebauung und des Verkehrs hergestellt werden und spätestens bis zur Fertigstellung der anzuschließenden baulichen Anlagen **benutzbar** (nicht endgültig hergestellt) sein. Nicht selten übertragen die Gemeinden die Erschließung eines Baugebietes einem Dritten, meist einem Wohnungsbau- oder Entwicklungsunternehmen (nicht zu verwechseln mit der werkvertraglichen Beauftragung eines Tiefbauunternehmens mit der Herstellung der Erschließungsanlagen). Zu den Kosten der Herstellung der Erschließungsanlagen **erheben die Gemeinden Beiträge** teils nach Bundesbaurecht (§§ 127 bis 135), teils nach dem Kommunalabgabenrecht der Länder.

Zweites Kapitel: Besonderes Städtebaurecht (§§ 136 bis 191)

Städtebauliche Sanierungsmaßnahmen

Der erste Teil des Besonderen Städtebaurechts befaßt sich mit den **städtebaulichen Sanierungsmaßnahmen** (§§ 136 bis 164). Es handelt sich dabei um Maßnahmen, durch die ein Gebiet zur **Behebung städtebaulicher Mißstände** wesentlich verbessert oder umgestaltet werden soll und deren einheitliche Vorbereitung und Durchführung im öffentlichen Interesse liegen (Näheres s. 3.1.4).

Städtebauliche Entwicklungsmaßnahmen

Den Gegenstand des zweiten Teils des Besonderen Städtebaurechts bilden die **städtebaulichen Entwicklungsmaßnahmen** (§§ 165 bis 171). Mit ihnen sollen **Ortsteile und andere Teile des Gemeindegebietes** entsprechend ihrer besonderen Bedeutung für die städtebauliche Entwicklung und Ordnung der Gemeinde **erstmals entwickelt** oder im Rahmen einer städtebaulichen Neuordnung **einer neuen Entwicklung zugeführt** werden. Die Maßnahmen, deren einheitliche Vorbereitung und zügige Durchführung im öffentlichen Interesse liegen muß, sollen der Errichtung von Wohn- und Arbeitsstätten sowie von Gemeinbedarfs- und Folgeeinrichtungen dienen (Näheres s. 3.1.4).

Weitere Regelungen

Der dritte Teil des Besonderen Städtebaurechts hat die **Erhaltungssatzung und die städtebaulichen Gebote** (§§ 172 bis 179) zum Regelungsinhalt (Näheres, s. 3.1.4). Zu erwähnen sind noch der vierte Teil mit den Vorschriften über den **Sozialplan** und den **Härteausgleich** (§§ 180, 182), der fünfte Teil mit den Regelungen über die **Aufhebung von Miet- und Pachtverhältnissen** (§§ 182 bis 186) und der sechste Teil mit den Bestimmungen über **städtebauliche Maßnahmen im Zusammenhang mit Maßnahmen zur Verbesserung der Agrarstruktur** (§§ 187 bis 191), die in der städtebaulichen Praxis so gut wie keine Bedeutung haben.

Drittes Kapitel: Sonstige Vorschriften (§§ 192 bis 232)

Das dritte Kapitel des BauGB enthält Vorschriften, die für die Anwendung sowohl des Allgemeinen wie des Besonderen Städtebaurechts von Bedeutung sind.

Begriffsbestimmung des Verkehrswertes

Dies gilt zunächst für die Bestimmungen über die **Wertermittlung** (§§ 192 bis 199), in deren Mittelpunkt die Begriffsbestimmung des **Verkehrswertes** steht (§ 194). Diese Begriffsbestimmung gelangt überall zur Anwendung, wo Entschädigungen zu ermitteln, Ausgleichsleistungen zu erbringen, Zuteilungsansprüche zu berechnen und Ausgleichsbeträge zu zahlen sind (Entschädigung für sog. Planungsschäden, Umlegung, Grenzregelung, Enteignung, Sanierungs- und Entwicklungsmaßnahmen; vgl. auch die in § 217 Abs. 1 genannten Verwaltungsakte). Aufgrund der Ermächtigung der Bundesregierung, mit Zustimmung des Bundesrates durch Rechtsverordnung Vorschriften über die Anwendung gleicher Grundsätze bei der Ermittlung der Verkehrswerte zu erlassen, ist die **WertV** (derzeit gültig in der Fassung von 1988) geschaffen worden. Sie enthält außer Bestimmungen über ihren Anwendungsbereich, allgemeine Verfahrensgrundsätze und Begriffsinhalte sowie über die Ableitung erforderlicher Daten nähere Regelungen über die **drei wichtigsten Wertermittlungsverfahren**, nämlich das Vergleichswert-, das Ertragswert- und das Sachwertverfahren.

Wertermittlungsverfahren

Gutachterausschüsse

Zur Ermittlung von Grundstückswerten werden **selbständige Gutachterausschüsse** gebildet, die aus einem Vorsitzenden und ehrenamtlichen weiteren Mitgliedern bestehen. Ihre wichtigste Aufgabe besteht darin, **Gutachten** über den Verkehrswert von bebauten und unbebauten Grundstücken zu erstatten, wenn die für den Vollzug des BauGB zuständigen Behörden, Eigentümer und Inhaber sonstiger Rechte an Grundstücken sowie Pflichtteilberechtigte und schließlich Gerichte solche Gutachten beantragen. Der Gutachterausschuß führt eine **Kaufpreissammlung** durch, wertet sie aus und ermittelt **Bodenrichtwerte** und sonstige für die Wertermittlung wichtige Daten. Nähere Regelungen über die Zusammensetzung der Gutachterausschüsse und ihre Tätigkeit treffen die Länder in Rechtsverordnungen.

Ein wahres Sammelsurium von Bestimmungen enthält der zweite Teil des dritten Kapitels unter der Überschrift »**Allgemeine Vorschriften; Zuständigkeiten; Verwaltungsverfahren; Wirksamkeitsvoraussetzungen**« (§§ 200 bis 216). Aus ihrer Reihe sind besonders die Regelungen über Grundstücke und Rechte an Grundstücken (§ 200) sowie den Begriff der Landwirtschaft (§ 201), die Belehrung über Rechtsbehelfe (§ 211), die Ordnungswidrigkeiten (§ 213) und die **Wirksamkeitsvoraussetzungen** (§§ 214 bis 216) zu erwähnen. Vor allem die letztgenannten Bestimmungen haben eine große praktische Bedeutung, weil sie anordnen, daß bestimmte **Rechtsfehler**, die der Gemeinde bei der Aufstellung des Flächennutzungsplans und beim Erlassen von Satzungen (auch der Bebauungsplan ist eine Satzung) unterlaufen, bei einer

Heilbarkeit, Verjährung von Rechtsfehlern

Überprüfung durch die Gerichte **unbeachtlich** sein oder von den Gemeinden **geheilt werden** können. Auch sind Verfahrens- und Formfehler nach Ablauf eines Jahres und Abwägungsmängel nach Ablauf von sieben Jahren **nicht mehr rügbar**.

Verfahren vor den Gerichten für Baulandsachen

Den dritten und letzten Teil des dritten Kapitels bilden die Vorschriften über das **Verfahren vor den Kammern (Senaten) für Baulandsachen** (§§ 217 bis 232). Dieser besondere Rechtsweg, in dem die Spruchkörper der ersten und zweiten Instanz aus Richtern der Zivil- und der Verwaltungsgerichtsbarkeit zusammengesetzt sind, ist das Ergebnis der verfassungsrechtlichen Forderung, daß wegen der Höhe der Entschädigung im Streitfall der Rechtsweg vor den ordentlichen Gerichten offenstehen muß (Art. 14 Abs. 3 Satz 3 GG). Der **Rechtszug** führt von der Kammer für Baulandsachen beim Landgericht über die Berufung zum Senat für Baulandsachen beim Oberlandesgericht und über die Revision zu einem Senat des Bundesgerichtshofes. **Alle Verwaltungsakte**, die im Vollzug von Bestimmungen des BauGB erlassen werden und **in denen in irgendeiner Weise die Ermittlung der Höhe einer Entschädigung erheblich ist**, werden nicht durch die Verwaltungsgerichte, sondern durch die Kammern und Senate für Baulandsachen überprüft (Näheres s. § 217 Abs. 2). Das BauGB enthält besondere Vorschriften über die Zusammensetzung der Baulandgerichte, ihre örtliche Zuständigkeit und ihr Verfahren.

Viertes Kapitel: Überleitungs- und Schlußvorschriften (§§ 233 bis 247)

Regelungen für das vereinte Deutschland

Von den Überleitungs- und Schlußvorschriften ist zunächst § 246a zu erwähnen, der (in 1993 gestraffter Fassung) die **Überleitungsregelungen aus Anlaß der Herstellung der Einheit Deutschlands** enthält. Zu nennen ist auch der neue § 247 mit den **Sonderregelungen für Berlin als Hauptstadt der Bundesrepublik Deutschland**.

3.1.3 Bauleitplanung

3.1.3.1 Aufgabe der Bauleitplanung, Arten der Bauleitpläne, Zuständigkeiten

Bauleitpläne: Flächennutzungsplan und Bebauungspläne

Die Bauleitplanung ist **im BauGB geregelt**. Ihre **Aufgabe** ist es, die bauliche und sonstige Nutzung der Grundstücke in der Gemeinde nach Maßgabe des BauGB vorzubereiten und zu leiten (§ 1 Abs. 1 BauGB). Bauleitpläne sind der **Flächennutzungsplan** als der vorbereitende Bauleitplan und die **Bebauungspläne** als die verbindlichen Bauleitpläne (§ 1 Abs. 2 BauGB). Der Flächennutzungsplan wird für das gesamte Gemeindegebiet aufgestellt (§ 5 Abs. 1 BauGB), die Festsetzungen in Bebauungsplänen erfolgen i. d. R. für Teilflächen des Gemeindegebietes (§ 8 Abs. 2 BauGB).

Planungshoheit der Gemeinden

Die Bauleitpläne sind **von der Gemeinde in eigener Verantwortung aufzustellen** (§ 2 Abs. 1 Satz 1 BauGB). Dies folgt aus der verfassungsrechtlichen Garantie der kommunalen Selbstverwaltung, die besagt, daß den Gemeinden das Recht gewährleistet sein muß, alle Angelegenheiten der örtlichen Gemeinschaft in eigener Verantwortung zu regeln (Art. 28 Abs. 2 Satz 1 GG). Die daraus abgeleitete **sog. Planungshoheit** hat allerdings **schon räumlich bedeutsame Grenzen**: Die Vorschriften des Bundesfernstraßengesetzes, des Telegrafenwegegesetzes, des Personenbeförderungsgesetzes, des Gesetzes über den Bau und Betrieb von Versuchsanlagen zur Erprobung von Techniken des spurgeführten Verkehrs, des Abfallgesetzes über die Errichtung und den Betrieb von Abfallentsorgungsanlagen für die Ablagerung von Abfällen (Deponien) und des Bundes-Immissionsschutzgesetzes über die Errichtung und den Betrieb von öffentlich zugänglichen Abfallentsorgungsanlagen bleiben (nach § 38 Satz 1 BauGB) von den Vorschriften über die Regelung der baulichen und sonstigen Nutzung der Grundstücke (§§ 29 bis 37 BauGB) und damit auch von der verbindlichen Bauleitplanung unberührt. Das gleiche gilt (nach § 38 Satz 2 BauGB) bei Planfeststellungsverfahren für überörtliche Planungen auf den Gebieten des Verkehrs-, Wege- und Wasserrechts nach landesrechtlichen Vorschriften, wenn die Gemeinde beteiligt worden ist (**§ 38 BauGB** bezeichnet man deshalb insgesamt als die »**Verlustliste der gemeindlichen Planungshoheit**«). Auch aufgrund anderer Bundes- und Landesgesetze können der gemeindlichen Planungshoheit vorgreifliche Flächennutzungsentscheidungen getroffen werden, etwa durch Schutzgebietsfestsetzungen nach dem Wasser-, Natur- und Denkmalschutzrecht[1]).

Grenzen

[1]) Vgl. dazu die Bestimmungen über die »nachrichtliche« Übernahme derartiger Festsetzungen in Flächennutzungspläne nach § 5 Abs. 4 BauGB und in Bebauungspläne nach § 9 Abs. 6 BauGB.

Rechtsaufsicht der höheren Verwaltungsbehörden

Schließlich unterliegen die Gemeinden mit ihren Entscheidungen in der Bauleitplanung auch der **Rechtsaufsicht durch die höheren Verwaltungsbehörden** (§§ 6, 11 BauGB). Geprüft wird einerseits, ob die Bauleitpläne ordnungsgemäß zustande gekommen, ob also die Verfahrens- und Formvorschriften eingehalten worden sind, und andererseits, ob der Inhalt des Bauleitplans den Anforderungen des BauGB, den aufgrund des BauGB erlassenen Rechtsvorschriften (vor allem der BauNVO) und sonstigen Rechtsvorschriften entspricht (Näheres s. 3.1.3.2). Werden dabei Rechtsmängel festgestellt, so ist die Genehmigung des Bauleitplans zu versagen bzw. ist im Anzeigeverfahren die Verletzung von Rechtsvorschriften geltend zu machen, so daß der Bebauungsplan nicht rechtswirksam werden kann.

3.1.3.2 Sachinhaltliche Anforderungen an die Bauleitpläne

Erforderlichkeit der Bauleitplanung

Die Gemeinden haben die Bauleitpläne aufzustellen, **sobald und soweit es** für die städtebauliche Entwicklung und Ordnung **erforderlich ist** (§ 1 Abs. 3 BauGB). Die daraus abgeleitete Rechtmäßigkeitsvoraussetzung einer eigenständigen »Erforderlichkeit der Bauleitplanung« hatte bisher kein besonderes Gewicht, weil angenommen wurde, daß diese Erforderlichkeit zu bejahen ist, wenn sie sich nach dem Inhalt des Erläuterungsberichtes zum Flächennutzungsplan (§ 5 Abs. 5 BauGB) oder der Begründung zum Bebauungsplan (§ 9 Abs. 8 BauGB) aus den Vorstellungen der Gemeinde über ihre sinnvolle und zweckmäßige städtebauliche Weiterentwicklung ergibt. Seit jedoch in zunehmendem Maße – vor allem in den Verdichtungsräumen – **ein erheblicher Mangel an Bauland** für Wohn- und Arbeitsstätten sowie für Gemeinbedarfs- und Folgeeinrichtungen festzustellen ist, wird aus der Verpflichtung der Gemeinden, Bauleitpläne aufzustellen, sobald und soweit es für die städtebauliche Entwicklung erforderlich ist, eine an sie gerichtete Forderung, weil allein sie es sind, die solches Bauland mit Maßnahmen der Bauleitplanung und ihres Vollzuges (Umlegung, Enteignung, Erschließung) und mit bauleitplanungsähnlichen Instrumenten (s. 3.1.4) bereitstellen können.

Anpassung der Bauleitpläne an die Ziele der Raumordnung und Landesplanung

Die Bauleitpläne sind den Zielen der Raumordnung und Landesplanung anzupassen (§ 1 Abs. 4 BauGB). Aus der Fassung des Gesetzestextes ist zu schließen, daß es sich dabei um **eine zwingende Verpflichtung** handelt, deren Mißachtung einen inhaltlichen Mangel des Bauleitplans begründet und deshalb seine Nichtigkeit zur Folge haben kann. Weniger eindeutig ist dagegen, **was unter »Zielen«** der Raumordnung und Landesplanung **zu verstehen ist**. Damit Aussagen in Landesentwicklungsprogrammen und Regionalplänen als

»Ziele« in diesem Sinne gewertet werden können, müssen sie einen klaren und eindeutigen Inhalt haben. Bloße raumordnerische Erwägungen oder auch Hinweise auf mögliche Nutzungskonflikte erfüllen diese Voraussetzungen nicht.

Abstimmung mit den Bauleitplanungen benachbarter Gemeinden

Die Bauleitpläne benachbarter Gemeinden sind aufeinander abzustimmen (§ 2 Abs. 2 BauGB): **Verfahrensmäßig** bedeutet dies, daß jede Gemeinde bei der Aufstellung, Änderung und Ergänzung von Bauleitplänen die Nachbargemeinden zu beteiligen hat, deren städtebauliche Entwicklungsinteressen durch die Planungsabsichten berührt werden können. **In sachinhaltlicher Hinsicht** ergibt sich aus der Abstimmungspflicht das **Gebot zwischengemeindlicher Rücksichtnahme**. Eine Gemeinde darf in ihren Bauleitplänen (grundsätzlich) keine städtebaulichen Entwicklungsziele darstellen oder verbindlich festlegen, durch deren Verwirklichung die städtebauliche Entwicklung einer Nachbargemeinde nachteilig beeinflußt würde. Ein Verstoß gegen dieses Gebot hat die Rechtsfehlerhaftigkeit des Bauleitplans, zumindest der die Nachbargemeinde beeinträchtigenden Planinhalte, zur Folge.

Beachtung der städtebaulichen Oberziele

Die Bauleitpläne sollen eine geordnete städtebauliche Entwicklung und eine dem Wohl der Allgemeinheit entsprechende sozialgerechte Bodennutzung gewährleisten und dazu beitragen, eine menschenwürdige Umwelt zu sichern sowie die natürlichen Lebensgrundlagen zu schützen und zu entwickeln (§ 1 Abs. 5 Satz 1 BauGB). Diese **vier Oberziele** *der Bauleitplanung* (die »Zielquadriga«) sind mehr grundsätzlicher Natur, verglichen mit der nachfolgenden Auflistung der wichtigsten Belange, die bei der Bauleitplanung zu beachten sind (§ 1 Abs. 5 Satz 2 BauGB). Durch die ursprünglich nicht im Bundesbaurecht enthaltene Forderung, mit der Bauleitplanung **zur Sicherung einer menschenwürdigen Umwelt beizutragen**, ist im Jahr 1976 eine ganz neue Zielrichtung zur Geltung gebracht worden. Sie hat ihre Verdeutlichung durch die im Jahr 1986 mit dem Erlassen des BauGB hinzugefügte Forderung enthalten, mit der Bauleitplanung (auch) **zum Schutz und zur Entwicklung der natürlichen Lebensgrundlagen** (Boden, Wasser, Luft, Klima, Pflanzen- und Tierwelt) **beizutragen**. Die Bauleitplanung kann deshalb heute nicht mehr nur als Leitplanung für die bauliche Entwicklung der Gemeinde angesehen werden, sie hat vielmehr die Aufgabe der **Leitplanung für alle Flächennutzungsentscheidungen** wahrzunehmen, für die die Gemeinden gemäß den Auflistungen möglicher Darstellungen im Flächennutzungsplan (§ 5 Abs. 2 BauGB) und möglicher Festsetzungen in den Bebauungsplänen (s. besonders § 9 Abs. 1 BauGB) zuständig sind.

Berücksichtigung der planungserheblichen öffentlichen und privaten Belange

Beginnend mit den allgemeinen Anforderungen an gesunde Wohn- und Arbeitsverhältnisse und endend mit den Belangen der Verteidigung und des Zivilschutzes, reiht das BauGB (§ 1 Abs. 5 Satz 2) **eine Vielzahl von Belangen** auf, die bei der Aufstellung der Bauleitpläne zu berücksichtigen sind. Wie das Wort »insbesondere« im Gesetzestext erkennen läßt, ist diese Auflistung nicht einmal abschließend, sondern sie soll nur die wichtigsten bei der Aufstellung von Bauleitplänen möglicherweise erheblichen öffentlichen und privaten Belange verdeutlichen.

Wohl der Allgemeinheit

Dringender Wohnbedarf

Da jede Darstellung in einem Flächennutzungsplan und jede Festsetzung in einem Bebauungsplan eine **Flächennutzungsentscheidung** enthält, die eine bestimmte Flächennutzung als zulässig und damit zugleich alle anderen Flächennutzungen grundsätzlich als unzulässig (zumindest unerwünscht) bezeichnet, haben die Bauleitpläne immer eine eigentumsbeschränkende Wirkung, so daß ihr Inhalt **der Rechtfertigung durch das Wohl der Allgemeinheit bedarf.** Deshalb müssen **alle öffentlichen und privaten Belange**, die den Schutz unserer Rechtsordnung genießen und durch die Bauleitplanung berührt werden können, im Verfahren zur Aufstellung eines Bauleitplans **umfassend ermittelt** und **mit dem ihnen** einerseits nach den örtlichen Gegebenheiten, andererseits nach der Rechtsordnung **zukommenden Gewicht** bei der Gestaltung des Inhalts des Bauleitplans **berücksichtigt werden.** Dabei ist die gesetzliche Reihenfolge der Belange nicht als Rangordnung zu verstehen. Die planungswesentlichen Belange erhalten ihr Gewicht aus den Verhältnissen des Planungsraumes und der Planungsziele sowie der möglichen Planungsfolgen. **Neuerdings** ist jedoch eine **wichtige Besonderheit** zu verzeichnen: Im Hinblick auf die erwähnte Knappheit an Wohnbauland bestimmt das Wohnungsbau-Erleichterungsrecht (§ 1 Abs. 1 BauGB-MaßnG), daß bei der Aufstellung, Änderung, Ergänzung und Aufhebung von Bauleitplänen **»einem dringenden Wohnbedarf der Bevölkerung besonders Rechnung getragen werden« soll.** Damit ist diesem Belang ein zusätzliches Gewicht beigemessen worden, mit dem er in der Abwägung (Näheres s. »Abwägungsgebot«) andere planungserhebliche Belange eher verdrängen kann, als dies bisher der Fall war.

Gebot des sparsamen und schonenden Umgangs mit Grund und Boden

Das Gebot des sparsamen und schonenden Umgangs mit Grund und Boden, um das das Städtebaurecht des Bundes durch das BauGB (§ 1 Abs. 5 Satz 3) erweitert worden ist, enthält **zwei Forderungen**: Mit dem Hinweis, **»sparsam«** mit Grund und Boden umzugehen, sollen die Gemeinden dazu angehalten werden, den Landschaftsverbrauch (durch weitere Inanspruchnahme noch naturhafter Flächen für Hoch- und Tiefbauten mit der Folge ihrer »Versiegelung«) einzuschränken. Wo eine Inanspruchnahme unausweichlich ist, hat sie so »**schonend**« wie möglich zu erfolgen. In diesem Sinne ist vor allem auf die breite Palette stadtökologischer Festsetzungsmöglichkeiten in Bebauungsplänen hinzuweisen (Anpflanzen von Bäumen und Sträuchern, Erhaltung von Bäumen, Sträuchern und Gewässern, Fassaden- und Dachbegrünung, Verbrauch des Regenwassers auf dem Grundstück, Geringhaltung der Bodenversiegelung auf den nicht überbauten Flächen durch Verwendung von Rasenlochsteinen für Stell- und Lagerplätze). Schonend mit dem Boden umzugehen bedeutet aber **auch zu vermeiden, daß neue Altlastenflächen entstehen** (Flächen, »deren Böden erheblich mit umweltgefährdenden Stoffen belastet sind«, vgl. § 5 Abs. 3 Nr. 3 und § 9 Abs. 5 Nr. 3 BauGB).

Gebot der Berücksichtigung der naturschutzrechtlichen Eingriffs- und Ausgleichsproblematik

Mit der Einfügung neuer Bestimmungen in das **Bundesnaturschutzrecht (§§ 8 a bis c BNatSchG)** mit Wirkung vom 1. Mai 1993 an ist für die Fälle der Ausweisung von Bauland durch Bauleitplanung oder bauleitplanungsähnliche Instrumente die Bewältigung der **naturschutzrechtlichen Eingriffs- und Ausgleichsproblematik zur Aufgabe der Gemeinden gemacht** worden. Wird ein Bauleitplan aufgestellt (oder eine Innenbereichs-Abrundungssatzung oder eine Satzung mit Vorhaben- und Erschließungsplan erlassen), haben die Gemeinden **mit dem Inhalt der Planung (Satzung) dafür zu sorgen**, daß die durch sie vorbereiteten **Eingriffe in Natur und Landschaft** (vor allem durch Bebauung und Herstellung der Verkehrsanlagen) **so gering wie möglich gehalten** werden. Für (voraussichtlich) **verbleibende Eingriffe** ist dafür Vorsorge zu treffen, daß sie in ihrem Auswirkungsbereich **soweit wie möglich ausgeglichen** werden. Soweit dies nicht möglich ist, sind **sog. Ersatzmaßnahmen** an anderer Stelle zu planen, die dort zu einer Verbesserung des Naturhaushalts und/oder des Landschaftsbildes führen und damit den Verlust an Natur und Landschaft am Ort des Eingriffs ausgleichen. Über dies alles haben die Gemeinden **im Rahmen der bauleitplanerischen Abwägung** (§ 1 Abs. 6 BauGB) zu befinden.

Die Maßnahmen zur Geringhaltung und zum Ausgleich von Eingriffen auf den Baugrundstücken und Verkehrsflächen haben die **Vorhabenträger und Grundstückseigentümer** zu ergreifen. Die Ersatzmaßnahmen haben grundsätzlich (d.h. vorbehaltlich abweichender Vereinbarungen in Erschließungs- und sonstigen städtebaulichen Verträgen, s. 3.1.5.4) **die Gemeinden** durchzuführen. Die dadurch entstehenden **Kosten** können sie aufgrund von Satzungsregelungen, die nach dem neuen Recht zu treffen sind, von den Vorhabenträgern bzw. den Eigentümern der Grundstücke, denen die Flächen für die Ersatzmaßnahmen durch Festsetzung zugeordnet sind, ersetzt verlangen.

Abwägungsgebot

Bei der Aufstellung der Bauleitpläne sind die öffentlichen und privaten Belange gegeneinander und untereinander gerecht abzuwägen (§ 1 Abs. 6 BauGB). Es handelt sich dabei um **die wichtigste Forderung an die Bauleitplanung**, die sich aus dem Verfassungsgebot eines an den Grundsätzen der Rechtsstaatlichkeit ausgerichteten Verwaltungshandelns ergibt (vgl. Art. 20 Abs. 3 GG). Um dieser Forderung zu entsprechen, ist es geboten, (1.) alle in einem Planungsfall bedeutsamen Belange umfassend **zu ermitteln**, (2.) diese Belange sachgerecht **zu bewerten** und sie (3.) mit dem ihnen zukommenden Gewicht bei der Planungsentscheidung **zu berücksichtigen**. Dabei ist weder der Umfang der Ermittlung noch die Bewertung in das Ermessen der Gemeinde gestellt; beide Vorgänge haben sich nach den vor allem in den Umweltschutzgesetzen vorgegebenen Anforderungen zu richten. Entsteht allerdings zwischen zwei oder mehreren gleich gewichteten Belangen ein **sog. Zielkonflikt**, weil in der Planungsentscheidung nicht beiden oder allen Belangen Rechnung getragen werden kann, so stellt die Einräumung des Vorranges für den einen Belang und die Zurücksetzung des anderen Belanges (oder der anderen Belange) die eigentliche planerische Ermessensentscheidung der Gemeinde als Trägerin der Planungshoheit dar, die sich selbstverständlich auch dabei nur in den Grenzen des rechtlich Möglichen und Zulässigen bewegen kann (zum Vorrang des Belanges des »dringenden Wohnbedarfs der Bevölkerung« s. § 1 Abs. 1 Satz 1 BauGB-MaßnG).

Umweltverträglichkeitsprüfung in der Bauleitplanung

Bestimmte öffentliche und private Vorhaben, von denen ihrer Natur nach die **Gefahr erheblicher Umweltbeeinträchtigungen** ausgeht, unterliegen einer förmlichen Umweltverträglichkeitsprüfung (UVP, s. § 3 UVPG und die Anlage dazu). Der Zweck der gesetzlichen Regelung besteht darin, daß bei den UVP-pflichtigen Vorhaben zur wirksamen Umweltvorsorge (was damit gemeint ist, erläutert das Gesetz allerdings nicht) nach einheitlichen (im wesentlichen Verfahrens-)Grundsätzen die Auswirkungen auf die Umwelt frühzeitig ermittelt, beschrieben und bewertet werden und daß das Ergebnis so früh wie möglich bei allen behördlichen Entscheidungen über die Zulässigkeit der Vorhaben berücksichtigt wird (§ 1 UVPG): Werden **für UVP-pflichtige Vorhaben Bebauungspläne** aufgestellt, geändert oder ergänzt, so wird die UVP im Verfahren der Bebauungsplanung durchgeführt; der Umfang der Prüfung bestimmt sich dabei nach den bauplanungsrechtlichen Vorschriften (§ 17 UVPG). Diese Gesetzesbestimmung beruht auf der Erwägung, daß bei der Aufstellung, Änderung und Ergänzung von Bebauungsplänen sachinhaltlich und verfahrensmäßig alle Erfordernisse zu wahren sind, wie sie für eine förmliche UVP gelten.

3.1.3.3 Inhaltliche Gestaltung der Bauleitpläne

Flächennutzungsplan

Im Flächennutzungsplan ist für das ganze Gemeindegebiet die sich aus der beabsichtigten städtebaulichen Entwicklung ergebende Art der Bodennutzung nach den voraussehbaren Bedürfnissen der Gemeinde **in den Grundzügen darzustellen** (§ 5 Abs. 1 Satz 1 BauGB). Aus dem Flächennutzungsplan können Flächen und sonstige Darstellungen ausgenommen werden, wenn dadurch die darzustellenden Grundzüge nicht berührt werden und die Gemeinde beabsichtigt, die Darstellung zu einem späteren Zeitpunkt vorzunehmen; im Erläuterungsbericht sind die Gründe hierfür darzulegen (§ 5 Abs. 1 Satz 2 BauGB).

Verschiedene Arten der Bodennutzung

Bezüglich der **verschiedenen Arten der Bodennutzung** enthält das BauGB (§ 5 Abs. 2) eine **Vielzahl von Darstellungsmöglichkeiten**, wie sie den städtebaulichen Entwicklungsbedürfnissen im Sinne der Grundsätze der Bauleitplanung (§ 1 Abs. 5 BauGB, nunmehr ergänzt durch § 8 a BNatSchG) entsprechen; die **Aufzählung** ist zudem **nicht abschließend**. Soweit bestimmt ist, daß die für die Bebauung vorgesehenen Flächen nach der allgemeinen Art ihrer baulichen Nutzung (Bauflächen), nach der besonderen Art ihrer baulichen Nutzung (Baugebiete) sowie nach dem allgemeinen Maß der baulichen Nutzung dargestellt werden können (§ 5 Abs. 2 Nr. 1 BauGB), ist zur näheren Verdeutlichung der Begriffe und der Darstellungsmöglichkeiten **die BauNVO heranzuziehen**, die vier Arten von Bauflächen und zehn Arten von Baugebieten unterscheidet (Näheres unter »Bebauungspläne«).

Kennzeichnung problematischer Flächen

Im Flächennutzungsplan sind nicht nur Darstellungen bezüglich der städtebaulichen Entwicklungsabsichten vorzunehmen. In irgendwelchen Hinsichten **problematische Flächen** sind in ihm **zu kennzeichnen** (§ 5 Abs. 3 BauGB), so u. a. für bauliche Nutzungen vorgesehene Flächen, deren Böden erheblich mit umweltgefährdenden Stoffen belastet sind (Altlastenbereiche). »**Nachrichtlich**« sollen in den Flächennutzungsplan **Planungen und sonstige Nutzungsregelungen**, die nach anderen gesetzlichen Vorschriften festgesetzt sind, sowie nach Landesrecht denkmalgeschützte Mehrheiten (sprachlich richtiger: Gesamtheiten) von baulichen Anlagen übernommen werden (§ 5 Abs. 4 BauGB).

Bezüglich der **Planunterlagen**, die bei der Aufstellung eines Flächennutzungsplans zu verwenden sind, und der **Planzeichen** finden sich nähere **Hinweise in der PlanzV**.

Erläuterungsbericht

Dem Flächennutzungsplan ist ein **Erläuterungsbericht** beizufügen (§ 5 Abs. 5 BauGB). Über seinen Inhalt sagt der Gesetzestext nichts aus, doch kann der Vorschrift über die

Begründung zum Bebauungsplan (§ 9 Abs. 8 BauGB) die »Anleihe« entnommen werden, daß (auch) im Erläuterungsbericht die Ziele, Zwecke und Auswirkungen der beabsichtigten städtebaulichen Entwicklung darzulegen sind.

Entwicklung der Bebauungspläne aus dem Flächennutzungsplan

Die Bebauungspläne sind **(grundsätzlich) aus dem Flächennutzungsplan zu entwickeln** (§ 8 Abs. 2 Satz 1 BauGB). Für die Ausnahme, nach der ein Flächennutzungsplan nicht erforderlich ist, wenn der Bebauungsplan ausreicht, um die städtebauliche Entwicklung zu ordnen (§ 8 Abs. 2 Satz 2 BauGB), dürfte bei der Größe der Planungsräume, für die nach den Kommunalreformen der 60er und 70er Jahre Flächennutzungspläne aufzustellen sind, kaum noch eine Anwendungsmöglichkeit gegeben sein.

Parallelverfahren

Häufig wird jedoch die Bestimmung bedeutsam, nach der mit der Aufstellung, Änderung, Ergänzung oder Aufhebung eines Bebauungsplans **gleichzeitig auch der Flächennutzungsplan** aufgestellt, geändert oder ergänzt werden kann (sog. Parallelverfahren, § 8 Abs. 3 BauGB). Die Gleichzeitigkeit braucht sich im wesentlichen nur auf die Einleitung des Planungsverfahrens zu beziehen, denn der Bebauungsplan kann vor dem Flächennutzungsplan angezeigt und bekanntgemacht werden, wenn nach dem Stand der Planungsarbeiten anzunehmen ist, daß der Bebauungsplan aus den künftigen Darstellungen des Flächennutzungsplans entwickelt sein wird (eigentlich: den künftigen Darstellungen des Flächennutzungsplans nicht widersprechen wird). Ein Bebauungsplan kann sogar aufgestellt, geändert, ergänzt oder aufgehoben werden, **bevor der Flächennutzungsplan aufgestellt ist**, wenn dringende Gründe es erfordern und der Bebauungsplan der beabsichtigten Entwicklung des Gemeindegebietes nicht entgegenstehen wird (**sog. vorzeitiger Bebauungsplan**, § 8 Abs. 4 Satz 1 BauGB). Weitere Erleichterungen für Bebauungspläne, die der Deckung eines dringenden Wohnbedarfs dienen, enthält das **Wohnungsbau-Erleichterungsrecht** (§ 1 Abs. 2 BauGB-MaßnG).

Vorzeitiger Bebauungsplan

Bebauungspläne

Rechtsverbindlichkeit und Grundlagencharakter

Die Bebauungspläne enthalten die **rechtsverbindlichen Festsetzungen** für die städtebauliche Ordnung (§ 8 Abs. 1 Satz 1 BauGB), und sie sind deshalb von den Gemeinden als Satzung zu beschließen (§ 10 BauGB). Sie bilden die **Grundlage für weitere zum Vollzug des Städtebaurechts erforderliche Maßnahmen** (§ 8 Abs. 1 Satz 2 BauGB), nämlich für die

Bodenordnung durch Umlegung (§ 45 ff. BauGB) und Grenzregelung (§ 80 ff. BauGB), für bestimmte Enteignungsfälle (§ 85 ff. BauGB), für die Erschließung (§ 123 ff. BauGB), für bestimmte städtebauliche Gebote (§ 175 ff. BauGB) und selbstverständlich für die Entscheidung über die Zulässigkeit von Vorhaben im Geltungsbereich von Bebauungsplänen (§§ 30, 31 BauGB).

Mindestfestsetzungen des Bebauungsplans

Da in den Bebauungsplänen alle verbindlichen Flächennutzungsentscheidungen getroffen werden müssen, für die die Gemeinden zuständig sind, enthält das BauGB eine **Vielzahl von Festsetzungsmöglichkeiten** (§ 9). Ein sog. **qualifizierter Bebauungsplan**, aufgrund dessen es möglich ist, abschließend über die städtebaurechtliche Zulässigkeit eines Vorhabens zu entscheiden (§ 30 Abs. 1 BauGB), muß jedoch mindestens Festsetzungen über die Art und das Maß der baulichen Nutzung (§ 9 Abs. 1 Nr. 1 BauGB in Verbindung mit den §§ 1 bis 21 a BauNVO), die überbaubare Grundstücksfläche (§ 9 Abs. 1 Nr. 2 BauGB in Verbindung mit § 23 BauNVO) und die örtlichen Verkehrsflächen (§ 9 Abs. 1 Nr. 11 BauGB) enthalten. Fehlt es an einer dieser Festsetzungen oder weist der Bebauungsplan keine dieser Festsetzungen auf (etwa im Falle der Festsetzung von Flächen für Maßnahmen zum Schutz, zur Pflege und zur Entwicklung von Natur und Landschaft nach § 9 Abs. 1 Nr. 20 BauGB), so ist er ein **»einfacher« Bebauungsplan** (§ 30 Abs. 2 BauGB), in dessen Geltungsbereich sich die Zulässigkeit von Vorhaben »im übrigen« nach den Innenbereichs- oder Außenbereichsregelungen (§§ 34, 35 BauGB) richtet.

Festsetzungsmöglichkeiten

Umfang und Einzelheiten der Festsetzungsmöglichkeiten zu Art und Maß der baulichen Nutzung, zur Bauweise und zu den überbaubaren Grundstücksflächen – und damit die städtebaulichen Gestaltungsspielräume – werden erst aus den **ergänzenden Regelungen der BauNVO** ersichtlich. In ihrem ersten Abschnitt »Art der baulichen Nutzung« (§§ 1 bis 15) bestimmt sie die im Flächennutzungsplan darstellbaren Bauflächen und Baugebiete und enthält für die Festsetzung der Baugebiete im Bebauungsplan jeweils drei Absätze, die die Zweckbestimmung des Baugebietes, die in ihm allgemein zulässigen Vorhaben und diejenigen Vorhaben aufführen, die ausnahmsweise (§ 31 Abs. 1 BauGB) zugelassen werden können; bei verschiedenen Baugebieten finden sich in einem vierten Absatz noch zusätzliche Bestimmungen. Auf

Typisierung der Baugebietsarten

diese Weise werden die **meisten Baugebietsarten typisiert** (§§ 2 bis 9). Doch sind die Gemeinden an diese Typisierung nur grundsätzlich und nicht in den Einzelheiten gebunden; sie können die Zulässigkeitsregelungen für die Baugebietsarten in vielfältiger Weise variieren (vgl. § 1 Abs. 4 bis 10 BauNVO).

Nicht typisiert sind dagegen die **Sondergebiete**, die der Erholung dienen, und die sonstigen Sondergebiete (§§ 10 und 11 BauNVO). Bei ihnen müssen die Regelungen über die Zweckbestimmung, die zulässigen und ausnahmsweise zulässigen (sowie ggf. auch unzulässigen) Vorhaben eigenständig je nach der Aufgabe des Sondergebietes formuliert werden.

Es folgen in der BauNVO Bestimmungen über **Stellplätze und Garagen** (§ 12), **Gebäude und Räume für freie Berufe** (§ 13) **und Nebenanlagen** (§ 14), in denen jeweils auf die Eigenart der verschiedenen Baugebietsarten eingegangen wird und zusätzliche Gestaltungsmöglichkeiten durch Festsetzungen in Bebauungsplänen eröffnet werden.

Baugebietsarten werden zu Planungsbausteinen

Damit werden die **Baugebietsarten**, insbesondere die typisierten, gewissermaßen zu »**Planungsbausteinen**«, für die eine »juristische Automatik« (§ 1 Abs. 3 BauNVO) gilt: Werden Baugebiete in einem Bebauungsplan festgesetzt, so werden die für sie geltenden Einzelregelungen und die ergänzenden Bestimmungen über Stellplätze und Garagen, Gebäude und Räume für freie Berufe sowie Nebenanlagen Bestandteil des Bebauungsplans, soweit die Gemeinden nicht von den erwähnten Variationsmöglichkeiten Gebrauch machen.

Generalklausel für die Zulässigkeit von Bauvorhaben

Den Schluß der Vorschriften über die Arten der baulichen Nutzung bildet eine **Generalklausel mit allgemeinen Voraussetzungen für die Zulässigkeit baulicher Vorhaben** (§ 15 BauNVO), die in den letzten Jahren eine erhebliche Bedeutung erlangt hat. Nach ihr können in einem Baugebiet **an sich zulässige Vorhaben im Einzelfall unzulässig** sein, wenn sie nach Anzahl, Lage, Umfang oder Zweckbestimmung der Eigenart des Baugebietes widersprechen. Sie können auch unzulässig sein, wenn von ihnen Belästigungen oder Störungen ausgehen können, die nach der Eigenart des Baugebietes im Baugebiet selbst oder in dessen Umgebung unzumutbar sind, oder wenn sie solchen Belästigungen oder Störungen ausgesetzt werden. Es handelt sich bei dieser Vorschrift um eine **bedeutsame Ausprägung des Gebotes der gegenseitigen Rücksichtnahme**, so daß von ihr nachbarschützende Wirkung ausgeht.

Maß der baulichen Nutzung

Der zweite Abschnitt der BauNVO regelt die **Bestimmung des Maßes der baulichen Nutzung** (§§ 16 bis 21 a) durch Festsetzung

- der Grundflächenzahl oder der Größe der Grundflächen der baulichen Anlagen,
- der Geschoßflächenzahl oder der Größe der Geschoßfläche, der Baumassenzahl oder der Baumasse,
- der Zahl der Vollgeschosse,
- der Höhe der baulichen Anlagen.

Diese Möglichkeiten der Maßbestimmung werden bezüglich ihrer Einzelheiten näher erläutert. Besonders wichtig sind die **Obergrenzen** für die Bestimmung des Maßes der baulichen Nutzung (§ 17 BauNVO).

Festsetzung der Bauweisen und überbaubaren Grundstücksflächen

Der dritte Abschnitt der BauNVO (§§ 22, 23) befaßt sich mit der Festsetzung der verschiedenen **Arten von Bauweisen** sowie der **überbaubaren Grundstücksflächen** durch Baulinie, Baugrenze und Bebauungstiefe.

Darüber hinaus sind die Bebauungspläne **offen für Festsetzungen kraft Landesrechts** (§ 9 Abs. 4 BauGB). Aufgrund dieser Öffnung können nach den Bauordnungen der Länder örtliche Bauvorschriften (meist Gestaltungsregelungen) in die Bebauungspläne aufgenommen werden.

Wie im Flächennutzungsplan sollen auch in den Bebauungsplänen **problematische Flächen gekennzeichnet** werden (§ 9 Abs. 5 BauGB). Entsprechend sollen nach anderen gesetzlichen Vorschriften getroffene Festsetzungen sowie Denkmäler nach Landesrecht in die Bebauungspläne **»nachrichtlich«** übernommen werden, soweit dies zum Verständnis des Planinhalts oder für die städtebauliche Beurteilung von Baugesuchen notwendig oder zweckmäßig ist (§ 9 Abs. 6 BauGB).

Auch für die Bebauungspläne enthält die **PlanzV** Aussagen über die zu verwendenden Planunterlagen und Planzeichen für die Festsetzungen, für das »Kenntlichmachen« und für die »nachrichtliche Übernahme«.

Begründung als Information für die Bürger

Jedem Bebauungsplan ist **eine** Begründung **beizufügen** (§ 9 Abs. 8 BauGB). In ihr sind die **Ziele, Zweck und wesentlichen Auswirkungen** des Bebauungsplans darzulegen. Die Begründung ist **nicht Rechtsbestandteil des Bebauungsplans**, ihr Fehlen oder ihre inhaltliche Lückenhaftigkeit stellt jedoch einen Rechtsmangel dar, weil die Entwürfe der Bebauungspläne mit Begründung öffentlich auszulegen sind (§ 3 Abs. 2 Satz 1 BauGB) und die Bebauungspläne nach Bekanntmachung der Genehmigung oder der Durchführung des Anzeigeverfahrens bei der Gemeindeverwaltung mit Begründung zu jedermanns Einsicht bereitzuhalten sind (§ 12 BauGB). Sie ist eine **wichtige Informationsgrundlage** für die Bürger, die Mitglieder der Gemeindevertretung, die höhere Verwaltungsbehörde sowie die Verwaltungs- und Baulandgerichte (vgl. aber auch § 214 Abs. 1 Satz 1 Nr. 2 BauGB).

3.1.3.4 Verfahren der Aufstellung, Änderung, Ergänzung und Aufhebung von Bauleitplänen

Vom Einleitungsbeschluß zum Planbeschluß

Das Verfahren beginnt mit dem **Einleitungsbeschluß**, der ortsüblich bekanntzumachen ist (§ 2 Abs. 1 Satz 2 BauGB). An dem Verfahren sind die **Bürger zu beteiligen** (§ 3 BauGB), und zwar zuerst in einem Erörterungsstadium und sodann während der einmonatigen öffentlichen Auslegung der Planentwürfe mit dem Erläuterungsbericht bzw. der Begründung; in dieser Zeit können **Bedenken und Anregungen** zu den Planungsabsichten der Gemeinde vorgebracht werden. Zu beteiligen sind auch die Behörden und Stellen, die **Träger öffentlicher Belange** sind (§ 4 BauGB). **Zuständig** für die Beratung und Beschlußfassung über Bedenken und Anregungen sowie für den endgültigen Planbeschluß ist die **Gemeindevertretung**. Der beschlossene Bauleitplan **ist der höheren Verwaltungsbehörde vorzulegen**. Der Flächennutzungsplan (Aufstellung, Änderung, Ergänzung) bedarf stets der Genehmigung (§ 6 BauGB). Ein Bebauungsplan (Aufstellung, Änderung, Ergänzung, Aufhebung), der nicht aus dem Flächennutzungsplan entwickelt ist, muß ebenfalls genehmigt werden, ansonsten braucht er nur im Anzeigeverfahren (ggf. Schweigen der höheren Verwaltungsbehörde während einer bestimmten Frist) gebilligt zu werden (§ 11 BauGB).

Genehmigung, Anzeige-verfahren

Beim **Flächennutzungsplan** ist die Erteilung der Genehmigung ortsüblich bekanntzumachen, und damit wird er rechtswirksam; danach kann jedermann den Flächennutzungsplan und den Erläuterungsbericht einsehen und über deren Inhalt Auskunft verlangen (§ 6 Abs. 5 BauGB). Beim **Bebauungsplan** ist die Genehmigung oder die (unbeanstandete) Durchführung des Anzeigeverfahrens ortsüblich bekanntzumachen; mit der Bekanntmachung tritt der Bebauungsplan in Kraft; danach ist er mit der Begründung **zu jedermanns Einsicht bereitzuhalten**, und über seinen Inhalt ist auf Verlangen Auskunft zu geben (§ 12 BauGB).

Wirksamwerden der Bauleitpläne

Für Bebauungspläne, die **zur Deckung des dringenden Wohnbedarfs der Bevölkerung** aufgestellt, geändert oder ergänzt werden, eröffnet das Wohnungsbau-Erleichterungsrecht (§ 2 BauGB-MaßnG) die Möglichkeit beachtlicher Verfahrensvereinfachungen und -beschleunigungen.

3.1.4 Bauleitplanungsergänzende Instrumente

3.1.4.1 Vorbemerkung und Überblick

Bauleitplanung und ergänzende Instrumente

Als das Bundesbaugesetz im Jahr 1960 in Kraft trat, war die Bauleitplanung (§§ 1 bis 13) der einzige Weg zur Herbeiführung und Regelung der Bebaubarkeit vorher unbebaubarer Grundstücke. Sie ist auch heute noch das wichtigste Verfahren für die Schaffung von Bauland und die Bestimmung seiner Nutzbarkeit. Doch ist sie **nach und nach um immer neue Instrumente ergänzt** worden, mit denen gesellschaftspolitischen Erfordernissen Rechnung getragen wurde. Diese Instrumente werden im folgenden nicht nach der zeitlichen Reihenfolge ihrer gesetzgeberischen Entstehung, sondern nach ihrer Bedeutung für die städtebauliche Entwicklung dargestellt, nämlich
- Satzungen mit Vorhaben- und Erschließungsplan,
- Innenbereichs-Abrundungssatzungen,
- Außenbereichs-Bausatzungen,
- Erhaltungssatzungen,
- städtebauliche Sanierungsmaßnahmen,
- städtebauliche Entwicklungsmaßnahmen.

3.1.4.2 Satzungen mit Vorhaben- und Erschließungsplan

Inhalt und Verfahren

Zuerst in den östlichen Bundesländern zugelassen, können Satzungen mit Vorhaben- und Erschließungsplan seit dem 1. Mai 1993 im gesamten Bundesgebiet erlassen werden. Mit ihnen kann die **Zulässigkeit von Vorhaben** bestimmt werden, **die nicht bereits nach den §§ 30, 31 und 33 bis 35 BauGB zulässig sind.** Die gesetzliche Regelung in § 7 BauGB-MaßnG geht davon aus, daß ein **Vorhabenträger (Investor) der Gemeinde** für Flächen, deren Eigentümer er ist oder an denen er zumindest rechtlich gesicherte Nutzungsbefugnisse hat, **einen planerisch ausgearbeiteten Erschließungs- und Bebauungsvorschlag macht.** Wenn der Vorschlag von der Gemeinde gebilligt wird, muß sich der Vorhabenträger gegenüber der Gemeinde vertraglich verpflichten, auf seine Kosten die städtebauliche Planung zu erstellen, die Erschließung vorzunehmen und die Bauvorhaben auszuführen (sog. **Durchführungsvertrag**). Der Vorhaben- und Erschließungsplan **wird Bestandteil der von der Gemeinde zu beschließenden Satzung**, die der höheren Verwaltungsbehörde entsprechend § 11 Abs. 3 BauGB anzuzeigen ist. Mit der ortsüblichen Bekanntmachung, daß das Anzeigeverfahren durchgeführt worden ist, wird die Satzung rechtswirksam, und auf ihrer Grundlage können die Erschließungsmaßnahmen durchgeführt und die für die Verwirklichung der Bauvorhaben erforderlichen Baugenehmigungen erteilt werden.

3.1.4.3 Innenbereichs-Erweiterungssatzungen

Die Gemeinde kann **nach § 34 Abs. 4 und 5 BauGB** durch Satzung
- die Grenzen für im Zusammenhang bebaute Ortsteile festlegen,
- bebaute Bereiche im Außenbereich als im Zusammenhang bebaute Ortsteile festlegen, wenn die Flächen im Flächennutzungsplan als Baufläche dargestellt sind,
- einzelne Außenbereichsgrundstücke zur Abrundung der vorgenannten Bereiche einbeziehen.

Einbeziehung von Außenbereichsflächen

Hierzu bestimmt **§ 4 Abs. 2a BauGB-MaßnG**, daß die Gemeinde über den vorbezeichneten Umfang hinaus Außenbereichsflächen in die genannten Bereiche einbeziehen kann wenn
- die einbezogenen Flächen durch eine überwiegende Wohnnutzung des angrenzenden Bereiches geprägt sind,
- die Einbeziehung ausschließlich zugunsten Wohnzwecken dienender Vorhaben erfolgt und
- für die einbezogenen Flächen festgesetzt wird, daß ausschließlich Wohngebäude zulässig sind.

In der Satzung können **einzelne Festsetzungen nach § 9 Abs. 1, 2 und 4 BauGB** getroffen und mit ihnen kann die Nutzbarkeit der Grundstücke näher bestimmt werden. Dafür ist in aller Regel eine zumindest bebauungsplanähnliche Festlegung erforderlich, die Bestandteil der Satzung werden muß. Die Satzung ist der höheren Verwaltungsbehörde anzuzeigen. Mit ihrer Rechtswirksamkeit werden die einbezogenen Grundstücke **dem Geltungsbereich des § 34 BauGB zugerechnet**, in dem seit dem 1. Mai 1993 unter den in § 45 Abs. 1 BauGB bestimmten Voraussetzungen die Umlegung durchgeführt werden kann.

3.1.4.4 Außenbereichs-Bausatzungen

Vorhandene Wohnbebauung

Nach § 4 Abs. 4 BauGB-MaßnG können die Gemeinden für bebaute Bereiche im Außenbereich, die nicht überwiegend landwirtschaftlich geprägt sind und in denen **eine Wohnbebauung von einigem Gewicht vorhanden** ist, durch Satzung bestimmen, daß Wohnzwecken dienenden Vorhaben im Sinne des § 35 Abs. 2 BauGB (sog. sonstige Vorhaben im Außenbereich) nicht entgegengehalten werden kann, daß sie einer Darstellung im Flächennutzungsplan über Flächen für die Landwirtschaft oder Wald widersprechen oder die Entstehung oder Verfestigung einer Splittersiedlung befürchten lassen. Die Satzung kann **auch** auf Vorhaben erstreckt werden, die **kleinen Handwerks- und Gewerbebetrieben** dienen. In ihr können »nähere Bestimmungen über die Zulässigkeit« getroffen werden (ohne Bindung an Rege-

Handwerks- und Gewerbebebauung

lungen über die Bauleitplanung). Sie ist der höheren Verwaltungsbehörde anzuzeigen. Mit ihrer Rechtswirksamkeit werden die in ihr bezeichneten Vorhaben zulässig, doch **bleibt das Geltungsgebiet der Satzung Bestandteil des Außenbereiches** im Sinne des § 35 BauGB.

3.1.4.5 Erhaltungssatzungen

Instrumente zur Lenkung der städtebaulichen Entwicklung in den Gemeinden sind auch die Satzungen zur **Erhaltung baulicher Anlagen und der Eigenart von Gebieten** (§§ 172 bis 174 BauGB). Die Gemeinden können in Bebauungsplänen oder durch sonstige Satzungen (im Sinne des Gemeinderechts) Gebiete bezeichnen, in denen

- zur Erhaltung der städtebaulichen Eigenart des Gebietes aufgrund seiner städtebaulichen Gestalt,
- zur Erhaltung und Zusammensetzung der Wohnbevölkerung oder
- bei städtebaulichen Umstrukturierungen

Genehmigung von Abbruch, Änderung, Nutzungsänderung und Errichtung

der **Abbruch**, die **Änderung** oder die **Nutzungsänderung baulicher Anlagen** der Genehmigung bedürfen; in den Fällen der ersten Sachverhaltsgruppe bedarf **auch die Errichtung** baulicher Anlagen der Genehmigung. Die Satzung braucht weder genehmigt noch angezeigt zu werden, doch muß sie selbstverständlich ortsüblich bekanntgemacht werden.

In der städtebaulichen Praxis haben bisher nur die **Satzungen zur Erhaltung der städtebaulichen Gestalt** Bedeutung erlangt. Welchem Zweck sie dienen sollen, ergibt sich aus der Bestimmung über die Genehmigungsvoraussetzungen: Die Genehmigung darf in diesen Fällen nur versagt werden, wenn die bauliche Anlage (um deren Abbruch, Änderung oder Nutzungsänderung es geht) allein oder im Zusammenhang mit anderen baulichen Anlagen das Ortsbild, die Stadtgestalt oder das Landschaftsbild prägt oder sonst **von städtebaulicher, insbesondere geschichtlicher oder künstlerischer Bedeutung** ist.

Entscheidend: städtebauliche Bedeutung der Anlage

Die Genehmigung zur Errichtung einer baulichen Anlage darf nur versagt werden, wenn die städtebauliche Gestalt des Gebietes durch die beabsichtigte Anlage beeinträchtigt würde.

Zuständigkeiten

Zuständig für die Erteilung der Genehmigung ist die Gemeinde; wenn eine baurechtliche Genehmigung oder an ihrer Stelle eine baurechtliche Zustimmung erforderlich ist, wird die Genehmigung durch die Bauaufsichtsbehörde im Einvernehmen mit der Gemeinde erteilt. Wird die Genehmigung versagt, kann der Eigentümer von der Gemeinde (unter den Voraussetzungen des § 40 Abs. 2 BauGB) die **Übernahme des Grundstückes** zum Verkehrswert verlangen.

3.1.4.6 Städtebauliche Sanierungsmaßnahmen

Definition

Städtebauliche Sanierungsmaßnahmen (§§ 136 bis 164 BauGB) sind Maßnahmen, durch die ein Gebiet zur **Behebung städtebaulicher Mißstände** wesentlich verbessert oder umgestaltet wird und deren einheitliche Vorbereitung und zügige Durchführung im öffentlichen Interesse liegen. Die Gesetzesbestimmungen beschreiben die Merkmale städtebaulicher Mißstände, die besonderen Rechtsbindungen, denen ein Sanierungsgebiet aufgrund der Sanierungssatzung unterworfen wird, die Aufgaben der Gemeinde und die Stellung der Grundstückseigentümer in einem Sanierungsverfahren sowie den Ablauf dieses Verfahrens. Sie enthalten aber **nicht im eigentlichen Sinne Sanierungsziele**, die als Ergänzung der Grundsätze der Bauleitplanung (§ 1 Abs. 5 BauGB) angesehen werden könnten. Insoweit verweist das Sanierungsrecht auf »**die Bestimmung der Ziele und Zwecke der Sanierung« durch die Gemeinde** und auf die von ihr aufzustellende »städtebauliche Planung« (§ 140 Nr. 3 und 4 BauGB). Anders als früher wird für die Sanierungsgebiete nicht mehr ausdrücklich die Aufstellung von Bebauungsplänen gefordert (vgl. § 10 StBauFG 1971).

Sanierungsziele werden von der Gemeinde bestimmt

3.1.4.7 Städtebauliche Entwicklungsmaßnahmen

Definition

Mit städtebaulichen Entwicklungsmaßnahmen (§§ 165 bis 171 BauGB) sollen **Ortsteile und andere Teile des Gemeindegebietes entsprechend ihrer besonderen Bedeutung für die städtebauliche Entwicklung der Gemeinde** oder entsprechend der angestrebten Entwicklung des Landesgebietes oder der Region erstmalig entwickelt oder im Rahmen einer städtebaulichen Neuordnung einer neuen Entwicklung zugeführt werden. Die Maßnahmen sollen der **Errichtung von Wohn- und Arbeitsstätten sowie von Gemeinbedarfs- und Folgeeinrichtungen** dienen. Die Gemeinden können zu diesem Zweck durch **Satzung** ein Gebiet förmlich als städtebaulichen Entwicklungsbereich festlegen, wenn

Festlegung durch Satzung

- die Entwicklungsmaßnahme der gerade beschriebenen Zweckbestimmung entspricht,
- das Wohl der Allgemeinheit die Durchführung der förmlichen Entwicklungsmaßnahme erfordert, insbesondere zur Deckung eines erhöhten Bedarfs an Wohn- und Arbeitsstätten oder zur Wiedernutzung brachliegender Flächen (ehemaliger Gewerbe-, Industrie-, Verkehrs- und Militärflächen) und
- die zügige Durchführung der Entwicklungsmaßnahmen innerhalb eines absehbaren Zeitraumes gewährleistet ist.

Veränderungs- und Verfügungssperre

Mit der Rechtswirksamkeit der Satzung, die der Genehmigung durch die höhere Verwaltungsbehörde bedarf, wird im Entwicklungsbereich eine **Veränderungs- und Verfügungssperre** wirksam, es gibt **keine entwicklungsbedingte Bodenwertsteigerung zugunsten der Grundstückseigentümer** mehr, für die Grundflächen im Entwicklungsbereich wird ein **Entwicklungs-Anfangswert** (gemäß dem gegebenen Verkehrswert) **ermittelt**, und die **Gemeinde ist (grundsätzlich) zum Erwerb der gesamten Grundflächen im Entwicklungsbereich befugt** – eine Befugnis, die ggf. im Wege der Enteignung durchgesetzt werden können soll.

Zweck der Regelungen

Der Zweck dieser Regelungen besteht darin, daß die Gemeinde Eigentümerin der Grundstücke im gesamten Entwicklungsbereich werden, daß sie für diesen Bereich einen Bebauungsplan oder mehrere Bebauungspläne aufstellen, daß sie unter Mitwirkung der Vermessungs- und Katasterbehörden die Flächen im Entwicklungsbereich grundstücksmäßig den Bebauungsplanfestsetzungen anpassen, daß sie die erforderlichen Erschließungsmaßnahmen durchführen und danach die

Veräußerung zum Entwicklungsendwert

»entwickelten« Baugrundstücke an Bauwillige zum Entwicklungsendwert mit Bau- und Nutzungsverpflichtung veräußern soll. Als besondere Zielbestimmung für die Bebauungsplanung wird den Gemeinden aufgegeben, die Voraussetzungen dafür zu schaffen, daß ein funktionsfähiger Bereich entsprechend der beabsichtigten städtebaulichen Entwicklung und Ordnung entsteht, der nach seinem wirtschaftlichen Gefüge und der Zusammensetzung seiner Bevölkerung den Zielen und Zwecken der städtebaulichen Entwicklungsmaßnahme entspricht und in dem eine ordnungsgemäße und zweckentsprechende Versorgung der Bevölkerung mit Gütern und Dienstleistungen sichergestellt ist (§ 166 Abs. 2 BauGB).

3.1.5 Städtebauliche Verträge

3.1.5.1 Entwicklung der Zulässigkeit von Verträgen im öffentlichen Baurecht bis zum Investitionserleichterungs- und Wohnbaulandgesetz 1993

Verwaltungsakt, Rechtsverordnung, Satzung

Seit es für die Wahrnehmung der öffentlichen Angelegenheiten der Allgemeinheit ein **Verwaltungsrecht im modernen Sinn** gibt, sind die vorherrschenden Handlungsformen der staatlichen und kommunalen Behörden der Verwaltungsakt, wenn es um die Regelung von Einzelfällen geht, sowie die Rechtsverordnung und die Satzung, wenn Sachverhalte mit Wirkung gegenüber einer unbestimmten Zahl von Betroffenen geordnet werden sollen. Das **Verhältnis der Verwaltungsrechtswissenschaft zum Vertrag** als der wichtigsten Handlungsform des bürgerlichen Rechtslebens, bei dessen Abschluß und Abwicklung sich die Beteiligten (zumindest theoretisch) gleichgeordnet gegenüberstehen, war lange Zeit zurückhaltend.

Zulässigkeit von Erschließungsverträgen

Etwas anderes gilt für die **Gesetzgebung** in Bund und Ländern, die den praktischen Erfordernissen der Allgemeinheit Rechnung zu tragen hat: Das **Städtebaurecht des Bundes** eröffnete den Gemeinden **bereits in der ersten Fassung des BBauG von 1960** durch § 123 Abs. 3 die Möglichkeit, »die Erschließung durch Vertrag auf einen Dritten zu übertragen«. Damit war die **Zulässigkeit von (öffentlich-rechtlichen) Erschließungsverträgen** bundesgesetzlich anerkannt; sie erlangten in der Praxis der städtebaulichen Entwicklung, vor allem bei Neubaugebieten, eine große Bedeutung, die sie bis heute nicht verloren haben. Weiterhin war aus der Regelung in § 133 Abs. 3 Satz 2 BauGB (1960) auf die **Zulässigkeit von Verträgen über die Ablösung von Erschließungsbeitragspflichten** im ganzen vor der Entstehung dieser Beitragspflichten zu schließen. Aufgrund dieser Möglichkeit haben sich nicht wenige Gemeindeverwaltungen die förmliche Abrechnung von Erschließungsaufwendungen und die Abfassung und Zusendung von Erschließungsbeitragsbescheiden für Baugebiete vollständig oder zumindest teilweise erspart.

Zulässigkeit von Ablösungsverträgen

Zulässigkeit weiterer Verträge seit dem StBauFG

Das ein Jahrzehnt später zur Ergänzung des allgemeinen Städtebaurechts mit dem **Städtebauförderungsgesetz** (StBauFG) von 1971 geschaffene Sanierungs- und Entwicklungsrecht brachte die ausdrückliche Regelung der **Zulässigkeit weiterer Verträge** zwischen den Gemeinden und Privaten: in § 13 Abs. 1 StBauFG die Überlassung der Durchführung von (an sich den Gemeinden obliegenden) Ordnungsmaßnahmen, in den §§ 33 bis 37 StBauFG die Übertragung der Vorbereitung und Durchführung von Sanierungen auf

Sanierungsträger und sonstige Beauftragte, in § 41 Abs. 4 Satz 2 StBauFG Vereinbarungen über den Ausgleichsbetrag und in § 43 Abs. 3 StBauGB die vertragliche Verpflichtung zu denkmalpflegerischen Maßnahmen an Sanierungsobjekten mit Kostenregelung. Ähnliche Möglichkeiten, wenn auch nicht in diesem weitgespannten Umfang, enthielten die Vorschriften über städtebauliche Entwicklungsmaßnahmen.

Bauordnungen der Länder

Im wesentlichen während der 70er Jahre erweiterten die Länder in ihren Bauordnungen die Bestimmungen über die **Pflicht zur Herstellung von notwendigen Stellplätzen** für Kraftfahrzeuge und Garagen bei genehmigungspflichtigen Bauvorhaben um die Möglichkeit, diese Pflicht **durch die Zahlung bestimmter Geldbeträge an die Gemeinden abzulösen** und zu diesem Zweck mit den Gemeinden Vereinbarungen zu treffen. In ihren Einzelheiten weisen die landesrechtlichen Vorschriften insoweit erhebliche Unterschiede auf.

Folgelastenvertrag, Austauschvertrag

Ohne im Bundesbaurecht oder an anderer Stelle genannt zu sein, wird in dem Urteil des Bundesverwaltungsgerichts vom 6. Juli 1973[2]) der **sog. Folgelastenvertrag** (=Folgekostenvertrag) mit eingehender Begründung und unter Aufzeigen näherer Voraussetzungen und Grenzen als zulässig bewertet. Diese Gerichtsentscheidung hat bei der Abfassung der Gesetzesbestimmung über den **sog. Austauschvertrag** in dem noch anzuführenden *Verwaltungsverfahrensrecht* des Bundes (und damit auch der Länder) in nicht geringem Umfang Pate gestanden. Sie ist auch heute noch von grundlegender Bedeutung[3]).

1976: Verwaltungsvertrag gleichrangig mit Verwaltungsakt

Endlich im Jahr 1976 hat das **Verwaltungsverfahrensgesetz** (VwVfG) des Bundes – in Verbindung mit den Verwaltungsverfahrensgesetzen der Länder – den **öffentlich-rechtlichen Vertrag** (richtiger eigentlich: Verwaltungsvertrag) **als Handlungsform der Verwaltung** gleichrangig neben den Verwaltungsakt gestellt. Die §§ 54 bis 62 VwVfG enthalten Regelungen über die Zulässigkeit des öffentlich-rechtlichen Vertrages, den Vergleichs- und den Austauschvertrag, das Erfordernis der Schriftform und der Zustimmung von Dritten und Behörden, die Nichtigkeit, die Anpassung und die Kündigung in besonderen Fällen, die Unterwerfung unter die Zwangsvollstreckung sowie die ergänzende Anwendung von Vorschriften, insbesondere des Bürgerlichen Gesetzbuches (BGB). Diese Vorschriften des Bundes- und Landes-Verwaltungsverfahrensrechts bilden heute die Grundlage für die Beurteilung von Fragen der Zulässigkeit, des Inhalts, der

---

[2]) IV C 22.72, Neue Juristische Wochenschrift, 1973, S. 1895.
[3]) S. etwa das Urteil des Bundesverwaltungsgerichts vom 14. August 1992, VIII C 19.90, Deutsches Verwaltungsblatt, 1993, S. 263.

Rechtswirkungen und der Rechtsnatur von Verträgen, die Träger der öffentlichen Verwaltung mit (natürlichen und juristischen) Privatpersonen auf den Gebieten der Staats- und Kommunalverwaltung abschließen.

Bürgerlicher Rechtsverkehr auch für Träger der öffentlichen Verwaltung

Die **Träger der öffentlichen Verwaltung** (Bund, Länder, Kreise und Gemeinden) können als juristische Personen des öffentlichen Rechts wie jede rechtsfähige Person **am bürgerlichen Rechtsverkehr teilnehmen** und Verträge nach den Vorschriften des bürgerlichen, des Handels- und Gesellschaftsrecht abschließen, so auch Grundstücksveräußerungs- und Grundstückserwerbsverträge oder Werkverträge bei der Vergabe von Bauleistungen des Hoch- und Tiefbaues. Sie können **sich der Möglichkeiten des bürgerlichen Rechts aber auch zur Erfüllung von Verwaltungsaufgaben bedienen**, ja sie können dazu sogar kraft Gesetzes verpflichtet sein. So haben die Gemeinden ihre Pflicht zur sog. Reprivatisierung von Grundflächen nach dem Abschluß städtebaulicher Sanierungs- und Entwicklungsmaßnahmen durch den Verkauf von Grundstücken an Bauwillige oder die Bestellung von dinglichen Rechten für Bauwillige zu erfüllen (s. §§ 89, 159 Abs. 3 und § 169 Abs. 5 bis 8). In dem neuesten Urteil zu diesem Problembereich hat sich das **Bundesverwaltungsgericht am 11. Februar 1993**[4]) mit dem **»Weilheimer Einheimischenmodell«** befaßt und dessen Zulässigkeit mit eingehender Begründung bejaht. Das höchste Verwaltungsgericht hat es als rechtmäßig angesehen, daß die Stadt Weilheim eine kommunale Aufgabe (Bindung privater Bauherrn an einen Verkaufshöchstpreis für Neubauten auf eine bestimmte Frist, um auch weniger begüterten Einheimischen eine Erwerbschance zu geben) mit zivilrechtlichen Verträgen verfolgt: »Soweit ihr das Gesetz keine bestimmte Handlungsform auferlegt, ist sie grundsätzlich frei zu entscheiden, ob sie sich zur Erfüllung ihrer Aufgaben der Formen des öffentlichen Rechts oder der des privaten Rechts bedient. Sie darf die Erfüllung eines rechtmäßigen öffentlichen Interesses auch mit Mitteln des Privatrechts bewerkstelligen, wenn ihr diese dafür am besten geeignet erscheinen und keine öffentlich-rechtlichen Normen oder Rechtsgrundsätze entgegenstehen.«

Urteil zum »Weilheimer Einheimischenmodell«

[4]) IV C 18.91, Deutsches Verwaltungsblatt, 1993, S. 654.

Bundesverwaltungsgericht im Einklang mit Bundesgerichtshof

Dabei weist das Bundesverwaltungsgericht darauf hin, daß seine **Rechtsprechung im Einklang mit der des Bundesgerichtshofs** steht. Dieser hatte in seinem Urteil vom 7. Februar 1985[5]) über die Frage zu entscheiden, ob eine Gemeinde bei der Veräußerung eines ihr gehörenden Grundstückes dem Erwerber durch zivilrechtliche Vereinbarung die Verpflichtung auferlegen kann, sich bei der Errichtung eines Bauvorhabens und seiner Nutzung an die Festsetzungen eines in der Aufstellung befindlichen Bebauungsplans zu halten. Dies hat der Bundesgerichtshof bejaht und zudem ausgesprochen, daß sich der Erwerber durch eine derartige zivilrechtliche Abmachung auch rechtswirksam dazu verpflichten kann, ein nach öffentlichem Baurecht (materiell) legales Bauwerk zu verändern.

Erschließungsvertrag, städtebaulicher Vertrag

Bei der Zusammenführung des allgemeinen Städtebaurechts (BBauG) mit dem Sanierungs- und Entwicklungsrecht (StBauFG) **im Baugesetzbuch (BauGB) von 1986** hat man die schon erwähnte Gesetzesbestimmung um eine Vorschrift über die Zulässigkeit anderer »städtebaulicher« Verträge erweitert. **§ 124 BauGB bestimmte** unter der Überschrift »Erschließungsvertrag, städtebaulicher Vertrag« folgendes:

»(1) Die Gemeinde kann die Erschließung durch Vertrag auf einen Dritten übertragen.

(2) Die Zulässigkeit anderer Verträge, insbesondere zur Durchführung von städtebaulichen Planungen und Maßnahmen, bleibt unberührt.«

Zur Bedeutung des (neuen) Absatzes 2 ist der **Kommentierung von Bielenberg**[6]) zu entnehmen:

»Unmittelbar rechtliche Auswirkungen auf den Gesetzesvollzug hat Abs. 2 nicht. Im Gesetzgebungsverfahren ist im Hinblick auf eine Vielzahl noch ungeklärter Fragen in fachlicher, rechtlicher und rechtspolitischer Sicht von einer weitergehenden Regelung sog. städtebaulicher Verträge Abstand genommen worden. Der städtebauliche Vertrag als solcher sollte indessen im Gesetz wegen seiner zunehmenden Bedeutung besonders herausgestellt werden; entsprechend der Entwicklung in der Praxis ist er kein Fremdkörper im Städtebaurecht mehr. In der Praxis hat er insbesondere Bedeutung gewonnen in der Umlegung, in der Sanierung und für die Begründung von Baupflichten. Die entscheidende Frage, ob und wieweit in städtebaulichen Verträgen

---

[5]) III ZR 179/83, Deutsches Verwaltungsblatt, 1985, S, 793.
[6]) Bielenberg, W./Krautzberger, M./Söfker, W.: BauGB – Leitfaden und Kommentierung, 3. Aufl., München 1990, Rn. 279, S. 617 f.

von den beim hoheitlichen Handeln geltenden Grundsätzen des Städtebaurechts abgewichen werden kann, wird der Praxis und der Rechtsprechung überlassen.«

Regelungen nach der Wiedervereinigung

Der **städtebaurechtliche Handlungsbedarf zur Bewältigung der Probleme der Wiedervereinigung** ließ jedoch keine Zeit dafür, Art und Umfang der Zulässigkeit von vertraglichen Regelungen der Praxis und der Rechtsprechung zu überlassen. Als erstes trat **in Ostdeutschland die Verordnung zur Sicherung einer geordneten städtebaulichen Entwicklung und der Investitionen in den Gemeinden** (Bauplanungs- und Zulassungsverordnung - BauZVO -) vom Juni 1990 in Kraft; mit ihr wurden wesentliche Teile des Baugesetzbuches in Ostdeutschland (damals noch DDR) anwendbar. Im Juli 1990 wurde auch das Gesetz über die Bauordnung erlassen, so daß in ganz Ostdeutschland neues (und zunächst einheitliches) öffentliches Baurecht galt.

Satzung mit Vorhaben- und Erschließungsplan

Völlig neu war (auch im Verhältnis zum westdeutschen Städtebaurecht) ein städtebauliches Rechtsinstrument, das eingeführt wurde, weil es in Ostdeutschland weithin an den Sachgrundlagen für die Anwendung der städtebaurechtlichen Zulässigkeitsregelungen in den §§ 30, 31, 33, 34 und 35 BauGB fehlte: die **Satzung mit Vorhaben- und Erschließungsplan**[7]). Die Schaffung dieses zusätzlichen Instrumentes für die Zulassung von Bauvorhaben wurde damit begründet, daß die Gemeinden in der DDR im Bereich der städtebaulichen Planung und Erschließung und bei der Bewältigung der sich aus städtebaulichen Entwicklungs- und Ordnungsaufgaben ergebenden sonstigen Probleme vor besonderen Schwierigkeiten stehen; mit der Bebauungs-Satzung auf der Grundlage eines Vorhaben- und Erschließungsplans soll die Möglichkeit gegeben werden, einerseits dem dringenden Investitionsbedürfnis auf dem Gebiet der Wohn- und Arbeitsstätten entsprechen zu können, auf der anderen Seite aber auch eine geordnete städtebauliche Entwicklung zu gewährleisten[8]).

Vertrag zwischen Investor und Gemeinde

Die Neuregelung ging von der Annahme aus, daß **ein Vorhabenträger (Investor) der Gemeinde** für Flächen, deren Eigentümer er ist oder an denen er zumindest rechtlich gesicherte Nutzungsbefugnisse hat, **einen planerisch ausgearbeiteten Erschließungs- und Bebauungsvorschlag macht**,

[7]) S. dazu Stich, R.: Die Bebauungs-Satzung mit Vorhaben- und Erschließungsplan in den neuen Bundesländern - Zur Auslegung und praktischen Anwendung der §§ 54 und 55 BauZVO nach den »Maßgaben« des § 246 a BauGB, Baurecht, 1991, S. 413 ff.

[8]) Näheres bei Bielenberg, W./Krautzberger, M./Söfker, W.: Das neue Städtebaurecht der DDR, Textausgabe mit Einführung, Berlin 1990, S. 31.

der bezüglich seiner Einzelheiten mit der Gemeinde abgestimmt wird. Wenn der Vorschlag (Vorhaben- und Erschließungsplan) **von der Gemeinde gebilligt** wird, muß sich der Vorhabenträger gegenüber der Gemeinde vertraglich verpflichten, auf seine Kosten die (endgültige) städtebauliche Planung zu erstellen, die Erschließungsanlagen herzustellen und die Bauvorhaben auszuführen. **Dieser Vertrag ist gewissermaßen das Kernstück** des neuen Rechtsinstrumentes für die städtebauliche Erstentwicklung oder Neuordnung. Die Gemeinde beschließt sodann eine **Satzung, deren Bestandteil der Vorhaben- und Erschließungsplan wird**; sie muß von der höheren Verwaltungsbehörde gebilligt werden. Die Satzung wird mit der ortsüblichen Bekanntmachung, daß das Verfahren zu ihrer Aufstellung abgeschlossen ist, rechtswirksam. Sie bildet sodann – zusammen mit dem Vorhaben- und Erschließungsplan – die **alleinige Grundlage** für die Durchführung der Erschließungsmaßnahmen und **für die Erteilung der Baugenehmigungen**, die für die im Vorhaben- und Erschließungsplan vorgesehenen Bauvorhaben erforderlich sind.

Satzungsbeschluß

Umfangreiche Regelung in § 54 BauZVO

Die **andere bedeutsame Neuerung** im Verhältnis zu dem damals in Westdeutschland geltenden Städtebaurecht war die **umfangreiche Regelung über den Erschließungsvertrag und den städtebaulichen Vertrag** in § 54 BauZVO. Da nicht davon ausgegangen werden konnte, daß die westdeutsche Rechtsentwicklung (vgl. die vorausgegangenen Bemerkungen zu § 124 BauGB) in Ostdeutschland bekannt ist, hielt man es für erforderlich, in § 54 BauZVO die möglichen Anwendungsfälle und inhaltlichen Ausgestaltungen von Erschließungsverträgen und ganz allgemein von städtebaulichen Verträgen ausführlich in verbindlichen Rechtsvorschriften zu erläutern. Doch soll auf den Inhalt dieser Bestimmungen nicht näher eingegangen werden, weil die insoweit jetzt bundeseinheitlich geltenden Gesetzesbestimmungen sogleich dargestellt und erläutert werden.

3.1.5.2 Die Zulässigkeit von Verträgen im Städtebaurecht nach dem Investitionserleichterungs- und Wohnbaulandgesetz 1993

Seit Mai 1993 einheitliches Städtebaurecht

Aufgrund des Investitionserleichterungs- und Wohnbaulandgesetzes vom April 1993 gilt **seit dem 1. Mai 1993** im ganzen Bundesgebiet im wesentlichen einheitliches Städtebaurecht.

Städtebauliche Entwicklungsmaßnahmen

Die Regelungen über die **förmlichen städtebaulichen Entwicklungsmaßnahmen** sind (wieder) **als Dauerrecht in das Baugesetzbuch eingefügt** worden (§§ 165 bis 171). Auf sie braucht im vorliegenden Fall nicht näher eingegangen zu werden, weil sie ein Rechtsinstrument der städtebaulichen Entwicklung regeln, bei dessen Anwendung die Gemeinde im wesentlichen die gesamte Verfahrens- und Sachherrschaft ausübt, vor allem, indem sie aufgrund ihres Grunderwerbsrechts (das erforderlichenfalls im Wege der Enteignung durchsetzbar sein soll) das Eigentum an den gesamten Grundflächen im förmlich festgelegten Entwicklungsgebiet erlangt. Aber gerade in diesem Zusammenhang hat **eine bedeutsame vertragliche Regelungsmöglichkeit** ihre rechtliche Verankerung gefunden (§ 166 Abs. 3 Satz 3 BauGB): Die Gemeinde soll von dem Erwerb eines Grundstückes absehen, wenn

Einschränkung des gemeindlichen Grunderwerbsrechts

- bei einem baulich genutzten Grundstück die Art und das Maß der baulichen Nutzung bei der Durchführung der Entwicklung nicht geändert werden sollen oder
- der Eigentümer eines Grundstückes, dessen Verwendung nach den Zielen und Zwecken der städtebaulichen Entwicklungsmaßnahme bestimmt ist (aufgrund der Festsetzungen eines rechtswirksamen Bebauungsplans gemäß den §§ 30, 31 BauGB) oder mit ausreichender Sicherheit bestimmbar ist (schon während der Planaufstellung gemäß § 33 BauGB), in der Lage ist, das Grundstück binnen angemessener Frist zu nutzen, und er sich hierzu vertraglich verpflichtet.

Abwendungsvereinbarungen

Damit ist die **Möglichkeit sog. Abwendungsvereinbarungen** angesprochen, die im Hinblick auf den verfassungsrechtlichen Eigentumsschutz in Art. 14 GG geboten ist. Ihre Regelung wirkt auch auf das an die Gemeinden gerichtete Gebot zurück, für den städtebaulichen Entwicklungsbereich ohne Verzug Bebauungspläne aufzustellen. Beachtet die Gemeinde dieses Gebot nicht und ist sie infolgedessen nicht in der Lage, bei ihren Bemühungen um den Grunderwerb den betroffenen Eigentümern die Ziele und Zwecke der städtebaulichen Entwicklungsmaßnahme mit einem »bestimmten« oder wenigstens mit einem mit ausreichender Sicherheit »bestimmbaren« Inhalt aufzuzeigen, so kann sich dies aus verfassungsrechtlichen Gründen auf die Zuverlässigkeit des Grunderwerbs nachteilig auswirken.

Ausnahme: Ein Unternehmen mit rechtlicher Verfügungsbefugnis an den Grundflächen

Die ebenfalls aus Gründen des verfassungsrechtlichen Eigentumsschutzes gebotene Voraussetzung für die Zulässigkeit der Festlegung eines förmlichen städtebaulichen Entwicklungsbereiches, daß das **Wohl der Allgemeinheit** die Durchführung der städtebaulichen Entwicklung im förmlichen Verfahren (und damit nicht im herkömmlichen Verfahren nach dem allgemeinen Städtebaurecht der §§ 1 bis 135 BauGB unter Fortbestand des Privateigentums an den Grundstücken im Planungsgebiet) »erfordert, insbesondere zur Deckung eines erhöhten Bedarfs an Wohn- und Arbeitsstätten oder zur Wiedernutzung brachliegender Flächen« (§ 165 Abs. 3 Satz 1 Nr. 2 BauGB), kann zu verneinen sein, wenn die Grundfläche, die für eine städtebauliche Entwicklung in Frage kommt, in der rechtlichen Verfügungsbefugnis eines Unternehmens steht. Verfügt das **Unternehmen** über die für eine städtebauliche Entwicklungsmaßnahme **erforderliche Finanz-, Planungs-, Bau- und Managementkapazität** und ist es bereit, nach Abstimmung der städtebaulichen Entwicklungsvorstellungen mit der Gemeinde und ihrer rechtlichen Verfestigung **die notwendigen Erschließungs- und Baumaßnahmen (auf seine Kosten) durchzuführen und sich vertraglich gegenüber der Gemeinde entsprechend zu verpflichten**, so dürfte es an der Zulässigkeit einer förmlichen (gemeindlichen) Entwicklungsmaßnahme fehlen. Entsprechendes wäre anzunehmen, wenn die besagte Grundfläche der rechtlichen Verfügungsbefugnis einer beschränkten Zahl von Unternehmen unterliegt, die die genannten Voraussetzungen erfüllen und sich rechtlich zu einer Handlungsgemeinschaft zusammengeschlossen haben. Bei alledem fällt dem **Zustandekommen vertraglicher Übereinkünfte** zwischen dem oder den Unternehmen und der Gemeinde die **zentrale Rolle** zu.

Mehrere Unternehmen mit rechtlicher Verfügungsbefugnis

Satzungen mit Vorhaben- und Erschließungsplan

Auch die Möglichkeit der Aufstellung von **Satzungen mit Vorhaben- und Erschließungsplan** ist **nunmehr bundesweit** gegeben. Die entsprechende Rechtsvorschrift ist zwar nicht in das Baugesetzbuch aufgenommen worden, sondern erscheint als § 7 im BauGB-MaßnG, das (einstweilen) nur bis zum 31. Dezember 1997 gilt (s. § 20 BauGB-MaßnG). Sie stellt einleitend klar, daß durch die Satzung die Zulässigkeit von Vorhaben bestimmt werden kann, die nicht bereits nach den §§ 30, 31 und 33 bis 35 BauGB zulässig sind, wenn die Vorhaben ohne die Aufstellung, Änderung, Ergänzung oder Aufhebung eines Bebauungsplans (an sich) nicht zugelassen werden könnten und der **Vorhabenträger auf der Grundlage eines von ihm vorgelegten und mit der Gemeinde abgestimmten Plans** zur Durchführung der Vorhaben und der Erschließung (Vorhaben- und Erschließungsplan) bereit und in der Lage ist und er **sich (vertraglich) zur Durchführung** innerhalb einer bestimmten Frist **sowie zur Übernahme der Planungs- und Erschließungskosten ganz oder teilweise verpflichtet**. Eine wichtige Neuerung besteht darin, daß die Gemeinde auf Antrag des Vorhabenträgers über die Einleitung des Satzungsverfahrens nach pflichtgemäßem Ermessen zu entscheiden hat (vgl. § 7 Abs. 3 Satz 1 BauGB-MaßnG). Durch die Bezugnahme auf § 2 Abs. 3 BauGB gibt der Bundesgesetzgeber zwar zu erkennen, daß er dem Vorhabenträger keinen Rechtsanspruch auf die Aufstellung einer Satzung mit Vorhaben- und Erschließungsplan einräumen will. Der

Rechtsanspruch auf fehlerfreie Ermessensausübung

Vorhabenträger kann aber jedenfalls von der Gemeindeverwaltung erwarten, daß sich die Gemeindevertretung mit seinem Vorschlag für einen Vorhaben- und Erschließungsplan befaßt und diese darüber entscheidet, ob das Satzungsverfahren eingeleitet wird. Auf jeden Fall **hat der Vorhabenträger gegenüber der Gemeinde einen Rechtsanspruch auf fehlerfreie Ermessensausübung**, den er gegebenenfalls zum Gegenstand einer Klage beim Verwaltungsgericht machen kann (s. § 40 ff. VwGO); bei längerem Schweigen der Gemeinde kann eine Untätigkeitsklage erhoben werden (§ 75 VwGO).

Vorzeitige Zulassung von Vorhaben

Neu ist auch die rechtliche Möglichkeit, bereits während des Verfahrens zum Erlassen einer Satzung mit Vorhaben- und Erschließungsplan in **entsprechender Anwendung des § 33 BauGB** Vorhaben zuzulassen.

Ausführlich befaßt sich das nunmehr geltende Städtebaurecht mit dem städtebaulichen Vertrag und dem Erschließungsvertrag. Für den **städtebaulichen Vertrag** enthält es in **§ 6 BauGB-MaßnG** die folgenden Regelungen:

Städtebaulicher Vertrag

»(1) Die Gemeinde kann einem Dritten durch Vertrag die Vorbereitung und Durchführung städtebaulicher Maßnahmen nach dem Baugesetzbuch oder diesem Gesetz übertragen oder hierüber andere Vereinbarungen treffen. Gegenstand eines städtebaulichen Vertrags können insbesondere die privatrechtliche Neuordnung der Grundstücksverhältnisse, die Bodensanierung und die Freilegung von Grundstücken, sonstige Maßnahmen, die notwendig sind, damit Baumaßnahmen durchgeführt werden können, und die Ausarbeitung der erforderlichen städtebaulichen Planungen sein.

(2) Vertragliche Vereinbarungen im Zusammenhang mit Bauleitplanverfahren oder sonstigen städtebaulichen Satzungsverfahren können insbesondere getroffen werden, um die mit der Bauleitplanung oder Satzung unter Beachtung des § 1 des Baugesetzbuchs verfolgten Ziele und Zwecke vorzubereiten oder zu sichern. Hierzu gehören auch vertragliche Vereinbarungen mit dem Ziel,

1. *die Grundstücke binnen angemessener Frist einer Nutzung entsprechend den Festsetzungen des Bebauungsplans zuzuführen,*
2. *den dringenden Wohnbedarf von Bevölkerungsgruppen mit besonderen Wohnraumversorgungsproblemen zu decken oder*
3. *dem Wohnbedarf der ortsansässigen Bevölkerung zu dienen.*

§ 2 Abs. 3 des Baugesetzbuchs bleibt unberührt; ein Anspruch auf Aufstellung eines Bauleitplans oder einer

sonstigen städtebaulichen Satzung kann durch Vertrag nicht begründet werden.

(3) Bauwillige können sich gegenüber der Gemeinde durch Vertrag verpflichten, Kosten und sonstige Aufwendungen zu übernehmen, die der Gemeinde für städtebauliche Planungen, andere städtebauliche Maßnahmen sowie Anlagen und Einrichtungen, die der Allgemeinheit dienen, entstehen; die städtebaulichen Maßnahmen, Anlagen und Einrichtungen können auch außerhalb des Gebiets liegen. Auch die Bereitstellung der erforderlichen Grundstücke kann vereinbart werden. Die Kosten und Aufwendungen sowie die Planungen, städtebaulichen Maßnahmen, Anlagen und Einrichtungen müssen Voraussetzung oder Folge des von dem Bauwilligen geplanten Vorhabens sein. Die vertraglich vereinbarten Leistungen müssen den gesamten Umständen nach angemessen sein; die Vereinbarung einer vom Bauwilligen zu erbringenden Leistung ist unzulässig, wenn er auch ohne sie einen Anspruch auf Erteilung der Genehmigung hätte und sie auch nicht als Nebenbestimmung gefordert werden könnte.

(4) Ein Vertrag nach den Absätzen 1 bis 3 bedarf der Schriftform, soweit nicht durch Rechtsvorschriften eine andere Form vorgeschrieben ist.

(5) Die Zulässigkeit anderer städtebaulicher Verträge bleibt unberührt.«

Zum **Erschließungsvertrag** finden sich in **§ 124 BauGB** die folgenden Bestimmungen:

Erschließungsvertrag

»(1) Die Gemeinde kann die Erschließung durch Vertrag auf einen Dritten übertragen.

(2) Gegenstand eines Erschließungsvertrags können nach Bundes- oder Landesrecht beitragsfähige oder nicht beitragsfähige Erschließungsanlagen in einem bestimmten Erschließungsgebiet in der Gemeinde sein. Der Dritte kann sich gegenüber der Gemeinde verpflichten, die Erschließungskosten ganz oder teilweise zu tragen; dies gilt unabhängig davon, ob die Erschließungsanlagen nach Bundes- oder Landesrecht beitragspflichtig sind. § 129 Abs. 1 Satz 3 ist nicht anzuwenden.

(3) Die vertraglich vereinbarten Leistungen müssen den gesamten Umständen nach angemessen sein und in sachlichem Zusammenhang mit der Erschließung stehen. Hat die Gemeinde einen Bebauungsplan im Sinne des § 30 Abs. 1 erlassen und lehnt sie das zumutbare Angebot eines Dritten ab, die im Bebauungsplan vorgesehene Erschließung vorzunehmen, ist sie verpflichtet, die Erschließung selbst durchzuführen.

(4) Der Erschließungsvertrag bedarf der Schriftform, soweit nicht durch Rechtsvorschrift eine andere Form vorgeschrieben ist.«

Systematische Schwierigkeiten

An sich gehört der Regelungsinhalt beider neuen Gesetzesbestimmungen in einem Paragraphen unter der Überschrift »Städtebauliche Verträge« zusammengefaßt. Denn selbstverständlich **ist auch der Erschließungsvertrag** (mit seinen verschiedenen Varianten) **ein städtebaulicher Vertrag**. Überhaupt ist der **Begriff** des städtebaulichen Vertrages nicht weiterführend, aus ihm kann noch nicht einmal auf die **Zuordnung eines Vertrages zum öffentlichen oder zum privaten Recht** geschlossen werden. Rechnet § 6 Abs. 1 Satz 2 BauGB-MaßnG doch zu den möglichen Gegenständen eines städtebaulichen Vertrages ausdrücklich »die privatrechtliche Neuordnung von Grundstücksverhältnissen«. Auch das in beiden Gesetzesbestimmungen enthaltene Erfordernis der Schriftform (vgl. dazu § 126 BGB) wäre entbehrlich, wenn es nur städtebauliche Verträge mit öffentlich-rechtlicher Natur gäbe, weil § 57 VwVfG bereits generell vorschreibt, daß ein öffentlich-rechtlicher Vertrag schriftlich zu schließen ist, soweit nicht durch Rechtsvorschrift eine andere Form vorgeschrieben ist. Damit sind schon einige der systematischen Schwierigkeiten angesprochen, die § 6 BauGB-MaßnG und § 124 BauGB der städtebaulichen Praxis bereiten werden und an deren Verringerung und Beseitigung die Rechtswissenschaft und die Rechtsprechung in den nächsten Jahren arbeiten müssen. Immerhin kann dabei auf bedeutsame Vorarbeiten der Rechtsprechung sowohl der Verwaltungs- wie der Zivilgerichte zurückgegriffen werden, auf die im vorangegangenen Abschnitt dieser Abhandlung bereits hingewiesen worden ist.

Systematisierung der Vertragsinhalte und -arten

Ein **erster Versuch einer Systematisierung** der in den beiden Gesetzesbestimmungen angesprochenen Vertragsinhalte und damit Vertragsarten soll aber schon einmal gewagt werden. Man kann die nunmehr im Städtebaurecht erwähnten Inhalte und Arten städtebaulicher Verträge grob wie folgt gruppieren:

- **Planungs- und Maßnahmenverträge** (§ 6 Abs. 1 und 2 BauGB-MaßnG; auch § 7 Abs. 1 Satz 1 Nr. 2 BauGB-MaßnG, dort »Durchführungsvertrag« genannt)
- **Erschließungsverträge** (§ 124 BauGB, in den allerdings auch eine Bestimmung für den Fall eingefügt wurde, daß sich eine Gemeinde weigert, einen für sie zumutbaren Erschließungsvertrag abzuschließen)
- **Folgekostenverträge** (§ 6 Abs. 3 BauGB-MaßnG, in dem allerdings auch die Vereinbarung über die Bereitstellung erforderlicher Grundstücke und damit über eine Sachleistung erwähnt wird).

Vertrag zwischen privatem Investor und Gemeinde

Wichtiger als dieser Systematisierungsversuch ist aber die aus dem Gesamtinhalt des § 6 BauGB-MaßnG und des § 124 BauGB zu gewinnende Erkenntnis, daß nach dem Willen des Bundesgesetzgebers die **gesamten städtebaulichen Entwicklungsmaßnahmen, soweit sie nicht hoheitlicher Natur sind** (insbesondere erforderliche Satzungsbeschlüsse), in Kooperation mit privaten »Vorhabenträgern« oder »Bauwilligen« auf vertraglicher Grundlage vorbereitet und durchgeführt werden können sollen.

Städtebau als öffentliche und private Aufgabe

Dies **entspricht der neueren gesellschaftspolitischen Entwicklung**, wie sie der Leiter der Abteilung »Raumordnung und Städtebau« im Bundesbauministerium, Ministerialdirektor Professor Dr. **Krautzberger**, in seiner Abhandlung **»Neue Modelle des Verwaltungshandelns: Public Private Partnership – Kooperationsmodelle aus städtebaulicher Sicht«**[9]) näher beschrieben hat: Der Städtebau ist in hohem Maße eine »gemischt private und öffentliche Aufgabe«. Die städtebaulichen Rahmenbedingungen werden zwar in nicht geringem Umfang von der öffentlichen Hand bestimmt, man denke nur an die Bauleitplanung. Doch ist deren Durchsetzung auf private Initiativen und Investitionen angewiesen. Der Städtebau lebt daher nicht von Bauleitplänen und kommunalen Konzepten, sondern von den Initiativen Privater.

Initiative privater Investoren

Die Vorstellung, daß Bebauungspläne gewissermaßen in den Köpfen der Planer ausgedacht, dann in Amtsstuben zu Papier gebracht und von den Räten beschlossen werden, um sodann der Öffentlichkeit einschließlich der Privatwirtschaft gewissermaßen zum Vollzug weitergegeben zu werden, ist ziemlich wirklichkeitsfremd. Die Großzahl der konkreten Bebauungspläne entsteht im Gespräch zwischen Investor und Gemeinde. Eine beachtliche Zahl von Entwürfen für Bebauungspläne wird von privater Seite ausgearbeitet.

Kooperation v. a. in Ostdeutschland notwendig

Die nach allem schon weithin praktizierte und durch Gesetzgebung und Rechtsprechung abgesicherte Kooperation der Gemeinden und Privater auf dem Gebiet der städtebaulichen Entwicklung und Neuordnung ist vor allem in den östlichen Bundesländern zur Überwindung der dort anzutreffenden Schwierigkeiten notwendig.

---

[9]) Städte- und Gemeinderat Nordrhein-Westfalen, 1993, S. 44 ff.

Mangelnder Kooperationswille der Kommunalverwaltungen

Diesen gewiß zutreffenden Gedankengängen Krautzbergers ist jedoch aus verwaltungswissenschaftlicher Sicht anzufügen, daß die **Kommunalverwaltungen** in Ostdeutschland, aber auch in den westlichen Bundesländern **auf diese Kooperation mit privaten Vorhabenträgern und Bauwilligen weithin noch unzulänglich eingestellt** sind. Die Grundhaltung in den Stadtplanungsämtern ist durchweg noch von der Meinung geprägt, daß der Stadt für ihre städtebauliche Entwicklung kraft Gesetzes die Planungshoheit zukomme und daß sie daher mit ihren Fachämtern und Entscheidungsgremien im wesentlichen allein über ihr weiteres städtebauliches Schicksal zu befinden habe. Wenn auch das **Bundesverwaltungsgericht** seit Jahren die **hochrangige Bedeutung des privaten Grundstückseigentums für die Abwägung in der Bauleitplanung** (§ 1 Abs. 6 BauGB) hervorhebt[10]), wird es doch noch eines mühevollen Umdenkungsprozesses bedürfen, bis die zuständigen kommunalen Stellen die »Zeichen der neuen Zeit« erkannt haben und mit privaten Vorhabenträgern offen und bereitwillig städtebauliche Entwicklungsmöglichkeiten erörtern und – wie es in der Gesetzesbestimmung über die Satzung mit Vorhaben- und Erschließungsplan gefordert wird – abstimmen werden. Dazu gehört auch die **Bereitschaft, von privaten Vorhabenträgern ausgearbeitete Planungen** für die städtebauliche Entwicklung eines Gebietes nach eigener Prüfung und ggf. Änderung und Ergänzung **als eine brauchbare Lösung anzunehmen** und die eigenen fehlenden Entwicklungsvorstellungen nicht zum Anlaß für die Forderung nach einem »städtebaulichen Wettbewerb« zu nehmen, dessen Kosten der Vorhabenträger begleichen soll.

Verzicht auf städtebauliche Wettbewerbe

Mangelndes Gespür für wirtschaftliche Folgen

Im kommunalen Bereich fehlt es aber nicht nur weithin an der Bereitschaft zu dieser Kooperation mit den Investoren, wie sie der heutigen Rechtslage entsprechen würde. **Es fehlt auch an dem auf einen wirtschaftlichen Erfolg oder zumindest auf die wirtschaftlichen Folgen bezogenen Handlungsbewußtsein.** Während das Fehlschlagen städtebaulicher Entwicklungsabsichten bezüglich größerer Grundflächen, die ein Investor für erhebliche Summen erworben oder an denen er sich mit erheblichen Aufwendungen ein Erwerbsrecht gesichert hat, für ihn einen schweren finanziellen Verlust bedeuten kann, wird von diesem Vorgang niemand in der Kommunalverwaltung in seinen persönlichen Einkommens- und Vermögensverhältnissen berührt. Zudem ist die **Ausbildung für die kommunale Verwaltungstätigkeit im**

[10]) S. zuletzt das Urteil vom 6. Oktober 1992, 4 NB 36.92, Baurecht, 1993, S. 56.

Keine wirtschaftlich ausgerichtete Verwaltung, Ausbildung

Bereich der städtebaulichen Entwicklung, gleich auf welcher Ebene sie erfolgt, **so gut wie nicht am wirtschaftlichen Denken ausgerichtet**. Planungsfachlich und planungsrechtlich ist es nicht zu beanstanden, wenn die Bemühungen eines Investors, bezüglich einer größeren Grundfläche nach Abstimmung mit der Gemeinde eine städtebauliche Entwicklung durch Erschließung und Bebauung vorzunehmen, nicht mit Nachdruck gefördert und bei gutem Willen zu beseitigende Hindernisse nicht aus dem Weg geräumt werden. Es kann daher nicht verwundern, daß bei den für die städtebauliche Entwicklung zuständigen Verwaltungsstellen im Verhältnis zu ihren Aufgaben nach dem gegenwärtigen Städtebaurecht ein **verbreitetes »Erfolgsdefizit«** festgestellt werden muß.

Erfolgsdefizit

Diese Feststellung darf jedoch keinen Anlaß zur Resignation geben, sondern sie muß im Gegenteil Ansporn dafür sein, den Kommunalverwaltungen dabei zu helfen, die Probleme, die mit den Möglichkeiten der Kooperation verbunden sind, zu erkennen und für sie brauchbare und rechtlich zuverlässige Lösungen zu finden. In diesem Sinne werden **im folgenden noch zwei Teilbereiche der Anwendung städtebaulicher Verträge behandelt**. Zuerst wird exemplarisch der Frage nachgegangen, welche Leistungen eine Gemeinde in einem städtebaulichen Vertrag verlangen kann, mit dem sie einem Vorhabenträger die städtebauliche Entwicklung einer ihm gehörigen größeren Grundfläche überläßt. Sodann werden noch die Probleme erörtert, die sich aus den neuen Eingriffs- und Ausgleichsbestimmungen des Bundesnaturschutzrechts (§ 8 a bis c BNatSchG) unter dem Gesichtspunkt ergeben, daß die Durchführung von Ausgleichs- und Ersatzmaßnahmen außerhalb der Baugrundstücke, die an sich der Gemeinde obliegt, »auf andere Weise gesichert« werden kann.

Zwei Teilbereiche städtebaulicher Verträge

3.1.5.3 Zur Frage der Leistungen, die eine Gemeinde in einem städtebaulichen Vertrag fordern kann, mit dem sie einem Vorhabenträger die bauliche Erstentwicklung oder Neuordnung einer ihm gehörigen größeren Grundfläche überläßt

Voraussetzungen

Für die Beantwortung dieser Frage ist davon auszugehen, daß eine Gemeinde die rechtliche Problematik der Einbeziehung des Geländes eines (privaten) Investors in einen förmlich festzulegenden städtebaulichen Entwicklungsbereich (§§ 165 bis 171 BauGB) erkennt, **nach Abstimmung mit dem Investor als Vorhabenträger für dieses Gebiet die Aufstellung eines Bebauungsplans einleitet** und während des Planaufstellungsverfahrens (spätestens beim Erreichen des Planungsstandes gemäß § 33 BauGB) **mit dem Investor einen städtebaulichen Vertrag über die Entwicklung des Geländes abschließt**.

Auf Investor übertragbare Erschließungsaufgaben und -kosten

In den Festsetzungen des Bebauungsplans werden – auch im Falle einer sog. Konversionsfläche – **neue Erschließungsanlagen** vorgesehen werden. Ihre Herstellung wäre in einem **Erschließungsvertrag nach § 124 BauGB** auf den Investor (Vorhabenträger) zu übertragen. Mit der Neufassung dieser Vorschrift durch das Investitionserleichterungs- und Wohnbaulandgesetz 1993 wurde klargestellt, daß sich die Gemeinden beim Abschluß von Erschließungsverträgen nicht mehr gemäß § 129 Abs. 1 Satz 3 BauGB (Selbstbeteiligungsklausel bei der Erhebung von Erschließungsbeiträgen) gegenüber dem Erschließungsträger verpflichten müssen, sich in Höhe des satzungsmäßig festgelegten Eigenanteils an den Erschließungskosten zu beteiligen. Deshalb **können die Gemeinden nunmehr fordern, daß sich die Vorhabenträger dazu verpflichten, die Kosten der inneren Erschließung**, nämlich der Herstellung aller Verkehrs-, Ver- und Entsorgungsanlagen im Baugebiet (vgl. dazu § 127 Abs. 2 und 4 BauGB), **in vollem Umfang zu tragen**. Allerdings müssen die Leistungen, zu denen sich der Vorhabenträger gegenüber der Gemeinde verpflichtet, »den gesamten Umständen nach angemessen sein und in sachlichem Zusammenhang mit der Erschließung stehen« (so ausdrücklich in Abs. 3 Satz 1 des neugefaßten § 124 BauGB). Zum Inhalt eines Erschließungsvertrages bedarf es im vorliegenden Zusammenhang keiner näheren Darlegungen; dafür stehen Muster zur Verfügung, auf die zurückgegriffen werden kann[11]).

Inhalt des Erschließungsvertrages

Formerfordernisse

Allerdings wird in der Praxis nicht selten verkannt, welche **besonderen Formerfordernisse** an die in einem Erschließungsvertrag enthaltene Vereinbarung des Inhalts gestellt werden, daß sich der Vorhabenträger dazu verpflichtet, das Eigentum an den Flächen, auf und in denen sich Erschließungsanlagen befinden, auf die Gemeinde zu übertragen, und sich die Gemeinde dazu bereit erklärt, diese Flächen in ihr Eigentum zu übernehmen. **Diese Vereinbarung bedarf**, um rechtsverbindlich zu werden, **nach § 313 BGB zwingend der notariellen Beurkundung**. Für den Abschluß dieses notariellen Vertrages, der noch nicht die Auflassung (§§ 873, 925 BGB) einschließt, ist es ausreichend, daß die betreffenden Grundflächen anhand eines Bebauungsplans (oder eines Bebauungsplanentwurfs) deutlich erkennbar bezeichnet werden können. Es ist sogar schon die **Bewilligung der**

Notarielle Beurkundung

[11]) Vgl. etwa Driehaus, H.J.: Erschließungs- und Ausbaubeiträge, 3. Aufl., Rn. 155, S. 81, Beck Verlag, München 1991.

Eintragung einer Auflassungsvormerkung (§ 883 BGB) durch den (verfügungsberechtigten) Vorhabenträger zugunsten der Gemeinde möglich. Sie bewirkt, daß der Anspruch der Gemeinde auf Übertragung des Eigentums an den Erschließungsflächen, der mit dem Vertrag in der Form des § 313 BGB begründet wird, durch spätere Rechtsvorgänge nicht mehr beeinträchtigt werden kann.

Zweckmäßigkeit getrennter Verträge

An sich könnte der Vertrag nach § 313 BGB ebenso wie die Bewilligung einer Auflassungsvormerkung nach § 883 BGB **in den Gesamtzusammenhang des Erschließungsvertrages** nach § 124 BauGB **aufgenommen** werden. Doch bedürfte dann der **Erschließungsvertrag** zu seiner Rechtswirksamkeit **insgesamt der notariellen Beurkundung**. Bei einem sorgfältig abgefaßten Erschließungsvertrag wäre dies mit einem erheblichen Zeitaufwand (Verlesen des gesamten Vertragstextes samt technischen Anlagen!) verbunden, und der Notar würde in diesem Falle seiner Gebührenberechnung nicht nur den Geschäftswert der Veräußerungs- und Erwerbsvereinbarung bezüglich der Erschließungsflächen, sondern auch den Geschäftswert des eigentlichen Erschließungsvertrages (und damit die Kosten des Erschließungsvorganges) zugrunde legen. Deshalb ist es zweckmäßig, die **Vereinbarung über die Verpflichtung zur Übertragung des Eigentums und zum Erwerb des Eigentums an den Erschließungsflächen zum Inhalt eines eigenständigen, gemäß § 313 BGB notariell zu beurkundenden Vertrages zu machen** und im Erschließungsvertrag abschließend zu bestimmen, daß er (= der Erschließungsvertrag) erst mit der notariellen Beurkundung des Vertrages über die Verpflichtung zur Veräußerung und zum Erwerb des Eigentums an den Erschließungsflächen rechtswirksam werden soll.

Rechtswirksamkeit

Kosten der äußeren Erschließung

Was die **möglichen Kosten von äußeren Erschließungsmaßnahmen** angeht, die für die städtebauliche Entwicklung des Geländes erforderlich sein können und von der Gemeinde durchzuführen wären, ist **von der Regelung in Abs. 3 des neuen § 6 BauGB-MaßnG auszugehen**. Danach können sich Bauwillige (und damit auch Vorhabenträger) verpflichten, Kosten und sonstige Aufwendungen zu übernehmen, die der Gemeinde für städtebauliche Maßnahmen, Anlagen und Einrichtungen, die auch außerhalb des Gebietes liegen können, entstehen. Allerdings müssen die städtebaulichen Maßnahmen, Anlagen und Einrichtungen Voraussetzungen oder Folge des vom Bauwilligen (bzw. Vorhabenträger) geplanten Vorhabens sein. Das Bundesbaurecht bekräftigt damit gesetzlich die **Zulässigkeit von sog. Folgekostenvereinbarungen** und grenzt zugleich ihren Anwendungsbereich und ihren Inhalt ein. In beiden Hinsichten ist der Gesetzestext recht weit gefaßt, und man kann ihn nur als

Zulässigkeit von Folgekostenvereinbarungen

einen Rahmen ansehen, in dem sich im Einzelfall die Vereinbarungen zwischen Gemeinde und Vorhabenträger zu entfalten haben.

Die Gemeinde wird dem Vorhabenträger im Rahmen des städtebaulichen (Gesamt-)Vertrages über die Entwicklung seines Geländes die Herstellung der inneren Erschließungsanlagen durch einen Erschließungsvertrag nach § 124 BauGB nur überlassen, wenn sich der **Vorhabenträger verpflichtet, die Erschließungsanlagen innerhalb einer im Vertrag festgesetzten angemessenen Frist (abnahmereif) herzustellen**[12]. Diese Verpflichtung muß rechtlich abgesichert werden. Dafür ist weder eine Dienstbarkeit (§§ 1018 ff., 1090 ff. BGB) noch eine sonstige Eintragung im Grundbuch geeignet. Möglich ist jedoch die **Vereinbarung von Vertragsstrafen** und die Unterwerfung unter ihre sofortige Vollstreckbarkeit (Näheres in § 61 VwVfG). Eine weitere Sicherungsmöglichkeit besteht in der Forderung einer Eintrittsbürgschaft (vgl. § 765 ff. BGB), durch die sich ein Dritter (etwa ein anderer Vorhabenträger) verpflichtet, die Erschließungsmaßnahmen zu Ende zu führen, wenn der Vertragspartner der Gemeinde mit der Erfüllung seiner Erschließungspflichten in Verzug oder wenn er gar in Vermögensverfall gerät.

Rechtliche Absicherung

Verpflichtung zu fristgemäßer Bebauung

In gleicher Weise wird die Gemeinde von dem **Vorhabenträger** fordern, daß er **sich dazu verpflichtet**, die nach der Herstellung der Erschließungsanlagen **bebaubaren Grundstücke innerhalb einer weiteren vertraglich festzulegenden Frist zu bebauen oder der Bebauung durch Dritte zuzuführen** (auch dies entspricht der vergleichbaren Interessenlage beim Zustandekommen einer Satzung mit Vorhaben- und Erschließungsplan). In der Gesetzesbestimmung über den städtebaulichen Vertrag sind für den Fall, daß der Vertrag sich mit der Vorbereitung und Durchführung städtebaulicher Maßnahmen befaßt, ausdrücklich »vertragliche Vereinbarungen mit dem Ziel« angesprochen, »die Grundstücke binnen angemessener Frist einer Nutzung entsprechend den Festsetzungen des Bebauungsplans zuzuführen« (§ 6 Abs. 2 Satz 1 Nr. 2 BauGB-MaßnG). Auch diese Verpflichtung ist in zuverlässiger Weise rechtlich abzusichern.

Zusätzliche finanzielle Leistungen?

Damit sind die **rechtlichen Möglichkeiten der Gemeinde**, einen Vorhabenträger im Falle der Übertragung der städtebaulichen Entwicklung seines Geländes zu Leistungen in der Gestalt von Erschließungsmaßnahmen, Tragung von Folgekosten (der äußeren Erschließung und sonstiger

---

[12]) Vgl. dazu für die ähnliche Interessenlage beim Zustandekommen einer Satzung mit Vorhaben- und Erschließungsplan § 7 Abs. 1 Satz 1 Nr. 2 BauGB-MaßnG.

ergänzender Maßnahmen), Durchführung von Baumaßnahmen und Veräußerung bebaubarer Grundstücke an Bauwillige zu verpflichten, **erschöpft**. Die Gemeinde kann insbesondere von dem Vorhabenträger **keine zusätzlichen finanziellen Leistungen** mit der Begründung **fordern**, daß ihm durch die Erschließung und Bebauung bzw. Baureifmachung und Veräußerung von Grundstücken ein Bodenwertgewinn zufließe. Wenn es den Gemeinden nach der klarstellenden Vorschrift in § 171 Abs. 1 BauGB untersagt ist, aus städtebaulichen Entwicklungsmaßnahmen Überschüsse zu erzielen, so ist auch keine Rechtsgrundlage für eine gemeindliche Forderung des Inhalts zu finden, an den Überschüssen zu partizipieren, die (private) Vorhabenträger im Rahmen von städtebaulichen Entwicklungsmaßnahmen, deren Vorbereitung und Durchführung ihnen die Gemeinde in einem städtebaulichen Vertrag überläßt, möglicherweise erlangen können.

3.1.5.4 Zur Frage, wie die Durchführung eingriffsbezogener Ausgleichs- und Ersatzmaßnahmen »auf andere Weise gesichert« werden kann

Schwierigkeiten bei der Forderung nach Ersatzmaßnahmen

Die nach **bisherigem Bundes- und Landesnaturschutzrecht** geltenden Eingriffs- und Ausgleichsvorschriften (§ 8 BNatSchG und Landesnaturschutzgesetze) bewirkten, daß auch im Geltungsbereich von Bebauungsplänen die Eingriffs- und Ausgleichsbeurteilung (grundsätzlich) erst bei der Entscheidung über die Zulässigkeit der Bauvorhaben vorzunehmen war. Dabei kam es bei der **Forderung nach Ersatzmaßnahmen**, insbesondere in der Gestalt der **Bereitstellung von Ersatzflächen**, zu **Schwierigkeiten**, wenn derartige Flächen im Geltungsbereich des Bebauungsplans nicht zur Verfügung standen[13]).

Neuordnung

Durch das Investitionserleichterungs- und Wohnbaulandgesetz ist das **Verhältnis des Naturschutzrechts zum Baurecht mit Wirkung vom 1. Mai 1993 an neu geordnet worden** (§ 8 a bis c BNatSchG): Sind aufgrund der Aufstellung, Änderung, Ergänzung oder Aufhebung von Bauleitplänen *Eingriffe in Natur und Landschaft* (im Sinne der Begriffsbestimmung in § 8 Abs. 1 BNatSchG) zu erwarten, so ist über die Belange des Naturschutzes und der Landschaftspflege **im Bauleitplan** unter entsprechender Anwendung des § 8 Abs. 2 Satz 1 BNatSchG (Gebot der Eingriffsminimierung) und des § 8

[13]) Näheres bei Stich, R.: Naturschutzrechtliche Eingriffs- und Ausgleichsregelungen und ihre Auswirkungen auf die gemeindliche Bauleitplanung und die Umlegung in Bebauungsplangebieten, in: Grundstücksmarkt und Grundstückswert, 1993, S. 301 ff.

Abs. 9 BNatSchG (Ersatzmaßnahmen) nach den Vorschriften des Baugesetzbuches und des Maßnahmengesetzes zum Baugesetzbuch **in der Abwägung nach § 1 BauGB zu entscheiden.** Dabei haben die Gemeinden auch von Darstellungs- und Festsetzungsmöglichkeiten nach den §§ 5 und 9 BauGB Gebrauch zu machen, die dazu dienen, die zu erwartenden Beeinträchtigungen des Naturhaushalts oder des Landschaftsbildes auf den Grundstücksflächen, auf denen Eingriffe zu erwarten sind, oder im sonstigen Geltungsbereich des Bebauungsplans zu mindern, auszugleichen oder zu ersetzen. Erfolgen **Festsetzungen dieser Art im sonstigen Geltungsbereich eines Bebauungsplans**, so können sie – ergänzend zu den Festsetzungsmöglichkeiten nach § 9 BauGB – den Grundstücksflächen, auf denen Eingriffe aufgrund sonstiger Festsetzungen zu erwarten sind, für Ausgleichs- und Ersatzmaßnahmen ganz oder teilweise **zugeordnet** werden (sog. Zuordnungsfestsetzungen). Übrigens gilt das bisher Ausgeführte nicht nur für Bebauungspläne, sondern **auch für Innenbereichs-Abrundungssatzungen** nach § 4 Abs. 2 a BauGB-MaßnG und **für Satzungen mit Vorhaben- und Erschließungsplan** nach § 7 BauGB-MaßnG.

Minderung, Ausgleich, Ersatz von Beeinträchtigungen

Die Festsetzungen für Ausgleichs- und Ersatzmaßnahmen sind **grundsätzlich vom Vorhabenträger durchzuführen**. Soweit allerdings eingriffsbezogene Festsetzungen für Ausgleichs- und Ersatzmaßnahmen nicht auf den Baugrundstükken (oder auch auf den Erschließungsflächen), sondern im sonstigen Geltungsbereich eines Bebauungsplans festgesetzt und den Baugrundstücken zugeordnet sind, **soll die Gemeinde sie an Stelle und auf Kosten der Vorhabenträger oder der Eigentümer der Grundstücke durchführen**, »sofern die Durchführung nicht auf andere Weise gesichert ist«. Es muß also rechtlich sichergestellt sein, daß jemand anderes als die Gemeinde die Ausgleichs- und Ersatzmaßnahme durchführt.

Grundsätzliche Zuständigkeit des Vorhabenträgers

Zuständigkeit der Gemeinde

Diese **Sicherung »auf andere Weise«** kann deshalb nicht – wie im Schrifttum angenommen wird – durch den Abschluß einer Folgelastenvereinbarung nach § 6 Abs. 3 BauGB-MaßnG erfolgen. Denn dieser Vertrag ist gerade nicht darauf gerichtet, daß von einem Vorhabenträger Maßnahmen, sondern daß »Kosten und sonstige Aufwendungen« übernommen werden, die der Gemeinde etwa für städtebauliche Maßnahmen, Anlagen und Einrichtungen, die der Allgemeinheit dienen, entstehen. Nun enthält **§ 8 a Abs. 4 und 5 BNatSchG die Rechtsgrundlagen für ein eigenständiges System der Erhebung von Beiträgen** zu den Kosten gemeindlicher Ausgleichs- und Ersatzmaßnahmen im vorbezeichneten Sinne, das allerdings noch durch das Erlassen von Satzungen durch die Gemeinden zur Wirkung gebracht werden muß. Sind

Keine Folgelasten-vereinbarung

System zur Erhebung von Beiträgen

aber solche Satzungen erlassen, so ist - wie auch sonst im kommunalen Beitragsrecht - für eine Vereinbarung über die Höhe des von den Vorhabenträgern (Bauwilligen, Grundstückseigentümern) zu leistenden Naturschutzbeitrages kein Raum mehr.

Maßnahmenvertrag

Die Sicherung »auf andere Weise« kann daher **nur in einem** - wie oben (s. 3.1.5.2) formuliert - **Maßnahmenvertrag** nach § 6 Abs. 1 und 2 BauGB-MaßnG erfolgen. Wenn die Festsetzungen von Ausgleichs- und Ersatzmaßnahmen auch ihren Anlaß im (Bundes-)Naturschutzrecht haben, erfolgen sie doch nach den Vorschriften des Baugesetzbuchs und des Maßnahmengesetzes zum Baugesetzbuch und werden dadurch zu **»städtebaulichen Maßnahmen« im Sinne des § 6 Abs. 1 BauGB-MaßnG.** So wird in dem Fall, daß die Gemeinde einem Vorhabenträger für sein Gelände die in einem Bebauungsplan zu konkretisierende städtebauliche Erstentwicklung oder Neuordnung überläßt (s. 3.1.5.3), Gegenstand des städtebaulichen Vertrages auch die (rechtlich zuverlässig abzusichernde) Verpflichtung des Vorhabenträgers sein, die außerhalb der Baugrundstücke (und Erschließungsflächen) festgesetzten Ausgleichs- und Ersatzmaßnahmen durchzuführen.

Durchführungsvertrag

Entsprechendes gilt für den sog. Durchführungsvertrag, in dem sich der Vorhabenträger beim Zustandekommen der Satzung mit Vorhaben- und Erschließungsplan gemäß § 7 Abs. 1 Satz 1 Nr. 2 BauGB-MaßnG zur Durchführung der Erschließungsmaßnahmen und der Vorhaben verpflichtet.

3.1.6 Weiterführende Literatur

Kommentare zum BauGB:

Battis, U./Krautzberger, M./Löhr, R.P.: Kommentar zum BauGB, 4. Aufl., Beck Verlag, München 1994.

Bielenberg, W./Krautzberger, M./Söfker, W.: BauGB mit BauGB-MaßnG und BauNVO, Leitfaden und Kommentierung, 4. Aufl., Franz Rehm Verlag, München 1994.

Cholewa, W./David, J./Dyong, H./von der Heide, H.J.: BauGB mit BauGB-MaßnG, BauNVO, mit Erläuterungen, 3. Aufl., Beck Verlag, München 1994.

Ernst, W./Zinkahn, W./Bielenberg, W.: Kommentar zum BauGB, Loseblattausgabe, Stand Sept. 1994, Beck Verlag, München.

Kohlhammer-Kommentar zum BauGB, Loseblattausgabe, Stand April 1995, Kohlhammer Verlag, Stuttgart.

Schlichter, O./Stich, R. (Hrsg.): Berliner Kommentar zum BauGB (auch zum BauGB-MaßnG und zu den §§ 8 bis 8c BNatSchG), 2. Aufl., C. Heymanns Verlag, Köln 1995.

Schrödter, H.: Kommentar zum BauGB, 5. Aufl., Verlag Franz Vahlen, München 1992, mit Nachtrag 1994.

Fachzeitschriften (mit Rechtsprechungsteil):

Baurecht, Werner-Verlag, Düsseldorf.

Umwelt- und Planungsrecht, Kommunalschriften-Verlag J. Jehle, München.

Zeitschrift für deutsches und internationales Baurecht, Bauverlag, Wiesbaden.

Rechtsprechungssammlung:

Thiel, F./Gelzer, K.: Baurechtssammlung, Werner-Verlag, Düsseldorf.

Für die östlichen Bundesländer:

Bielenberg, W./Krautzberger, M./Söfker, W.: Städtebaurecht in den neuen Ländern, Leitfaden und Kommentierung, 2. Aufl., Franz Rehm Verlag, München 1992.

Prof. Dr. Walter Jagenburg

3.2 Juristisches Projektmanagement – Bauvorbereitende und baubegleitende Rechtsberatung bei Projektentwicklung und Projektdurchführung

Inhaltsverzeichnis

3.2.1 Bauvorbereitende und baubegleitende Rechtsberatung

Der folgende Beitrag [1] ist die Zusammenfassung wesentlicher Teile der Referate, die der Autor auf den ebs Immobilien-Professional-Collegs »Projektentwicklung« der European Business School gehalten hat. Er ist Wolfgang Heiermann zum 60. Geburtstag gewidmet[1]), denn auch wenn dieser die baubegleitende Rechtsberatung nicht erfunden hat, ist sein Verdienst doch unbestritten, sie den baubeteiligten Kreisen bekanntgemacht und insbesondere denen nahegebracht zu haben, die davon bislang – aus Unkenntnis oder aus welchen Gründen auch immer – keinen ausreichenden Gebrauch gemacht haben.

Baubegleitende Rechtsberatung

Denn neu ist baubegleitende Rechtsberatung keineswegs. Die öffentliche Hand wurde bei ihren Bauten schon immer durch die Justitiare der Bauverwaltung beraten. Die großen privaten Bauauftraggeber (Banken, Versicherungen und Wohnungsbaugesellschaften) ebenso wie die Großfirmen der Bauindustrie, die einerseits Auftragnehmer und andererseits – gegenüber ihren Nachunternehmern – gleichzeitig auch Auftraggeber sind, haben ihre mit Baurechtsexperten besetzten Rechtsabteilungen. Außerdem beraten die Verbände (Hauptverband der deutschen Bauindustrie, Wirtschaftsvereinigung Bauindustrie, Vereinigung mittelständischer Bauunternehmen, Zentralverband des deutschen Baugewerbes, Baugewerbliche Verbände) sowie die Kammern (Handwerkskammer, Architektenkammern usw.).

Nicht ganz so gut gerüstet sind dagegen die in den letzten Jahren zunehmend in Erscheinung getretenen Beteiligten der Immobilienwirtschaft, insbesondere Investoren und Projektentwickler, die bislang mehr mit Vermarktung und Vertrieb fertiger Immobilien zu tun hatten. Sie müssen sich – ebenso wie private Immobilienerwerber (Käufer) – das erforderliche baurechtliche Know-how überwiegend auf dem freien Markt beschaffen. Dabei leistet u. a. die ebs-Immobilienakademie der European Business School in Oestrich und Berlin wertvolle Hilfe.

Juristische Beratung in allen Phasen notwendig

Hier eröffnet sich vor allem aber für auf Baurecht spezialisierte Anwälte ein weites Betätigungsfeld, dessen Inhalt und Ziel es ist, spätere Streit- und Prozeßfälle möglichst zu vermeiden oder, wenn dies nicht geht, diese wenigstens optimal vorzubereiten. Denn selbst BGH-Richter wie Friedrich Quack, der es als Mitglied eines Bausenates wissen muß, weisen darauf hin, daß es keineswegs risikolos ist,

---

[1]) Vgl. Jagenburg, W.: Festschrift für Wolfgang Heiermann zum 60. Geburtstag, S. 157 ff., Bauverlag, Wiesbaden 1995.

»Vertragsschluß und Vertragsabwicklung von Bauverträgen, wie das häufig geschieht, technischen Angestellten oder Architekten zu überlassen. Juristische Fehler, die in diesen Phasen gemacht werden, lassen sich häufig im Prozeß nicht mehr reparieren.

Auch sind juristisch sorgfältig durchdachte Verträge und korrekte Vertragserklärungen bei der Vertragsabwicklung geeignet, Prozesse von vornherein zu verhüten.

Es empfiehlt sich daher bei größeren Bauvorhaben die ständige juristische Begleitung aller Schritte, bevor sie gemacht werden. Dabei geht es nicht nur um die Absicherung durch korrekte juristische Formulierungen und juristische Überprüfung des Vorgehens, erforderlich ist auch eine sachgerechte, den Anforderungen des Zivilprozesses entsprechende Dokumentation und eine forensisch vertretbare Sicherung der Beweise. Schließlich müssen auch die Risiken eines Prozesses schon im Vorfeld mit forensischer Erfahrung eingeschätzt und ggf. bei den Verhandlungen zur Vertragsabwicklung durch rechtzeitige und hinreichende Bereitschaft zum Nachgeben eingebracht werden.« [2])

Eine bessere und unverdächtigere Empfehlung als diese, aus dem Mund bzw. der Feder eines Bundesrichters, ist kaum denkbar. Denn anders als Anwälten, die für baubegleitende Rechtsberatung plädieren, kann einem Richter nicht nachgesagt werden, er wolle sich selbst »ins Geschäft« bringen. Außerdem übersieht, wer solches unterstellt, daß baurechtserfahrene Anwälte schon immer auch baubegleitende Rechtsberatung betrieben haben, wenn ihre Mandanten sie nur frühzeitig genug konsultiert haben und nicht erst, wie so oft, wenn nichts mehr zu retten war. So hat Hans Ganten schon vor Jahren einen Vortrag über »Baubegleitende Rechtsberatung« auf den Kölner Bautagen gehalten, der viel diskutiert worden ist.

Richtig ist allerdings, worauf Wolfgang Heiermann immer wieder hingewiesen hat, daß von diesem Angebot, der Möglichkeit frühzeitiger Rechtsberatung schon vor Beginn und während eines Bauvorhabens, aus einer Vielzahl von Gründen nach wie vor kein ausreichender Gebrauch gemacht wird. Verfehlt ist vor allem die kostenorientierte Erwartung, es auch ohne den fachkundigen Baujuristen zu schaffen, weil das zumeist am falschen Ende gespart ist. Denn ein Bauvorhaben muß nicht nur technisch richtig geplant und begründet sein, es muß auch juristisch auf sicheren und zutreffenden Grundlagen stehen. Größere Bauprojekte las-

[2]) Quack, F.: Grundlagen des privaten Baurechts, S. 127 Rdn. 163, Verlag Kommunikationsforum, Köln 1993.

sen sich nun einmal nicht ohne Sonderfachleute durchführen – und dazu gehört nicht nur der technische Bereich (wie Bodengutachter, Tragwerksplaner, Fachingenieure für Technische Ausrüstung und Bauphysik). Dazu gehört auch der »Sonderfachmann Recht«, wie Wolfgang Heiermann ihn genannt hat. Erfahrungsgemäß spart er, wenn er frühzeitig genug eingeschaltet wird, seinem Auftraggeber ein vielfaches dessen, was er kostet – ähnlich dem Projektsteuerer, der in technischer Hinsicht durch Kosten-, Termin- und Qualitätskontrolle dafür sorgt, daß die preislichen, zeitlichen und sonstigen Vorgaben des Auftraggebers eingehalten werden.

Unzutreffend ist deshalb auch das oft gehörte Argument von Technikern, man könne und wolle den Juristen nicht schon auf der Baustelle haben. Das verkennt, daß baubegleitende Rechtsberatung der Baustelle nur nützt und z. B. dafür sorgt, daß Mehrkosten und Behinderungen entweder vermieden oder richtig angemeldet und dokumentiert werden. Baubegleitende Rechtsberatung findet aber nicht auf der Baustelle statt, sondern ist typischerweise Hintergrundberatung. Sie dient der richtigen rechtlichen Weichenstellung und/oder dem juristischen Konfliktmanagement zum Vorteil des Projektes, damit dieses nicht stagniert und zum Streit- oder Prozeßfall wird.

Frühzeitige rechtliche Beratung sinnvoll

In diesem Sinne ist frühzeitige rechtliche Beratung im übrigen weder eine baurechtliche Erfindung noch eine Besonderheit des Bauens. Vielmehr ist es in anderen Wirtschaftszweigen völlig normal, beinahe eine Pflicht, geschäftliche Vorgänge möglichst vorher und von Anfang an auf etwaige rechtliche Risiken und Probleme prüfen zu lassen. Gesellschaftsverträge von einigem Gewicht werden regelmäßig von darauf spezialisierten Anwälten vorbereitet. Gleiches gilt für Verträge über Firmenkäufe (»merger & acquisition«). Selbst Großbanken mit umfangreichen eigenen Rechtsabteilungen lassen, wenn sie Anleihen auflegen, die erforderlichen Verträge und Bedingungen von entsprechend spezialisierten Anwälten entwerfen – sei es, daß ihre Kunden und sie dies den eigenen Rechtsabteilungen nicht zutrauen oder auch nur, um bei etwaigen Fehlern einen (zusätzlichen) Haftungspartner zu haben, der dafür zudem noch versichert ist. Denn je größer das Objekt ist, desto eher ist auch diese »Spekulation auf das versicherte Risiko« ein Argument für die frühzeitige Einholung anwaltlichen Rates. Das gilt z. B. im Wirtschafts- und Wettbewerbsrecht, wo Millionen für Werbung ausgegeben werden, aber – von den Benetton-Provokationen über Opels »Spar Dir den Rest« bis zu »Nichts ist unmöglich« der Firma Toyota – kaum jemals ein Werbespot gedruckt oder gesendet wird, der nicht vorher wegen des

Verbotes unlauteren Wettbewerbs von darauf spezialisierten Anwälten überprüft worden ist.

Bauvorbereitende Rechtsberatung

Nur beim Bauen, wo in gleicher Weise Millionen umgesetzt werden, glaubt man immer noch, man könne Verträge aus irgendwelchen Mustern und Vorlagen zusammenschreiben und Großvorhaben ohne ständige baurechtliche Begleitung im Alleingang durchziehen. Dabei ist gerade hier nicht nur eine baubegleitende Rechtsberatung dringend geboten, sondern – wie die Notwendigkeit richtiger Vertragsgestaltung zeigt – mehr noch eine bauvorbereitende Rechtsberatung, damit es (anschließender) baubegleitender Rechtsberatung möglichst nur noch in entsprechend reduziertem Umfang bedarf, und dafür dann auch geeignete vertragliche Regelungen zur Verfügung stehen.

Unterschiedliche Formen der Projektentwicklung

Das gilt insbesondere für den gesamten Bereich der Projektentwicklung, die als solche ebenfalls nicht neu ist, denn Projekte sind von Architekten und Ingenieuren, Baubetreuern und Bauträgern schon immer entwickelt worden, nur in kleinerem Stil und nicht in den heute üblichen Dimensionen. Trotzdem hat die heutige professionelle Projektentwicklung darin ihre Wurzeln, so daß auf diese Vorläuferformen zurückgegriffen werden kann. Denn auch Projektentwicklung vollzieht sich – ähnlich der Baubetreuung und Bauträgerschaft – in durchaus unterschiedlichen Formen als

- **Projektbetreuung**
  im fremden Namen und für fremde Rechnung auf fremden Grund und Boden als reines Consulting oder Controlling entsprechend der Baubetreuung im engeren Sinne
- **Projektträgerschaft**
  im eigenen Namen und für eigene Rechnung entsprechend der Bauträgerschaft entweder als volle Projektträgerschaft auf eigenem Grundstück oder als eingeschränkte Projektträgerschaft auf fremdem Grundstück.

Risiken der Projektträgerschaft

Dabei werden nur die großen Projektentwickler, die über die entsprechende wirtschaftliche Stärke verfügen, in der Lage sein, selbst als Investoren aufzutreten, d. h. die volle Projektträgerschaft und alle damit verbundenen Risiken als Eigengeschäft zu übernehmen. Hierunter fallen das

- Grundstücksrisiko
- Planungsrisiko
- Bauerrichtungsrisiko
- Vermarktungsrisiko.

Häufiger wird die eingeschränkte Form der Projektträgerschaft sein, bei der der Projektentwickler im Auftrag eines Investors tätig wird, der das Grundstück bereits besitzt oder erwirbt. Hier bleiben Grundstücks- und Vermarktungsrisiko beim Auftraggeber/Investor, der Projektentwickler beschränkt sich insoweit auf die bloße Beratung und Projektbetreuung. Lediglich die eigentliche Projektentwicklung selbst, das Planungs- und Bauerrichtungsrisiko übernimmt der Projektentwickler hier im eigenen Namen und für eigene Rechnung als echter Projektträger bis zur Übergabe der fertigen Immobilie an den Auftraggeber/Investor.

Abstimmung zwischen allen Verträgen notwendig

Eines allerdings haben alle diese unterschiedlichen Formen gemein, ob der Projektentwickler nun ganz oder teilweise nur als Projektbetreuer oder als Projektträger tätig wird: die Verträge zwischen den verschiedenen Beteiligten – der Grundstückskaufvertrag, der Vertrag zwischen Auftraggeber/Investor und Projektentwickler (Projektentwicklungsvertrag), die Unterverträge des Projektentwicklers/Projektträgers mit den Planern und bauausführenden Firmen und die anschließenden Verträge über die Veräußerung der fertigen Immobilie – sie alle müssen sorgfältig aufeinander abgestimmt sein, damit keine Deckungs- und Regelungslükken auftreten, alle vorhandenen Risiken durch entsprechende Verknüpfungsklauseln möglichst aufeinander abgestimmt oder, wenn das nicht machbar bzw. zulässig ist, durch sog. Öffnungsklauseln abgefangen werden können.

3.2.2 Der Vertrag des Auftraggebers/ Investors mit dem Projektentwickler (Projektentwicklungsvertrag)

Projektentwicklervertrag ist ein Werkvertrag

Auch wenn der Projektentwickler seinem Auftraggeber/ Investor letztendlich das »Fertigprodukt« Immobilie schuldet, ist der Projektentwicklungsvertrag kein Kaufvertrag über eine fertige Sache, sondern der klassische Fall eines Werkvertrages mit fünfjähriger Gewährleistung nach § 638 BGB. Diese Frist kann auch nicht durch Vereinbarung der VOB Teil B oder der zweijährigen VOB-Gewährleistung abgekürzt werden, weil der Projektentwickler als Projektträger – ähnlich dem Bauträger – selbst keine Bauleistungen erbringt. Die fünfjährige werkvertragliche Gewährleistung gilt aber auch, soweit der Projektentwickler als bloßer Projektbetreuer tätig wird und den Auftraggeber/Investor lediglich berät, z. B. beim Grundstückserwerb oder der späteren Vermarktung.

3.2.2.1 Beratung bezüglich des Grundstückes

Alle Risiken prüfen

Insoweit schuldet der Projektentwickler, auch wenn er hier lediglich als Projektbetreuer auftritt, dem Auftraggeber/ Investor eine umfassende Beratung in bezug auf die Geeignetheit des Grundstückes, und zwar sowohl dann, wenn dieses bereits vorhanden ist, als auch, wenn das Grundstück noch erworben werden soll/muß. Im Rahmen dieser Beratungspflicht muß der Projektentwickler insbesondere dafür sorgen, daß das (vorhandene oder erst noch zu erwerbende) Grundstück vorab geprüft und gründlichst untersucht wird

- auf die bauplanungs-, bauordnungs-, gewerbe- und nachbarrechtliche Zulässigkeit des beabsichtigten Projekts sowie vor allem
- auf vorhandene Bodenrisiken, die heutzutage nicht mehr so sehr Baugrund und Grundwasser betreffen, die technisch zu bewältigen sind, sondern vor allem Bodenbelastungen in Form von Altlasten und Kontaminationen sowie sonstigen Schadstoffen.

Denn die Kosten für die Entsorgung derartiger Bodenverunreinigungen können den Grundstückswert weit übersteigen und ein Grundstück so entwerten, daß man auf eine Bebauung besser verzichtet. Der Veräußerer eines Grundstückes wird dafür im Normalfall auch keine Haftung übernehmen, von der Möglichkeit einer Altlastenfreistellung beim Erwerb ehemals volkseigener Grundstücke in den neuen Bundesländern einmal abgesehen. Aber selbst wenn eine solche Haftung ausnahmsweise gegeben sein sollte, richten sich die Gewährleistungsansprüche für ein verkauftes, mit Schwermetallrückständen kontaminiertes Grundstück nach Kaufrecht und verjähren nach einem Jahr[3]).

Absicherungsstrategien

Deshalb sind gerade beim Grundstückskauf besondere Absicherungsstrategien erforderlich, die Lothar Knopp in einem instruktiven Aufsatz zusammengestellt hat. Denn wer heute ein Grundstück erwirbt, muß – so Knopp – damit rechnen,

> *»daß er evtl. eine dort ›tickende Zeitbombe‹ in Form von Schadstoffverunreinigungen des Bodens, resultierend aus ›Alt‹- oder ›Neulasten‹ erwirbt. Eine solche Zeitbombe stellt nicht nur ein mögliches Gefährdungspotential für die Grundstücksbewohner dar, sondern ist im Falle ihrer ›Explosion‹, sprich ihres Bekanntwerdens, geeignet, behördliche Maßnahmen und Ansprüche Dritter (z. B. betroffener Nachbarn) hervorzurufen, die den Grundstückseigentümer wirtschaftlich erheblich belasten, ihn sogar in den finanziellen Ruin treiben können.*
>
> *Es ist daher aus Erwerbersicht notwendig, dieses Risikopotential einigermaßen realistisch einzuschätzen ... Diese Notwendigkeit trifft jeden, der als Privatmann Grundeigentum erwerben will oder der den Erwerb, die Erschließung und Bebauung von Flächen geschäftlich als Kapitalanleger, z. B. als Immobilienfonds oder Versicherungsunternehmen oder z. B. Bauträgergesellschaften, zur sonstigen Gewinnerzielung betreibt. Durch eine Risikoanalyse und Risikominimierung aufgrund rechtlicher Absicherung können Erwerber vermeiden, über den Kaufpreis hinaus für das kontaminierte und daher wirtschaftlich entwertete Grundstück mit Kosten der Bodenreinigung und der Beseitigung eingetretener Schäden belastet zu werden. Es geht dabei um Kosten, die teilweise den Kaufpreis – je nach Schadensumfang und -intensität – noch um einiges übersteigen können ...*
>
> *Was ... Schadstoffkontaminationen im Boden anbelangt, kann dies für einen gewerblichen Bauträger, für Wohnungsbaugesellschaften und Kapitalanleger bedeuten, daß Millioneninvestitionen ›in den Sand gesetzt‹ werden, wenn derartige Schädigungen zur Stillegung von Bauvorhaben und Ansprüchen betroffener Grundstückseigentümer führen.«[4])*

Knopp empfiehlt deshalb eine umfassende Beschaffung notwendiger Informationen und hat die aus seiner Sicht gegebenen Möglichkeiten dafür in einer Checkliste zusammengestellt[4]) [5]).

---

[3]) OLG Karlsruhe, MDR 1991, 536 = BanR 1991, 516 L.

[4]) Neue Juristische Wochenschrift (NJW), 1992, 2657 ff.

[5]) Vgl. Knopp, L.: Altlastenrecht in der Praxis, Verlag für die Rechts- und Anwaltspraxis, Herne 1992.

Letztendlich helfen hier aber nur frühzeitige und möglichst umfassende Bodenuntersuchungen, selbst wenn auch diese kein Allheilmittel sind, weil der beste Bodengutachter nicht in den Boden hineinsehen und deshalb nicht ausschließen kann, daß zwischen den einzelnen Bohrpunkten Bodenbelastungen oder sonst abweichende Bodenverhältnisse verborgen sind, die später zum Problem werden. Dieses restliche Boden- und Baugrundrisiko, das im vorhinein nicht völlig abklärbar ist, bleibt das Risiko dessen, der das Grundstück erwirbt und darauf baut. Denn Bodenrisiko ist Bauherrnrisiko, das regelmäßig auch nicht auf die bauausführenden Firmen abgewälzt werden kann.

3.2.2.2 Planung und Bauerrichtung

Pauschalfestpreis für den Projektentwickler

Für diese Leistungen, die der Projektentwickler im eigenen Namen und für eigene Rechnung als echter Projektträger übernimmt, wird der Auftraggeber/Investor in aller Regel einen unabänderlichen Pauschalfestpreis für die fertige Immobilie verlangen und vereinbaren wollen, weil er nur so sein eigenes Vermarktungsrisiko einigermaßen zutreffend im voraus kalkulieren kann. Dabei ergibt sich für den Projektentwickler/Projektträger, wenn er sich darauf einläßt, allerdings das Problem, daß die von ihm unterbeauftragten Planer und Baufirmen später unter Umständen mit Nachforderungen kommen, die er in den Verträgen mit diesen nicht in gleicher Weise ausschließen kann.

HOAI-Mindestsätze

Zwar können mit den Planern ebenfalls Pauschalhonorare vereinbart und festgeschrieben werden. Doch hat das nach der HOAI Grenzen, wenn die anrechenbaren Kosten aus nicht vorhersehbaren Gründen, z.B. Baugrundproblemen oder Bodenbelastungen, steigen und ein vereinbartes Pauschalhonorar dadurch unter die HOAI-Mindestsätze gerät, die aus preisrechtlichen Gründen zwingend einzuhalten sind und nicht unterschritten werden dürfen.

Pauschalpreis mit Baufirmen

Ebenso können mit den Baufirmen Pauschalpreisvereinbarungen getroffen werden, doch gelten auch diese grundsätzlich nur für die vereinbarte Bauausführung und schließen die Möglichkeit von Nachforderungen nicht aus, wenn z.B. aufgrund gestörter Bodenverhältnisse (unerwartete Felsvorkommen, aber auch Altlasten und Kontaminationen) oder aus anderen Gründen nachträgliche Änderungen der Bauausführung oder Zusatzleistungen erforderlich sind (vgl. § 2 Nr. 7 Abs. 1 a.E. i.V.m. § 2 Nr. 5 und 6 VOB/B).

Öffnungsklausel für unvorhersehbare Leistungsrisiken

Aus diesen und anderen Gründen muß darauf geachtet und möglichst verhindert werden, daß der Projektentwickler/Projektträger seinem Auftraggeber/Investor zum Schluß mehr schuldet, als er selbst von seinen nachgeschalteten

Projektbeteiligten, den unterbeauftragten Planern und Baufirmen, verlangen kann. Das ist eines der Hauptprobleme bei der Gestaltung von Projektentwicklungsverträgen und erfordert ein entsprechend qualifiziertes juristisches Vertragsmanagement, damit sich Projektentwicklung und Projektträgerschaft auf gesicherter Rechtsgrundlage vollziehen. Da die wechselseitigen Leistungspflichten nicht ohne weiteres durch entsprechende Verknüpfungsklauseln von vornherein inhalts- und deckungsgleich formuliert und vereinbart werden können, empfiehlt sich für derartige unvorhersehbare Leistungsrisiken eine Öffnungsklausel, die etwa wie folgt lauten könnte:

»Entstehen Kosten, die bei Vertragsschluß nicht erkennbar waren, die von keiner der Parteien zu vertreten und zu beeinflussen sind und die unvermeidbar zur Herstellung des gesamten Werkes notwendig sind, so erhöhen diese den vereinbarten Pauschalpreis entsprechend.

Gleiches gilt für Kosten durch Mehr- oder Zusatzleistungen, die gemeinsam beschlossen worden sind.«

3.2.2.3 Beratung bei der Vermarktung

Unterschiedliche Verjährungsfristen

Hier wird der Projektentwickler wieder meist nur als Projektbetreuer tätig, muß im Rahmen der dem Auftraggeber/Investor geschuldeten Beratung aber bedenken, daß bei der Veräußerung neu hergestellter Immobilien die Gewährleistungsansprüche der Erwerber nur bei Mängeln des Grundstückes (einschließlich etwaiger Kontaminationen) nach Kaufrecht nach einem Jahr verjähren, Baumängel dagegen grundsätzlich nach Werkvertragsrecht nach fünf Jahren (§ 638 BGB).

Wohnungs- oder Gemeinschaftseigentum

Diese Frist beginnt, wenn eine Immobilie nicht als Ganzes an einen Erwerber veräußert wird, sondern als Teil- oder Wohnungseigentum, in bezug auf das Gemeinschaftseigentum außerdem erst mit dem letzten Erwerber. Das wird insbesondere dann zum Problem, wenn einzelne Einheiten nicht sofort veräußert werden (können), sondern zunächst zwischenvermietet oder anderweitig genutzt werden (müssen). Dann erwirbt jeder spätere Erwerber nochmals einen vollen Gewährleistungsanspruch von fünf Jahren in bezug auf das gesamte Gemeinschaftseigentum, denn er braucht eine etwaige frühere Abnahme durch die Gemeinschaft nicht gegen sich gelten zu lassen und ist mit seinen Gewährleistungsansprüchen in bezug auf das Gemeinschaftseigentum auch nicht auf eine Quote in Höhe des Bruchteiles beschränkt, der seinem Anteil am Gemeinschaftseigentum entspricht[6]).

---

[6]) BGH NJW 1985, 1551 = BauR 1985, 314.

Verjährung der Gewährleistungsansprüche bei Altbauten

Die fünfjährige werkvertragliche Gewährleistung für Baumängel gilt insbesondere auch für Altbauten, wenn diese nicht lediglich so veräußert werden wie sie stehen und liegen[7]), sondern nach umfassender Altbausanierung und Renovierung, die einer weitgehenden Neuherstellung gleichkommt[8]).

Das kann, weil die werkvertragliche Gewährleistung auch für mitverarbeitete und mitveräußerte Altbausubstanz gilt, eine teure Angelegenheit werden, wenn in den stehengebliebenen Decken oder der nur äußerlich renovierten Fassade eines solchen Altbaues anschließend Schwamm festgestellt wird, womit gerade in den neuen Bundesländern häufig gerechnet werden muß, oder wenn die geltenden Anforderungen an den Schall-, Wärme- und Brandschutz nicht erfüllt sind.

Zwar ist die sog. Abgeschlossenheitsbescheinigung, die für die Umwandlung derartiger Altbauten in Teil- oder Wohnungseigentum erforderlich ist, nach dem Grundsatzurteil des Gemeinsamen Senats der Obersten Gerichtshöfe des Bundes[9]) auch dann zu erteilen, wenn die Trennwände und Decken eines solchen Altbaues nicht dem heutigen Schall-, Wärme- und Brandschutz entsprechen. Damit sind aber nur die öffentlich-rechtlichen Anforderungen des Bauordnungsrechts dispensiert, nicht auch die des werkvertraglichen Gewährleistungsrechts, nach dem der Veräußerer dem Erwerber eine den heutigen Regeln der Technik entsprechende Bauleistung schuldet.

Harmonisierung von Bauordnungsrecht und zivilrechtlicher Gewährleistung

Auch insoweit besteht deshalb ein Regelungsbedarf, denn es muß versucht werden, die öffentlich-rechtlichen Anforderungen des Bauordnungsrechts und das werkvertragliche Gewährleistungsrecht zu harmonisieren und zu vereinbaren, daß der Auftraggeber/Investor den Erwerbern (und in Übereinstimmung damit der Projektentwickler/Projektträger dem Auftraggeber/Investor) zivilrechtlich keinen besseren Schall-, Wärme- und Brandschutz schuldet, als er nach Bauordnungsrecht öffentlich-rechtlich erforderlich ist.

---

[7]) BGH NJW 1989, 2534 = Bau R 1989, 221 m. Anm. v. Schlemminger.

[8]) Entscheidungen des Bundesgerichtshofs in Zivilsachen (BGHZ) 100, 391 = NJW 1988, 490 = BauR 1987, 439: Neubau hinter historischer Fassade; BGH NJW 1988, 1872 = BauR 1988, 464: Umwandlung von Garagen und Werkstatträumen in Eigentumswohnungen; BGH NJW 1989, 2749 = BauR 1989, 597: Umwandlung eines Bungalows in 2 Eigentumswohnungen.

[9]) NJW 1992, 3290 = BauR 1993, 91; ebenso anschließend BGH NJW 1993, 592.

3.2.3 Die Verträge des Projektentwicklers/Projektträgers mit Planern und Baufirmen

Verknüpfungsklauseln

Bei der Gestaltung der Verträge des Projektentwicklers/Projektträgers mit den unterbeauftragten Baubeteiligten (Planern und Baufirmen) muß in besonderem Maße darauf geachtet werden, daß alle Verpflichtungen, die dem Projektentwickler/Projektträger gegenüber dem Auftraggeber/Investor obliegen, an die unterbeauftragten Planer und Baufirmen weitergegeben werden. Dem dient z.B. eine möglichst identische Regelung bzw. Verknüpfung von Zahlungsfälligkeiten, Abnahme und Gewährleistungsdauer, um zu verhindern, daß der Projektentwickler/Projektträger

- die im eigenen Namen und für eigene Rechnung unterbeauftragten Planer und Baufirmen bezahlen muß, auch wenn er selbst (noch) kein Geld von seinem Auftraggeber/Investor hat,
- unterbeauftragte Leistungen abnehmen muß, ehe seine eigenen Leistungen vom Auftraggeber/Investor abgenommen sind und
- für seine eigenen Leistungen länger haften bzw. gewährleisten muß, als die unterbeauftragten Planer und Baufirmen ihm gegenüber im Obligo sind.

Individualvertragliche Regelungen

Zwar läßt die AGB-rechtliche Judikatur derartige Verknüpfungsklauseln nicht oder nur in Grenzen zu, weil zwischen Projektentwickler/Projektträger und Auftraggeber/Investor einerseits sowie Projektentwickler/Projektträger und dessen unterbeauftragten Baubeteiligten rechtlich selbständige Verträge bestehen, die jeweils ihr eigenes Schicksal haben. Doch sollte zumindest individualvertraglich vereinbart werden, daß die unterbeauftragten Planer und Baufirmen vom Projektentwickler/Projektträger Zahlung erst und nur dann verlangen können, wenn dieser vom Auftraggeber/Investor ebenfalls sein Geld erhalten hat (»pay when paid«). Ebenso sollte, auch wenn nach der Rechtsprechung des BGH der Anspruch auf Abnahme nicht beliebig hinausgeschoben werden kann, die Abnahme der Leistungen des Projektentwicklers/Projektträgers durch den Auftraggeber/Investor mit der Abnahme der unterbeauftragten Planungs- und Bauleistungen durch den Projektentwickler/Projektträger in jedem Fall individualvertraglich verknüpft werden, wie es auch ohne weiteres möglich ist, die Gewährleistungsdauer der unterbeauftragten Planer und Baufirmen individualvertraglich auf mehr als fünf Jahre zu verlängern.

Vorzeitige Vertragsbeendigung

In besonderem Maße regelungsbedürftig ist weiter der Fall vorzeitiger Vertragsbeendigung, wenn dieser aus Gründen erfolgt, die weder Projektentwickler/Projektträger noch die von ihm unterbeauftragten Planer und Baufirmen zu vertreten haben, z. B. weil der Auftraggeber/Investor von dem Bauvorhaben Abstand nimmt oder dieses aus anderen, in seiner Sphäre liegenden Gründen, nicht durchführen kann (z.B. Zahlungsunfähigkeit). Da die unterbeauftragten Planer und Baufirmen dann nach § 649 BGB die volle Vergütung abzüglich ersparter Aufwendungen als entgangenen Gewinn verlangen können, der bei Architekten und Ingenieuren üblicherweise auf 60 % pauschaliert wird, ist es aus der Sicht des Projektentwicklers/Projektträgers erforderlich, diesen Anspruch durch entsprechende Vereinbarungen vertraglich zu beschränken, etwa auf 5 % der vereinbarten Vergütung, was zulässig ist[10]).

3.2.3.1 Die Verträge mit den Planern

Generalplaner als Koordinator einsetzen

Die technische Planung einer Immobilie, insbesondere einer Großimmobilie, ist keine »one-man-show«, sondern erfordert eine Vielzahl fachlich Beteiligter unterschiedlicher Disziplinen wie Architekten und Fachingenieuren (Sonderfachleute). Das führt notwendigerweise zu Schnittstellen, die leicht Regelungslücken sowie Unklarheiten in bezug auf Zuständigkeiten und Verantwortungsbereiche zur Folge haben, weil sich einer auf den anderen verläßt und, wenn etwas schiefgeht, die Verantwortung von sich weist, weil nicht er, sondern der andere schuld sei.

Zur Vermeidung derartiger Schnittstellen, Regelungslükken und Unklarheiten, auch in bezug auf die Ursachen etwaiger Mängel, empfiehlt es sich deshalb, die gesamte Planung möglichst in eine Hand zu geben und mit sämtlichen erforderlichen Architekten- und Fachingenieurleistungen einen einzigen Generalplaner zu beauftragen, der sich dann seinerseits entsprechender Subplaner bedient. Das hat zwar den Nachteil, daß der Generalplaner unter Umständen auf die Honorare seiner Subplaner einen entsprechenden Generalplanerzuschlag berechnet, doch ist das nicht zwingend und letztendlich Verhandlungssache. Auf jeden Fall hat ein solches Gesamtplanerkonzept den Vorteil, daß dann die (planerische) Gesamtverantwortung in einer Hand liegt und der Projektentwickler/Projektträger es insoweit nur mit einem einzigen Haftungspartner zu tun hat.

---

[10]) BGH NJW 1985, 631 = BauR 1985, 222; BGH NJW 1985, 632 = BauR 1985, 79; OLG Düsseldorf NJW-RR 1992, 216; OLG Hamm NJW-RR 1992, 22

Versicherungsschutz

Zusätzlich sollte der Projektentwickler/Projektträger darauf achten, daß nicht nur er selbst über eine ausreichende Haftpflichtversicherung verfügt, sondern auch der unterbeauftragte Generalplaner über eine entsprechende Generalplanerversicherung, die ihrem Umfang nach die Subplaner in den Deckungsschutz einbezieht und auch der Höhe nach ausreichend ist. Denn in aller Regel ist dieser Versicherungsschutz bei Großbauvorhaben unzulänglich. Zumeist beträgt er nur 300.000,– DM oder 500.000,– DM für Sach- und Vermögensschäden, womit die Risiken eines Großbauvorhabens keinesfalls abgedeckt sind. Auch wenn es keine Faustformel gibt, ist ein Versicherungsschutz in einer Größenordnung von 10 bis 20 % der Baukosten doch eher angemessen. Dazu braucht der Generalplaner nicht einmal seine normale Grunddeckung zu erhöhen, sondern kann entweder eine passende Objektversicherung abschließen oder, was wahrscheinlich noch günstiger ist, zusätzlich zu seiner normalen Grunddeckung eine entsprechende Exzedentenversicherung, die allerdings nur von einzelnen Versicherungsgesellschaften angeboten wird. Im Zweifel empfiehlt sich die Beratung durch einen unabhängigen Versicherungsmakler, der nicht an bestimmte Gesellschaften gebunden ist.

3.2.3.2 Die Verträge mit den Baufirmen

Vergabe an Generalunternehmer

Ähnlich wie bei der Planung empfiehlt es sich auch hier, zur Vermeidung von Schnittstellen und Regelungslücken sowie Unklarheiten in bezug auf Zuständigkeit und Verantwortlichkeit, die Bauausführung nicht in Einzelgewerken, sondern in eine Hand zu vergeben, d. h. an einen Generalunternehmer. Der in diesen Fällen übliche Generalunternehmerzuschlag wird zum Teil durch die Übernahme der Gesamtverantwortung aufgewogen und kann zu einem anderen Teil dadurch ausgeglichen werden, daß dem Generalplaner nicht das volle HOAI-Leistungsbild übertragen, sondern dieses ab der Leistungsphase 5 – Ausführungsplanung – ohne nennenswerte Mehrkosten vom Generalunternehmer mitübernommen wird. Der Generalplaner wird also nur bis zur Leistungsphase 4 – Genehmigungsplanung – beauftragt, wobei allerdings darauf geachtet werden muß, daß er die weitere Benutzung und Umsetzung seiner Planung durch den Generalunternehmer gestattet, damit es nicht zu urheberrechtlichen Problemen kommt.

Nachforderungen vermeiden

Eine solche Generalunternehmervergabe, bei der der Generalunternehmer auch die Planungsleistungen ab der Ausführungsplanung übernimmt, hat außerdem den weiteren Vorteil, daß dadurch die Möglichkeit von Nachforderungen wegen Änderungen und Zusatzleistungen ausgeschlossen bzw. weitestgehend eingeschränkt wird, was selbst bei Vereinbarung eines Pauschalfestpreises sonst nicht der Fall ist. Vielmehr kommt es darauf an, um welchen Typ von Pauschalvertrag es sich handelt.

Einfacher VOB-Pauschalvertrag

Der einfache VOB-Pauschalvertrag schließt nur eine Preisanpassung bei Massenänderungen aus, nicht dagegen auch eine solche bei Leistungsänderungen und Zusatzleistungen (§ 2 Nr. 7 Abs. 1 a.E. i.V.m. § 2 Nr. 5 und 6 VOB/B).

Erweiterter Pauschalvertrag

Der erweiterte Pauschalvertrag schränkt die Möglichkeit einer solchen Preisanpassung insofern ein, als der Auftraggeber dem Generalunternehmer hier zwar die komplette Planung (einschließlich Ausführungsplanung) zur Verfügung stellt, aber keine Ausschreibung mehr erfolgt, sondern die Ermittlung der erforderlichen Leistungen anhand der Planung vom Generalunternehmer selbst vorgenommen werden muß. Die Geltendmachung von Nachforderungen wegen unklarer, unvollständiger oder unrichtiger Ausschreibung ist dem Generalunternehmer dadurch abgeschnitten.

Totaler Pauschalvertrag

Der totale Pauschalvertrag ist dadurch gekennzeichnet, daß der Generalunternehmer auch die Planung ab Leistungsphase 5 (Ausführungsplanung) zu erbringen hat, wodurch zusätzlich auch Nachforderungen wegen unklarer, unvollständiger oder unrichtiger Planung ausgeschlossen sind.

BGB-Werkvertrag meist ungünstig

Eine andere Frage ist, ob der Auftraggeber Nachforderungsmöglichkeiten des Generalunternehmers auch dadurch ausschließen kann/soll, daß er statt eines VOB-Vertrages einen BGB-Werkvertrag schließt. Davon ist jedoch abzuraten, weil der Auftragnehmer nach dem Werkvertragsrecht der §§ 631 ff. BGB selbst notwendige Änderungen und Zusatzleistungen nicht ausführen muß, sondern von einer vorherigen Vergütungsvereinbarung in seinem Sinne abhängig machen kann. Da ein Bauvorhaben aber nicht immer so ausgeführt werden kann, wie es geplant, ausgeschrieben und vergeben worden ist, sind derartige Leistungsänderungen und Zusatzleistungen oft nicht zu vermeiden. Andererseits kann der Auftraggeber diese Leistungen schon aus Gewährleistungsgründen nicht einfach anderweitig vergeben, ist also auf die Mitwirkung des Auftragnehmers angewiesen. Damit der Auftragnehmer diese Notsituation des Auftraggebers nicht durch überhöhte Preisforderungen ausnutzen und den Auftraggeber »erpressen« kann, ist der Auftragnehmer nach § 1 Nr. 3 und 4 VOB/B verpflichtet, Änderungen und notwendige Zusatzleistungen auszuführen, wenn der Auftraggeber dies verlangt. Nach § 2 Nr. 5 und 6 VOB/B kann der Auftragnehmer dafür dann zwar Mehrvergütungsansprüche geltend machen, grundsätzlich aber nur auf der Kalkulationsgrundlage seines ursprünglichen Angebotes.

Gewährleistungsfristen nach VOB verlängern

Ein weiterer Vorteil des VOB-Vertrages liegt darin, daß statt der fünfjährigen Gewährleistung nach § 638 BGB auch im Rahmen des § 13 Nr. 4 VOB/B eine Gewährleistung von fünf Jahren vereinbart werden kann, dann aber zusätzlich eine erleichterte Verjährungsverlängerung durch schriftliche Mängelanzeige möglich ist. Dadurch verlängert sich die vertraglich vereinbarte Frist einmal um die VOB-Regelfrist von zwei Jahren auf bis zu sieben Jahre, wenn nicht schon von vornherein individualvertraglich eine solche längere Verjährungsfrist für die Gewährleistungsansprüche des Projektentwicklers/Projektträgers mit dem Generalunternehmer vereinbart worden ist.

Vertragsstrafen

Zusätzlich sollten die Ansprüche des Projektentwicklers/Projektträgers gegen den Generalunternehmer dadurch abgesichert werden, daß für die vertragsgemäße Erfüllung eine Vertragsstrafe von 10% der Auftrags- bzw. Abrechnungssumme sowie eine entsprechende Vertragserfüllungs- und Gewährleistungsbürgschaft vereinbart wird, zahlbar auf erstes Anfordern.

3.2.4 Streitschlichtung

3.2.4.1 Streitschlichtung durch Schiedsgutachter

Sofortlösung von Konflikten

Um zu vermeiden, daß es während der Bauzeit aufgrund von Streitfällen zu Arbeitseinstellungen und einem Stillstand des Bauvorhabens kommt, ist - entsprechend § 18 Nr. 4 VOB/B - auch in den Verträgen mit den Planern zu vereinbaren, daß Streitfälle nicht zur Arbeitseinstellung berechtigen, sondern die Beteiligten verpflichtet sind, zur Schlichtung solcher Streitfälle und Sofortlösung von Konflikten einen Schiedsgutachter anzurufen, der Streitfälle verbindlich entscheidet (»jobside-dispute-mediation«). Dabei sollte der Schiedsgutachter möglichst von vornherein einvernehmlich bestimmt und eine entsprechende Vereinbarung gleichlautend in alle Verträge aufgenommen werden - (in den Vertrag des Auftraggebers/Investors mit dem Projektentwickler/Projektträger, in die Verträge mit den unterbeauftragten Planern und Baufirmen und in die [späteren] Verträge des Auftraggebers/Investors mit den Erwerbern). Gegenüber Privatleuten ist eine Schiedsgutachterklausel nach der Rechtsprechung des BGH formularmäßig zwar nicht mehr möglich[11]), wohl aber individualvertraglich.

Abnahme

Ebenso sollte bezüglich der Abnahme verfahren werden, die in allen Verträgen gleichlautend als förmliche Abnahme vorzusehen und, wenn die Beteiligten sich darüber nicht einigen können, dem Schiedsgutachter zuzuweisen ist. Ergänzend sollte vereinbart werden, daß der Schiedsgutachter bei nicht in sein Fachgebiet fallenden Fragen berechtigt ist, seinerseits entsprechende Fachkollegen als Untergutachter bindend hinzuzuziehen.

Dabei empfiehlt sich auch insoweit eine Verknüpfung der einzelnen Verträge bzw. vertraglichen Regelungen in dem Sinne, daß die Entscheidungen des Schiedsgutachters für alle Beteiligten bindend sind und für alle Vertragsverhältnisse gelten, so daß die Bejahung bzw. Verneinung eines Mehrvergütungsanspruchs oder die Abnahme im Verhältnis zwischen Projektentwickler/Projektträger und Generalunternehmer auch für das Verhältnis des Projektentwicklers/Projektträgers zum Auftraggeber/Investor gilt und umgekehrt.

---

[11]) BGHZ 115, 329 = NJW 1992, 433 = BauR 1992, 223.

3.2.4.2 Schiedsgerichtsvereinbarung

Besonderheiten des Schiedsgerichtsverfahrens

Eine entsprechende Verknüpfung ist auch für den Fall eines Schiedsgerichtsverfahrens vorzusehen, das in jedem Fall anstelle der ordentlichen Gerichte zur Entscheidung von Streitfällen vereinbart werden sollte. Denn das Schiedsgerichtsverfahren kennt keine Streitverkündung, so daß der Projektentwickler/Projektträger, etwa im Falle eines Streites mit dem Generalunternehmer über Mehrforderungen, sonst keine Möglichkeit hat, den Auftraggeber/Investor in dieses Verfahren hineinzuziehen. Durch eine entsprechende Verknüpfungsklausel kann jedoch auch insoweit sichergestellt werden, daß die in einem solchen Verfahren getroffene Regelung - sei es ein Schiedsspruch oder Schiedsvergleich - für alle an dem Projekt Beteiligten gilt, d. h. der Auftraggeber/Investor eine Regelung, die in einem Verfahren des Projektentwicklers/Projektträgers mit dem Generalunternehmer zustande kommt, und dieser eine solche in einem Verfahren des Projektentwicklers/Projektträgers mit dem Auftraggeber/Investor anerkennt und gegen sich gelten läßt, soweit er materiell davon betroffen ist.

Schiedsgerichtsverfahren i. d. R. günstiger als ordentlicher Prozeß

Denn bei großen Bauvorhaben ist ein Schiedsgerichtsverfahren schon im Normalfall besser und billiger als ein ordentlicher Prozeß durch die Instanzen, weil ein mit baurechtserfahrenen Schiedsrichtern besetztes Schiedsgericht in der Regel schneller und qualifizierter zu einem Ergebnis kommt, das für alle Beteiligten akzeptabel ist[12]). Das gilt erst recht, wenn das Schiedsgericht aufgrund entsprechender Verknüpfungsvereinbarungen Streitfragen ohne Folgeprozesse für alle am Projekt Beteiligten regeln bzw. entscheiden kann. Mehr noch als sonst führt eine solche wechselseitige Bindung erfahrungsgemäß dazu, daß die Beteiligten, weil sie auch im Streitfall »in einem Boot« sitzen, sich frühzeitig selbst um Streitvermeidung und Streitschlichtung bemühen und im Regelfall bereits ohne Anrufung von Schiedsgutachter und Schiedsgericht einigen - getreu der Devise von Glossner[13]):

»Don't litigate, don't arbitrate, find a settlement.«

---

[12]) Vgl. Jagenburg, W.: Festschrift für Walter Oppenhoff zum 80. Geburtstag, C. H. Beck Verlag, München 1985.

[13]) AnwBl. 1968, 218.

Wolfgang Usinger

3.3 Rechtliche Probleme bei Kauf- und Gewerbemietverträgen für Entwicklungsobjekte

Inhaltsverzeichnis

3.3.1 Der Kauf des zu entwickelnden Grundstückes

3.3.1.1 Einleitung

Vertragsgestaltung beim Kauf

Der Schwerpunkt des Beitrages liegt in der Darstellung spezifischer Risiken des Kaufes und Verkaufes von zu entwickelnden/in der Entwicklung befindlichen Grundstücken, der im Zusammenhang damit häufig auftretenden rechtlichen Probleme und deren vertraglicher Bewältigung bzw. Vermeidung. Die vernünftige, problembewußte Vertragsgestaltung beim Grundstückseinkauf ist zur Vermeidung überflüssiger Risiken auf seiten des Entwicklers eine der wesentlichen Voraussetzungen für eine erfolgreiche Immobilien-Entwicklung bzw. - im Nichterfolgsfall - dafür, daß der Entwickler sich unter größtmöglicher Schadensbegrenzung aus einer scheiternden Entwicklungsmaßnahme zurückziehen kann.

3.3.1.2 Die Bebaubarkeit des Entwicklungsgrundstückes

Unsicherheiten bezüglich der Bebaubarkeit

Eines der größten Risiken des Entwicklers sind Unsicherheiten bezüglich der möglichen Bebaubarkeit, die immer dann bestehen, wenn das zu bebauende Grundstück nicht gerade im Bereich eines rechtskräftigen Bebauungsplanes liegt oder gar mit einer existierenden Baugenehmigung verkauft wird.

Risiken

Unsicherheiten bezüglich der Bebaubarkeit können verschiedene Ursachen haben

- Das Kaufgrundstück liegt im nichtbeplanten Innenbereich; die Zulässigkeit der Bebauung richtet sich nach § 34 BauGB.
- Ein Bebauungsplan existiert nicht, befindet sich jedoch im Aufstellungsverfahren; die Zulässigkeit der Bebauung richtet sich nach § 33 BauGB.
- Schließlich der »schlimmste« Fall, zur Zeit besonders häufig in den neuen Bundesländern: Weder existiert ein Bebauungsplan noch ein Aufstellungsbeschluß hierfür, noch ist das Grundstück erschlossen, noch ist die Gemeinde in der Lage, eine Erschließungsmaßnahme selbst durchzuführen.

Bei allen drei Varianten weiß der Investor/Entwickler - mit unterschiedlichen Unsicherheitsgraden - nicht, was das Entwicklungsgrundstück letztlich an Bebaubarkeit hergeben wird.

Zusagen

Diese Unklarheit vor Abschluß des Kaufvertrages über das Grundstück abschließend zu klären ist i.d.R. zu risikoreich, denn es erfordert Investitionen, die ohne Sicherheit in der Frage des Grundstückserwerbes oft zu kostspielig wären.

Immer wieder kommt es vor, daß ein Entwickler sich in einer der oben geschilderten Situationen auf Zusagen von Gemeinden in unterschiedlichster Form verläßt und dabei üble Reinfälle erlebt: Leichtfertig ist es, im Vertrauen auf Zusagen einer Gemeinde (oder sonstiger Verkäufer) bezüglich des Grundstückserwerbes Entwicklungsinvestitionen in das zu erwerbende Grundstück zu tätigen. Zusagen für einen Grundstückserwerb werden auch nicht dadurch besser, daß sie schriftlich auf Büttenpapier von Oberbürgermeistern gemacht werden: Sie sind wertlos, denn jedwede Verpflichtung zur Veräußerung eines Grundstückes bedarf, wie auch die Verpflichtung zum Grundstückserwerb, notarieller Beurkundung. An nicht beurkundete Zusagen ist keine Gemeinde gebunden; die Zusage reicht i.d.R. noch nicht einmal für einen Schadenersatzanspruch wegen **Verschuldens bei Vertragsabschluß**, wenn sie später nicht eingehalten wird: Bei der Anwendung der Grundsätze der culpa in contrahendo (Verschulden bei Vertragsabschluß) ist der Bundesgerichtshof sehr restriktiv, wenn es sich um Verträge handelt, die kraft Gesetzes beurkundungsbedürftig sind[1]).

Notarielle Beurkundung für Erwerbszusagen

Schriftform für Bebaubarkeitszusagen

Etwas zuverlässiger sind Zusicherungen (auch Zusagen genannt) von Gemeinden bezüglich der Bebaubarkeit eines Grundstückes bzw. Zusagen, eine bestimmte Baugenehmigung später zu erlassen: Hier genügt zur **Wirksamkeit** zwar **Schriftform**; auch **formgerechte Zusagen sind** nach den Regelungen der Verwaltungsverfahrensgesetze der Länder jedoch unter bestimmten Umständen **widerrufbar**. Darüber hinaus sind Behörden **an Zusagen nicht mehr gebunden**, wenn sich nach ihrer Abgabe die Sach- oder Rechtslage so ändert, daß die Behörde bei Kenntnis der nachträglichen Änderung die Zusage nicht gegeben hätte oder aus rechtlichen Gründen nicht hätte geben dürfen[2]). Höhere Sicherheit ist nur mit einem Bauvorbescheid zu erlangen, dessen Beschaffung nicht unerhebliche Kosten verursacht.

Bauvorbescheid

Der gut beratene Entwickler investiert daher nicht oder nur wenig in das Entwicklungsgrundstück, bevor nicht der Grundstückserwerb rechtlich gesichert ist, sei es durch ein verbindliches Verkaufsangebot des Grundstückseigentümers, sei es durch einen Kaufvertrag.

Verkaufsangebot, Kaufvertrag

Geschieht die Grundstückssicherung durch Kauf, so ist unbedingt dem Umstand Rechnung zu tragen, daß die Bebau-

---

[1]) BGH NJW 1975, 44; DNotZ 1983, 623; BGHZ 92, 175.
[2]) Vgl. z.B. § 38 VwVfG Berlin.

barkeit noch nicht rechtlich gesichert ist: Der Entwickler braucht ein Rücktrittsrecht für den Fall, daß ihm die beabsichtigte Baugenehmigung nicht erteilt wird, wobei zur Vermeidung von Rechtsstreitigkeiten so genau wie möglich zu beschreiben ist, welche Art von Baugenehmigung gemeint ist; soweit vorhanden, kann sie durch Pläne als Anlagen zum Kaufvertrag konkretisiert werden.

Rücktrittsrecht

In vielen Fällen wird es nicht damit getan sein, das Rücktrittsrecht an die **Erteilung der Baugenehmigung** zu knüpfen; oft wird der Entwickler auch Wert darauf legen, daß die Baugenehmigung innerhalb einer bestimmten **Frist** erteilt wird, so daß der Zeitfaktor bei der Formulierung des Rücktrittsrechts ebenfalls zu berücksichtigen ist. Schließlich ist bei der Formulierung des Rücktrittsrechts zu bedenken, daß die Realisierung der Baumaßnahme trotz Erteilung der Baugenehmigung auch daran scheitern kann, daß Dritte, insbesondere Nachbarn, gegen die Baugenehmigung **Widerspruch** einlegen, möglicherweise sogar erfolgreich.

Beispiel einer Rücktrittsklausel

Dies alles berücksichtigend, könnte eine allen möglichen Widrigkeiten Rechnung tragende Rücktrittsklausel etwa wie folgt lauten:

»Der Käufer ist berechtigt, von diesem Kaufvertrag zurückzutreten, wenn

1. *die von ihm zu beantragende Baugenehmigung versagt oder nicht bis zum   erteilt wird*

   oder

2. *die Baugenehmigung aufgehoben wird*

   oder

3. *ein Dritter gegen die Baugenehmigung Widerspruch einlegt und nicht innerhalb von   Monaten nach Kenntnis des Käufers hiervon entweder der Widerspruch zurückgenommen oder unanfechtbar die sofortige Vollziehbarkeit der Baugenehmigung angeordnet ist.«*

Zu beachten ist in diesem Zusammenhang noch folgendes:

Besonderheiten

Punkt 3 ist nicht verwendbar bzw. umzuformulieren, wenn das Grundstück in den **neuen Bundesländern** liegt oder wenn es sich um **Wohngebäude oder Gebäude mit überwiegend Wohnraum** handelt, da ein Widerspruch in diesem Fall keine aufschiebende Wirkung hat, d.h. die Baugenehmigung trotz Widerspruchs vollziehbar bleibt[3]). In diesem Falle muß der Widerspruchsführer selbst aktiv die einstweilige Einstellung der Baumaßnahme betreiben, und das Rücktrittsrecht muß eingeräumt werden für den Fall, daß es ihm

---

[3]) S. Ziff. 3 des Rechtsmittelbeschränkungsgesetzes und § 10 Abs. 2 BauGB-MaßnG.

gelingt, die Behörde zur Aussetzung der Vollziehung der Baugenehmigung zu veranlassen.

Neue Bundesländer

In den neuen Bundesländern ist darüber hinaus noch anderen möglichen **Bauverhinderungsgründen** Rechnung zu tragen:

GVO-Genehmigung

Wurde das zu bebauende Kaufgrundstück mit einer Genehmigung gemäß der Grundstücksverkehrsordnung (GVO) gekauft und muß im konkreten Fall damit gerechnet werden, daß diese entweder angefochten wird, z. B. weil die Genehmigungsbehörde einen für das Grundstück angemeldeten Restitutionsanspruch für offensichtlich unbegründet hält, oder daß das Genehmigungsverfahren ausgesetzt wird, weil Restitutionsansprüche vorliegen, dann sollten Rücktrittsrechte auch für den Fall vorgesehen werden, daß sich die Aussetzung des Genehmigungsverfahrens oder das Widerspruchsverfahren über einen bestimmten Zeitraum hinaus erstreckt, denn sowohl die Aussetzung als auch das Widerspruchsverfahren und ein sich daran anschließendes Klageverfahren können sich über Jahre hinziehen.

Erwerb im Investitionsvorrangverfahren

Wurde das Grundstück im Investitionsvorrangverfahren erworben, sollte, wenn der Investitionsvorrangbescheid bei Vertragsabschluß noch nicht erteilt ist oder wenn noch Anfechtungsmöglichkeiten bezüglich des Investitionsvorrangbescheides bestehen, beim Kaufvertragsabschluß berücksichtigt werden, daß auch ein Rücktrittsrecht bestehen muß für den Fall, daß das Investitionsvorrangverfahren noch in irgendeiner Weise scheitert bzw. daß der Investitionsvorrangbescheid nicht bis zu einem bestimmten Zeitpunkt vollziehbar erteilt ist.

Berücksichtigung der Erschließung

Schließlich ist bei der Formulierung von Rücktrittsrechten auch an eine möglicherweise noch nicht gesicherte Erschließung zu denken:

Setzt die Bebauung voraus, daß der Entwickler (oder ein Dritter) als Bebauungsvoraussetzung zuvor noch kraft eines mit der Gemeinde abzuschließenden **Erschließungsvertrages oder Durchführungsvertrages zu einem Vorhaben- und Erschließungsplan** Erschließungsmaßnahmen durchführt, sollte auch eine Rücktrittsmöglichkeit bestehen für den Fall, daß dieser Vertrag nicht innerhalb einer bestimmten Frist abgeschlossen ist.

Beurkundung von Erschließungs- und Durchführungsvertrag

Werden Erschließungsverträge oder Durchführungsverträge zu Vorhaben- und Erschließungsplänen in rechtlichem Zusammenhang mit dem Grundstücksvertrag abgeschlossen (z.B. bei Vertragsabschlüssen mit Gemeinden) ist im übrigen darauf zu achten, daß auch der Erschließungsvertrag bzw. Durchführungsvertrag notarieller Beurkundung bedarf und deshalb zusammen mit dem Kaufvertrag für das Entwicklungsobjekt beurkundet werden muß. Im übrigen sind solche Verträge, was häufig nicht beachtet wird, immer dann beurkundungsbedürftig, wenn sie eine Verpflichtung zur Veräußerung oder zum Tausch bzw. zur Umlegung von Grundstücken beinhalten, was relativ häufig der Fall ist, weil sie oft verbunden sind mit der Verpflichtung zur Veräußerung öffentlicher Verkehrsflächen an die Gemeinde.

3.3.1.3 Mängel des Entwicklungsgrundstückes

Mangelursachen

Beispiele

Entwicklungsgrundstücke können in verschiedener Hinsicht mangelhaft sein: Sie können mit Altlasten jeglicher Art verseucht sein, sie können denkmalwürdige Funde aufweisen, und sie können schließlich in den neuen Bundesländern von im Eigentum Dritter stehenden Gebäuden überbaut sein oder mit Nutzungs- oder Mitbenutzungsrechten Dritter belastet sein, die aus dem Grundbuch nicht ersichtlich sind; schließlich können öffentlich-rechtliche Nutzungsbeschränkungen bestehen (z. B. Baulasten).

Sachmängelgewährleistung

Es versteht sich von selbst, daß im Zuge der Vorbereitung eines Kaufvertrages für ein Entwicklungsgrundstück solche Risiken wenn möglich erforscht werden sollten, insbesondere wenn im Kaufvertrag die Gewährleistung für Sachmängel ausgeschlossen werden soll. Erfahrungsgemäß schrekken jedoch die meisten Entwickler davor zurück, ohne Sicherheit bezüglich des Grunderwerbes aufwendige und kostenintensive Untersuchungen bezüglich der Bodenbeschaffenheit, insbesondere hinsichtlich möglicher Boden-, Gebäude- und Grundwasserverseuchungen, durchzuführen. Deshalb werden die zuletzt angesprochenen Fragen in der Regel im Kaufvertrag geregelt und sollten Gegenstand sorgfältiger Vereinbarungen sein.

Darstellung verschiedener Altlastenrisiken

Ein Schwerpunkt der Darstellung soll das Thema »Altlasten« sein.

Es gibt verschiedene Altlastenrisiken, die je nach Einzelfall für den Käufer mehr oder weniger von Bedeutung sind:

Sanierungsrisiko

Das Sanierungsrisiko ist das Risiko, von der zuständigen Behörde auf Sanierung des Bodens und/oder des Grundwassers mit einer sog. Sanierungsverfügung in Anspruch genommen zu werden. Möglicher Adressat einer solchen Verfügung können der sog. Zustands- und/oder der sog. Verhaltensstörer sein. **Zustandsstörer** ist, wer die tatsächliche

Sachherrschaft über das Grundstück innehat, also der Eigentümer oder der Besitzer. **Verhaltensstörer** ist derjenige, der die Verunreinigung selbst verursacht hat.

Gibt es, was oft der Fall ist, **mehrere Störer**, so hat die Behörde ein **Auswahlermessen**, wen sie in Anspruch nimmt. Bei der Auswahl geht Effektivität vor Gerechtigkeit, d.h., es kommt nicht darauf an, wem der größte Vorwurf gemacht werden kann. Im Gegenteil trifft es oft den, der leicht greifbar ist (z.B. den, der durch Einsicht in das Grundbuch als Eigentümer und damit Zustandsstörer ermittelt werden kann) und in finanzieller Hinsicht Gewähr für effektive Sanierung bietet.

Nach neuerer Rechtsprechung[4]) gibt es Tendenzen, wonach die Behörde, die bei der Störerauswahl zwischen dem Verkäufer und dem Käufer eines Grundstückes auswählen kann, die im Grundstückskaufvertrag **vereinbarte Haftungsregelung** zu **beachten** hat. Tut sie dies nicht, begeht sie unter Umständen einen Ermessensfehler, der zur Rechtswidrigkeit der Sanierungsverfügung führt. Man sieht hieraus, daß mit einer entsprechenden Gewährleistungs- bzw. Freistellungsregelung im Kaufvertrag auch auf polizeiliches Handeln Einfluß ausgeübt werden kann.

Es gibt allerdings noch einen anderen, wichtigeren Grund, die Haftung für Altlasten im Kaufvertrag umfassend zu regeln: Nach der Rechtsprechung des BGH hat der in Anspruch genommene Störer **keinen** gesetzlichen **Regreßanspruch gegen** den oder die **anderen Störer**[5]).

Neben dem Sanierungsrisiko gibt es weitere Altlastenrisiken, die ebenfalls zu manchmal erheblichen finanziellen Auswirkungen für eine Partei führen können.

Gefahrerforschungsrisiko

Das Gefahrerforschungsrisiko ist das Risiko, auf eigene Kosten Boden- und/oder Grundwasseruntersuchungen vornehmen zu müssen, weil die Behörden dies aufgrund eines »Anfangsverdachtes« verlangen. Hier fallen erfahrungsgemäß oft Kosten zwischen 50.000 und 100.000 DM an, von denen umstritten ist, ob Ersatz von der Behörde verlangt werden kann, wenn sich später herausstellt, daß die Verunreinigungen doch nicht gefährlich sind. Manche Gerichte verneinen dies mit dem Argument, Diagnose und Therapie ließen sich nicht trennen.

[4]) OVG Lüneburg, Beschluß vom 24. Januar 1986, UPR 1985, S. 250.

[5]) Bislang einzige Ausnahme: In Hessen gibt es gemäß § 12 Abs. 2 Satz 4 HAltlastG einen gesetzlichen Ausgleichsanspruch.

Abfallbeseitigungsrisiko

Das Abfallbeseitigungsrisiko ist das Risiko eines Bauherrn, verunreinigten Erdaushub mit unerwartet hohem Kostenaufwand als Sonderabfall z. B. in einer Sondermüllverbrennungsanlage, in einer Sondermülldeponie oder in einem Bodenreinigungszentrum entsorgen/behandeln zu müssen.

Betriebsstilllegungsrisiko

Das Betriebsstillegungsrisiko ist das Risiko, wegen der Durchführung von Sanierungsarbeiten einen Produktionsbetrieb vorübergehend stillegen zu müssen. Hierdurch können erhebliche Umsatz- oder Gewinnverluste entstehen.

Baugrundrisiko

Das Baugrundrisiko ist das Risiko, auf Verlangen der Bauaufsichtsbehörde mit erhöhtem Kostenaufwand bei der Errichtung eines Gebäudes zusätzliche oder besondere Gründungsmaßnahmen durchführen zu müssen, damit Sanierungsarbeiten auch noch nach Fertigstellung des Baues möglich bleiben.

Bauzeitverlängerungsrisiko

Steht die Baustelle still, weil eine Behörde Bodenuntersuchungen oder Sanierungen anordnet, verlängert sich die Bauzeit meist erheblich, mit der Folge, daß das Gebäude erst später Erträge bringt. Dieses Risiko läßt sich kurz als Bauzeitverlängerungsrisiko bezeichnen.

Baukostenerhöhungsrisiko

Eng damit zusammen hängt das Baukostenerhöhungsrisiko. Steht die Baustelle wegen angeordneter Untersuchungen oder Sanierungen mehrere Monate still, sind dem Bauunternehmer die Kosten »weggelaufen« mit dem Ergebnis, daß er – etwa gemäß § 6 Nr. 7 VOB/B – den bestehenden Bauunternehmervertrag kündigen und einen neuen Vertrag mit einer höheren Vergütung anbieten kann.

Risiko einer zivilrechtlichen Inanspruchnahme durch private Dritte

Schließlich soll das Risiko einer zivilrechtlichen Inanspruchnahme durch private Dritte erwähnt werden. Es ist das Risiko, von dem Benutzer eines Gewässers oder dem Grundstücksnachbarn auf Unterlassung, Beseitigung oder Schadenersatz wegen von der Verunreinigung ausgehender Störungen in Anspruch genommen zu werden, z. B. von einem Trinkwasserwerk wegen der Kosten einer Grundwasserreinigung (§ 22 WHG) oder vom Grundstücksnachbarn wegen einer von der Altlast ausgehenden Beeinträchtigung des Nachbargrundstückes[6]).

Instrumentarien der vertraglichen Bewältigung von Altlastenrisiken

Freistellungserklärung

Sehr weit gehend ist eine Freistellungserklärung der einen Partei zugunsten der anderen. Sie kann beispielsweise folgenden Text haben:

---

[6]) §§ 823, 906 Abs. 2, 1004 BGB.

»Wird der Verkäufer/Käufer wegen etwaiger Boden- und/oder Grundwasserverunreinigungen öffentlich-rechtlich und/oder privatrechtlich in Anspruch genommen, so hat der Käufer/Verkäufer den Verkäufer/Käufer von den Kosten einer solchen Inanspruchnahme ohne jede Einschränkung freizustellen.«

Diese Klausel schafft die Regreßmöglichkeit für den Fall der Inanspruchnahme durch die zuständige Behörde. Sie kann aus Sicht des Käufers ggf. ergänzt werden durch eine Verpflichtung zur Abdeckung der sonstigen o.g. Risiken, z.B. durch eine Verpflichtung des Verkäufers, durch sanierungsbedingte Bauzeitverlängerungen entstehende Mehrkosten zu übernehmen (eine in der Praxis allerdings relativ seltene Vereinbarung).

Gewährleistungsausschluß nicht ausreichend

Aus der Sicht des Verkäufers genügt ein bloßer Gewährleistungsausschluß unter Umständen nicht: Dieser schützt nur vor einer Inanspruchnahme durch den Käufer, nicht aber vor einer Inanspruchnahme durch die zuständige Behörde oder einen Dritten.

Verlängerung der Gewährleistungsfrist

Aus der Sicht des Käufers ist – was nicht selten übersehen wird – nicht immer ausreichend, wenn anstelle des Freistellungsanspruches lediglich vereinbart wird, daß der Verkäufer die Sachmängelgewährleistung auch bezüglich der Boden- und Grundwasserbeschaffenheit übernimmt; hinzutreten sollte aus der Sicht eines umsichtigen Käufers stets eine Verlängerung der gesetzlichen Gewährleistungsfrist, denn **Gewährleistungsansprüche verjähren** gemäß § 477 Abs. 1 BGB bereits **nach einem Jahr ab Besitzübergabe**. Diese Frist ist für den Käufer eines zu entwickelnden Grundstückes in der Regel unzureichend, da erfahrungsgemäß der Erdaushub in vielen Fällen erst nach Ablauf dieser Frist stattfindet. Es empfiehlt sich daher aus der Sicht des Käufers, die Gewährleistungsfrist so zu vereinbaren, daß sie erst abläuft, wenn realistischerweise damit zu rechnen ist, daß der Erdaushub abgeschlossen ist.

Teilweiser Gewährleistungsausschluß

Nicht selten ist in der Praxis im übrigen ein teilweiser Gewährleistungsausschluß, insbesondere dergestalt, daß der Verkäufer sich verpflichtet, die Kosten für die Beseitigung etwa vorhandener Altlasten bis zu einem bestimmten Höchstbetrag zu übernehmen; die weiter gehenden Kosten verbleiben dann beim Käufer.

Hinweis auf vermutete Altlasten

Verkäufer sollten sich bewußt sein, daß es sich zur Vermeidung von Regreßansprüchen wegen culpa in contrahendo empfiehlt, auf ihnen bekannte Umstände, aus denen auf das Vorhandensein von gefährlichen Boden- und Grundwasserverunreinigungen geschlossen werden kann, hinzuweisen.

Beispiel

War beispielsweise ein Entwicklungsgrundstück früher als Tankstelle genutzt und ist dies bei Vertragsabschluß für den Käufer nicht mehr ohne weiteres erkennbar, ist der Verkäufer gut beraten, darauf im Grundstückskaufvertrag ausdrücklich hinzuweisen, da die Tankstellennutzung i.d.R. den Schluß darauf zuläßt, daß Ölreste im Boden verblieben sind. In aller Regel stehen dem Verkäufer in einem solchen Fall (wenn er nicht Tankstellenbetreiber war) Ansprüche auf Beseitigung etwa im Grund und Boden verbliebener Altlasten gegenüber dem Tankstellenpächter zu. Selbst wenn eine eigene Gewährleistung des Verkäufers deswegen ausgeschlossen ist, ist daran zu denken, daß wenigstens ihm etwa zustehende vertragliche oder gesetzliche Ansprüche gegen den Verursacher der Altlasten an den Käufer abgetreten werden können.

Baulasten

Prüfung vor Kauf

Besondere Aufmerksamkeit verdienen auch etwa bestehende öffentlich-rechtliche Baulasten. Eine Selbstverständlichkeit sollte es sein, daß sich der Käufer eines Entwicklungsgrundstückes über den Inhalt etwa bestehender Baulasten genauestens unterrichtet, da sich aus ihnen unter Umständen schwerwiegende Baubeschränkungen ergeben können, die möglicherweise auch etwa sich aus einem vorhandenen Bebauungsplan ergebende Ansprüche auf Erteilung einer Baugenehmigung nachhaltig einschränken können. Ist beispielsweise im Baulastenverzeichnis eine sog. Vereinigungsbaulast eingetragen (d.h. zwei oder mehrere rechtlich selbständige Grundstücke werden baurechtlich als ein Grundstück behandelt), so ist beim Erwerb eines der mit der Baulast belasteten Grundstücke genau zu überprüfen, wie die anderen belasteten Grundstücke bebaut sind bzw. welche Bauanträge für die anderen vorliegen, um feststellen zu können, welche Ausnutzung auf dem Kaufgegenstand überhaupt noch zulässig ist. Darüber hinaus empfiehlt es sich, in solchen Fällen durch geeignete Vereinbarungen mit den übrigen Eigentümern der mit der Vereinigungsbaulast belasteten Grundstücke zu regeln, wie und mit welcher Ausnutzung sämtliche belasteten Grundstücke bebaut werden dürfen.

Beispiel: Vereinigungsbaulast

Öffentlich-rechtliche Wirkung der Baulasten

Teilweise unbekannt ist noch immer, daß Baulasten **ausschließlich** öffentlich-rechtliche Wirkung haben und mithin zivilrechtliche Genehmigungen und/oder Dienstbarkeiten nicht ersetzen können. Die Baulast berechtigt also ausschließlich die begünstigte Behörde. Sie stellt keinen Rechtsgrund für eine Nutzung durch einen Dritten dar[7]).

[7]) BGH NJW 1985, 1952.

Überbau

Überbau eigener Grundstücke

Bei Innenstadtgrundstücken sollte sich die vorbereitende Untersuchung des Entwicklungsgrundstückes auch darauf erstrecken, ob es von dritten Grundstücken aus überbaut wird. Rechtlich ist der Überbau ein **Sachmangel**, für den der Verkäufer nicht haftet, wenn im Grundstückskaufvertrag die Gewährleistung ausgeschlossen ist. Dabei ist insbesondere auch daran zu denken, daß Überbauten auch unterirdisch entstehen können.

Überbau fremder Grundstücke

Beabsichtigt der Investor selbst, dritte Grundstücke zu überbauen, ist daran zu erinnern, daß zur Gestattung des Überbaues eine öffentlich-rechtliche Baulast nicht ausreicht, und zwar auch dann nicht, wenn es sich bei den zu überbauenden Flächen um gemeindeeigene Verkehrsflächen handelt. Daraus, daß die Baugenehmigungsbehörde mittels einer Befreiung, gesichert durch eine Baulast, die Überbauung einer Gehwegfläche öffentlich-rechtlich zuläßt, folgt nicht automatisch, daß damit auch zivilrechtlich eine Duldungspflicht oder ein Verzicht auf Überbaurente verbunden ist. Der ergänzende Abschluß entsprechender zivilrechtlicher Vereinbarungen ist notwendig.

Miterworbene Planungsleistungen

Nicht selten wird ein Entwicklungsgrundstück erworben, für das bereits Planungsleistungen, ein Vorbescheid oder gar eine Baugenehmigung existieren, von denen der Käufer gern Gebrauch machen möchte (unter Umständen sogar machen muß). Umgekehrt wird auch gelegentlich versucht, einem Käufer vorhandene Planungsleistungen und den Architekten, der sie erbracht hat, aufzuzwingen, d. h., den Käufer im Kaufvertrag zu verpflichten, bereits beauftragte Architekten/Ingenieure weiterzubeschäftigen.

Koppelungsverbot/Verbot der Architektenbindung

Daß solche Vereinbarungen wegen des sogenannten Verbots der Architektenbindung (auch Koppelungsverbot genannt) unwirksam sind[8]), hat sich noch nicht überall herumgesprochen, so daß tatsächlich Kaufverträge mit Architektenbindung nicht selten sind. Für den Kaufvertrag selbst ist das nicht schädlich, da der **Verstoß** gegen das Architektenbindungsverbot **nicht dazu führt, daß** der ganze **Kaufvertrag unwirksam** ist; die Unwirksamkeit bleibt vielmehr beschränkt auf die vertraglichen Vereinbarungen über die Weiterbeschäftigung des Architekten/Ingenieurs, ohne daß dies im Vertrag ausdrücklich vereinbart werden muß.

[8]) Abt. 10 § 3 MRVerbG.

Dennoch empfiehlt es sich in der Praxis, in solchen Fällen genau zu prüfen, ob man sich als Käufer auf die Unwirksamkeit der Architektenbindung berufen will. Das gilt insbesondere dann, wenn man auf der Grundlage der vorhandenen Planung weiterplanen will:

Urheberrechte

Die Benutzung der vorhandenen Planung setzt, wenn das Bauwerk urheberrechtsschutzfähig ist, voraus, daß der Käufer auch die **Nutzungsbefugnis** erworben hat; will er die vorhandene Planung in einer von ihm zu verändernden Fassung verwenden, muß er neben der Nutzungsbefugnis auch noch die **Befugnis zur Änderung der Planung** erworben haben. Es empfiehlt sich daher dringend, daß sich der Käufer im Kaufvertrag die Nutzungs- und Änderungsbefugnis vom Verkäufer übertragen läßt, wenn er auf der Grundlage der vorhandenen Planung, verändert oder unverändert, weiterplanen will.

Inhaber der Nutzungs- und Änderungsbefugnis

Diese Übertragung setzt allerdings voraus, daß der Verkäufer selbst Inhaber der Nutzungs- und Änderungsbefugnis ist, was oft nicht der Fall ist: Ist mit dem Architekten nicht ausdrücklich etwas anderes vereinbart, erwirbt der Auftraggeber des Architekten die Nutzungsbefugnis an den Urheberrechten des Architekten nach der Rechtsprechung des Bundesgerichtshofes automatisch mit der Beauftragung und Zahlung der Genehmigungsplanung[9]), die Änderungsbefugnis erwirbt er jedoch überhaupt nicht, wenn es nicht im Vertrag ausdrücklich vereinbart wird. Beabsichtigt der Käufer die Verwertung bereits vorhandener Planungsleistungen, empfiehlt sich, vor Abschluß des Kaufvertrages anhand des Architektenvertrages zu überprüfen, ob der Verkäufer überhaupt zu deren Übertragung rechtlich in der Lage ist. Ist er das nicht, wird dem Käufer häufig – trotz des Verbotes der Architektenbindung – gar nichts anderes übrigbleiben, als mit dem bisherigen Architekten weiterzuarbeiten, wenn ein urheberrechtlicher Konflikt vermieden werden soll.

Vermeidung eines urheberrechtlichen Konflikts

Da der Bundesgerichtshof bei der Beurteilung dessen, was er als urheberrechtsschutzfähig ansieht, relativ großzügig ist (beispielsweise kann auch der Grundriß eines Einfamilienhauses urheberrechtsschutzfähig sein), muß für die Praxis davon ausgegangen werden, daß fast jeder Entwurf urheberrechtsschutzfähig ist.

Urheberrechtsschutzbedingte Konflikte zwischen dem Bauherrn und dem Architekten können im übrigen auch dann entstehen, wenn ein **Altbau** zum Zwecke des **Umbaues** und/oder der **Sanierung** erworben wird, und zwar immer dann, wenn das Urheberrecht an der Planung des Altbaues noch nicht erloschen ist; das ist ein gar nicht so seltener Fall, denn

---

[9]) § 15 Abs. 1 Nr. 4 HOAI.

Gültigkeitsdauer von Urheberrechten

Urheberrechte erlöschen erst **70 Jahre nach dem Tod des Urhebers** (§ 64 Urheberrechtsgesetz) und sind **vererblich** (§ 28 Urheberrechtsgesetz). Auch in solchen Fällen empfiehlt es sich daher, sich die Nutzungs- und Änderungsbefugnis an den Architektenleistungen für den Altbau mitübertragen zu lassen, sofern der Verkäufer Inhaber dieser Rechte ist.

Ausnahmen vom Koppelungsverbot

Der Vollständigkeit halber sei abschließend darauf hingewiesen, daß das Koppelungsverbot nicht gilt für Generalüber- oder Generalunternehmerverträge und ähnliche Verträge, bei denen Planungsleistungen im Zusammenhang mit anderen Werkleistungen erbracht werden[10]).

Finanzierungsbelastungen

Eintragung von Finanzierungsbelastungen vor Eigentumsumschreibung

Manche Entwicklungsmaßnahme ist schon in einem frühen Stadium ins Stocken gekommen, weil beim Kaufvertragsabschluß nicht darauf geachtet wurde, daß der Erwerber Fremdfinanzierungsmittel schon benötigt, bevor das Eigentum an dem Entwicklungsgrundstück im Grundbuch auf ihn umgeschrieben wird, dies nicht nur zur Finanzierung des Kaufpreises, sondern auch zur Vorbereitung der Entwicklungsmaßnahme (Architekten-, Ingenieur-, Baubetreuungs- und Beraterkosten, unter Umständen sogar Baukosten), wenn sich, wie in den neuen Bundesländern häufig, die Eigentumsumschreibung lange hinauszögert. Es ist in solchen Fällen erforderlich, daß der Verkäufer sich verpflichtet, Finanzierungsbelastungen auch schon vor der Eigentumsumschreibung im Grundbuch eintragen zu lassen, was bei geeigneter Vertragsgestaltung auch ohne Gefährdung der Interessen des Verkäufers möglich ist. Dabei wird jedoch gelegentlich ein wichtiger Punkt übersehen, der insbesondere in den neuen Bundesländern in letzter Zeit vermehrt zu praktischen Problemen geführt hat:

Lange Wartezeiten in neuen Bundesländern

Kaufverträge über Entwicklungsgrundstücke in den neuen Bundesländern bleiben oft über Monate **schwebend unwirksam**, da häufig die Erteilung der erforderlichen Genehmigungen (insbesondere Treuhandanstalt, Gemeindevertretung, Aufsichtsbehörde der Gemeinde; Genehmigung nach GVO, Investitionsvorrangbescheid) Monate auf sich warten läßt.

[10]) S. dazu Palandt-Thomas: Kommentar zum BGB, 53. Aufl., § 631 BGB Rn. 2 bis 4, Verlag C. H. Beck, München 1994.

In solchen Fällen sind auch die in dem Kaufvertrag enthaltenen Vollmachten zur Eintragung von Finanzierungsbelastungen so lange schwebend unwirksam, bis alle Genehmigungen zu dem Kaufvertrag vorliegen, wobei zu beachten ist, daß auch der Investitionsvorrangbescheid Wirksamkeitsvoraussetzung ist. Grundpfandrechte, die aufgrund solcher schwebend unwirksamer Vollmachten beurkundet werden, sind nicht eintragungsfähig, bevor alle Genehmigungen zum Kaufvertrag vorliegen. Wird in diesem Fall das Grundpfandrecht vor Vorliegen aller Genehmigungen dennoch versehentlich eingetragen, weil der Rechtspfleger das übersieht, ist es trotz Eintragung im Grundbuch schwebend unwirksam, bis die Genehmigungen zum Kaufvertrag erteilt sind. Das Grundpfandrecht wird in diesem Fall definitiv unwirksam und ist zu löschen, wenn eine Genehmigung zum Kaufvertrag verweigert wird. Werden in solchen Fällen Finanzierungsmittel bzw. wird die Eintragung der Finanzierungsgrundschuld schon erforderlich, bevor der Kaufvertrag wirksam wird, ist es unerläßlich, daß der Verkäufer bei der Finanzierungsbelastung schon vor Wirksamwerden des Kaufvertrages mitwirkt. Dazu ist er ggf. in einer sofort wirksamen Zusatzvereinbarung zum Kaufvertrag zu verpflichten. Das kann beispielsweise schon dann erforderlich werden, wenn zur Sicherung der Kaufpreiszahlung eine Bankbürgschaft zu stellen ist (bevor der Kaufvertrag wirksam wird), was in Kaufverträgen, die von manchen öffentlich-rechtlichen Körperschaften und deren Tochtergesellschaften abgeschlossen werden, teilweise der Fall ist. Die Erteilung der Genehmigung zum Kaufvertrag wird dann oft davon abhängig gemacht, daß vorher die Bankbürgschaft gestellt ist, die wiederum unter Umständen – je nach Bonität des Erwerbers – nur zu erhalten ist, wenn zugunsten des bürgenden Kreditinstitutes zuvor ein Grundpfandrecht eingetragen wird. Gelegentlich ist der Vollzug von Kaufverträgen schon daran gescheitert, daß diesen Umständen bei der Vertragsgestaltung nicht hinreichend Rechnung getragen wurde.

Mitwirkung des Verkäufers bei der Finanzierungsbelastung

Umlegungsgrundstücke

Unsorgfältig wird bei der Vertragsgestaltung gelegentlich auch gearbeitet, wo Grundstücke verkauft werden, die sich in einem Umlegungsgebiet befinden. Hier wird oft im Kaufvertrag nicht deutlich und konsequent unterschieden, was eigentlich verkauft wird: das ins Umlegungsverfahren eingebrachte Altgrundstück oder das aus dem Umlegungsverfahren hervorgehende Neugrundstück. Ist das Umlegungsverfahren gerade erst eingeleitet und liegt ein Entwurf für den Umlegungsplan noch nicht vor, empfiehlt sich immer,

Verkauf von Alt- oder Neugrundstück?

das Altgrundstück zu veräußern. Die Erteilung der Genehmigung der Umlegungsbehörde vorausgesetzt, tritt der Käufer dann in das Umlegungsverfahren als Beteiligter ein; er muß dann auch Berechtigter und Verpflichteter aller Ausgleichsansprüche werden, die im Umlegungsverfahren entstehen.

Ist das Umlegungsverfahren bereits in einem fortgeschrittenen Stadium, insbesondere wenn der Umlegungsplan bereits existiert, empfiehlt es sich in der Regel, das Neugrundstück zu verkaufen und den Vertrag erst nach Wahrung des Umlegungsplanes im Grundbuch zu vollziehen. In diesem Fall bleibt der Verkäufer Beteiligter im Umlegungsverfahren sowie Berechtigter und Verpflichteter aller Ausgleichsansprüche im Umlegungsverfahren.

Vermeidung öffentlich-rechtlicher Umlegungsverfahren

Im übrigen empfiehlt es sich, öffentlich-rechtliche Umlegungsverfahren wenn möglich zu vermeiden und an ihrer Stelle notwendige Umlegungen privatrechtlich zu organisieren, was erfahrungsgemäß wesentlich schneller geht.

3.3.2 Der Verkauf des entwickelten bzw. in der Entwicklung befindlichen Grundstückes

3.3.2.1 Grundsätzliches

Formen der Veräußerung

Der Verkauf des Grundstückes im Zustand der Bebauung/ Vorbereitung der Bebauung geschieht im wesentlichen in drei verschiedenen Grundformen:

(1) durch einen sog. **Bauträgervertrag**,

(2) durch einen Grundstückskaufvertrag, kombiniert mit dem Neuabschluß eines **Generalübernehmervertrages** (oder mit Bau- und Planungsverträgen) mit dem Verkäufer oder mit Dritten oder

(3) durch einen Grundstückskaufvertrag, kombiniert mit einem **Eintritt** des Käufers in bereits bestehende Planungs-, Beratungs- und Bauverträge mit Dritten.

Die beiden ersten Varianten unterscheiden sich nicht grundlegend, denn auch der Bauträgervertrag ist in Wirklichkeit nichts anderes als ein Kaufvertrag, kombiniert mit einem Generalübernehmervertrag, der lediglich – leicht irreführend – meist als Kaufvertrag bezeichnet wird.

Umgehung der Makler- und Bauträgerverordnung

Die Verwandtschaft der beiden Vertragstypen zeigt sich im übrigen auch darin, daß Bauträger noch immer gelegentlich den Versuch unternehmen, die Anwendung der Vorschriften der Makler- und Bauträgerverordnung dadurch zu umgehen, daß sie den Bauträgervertrag aufteilen in einen Kaufvertrag einerseits und einen Generalübernehmervertrag andererseits – ein allerdings (rechtlich) untauglicher Umgehungsversuch.

Wichtige Unterschiede zwischen den Vertragstypen

Bauherreneigenschaft

Der Unterschied zwischen dem ersten und zweiten Vertragstyp liegt im übrigen steuerlich in der Bauherreneigenschaft, die im ersten Fall beim Bauträger (Verkäufer) und im zweiten Fall (wie auch im dritten Fall) beim Käufer liegt.

Personengebundener Investitionsvorrangbescheid

Dieser Unterschied kann nicht nur aus steuerlichen Gründen entscheidend sein für die Wahl der Vertragsform, sondern insbesondere auch dann, wenn der Verkäufer das Grundstück seinerseits auf der Grundlage eines Investitionsvorrangbescheides erworben hat. Der Investitionsvorrangbescheid hat insofern eine persönliche Komponente, als der Vorhabenträger (Investor) »nach seinen persönlichen und wirtschaftlichen Verhältnissen hinreichend Gewähr für die Verwirklichung des Vorhabens« bieten muß (§ 4 Abs. 1 Investitionsvorranggesetz). Der Bescheid ist also personengebunden. Das macht es problematisch, ihn ohne weiteres auf einen Dritten zu übertragen: Aus dem Investitionsvorrangbescheid wird nur der dort als Adressat genannte Investor berechtigt und verpflichtet; ein Wechsel des Vorhabenbeträgers ist von dem Bescheid nicht gedeckt. Auch bei einem **Wechsel des Vorhabenträgers** oder bei einer **Veräußerung** des von dem Investitionsvorrangbescheid betroffenen Grundstückes bleibt also allein der Adressat des Bescheides aus dem Bescheid und dem investiven Kaufvertrag berechtigt und verpflichtet; er muß insbesondere für die Erfüllung der Investitionsverpflichtungen einstehen und kann diese nicht mit schuldbefreiender Wirkung für sich selbst auf einen Dritten abwälzen. Eine Übertragung der Rechte und Pflichten aus dem Investitionsvorrangbescheid vom Erstinvestor auf einen Dritten – mit für den Erstinvestor schuldbefreiender Wirkung – würde ein neues Anhörungsverfahren (Anhörung der Anmelder von Restitutionsansprüchen) und den Erlaß eines neuen Bescheides voraussetzen, eine Verfahrensweise, die Zeit kostet und möglicherweise mit dem Risiko einer Anfechtung des neuen Bescheides durch den und die Restitutionsberechtigten verbunden ist. Ein Entwickler, der diese Risiken nicht eingehen will, wird, wenn er das im investiven Verfahren erworbene Grundstück weiterveräußern will, gut beraten sein, eine Bauträgerkonstruktion zu wählen und damit Bauherr und Vorhabenträger im Sinne des Investitionsvorrangverfahrens zu bleiben.

Grunderwerbsteuer

Grunderwerbsteuerlich besteht zwischen den Vertragsvarianten (1) bis (3) im Prinzip kein Unterschied.

Besteuert wird

- im Falle (1) der Preis von Grundstück, Planungs- und Bauleistungen, der in der Regel im Bauträgervertrag als »Kaufpreis« bezeichnet wird,
- im Falle (2) die Summe von Kaufpreis und Generalübernehmerlohn, wenn ein rechtlicher oder tatsächlicher Zusammenhang zwischen Grundstückskauf und Generalübernehmervertrag besteht und
- im Falle (3) die Summe von Kaufpreis und Auftragssummen der Verträge, in die eingetreten wird.

Grunderwerbsteuer wird auch erhoben auf die Mehrwertsteuer und Mehrwertsteuer auf die halbe Grunderwerbsteuer.

Umgehung der Grunderwerbsteuer

Gelegentlich wird immer noch versucht, die Vertragskonstruktion zu (2) und (3) zu benutzen, um die Grunderwerbsteuern auf Bau- und Planungskosten zu umgehen, indem eine Trennung des Kaufvertrages von (im Falle [2]) dem Generalübernehmervertrag bzw. (im Falle [3]) den Eintrittsvereinbarungen durchgeführt wird, und zwar dergestalt, daß nur der Kaufvertrag notariell beurkundet wird und die übrigen Vereinbarungen separat schriftlich getroffen werden. Davor ist, aus den in Abschnitt 3.3.2.3 zu nennenden Gründen, zu warnen.

3.3.2.2 Bauträgervertrag

Einleitung

Makler- und Bauträger-VO

Im Rahmen dieses Beitrages ist es nicht möglich, eine grundlegende Darstellung der Probleme der Gestaltung von Bauträgerverträgen zu geben. Ich beschränke mich deshalb darauf, einige Punkte herauszustellen, die sich in der Praxis als besonders fehlerträchtig erweisen. Die Fehler beruhen in aller Regel darauf, daß die Vorschriften der Makler- und Bauträgerverordnung nicht beachtet werden – eine unter Geldbuße gestellte Ordnungswidrigkeit, deren Wiederholung unter Umständen auch zum Entzug der Gewerbeerlaubnis gemäß § 34c Abs. 1 Gewerbeordnung wegen Fehlens der erforderlichen Zuverlässigkeit (§ 34c Abs. 2 Gewerbeordnung) führen kann.

Ratenzahlung/Sicherheit

Sicherungsalternativen

Die Makler- und Bauträgerverordnung sieht alternativ vor einerseits die **Einhaltung bestimmter Ratenzahlungen**, von denen zu Lasten des Käufers nicht abgewichen werden kann (§ 3 MaBV), oder andererseits die Stellung einer **Bankbürgschaft** über die volle Vertragssumme (§ 7 MaBV); die Stellung der Bürgschaft ermöglicht es, Ratenzahlungsvereinbarungen nach Belieben zu treffen.

Zwar ist es möglich, von einer der beiden **Sicherungsmaßnahmen** auf die andere zu **wechseln**; allerdings ist eine der beliebtesten Wechselvarianten nicht zulässig, nämlich die, bis zur Übergabe (Zahlungsstand = 86%) die MaBV-Ratenzahlung (§ 3) zu vereinbaren und vor der Übergabe die Restzahlung von 14% gegen Stellung einer Bankbürgschaft in Höhe von 14% des Kaufpreises zu verlangen. Die Alternative besteht nämlich nur darin, eine Bürgschaft in Höhe von 100% des Kaufpreises zu stellen oder Ratenzahlung gemäß MaBV zu vereinbaren; der zuvor geschilderte Austauschfall funktioniert also nur gegen Stellung einer Bürgschaft in Höhe des vollen Kaufpreises.

Teilzahlung über Anderkonto

Unzulässig ist es nach der Rechtsprechung des Bundesgerichtshofes in formularmäßig verwendeten Bauträgerverträgen (also solchen, die unter die Vorschriften des AGBG fallen) auch, die **Übergabe** des Kaufgegenstandes an den Käufer **davon abhängig** zu machen, daß der **Restkaufpreis vorher auf ein Notar-Anderkonto** eingezahlt wird. Darin sieht der Bundesgerichtshof in Formularverträgen eine unzulässige Beeinträchtigung des Zurückbehaltungs- bzw. Leistungsverweigerungsrechtes des Käufers (Verstoß gegen § 11 Nr. 2 a AGBG)[11]).

Abtretung von Vormerkungen

Zweiterwerber

Im Bauträgergeschäft wie auch im gewerblichen Grundstückshandel kommt es nicht selten vor, daß die Weiterveräußerung des zu entwickelnden Grundstückes durch den Entwickler ganz oder teilweise schon erfolgt, bevor das Eigentum auf den Bauträger/Entwickler umgeschrieben ist. In solchen Fällen wird oft anstelle der Eintragung einer Vormerkung zugunsten des Zweiterwerbers vorgesehen, daß der Auflassungsanspruch des Bauträgers/Entwicklers einschließlich der Auflassungsvormerkung abgetreten wird an den Zweiterwerber. Vielfach wird die Eintragung der Abtretung an den Zweiterwerber bei der Vormerkung zugunsten des Bauträgers/Entwicklers im Grundbuch (anstelle der Eintragung einer eigenen Vormerkung zugunsten des Zweiterwerbers) als Zahlungsvoraussetzung für ausreichend gehalten, um die Fälligkeit des Kaufpreises im Verhältnis zwischen dem Bauträger/Entwickler und Zweiterwerber eintreten zu lassen.

Abtretung als Fälligkeitsvoraussetzung

Nach der Makler- und Bauträgerverordnung ist das eindeutig **unzulässig**. Auch außerhalb der Makler- und Bauträgerverordnung kann jedem Erwerber nur davon abgeraten werden, die **Abtretung** als Fälligkeitsvoraussetzung zu akzeptieren: Sie ist **als Sicherungsmittel ungeeignet**, da sie nicht mehr wert ist als der abgetretene Übereignungsanspruch selbst. Dieser kann jedoch aus vielfältigen Gründen untergehen: z.B. wegen Leistungsstörungen in der Abwicklung des Erstkaufvertrages oder wegen darin etwa vereinbarter Rücktrittsrechte. Der Übereignungsanspruch kann vielleicht sogar überhaupt nicht bestehen, z. B. weil der Kaufvertrag wegen Verstoßes gegen § 313 BGB schwebend unwirksam ist oder weil noch eine Genehmigung aussteht (was der Eintragung einer Vorbemerkung unter Umständen nicht entgegensteht).

Ungeeignetes Sicherungsmittel

---

[11]) S. BGH NJW 1985, 852.

Überprüfung des Vor-Kaufvertrages

Die Abtretung der Vormerkung kann daher allenfalls dann – und nur unter Vorbehalten – als Sicherungsmaßnahme angesehen werden, wenn dem Käufer auf geeignete Weise **nachgewiesen** ist, daß der Vor-Kaufvertrag, in dem die Eintragung der Vormerkung bewilligt wurde, wirksam ist und daß es ausgeschlossen ist, daß dessen Vollzug noch in irgendeiner Weise scheitern kann. An diesen Nachweis sollte ein Käufer, der die Abtretung als Zahlungsvoraussetzung akzeptiert, strenge Anforderungen stellen. Vorzuziehen ist es für den Käufer, sich darauf nicht einzulassen.

Nichtanwendbarkeit der MaBV

Ausnahmen von Sicherungspflichten

Abschließend sei der Vollständigkeit halber darauf hingewiesen, daß die zuvor besprochenen Sicherungspflichten des Bauträgers nicht bestehen, wenn es sich bei dem Auftraggeber eines Bauträgervertrages um eine **juristische Person des öffentlichen Rechts** oder ein öffentlich-rechtliches Sondervermögen oder einen in das Handelsregister oder das Genossenschaftsregister eingetragenen **Kaufmann** handelt und wenn der Auftraggeber **in einer gesonderten Urkunde** auf die Anwendung dieser Schutzvorschriften der Makler- und Bauträgerverordnung **verzichtet**.

3.3.2.3 Der kombinierte Kauf-Generalübernehmer-Vertrag

Definition

Hier geschieht nichts anderes, als daß der Bauträgervertrag dividiert wird in seine Vertragsbestandteile, den Kaufvertrag über das Grundstück und den Generalübernehmervertrag über die Planungs- und Bauleistungen, wobei in der Praxis dieses Modell dadurch gekennzeichnet ist, daß es weniger im Wohnungs- als vielmehr im Gewerbebau verwendet wird und sich – wohl auch deshalb – mehr durch eine Auftraggeber(= Käufer)-freundliche Gestaltung auszeichnet.

Mangelnde Beurkundung

Eine der Hauptfehlerquellen bei diesem Vertragstypus ist die, obwohl normalerweise erforderliche, dennoch nicht stattfindende **Beurkundung des Generalübernehmervertrages zusammen mit dem Kaufvertrag**: Stellt der Generalübernehmervertrag mit dem Kaufvertrag eine **rechtliche Einheit** dar, muß auch der Generalübernehmervertrag beurkundet werden. Eine derartige Einheit wird dann angenommen, wenn die beiden Vereinbarungen (Kauf- und Generalübernehmervertrag) nach dem Willen der Vertragsparteien derart voneinander abhängig sind, daß sie **miteinander stehen und fallen** sollen[12]), wobei es schon ausreicht, daß nur eine der Vertragsparteien einen solchen Willen gezeigt hat

12) Vgl. BGHZ 101, 396.

und die andere ihn erkannt oder anerkannt oder ihn zumindest hingenommen hat[13]). Das ist bei der Kombination von Kauf- und Generalübernehmervertrag meist der Fall, da i. d. R. der Verkäufer das Grundstück nicht zu verkaufen bereit ist, ohne daß er selbst oder eine mit ihm unmittelbar oder mittelbar verbundene Gesellschaft einen Generalübernehmervertrag (manchmal auch einen Generalunternehmervertrag) erhält. **Auf** die **Identität** zwischen Verkäufer und Generalübernehmer **kommt es** dabei **nicht an**, denn es ist anerkannt, daß die Tatsache, daß verschiedene Parteien beteiligt sind, nicht automatisch zum Ausschluß der Einheitlichkeit des Rechtsgeschäftes führt.

Aufsplittung in zwei Urkunden

Das Erfordernis, den Generalübernehmervertrag mitzubeurkunden, bedeutet nicht automatisch, daß beide Verträge in einer Urkunde enthalten sein müssen; eine Aufsplittung in zwei notarielle Urkunden ist möglich, allerdings muß dann die Tatsache, daß beide Urkunden in **rechtlichem Zusammenhang** stehen, **mitbeurkundet** werden, und zwar dergestalt, daß zumindest in der zweiten Urkunde auf die erste Urkunde verwiesen wird. Unterbleibt dies, liegt eine **unvollständige Beurkundung** vor, und beide Verträge sind wegen Verstoßes gegen § 313 Satz 1 BGB schwebend unwirksam[14]). Die schwebende Unwirksamkeit wird erst mit Eintragung der Eigentumsumschreibung im Grundbuch geheilt (§ 313 Satz 2 BGB).

Vorlage beider Urkunden

Der Vollständigkeit halber sei erwähnt, daß auch bei Beurkundung des Kaufvertrages und des Generalübernehmervertrages in zwei separaten Urkunden der Notar zur Vorlage beider Urkunden beim **Grunderwerbsteuerfinanzamt** verpflichtet ist.

Risiko des Käufers

Das Hauptrisiko der Nichtbeachtung der Formvorschrift liegt im übrigen zum einen beim Käufer, der Zahlungen auf einen nicht wirksamen Kaufvertrag leistet, die er möglicherweise, wenn der Verkäufer sich auf die Unwirksamkeit beruft, nicht zurückerhält, und zum anderen bei der finanzie-

Risiko der Bank

renden Bank, die, wenn das Finanzierungsgrundpfandrecht auf der Grundlage der im Kaufvertrag erteilten Belastungsvollmacht beurkundet wird, bis zur Umschreibung des Eigentums im Grundbuch kein wirksames Grundpfandrecht hat.

Verdacht der Steuerhinterziehung

Abschließend sei darauf hingewiesen, daß der Verdacht des Versuches der Steuerhinterziehung nicht fernliegt, wenn die trotz bestehenden rechtlichen Zusammenhanges erfol-

[13]) BGH NJW 1987, 1069.
[14]) BGH MittBayNot 1988, S. 120 ff.

gende Abkoppelung des Generalübernehmervertrages vom Grundstückskaufvertrag und die Nichtanzeige des Generalübernehmervertrages beim Grunderwerbsteuerfinanzamt zum Zwecke der Vermeidung der Grunderwerbsteuer auf den Generalübernehmerlohn erfolgt. Die Steuer wird nur dann nicht anfallen, wenn der tatsächliche Sachverhalt so gestaltet ist, daß ein Zusammenhang zwischen beiden Verträgen nicht besteht, was voraussetzt, daß alle beteiligten Parteien darauf verzichten, den Abschluß des einen Vertrages von dem anderen abhängig zu machen, und auch tatsächlich das **Risiko** eingehen, daß der zweite Vertrag nach Beurkundung des ersten nicht abgeschlossen wird.

3.3.2.4 Grundstückskaufvertrag mit Eintritt in bestehende Verträge

Anwendungsbereich

Der Grundstückskaufvertrag unter gleichzeitigem Eintritt in bestehende Verträge ist eine Variante des unter 3.3.2.3 besprochenen Modells, die fast ausschließlich auf gewerblichem Sektor vorkommt und die – als Alternative zum Bauträgermodell – dort verwendet wird, wo sich das Kaufobjekt bereits im Bau befindet.

Befreiende Schuldübernahme

Der Eintritt in die bestehenden Verträge (Planungs-, Beratungs- und Bauverträge) ist rechtlich die Kombination einer **Forderungsabtretung** mit einer **Schuldübernahme**. Dabei ist seitens des Verkäufers, der i.d.R. nach dem Grundstücksverkauf mit den Planungs- und Bauverträgen und ihrer Abwicklung nichts mehr zu tun haben will, darauf zu achten, daß die Schuldübernahme als sog. befreiende Schuldübernahme ausgestaltet ist, das heißt dergestalt, daß ab dem Eintritt des Käufers in die Verträge der Verkäufer nicht mehr haftet. Das setzt allerdings rechtlich voraus, daß die jeweiligen **Vertragspartner** dem ausdrücklich **zustimmen**. Stimmen sie nicht zu, muß als Hilfskonstruktion darauf ausgewichen werden, daß die Verträge zwar formell von dem alten Vertragspartner (Verkäufer) weitergeführt werden, dies jedoch auf Rechnung des Käufers. Wer einen Verkauf während der Bauphase in dieser Konstruktion beabsichtigt, ist mithin gut beraten, schon in allen Planungs-, Beratungs- und Bauverträgen vorzusehen, daß er im Falle eines Verkaufes berechtigt ist, die Verträge mit allen Rechten und Pflichten und mit für ihn schuldbefreiender Wirkung auf den Käufer zu übertragen.

Beurkundungsbedürftigkeit

Zur Frage der Beurkundungsbedürftigkeit ist zu ergänzen, daß in einem solchen Fall im Kaufvertrag die Verträge, in die eingetreten wird, genau zu bezeichnen sind; es ist allerdings nicht erforderlich, alle bereits abgeschlossenen Verträge, in die eingetreten wird, mitzubeurkunden. Zur Vermeidung etwaiger Auseinandersetzungen zwischen Verkäufer und Käufer ist im übrigen bei der Veräußerung darauf zu achten, daß im Kaufvertrag (oder einer Anlage hierzu) festgestellt wird, welche Zahlungen der Verkäufer auf die Verträge, in die der Käufer eintritt, geleistet hat, so daß für den Käufer klar ersichtlich ist, welche Verbindlichkeiten aus den übernommenen Verträgen auf ihn noch zukommen.

Werden zwischen den Parteien des Kaufvertrages noch weitere Vereinbarungen abgeschlossen (neuerdings wieder häufiger **Mietgarantievereinbarungen** oder ein **Generalmietvertrag** zwischen dem Verkäufer und dem Käufer, der praktisch garantieähnliche Funktion hat), dann müssen diese Verträge selbstverständlich mitbeurkundet werden, wenn sie, was regelmäßig der Fall sein wird, in rechtlichem Zusammenhang mit dem Kaufvertrag stehen.

Gewährleistungsausschluß

Bei Verträgen dieser Art wird es sich im übrigen i.d.R. um Individualvereinbarungen handeln, so daß es kein Problem ist, die eigene Gewährleistung des Verkäufers für die bereits erbrachten Leistungen im Hinblick auf die Abtretung aller Ansprüche aus den abgeschlossenen Verträgen auszuschließen.

3.3.2.5 Der Verkauf des fertiggestellten Neubaues

Definition »neu«

Solange das vom Entwickler fertiggestellte Gebäude noch neu ist, ist den Gewährleistungsvereinbarungen in solchen Verträgen besondere Beachtung zu schenken. Problematisch kann die Frage sein, ob im konkreten Fall das Kaufobjekt noch als neu anzusehen ist. Bei der Veräußerung von Häusern und Eigentumswohnungen hat der Bundesgerichtshof schon vor langer Zeit entschieden, daß sie auch dann noch als »neu« im Sinne des § 11 Nr. 10 AGBG anzusehen sind, wenn sie kurzfristig leergestanden haben oder vermietet waren[15]). Allerdings hat sich der Bundesgerichtshof leider noch nicht definitiv dazu geäußert, wann ein Gebäude aufhört, neu zu sein. In der Literatur wird teilweise die Auffassung vertreten, die Eigenschaft »neu« ende bei Leerstand spätestens nach fünf, bei Benutzung spätestens nach zwei Jahren[16]). Solange der Bundesgerichtshof nichts Gegenteiliges entschieden hat, sollte bei der Vertragsgestaltung vorsorglich unterstellt werden, daß nicht ausgeschlossen ist, daß es Gerichte gibt, die eines Tages entscheiden werden, daß ein Gebäude so lange als neu anzusehen sei, wie die gesetzliche Gewährleistungsfrist für die Bauerrichtung läuft.

---

[15]) Vgl. u. a. BGH NJW 1982, 2243, NJW 1985, 1551.

[16]) S. Klumpp: AGB – Gewährleistungsausschluß für »alte« Neubauten?, NJW, 1993, 372 ff.

Ausschluß der Gewährleistung

Erfolgt die Veräußerung eines in diesem Sinne neuen Gebäudes noch auf der Grundlage eines Formularvertrages, der unter die Vorschriften des AGB-Gesetzes fällt, gilt § 11 Nr. 10 AGBG, wonach der generelle Ausschluß einer Gewährleistung generell unzulässig ist und der für Gewährleistungsbeschränkungen erhebliche Restriktionen vorsieht. Das ist im Prinzip bekannt, wenngleich die Anzahl der untauglichen Versuche, die sich aus dem AGB-Gesetz ergebenden Einschränkungen zu umgehen, noch immer beachtlich ist.

Weithin unbekannt ist jedoch noch immer, daß auch in einem individuell ausgehandelten Kaufvertrag über ein neu hergestelltes Gebäude ein vollständiger Gewährleistungsausschluß nur unter bestimmten Voraussetzungen zulässig ist:

Bedingungen des Gewährleistungsausschlusses im Individualvertrag

Nach ständiger Rechtsprechung des Bundesgerichtshofes ist ein Gewährleistungsausschluß für Sachmängel beim Erwerb eines neu errichteten (oder noch zu errichtenden) Gebäudes auch in einem notariellen Individualvertrag gemäß § 242 BGB unwirksam, wenn der Gewährleistungsausschluß nicht mit dem Erwerber unter ausführlicher Belehrung über die einschneidenden Rechtsfolgen eingehend erörtert worden ist[17]). Es führt also die unzureichende Belehrung durch den Notar in solchen Fällen zur Unwirksamkeit des Gewährleistungsausschlusses.

[17]) Vgl. zuletzt BGH DNotZ 1990, 96 ff.

3.3.3 Gewerbemietverträge

3.3.3.1 Einleitung

Probleme und Fehlerquellen

Der Schwerpunkt der Darstellung liegt auf den besonderen Problemen und Fehlerquellen, die beim Abschluß von Gewerbemietverträgen für Entwicklungsprojekte bestehen, insbesondere wenn die Mietverträge zu einem Zeitpunkt abgeschlossen werden, in dem der Bau noch nicht fertiggestellt oder gar die Baugenehmigung noch nicht erteilt ist.

Solche Verträge sind in besonders hohem Maße anfällig für spätere Rechtsstreitigkeiten, entweder weil die notwendigen Formerfordernisse nicht beachtet oder weil Größe und Beschaffenheit des Mietgegenstandes mangelhaft definiert sind oder weil z.B. dem Umstand nicht angemessen Rechnung getragen ist, daß die Baufertigstellung sich aus den verschiedensten Gründen verzögern kann.

Vertragsgestaltung

Durch sorgfältige Vertragsgestaltung können diese und andere Risiken, die typisch sind für Neubaumietverträge, weitgehend vermieden werden, wozu die Verwendung der im Handel käuflichen Mietvertragsmuster allerdings nur bedingt hilfreich ist.

3.3.3.2 Formvorschriften

Schriftform

§§ 566, 126 BGB

Gelegentlich kommt es vor, daß ein Vermieter seinen Mieter schon vor der Baufertigstellung wieder los ist, weil dieser den abgeschlossenen Mietvertrag schon vor dem Bezug des Mietgegenstandes gekündigt hat, obwohl der Mietvertrag auf die Dauer von mehreren Jahren ab Bezug abgeschlossen war. Diese Kündigungsmöglichkeit wird in vielen Fällen durch die Vorschrift des § 566 BGB (in Verbindung mit § 126 BGB) eröffnet, die besagt, daß Mietverträge über Grundstücke (und Gebäude), die eine Laufzeit von über einem Jahr haben, der Schriftform bedürfen. Das gilt in gleichem Maße für Immobilien-Pachtverträge.

Wahrung der Form beim Hauptvertrag

Die Schriftform muß den Anforderungen des § 126 BGB genügen, der es nach der Rechtsprechung des Bundesgerichtshofes erfordert, daß der Mietvertrag in einer **einheitlichen Urkunde** enthalten sein muß. Besteht diese aus mehreren Blättern, ist deren Zusammengehörigkeit »durch körperliche Verbindung oder sonst in geeigneter Weise« kenntlich zu machen[18]). Die so als zusammengehörig kenntlich gemachte Mietvertragsurkunde muß selbstverständlich

[18]) Vgl. u. a. BGHZ 40, 255, 263.

von beiden Parteien am Ende unterzeichnet sein. Die Paraphierung einer jeden einzelnen Seite ist nicht erforderlich. Die »**körperliche Verbindung**« zwischen den einzelnen Blättern muß so hergestellt sein, daß sie nur durch teilweise Substanzzerstörung oder mit Gewalt aufgehoben werden kann.

Körperliche Verbindung

Das bedeutet konkret für den Mietvertrag über ein noch nicht fertiggestelltes Mietobjekt: Der Vertrag selbst und alle seine Anlagen, die Vertragsbestandteil werden sollen (z. B. Pläne und Baubeschreibungen, durch die der Mietgegenstand gekennzeichnet und beschrieben wird), müssen zu einer einheitlichen Urkunde **fest verbunden** werden, und zwar so, daß eine etwaige Zerstörung erkennbar ist. Hat der Vertrag viele Anlagen, erscheint den Parteien die Herstellung der »körperlichen Verbindung« oft schon wegen des Umfanges des Dokumentes problematisch, was sie allerdings nicht ist. Wo für die Herstellung der festen Verbindung Heftung oder Ösung nicht mehr ausreichen, kann so verfahren werden, wie auch ein Notar in solchen Fällen verfährt: Die Mietvertragsurkunde wird mit Schnur und Siegel verbunden.

Verbindung »in sonst geeigneter Weise«

Äußerst zurückhaltend sind die Gerichte bei der Beurteilung der Frage, wenn sie es – ausnahmsweise – als der Schriftform genügend ansehen, wenn die einheitliche Urkunde nicht durch »körperliche Verbindung«, sondern »in sonst geeigneter Weise« hergestellt ist. Insoweit liegen brauchbare Richtlinien des Bundesgerichtshofes nicht vor. Einige Untergerichte haben in nicht veröffentlichten Urteilen Mietverträge als formwirksam angesehen, die aus zwei lose ineinandergeschobenen (nicht gehefteten) DIN-A3-Seiten eines Mustermietvertrages eines Haus- und Grundbesitzervereines bestanden, keine Vertragsanlagen hatten und bei denen jede Seite von den Parteien paraphiert und die Verträge am Ende ordnungsgemäß unterzeichnet waren. Diesen Entscheidungen ist teilweise zu entnehmen, daß sie dann anders ausgefallen wären, wenn der Vertrag Anlagen gehabt hätte

Ich erwähne die vorgenannten Untergerichtsentscheidungen nur der Vollständigkeit halber. Als Richtschnur für die Herstellung von formgerechten Mietverträgen bei Entwicklungsprojekten sind sie ungeeignet; hier sollte der professionelle Vermieter seine Mitarbeiter unnachgiebig zur Herstellung der Form durch körperliche Verbindung anhalten.

Wahrung der Form beim Nachtragsvertrag

Die soeben beschriebenen Formvorschriften gelten nicht nur für den Hauptvertrag, sondern auch für jeden Nachtrags- bzw. Änderungsvertrag zum Mietvertrag. Allerdings müssen Nachtrags- und Änderungsverträge nicht unbedingt mit dem Hauptvertrag fest verbunden werden. Wenn der Nachtragsvertrag in eindeutiger Weise auf den ursprünglichen Vertrag Bezug nimmt und deutlich zum Ausdruck bringt, daß es unter Einbeziehung des Nachtrages bei den bisherigen vertraglichen Regelungen bleibt, genügt es für die Einhaltung der Schriftform, wenn er in sich formgerecht und von beiden Parteien unterzeichnet ist[19]). Sind diese Voraussetzungen nicht gegeben, ist allerdings die feste Verbindung des Nachtrages mit dem Hauptvortrag unverzichtbar. Sind vom Hauptvertrag **mehrere Originale** hergestellt worden (Vermieter- und Mieter-Exemplar), muß zur Wahrung der Form mit jedem Original auch eine Nachtrags-Urschrift verbunden werden[20]).

Nachträge, die auf einem bereits unterschriebenen Mietvertrag unterhalb der Unterschriften angebracht werden, müssen zur Wahrung der Schriftform erneut von beiden Parteien unterzeichnet werden[21]).

Folgen der Nichtbeachtung der Formvorschrift

Die Nichtbeachtung der Form führt nicht etwa zur Unwirksamkeit des Mietvertrages, hat jedoch zur Folge, daß der Mietvertrag **nach Ablauf von einem Jahr** ab Vertragsschluß[22]) mit der gesetzlichen Kündigungsfrist, die mit Wirkung am 1. Januar 1994 um drei Monate verlängert wurde, **gekündigt werden kann.** Gegenüber dieser Kündigung kann der Kündigungsempfänger sich in aller Regel nicht darauf berufen, sie verstoße gegen Treu und Glauben (§ 242 BGB) und sei deshalb ausgeschlossen[23]).

Besonders tückisch sind **nicht formgerecht abgeschlossene Änderungsverträge** zu Mietverträgen: Deren Formunwirksamkeit führt in der Regel auch **zur Formunwirksamkeit des Hauptvertrages**, und zwar auch dann, wenn der Hauptvertrag selbst formgerecht abgeschlossen war – eine in der Praxis häufige Quelle für formunwirksame Mietverträge bei Entwicklungsobjekten. Das erste Jahr, für dessen Schluß die Kündigung nach § 566 BGB frühestens zulässig ist, rechnet in diesem Fall ab Abschluß des formunwirksamen Änderungsvertrages.

Nachträgliche Sanierung des nicht formgerechten Mietvertrages

Um einen formunwirksamen Vertrag in einen formwirksamen umzuwandeln, genügt es nicht etwa, die körperliche Verbindung der Mietvertrags-Loseblattsammlung nachträglich durch Zusammenheften oder Schnur und Siegel herzustellen, denn die Form muß bereits bei der Vertragsunter-

[19]) BGH WM 1988, 270, WM 1992, 798 ff., 1160 ff.
[20]) KG, Grundeigentum 1995, 812.
[21]) BGH ZMR 1990, 172 ff.
[22]) Vgl. BGHZ 90, 54.
[23]) Vgl. BGH NJW 1975, 1653, NJW 1987, 948.

zeichnung eingehalten sein. Vielmehr ist es erforderlich, den Vertrag nach Herstellung der körperlichen Verbindung von beiden Parteien **noch einmal unterzeichnen** zu lassen.

Vorverträge

Die strengen Formvorschriften der §§ 566, 126 BGB gelten nicht für Vorverträge zum Abschluß von Mietverträgen[24]).

Abdingbarkeit

Bei der Schriftformvorschrift des § 566 BGB handelt es sich um eine zwingende Vorschrift, die durch vertragliche Vereinbarungen nicht abdingbar ist. Allerdings ist es möglich, im Mietvertrag einen Anspruch auf Einhaltung der Schriftform für Nachtragsverträge zu begründen[25]). Mit einer entsprechenden Vereinbarung im Hauptvertrag läßt sich vorbeugend verhindern, daß Nachtragsverträge, die später unter Nichtbeachtung der Schriftform abgeschlossen werden, mit ihrer Formunwirksamkeit den formwirksam abgeschlossenen Hauptvertrag infizieren; denn kraft einer entsprechenden vertraglichen Vereinbarung besteht eine Verpflichtung zur Sanierung, die es ausschließt, daß eine Partei sich später auf die Formunwirksamkeit eines Nachtragsvertrages beruft.

Notarielle Beurkundung

Zusammenhang mit Grundstücksgeschäft

Notarielle Beurkundung des Mietvertrages ist in allen Fällen erforderlich, in denen der Mietvertrag in rechtlichem Zusammenhang (s. 3.3.2.3) steht mit einem Grundstücksgeschäft, sei es mit einem Kauf- oder Erbbaurechtsvertrag, sei es mit einem Vor- oder Ankaufsrecht oder sei es mit einem Angebot zum Abschluß eines Kaufvertrages (typische Fälle: **Leasingvertrag mit Ankaufsrecht** des Leasingnehmers nach Ablauf der Mindestleasingperiode; Verkauf eines Betriebsgrundstückes mit der Maßgabe, daß der Verkäufer den Kaufgegenstand noch für einen bestimmten Zeitraum ganz oder teilweise als Mieter nutzen kann – **sale and lease back**).

Unwirksamkeit

Die Folge der Nichtbeurkundung ist in solchen Fällen die Unwirksamkeit des Grundstücksgeschäftes und des Mietvertrages. Die Unwirksamkeit beider Verträge wird allerdings durch die Eigentumsumschreibung im Grundbuch geheilt (§ 313, Satz 2 BGB), wenn letztere nicht von einer Partei, die sich auf die Unwirksamkeit beruft, verhindert wird. Besteht das Grundstücksgeschäft in der Einräumung eines **Vorkaufsrechtes**, tritt die Heilung ein mit der Nachholung der formwirksamen Bestellung und deren Eintragung im Grundbuch (BGH DNotZ 90, 660). Besteht das Grundstücksgeschäft in der Einräumung eines **Ankaufsrechtes**, tritt die

Heilung

---

24) BGH NJW 1980, 1577.

25) S. Palandt/Putzo: Kommentar zum BGB, a. a. O., § 566 BGB, Rn. 9.

Heilung erst ein mit Ausübung des Ankaufsrechtes, Auflassung und Eigentumsumschreibung im Grundbuch, d. h., daß der ganze Mietvertrag bis dahin unwirksam bleibt – vor allem für den Ankaufsberechtigten ein enormes Risiko, insbesondere aufgrund der langen zeitlichen Dauer der Unwirksamkeit, die jede Partei jederzeit dadurch ausnutzen kann, daß sie den Vollzug des unwirksamen Vertrages verweigert.

Teilunwirksamkeitsklauseln

Auch Teilunwirksamkeitsklauseln mit dem üblichen Inhalt, daß die Unwirksamkeit einzelner Vertragsteile (z. B. des Ankaufsrechtes) nicht zur Unwirksamkeit des gesamten Vertrages (Mietvertrages) führt, sind gegenüber Verstößen gegen den Beurkundungszwang (§ 313 BGB) i.d.R. **ineffektiv**, d. h. sie führen nicht zur Wirksamkeit des Mietvertrages. Nur in Ausnahmefällen läßt es der Bundesgerichtshof zu, daß gegenüber der Berufung auf den Formfehler der Einwand aus Treu und Glauben erfolgreich geltend gemacht werden kann. Dazu müssen i.d.R. schwere Geschütze aufgefahren werden, z. B. der Nachweis der Existenzgefährdung einer Partei infolge der Berufung auf die Formunwirksamkeit oder der Nachweis arglistigen Verhaltens auf seiten der Partei, die die Formunwirksamkeit geltend macht.

3.3.3.3 Größe des Mietgegenstandes

Flächendefinition

Immer wieder entstehen rechtliche Auseinandersetzungen dadurch, daß bei noch nicht fertiggestellten Objekten die Größe des Mietgegenstandes unzulänglich definiert ist.

Begriffe ohne Verbindlichkeit

Dabei wird verkannt, daß es selbst für allgemein gebräuchliche Begriffe wie »**Wohnfläche**« oder »**Bürofläche**« keine allgemein verbindliche Definition gibt; auch die im sozialen Wohnungsbau geltenden Berechnungsvorschriften haben keine darüber hinausgehende Verbindlichkeit. Das hat der Bundesgerichtshof zuletzt in seinem Urteil vom 30. November 1990 bestätigt, dessen Leitsatz schlicht lautet: »Der allgemeine Sprachgebrauch verbindet mit dem Begriff der Wohnfläche nicht eine bestimmte Art ihrer Berechnung.«[26]). In dem zitierten Leitsatz läßt sich das Wort »Wohnfläche« ohne weiteres durch das Wort »Bürofläche« ersetzen oder auch durch das Wort »Nettonutzfläche«, das sich aus unerfindlichen Gründen steigender Beliebtheit erfreut, jedoch nirgendwo offiziell definiert ist.

DIN 277

Bei der Definition der Größe des Mietgegenstandes sollte daher Bezug genommen werden auf die DIN 277, wobei es

[26]) BGH BauR 91, 230.

inzwischen einer weit verbreiteten Gepflogenheit entspricht, Nettogrundfläche im Sinne der Definition der DIN 277 zu vermieten. Wenn die Flächendefinition nicht durch Bezugnahme auf die DIN 277 erfolgt, sollte die Art und Weise der Flächenberechnung im Vertrag selbst eindeutig definiert werden. Da selbstgebastelte Berechnungsanweisungen allerdings erfahrungsgemäß streitanfälliger sind als nach der DIN definierte, ist letzteren der Vorzug zu geben.

Eigendefinition der Flächenberechnung

Änderungsvorbehalte

Großer Beliebtheit bei Vermietern erfreuen sich unverändert Klauseln mit einem Inhalt, der sinngemäß lautet, daß es für den Mietvertrag, insbesondere für die Höhe des Mietzinses, unerheblich ist, wenn sich die Größe des Gegenstandes um mehr als +/- x % ändert. Je größer im vorstehenden Satz x ist, desto größer ist die Gefahr, daß in einer solchen Klausel ein unwirksamer Änderungsvorbehalt im Sinne des § 10 Nr. 4 AGBG zu sehen ist; dieses Risiko besteht auch, wenn der Mieter Vollkaufmann ist, denn die Gerichte wenden § 10 Nr. 4 AGBG auf dem Umweg über § 9 Abs. 2 AGBG auch im Rechtsverkehr mit Vollkaufleuten an. Ein Größenänderungsvorbehalt von 3 % dürfte, insbesondere bei Mietverträgen über große Flächen, zu großzügig und damit für den Mieter unzumutbar im Sinne des § 10 Nr. 4 AGBG sein. Solange eine zuverlässige BGH-Rechtsprechung insoweit nicht existiert, ist bei der formularmäßigen Verwendung solcher Klauseln Zurückhaltung geboten. Ist ein Änderungsvorbehalt wegen Verstoßes gegen das AGBG unwirksam, gelten im übrigen die gesetzlichen Regelungen, d. h.: Der Mieter hat Anspruch auf Minderung der Miete, wenn sich nach Fertigstellung des Mietgegenstandes herausstellt, daß dieser kleiner ist als im Mietvertrag angegeben.

Unwirksamer Änderungsvorbehalt

Verwendung bei Vollkaufleuten

Anspruch auf Mietminderung

3.3.3.4 Beschaffenheit des Mietgegenstandes

Nutzbarkeit für den vorgesehenen Mietzweck

Grundsätzlich muß der Mietgegenstand so beschaffen sein, daß er vom Mieter für den vertraglich vereinbarten Mietzweck auch genutzt werden kann (§ 536 BGB). Ist er das nicht, liegt ein Mangel vor, für den der Vermieter haftet.

Haftung des Vermieters

Die sich aus § 536 BGB ergebende Verpflichtung des Vermieters ist eine vertragliche Hauptpflicht, die in Formularmietverträgen jedenfalls nicht vollständig abbedungen werden kann. Dennoch ist gerade bei Formularmietverträgen für Entwicklungsobjekte auf seiten des Vermieters die Versuchung groß, die Haftung dafür, daß der Mietgegenstand für den vertraglichen Zweck nutzbar ist, auszuschließen. Dies ist ebensowenig zulässig wie eine formularmäßige Verein-

Vollständiger Haftungsausschluß nicht möglich

barung mit dem Inhalt, daß der Mieter behördliche Genehmigungen und Erlaubnisse auf seine Kosten und sein Risiko beizubringen habe[27]).

Sachmängel

Mietminderung und Schadenersatzanspruch

Sachmängel des Mietgegenstandes berechtigen den Mieter zur Mietminderung, wenn sie die Tauglichkeit des Mietgegenstandes für den vertragsgemäßen Gebrauch aufheben oder mindern (§ 537 BGB). Ist ein solcher Mangel bereits bei Vertragsabschluß vorhanden oder entsteht er später infolge eines Umstandes, den der Vermieter zu vertreten hat, oder kommt der Vermieter mit der Mängelbeseitigung in Verzug, kann der Mieter neben der Minderung auch Schadenersatz wegen Nichterfüllung geltend machen (§ 538 BGB).

Schadenersatzpflicht des Mangelverursachers

Daraus folgt, daß die Neubauvermietung äußerst »schadenersatzgeneigt« ist, weshalb viele Vermieter begierig darauf sind, solche Schadenersatzansprüche in ihren Mietverträgen auszuschließen, wofür ein erkennbares Bedürfnis kaum besteht, denn in aller Regel dürfte es, jedenfalls bei vernünftiger Vertragsgestaltung, möglich sein, bei einem Neubau solche Schadenersatzansprüche des Mieters an den Mangelverursacher (Bauunternehmer und/oder Planer) weiterzugeben.

Die rechtlichen Grenzen für den Gewährleistungsausschluß ergeben sich wiederum aus den Vorschriften des AGBG: Unzulässig sind in Formularmietverträgen Klauseln, die so auszulegen sind, daß dadurch auch die Haftung für Vorsatz und grobe Fahrlässigkeit ausgeschlossen wird[28]).

Verschuldensunabhängige Haftung

Umgekehrt hat der BGH bereits ausdrücklich entschieden, daß im Gewerbemietvertrag die verschuldensunabhängige Haftung des Vermieters für anfängliche Sachmängel auch formularmäßig abbedungen werden kann[29]). Diese Entscheidung wird jedoch **nicht** ohne weiteres **anwendbar** sein, wenn es sich um einen **Neubau** handelt.

Unangemessene Benachteiligung des Mieters

Rechtlich bedenklich dürfte es sein, im Mietvertrag formularmäßig Ansprüche des Mieters auszuschließen oder zu beschränken, die, wenn sie nicht ausgeschlossen oder beschränkt wären, durch entsprechende Regreßansprüche des Vermieters gegen den Mangelverursacher (Bauunter-

---

[27]) Vgl. BHG NJW 1988, 2664.

[28]) § 11 Nr. 7 AGBG, der für Verträge jeder Art gilt und auf dem Umweg über § 9 Abs. 2 AGBG von der Rechtsprechung jedenfalls bei Verletzung vertraglicher Hauptpflichten auch im Verkehr mit Vollkaufleuten angewandt wird.

[29]) BGH WM 1992, 1165.

nehmer und/oder Planer) abgedeckt wären. Bei einem Neubau liegt es nahe, solche Klauseln als unangemessene Benachteiligung des Mieters im Sinne des § 9 Abs. 2 AGBG anzusehen (dies schon deshalb, weil ein gerechtfertigtes Bedürfnis an der Haftungsbeschränkung nicht erkennbar ist), die nach § 9 Abs. 2 Satz 1 und 2 AGBG zur Unwirksamkeit der Haftungsbeschränkung führen kann. Die Folge einer etwaigen Unwirksamkeit ist die volle gesetzliche Haftung gemäß den §§ 537, 538 BGB.

Folge der Unwirksamkeit

Vermieter, die Wert auf eine wirksame **Haftungsbeschränkungsklausel** legen, sollten diese daher in jedem Fall so formulieren, daß sie nicht gilt im Falle von vorsätzlicher oder grob fahrlässiger Mangelverursachung, ferner nicht im Falle des Verzuges mit der Mängelbeseitigung. Außerdem sollte darauf geachtet werden, daß eine so eingeschränkt formulierte Haftungsbeschränkungsklausel jedenfalls insoweit nicht gilt, als der Vermieter wegen der Ansprüche des Mieters Rückgriffsansprüche gegen den Mängelverursacher hat. Dazu müßte der Vermieter dann allerdings auch offenlegen, was er mit den am Bau Beteiligten vereinbart hat, damit für den Mieter transparent ist, inwieweit die Haftung des Vermieters beschränkt ist.

Gestaltung einer wirksamen Klausel

Die Sachmängelproblematik spielt im übrigen auch eine Rolle bei der Beurteilung der Wirksamkeit von Instandsetzungsklauseln (s. dazu 3.3.3.6).

Instandsetzungsklauseln

3.3.3.5 Mietbeginn

Je früher bei einem Entwicklungsprojekt der Mietvertrag abgeschlossen wird, desto größer ist die Gefahr, daß Unsicherheiten bezüglich des Mietbeginnes bestehen. Es ist daher ein selbstverständlicher Wunsch des Projektentwicklers, den Mietbeginn zur Vermeidung von Haftungsrisiken flexibel zu halten oder, anders ausgedrückt, die Anwendung des **§ 542 BGB** in seiner vollen Schärfe durch entsprechende Vertragsgestaltung zu vermeiden. Gemäß § 542 BGB kann der Mieter den Mietvertrag **fristlos kündigen, wenn** der vertragsgemäße **Gebrauch** der Mietsache dem Mieter ganz oder teilweise **nicht rechtzeitig gewährt** oder entzogen wird **und** wenn der Vermieter eine ihm vom Mieter gesetzte **Frist** hat **verstreichen** lassen. Der Setzung der letztgenannten Frist bedarf es nicht, wenn die Erfüllung des Vertrages infolge des die Kündigung rechtfertigenden Umstandes für den Mieter kein Interesse mehr hat.

Flexibler Mietbeginn

Fristlose Kündigung durch den Mieter

Die Vorschrift des § 542 BGB ist im Wohnraummietrecht nicht abdingbar. Bei der Gewerberaummiete können abweichende Vereinbarungen abgeschlossen werden, die allerdings in Formularmietverträgen den Einschränkungen

Grenzen flexiblen Mietbeginns

unterliegen, die sich aus dem AGB-Gesetz ergeben: Einschlägig ist hier § 11 Nr. 8 AGBG und möglicherweise auch § 10 Nr. 2 AGBG, beides Vorschriften, die von der Rechtsprechung im kaufmännischen Verkehr entsprechend angewandt werden[30]). Gemäß § 11 Nr. 8 AGBG sind unwirksam Bestimmungen, durch die der Vermieter für den Fall seines Verzuges das Recht des Mieters, sich vom Vertrag zu lösen, ausschließt oder beschränkt und/oder durch die Schadenersatz wegen Verzuges ausgeschlossen wird. Gemäß § 10 Nr. 2 AGBG sind Bestimmungen unwirksam, mit denen sich eine Vertragspartei unangemessen lange oder nicht ausreichend bestimmte Nachfristen vorbehält.

Spielraum bei der Mietbeginnfestlegung

Diese Verbotsvorschriften berücksichtigend, empfiehlt es sich, bei noch nicht fertiggestellten Objekten im Mietvertrag den Mietbeginn in einem Umfang flexibel zu halten, der nicht als unangemessen großzügig angesehen werden kann. **Angemessen** dürften in aller Regel solche nicht vom Vermieter zu vertretenden Mietbeginn-Verschiebungsmöglichkeiten sein, die üblicherweise auch einen Bauunternehmer zu einer Verschiebung seines Fertigstellungstermines berechtigen[31]). Dabei empfiehlt es sich, die entsprechenden Regelungen im Mietvertrag auf diejenigen im Bauvertrag abzustimmen, um Haftungsdifferenzen zu vermeiden.

Zu vermeidende Formularklauseln

In Formularmietverträgen vermieden werden sollten in jedem Fall Klauseln, die so ausgelegt werden können, daß die Rechte des Mieters wegen Verzögerung des Mietbeginnes bzw. Verzuges auch in solchen Fällen beschnitten werden, in denen der Generalunternehmer selbst in Verzug ist und deswegen gegenüber dem Vermieter haftet. Nur mittels Individualvereinbarung können für solche Fälle Verzugsansprüche des Mieters ausgeschlossen werden (unter gleichzeitiger Abtretung der wegen des Verzuges mit der Fertigstellung des Mietgegenstandes bestehenden Ansprüchen des Vermieters gegen den im Verzug befindlichen Bauunternehmer).

3.3.3.6 Instandsetzung des Mietgegenstandes

Viele Mietverträge sehen formularmäßig vor, daß Instandsetzungsarbeiten[32]) innerhalb des Mietgegenstandes vom Mieter auszuführen sind.

Unwirksame Klauseln

Bei Neubauobjekten sind solche Klauseln in aller Regel schon deshalb eine unangemessene Benachteiligung des

[30]) Vgl. Palandt/Heinrichs, a. a. O., § 10 AGBG Rn. 12, § 11 AGBG Rn. 43.
[31]) S. z. B. § 6 Nr. 2 Abs. 1 b) und c) sowie Abs. 2 VOB/B.
[32]) Unter Instandhaltungsarbeiten wird die Ausbesserung oder Erneuerung schadhafter Teile verstanden; darunter fallen nicht die sog. Schönheitsreparaturen.

Mieters, die zur Unwirksamkeit gemäß § 9 Abs. 2 AGBG führt, weil sie ihrem Wortlaut nach nicht berücksichtigen, daß ein Instandsetzungsbedürfnis auch darauf beruhen kann, daß ein Gewährleistungsfall vorliegt, für den der Generalunternehmer, Bauunternehmer und/oder ein am Objekt beteiligter Planer haften. Kann die Instandsetzungsklausel so ausgelegt werden, daß der Mieter auch Gewährleistungsmängel instand setzen muß, dürfte ihre Unwirksamkeit gewährleistet sein, und zwar auch bei Verwendung gegenüber Vollkaufleuten.

Übernimmt der Mieter bei einem Neubauobjekt in einem Formularmietvertrag irgendwelche Instandsetzungsarbeiten, sollte deshalb im Mietvertrag ausdrücklich gesagt werden, daß diese **Verpflichtung nicht** gilt, **soweit** Instandsetzungen auszuführen sind, für die noch **Gewährleistungsansprüche** bestehen. Auch insoweit gilt, daß der Mieter über Art, Umfang und Dauer der Gewährleistungsansprüche informiert werden muß, damit Klarheit besteht, in welchem Umfange seine Haftung beschränkt ist. Anderenfalls ist damit zu rechnen, daß die entsprechende Regelung schon wegen inhaltlicher Unklarheit unwirksam ist.

Offenlegung von Gewährleistungsansprüchen

Darüber hinaus unterliegen Instandsetzungsklauseln, die die Instandsetzung des Mietgegenstandes auf den Mieter abwälzen, auch noch weiteren AGB-mäßigen Einschränkungen, die nicht nur für Neubauobjekte gültig sind. Die Meinungsäußerungen in der Literatur zu diesem Thema sind unterschiedlich. Eine eindeutige Rechtsprechung des Bundesgerichtshofes, anhand derer klar abgrenzbar wäre, was zulässig ist und was nicht, existiert noch nicht. Erkennbar ist in Rechtsprechung und Literatur die Tendenz, die dahin geht, die Zulässigkeit von Instandsetzungsüberwälzungen auf den Mieter auf Fälle zu beschränken, in denen das Instandsetzungsbedürfnis durch den Gebrauch der Mietsache durch den Mieter verursacht ist. Wer sich bezüglich der Wirksamkeit seiner Instandsetzungsklauseln sicher sein will, sollte darüber hinaus vorsorglich vorsehen, daß ein Höchstbetrag festgelegt wird, den der Mieter pro Jahr maximal für Instandsetzungsarbeiten bezahlen muß. Die weitere Entwicklung der Rechtsprechung zu diesem Thema bleibt abzuwarten. Als sicher kann derzeit jedenfalls angesehen werden, daß in Formularmietverträgen die **vollständige Überwälzung der Instandsetzung** des Mietgegenstandes auf den Mieter **unwirksam** ist.

Weitere AGB-rechtliche Einschränkungen

Instandsetzungsbedarf durch Mieter verursacht

Jahreshöchstbetrag

Wird eine Instandsetzungsklausel wegen Verstoßes gegen das AGB-Gesetz als unwirksam angesehen, gilt die gesetzliche Regelung, wonach alle Instandsetzungsarbeiten vom Vermieter auszuführen sind.

Folge der Unwirksamkeit

3.3.3.7 Rechtsfolgen der Verwendung AGB-widriger Klauseln

Abgesehen davon, daß an die Stelle einer gemäß dem AGBG unwirksamen Klausel die gesetzliche Regelung tritt, hat die Verwendung von AGB-widrigen Klauseln weitere Nachteile:

Unterlassungsansprüche

Der Verwender kann wegen Unterlassung der gegen das AGB-Gesetz verstoßenden Klausel in Anspruch genommen werden (§ 13 AGBG). Unterlassungsansprüche können auch von den in § 13 AGBG genannten Verbänden und Kammern geltend gemacht und durch Klage durchgesetzt werden.

Schadenersatzansprüche

Darüber hinaus kann die Verwendung von AGB-widrigen Klauseln eine positive Vertragsverletzung des Verwenders darstellen, die den Vertragspartner, der durch die AGB-widrige Klausel benachteiligt wird, zum Schadenersatz berechtigen kann[33]). Aufgrunddessen ist absehbar, daß die Zahl der Fälle zunehmen wird, in denen Mieter nach Ablauf von Mietverhältnissen gegenüber dem Vermieter alle diejenigen Beträge zurückfordern, die sie aufgrund AGB-widriger Klauseln im Mietvertrag (z. B. AGB-widriger Instandsetzungsklauseln) aufgewendet haben. Für die Verwender entsprechender AGB-widriger Klauseln empfiehlt es sich, entsprechende Rückstellungen zu bilden.

---

[33]) Vgl. Glatzel L./Hofmann O./Frikell E.: Unwirksame Bauvertragsklauseln nach dem AGB-Gesetz, 6. Aufl., S. 60, Vögel Verlag, Stamsried 1992.

3.3.4 Rechtsgrundlagen mit Abkürzungen

AGBG	Gesetz zur Regelung des Rechts der Allgemeinen Geschäftsbedingungen
BauR	Baurecht, Zeitschrift für das gesamte öffentliche und zivile Baurecht
BGB	Bürgerliches Gesetzbuch
BGH	Bundesgerichtshof
BGHZ	Entscheidungen des Bundesgerichtshofes in Zivilsachen
DNotZ	Deutsche Notar-Zeitung
HAltlastG	Hessisches Altlastengesetz
HOAI	Honorarordnung für Architekten und Ingenieure
KG	Kammergericht
MaBV	Makler- und Bauträgerverordnung
MittBayNot	Mitteilungen der Landesnotarkammer Bayern, der Bayerischen Notarvereinigung und der Notarkasse
MRVerbG	Mietrechtsverbesserungsgesetz (= Gesetz zur Verbesserung des Mietrechts und zur Begrenzung des Mietanstiegs sowie zur Regelung von Ingenieur- und Architektenleistungen vom 4. November 1971)
NJW	Neue Juristische Wochenschrift
OVG	Oberverwaltungsgericht
UPR	Umwelt- und Planungsrecht
VOB/B	Verdingungsordnung für Bauleistungen, Teil B
VwVfG Berlin	Verwaltungsverfahrensgesetz Berlin
WHG	Wasserhaushaltsgesetz
WM	Zeitschrift für Wohnungswirtschaft und Mietrecht
ZMR	Zeitschrift für Miet- und Raumrecht

Teil 4
Die Akteure
in der Projektentwicklung

Dr. Wolf Schriever

4.1 Projektentwicklung als kommunale Handlungsstrategie

Inhaltsverzeichnis

4.1.1 Das Verhältnis von Kommune und Bauherr bei Immobilienprojekten

Zusammenarbeit früher und heute

Die Zusammenarbeit zwischen privatwirtschaftlichem Investment und der öffentlichen Verwaltung ist nichts Neues, sie wurde zu allen Zeiten praktiziert und ist die Voraussetzung jeder städtischen Entwicklung gewesen. In unserer demokratisch-marktwirtschaftlich organisierten Gesellschaft gewinnt sie an Bedeutung, weil hier beide Partner in einer ziemlich gleichgewichtigen Arbeitsteilung aufeinander angewiesen sind. Daß für diese Zusammenarbeit die »Partnerschaft« neuerdings nahezu beschwörend betont wird, liegt nicht nur an leeren öffentlichen Kassen, sondern hängt auch damit zusammen, daß die Projekte komplexer geworden sind, daß sie viel stärker in ihr Umfeld eingebunden werden müssen und daß dieses Umfeld sensibler und wirksamer zu (re-)agieren gelernt hat. Um so mehr spüren beide Partner, wie abhängig sie voneinander sind, und sie beginnen, ihre sehr unterschiedlichen Aufgaben und Handlungsweisen zu erkennen und anzuerkennen.

Neubesinnung auf Partnerschaft

4.1.1.1 Die öffentliche Hand (Stadtverwaltung und Kommunalpolitik)

Gründe für eine öffentliche Verwaltung

Es gibt zwei Gründe, warum sich unsere auf Effektivität und marktwirtschaftliche Konkurrenz ausgerichtete Gesellschaftsordnung eine öffentliche Verwaltung leistet, obwohl sie ihr gleichzeitig Ineffektivität und bürokratische Starrheit vorwirft:

Koordinierung

- Die öffentliche Hand übernimmt die Koordinierung von Aufgaben und Leistungen, die besser gemeinschaftlich als in der Summe vieler Einzelinitiativen erbracht werden: z.B. Verkehrsanlagen, Schule und Ausbildung, soziale Transferleistungen.

Rechtssicherheit

- Die öffentliche Hand schafft Rechtssicherheit, d.h., sie stellt in Bemühungen um gerechte Abwägung institutionalisierte Kompromisse her zwischen widerstreitenden Interessengruppen und garantiert die Einhaltung dieser Kompromisse.

Die Verwaltung übernimmt die Koordinierung von Leistungen und Interessen und veranlaßt rechtsbeständige Kompromißentscheidungen. Die Politik verantwortet die Akzeptanz dieses öffentlichen Handelns. Ihr Risiko ist der eventuelle Verlust der politischen Mehrheit.

4.1.1.2 Der freie Unternehmer (Investor, Developer, Nutzer des Standortes)

Gestaltender und produzierender Unternehmer

Er gestaltet und produziert. In der marktwirtschaftlichen Konkurrenz steht er unter individuellem Erfolgszwang. Mit flexiblen Konzeptionen sucht er seine Produktivität, seine Erträge gegenüber den Kosten zu optimieren und mit leistungsfähigem Angebot die Nachfrage an sich zu binden. Unter Konkurrenzdruck muß er kreativ, flexibel und erfolgsorientiert handeln. Er allein entscheidet über den Entschluß zur Realisierung eines Projektes anhand der wirtschaftlichen Rahmen- und Standortbedingungen. Denn er allein trägt das Risiko eines wirtschaftlichen Mißerfolges.

4.1.1.3 Handlungsweisen des freien Unternehmers und der öffentlichen Hand

Projekt-gefährdung

Die Handlungsweisen und Entscheidungsprozesse beider Partner unterscheiden sich oft diametral – flexibel oder bürokratisch, verschwiegen (Firmengeheimnis) oder transparent (»pressegeil«). Selbst dann, wenn ein Projekt sowohl den Interessen des Unternehmers (aus Einschätzung des Immobilienmarktes) wie denen der öffentlichen Administration (Ziele der Stadtentwicklung) entspricht, können die Unterschiede in den Handlungsgewohnheiten und Entscheidungsabläufen beider Partner das Projekt dennoch gefährden:

Eigenverantwortung, Konkurrenz, Timing

Der Unternehmer entscheidet eigenverantwortlich für sein individuelles Bauprojekt über die Realisierung anhand der wirtschaftlichen Rahmen- und Standortbedingungen. Er plaziert sein Projekt am Markt der nachfragenden Nutzer in Konkurrenz zu anderen Unternehmen. Er wird deshalb nur die Informationen veröffentlichen, die ihm zur Werbung und Vermarktung dienen. Seine Marktanalysen und Kundenkontakte bleiben Firmengeheimnis. Der Zeitpunkt, zu dem sein Projekt an den Markt kommt, kann von entscheidender Bedeutung sein. Jede Verzögerung kostet Geld, bindet unnötig Kapital und kann Umplanungen zur Anpassung an veränderte Marktbedingungen erfordern oder das Projekt insgesamt gefährden.

Gemeinwesen, sozialer Friede Akzeptanz

Die öffentliche bzw. politische Administration koordiniert das Projekt mit den Interessen der Nachbarn und des Gemeinwesens. Sie muß für Konfliktminimierung, für den Ausgleich widerstreitender Interessen der Betroffenen sorgen. Sie muß deshalb in Bürgerversammlungen und Fachanhörungen alle Informationen und Aspekte aufnehmen, offenlegen und verarbeiten. Das erfordert transparente Veröffentlichung und viel Zeit für die begründete und rechtsbeständige Abwägung von Alternativen. Hier kostet Zeit kein Geld, aber eine übereilte Entscheidung kann das Projekt und die verantwortlichen Personen zu Fall bringen. Nicht Geld und Zeit, sondern der »soziale Friede« und politischer Erfolg stehen auf dem Spiel. Der Kommunalpolitiker verantwortet die Akzeptanz des Projektes in der gesellschaftlichen und politischen Öffentlichkeit, sein Risiko kann der Verlust der politischen Mehrheit sein.

4.1.1.4 Drei gleichermaßen wichtige Bereiche der Projektentwicklung (Abb. 4.1.1)

Aktionsfelder

Jedes größere Immobilien-Projekt muß gleichgewichtig von drei Säulen getragen werden, die im Zuge der Projektvorbereitung aufgebaut werden.

- Gestaltung: Städtebau, Architektur, Bautechnik
- Wirtschaftlichkeit: Nutzungsprogramm, Kosten, Finanzierung
- Recht und Organisation: Planungsrecht, Verträge, beteiligte Partner

Diese Aktionsfelder stehen in gegenseitiger Interdependenz. Wenn eine der Säulen kopflastig wird und die anderen nicht gleichberechtigt mitentwickelt werden, droht das Projekt zu kippen.

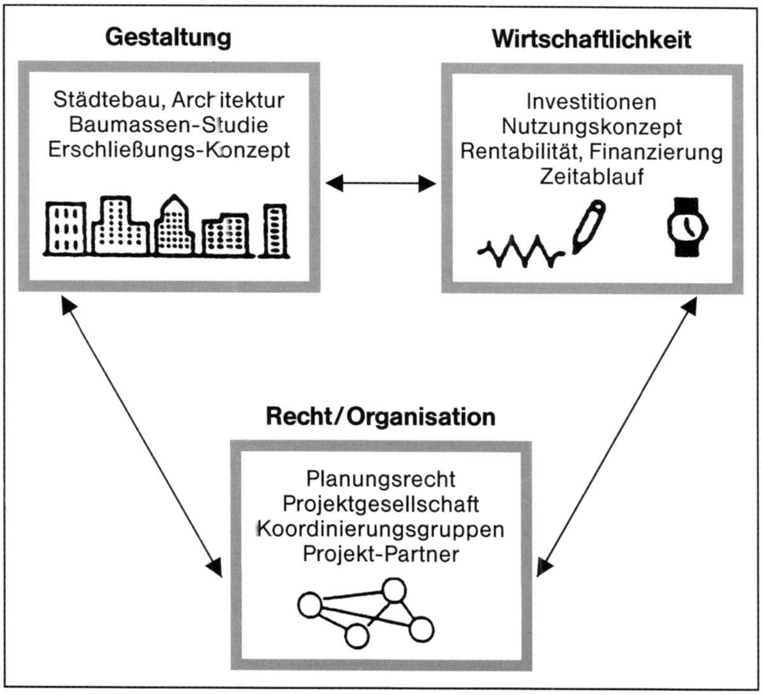

Abb. 4.1.1: Aktionsfelder der Projektentwicklung

Fehlerquelle: unabgestimmte Planungen

Zwei häufig zu beobachtende »Schieflagen«, die die Realisierung des Projektes verzögern oder auch verhindern können:

- Die Stadtplanung und Kommunalpolitik läßt ihre Ziele für die Stadtgestaltung durch einen städtebaulichen Wettbewerb ausarbeiten, in dem zukünftige Gebäude bis zum architektonischen Entwurf dargestellt werden. Durch die Veröffentlichung dieser Bilder legt sich die öffentliche Seite auf wirtschaftlich ungeprüfte Projektinhalte fest.
- Investor und Grundeigentümer konzipieren eine isoliert auf den Standort bezogene, wirtschaftlich erfolgreiche Immobilie, ohne mögliche Widerstände und Erwartungen aus der Bevölkerung und der lokalen Politik ausreichend zu berücksichtigen.

4.1.2 Rechtssicherheit durch kommunalpolitische Akzeptanz

Voraussetzung für Projekterfolg

Je weniger es in Zukunft noch gelingt, Projekte »auf der grünen Wiese« zu installieren und je mehr die interessanten Projekte innerhalb des bereits bebauten Stadtgebietes liegen und Teil eines kontinuierlichen Stadtumbaues sind, um so mehr werden die Einfügung des Projektes in die Stadtentwicklung und die Einbindung in kommunalpolitische Zielvorstellungen zur Voraussetzung des Projekterfolges.

Traditionell: Anpassung an Randbedingungen

Die traditionelle Projektentwicklung legt das Schwergewicht auf die ökonomische Durchgestaltung eines marktkonformen Konzeptes. Denn ihr notwendiges Ziel ist der wirtschaftliche Erfolg des Projektes. Normalerweise geht sie von einem gegebenen Grundstück aus: Mit den Randbedingungen Standortqualität, Planungsrecht und Preis wird anhand einer Marktanalyse ein Nutzungskonzept entwikkelt. Das Projekt führt zum Erfolg, wenn (eventuell unter Zwischeneinschaltung eines Investors) eine Gruppe von zahlungsbereiten Nutzern für das Projekt gewonnen wurde.

Grundstück → Nutzungskonzept → (Investor) → zahlungswillige Nutzer

Heute: Korrektur der Randbedingungen

Bei den heutigen komplexeren Projekten wird man nur in seltenen Fällen Planungsrecht und Standortqualitäten als gegebene Randbedingungen hinnehmen wollen und das Projekt daran anpassen. Vielmehr besteht die Kunst der Projektentwicklung darin, diese Eigenschaften zu korrigieren und auf das Projekt hin zu optimieren.

Ökonomische, soziale, ökologische Orientierung

Besonders in den regionalen Ballungsräumen haben Verstädterung und Nutzungsdichte eine zunehmende sozialpolitische und ökologische Sensibilität in der Bevölkerung hervorgerufen, die deutliche politische Reaktionen ausgelöst hat. Daher muß das Nutzungskonzept eines Projektes heute nicht nur ökonomischen, sondern gleichermaßen sozialen und ökologischen Bedingungen entsprechen, um eine in der Kommunalpolitik mehrheitlich mitgetragene Lösung anzubieten.

Dabei wird neben den ökonomisch orientierten Verhandlungen eine Zusammenarbeit mit der Öffentlichkeit erforderlich (Verwaltung, Politiker, Bevölkerung).

Nutzungskonzept → erforderliches Standortprofil → Zusammenarbeit mit der Öffentlichkeit → kommunalpolitische Akzeptanz

Als Aufgabe der Projektentwicklung tritt also neben die Sicherung der ökonomischen Tragfähigkeit gleichberechtigt die Sicherung der Akzeptanz des Projektes in der Öffentlichkeit.

4.1.3 Kommunalpolitische Anforderungen und Rahmenbedingungen für Immobilienprojekte der Zukunft

Im Gegensatz zu den zyklisch wiederkehrenden Boomphasen der 60er, 70er und 80er Jahre, in denen sich auch an komplizierteren Standorten die Entwicklung großer Projekte immer wieder erfolgreich durchsetzen ließ, haben sich inzwischen die Handlungsrahmen der Kommunalpolitik und damit die Mitwirkungsmöglichkeiten der öffentlichen Hand in der Entwicklung großer Immobilienprojekte wesentlich verändert:

Angespannte Finanzlage

Zum einen ist die Finanzlage der meisten Kommunen derart angespannt, daß ihnen Vorleistungen zur Erschließung und Ankurbelung von Standorten kaum noch möglich sind. Zunehmend werden deshalb finanzielle Vorleistungen vom Investor erwartet.

Emotionalisierung der kommunalen Politik

Zum anderen hat die Emotionalisierung der kommunalen Politik weiter zugenommen, und an die Stelle früherer Hoffnungen auf Fortschritt und moderne Zukunft sind häufig die Angst vor Veränderung und die Sehnsucht nach der heilen Vergangenheit getreten. Dabei muß sich die Kommunalpolitik sehr viel schneller und direkter mit den Wünschen und Ängsten der Bevölkerung auseinandersetzen als die Politiker auf Landes- und Bundesebene. Denn die Basis der politischen Parteien genauso wie Bürgerinitiativen haben jederzeit Zugriff auf die wortführenden Politiker, die sich ihnen stellen müssen.

Meinungsführer

Diese Trends werden – kurzzeitig unterbrochen oder abgemildert durch den Vereinigungsboom und den Nachholbedarf der ostdeutschen Städte – weiter anhalten. Für den Projektentwickler und Immobilieninvestor wird es immer wichtiger, sich auf die Bewußtseins-, Meinungs- und Stimmungsbildung innerhalb der örtlichen Bevölkerung einzustellen und sich die daraus resultierenden Handlungszwänge der demokratisch gewählten Politiker zu vergegenwärtigen.

Parameter der forcierten Entwicklung

Die Steuerung einer dynamischen Region, in der vielfache Entwicklungsimpulse wirken und konfliktreiche Spannungen hervorrufen, überfordert bereits die Möglichkeiten des eingespielten Instrumentariums kommunaler Verwaltungen und demokratischer Politik. Diese forcierte Entwicklung kann durch mehrere Parameter gekennzeichnet werden:

Die Unterschiede zwischen sozialen Gruppen oder Schichten nehmen auf vielen Gebieten zu.

Spreizung des materiellen Wohlstandes

Das beginnt mit der Spreizung des materiellen Wohlstandes in der Gesellschaft auf insgesamt hohem Durchschnittsniveau. Nicht nur die Einkommen, sondern zunehmend die Vermögen bestimmen den Wohlstand. Die Vermögensbildung beginnt, die soziale Schichtung und Disparität zu prägen.

Spreizung der Bewußtseinsinhalte

Hinzu tritt eine Spreizung der Bewußtseinsinhalte. Die Kenntnis der realen Umwelt und ihrer Wirkungsmechanismen und die Möglichkeit zur rationalen Verarbeitung sind in der Bevölkerung sehr unterschiedlich ausgebildet. Die Mediengesellschaft bringt zwar die theoretische Möglichkeit, über alles genauestens informiert zu sein. Tatsächlich wird aber das gleichzeitig bestehende Angebot zum Konsum von vereinfachten oder tendenziösen Scheinwelten aufgegriffen, das als eine zusätzliche Abkehr von der Wahrnehmung der Realitäten wirkt.

Vereinfachung politischer Zielaussagen

Von der gesellschaftlichen Umwelt und den Problemlagen besteht im Bewußtsein kein einheitliches Bild mehr, innerhalb dessen politischer Konsens gesucht und erreicht werden könnte. Die unterschiedlichen Bewußtseinsstände beim Wähler führen zum Zwang der Vereinfachung in den politischen Zielaussagen und Versprechungen. Das der Demokratie zugrundeliegende Bilde vom mündigen und entscheidungsfähigen Bürger ist auch in der Kommunalpolitik zweifelhaft geworden.

Der Wandel beschleunigt sich, das führt zur Überforderung bei der Wahrnehmung und den Anpassungsleistungen

Tendenz zum Konservatismus

Es bildet sich Angst vor jeder Veränderung. Begründbare rationale Ängste vor Umwelt- und Gesundheitsschäden, Arbeitsplatzverlust usw. infolge technischer Entwicklung und Ressourcenausbeutung und vor der Nichtbeherrschbarkeit gesellschaftlichen Zusammenlebens (Kriminalität/Bürgerkrieg/Weltkrieg) überlagern sich mit irrationalen Ängsten vor Veränderungen und dem Verlust von »Heimat«. Der Fortschritt erscheint als Feind: »Geld«, »Beton«, »die Politik« werden zu Sinnbildern der Bedrohung. In den gesellschaftlichen und politischen Organisationen verstärken sich konservatives Verhalten und reaktionäre (Wunsch-)Ziele.

Multiminded Society

Die Intelligenz rettet sich in die »multiminded society«: In unterschiedlichen Themenbereichen handeln dieselben Personen nach unterschiedlichen Bewußtseinslagen. Die sich widersprechenden Weltbilder und Einsichten werden durch selektives oder konsekutives Ausblenden von

Bewußtsein zu einer scheinbaren Vereinbarkeit gebracht. Typische Beispiele sind anzutreffen in der Wohnungspolitik, der Verkehrspolitik und der Umweltpolitik.

Politische Gegenkräfte formieren sich als Reaktion auf die Wirtschaftsentwicklung

Umstrukturierungsprozesse

Die regionale Wirtschaft wird ihre zukünftige Leistungs- und Konkurrenzfähigkeit in teilweise schmerzhaften Umstrukturierungsprozessen sicherstellen, die sich trotz hinhaltenden Gegensteuerns der örtlichen Politik weiterhin realisieren und durchsetzen werden. Sie sind gekennzeichnet von

Trends

den Trends, die in allen Wirtschaftsräumen auf hohem Kostenniveau und mit dem Zwang zu entsprechend hoher Produktivität wirken: steigende Qualifikationsanforderungen an die Beschäftigten, steigende internationale Vernetzung, beschleunigt ablaufende Produktzyklen, kreative Flexibilität anstelle erstarrter Routinetätigkeit. Deshalb neh-

Investitionen

men die Investitionen in menschliches Kapital (»human capital«) an Bedeutung zu gegenüber den Investitionen in Anlagen und Gebäude (»footloose industries«).

Die beschleunigte Modernisierung und Umstrukturierung der Wirtschaft und Arbeitswelt bringt Brüche und Pressionen, die kommunalpolitisch schwer zu verkraften sind. Die steigenden Kosten für Wohnen und viele Dienste des täglichen Lebens, die Konzentration der Büroarbeitsplätze, die zugleich so augenfällig den Vormarsch der Hochqualifizier-

Gegenkräfte

ten symbolisiert, löst auch Gegenkräfte aus. Von manchen Arbeitnehmern wird die Bedrohung ihres gegenwärtigen Arbeitsplatzes auch der Tertiarisierung (der »Büromonostruktur«) angelastet, und sie erleben den Ausbau der zukunftssicheren Wirtschaftsunternehmen als Bedrohung und Vertreibung ihrer angestammten Arbeitsumwelt.

Artikulierung von Unzufriedenheit in allen Schichten

Wer artikuliert sich politisch dafür oder dagegen? Der Wunsch der Bevölkerung »Schluß mit der Entwicklung! Es ist genug mit den Veränderungen, die uns Schwierigkeiten bereiten!« wird inzwischen in fast allen kommunalpolitischen Parteiprogrammen berücksichtigt. Er geht nicht allein nur von den Menschen und Bevölkerungsschichten aus, die sich aufgrund steigender Mieten oder aufgrund neuer Anforderungen am Arbeitsplatz in ihrer angestammten Lebensumgebung bedroht fühlen. Sondern es besteht ein unausgesprochener Widerspruch auch bei den einkommensstarken Gruppen: Einerseits wird erhöhte Lebensqualität gefordert (Erhalt der vertrauten Stadtumgebung, Einschränkung des Verkehrs usw.), andererseits sollen die Einkommen sicher sein und steigen. Diese Bevölkerung müßte also Modernisierung und Strukturwandel der Wirtschaft fordern. Für die breite Schicht der gut ausgebildeten Beschäftigten ist der sichere Arbeitsplatz in der Vergangenheit aber derart zur Selbstverständlichkeit geworden, daß sie ihre Protesthaltung gegen »die Zerstörung des Althergebrachten«, gegen neue Bürobauten und Straßenverkehr nicht mit ihrer eigenen ökonomischen Zukunft in Verbindung bringen.

Ausrichtung der Kommunalpolitik auf das allgemeine Bewußtsein

Die Handlungsweisen einer demokratisch verfaßten Kommunalpolitik müssen sich notgedrungen am subjektiven Bewußtsein und Problemverständnis einer Mehrheit der Bevölkerung ausrichten. Wenn deren Bewußtsein in Teilen die Realität auszublenden beginnt und wenn das Problemverständnis nicht mehr ausreicht, um die Wirkungskomplexität innerhalb der Gesellschaft und im Verhältnis Mensch – Wirtschaft – Natur zu bearbeiten, wird sich die Kommunalpolitik von der sachorientierten Argumentation fortentwikkeln hin zu Wunschdenken, vereinfachten emotionalisierten Versprechungen und ideologischen Richtungskonflikten.

Sympathiewerbung des Projektentwicklers

Die rückläufige politische Fähigkeit, die aufgrund komplexer Anpassungsprozesse anstehenden Probleme sachgerecht anzugehen, stellt die Immobilienbranche vor neue, bisher nur in Ansätzen wahrgenommene Aufgaben: Der Projektentwickler selbst muß durch Sympathiewerbung für sein Projekt in der Bevölkerung die kommunalpolitische Absicherung des Projektes herbeiführen. Sympathie erzeugen heißt positive Emotionen an das Projekt binden und Angebote zur Identifikation machen (»wir in unserem neuen Stadtteil«, »unser Hochhaus-Restaurant«) und reicht weit über sachliche Argumentation hinaus.

4.1.4 Privater Investitionsbedarf für die Stadtentwicklung

Die zunehmende Abhängigkeit privatwirtschaftlicher Immobilien-Projekte von ihrer gesellschaftlich-politischen Beurteilung ist jedoch keine Einbahnstraße. Auch die Kommunalpolitik wird sich bewußt, daß die Stadtentwicklung und gesellschaftliche Stabilität von der Mitwirkung privater Investoren abhängig ist und getragen wird.

Zwei unterschiedliche Ebenen der privatwirtschaftlichen Mitwirkung kommen zum Tragen

Finanzierung öffentlicher Einrichtungen

- Die privatwirtschaftliche Finanzierung öffentlicher Einrichtungen bzw. die Privatisierung öffentlicher Leistungs- und Versorgungsbereiche, ausgelöst durch die Finanzenge der öffentlichen Hand und die ungenügende Wettbewerbsfähigkeit bürokratisch geführter Strukturen.

Beispiele sind Mietkaufmodelle für öffentliche Gebäude (Schulen, Kindertagesstätten), privatwirtschaftlich organisierte Müllabfuhr, Buslinien und Kläranlagen als private Einrichtungen (über Gebühren finanziert), Autobahnen und andere Verkehrsbauwerke mit Maut-Abgaben.

Verbesserung der Standort-Qualität

- Die Verbesserung der Standort-Qualität, für die ein Vorsprung in der *interkommunalen Konkurrenz* durch hervorstechende private Bauprojekte angestrebt wird. Inzwischen wird auch kommunalpolitisch die Erkenntnis wirksam: »Objekte machen Standorte«.

4.1.4.1 Zur Beurteilung und Bewertung von Standort-Qualitäten

Rückzug aus der Produktion

Die Wertschöpfung in der modernen Industriegesellschaft zieht sich aus der Produktion zurück, so wie sie bereits in den zurückliegenden Jahrzehnten sich aus der Landwirtschaft zurückgezogen hatte. In beiden Bereichen werden mit immer weniger Arbeitseinsatz immer mehr Produkte erzeugt werden. Generell bleiben in der Produktion immer weniger Arbeitskräfte beschäftigt, aber ein hoher Arbeitseinsatz ist erforderlich, um die Produktion vorzubereiten, die Produktionsanlagen zu schaffen und um die Produkte zu vermarkten. Diese Leistungen finden überwiegend in Büros statt und können auch räumlich abseits der eigentlichen Produktion geschehen. So wurden Anfang der 90er Jahre in Frankfurt in der Industriestatistik noch reichlich 100.000 Beschäftigte geführt, davon sind aber nur noch etwa 25.000 in der Produktion tätig, die übrigen sind in den Bereichen, die der Produktion vor- oder nachgelagert sind, beschäftigt.

»Weiche« Standortfaktoren

Für die Entwicklung und Zufriedenheit der örtlichen Wirtschaft und Bevölkerung gewinnen daher die »weichen« Standortfaktoren an Bedeutung gegenüber den »harten«. Wichtig sind heute Identifikation mit der Heimatgemeinde, gesellschaftliche Integration und Anerkennung; sie gehören im weiteren Sinne zur Lebensqualität des Standortes, die ansonsten durch Wohnqualität, Erlebnisqualität der Zentren, Gestaltungsqualität des öffentlichen Raumes, Freizeitangebote, Kulturangebote usw. geprägt wird.

Strukturwandel

Die Betonung der immateriellen, weichen Faktoren entspricht dem gegenwärtig ablaufenden Strukturwandel in Wirtschaft und Gesellschaft der führenden Industrienationen, der gekennzeichnet ist durch eine Gewichtsverschiebung »von der Hardware zur Software«. Blaupausen statt Grundstoff- und Standardproduktion. Die automatisierte Produktion von Standardartikeln setzt Arbeitskräfte frei, während die kompliziert vernetzten gesellschaftlichen Abläufe eine Ausweitung des Steuerungspotentials erfordern. Unter »Kulturlandschaft« wird nicht mehr Agrarlandschaft, sondern Medienlandschaft verstanden. Produktivität und Rentabilität werden immer weniger durch Investitionen in Beton und Stahl, sondern durch Investitionen in Know-how erreicht (human-capital-investment).

Investitionen in Know-how

Wirtschaftliche Strukturbrüche, Arbeitslosigkeit und Betriebsverlagerungen sind als Bedrohung im kommunalpolitischen Bewußtsein neben die ökologische und soziale Sensibilität getreten. Die Städte wissen inzwischen, was sie den »footloose industries« und ihren qualifizierten Mitarbeitern bieten müssen, um sie an den Ort zu binden. Herausragende Bauprojekte als Marksteine der Stadtgestaltung, als Identifikationsbildner und zur Selbstdarstellung des kommunalen Standards werden deshalb kommunalpolitisch hoch bewertet.

Bauprojekte als Marksteine der Stadtgestaltung

4.1.4.2 Projektentwicklung und -durchführung in Public Private Partnership

Ergänzungsmaßnahmen zum Projekt

Da viele große Projekte in ihrer Durchführung einem Stadtumbau gleichkommen, ist ein weiteres Ziel der kommunalen Politik und Verwaltung, daß ein privatwirtschaftlicher Investor für ein großes Projekt, das er in der Stadt realisieren will, auch die mit dem Projekt zusammenhängenden Ergänzungsmaßnahmen übernimmt. Dazu wird vom Investor erwartet

- der Einsatz von Finanzmitteln und die (zumindest teilweise) Kostenübernahme für kommunale Bauten und Erschließung sowie
- der Einsatz von Know-how in der Projektentwicklung und Projektsteuerung, also von qualifiziertem Fachpersonal.

Angespannte Finanzlage erfordert private Investitionen

Die deutsche Vereinigung verstärkte diese Notwendigkeit: Auch die kommunale Ebene ist in den kommenden Jahren von der angespannten Finanzlage stark betroffen. Die öffentlichen Mittel werden nicht mehr ausreichen, um über die sozialen und Pflichtaufgaben hinaus Stadtentwicklung zu betreiben. Die Konkurrenz zwischen den zentralen Standorten um stadtgestaltende Investitionen ist bei rückläufiger Konjunktur sehr viel härter geworden. In der »Oberliga« der bedeutenden Zentren Deutschlands ist Berlin mit neuen Funktionen hinzugekommen, künftig werden Leipzig oder Dresden folgen.

Die Funktion und Entwicklung der Stadt wird noch stärker als in der Vergangenheit überwiegend vom privaten Kapital getragen werden müssen, d.h. vom oberen gut verdienenden Drittel der Einwohner und Betriebe. Nur wenn diese Personen für die Stadt interessiert bleiben, wird es finanziellen Handlungsspielraum für städtische Entwicklungspolitik geben.

4.1.5 Die Beteiligung der öffentlichen Hand an Projektentwicklungen

Private Projekte

Die Mehrzahl aller Bauprojekte wird immer noch nach der traditionellen Arbeits- und Zuständigkeitsteilung abgewikkelt:

Auf der einen Seite gibt es die privaten Bauprojekte, die in privater Bauherrenschaft geplant und durchgeführt werden und an denen die öffentliche Hand nur in ihrer hoheitlichen Aufsichts- und Genehmigungsfunktion beteiligt ist.

Öffentliche Projekte

Auf der anderen Seite werden öffentliche Projekte in Bauherrenschaft der Gebietskörperschaften durchgeführt, die Abwicklung erfolgt durch die technischen Bauämter, die Finanzierung aus den Fachhaushalten der Ressorts. Private Planungsbüros und die Bauwirtschaft wirken nur als beauftragte Ausführungsunternehmen mit.

Arbeitsteilige Zusammenarbeit

Wertsteigerung des Standortes

Insbesondere bei großen und für die Stadtentwicklung bedeutsamen Projekten bilden sich jedoch Formen der intensiveren arbeitsteiligen Zusammenarbeit heraus. Durch frühzeitiges Zusammenführen der speziellen Fähigkeiten beider Seiten und durch Offenlegung der beiderseitigen Ansprüche an das Projekt soll die zunehmende Komplexität der Projekte besser bewältigt werden und der ausufernde Zeitrahmen, der zur Vorbereitung und Entwicklung solcher Projekte erforderlich ist, wieder überschaubar und kalkulierbar gemacht werden. Dabei spielt auch die Verteilung von planungsbedingten Wertsteigerungen des Standortes (Planungswert-Abschöpfung) eine Rolle. Soweit der Wertzuwachs von Grundstücken durch öffentliche Maßnahmen der Stadtplanung und Stadtentwicklung entstanden ist, erscheint der öffentliche Anspruch gerechtfertigt, diesen wenigstens teilweise in die öffentlichen Kassen zurückzulenken (Abb. 4.1.2).

Modelle der Zusammenarbeit

Für die Zusammenarbeit zwischen Kommune und privaten Investoren haben sich zwei prinzipiell unterschiedliche Wege herausgebildet, zwei Modelle, zwischen denen es viele individuelle Misch- und Übergangsformen gibt:

Privatrechtliche Vereinbarung

- Die frei ausgehandelte und durch privatrechtliche Vereinbarung vertraglich fixierte Zusammenarbeit zwischen Kommune und Investor (Public Private Partnership). Gemeinsame (Stadt- und) Projektentwicklung von Kommune und privaten Investoren, dabei Übernahme öffentlicher Leistungen ganz oder teilweise durch Investitionen innerhalb des Projektes (z. B. Erschließung, soziale Infrastrukturbauten, öffentliche Freiflächen, Altlastensanierung). Gemeinsame Definition der Projektinhalte und

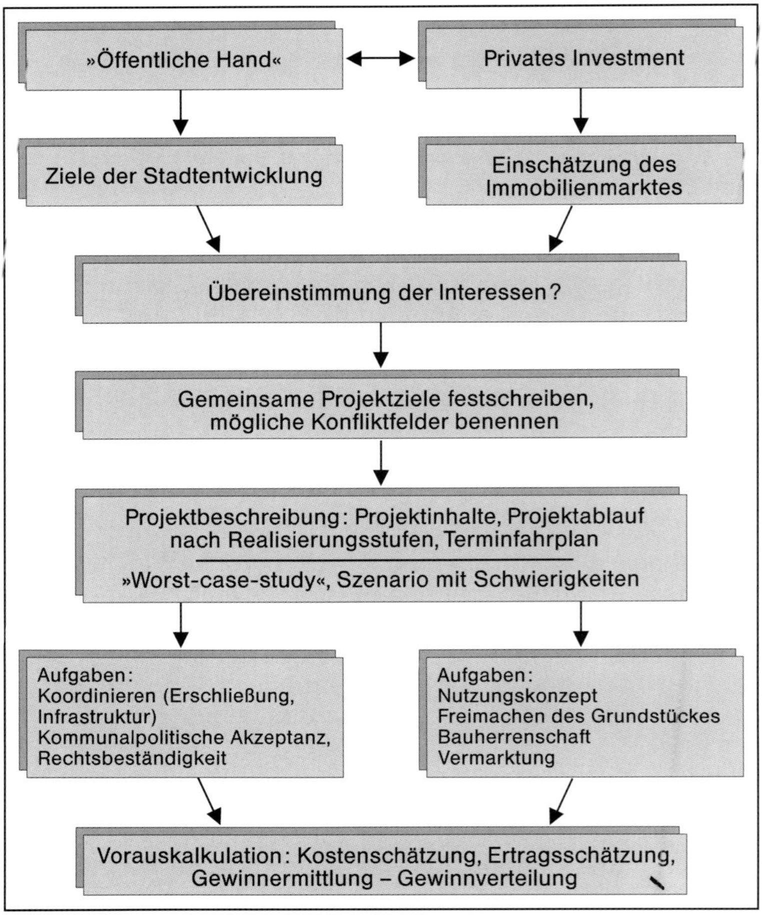

Abb. 4.1.2: Die Beteiligung der öffentlichen Hand

-ziele unter Abwägung der beiderseitigen Interessen. Gegenseitige arbeitsteilige Abgrenzung der Aufgaben, Vereinbarung über die Verteilung von Kosten, Erträgen und Risiken. Gegenseitige Verpflichtung zur Realisierung: Der private Investor garantiert die Baufertigstellung der abgesprochenen Planung und ein Nutzungs- und Betreiberkonzept; die Kommune garantiert Baurechte und Erschließung nach abgesprochenem Terminplan.

Entwicklungs- oder Sanierungsmaßnahme nach BauGB

- Die städtebauliche Entwicklungsmaßnahme (oder Sanierungsmaßnahme) nach Baugesetzbuch. Durch kommunalpolitisch beschlossene Satzung, der umfangreiche Untersuchungen und Zielabwägungen vorauszugehen haben, wird ein Projekt als Entwicklungsbereich räumlich und in den Entwicklungszielen und -inhalten festgeschrieben. Private Grundeigentümer und Investoren sind an diese Festsetzungen gebunden.

Ihnen wird eine Mitfinanzierung der öffentlichen Leistungen an der Entwicklung abverlangt (»Abschöpfung der planungsbedingten Bodenwertsteigerung«). Die Verwaltungsaufgabe der Kommune wird durch einen Entwicklungsträger übernommen, der im Dienstleistungsverhältnis treuhänderisch für die Kommune tätig ist. Er soll alle Grundstücke zu behördlich festgesetzten »Anfangswerten« aufkaufen (was praktisch einer Enteignung gleichkommt), alle öffentlichen Maßnahmen der Neugliederung und Erschließung durchführen und dann die baureif erschlossenen Grundstücke zum Marktwert an private Bauherren veräußern mit der Verpflichtung, planungskonform die Bebauung durchzuführen. Aus dem Überschuß zwischen Grundstücksan- und -verkauf soll der Entwicklungsträger die öffentlichen Investitionen finanzieren.

Entwicklungsträger

Finanzierung öffentlicher Investitionen

In beiden Fällen kann die Kommunalpolitik der Versuchung erliegen, das Projekt derart mit Wünschen und Auflagen zugunsten der Allgemeinheit zu überfrachten, daß die abschöpfbare Wertsteigerung der privat genutzten Anteile am Projekt nicht mehr ausreicht, um die öffentlichen Einrichtungen und Aufgaben mitzufinanzieren.

Gefahr der Einseitigkeit

4.1.6 Public Private Partnership

Definition

Public Private Partnership ist ein dem individuellen Projekt angemessenes verabredetes Verfahren, wie die notwendige Aufgaben- und Risikoverteilung in gegenseitigem Vertrauen und gegenseitiger Hilfestellung möglichst zielführend und reibungsfrei organisiert werden kann. Damit kann es beiden Partnern gelingen, in Kenntnis der Denkweise des anderen und mit Verständnis für seine Entscheidungszwänge die Unterschiede in der Handlungsweise zu überbrücken. Die Vereinbarungen werden bei Beginn der Projektentwicklung vertraglich festgeschrieben. Einige Regeln für erfolgreiche Public Private Partnership lassen sich nennen:

Regeln

Interessendeckung

- Durch das Projekt müssen öffentliche und privatwirtschaftliche Interessen zur Deckung gebracht werden. Beide Partner müssen am Beginn des Projektes ihre Interessen schonungslos offenlegen und gemeinsam prüfen, ob Kompromisse zu einem schließlichen Konsens möglich sind. Zu diesem Konsens müssen beide Partner dann zuverlässig stehen.

Kompetente und verantwortliche Verhandlungsführer

- Beide Partner müssen in den gemeinsamen Verhandlungen durch Personen vertreten sein, die auf ihrer Seite möglichst für die gesamte Projektdauer persönlich für die Durchführung des Projektes verantwortlich sind und die mit der erforderlichen Kompetenz zur Entscheidung ausgestattet sind.

Direktes Gespräch statt öffentlichen Streits

- Es wird vereinbart, daß im Lauf des Verfahrens auftretende Gegensätze und Konflikte im direkten Gespräch der Partner geklärt werden und daß dabei jede Argumentation in der Öffentlichkeit, die den Partner unter Druck setzen soll, unterbleibt. Das heißt nicht Verzicht auf die so notwendige öffentliche Information, aber Abkehr von Streit in den Medien und von publizistischen Alleingängen.

Fachlich versierte Vermittler

- Da häufig weder der Unternehmer noch die Verwaltung geübt und erfahren ist, die Sprache und Denkweise des anderen Partners zu verstehen, hat es sich bewährt, als dritten Partner einen fachlich versierten Vermittler hinzuzuziehen, der unternehmerische Flexibilität mit Bürokratieerfahrung verbindet, und ihn mit der Koordinierungsarbeit zu beauftragen.

Diese partnerschaftliche Zusammenarbeit bewirkt zugleich die Optimierung der Leistungsfähigkeit und Produktivität unseres Wirtschafts- und Gesellschaftssystems.

Aufgabenverteilung entsprechend der Qualifikation

Jeder Partner übernimmt verantwortlich und in Abstimmung den Part der Aufgabe, für den er durch seine Handlungs- und Entscheidungsstruktur und personellen Qualifikation besser gerüstet ist. Wenn zu viel Verantwortung und Entscheidung über die Wirtschaftlichkeit in die Hand der öffentlichen Administration gelegt wird, sinkt die Produktivität auf das Niveau der »staatlichen Kommandowirtschaft«. Aber auch umgekehrt, wenn die öffentliche Hand geschwächt und behindert wird, einen (rechts-)beständigen Ausgleich als sichere Basis individuellen Handelns herzustellen, zerbricht die Leistungsfähigkeit des Wirtschaftssystems.

Beteiligung der öffentlichen Hand an der Wertsteigerung

Daß dabei auch Wege gefunden werden, wie der Öffentlichkeit (Stadt, Gemeinde) ein Teil ihrer Kosten für die Stadtentwicklung aus dem Projekt erstattet werden kann durch anteilige Beteiligung an der Wertsteigerung des Standortes, ist ein Produkt der Konsensbildung. Da die Rahmenbedingungen der Stadtentwicklung mit öffentlichem Geld geschaffen werden, ist die Kostenerstattung gerechtfertigt. Wer Public Private Partnership diffamiert als den plumpen Versuch der öffentlichen Hand, »nun auch einmal zu spekulieren«, der verkennt, daß die öffentliche Hand gerade dann, wenn sie nicht die Kosten- und Ertragslage der Stadtentwicklung offenlegt und überprüfbar gestaltet, das Projekt politisch gefährden würde.

Beispiel Frankfurt

Beispiel: Westhafen Frankfurt am Main (Abb. 4.1.3)

In Frankfurt ging die Initiative zur Durchsetzung großer Einzelprojekte in der Vergangenheit zumeist vom Nachfragedruck der Investoren aus. Sie mußten anschließend durch öffentliche Ordnungsmaßnahmen in den Stadtzusammenhang eingepaßt werden. Erst in jüngerer Zeit hat die Stadt – gedrängt durch die Aufgabe, den Wohnungsbau in der Stadt zu intensivieren – die Initiative für die Definition neuer Projekte zur Stadtentwicklung übernommen. Unter mehreren innenstadtnahen Projekten ist der Umbau des Westhafens wohl die komplexeste und wirtschaftlich schwierigste Aufgabe.

Ausgangslage

Der alte innenstadtnahe Flußhafen mit einer Fläche von 125.000 m^2 ist städtisches Eigentum, ist als Gewerbefläche bebaut und genutzt mit vielfältigen Pachtverträgen (teilweise privateigene Gebäude auf Erbpacht). Er fungiert als Rangierbahnhof zur Versorgung des benachbarten städtischen Kraftwerkes (Abb. 4.1.4).

Planungsziel

Vorgesehen sind 120.000 m^2 Bruttogeschoßfläche Wohnungen und 120.000 m^2 Bruttogeschoßfläche für Büros und Gewerbe in einer der Innenstadtlage entsprechenden dich-

Abb. 4.1.3: Westhafen Frankfurt am Main

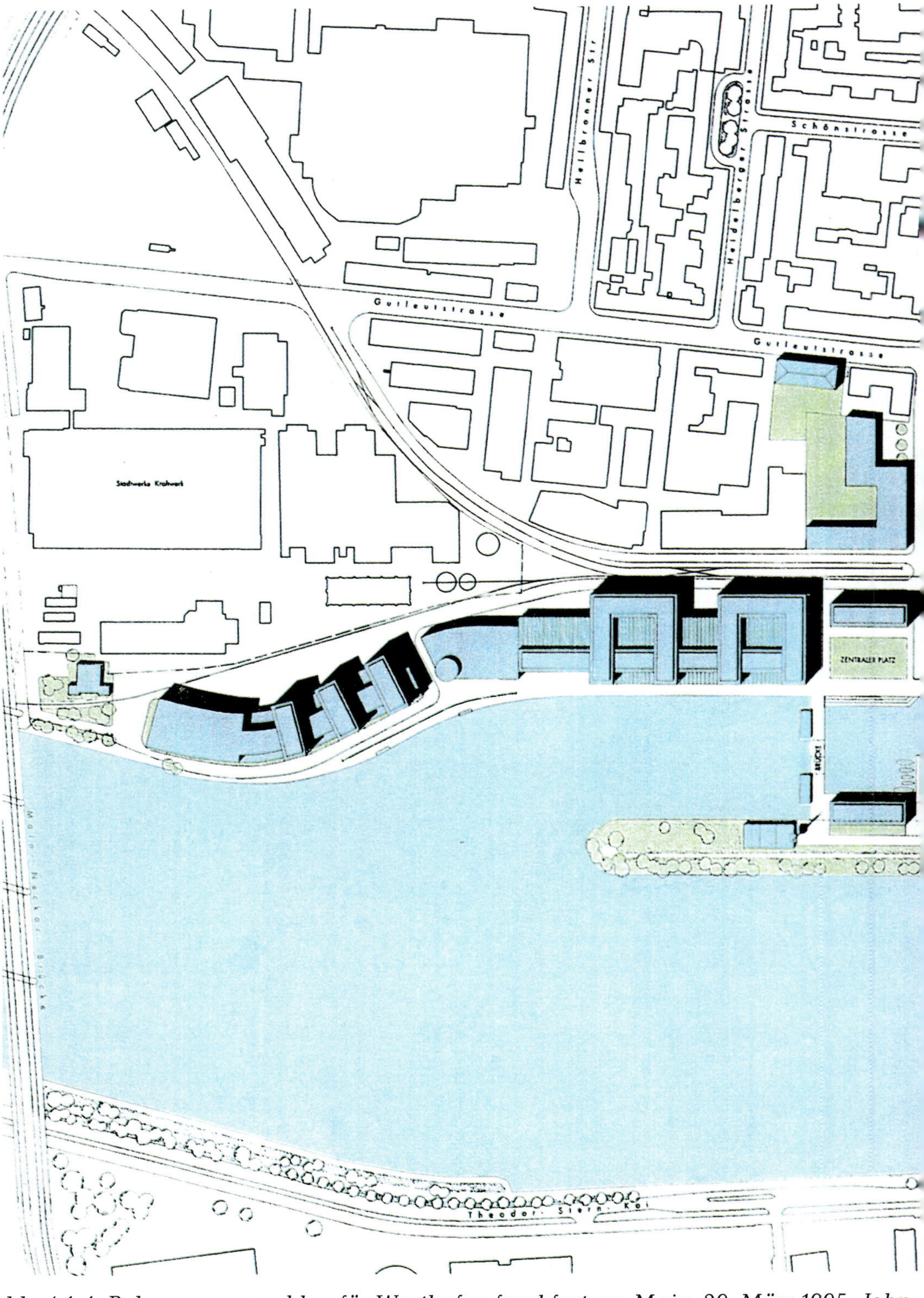

Abb. 4.1.4: Bebauungsvorschlag für Westhafen frankfurt am Main, 29. März 1995, John

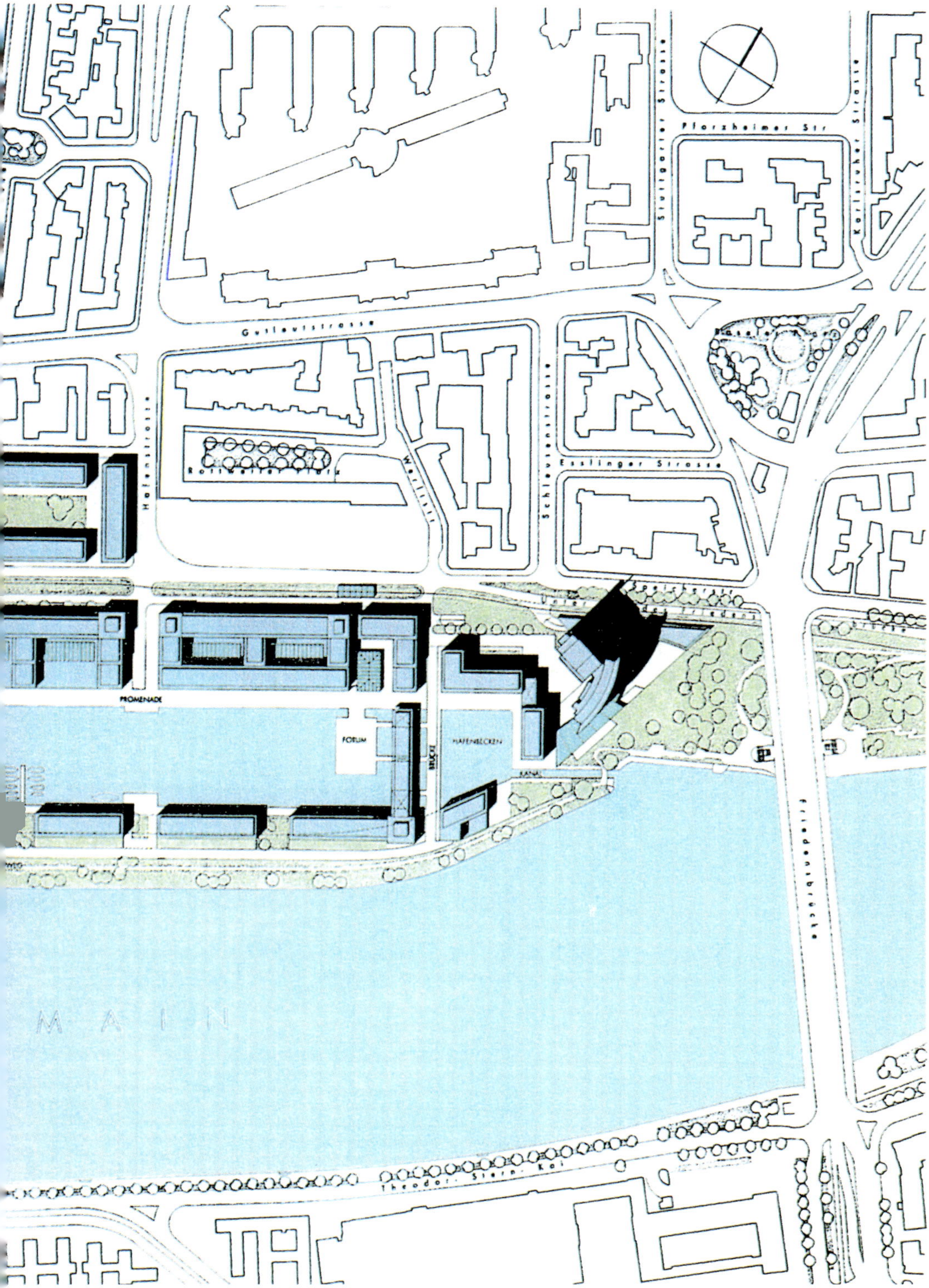
Pforzheimer Str
Stuttgarter Strasse
Karlsruher Strasse
Gutleutstrasse
Hafenstrasse
Rottweiler Platz
Schleusenstrasse
Esslinger Strasse
PROMENADE
FORUM
HAFENBECKEN
KANAL
Friedensbrücke
M A I N
Theodor-Stern-Kai

RCHITECTS

ten Bebauung, ein städtisches Wohnviertel am Main in Verbindung zum Gutleut-Viertel (soeben saniertes Gründerzeitwohngebiet). Bürobauten sollen die ökonomische Tragfähigkeit des Projektes absichern. Einige der heutigen Nutzerfirmen mit Servicefunktion für die Innenstadt sollen in die neue Baustruktur übernommen werden.

Verfahren

Hauptsächlich wegen der vielfältigen bestehenden und vertraglich gesicherten Nutzungen des Geländes möchte die Stadt die Entwicklung und Realisierung des Projektes einem privaten Investor übertragen, dabei aber an der Zielsteuerung und am Ertrag des Projektes beteiligt sein. Drei in einem mehrstufigen transparenten Auswahlverfahren bestimmte Entwickler- und Investorengruppen fertigen im städtischen Auftrag je eine Projektstudie zum Nachweis der wirtschaftlichen und städtebaulichen Durchführbarkeit an. Die daraus ausgewählte und vom Stadtparlament bestätigte Studie wird zugleich inhaltliche Vorgabe für ein Bebauungsplan-Verfahren und Vertragsbasis für eine Partnerschaft zwischen Stadt und Investor zur Projektrealisierung.

Organisation

Die Grundstücke werden von der Stadt an die Investorengruppe verkauft, Kaufpreis ist der gegenwärtige Ertragswert des Grundstückes zuzüglich der Hälfte der Wertsteigerung, die im Zuge der Entwicklung realisiert wird. Eine 50%-50%-Entwicklungs-GmbH beider Partner wird gegründet, deren Management vom Investor gestellt wird (Abb. 4.1.5).

Probleme durch Verzögerungen

Das gestufte Auswahlverfahren eines privatwirtschaftlichen Partners war darauf angelegt, möglichst frühzeitig im Dialog zwischen Stadt und Investitionswirtschaft die Eckwerte für ein ökonomisch und kommunalpolitisch durchsetzbares Projekt zu bestimmen. Da stadtseits nicht rechtzeitig alle Randbedingungen zur zulässigen Bebauung des Westhafens vorgeklärt werden konnten, bleiben auch die ökonomischen Angebote der Investoren unscharf. In langen Verhandlungen zwischen der dennoch ausgewählten Investorengruppe und der Stadt mußten beide Seiten ihre Positionen präzisieren. Diese langwierige Nachverhandlung brachte die Gefahr, daß sich das in der Vergangenheit für das Projekt günstige Konjunkturfenster inzwischen schließt. Das zwischenzeitliche Ausscheiden eines Partners auf der Investorenseite belegt die unterschiedliche Toleranz gegenüber Verzögerungen. Es scheint jedoch gelungen zu sein, einen neuen Partner in das Projekt zu integrieren, so daß die gemeinsame Projektentwicklung fortgesetzt werden kann.

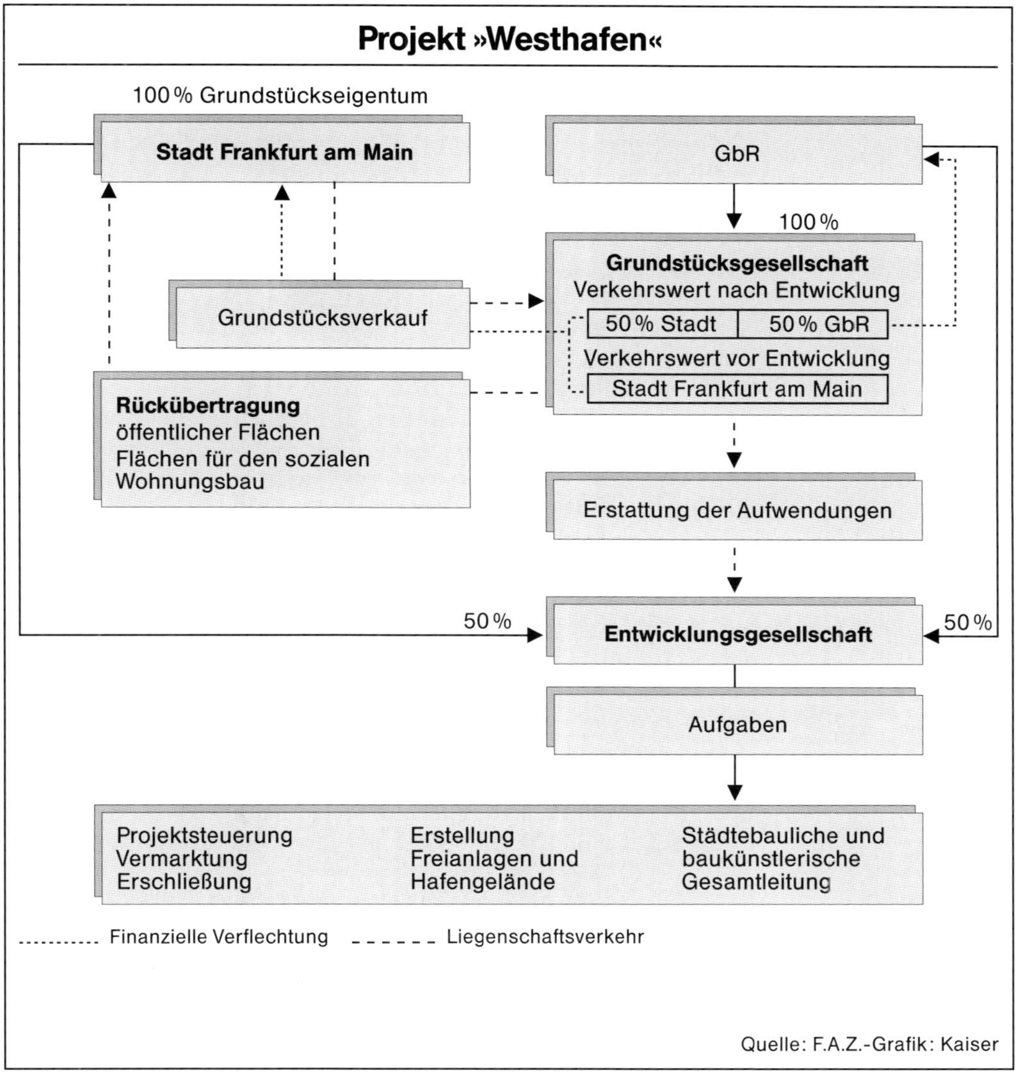

Abb. 4.1.5: Die Organisation des Projektes Westhafen Frankfurt am Main

4.1.7 Städtebauliche Entwicklungsmaßnahme

Die Berliner Nachkriegserfahrung (Planwirtschaft im Osten, Subventionswirtschaft im Westen) ist viel weniger von marktwirtschaftlichem Denken geprägt als z. B. in Frankfurt. Im wiedervereinigten Berlin hat der Druck der politischen Aufgaben (Wohnungsbau, Stabilisierung und Neuordnung der Arbeitsplätze im produzierenden Bereich) den Senat gezwungen, selbst die Initiative für eine Vielzahl großer Stadtentwicklungsprojekte zu ergreifen. Die Verwaltung, früher als Subventionsgeber gewohnt, die Maßnahmen bis in die Detailgestaltung hinein zu steuern, ist von der Menge und der Neuheit der Aufgaben überfordert. Das Instrument des Entwicklungsträgers nach BauGB-MaßnG wird deshalb eine Schlüsselrolle spielen: ein Zwitter aus Behörde und Developer. Mit privatwirtschaftlichem und am Markt orientierten Know-how soll der Entwicklungsträger das von ihm betreute Projekt gegen Verzögerungen und Widerstände aus dem Behördendschungel voranbringen und marktgängig, d. h. gewinnorientiert durchführen. Er handelt dabei als Treuhänder der Kommune, hat also als »verlängerte Werkbank« der Behörde die Gewinne zugunsten des Landes Berlin zu erwirtschaften, das im Gegenzug das wirtschaftliche Risiko gemäß Gesetz voll abdeckt. So werden Nebenhaushalte großen Umfangs neben dem Landeshaushalt installiert, für die das Land Berlin in vergleichbarer Weise einzustehen hat wie z. B. der Bund für die Treuhandanstalt.

Initiative des Senats

Zwitter aus Behörde und Developer

Beispiel Berlin

Beispiel: Die Wissenschaftsstadt Adlershof-Johannisthal in Berlin-Treptow

Ausgangslage

Angrenzend an den Flugplatz Johannisthal (der erste deutsche Motorflugplatz vor dem Ersten Weltkrieg) haben sich Werkstätten des Flugzeugbaues und die deutsche Luftfahrtforschung angesiedelt. Zu DDR-Zeiten war hier die Akademie der Wissenschaften (AdW), der Deutsche Fernsehfunk (DFF) und das Wachbataillon zum Schutz der Regierungsstellen untergebracht – das an die Mauer angrenzende Gelände war mehrere Jahrzehnte lang für normale Bürger nicht zugänglich.

Planungsziel

Anknüpfend an die Wissenschafts- und Techniktradition des Standortes setzt der Berliner Senat nach der Vereinigung mit mehreren Beschlüssen das Ziel, hier einen Schwerpunkt für technologische Entwicklung und angewandte Forschung entstehen zu lassen (Abb. 4.1.6). Städtebauliche Voruntersuchungen einschließlich eines gutachterlichen Wettbewerbsverfahrens zum künftigen Städtebau münden in die Ausarbeitung einer Rechtsverordnung, mit deren Beschluß im kommenden Monat rd. 343 ha als Entwicklungsbereich und weitere 77 ha als Anpassungsgebiet für eine städtebauliche Entwicklungsmaßnahme festgesetzt werden.

Gegenwärtige Nutzung

Gegenwärtige Nutzung:
ca. 250 ha gewerbliche Grundstücke mit rd. 450 Betrieben, 16 Forschungsinstituten
ca. 9 ha Wohnbauland mit 22 Einfamilienhäusern
ca. 16 ha Gemeinbedarfsflächen (Sportstätten, Bezirksverwaltung usw.)
ca. 105 ha Grünflächen bzw. Brachflächen (ehemaliger Flugplatz)
ca. 20 ha freigegebenes Kasernengelände
ca. 20 ha öffentliche Erschließungsflächen

Vorgesehene Nutzung

Künftig vorgesehene Nutzungsverteilung:
ca. 70 ha Gewerbegrundstücke
ca. 70 ha für Forschung und Technologieentwicklung
ca. 18 ha zur Verlagerung von Teilen der Humboldt-Universität
ca. 12 ha für Fernsehproduktion und begleitende Medien
ca. 65 ha Wohnbaugrundstücke
ca. 75 ha Straßen und öffentliche Flächen
ca. 110 ha Grünflächen für Parks und Naturschutz

Verfahren

Zur koordinierenden Durchführung der Entwicklungsmaßnahme wird durch Ausschreibung ein Entwicklungsträger gesucht. Die FAAG Frankfurter Aufbau-AG beauftragt und gründet für diese Aufgabe eine Berliner Tochterfirma, die als Treuhänder des Landes Berlin arbeitet (JAAGmbH). Der Entwicklungsträger erwirbt den größeren Teil der Flächen (zum »Anfangswert«), stellt Bebauungspläne auf, erschließt das Gebiet neu, entscheidet über den Abbruch oder die Weiternutzung von Gebäuden und veräußert fertige Baugrundstücke mit Bauverpflichtung. Er berät bereits jetzt mit einigen Gewerbebetrieben über die künftige Nutzung und Neustrukturierung ihrer Grundstücke. Ziel ist, den Grunderwerb zu vermeiden durch planungskonforme Sanierung der Betriebe (Abwendungsvereinbarung). Die Akquisition von Investoren und Nutzern, die sich im Gebiet ansiedeln sollen, geschieht gemeinsam mit der Entwicklungsgesellschaft Adlershof, die heute das ehemalige AdW-Gelände verwaltet und ausbaut, teilweise unter Hinzuziehung privater Developer.

Kosten und Dauer

Die Durchführung der Gesamtmaßnahme wird mehr als zehn Jahre beanspruchen. Allein die Erschließungskosten werden zu heutigen Preisen auf über 500 Mio. DM geschätzt. Hinzu kommen die Kosten für Planung, Ordnungsmaßnahmen, Entschädigungen und für die Herstellung von öffentlichen Parks, Sportstätten und weiteren Einrichtungen mit

Abb. 4.1.6: Berlin Adlershof – geplante Nutzung

f

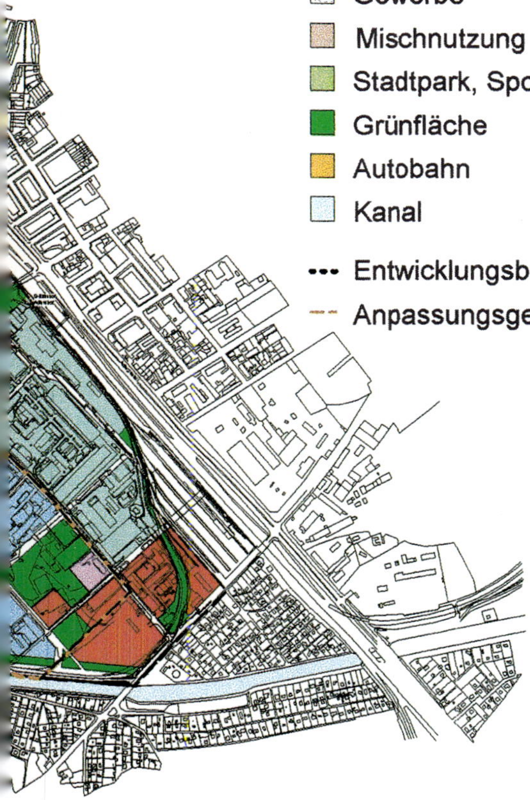
Vorrangige Nutzung:
Kerngebiet, insbesondere Medien und Kommunikation
Universität
Forschung und Technologie
Techn. Infrastruktur, Grünfläche
Wohnen
Gemeinbedarf
Gewerbe
Mischnutzung
Stadtpark, Sport, Freizeit
Grünfläche
Autobahn
Kanal
Entwicklungsbereich
Anpassungsgebiete
Maßstab 1:20 000
Design:
Urban System Consult
Karten-Nr.: 1002/4/002

ebenfalls rd. 500 Mio. DM. Diese Kosten sollen weitgehend gedeckt werden durch die Differenzbeträge aus Geländean- und -verkauf bzw. durch Ablösebeträge der Grundeigentümer, mit denen plankonforme Bebauung vereinbart wurde.

Kosten und Erträge werden über ein Treuhandkonto abgewickelt, das der Entwicklungsträger im eigenen Namen treuhänderisch für Berlin verwaltet. Da die Erträge zeitlich deutlich später anfallen als die Kosten, sind für das Treuhandvermögen erhebliche Kredite aufzunehmen, die von Berlin verbürgt werden. Die Kosten (Zinsen) der Kredit-Zwischenfinanzierung der Maßnahme werden ca. 200 Mio. DM erreichen.

Aufgaben des Entwicklungsträgers

Aufgabe des Entwicklungsträgers ist die Koordinierung der Behörden und öffentlichen Versorgungsträger zur zügigen Umsetzung der kommunalpolitisch vorgegebenen Entwicklungsziele und die Werbung und Einschaltung privater Investoren und Nutzer für die planungskonforme Bebauung. Er stellt ihnen abgesicherte Baugrundstücke zur Verfügung (Erschließung, Planungsrecht, Eigentumsrecht, Altlasten). Seine Aufgabe endet jeweils mit dem »Anschieben« einer Projektentwicklung für konkrete Bauinvestitionen. Der Entwicklungsträger entwickelt hierzu eine Konzeption und Vorgehensweise, die dem Standort »Wissenschaftsstadt Berlin-Adlershof« in der Konkurrenz mit anderen Standorten eine positive Alleinstellung verschaffen soll. Für diesen Standort muß ein Standort-Profil völlig neu geschaffen und im Bewußtsein der anvisierten Nutzer verankert werden. Das zeitliche Vorziehen öffentlicher Investitionen (Universitätsgebäude, Forschungsinstitute, Gestaltung von Straßenraum und öffentlichen Anlagen) wird zur Vertrauensbildung in den Standort beitragen.

Dr. Georg Conzen

4.2 Funktion und Charakteristika der Projektentwicklung innerhalb der neuen kommunalen Strategien

Inhaltsverzeichnis

4.2.1 Einleitung

Neuorientierung der Projektentwicklung

Im Rahmen sich permanent wandelnder Marktbedingungen werden zur Zeit erste Anzeichen für eine inhaltliche Neuorientierung der Projektentwicklungsarbeit sichtbar, die auf Dauer nicht ohne Auswirkungen auf unternehmensinterne Strukturen bleiben werden. Diese Neuorientierung spiegelt vor allem den gesellschaftlichen Veränderungsprozeß wider, in dessen Verlauf die kommunale Ebene mit neuen Herausforderungen konfrontiert wurde. Die regionale Konkurrenz zwingt viele Städte zu neuen Organisationsformen. Sie sind häufig durch die Übernahme kommunaler Aufgaben durch private Unternehmen oder durch neue Formen der Zusammenarbeit gekennzeichnet. Diese Entwicklung wird verstärkt durch eine oftmals zu beobachtende Ineffizienz kommunaler Verwaltungen, deren Ursache vielfach in verkrusteten Strukturen begründet liegt.

Gesellschaftsorientierung

Auf dieser Basis gewinnt neben der rein ökonomisch orientierten Projektentwicklung, wenn auch nur langsam, die mehr gesellschaftsorientierte und damit differenziertere Entwicklertätigkeit an Bedeutung. Insbesondere mit der wachsenden Zahl von Großprojekten wird deutlich, daß eine übergreifende Entwicklungsarbeit, d.h. die kooperative Zusammenarbeit zwischen privaten Entwicklern und öffentlichen Stellen, notwendig ist. Das Gelingen stadtentwicklungsrelevanter Großprojekte ist in Zukunft nur möglich, wenn die Interessen aller, d. h. vor allem der Städte und Investoren berücksichtigt werden. Hier sollten neue Formen der Zusammenarbeit gefunden werden, in denen u. a. die privaten Developer auch öffentliche Aufgaben übernehmen. Unter Berücksichtigung der angespannten öffentlichen Haushaltslage wird die Bedeutung der Projektentwicklungsgesellschaft deutlich zunehmen.

Neue Formen der Zusammenarbeit

Zukünftige Aufgaben und Ziele

Eine inhaltliche Neuorientierung der Development-Tätigkeit kann jedoch nur auf der Grundlage einer breit geführten Diskussion über zukünftige Aufgaben und Ziele der Projektentwicklung erfolgen.

4.2.2 Die Krise der kommunalen Ebene

Rückblick

Die wirtschaftliche Wachstumsperiode bis zum Ende der 60er Jahre war Grundlage dafür, daß bis zu diesem Zeitpunkt keine nennenswerten Konflikte zwischen Bund, Ländern und Gemeinden auftraten. Auch der Einbau der Gemeinden in den staatlichen Planungs- und Steuerungsverbund mit der Finanzreform im Jahr 1969 vollzog sich im Einvernehmen mit den Kommunen. Zum Teil geschah dies sogar auf deren Druck, weil sie darin bessere Möglichkeiten für die Finanzierung ihrer Investitionen sahen.

Abhängigkeit der Städte vom Bund

Ende der 60er und Anfang der 70er Jahre entwickelten sich die Kommunen zum »verlängerten Arm« des Bundes, die Abhängigkeit der Städte von den zentralen politischen Vorgaben wurde überdeutlich. Das Grundgesetz der Bundesrepublik Deutschland wurde so geändert, daß der Bund an der Planung und Entscheidung über Gemeinschaftsaufgaben beteiligt wurde, wofür er sich im Gegenzug auch an deren Finanzierung beteiligte (zweckgebundene statt allgemeiner Finanzzuweisungen).

Gemeinschaftsaufgaben

Als Gemeinschaftsaufgaben wurden die Bereiche Hochschulbau, Agrarpolitik und regionale Wirtschaftsförderung eingerichtet. Darüber hinaus wurden bis zum Jahr 1971 die Bereiche Straßenbau und Städtebau in eigenen Gesetzen so geregelt, daß faktisch eine Entscheidungs- und Finanzierungsverflechtung zwischen allen drei Ebenen etabliert war. Der planmäßige Ausbau der Infrastruktur sollte nicht mehr länger ein mehr oder weniger zufälliges Nebenprodukt kommunaler Investitionsentscheidungen sein. In dieser Konstruktion eines kooperativen Föderalismus kann keine Ebene, insbesondere nicht die kommunale, allein etwas tun; vielmehr sind konsensuale Entscheidungen erforderlich[1]).

Finanzreform

Mit der Finanzreform aus dem Jahr 1969 wurde auch die Steuerverteilung zwischen Bund, Ländern und Gemeinden neu geregelt. Die Gemeinden wurden in einen Steuerverbund mit Bund und Ländern einbezogen. Die wichtigsten Änderungen waren, daß die Gemeinden 40 % der Gewerbesteuer, die bis dahin ausschließliche Gemeindesteuer war, an Bund und Länder abzugeben hatten, dafür jedoch 14 % des lokalen Aufkommens der Einkommensteuer erhielten. Seit dieser Reform fließt nur noch die Grundsteuer ausschließlich in die Kassen der Gemeinden, die allerdings nur unge-

---

[1]) Häußermann, H.: Lokale Politik und Zentralstaat, in: Heinelt, H./Wollmann, H.: Brennpunkt Stadt, Stadtpolitik und lokale Politikforschung in den 80er und 90er Jahren, Birkhäuser Verlag, Basel 1990, S. 56.

führ ein Achtel ihrer gesamten Steuereinnahmen ausmacht. Die Kommune hängt somit am finanziellen Tropf von Bund und Ländern.

Krise des technokratischen Planungsmodells

Dieses technokratische Planungsmodell mit deutlich vertikalen Politikverflechtungen geriet verstärkt in die Krise, als infolge der Weltwirtschaftskrise Mitte der 70er Jahre der zentralstaatliche Spielraum für regionale Finanzhilfen abnahm, das Konfliktpotential zwischen Ländern und regionalen Schwerpunkthilfen anstieg und dementsprechend das Konsensniveau sank. Im härter werdenden Konkurrenzkampf der Länder und Kommunen um die Erfüllung gesellschaftlicher Aufgaben setzten die Länder jetzt, je nach eigener Finanzlage, auf eigene Förderprogramme bzw. eigene Subventionen und Steuererleichterungen. Die vertikale Politikverflechtung scheiterte an dem auf eigenen Vorteil bedachten »Wettlauf der Regionen«[2]).

Weltwirtschaftskrise

Der Steuer- und Finanzierungsverbund erwies sich somit in der Weltwirtschaftskrise zu Beginn der 70er Jahre, die eine grundlegende Veränderung der Rahmenbedingungen mit sich brachte, für die Gemeinden als verhängnisvoll. Dieser Verbund ist folglich primär dafür verantwortlich, daß sich die Verschuldung auf Bundes- und Landesebene ebenfalls auf die Städte und Gemeinden übertragen hat. Der Rahmen für die Erfüllung der gesellschaftlichen Aufgaben wurde durch die deutlich geringeren Finanzzuweisungen seitens des Bundes und der Länder erheblich beschnitten. Ein ausgeglichener kommunaler Finanzhaushalt (zu dem die Gemeinden per Gesetz verpflichtet sind) konnte bzw. kann nur durch eine rigide Umbaupolitik erreicht werden. Zur Bewältigung der kommunalen Haushaltskrise sind grundsätzlich zwei Strategien möglich:

Rigide Umbaupolitik

- **Steigerung der Einnahmen (durch eine neue Stadtpolitik)**

Steuererhöhung, Verkauf, Wirtschaftsförderung

Eine Möglichkeit zur Konsolidierung der Gemeinde- bzw. Stadtkassen liegt in der Strategie, die kommunalen Einnahmen zu erhöhen. Als direkte Maßnahmen stehen dabei Steuer- und Gebührenerhöhungen sowie Verkäufe aus dem kommunalen Vermögen zur Diskussion; als indirekte Maßnahme die Wirtschaftsförderung, die höhere Steuereinnahmen und eine Verringerung der Arbeitslosigkeit bewirken soll.

---

[2]) Esser J./Hirsch, J.: Stadtsoziologie und Gesellschaftstheorie. Von der Fordismuskrise zur »postfordistischen« Regional- und Stadtstruktur, in: Prigge, W.: Die Materialität des Städtischen, Birkhäuser Verlag, Basel 1987, S. 48.

Die Möglichkeit, über Steuererhöhungen die lokalen Einnahmen zu erhöhen, ist allerdings eng begrenzt, da die quantitativ wichtigsten Steuern durch die Länder und den Bund festgelegt und von ihnen verteilt werden. Neben einigen Bagatellsteuern können die Gemeinden aus eigener Entscheidung lediglich die Grundsteuer und den Hebesatz der Gewerbesteuer bestimmen[3]).

- **Reduktion der kommunalen Ausgaben**

Kürzung laufender Ausgaben, reduziertes Angebot

Die Ausgaben der Städte können durch Kürzungen der laufenden Ausgaben und durch eine Reduzierung des Leistungsangebotes verringert werden. Dazu gehören z. B. die Senkung der Personalkosten durch Stellenabbau oder eine Minimierung des Unterhaltsaufwandes bei Gebäuden.

Privatisierung

Verstärkt werden in den letzten Jahren auch weiter gehende Strategien verfolgt. Insbesondere wird die Privatisierung öffentlicher Dienstleistungen diskutiert. Die Privatisierung öffentlicher Dienstleistungen beinhaltet den Übergang von staatlicher Eigenproduktion auf staatlich kontrollierte private Produktion. Am öffentlichen Charakter einer Dienstleistung ändert sich insofern nichts, als das öffentliche Interesse an der Aufgabenerfüllung gewahrt bleibt. Vor allem die Reinigung von Gebäuden, die Müllabfuhr, die Verkehrsbetriebe und die Bauplanungsleistungen sind immer öfter Ansatzpunkt für Privatisierungsüberlegungen.

Ökonomisierung von Dienstleistungen

Die Politik der Städte zur Bewältigung der Krisenfolgen zeichnet sich immer deutlicher durch eine zunehmende Ökonomisierung ihrer Dienstleistungen aus, die sich sowohl in einer Erhöhung der Gebühren wie in der Privatisierung öffentlicher Dienstleistungen manifestiert.

Wirkungszusammenhang von Finanznot und schlechten Dienstleistungen

Neben der schlechten Finanzlage oder gerade aufgrund der brisanten Finanzlage gerät die Effizienz der Leistungserbringung von Gemeinden und Städten vermehrt in den Mittelpunkt der Kritik. Diese Aussage macht bereits deutlich, daß sich die Kommunen in einem Teufelskreis bewegen. Die schlechte Leistungserbringung und die Finanznot als die zentralen Punkte dieses Kreises stehen in einem direkten, sich gegenseitig verschärfenden Wirkungszusammenhang. Ein Ausbrechen aus diesem Kreis ist mit den jetzigen erstarrten und als selbstverständlich erachteten Gewohnheiten nicht möglich. Der aufgeblähte

---

3) Häußermann, H.: Lokale Politik und Zentralstaat, in: Heinelt, H./Wollmann, H.: Brennpunkt Stadt, Stadtpolitik und lokale Politikforschung in den 80er und 90er Jahren, Birkhäuser Verlag, Basel 1990, S. 76.

Verwaltungsapparat mit seinen bürokratischen Arbeitsweisen muß sich aus diesem Grunde immer mehr den direkten Effizienzvergleich mit privatwirtschaftlichen Unternehmen gefallen lassen[4]).

Effizienzdiskussion

Die Effizienzdiskussion wird nicht nur auf theoretischer Ebene geführt. Hierzu zwei Beispiele aus Nordrhein-Westfalen:

Beispiele

- Das Ellwein-Gutachten der Stadt Dortmund, das deren Verwaltungsstrukturen untersucht hat, kommt zu dem Ergebnis, daß eine deutliche Straffung und Umstrukturierung des aufgeblähten Verwaltungsapparates notwendig ist, um eine effiziente öffentliche Leistungserstellung zu ermöglichen.
- Die Reform der Kommunalverfassung in Nordrhein-Westfalen soll neue Grundlagen für effizienteres Handeln der Kommunen schaffen.

Die Ergebnisse dieser in der Praxis geführten Diskussion zeigen, daß insbesondere die Themenkomplexe »Bürokratie« und »Aufgabenwandel« einer kritischen Aufarbeitung bedürfen.

- **Bürokratiekritik**

Erneuerung und Flexibilisierung statt Erstarrung

In jeder Großorganisation sind Erstarrungen selbstverständlich und bilden sich Gewohnheiten aus, die notwendige Neuerungen verhindern. Die Verwaltungsführung muß dies jedoch auf ein vernünftiges Maß zurückschrauben und dazu kritische Analysen vornehmen, ständig über Vereinfachungsmöglichkeiten reflektieren und beides in der Verwaltung fruchtbar machen. An der überlieferten Organisation der Verwaltung ist die grundlegende Aufgabenveränderung der letzten Jahrzehnte weithin spurlos vorübergegangen. Die Verwaltung hat i.d.R. eher mit Vergrößerung als mit Erneuerung und Flexibilisierung reagiert.

- **Aufgabenwandel**

Dienstleistungsorientierung

Selbstreflexion

Auch im eigentlichen Aufgabenfeld der Verwaltung sind umfassende Veränderungen notwendig. Politik und Verwaltung müssen sich auf den gegebenen Strukturwandel einstellen (Dienstleistungsorientierung). Sich einstellen im Sinne von Flexibilität heißt aber auch zu prüfen, ob die

[4]) Banner, G.: Kommunalverfassung und Selbstverwaltungsleistung, in Schimanke, D.: Stadtdirektor oder Bürgermeister, Birkhäuser Verlag, Basel. 1989, S. 41 ff.

eigene Organisation den Anforderungen noch entspricht, ob man über genügende Informationsquellen verfügt und der Informationsaustausch gesichert ist, ob man nicht doch für manche Arbeiten Stäbe braucht (interdisziplinäre Arbeitsweisen) oder ob sich Verwaltung nicht dort ändern muß, wo sie unmittelbar und intensiv mit Bürgern in der Aufgabenerledigung zusammenarbeitet (Bürgerorientierung)[5]).

[5]) Ellwein, T.: Gutachten über die Effizienz und Wirtschaftlichkeit der Aufgabenwahrnehmung bei der Stadt Dortmund, Schliersee 1988, S. 220.

4.2.3 Auswirkungen auf die kommunale Selbstverwaltung

Entwicklung unternehmerischer Strategien

Durch den Rückzug des Bundes aus vielen sozial- und gesellschaftspolitischen Bereichen und unter Bedingungen verschärfter Konkurrenz zwischen Städten und Regionen ist die kommunale Ebene mit neuen Herausforderungen konfrontiert. Lag der Schwerpunkt der Funktionen kommunaler Politik bisher auf dem Vollziehen und Verwalten zentralstaatlich gesetzter Politik, so erfordern die veränderten Bedingungen und die neue interregionale Konkurrenzstruktur die Entwicklung eigener unternehmerischer Strategien.

Aufgaben der Stadtplanung

Die Städte haben heute die Rolle eines Katalysators für ökonomische Entwicklungen zu erfüllen. Stadtplanung hat so z. B. nicht mehr lediglich ein Wachstum zu kanalisieren, sondern soll darüber hinaus auch zur Investitionstätigkeit animieren. Da Erwartungen der zu gewinnenden Firmen nicht mehr nur um angemessen ausgewiesene und entwickelte Flächen kreisen, sondern immer mehr auch spezifische Wohn- und Freizeitbedürfnisse ihrer gehobenen Angestellten, die kulturelle und gebaute Umgebung insgesamt oder die Nähe zu wissenschaftlichen Forschungsinstitutionen betreffen, sind Stadtplaner mit der Aufgabe konfrontiert, ein komplexes Set von Bedingungen bereitzustellen, das jeweils die Sorte Symbiose ermöglicht, das die Firmen der Zukunft brauchen[6]).

Positives Geschäftsklima

Folglich gehen auf kommunaler Ebene die Wirtschaftsentwicklungsstrategien zunehmend über die traditionellen Formen der Ansiedlungspolitik hinaus. Wichtig für die dynamische Bestandspflege wie für Unternehmensneugründungen ist ein positives Geschäftsklima, das sich nicht allein nach den traditionellen quantitativen Indikatoren bemißt, sondern als Summe der Faktoren darstellt, die die Bedingungen für unternehmerische Aktivitäten bestimmen, inklusive solcher, die die Lebensqualität beeinflussen. Die Lebensqualität des Ortes wird zunehmend ein entscheidender Faktor in diesen Kalkulationen[7]).

---

[6]) Mayer, M.: Lokale Politik in der unternehmerischen Stadt, in Borst, R.: Das neue Gesicht der Städte, Stadtforschung aktuell, Band 29, Birkhäuser Verlag, Basel 1990, S. 196.

[7]) Mayer, M.: Postfordismus und lokaler Staat, in Heinelt, H./Wollmann, H.: Brennpunkt Stadt, Stadtforschung aktuell, Band 31, Birkhäuser Verlag, Basel 1990, S. 41.

Statt mit Steuererleichterungen und niedrigen Löhnen um Investoren zu werben, beinhalten die neuen kommunalen Wirtschaftsförderprogramme nun Arbeitsbeschaffungsmaßnahmen, Beschäftigungsinitiativen und Umschulungsprogramme sowie Maßnahmen, die auf das Ambiente der Stadt zielen.

Stadt als Unternehmer

Wenn heute die Stadt selbst zum Unternehmer wird, so ist der Zweck des städtischen Unternehmens allerdings weniger die umfassende Versorgung der Einwohner mit städtischen Dienstleistungen, wie das bei öffentlichen Wirtschaftsbereichen und gemeinnützigen Unternehmen der Fall ist. Primäres Ziel ist vielmehr die Initiierung und Stimulierung privater Kapitalakkumulation, wozu flexiblere Formen der Privatisierung auf kommunaler Ebene notwendig sind.

Neue Formen des Verwaltungshandelns

Deutlich wird, daß neue Formen von Verwaltungshandeln gesucht werden. Nicht nur im Ausland, auch in der Bundesrepublik werden auf kommunaler Ebene zahlreiche neue Verfahren, Mechanismen und Repertoires erprobt.

Wirtschaftsentwicklung ist nicht mehr Angelegenheit einer Behörde neben und unabhängig von anderen Behörden. Vielmehr sind überall Bemühungen zu beobachten, die Aktivitäten unterschiedlicher Instanzen zu koordinieren. Quasiprivate Wirtschaftsentwicklungs-Agenturen werden installiert und neben der entsprechenden kommunalen Behörde plaziert. Die Kooperation mit dem privaten Sektor wird routinisiert. Quasiöffentliche Gesellschaften werden mit weitreichenden Kompetenzen ausgestattet. Subsidiäre Organisationen wie z. B. Stadtentwicklungs-Gesellschaften werden in die Politikformulierung einbezogen.

Konkurrenzkampf

Der Konkurrenzkampf der unternehmerischen Stadt ist, wie bereits erwähnt, nicht nur auf die altbekannte Konkurrenz um Industrieansiedlungen zu reduzieren, vielmehr umfaßt er hauptsächlich drei verschiedene Dimensionen, in denen sich der interregionale Wettbewerb gleichzeitig abspielt:

1. die Konkurrenz um Produktionspotentiale,
2. die Konkurrenz der Städte um Konsumpotentiale,
3. die Konkurrenz der Städte um wirtschaftliche Kommandofunktionen.

Stadt als Finanz-, Informations- und Kontrollzentrum

Vor allem die großen Städte versuchen, ihre Konkurrenzposition durch Ansiedlung oder Expansion von wirtschaftlichen und politischen Schlüsselfunktionen zu verbessern. Sie konkurrieren um die Kommandozentralen von Großunternehmen, um die Hauptquartiere hochrangiger Regierungs- und Verwaltungsinstitutionen. Die großen Städte sind bemüht, sich zu transnational bedeutsamen Finanz-,

Informations- und Kontrollzentren zu entwickeln. Dazu gehört sowohl der Ausbau von Infrastrukturen als auch der Ausbau des Angebotes von geeigneten Büroflächen und Bürohäusern.

4.2.4 Konsequenzen für das städtische Handeln: die Neuorientierung

Flexibilisierte Strukturen

Es ist deutlich geworden, daß die kommunale Krise Konsequenzen für das städtische Handeln hat. Im folgenden interessieren die neuartigen flexibilisierten Strukturen der unternehmerischen Stadt, die für ein positives Klima der Leistungserbringung sorgen sollen. Dies sind vor allem

- die Durchkapitalisierung des öffentlichen Sektors in Form von Privatisierung öffentlicher Dienstleistungen und
- die Entwicklung neuer städtischer Organisationsformen (hier: Stadtmarketing, Public Private Partnership).

4.2.4.1 Privatisierung öffentlicher Dienstleistungen

Bei der Diskussion um die Privatisierung von kommunalen Aufgaben zeigen sich oftmals Mißverständnisse, die in dem unterschiedlichen Verständnis der Begriffe »Privatisierung« und »Zusammenarbeit von Privaten und Kommunen« begründet liegen. Beide Begriffe bedürfen aus diesem Grund zunächst einer näheren Spezifizierung.

Begriff: Privatisierung

Privatisierung wird oft auch synonym verwendet zu Ausdrücken wie »Reprivatisierung«, »Entbürokratisierung«, »Entstaatlichung«, »Entstaatung«, »Staatsentlastung«, »Verwaltungsvereinfachung«[8]). Der Umstand, daß sich bisher keine einheitlichen Begriffe für die in jedem Fall notwendige Klassifizierung einzelner Privatisierungstatbestände durchsetzen konnten, erleichtert die Verwendung des Begriffes Privatisierung nicht. Die Zusammenarbeit zwischen Gemeinden und Privaten läßt sich am geeignetsten mit folgenden Begriffen verdeutlichen:

- regulierte Privatisierung,
- nominelle Privatisierung und
- reine Privatisierung.

---

[8]) Corte, Ch.: Die Übernahme kommunaler Aufgaben durch private Unternehmen und Freie Berufe, in: Schriftenreihe zur Mittelstandsforschung, Verlag Schäffer-Poeschel, Stuttgart 1991, S. 6.

Regulierte Privatisierung

Als regulierte Privatisierung wird eine Privatisierung dann gesehen, »(...) wenn der Staat genau definierte Aufgaben an private Unternehmen zur Durchführung abgibt, aber weiterhin überwacht«[9]). Wichtiges Kriterium der Zusammenarbeit ist die vertragliche Bindung zwischen Gemeinden und Privaten. Neben dieser wohl am häufigsten auftretenden regulierten Privatisierung findet noch die sog. nominelle Privatisierung Anwendung, bei der die Kommune Aufgaben an autonome, aber weiterhin der Kommune gehörende Institutionen abtritt.

Nominelle Privatisierung

Reine Privatisierung

Die reine oder vollständige Privatisierung, bei der die Kommune jeglichen Einfluß auf die Aufgabenerstellung aufgibt, findet aufgrund der fehlenden Einflußmöglichkeiten nur selten statt[10]).

Mischformen

Alle real existierenden Wirtschaftssysteme erweisen sich als Mischformen, in denen dezentrale, d. h. durch den Markt bestimmte, und zentrale, d. h. staatlicherseits bestimmte, Lenkungsformen nebeneinander vorkommen. In einer »mixed economy« wie der Bundesrepublik, in der eine normative gesellschaftliche Entscheidung für wettbewerbliche Lösungen und eine Förderung privater Initiative unter der Bedingung einer allgemeinen Sozialverträglichkeit getroffen wurde, gilt es daher für die wirtschaftspolitischen Entscheidungsträger, die Privatisierungsmöglichkeiten einerseits, die Verstaatlichungsnotwendigkeiten andererseits auszuloten[11]). Zwar hat die wirtschaftspolitische Konzeption in der Bundesrepublik, das Konzept der »sozialen Marktwirtschaft« mit seinem Primat für privatwirtschaftliche Aktivitäten, anders als in einigen Nachbarländern eine systematische Verstaatlichung wichtiger Unternehmen oder ganzer Branchen verhindert. Doch kam es auch bei uns zu einer deutlichen Aufblähung der Staatstätigkeit, nicht zuletzt aufgrund des kontinuierlichen Aufbaues des modernen Wohlfahrtsstaates in den vergangenen Jahrzehnten. Eine Flut neuer Gesetze und die Anspruchshaltung der Bürger dem Staat gegenüber ließen nicht nur die bestehenden Aufgaben (und Ausgaben) des Staates kräftig wachsen, sondern auch neue Aufgaben (und Ausgaben) hinzutreten.

Verhinderung systematischer Verstaatlichung

Aufblähung der Staatstätigkeit

---

9) Corte, Ch.: Die Übernahme kommunaler Aufgaben durch private Unternehmen und Freie Berufe, in: Schriftenreihe zur Mittelstandsforschung, Verlag Schäffer-Poeschel, Stuttgart 1991, S. 7.

10) Ebenda.

11) Ebenda, S. 11.

Auch für den kommunalen Bereich besteht damit das Problem, nach einer angemessenen Zuordnung von öffentlichen Aufgaben zu suchen, die in der Realität von der Eigenerstellung bis zur vollständigen Privatisierung von Leistungen reichen können. Auf Grundlage dieser Situation erhofft man sich vielerorts, daß eine Privatisierung der öffentlichen Dienstleistungen neue wirtschafts- und gesellschaftspolitische Impulse setzt, der Staatsanteil zugunsten des privaten Sektors zurückgedrängt wird, defizitäre öffentliche Haushalte finanziell entlastet werden und eine Steigerung der Effizienz erreicht wird. Die Privatisierung wird in diesem Sinn als Chance unserer Demokratie begriffen, die es erlaubt, »(...) die Grenzlinie zwischen dem Öffentlichen und dem Privaten immer wieder zu verschieben, wenn der Pendelschlag zu offenkundigen Fehlentwicklungen geführt hat«[12]).

Privatisierung als Chance

Vorteile der Privatisierung

Neben diesen Argumenten sehen die Befürworter der Privatisierung jedoch noch weitere Vorteile[13]). Dies wären

- steuerliche Vorteile,
- Vereinfachung im Vergabeverfahren,
- Vorzüge in der Personalwirtschaft,
- Terminarbeit,
- spezialisierte Unternehmen (Know-how) und Flexibilität.

Quantitative und qualitative Aufgabeninflation

»Die Privatisierung läßt sich somit, ausgehend von dem Bemühen, die öffentlichen Haushalte zu entlasten, in den Hypothesen zusammenfassen, daß die öffentliche Hand zuviel Aufgaben an sich herangezogen hat (Aufgabeninflation), daß sie zu ineffizient arbeitet, daß eine marktwirtschaftliche Ordnung effizienter ist, und sei es nur eine Produktion im öffentlichen Auftrag«[14]). Neben dieser quantitativen Aufgabeninflation existiert aber auch eine qualitative Aufgabeninflation, d. h., es herrscht eine immer größer werdende Komplexität und Differenziertheit kommunaler Aufgaben. Hier ist oftmals externes Wissen notwendig, um komplexe Sachzusammenhänge zu erkennen und Probleme zu lösen[15]).

---

[12]) Schlecht, O. in Metzger, M. M.: Realisierungschancen einer Privatisierung öffentlicher Dienstleistungen, in: Studien des Forschungsinstituts für Wirtschaftspolitik der Universität Mainz, Band 40, München 1990.

[13]) Dieckmann, J.: Unternehmen Stadt, in Der Städtetag 11/1991, S. 105.

[14]) Blum, R.: Öffentliche Sicherung privaten Wohlstandes – Die Rolle des Staates in der marktwirtschaftlichen Ordnung, in: Hauptvorstand der Gewerkschaft ÖTV, Zur Privatisierung öffentlicher Dienstleistungen 2, Stuttgart Dezember 1976, Seite 20.

[15]) Honert, S.: Stadtmarketing und Stadtmanagement, in Der Städtetag 6/1991, S. 394.

Mögliche Privatisierungen

Unter diesen Gesichtspunkten gibt es kaum Bereiche der öffentlichen Dienstleistungen, für die die Privatisierung als unzweckmäßig gilt. Der Katalog der in Frage kommenden Dienstleistungen reicht von der Energie- und Wasserversorgung, dem gesamten Entsorgungsbereich, der kompletten Daseinsvorsorge, der Regional- und Stadtentwicklung bis zu Sozialeinrichtungen der Kinder-, Jugend- und Altenbetreuung.

4.2.4.2 Entwicklung neuer städtischer Organisationsformen und Handlungskorridore für private Projektentwickler

Konzeptformulierungen

Die Probleme der Städte und Gemeinden können nicht nur durch eine strukturelle Änderung innerhalb der traditionellen Kommunalverwaltung beseitigt werden. In vielen Diskussionen, die die »kommunale Krise« zum Thema haben, werden seit einiger Zeit Konzeptformulierungen gebraucht, die aus dem privatwirtschaftlichen Bereich übernommen wurden:

- Stadtmarketing
- kommunales Marketing
- lokale-regionale Kooperationen
- Public Private Partnership
- kommunale Imageplanung
- Stadtmanagement
- Citymanagement
- kommunale Holding

Ziel: Verbesserung der Konkurrenz- und Versorgungsposition

Mit diesen Begriffen bzw. den dahinterstehenden Konzepten verbinden sich Städteformationen (Prinzipien und Ordnungen, nach denen sich der Gesamtkomplex »Stadt« organisiert), deren Ziel eine Verbesserung der Konkurrenz- und Versorgungsposition einzelner Städte im nationalen bzw. internationalen Vergleich ist. Diese städtischen Organisationsprinzipien beinhalten keine großartig neuen Ideen, vielmehr arbeiten sie ehemalige Organisationsformen neu auf, übertragen privatwirtschaftliche Strukturen auf die städtischen Verwaltungsformen oder werden im Ausland bereits zahlreich angewendet. Der Mechanismus der interkommunalen Konkurrenz führt zwangsweise dazu, daß sich immer mehr Städte und Gemeinden wie konkurrierende Firmen verhalten. Es verwundert demnach nicht, daß neuentwikkelte Konzepte neben privatwirtschaftlich orientierten Inhalten auch Namen erhalten, die der Terminologie der Betriebswirtschaft entnommen wurden. Der Wandel vom bürokratisierten Verwaltungsapparat zu neuen flexibilisierten Strukturen der Verwaltung befindet sich, im Vergleich zu einigen anderen Ländern (z. B. den USA), in der Bundesrepublik noch im Anfangsstadium. Zahlreiche Pilotprojekte und Informationsbörsen zeigen deutlich auf, daß noch kein einheitlicher Weg gefunden wurde.

Beispiele kommunaler Strategien

Anhand zweier kommunaler Strategien, die zur Zeit im Mittelpunkt der Diskussion stehen, soll im folgenden aufgezeigt werden, wie die Städte und Gemeinden den Weg aus der Krise suchen. Trotz unterschiedlicher inhaltlicher Ausrichtung der Konzepte sind die Ziele, die erreicht werden sollen, doch sehr ähnlich. Als primäres Ziel wird immer die Verbesserung der eigenen Stellung innerhalb der interkommunalen Konkurrenz gesehen. Dies soll durch verschiedene Einzelpunkte erreicht werden:

Verfahren

- Bündelung der Interessen (öffentlich-privat)
- Einheitliche Zielformulierung
- Nutzung privater Kompetenzen
- Effizienzsteigerung
- Entlastung der öffentlichen Finanzen
- Entbürokratisierung
- Bürgernähe

Stadtmarketing

Die Gestaltung des Stadtmarketings orientiert sich stark an betriebswirtschaftlichen Grundsätzen. Dies verwundert auch nicht, wenn man bedenkt, daß sich die Städte heute als »Unternehmen« sehen, die ihr Wirtschaftsklima verbessern müssen, um ihren Standort für neue Investoren interessant zu machen. Folglich entstand aus diesem »unternehmerischen Konkurrenzkampf« eine kommunale Strategie, die ebenfalls privatwirtschaftliche Grundsätze verfolgt.

Erwartungshaltung zum Begriff »Marketing«

Mit dem Marketingbegriff wird von vielen verbunden,

- die Stadt nach betriebswirtschaftlichen Gesichtspunkten zu verkaufen,
- das Erscheinungsbild nach außen zu verbessern und
- sie damit für Investoren und Einzelhandelskunden attraktiver zu machen.

Negatives Stadtbild

Diese Erwartung macht die Defizite der Städte deutlich, die sich dem Stadtmarketing zuwenden: Ein negatives Stadtbild führt zu einem schlechten Image, das wiederum Einzelhandelskunden und insbesondere potentielle Investoren fernhält. Dieser Zustand ist sowohl für den Einzelhandel als auch für die öffentliche Hand nicht befriedigend. Aus diesem Grund sind diese beiden Akteure auch Hauptinitiatoren im Konzept des Stadtmarketings.

Definitionsansatz

Der Versuch, Marketing allgemeinverbindlich und umfassend zu beschreiben, soll an dieser Stelle erst gar nicht versucht werden. Zu vielschichtig und differenziert wird Marketing in der betriebswirtschaftlichen Literatur beschrieben. Trotzdem sollen einige Definitionslinien aufgezeigt werden.

Orientierung am Unternehmensziel

- Marketingorientiertes Denken und Handeln läßt sich beschreiben als eine Strategie, die das gesamte Instrumentarium eines Unternehmens unter Berücksichtigung von klar umrissenen Unternehmenszielen, orientiert an den Bedürfnissen der Kunden und unter Berücksichtigung der eigenen Methoden, koordiniert zur Zielsetzung einbringt[16]).

Absatz- und Kundenorientierung

- Das unternehmerische Marketing stellt auf eine bewußte Absatz- und Kundenorientierung aller Unternehmensbereiche ab. Es fordert eine planmäßige und systematische Erforschung des Marktes als Voraussetzung für kundengerechte Entscheidungen sowie eine planmäßige Beeinflussung des Marktes durch den zielgerechten und abgestimmten Einsatz aller Instrumente des Marketing-Mix[17]).

Phasen des Marketingkonzeptes

- Ein Marketingkonzept besteht aus verschiedenen hintereinandergeschalteten, aufeinander abgestimmten Phasen: definiert z. B. als visionäre Vorstellung, Zielfindung, Informationsbeschaffung, Stärken-Schwächen-Analyse, Strategieplanung, Durchführung, Controlling. Marketing ist also nicht nur ein vielschichtiger Begriff, sondern eine komplexe Handlungsanweisung. Diese baut auf einem von Ganzheitlichkeit, Vernetzung und Kommunikation geprägten systematischen Denksystem auf. Sie setzt Methoden und Strategien ein, die überprüfbar sind und ständig weiterentwickelt werden können[18]).

---

[16]) Honert, S.: Stadtmarketing und Stadtmanagement, in: Der Städtetag, 6/1991, S. 396.

[17]) Petzold, K./Müller, W.-H.: Kommunales Marketing, Wibera Sonderdruck, Nr. 207, Düsseldorf, Januar 1989, S. 9.

[18]) Honert, S.: Stadtmarketing und Stadtmanagement, in: Der Städtetag, 6/1991, S. 396.

Hauptlinien des Stadtmarketings

Bei einer näheren Spezifizierung des Begriffes auf das Thema Stadtmarketing wird ebenfalls ein kaum aufzulösender Begriffswirrwarr deutlich. Hier liegt auch das zentrale Handicap des Konzeptes begründet. Drei Hauptlinien lassen sich jedoch herauskristallisieren:

Werbe- und Verkaufsstrategie

1. Stadtmarketing als Werbe- und Verkaufsstrategie. Stadtmarketing wird dabei als medienwirksame und nach außen, auf das Image gerichtete Inszenierung von Projekten verstanden.

Marketingverfahren

2. Stadtmarketing als Verfahren, verstanden etwa als Management von Austauschprozessen zwischen den Akteuren oder als institutionalisiertes Verfahren zur Zielfindung mit Hilfe des Interessenausgleiches.

Marketingphilosophie

3. Stadtmarketing als Philosophie und Handlungsanweisung, das die Inhalte, das Verfahren und das Verkaufen, die Vermittlung nach innen und außen umfaßt[19]).

Trotz aller definitorischen Unterschiede ist festzuhalten, daß es sich hier im wesentlichen um Akzentsetzungen, nicht um sich gegenseitig ausschließende Alternativen handelt. So wird deutlich, daß ein Stadtmarketingkonzept sich sowohl am Vermittlungsaspekt als auch an den Bedürfnissen der Zielgruppen orientieren muß. Im folgenden sollen die wesentlichen Kennzeichen des Stadtmarketing aufgezeigt werden:

Kennzeichen

- Orientierung am Kunden, dem Adressaten städtischer Politik
- Denken in Zielgruppen
- Kommune als Ganzes betrachten
- fachlich-integratives Vorgehen
- intensive Kommunikation, Koordination und gemeinsames Handeln
- Umstrukturierung der Verwaltung mit dem Ziel »Kundennähe«
- Verbesserung der klimatischen Faktoren, z.B. beim Umgang mit den Bürgern
- Handlungsorientiertheit

[19]) Kemming, H.: Zur Gestaltung von Stadtmarketing – Orientierung für die Praxis, in: Institut für Landes- und Stadtentwicklungsforschung NRW, Stadtmarketing in der Diskussion, 1. Aufl., Dortmund 1991, S. 7.

- ganzheitliche Sicht von Planung über Steuerung bis zur Kontrolle
- schriftliche Niederlegung von Zielvorstellungen

Bei Betrachtung der Punkte könnte man zu dem Schluß kommen, daß das bisherige Entscheidungsmodell der Kommunen ähnlich aufgebaut war, so z. B. in Form von kommunaler Wirtschaftsförderung, Werbegemeinschaften und integrierter Stadtplanung. Vergleicht man das oben umrissene Stadtmarketing mit der bisherigen Stadtentwicklungsplanung jedoch genauer, ergeben sich folgende Unterschiede:

Unterschiede zwischen Stadtmarketing und bisheriger Stadtplanung

- Aus der Erkenntnis heraus, daß die Kommune nur einen kleinen Teil der Stadtentwicklung steuert, daß Stadtentwicklung vielmehr zum größten Teil durch die Entscheidung der privaten Akteure gestaltet wird, resultiert beim Stadtmarketing die verstärkte Einbeziehung der Privaten. Daraus entwickelt sich ein Verhältnis zwischen Kommune und Privaten, das als ein Geben und Nehmen bezeichnet werden kann.
- Beim Stadtmarketing wird auch die Verwaltung zum Thema gemacht. Effizienz, die Überwindung von Ressortegoismen, zielgerichtetes Handeln und »Kunden«freundlichkeit sind hier angesprochen.
- Letztlich sind die gegenseitige Information der Akteure über ihre Bedürfnisse und Interessen, die gemeinsame Meinungs- bzw. Konsensbildung, Identitätsbildung nach innen und Imagebildung nach außen zentrale Elemente des Stadtmarketings[20]).

In der Praxis wird das Konzept des Stadtmarketings bereits vielfach angewendet (z.B. in Aachen und Langenfeld). Natürlich ist die Durchsetzung des Konzeptes je nach Kommune recht unterschiedlich fortgeschritten. Dies verwundert nicht, denn Stadtmarketing ist ein langfristiger Prozeß, bei dem die Erstellung eines Konzeptes relativ kurzfristig machbar ist, die Umsetzung jedoch langen Atem verlangt.

Gründe für Konzeptumstellung

Welche Gründe hatten diese Kommunen, das bisherige Entscheidungsmodell aufzugeben und sich dem Stadtmarketing zuzuwenden? Meist sind stadtspezifische Konstellationen verantwortlich, so

---

[20]) Kemming, H.: Zur Gestaltung von Stadtmarketing – Orientierung für die Praxis, in: Institut für Landes- und Stadtentwicklungsforschung NRW, Stadtmarketing in der Diskussion, 1. Aufl., Dortmund 1991, S. 8.

- sind es oftmals die unlösbar scheinenden Probleme des Strukturwandels, aufgrund deren ein Impuls bei den Akteuren in der Stadt erwächst, nach neuen Wegen zur Bündelung der Kräfte zu suchen (oftmals altindustrielle Regionen), oder
- eine Stadt fällt bei der Kaufkraftbindung absolut oder relativ gegenüber der Konkurrenz zurück (Initiative seitens des Einzelhandels).
- Letztlich besteht die Möglichkeit, daß geänderte Konstellationen entscheidender Akteure in einer Stadt einen Neuanfang ermöglichen (z.B. in der Verwaltungsspitze)[21].

Externe Berater

Bei der Erstellung eines Konzeptes arbeitet meistens die Verwaltung mit externen Beratern zusammen. Es gibt aber auch Fälle, in denen Gutachter, Analysen und letztendlich Konzepte allein von der Verwaltung bzw. von Externen erstellt wurden.

Beteiligung aller Akteure

Vertreter der Politik und Kommune

Vertreter der Wirtschaft

Zwei wichtige Ansatzpunkte des Marketingkonzeptes sind die umfassende gegenseitige Information der Akteure und die ganzheitliche Betrachtung der Kommune. Dies setzt eine Beteiligung aller relevanten Akteure innerhalb einer Stadt voraus. Somit ist eine umfassende Beteiligung Grundlage für das Gelingen des Konzeptes. Ein fester Katalog der zu beteiligenden Akteure existiert nicht, Stadtmarketing entsteht logischerweise immer aus spezifischen Konstellationen, z.B. die gewählten Ratsmitglieder, (Ober-)Bürgermeister, die Fraktionen und Parteien sowie die Hauptgemeindebeamten. Aus dem privaten Bereich ist an die Vertreter wirtschaftlicher Interessen zu denken, so z.B. Grundstückseigentümer, Kaufleute, Gewerbetreibende, Industrie- und Bankenvertreter, das Gaststättengewerbe und weitere Dienstleister sowie die zugehörigen Verbände und Kommunen.

Vertreter nichtwirtschaftlicher Interessen

Hinzu kommt die Gruppe mit nicht primär wirtschaftlichen Interessen, wie Vereinigungen, Verbände, Kulturschaffende, Bürgerinitiativen usw. Gerade die Formen der Selbstorganisation der Bürger prägen in erheblichem Ausmaß die städtische Umwelt, ihre Kreativität und Motivation wurde bisher in der Praxis kaum einbezogen.

---

[21]) Kemming, H.: Zur Gestaltung von Stadtmarketing – Orientierung für die Praxis, in: Institut für Landes- und Stadtentwicklungsforschung NRW, Stadtmarketing in der Diskussion, 1. Aufl., Dortmund 1991, S. 9.

Weiterhin sollten noch öffentliche, halböffentliche und private Institutionen wie z. B. Universitäten, Forschungsinstitutionen, Stiftungen usw. einbezogen werden, deren vorhandenes Wissen sich die Stadt sicherlich zunutze machen kann.

Institutionen

Organisatorisch ist das Konzept so gestaltet, daß die Steuerung des Marketingprozesses überwiegend durch einen Initiativkreis erfolgt, dem vor allem Vertreter der beteiligten Ämter, der Industrie, des Gewerbes, der Gewerkschaften sowie der Stadt angehören. Die Leitung erfolgt meist durch einen Repräsentanten der Verwaltung. Über den Initiativkreis hinaus werden einzelne Arbeitskreise zu speziellen Themenfeldern gegründet. Hier erfolgt die inhaltliche Aufbereitung sowie die Erstellung einzelner Maßnahmenkataloge. Die Federführung des Stadtmarketings liegt bei den Kommunen meist in den Händen der Wirtschaftsförderung, oftmals in Verbindung mit dem Amt für Stadtentwicklung oder dem Presseamt.

Zentraler Initiativkreis

Arbeitskreise

Sind die Verständnis- und Akzeptanzprobleme beim Stadtmarketing erst einmal überwunden, stellt sich das Konzept als flexibles Instrument dar, die Attraktivität der Kommunen in Zusammenarbeit mit den unterschiedlichen Gruppen zu verbessern. Schematische Lösungen sind jedoch nicht sinnvoll, individuelle Lösungen müssen vielmehr vor Ort entwickelt werden. Dabei ist Stadtmarketing ein neues Instrument zur Lösung alter Probleme. Ob der Begriff Stadtmarketing passend bzw. sinnvoll ist, sei dahingestellt. Wichtig ist, daß sich eine neue Strategie in den Köpfen durchgesetzt hat und dabei gute Kommunalpolitik herauskommt.

Neues Instrument für alte Probleme

4.2.4.3 Public Private Partnership

Bei komplexen Projektentwicklungen stellt sich generell die Frage, wer sie anstößt, organisiert, umsetzt und weiterentwickelt. Die Kommunen können diese umfassende Leistung bereits seit längerem nicht mehr erbringen, und dies nicht nur aufgrund der Verknappung öffentlicher Mittel. Immer deutlicher wird vielmehr eine städtebauliche Orientierungslosigkeit bundesdeutscher Kommunen. Das Fehlen übergreifender städtebaulicher Konzepte wird anhand monotoner Wohnsiedlungen und charakterloser Solitärbauten sichtbar. Die Funktionalität bestimmt weitgehend das städtische Bild. Investoren stellen vermehrt die Wirtschaftlichkeit in den Vordergrund. Ästhetische Komponenten und Lebensqualität rücken bei dieser Entwicklung ins zweite Glied. Die Starrheit und Orientierungslosigkeit der Stadtverantwortlichen hat letztlich zu einem Wandel im urbanen

Städtebauliche Orientierungslosigkeit

Erscheinungsbild geführt. Ein Ausweg aus dieser vielschichtigen kommunalen Krise erfordert von den Städten und Gemeinden neue Konzepte. Diese lassen jedoch oftmals auf sich warten. Aus diesem Grund erfährt Public Private Partnership (PPP), die gemeinsame Erledigung von öffentlichen Aufgaben durch Öffentliche und Private, eine Neuauflage. Insbesondere bei Bauvorhaben und größeren Entwicklungen eignet sich diese Form der Kooperation.

Begriff: Public Private Partnership

»PPP-Strategien zielen auf mehrere Ebenen und unterschiedliche Problembereiche. Sie sollten neue Ressourcen für die Lösung von Problemen erschließen, indem das herkömmliche Verständnis der Rollen des Privatsektors, der Betroffenen und der öffentlichen Hand verändert werden. Die Probleme der Stadt werden als Probleme des Gemeinwohls betrachtet. Probleme, für die alle mitverantwortlich sind trotz unterschiedlicher Interessenlagen. Die Voraussetzung für partnerschaftliche Aktivitäten sind Transparenz und Konsens darüber, wie das Gemeinwohl unter Einbeziehung der Ressourcen aller Beteiligten am besten erreicht werden kann«[22]).

Anhand dieser Definition oder Beschreibung wird deutlich, daß mit Public Private Partnership in den letzten Jahren eine enge Kooperation der Städte mit Unternehmen des privaten Sektors bezeichnet wird. Hierbei beziehen sich die Aktivitäten auf unterschiedliche Felder, vor allem sind dies

Aktivitätsfelder

- die Wirtschaftsentwicklung,
- die Stadtentwicklung,
- die Ausbildung,
- die sozialen Dienste,
- der Wohnungsbau und
- die Kultur.

Neue Formen der Arbeitsteilung

Deutlich sichtbar wird, daß es zu einer Verschiebung der klassischen Grenzen der Arbeitsteilung zwischen dem öffentlichen und dem privaten Sektor kommt. Der private Sektor übernimmt insofern Verantwortungen, die in der Vergangenheit von öffentlichen Stellen getragen wurden. Dies führte zu zahlreichen ideologischen Diskussionen über die Richtigkeit dieser wirtschaftspolitischen Strategie. Die Praxis hat jedoch gezeigt, daß es sich nicht um einen Machtkampf, sondern um ein kooperatives Vorgehen mit einer gemeinsamen Zielsetzung handelt.

Kooperatives Vorgehen

---

[22]) Pfeiffer, U.: Public Private Partnership – Eingrenzung und Definition, Bonn 1990 (unveröffentlichtes Manuskript), S. 2.

Public Private Partnership: gängige Praxis

Im eigentlichen Sinn ist der Inhalt von Public Private Partnership nicht neu, er bezeichnet eine gängige Praxis aller demokratischen Verwaltungen. Angesichts der Tatsache, daß Investitionen weit überwiegend im privaten Sektor vorgenommen werden, daß die größte Zahl der Arbeitsplätze privat entsteht und erhalten wird, befindet sich selbst eine starke öffentliche Hand immer in der Situation, in vielen Bereichen nur anregen und fördern zu können. Eine Partnerschaft zwischen öffentlichen Stellen und privaten Unternehmen ist ein Wesenselement demokratischer marktwirtschaftlicher Wirtschafts- und Herrschaftssysteme[23]).

Gründe, die dafür sprechen

Welche Gründe sind nun letztlich für die vermehrte Anwendung dieser öffentlich-privaten Partnerschaft festzuhalten? Mehrere Faktoren kommen hier zusammen. Politische Einstellungsveränderungen, die Erfahrung, daß der Staat selbst, gestützt auf erhebliche Ressourcen, an die Grenzen seiner Wirksamkeit stößt, wenn es darum geht, wirtschaftliche Entwicklung, Staatsqualität oder Stadterneuerung voranzubringen. Eine Knappheit an Ressourcen im öffentlichen Sektor, die auch eine Knappheit an Verwaltungskapazitäten beinhaltet, stärkt dann die Bereitschaft, im privaten Sektor, auf der örtlichen Ebene Ressourcen für öffentliche Aufgaben durch Kooperation und freiwillige Beteiligung zu mobilisieren. Die raschen ökonomischen Strukturveränderungen, der partielle Zusammenbruch der örtlichen Wirtschaft, die krisenhafte Zuspitzung der Entwicklung in bestimmten Stadtbereichen fördern die Bereitschaft der Unternehmen, über die unmittelbaren Gewinninteressen hinaus gemeinwohlorientiert oder regionalwirtschaftlich orientiert zu handeln und sich für öffentliche Aufgaben direkt zu engagieren[24]).

Formen der Kooperation

Public Private Partnership wird in der Praxis nicht in einem festen Modell durchgeführt, vielmehr finden sich verschiedene Formen der Kooperation wieder. Unabhängig vom Projekterfolg sollen im folgenden zwei sehr frühe, allerdings recht unterschiedliche Kooperationsbeispiele aufgeführt werden.

Beispiel: MediaPark Köln

Die MediaPark Köln Entwicklungsgesellschaft mbH wurde im September 1988 mit folgendem Gesellschaftszweck gegründet: »Das Unternehmen ist mit der Entwicklung des Projektes MediaPark in Köln mit einer besonderen Nutzungsmischung (Medien, Kommunikation, Kultur und Wohnungswirtschaft) auf der Grundlage des vom Rat der Stadt Köln beschlossenen Nutzungskonzeptes in Auftrag.« Am

[23]) Pfeiffer, U.: Public Private Partnership – Eingrenzung und Definition, Bonn 1990 (unveröffentlichtes Manuskript), S. 6.
[24]) Ebenda, S. 15.

Gesellschaftszweck wird deutlich, daß zunächst eine ausschließliche Konzentration auf das MediaPark-Projekt in Köln stattfinden sollte. Die Entwicklung des MediaParks lag zuerst in städtischer Hand. Zu Beginn der Realisierungsphase wurde jedoch eine privatwirtschaftliche Organisationsform gewählt. Dieser Weg wurde eingeschlagen, um die komplexen Aufgabenstellungen fachgerecht und effizient zu bewältigen. Die öffentliche Verwaltung mit ihrer ressortorientierten Aufgabenteilung und ihren auf öffentliche Aufgaben zugeschnittenen politischen Prozessen ist hierfür nicht geeignet.

Gesellschafterstruktur bei Gründung

Die privatwirtschaftliche Organisationsform ermöglicht auch, das gewonnene Know-how ggf. für weitere Projekte anzubieten. Die MPK wies bei der Gründung folgende Gesellschafterstruktur auf:

- 25,05 % Land Nordrhein-Westfalen
- 25,05 % Stadt Köln
- 25,05 % Bernd Schaefers Medienbeteiligungsgesellschaft mbH
- 24,85 % Treuarbeit Aktiengesellschaft, Treuhand für die Stadt Köln

Diese öffentlich-private Gesellschafterstruktur ist mittlerweile nicht mehr aktuell, da der private Gesellschafter seinen Anteil an die öffentliche Hand veräußert hat.

Baugelände

Der MediaPark entsteht auf dem Gelände des ehemaligen Güterbahnhofes Köln-Gereon, der von der Deutschen Bundesbahn im Zuge ihrer Umorganisation zugunsten eines anderen Standortes aufgegeben wurde. Ein Areal von 200.000 m^2 in bester Innenstadtlage stand für eine neue Entwicklung zur Verfügung. Zuvor hatte die Bundesbahn in einem großen Recyclingverfahren das gesamte Gelände freigeräumt. Die Stadt Köln hatte sich bereits sehr frühzeitig das Gelände für ein besonderes Projekt gesichert. Nachdem Gutachter das vorgesehene Konzept im Jahr 1986 auf Realisierungschancen hin überprüft hatten und die Akquisition von Nutzern eingeleitet war, gab der Rat der Stadt Köln die Umsetzung der Idee zum MediaPark frei. Die Entscheidung für einen medienorientierten Park fiel aufgrund der Tatsache, daß bereits eine breite Basis auf dem Gebiet der Telematik und Medienwirtschaft in Köln existierte und somit gute Standortvorteile gegeben waren (Synergieeffekte). So konnte bereits im Jahre 1987 ein bundesweit offener Ideenwettbewerb mit internationaler Zuladung ausgeschrieben werden. Gesucht wurde ein überzeugendes städtebauliches Konzept, das den bereits entwickelten Inhalten des

Gutachten des Konzeptes

Ideenwettbewerb

Nutzungskonzeptes MediaPark mit seiner zukunftsweisenden Bedeutung nun auch räumlich und funktional den angemessenen Rahmen geben sollte. Nach zwei Bewertungsgängen und einer Weiterentwicklung von sechs ausgesuchten Arbeiten wurde schließlich der Entwurf von Zeidler Roberts Partnership, Toronto, als Grundlage für die weitere Bearbeitung des städtebaulichen Planungskonzeptes MediaPark ausgewählt.

Ziel des Projektes

Hauptziel des MediaPark-Projektes, so die Intention des Stadtrates, soll die Nutzung und Stärkung der endogenen Entwicklungspotentiale der Stadt sein. Köln ist bereits ein großer Anwenderstandort der Medien- und Telematikwirtschaft Westdeutschlands und verfügt über zahlreiche räumliche und funktionale Konzepte zur weiteren Entwicklung der Dienstleistungs- wie der Wohnfunktion in der Innenstadt. Die vorgesehene MediaPark-Nutzung spiegelt die Durchdringung immer weiterer Bereiche des Wirtschaftslebens, des Kulturschaffens, der Weiterbildung, der Forschung und der Freizeitaktivitäten durch Informations- und Kommunikationstechniken und ihre Anwendung wider. Das Nutzungskonzept MediaPark steht für das Zusammenspiel dieser Nutzungen und für die Förderung der sich hieraus ergebenden synergetischen Wirkungen.

Beispiel: Emscher-Lippe-Raum

Anhand eines zweiten Beispieles soll eine weitere Wirkungsweise der Public-Private-Partnership-Strategie verdeutlicht werden. Die städteübergreifende Public Private Partnership im nördlichen Ruhrgebiet befand sich in einer typischen Ausgangslage. Der Emscher-Lippe-Raum als Teilregion des Ruhrgebietes wurde durch den strukturellen Wandel der letzten beiden Jahrzehnte besonders hart getroffen. Aufgrund der einseitigen Branchenstruktur wuchs die Sorge vor der verstärkten Auseinanderentwicklung der Wirtschafts- und Sozialstruktur. Mit der Absicht, den Branchenmix zu verbessern und die wirtschaftsfördernde Infrastruktur auszubauen, war man auf der Suche nach einer Kooperationsform, die den begonnenen Prozeß der regionalisierten Strukturpolitik fortsetzte.

Gründung der »Emscher-Lippe-Agentur«

Im Mai 1990 wurde von 26 Gesellschaftern, darunter zwei Städte, in Form der Public Private Partnership die Emscher-Lippe-Agentur, Gesellschaft für Strukturverbesserung im nördlichen Ruhrgebiet mbH, gegründet. In der Präambel des Gesellschaftsvertrages wird die Zielsetzung definiert:

Ziel

»Mit der Emscher-Lippe-Agentur wird eine zentrale Einrichtung zur Förderung der wirtschaftlichen Entwicklung des nördlichen Ruhrgebietes und zur Lösung der regionalen Strukturprobleme geschaffen. Die Emscher-Lippe-Agentur ist eine ergänzende Einrichtung zur kommunalen Wirtschaftsförderung und zu den Kammern. Die Ziele sollen auf neuen Wegen und auf der Grundlage einer regional abgestimmten Entwicklungskonzeption städteübergreifend und in öffentlich-privater Zusammenarbeit verwirklicht werden.«

Im einzelnen sind dies folgende konkrete Ziele:

Einzelziele

- die Verhinderung weiterer Arbeitslosigkeit bzw. Schaffung neuer Arbeitsplätze,
- die Diversifizierung der Branchenstruktur und
- die Verbesserung des überregionalen Bekanntheitsgrades sowie der Attraktivität des nördlichen Ruhrgebietes.

Zur Erreichung dieser Ziele werden von der Emscher-Lippe-Agentur folgende Maßnahmen ergriffen:

Maßnahmen

- das Standortmarketing, einschließlich Erarbeitung von Entwicklungsperspektiven und Standortprofilen,
- die Aufnahme und konsequente Pflege von Kontakten zu allen für die Wirtschaftsförderung relevanten Institutionen,
- der Aufbau eines Standort-Informationssystems einschließlich einer Grundstücks- und Immobiliendatei,
- die Akquisition und Beratung von Unternehmen,
- die Vermittlung von Spezialberatung,
- die Mitwirkung bei der Organisation und Durchführung von wirtschaftsfördernden Veranstaltungen, Messen und Ausstellungen,
- die Interessenwahrnehmung gegenüber den Organen/ Institutionen der Europäischen Gemeinschaft,
- die andauernde Strukturbeobachtung,
- die regionale und überregionale Werbung und Öffentlichkeitsarbeit,
- der Aufbau eines EDV-gestützten Systems zwecks Unterstützung der Kommunen bei der herkömmlichen Förderungs- und Finanzierungsberatung[25]).

[25]) Fröhlich, G.: Städteübergreifende Public Private Partnership im nördlichen Ruhrgebiet, in Institut für Landes- und Stadtentwicklungsforschung NRW, Stadtmarketing in der Diskussion, 1. Aufl., Dortmund 1991, S. 88.

Agenturstruktur

Wie bereits erwähnt, gehören der Emscher-Lippe-Agentur 36 Gesellschafter an, an deren Spitze ein Geschäftsführer steht. Der Gesellschaftsversammlung steht als Kontrollorgan ein 16köpfiger Aufsichtsrat zur Seite, aus Akzeptanzgründen sind dies meist Persönlichkeiten aus den jeweiligen Kommunen. Eine zusätzliche effektive Unterstützung ihrer Anliegen kann die Emscher-Lippe-Agentur von ihrem 26köpfigen Beirat erwarten, in dem bekannte Repräsentanten der nationalen Wirtschaft, Arbeit, Wissenschaft, Kultur und Publizistik vertreten sind. Der Beirat berät den Geschäftsführer und den Aufsichtsrat und tritt mit Sachverstand und Professionalität für die Ziele der Gesellschaft ein.

Beraterkreis

Daneben baut der Geschäftsführer einen Beraterkreis aus den Spitzen der Gesellschaft für Wirtschaftsförderung NRW, der Landesentwicklungsgesellschaft (LEG), der Internationalen Bauausstellung Emscher Park (IBA), ZENIT und der Investitionsbank NRW auf.

Ausblick

Öffentlich-private Partnerschaften sind nichts Neues, im Rahmen leerer öffentlicher Haushaltskassen bzw. fehlenden »öffentlichen Know-hows« ist die vermehrte Nutzung privater Ressourcen nur eine logische Konsequenz. In Zukunft werden deutlich vermehrt Projekte in Kooperation zwischen Städten und Unternehmen des privaten Sektors durchgeführt. Dabei werden sich die Aktivitäten auf sehr unterschiedliche Felder, insbesondere auf Wirtschaftsentwicklung, Stadtentwicklung, Entsorgung, Ausbildung, soziale Dienste, Wohnungsbau und Kultur beziehen. Im Rahmen dieser Zusammenarbeit kommt es zu einer Verschiebung der klassischen Grenzen der Arbeitsteilung zwischen dem öffentlichen und privaten Sektor, in dem beide Seiten Verantwortung übernehmen müssen. Die Voraussetzung für solch partnerschaftliche Aktivitäten muß auch zukünftig Transparenz und Konsens darüber sein, wie das Gemeinwohl unter Einbeziehung der Ressourcen aller an Public Private Partnership Beteiligten am besten erreicht werden kann.

Transparenz und Konsens

4.2.5 Auswirkungen auf das Anforderungsprofil der Projektentwicklungsgesellschaften

Positives Geschäftsklima

Um weiterhin für Investoren attraktiv zu sein bzw. zu werden, versuchen die Städte alles, um ein positives Geschäftsklima zu erhalten bzw. zu erreichen. Insbesondere neue kommunale Strategien mit einer deutlichen Akzentuierung des privaten Sektors sollen, wie bereits dargelegt, die entsprechenden Voraussetzungen für neue Unternehmensansiedlungen schaffen. Ziel dieser verantwortlichen Einbeziehung der Privaten ist es, deren erhebliche Ressourcen zum Nutzen der eigenen Stadt oder Region auszuschöpfen.

»Wachstumsthese«

Für private Unternehmen öffnen sich mit dieser Entwicklung neue Arbeitsfelder. Im Gegensatz zur kommunalen »Schrumpfungsthese« (Stellenabbau) gilt für den privaten Sektor die »Wachstumsthese«, d. h., private Firmen müssen aufgrund der neuübernommenen Verantwortung expandieren. Durch die Privatisierung öffentlicher Dienstleistungen kommt es jedoch nicht nur zur Ausdehnung bestehender Unternehmen, sondern auch zu zahlreichen Neugründungen (aufgrund der veränderten Marktnachfrage).

Bedeutungszuwachs der Projektentwicklung

Auf der Grundlage des beschriebenen Sachverhaltes erhalten die Projektentwicklungsgesellschaften einen beachtlichen Bedeutungsgewinn. Ihre Aufgabe ist es nun, auf die Blockade und Verkrustung innerhalb der öffentlichen Verwaltung zu reagieren. Hierbei müssen die Development-Unternehmen die demokratischen Grundregeln der Gesellschaft beachten und weiterentwickeln. Insbesondere wird die Stellung der Projektentwicklungsgesellschaften als Bindeglied zwischen Staat/Stadt, Öffentlichkeit und Investor an Bedeutung gewinnen. So nutzen Investoren vermehrt die umfassende Dienstleistung der Developer, um ihr Kapital möglichst gewinnbringend in neuerstellte Immobilien zu investieren.

Positive Einstellung der Städte zur Projektentwicklung

Auf der anderen Seite stehen der Staat bzw. die Stadt, die auf private Investoren angewiesen sind, damit der Ausbau des Angebotes z. B. an geeigneten Bürohäusern, Gewerbeparks, Hotels, Einkaufscentern oder Wohnhäusern ermöglicht wird. Folglich ist nachzuvollziehen, daß die städtischen Akteure als indirekte Nutznießer der Projektentwicklung die Aktivitäten der Developer positiv betrachten.

Die Suche der Projektentwicklungsgesellschaften nach Investoren kann auch als »externe Wirtschaftsförderung« gesehen werden. Außer Frage steht damit, daß Developer mit ihrer Tätigkeit das Image einer Stadt erheblich beeinflussen.

Vorteile für die Verwaltung

Eine künftig verstärkte Einbeziehung der Projektentwicklungsgesellschaften in Teilbereiche der kommunalen Planungsarbeit als logische Konsequenz aus der Tatsache, daß Investitionen weit überwiegend im privaten Bereich vorgenommen werden, würde zahlreiche Vorteile für die Verwaltung mit sich bringen. So

- würden die Kontakte zu potentiellen nationalen und internationalen Investoren hergestellt,
- würde die Schaffung eines optimalen Geschäftsklimas mit Multiplikatorwirkung gefördert,
- würde die Nutzung externen Know-hows forciert, und letztlich
- würden verstärkt gesellschaftliche Probleme (u. a. soziale, kulturelle, ökologische, energie- und verkehrstechnische Aspekte) in die Planung mit einbezogen.

Mit einer deutlich höheren Investitionstätigkeit in bestimmten Regionen tragen die Projektentwickler aktiv zur Umgestaltung der Städte bei. Development-Gesellschaften schaffen damit einen Teil der komplexen Bedingungen, die die moderne Stadt benötigt, um im Konkurrenzkampf der Metropolen zu bestehen. So verwundert es nicht, daß die Projektentwicklungsgesellschaften innerhalb der neuen Organisationsformen der Städte deutlich an Gewicht gewinnen werden.

Private Developer in den USA

Erwähnt sei an dieser Stelle die Stellung der privaten Developer in den USA. Im Vergleich zu Europa sieht sich der Staat in Amerika immer nur mit relativ schmalen Kompetenzen ausgestattet, hier macht sich ein deutlicher Unterschied zu dem entwicklungspolitischen Denken in Europa bemerkbar. Wo z. B. in Großbritannien seit Beginn der 80er Jahre staatliche Entwicklungsgesellschaften gegründet wurden, die weitgehende Kompetenzen und Finanzmittel erhielten, um die Docklands, die Ufer des Clyde in Glasgow oder Industriegelände in Birmingham oder Manchester zu entwikkeln, übernehmen in den USA meist private Developer eine Führungsrolle. Dies gilt z. B. für die Hafenentwicklung in Baltimore, Boston oder Seattle, wo gewaltige Stadtentwicklungsinvestitionen geplant oder bereits realisiert werden bzw. wurden. Die Anstöße gehen in Nordamerika also stärker und häufiger vom privaten Sektor aus. Gleichzeitig übernehmen die privaten Developer aber auch im Rahmen großer Investitionsvorhaben öffentliche Funktionen, z. B. die Erstellung öffentlicher Promenaden und Plätze.

Führungsrolle privater Developer

Eine derart starke Stellung wie in den USA werden private Projektentwickler in Deutschland sicherlich nicht erlangen.

Allerdings ist damit zu rechnen, daß ihr Einflußbereich und ihre Bedeutung im Rahmen neuer städtischer Organisationsformen weiterhin wachsen wird.

Anforderungsprofil

Die veränderten Marktbedingungen bleiben nicht ohne Auswirkungen auf das Anforderungsprofil der Development-Gesellschaften. Vor dem Hintergrund sich wandelnder Aufgaben und Interessen der öffentlichen Hand erhalten die privaten Projektentwicklungsgesellschaften einen erheblichen Bedeutungsgewinn. Diese Veränderung zwingt die Development-Gesellschaften, neue Kompetenzen zu entwickeln. Die zentralen Charakteristika des gewandelten Anforderungsprofiles von Projektentwicklungsgesellschaften sollen im folgenden dargestellt werden.

4.2.5.1 Strukturelle Ebene

Permanente Fortentwicklung der internen Struktur

Die Einflüsse, die heute auf die Unternehmensstruktur einer Development-Gesellschaft wirken, sind nicht mehr nur im direkten wirtschaftlichen Umfeld des Projektentwicklungsmarktes zu suchen. Intensive Vernetzungen von Gesellschaften (u. a. Öffentlichkeit, Soziales, Kultur), Politik, Verwaltung und Wirtschaft führen zu wechselseitigen Beeinflussungen. Diese Verflechtungen innerhalb des Gesamtsystems bleiben nicht ohne Auswirkungen auf das Anforderungsprofil und die Verantwortung der Projektentwicklungsgesellschaften. Insbesondere die strukturelle Ebene reagiert empfindlich auf Veränderungen im Rahmen des Gesamtsystems. Folglich müssen Developer die Strukturen ihrer Unternehmen permanent auf die aktuellen Marktbedingungen abstimmen.

Nicht jede Veränderung innerhalb des Gesamtsystems muß solch weitreichende Auswirkungen auf das Anforderungsprofil der Projektentwicklungsgesellschaften haben, wie das nun dargestellte Beispiel zeigt:

Beispiel: Wiedervereinigung

Durch die Wiedervereinigung beider deutscher Staaten geriet der Immobilienstandort Bundesrepublik Deutschland in das Interessenspektrum international operierender Kapitalanleger. Nicht nur die veränderte geopolitische Lage Deutschlands, sondern vor allem die Defizite in den fünf neuen Bundesländern an Infrastrukturbauten und gewerblichen Immobilien westlichen Standards eröffneten den am Immobilienmarkt beteiligten Akteuren gute Chancen. Diesem großen Potential an Investitionsbereitschaft steht ein Verwaltungsapparat gegenüber, der aufgrund fehlender Erfahrungen (bedingt durch den Systemwechsel) nicht in der Lage ist, entsprechende rechtliche und planerische Voraussetzungen zu schaffen.

Reaktionen der Developer

Diese Veränderungen im Umfeld des Projektentwicklungsmarktes erfordern (innerbetriebliche) Reaktionen der Development-Gesellschaften.

Zentrale Punkte wären hier u. a.

- die Erweiterung des räumlichen Tätigkeitsfeldes auf die neuen Bundesländer,
- die Anpassung an das veränderte Anforderungsprofil im Osten der Republik, u. a. durch
  - die Schaffung von nur in Ausnahmen vorliegenden Bebauungsplänen bzw. Flächennutzungsplänen,
  - die Planung notwendiger Infrastrukturbauten,
  - die Klärung offener Eigentumsfragen und
  - die Schaffung einer erhöhten Markttransparenz,
- die kooperative Zusammenarbeit der Developer mit den beteiligten Behörden (zwecks Problemlösung).

Komplettdienstleistung »Immobilien«

Nicht nur die räumliche Erweiterung des Marktes stellt die Projektentwicklungsgesellschaften vor neue Aufgaben. Die Investoren erwarten heute von den Development-Gesellschaften vor allem auch ein umfassendes Dienstleistungsangebot rund um die Immobilie. Dieser Komplettservice ist vielen Projektentwicklungsgesellschaften nicht möglich. Um trotzdem auf diese Marktveränderung effizient zu reagieren, gehen zahlreiche Unternehmen Kooperationen ein (z. B. in Form von Projektgesellschaften oder Tochtergesellschaften). Durch diese Zusammenarbeit versuchen bundesdeutsche Development-Unternehmen, die strukturellen Mängel der strikten Arbeitsteilung auszugleichen. Ziel dieser Kooperationen ist es somit, Know-how und Kapital zusammenzuführen und dadurch potentiellen Kunden alle Dienstleistungen von der Entwicklung über die Finanzierung bis zur Vermietung und Verwaltung eines Projektes aus einer Hand anzubieten.

Kooperationen

Neben dieser inhaltlichen Erweiterung des Tätigkeitsfeldes reagieren Developer verstärkt auf die Tendenz, daß ein immer breiter werdendes Feld kommunaler Aufgaben an private Unternehmen übergeben wird. So sind auf dem Development-Markt zur Zeit folgende Projektinitiierungen zu beobachten, die zum Teil sehr unterschiedliche strukturelle Anforderungen an die Unternehmen stellen:

Projektinitiierungen

- Bürohäuser
  (u. a. multifunktional ausgerichtet, für spezialisierte Nutzungen, in Verbindung mit Wohnungen)
- Einkaufscenter
  (u. a. mit Wohnungen, Büroflächen, kulturellen Einrichtungen)

- Gewerbeparks
  (u. a. mit Dienstleistungszentren, z.B. Kindergarten, Restaurant, Bank, Postschalter, und spezialisierten Gewerbegebieten, z.B. Kombination Büro/Lagerfläche, multifunktional orientiert)
- Stadtteilprojekte
  (u. a. Infrastruktur, Grünflächenplanung, Wohnungen, Büroflächen, kulturelle Einrichtungen, Freizeiteinrichtungen, Dienstleistungszentren)
- Industriebauten
  (u. a. Lagerhallen, Produktionsgebäude, Verwaltungsgebäude)
- Freizeiteinrichtungen
  (u. a. Ferienparks, Kinos, Fitneßstudios)
- Wohnungsbauprojekte
  (u. a. in Kombination mit Bürohäusern, komplette Wohnanlagen)
- Umweltprojekte
  (u.a. Sanierung kontaminierter Flächen)
- Infrastrukturprojekte
  (u. a. im Rahmen kompletter Stadtteilprojekte, Kläranlagen, Brückenbauprojekte, in Planung: Autobahnen)

Generell können Projektentwicklungsgesellschaften auf der Grundlage dieses Anforderungsprofils nur Erfolg haben, sofern ihre Unternehmensstruktur und innerbetriebliche Organisation durch Flexibilität gekennzeichnet sind.

4.2.5.2 Handlungsorganisatorische Ebene

Funktionale Arbeitsorganisation

Ein weiteres zentrales Charakteristikum im Rahmen des Anforderungsprofiles stellt die handlungsorganisatorische Ebene dar. Eine funktionale Arbeitsorganisation innerhalb der einzelnen Projektentwicklungsgesellschaften und im Netzwerk kooperierender Partner ist Voraussetzung für eine erfolgreiche Immobilienentwicklung. Aufgrund des komplexen Aufgabenfeldes bedarf es einer genau definierten Arbeitsorganisation während des gesamten Projektverlaufes. Aufgabeninhalte und Verantwortungen müssen entsprechend der Zielvorgabe definiert werden (u. a. qualitative Vorgabe, Zeitvorgabe, Kosten).

Individuelle Organisation

Generelle Aussagen zu einer geeigneten Arbeitsorganisation lassen sich nicht treffen, sondern müssen individuell/speziell für jedes Unternehmen/Projekt vorgenommen werden. Ein funktioneller Arbeitsablauf muß sich nach den

Gegebenheiten eines Projektes bzw. einer Development-Gesellschaft richten. Entscheidend für die Arbeitsorganisation sind u. a. folgende Punkte:

Projektart

- Welche Art von Projekten wird entwickelt?
  Generell muß hier differenziert werden zwischen Wohnungsbauprojekten und gewerblichen Projekten. Aber auch innerhalb der gewerblichen Projekte werden Unterschiede sichtbar, die unterschiedliche Organisationsformen verlangen.

Gesellschafterstruktur

- Wie stellt sich die Gesellschafterstruktur der Firmen dar?
  Development-Gesellschaften von großen Bauunternehmen weisen z. B. andere Formen der Arbeitsorganisation auf als Fonds-Developer oder unabhängige Projektentwickler (aufgrund unterschiedlicher Projektintentionen).

Auftraggeber

- Wer ist der Auftraggeber/Investor eines Projektes?
  Projekte, deren Auftraggeber z. B. die öffentliche Hand ist, verlangen oftmals im Rahmen der Arbeitsorganisation ein hohes Maß an Flexibilität, da unterschiedliche Interessen Beachtung finden müssen.

Durch den gesellschaftlichen Veränderungsprozeß weg von der eher staatlichen/kommunalen hin zu einer auch privatwirtschaftlichen Projektentwicklung gewinnt die handlungsorganisatorische Ebene an Bedeutung. Die gewandelten Anforderungen am Projektentwicklungsmarkt erfordern neue Handlungsformen zwischen allen beteiligten Akteuren (auf allen Arbeitsebenen). Flexibilität, Kreativität und Innovation als die zentralen Komponenten einer privatwirtschaftlichen Projektentwicklung setzen die Entwicklung neuer, offener und funktionaler Arbeitsorganisationen voraus.

Neue Handlungskorridore und Netzwerke

Im Rahmen der erweiterten handlungsorganisatorischen Ebene öffnen sich für Development-Gesellschaften neue Handlungskorridore. Einen wesentlichen Bestandteil stellt die kooperative Einbeziehung der Öffentlichkeit (u. a. Politikverantwortliche, Bürgerschaftsinteressen, Medien) dar. Auf dieser Ebene werden unter maßgeblicher Verantwortung der privaten Developer neue (organisatorische und inhaltlich orientierte) Netze gebildet, die die Grundlage für eine umfassend ausgerichtete und Verantwortung übernehmende Entwicklertätigkeit bilden. Voraussetzung dieser neuen Netzwerke sind allerdings Beziehungen, die gekennzeichnet sind durch gegenseitiges Vertrauen.

Bei der Betrachtung der neuen Netzwerke kommt der Zielorientierung der Projektentwicklungsgesellschaften eine besondere Bedeutung zu. Die Zielorientierung (hierunter verstehe ich die Absicht, die mit der Initiierung eines Projektes verbunden wird) ist entscheidend für das Selbstverständnis des Developers. Unterschiedliche Projektintentionen führen zwangsweise zu unterschiedlichen handlungsorganisatorischen Ansätzen der Projektentwicklung.

Übergreifende Ziele

Folgende übergreifende Ziele können bei den Development-Gesellschaften ausgemacht werden:

- die marktwirtschaftliche Orientierung (ausschließliche Profitinteressen)

  und

- die gesellschaftliche Orientierung (Profit- und Gemeinwohlinteressen).

Oftmals: Vorrang ökonomischer Interessen

Die Projektentwicklungsgesellschaften, die eine ausschließlich marktwirtschaftliche Orientierung aufweisen, dominieren heute den Markt. Allein ökonomische Interessen stellen den Antrieb zur Entwicklung von Projekten dar. Aus diesem Grund ist es auch selbstverständlich für den Developer, sich auf die Interessen des Investors (folglich des Marktes) zu konzentrieren. Die Zusammenarbeit mit der Kommune konzentriert sich weitgehend auf die Erlangung der baurechtlichen Genehmigung. Weiter gehende Kooperationen zwischen Projektentwickler und Kommune finden nur im begrenzten Maße statt. Öffentliche Belange, die in Zusammenhang mit dem Projekt stehen, sind für den Entwickler von nachrangiger Bedeutung. Das Projekt wird oftmals vom Developer als Solitär gesehen, Probleme, die durch den Bau einer Immobilie entstehen können, z.B. im städtischen Umfeld oder mit betroffenen Bürgern, werden weitgehend den staatlichen Planungsträgern zur Lösung überlassen. Eine übergreifende Planung zwischen Entwicklungsgesellschaft und öffentlicher Hand findet somit nur begrenzt statt.

Zunehmend: gesellschaftliche Orientierung

Die Anzahl der Development-Unternehmen, die innerhalb ihrer Planungsarbeit auch gesellschaftlich orientierte Zielsetzungen verfolgen, ist zwar noch recht gering, wächst aber entsprechend den Marktanforderungen zunehmend. Natürlich müssen auch diese Gesellschaften wirtschaftlich erfolgreich arbeiten, wobei das enge Zusammengehen mit der öffentlichen Hand jedoch einen zentralen Bestandteil der Unternehmensphilosophie darstellt. Ziel dieser Kooperationen ist es, daß alle Beteiligten von der Zusammenarbeit profitieren. Die Projektentwickler nehmen innerhalb dieser Kooperationen vermehrt quasistaatliche Aufgaben in ihre Planungsarbeit auf (z. T. die komplette Bauleitplanung inklusive Vorfinanzierungen für Infrastrukturmaßnahmen). Im Gegenzug unterstützt die Kommune das Projekt, indem sie z.B. für eine Integration in das städtebauliche Gesamtkonzept sorgt (Infrastruktur), sich an der Öffentlichkeitsarbeit beteiligt (Bürgerakzeptanz) und vor allem indem sie sich kooperativ im Rahmen des Genehmigungsverfahrens zeigt.

Ausblick

Die zunehmende Projektgröße und die damit wachsende Bedeutung des einzelnen Projektes für eine Stadt muß zukünftig zwangsweise zu einer engeren Zusammenarbeit zwischen Projektentwickler und öffentlicher Hand führen. Insbesondere die Developer sind gefordert, eine mehr gesellschaftsorientierte Projektentwicklung zu betreiben. Die Übernahme von quasistaatlichen Planungsaufgaben muß als fester Bestandteil der Projektentwicklung angesehen werden. Eine Unternehmensphilosophie mit Scheuklappen, die ein (Groß-)Projekt ausschließlich als

- wirtschaftliches Objekt und
- räumlichen Solitär ohne Bezug zum städtischen Gefüge

sieht, wird mittelfristig den Anforderungen des Marktes nicht mehr entsprechen.

4.2.5.3 Ganzheitliches Wissen

Trend zu Verantwortung und Ganzheitlichkeit

Insbesondere in der Projektentwicklung wird der heutige Trend hin zu verantwortungsbewußtem und ganzheitlichem Wissen (als Netzwerk von politischen, ökonomischen, ökologischen, sozialen und kulturellen Aspekten) deutlich sichtbar. Die in der Vergangenheit befürwortete und verstärkt durchgeführte Ausbildung zum Spezialistentum hat sich in der Praxis als unzulänglich erwiesen. Spezialisten fehlt häufig der Blick für das Ganze, vernetztes Denken ist ihnen fremd, lästig oder zu teuer. Interdisziplinäre Arbeitsweisen sind i. d. R. unbekannt. Projektentwickler sollten im Rahmen dieser Sichtweise grundsätzlich Generalisten und Spezialisten gleichzeitig sein.

Universalität der Dienstleistung

Die Universalität des Dienstleistungsangebotes bildet heute die Grundlage für den Erfolg einer Projektentwicklungsgesellschaft. Potentielle Investoren verlangen einen umfassenden Service aus einer Hand. Dieser reicht von der Projektinitiierung und Baubetreuung über die Einschätzung gesellschaftlicher Situationen bis hin zur Vermarktung und Verwaltung von Immobilienobjekten. Zudem gewinnt die Erstellung von Finanzierungsmodellen erheblich an Bedeutung. Insbesondere die schwierige Finanzlage der Städte und Gemeinden zwingt zu neuen Überlegungen. Unter diesen Gesichtspunkten wird das Immobilienleasing in Zukunft deutlich mehr Anwendung finden.

Erwartung an Vorbildung der Developer

Die Erwartungen seitens der Investoren zeigen, daß Developer insbesondere kaufmännisch, technisch, raumplanerisch und gesellschaftspolitisch vorgebildet und interessiert sein sollten. Solch umfassendes Wissen ist jedoch meist nur durch langjährige praktische Erfahrung zu erlangen. Bei der umfassenden Breite des heutigen Dienstleistungsangebotes sind die verantwortlichen Projektentwickler auf fremdes Know-how angewiesen.

Fremd-Dienstleister

Dieses Wissen kann im eigenen Unternehmen (z. B. Abteilung, Team) zur Verfügung stehen oder eingekauft werden (z. B. Marktforschungsinstitute, Architekten). Im Rahmen einer weiteren Professionalisierung der Projektentwicklung

Interdisziplinäre Teams

werden heute verstärkt interdisziplinär besetzte Teams gebildet, die Verantwortung übernehmen. Diese Teamarbeit soll die Vernetzung sämtlicher Themen- und Problembereiche garantieren und abgestimmtes Vorgehen ermöglichen. Auch innerhalb dieser Gruppenarbeit ist ganzheitliches Wissen Voraussetzung, damit einzelne Zusammenhänge des Projektverlaufes in ihrer Funktion für das Ganze gesehen werden.

Ein passiv und traditionalistisch denkendes und handelndes Unternehmen kann zukünftig auf die in immer kürzeren Abständen auftretenden Veränderungen nicht schnell und

Ganzheitliche Sichtweise

flexibel genug reagieren. Die ganzheitliche Sichtweise, das gesellschaftliche Reflexionsvermögen sowie der Wille zur prinzipiellen Verbesserung verlangen von der Unternehmensführung, das Umfeld kontinuierlich daraufhin zu beobachten, ob die eigenen Strukturen dem aktuellen Anforderungsprofil des Projektentwicklungsmarktes noch entsprechen. Diese Sichtweise mit zugehörigem Handlungsmuster setzt sich bei deutschen Entwicklern oftmals nur langsam durch.

Ausbildungsangebot

Vor dem Hintergrund dieses Anforderungsprofiles ist abschließend das Ausbildungsangebot für den Projektentwickler kritisch zu erwähnen. Qualifizierte Ausbildungswege, insbesondere an Hochschulen, die auf die komplexe Tätigkeit in der Praxis vorbereiten, müssen von den Development-Gesellschaften verstärkt gefordert und gefördert werden.

Dr. Stephan Bone-Winkel

4.3 Wertschöpfung durch Projektentwicklung – Möglichkeiten für Immobilieninvestoren

Inhaltsverzeichnis

4.3.1 Einführung

Projektentwicklung schafft Werte für Nutzer

Die Funktion der Projektentwicklung in der Bau- und Immobilienwirtschaft läßt sich mit der Produktentwicklung in der Industrie vergleichen. In beiden Bereichen geht es um die Schaffung eines Wertes für den Abnehmer, hier letztlich für den Mieter oder den Eigennutzer einer Fläche. Dieser Wert kann durch die Neubebauung eines Grundstückes oder die Revitalisierung einer vorhandenen Fläche entstehen. Dabei hat die Herstellung einer Fläche an sich keinen eigenen Wert, erst die Nutzung der Fläche für produktive Zwecke ist Gradmesser für den Erfolg der Projektentwicklung[1]).

Die enge Verbindung zwischen Immobilieninvestition und Projektentwicklung läßt sich über den Lebenszyklus von Gebäuden erklären. Projektentwicklung steht am Anfang dieses Zyklus, aber auch an dessen Ende. Während der Lebensdauer des Gebäudes wechseln sich Nutzungs- und Revitalisierungsphasen ab, deren Länge jeweils von der wirtschaftlichen und technischen Funktionsfähigkeit des Objektes bestimmt wird.

An der Wertschöpfung im Rahmen der Projektentwicklung sind viele Institutionen und Berufe beteiligt. Nachfolgend sollen die Interessenträger innerhalb des Projektentwicklungsprozesses, insbesondere die institutionellen Investoren, näher betrachtet werden. Ein Schwerpunkt wird dabei auf der Untersuchung des Verhältnisses von Projektentwicklern und Investoren liegen. Gleichzeitig soll die Frage beleuchtet werden, auf welche Weise ein Engagement in der Projektentwicklung möglich ist und welche Chancen und Risiken dies nach sich zieht.

---

[1]) Graaskamp, J.A.: Fundamentals of Real Estate Development, in: Journal of Property Valuation & Investment, 10. Jg., 1992, S. 620.

4.3.2 Investoren in der Projektentwicklung

4.3.2.1 Arten von Investoren

Abb. 4.3.1 zeigt drei Gruppen von Investoren, die dem Immobilienbereich zugeordnet werden können. Da die nachfolgenden Ausführungen primär auf den Gewerbeimmobilienmarkt gerichtet sind, werden private Investoren hier nur in ihrer Eigenschaft als Kapitalanleger betrachtet. Dabei sind direkte oder indirekte Anlageformen zu unterscheiden. Beide können mit Projektentwicklungsaufgaben einhergehen.

Institutionelle Investoren

Den institutionellen Investoren sind vor allem die Fonds und die Versicherer zuzurechnen, aber auch eine Reihe von Immobilien-Aktiengesellschaften und Mischformen, die den Immobilienbereich zum Geschäftsfeld ausbauen oder sogar zum Kerngeschäft erheben. Das Leasinggeschäft kann nur eingeschränkt dem institutionellen Investment zugerechnet werden, da es sich hier in aller Regel um eine maßgeschneiderte Finanzierung spezifischen Flächenbedarfs handelt. Unter den ausländischen Investoren dominieren die Versicherer und Pensionsfonds. Da sie sich hinsichtlich Zielen und Verhaltensweisen von den anderen Investorengruppen unterscheiden, werden sie häufig getrennt aufgeführt.

Single- und Multi-Asset-Portfolios

Für die Analyse des Anlageverhaltens der Investoren wichtig ist die Unterscheidung von *Single-* und *Multi-Asset-Portfolios.* Während z. B. die geschlossenen Immobilienfonds per se nur in Immobilien investieren, verfügen etwa die Versicherer über mehrere Anlageklassen. Bei Multi-Asset-Portfolios geht es mithin um die Kombination verschiedener Anlageklassen in einem Portfolio *(Kernfrage: Wieviel Prozent des Anlagevermögens in Immobilien?),* während bei einem reinen Immobilien-Portfolio neben der Liquiditätshaltung die Streuung des Immobilienvermögens im Mittelpunkt steht *(Kernfrage: Wieviel Prozent des Immobilienvermögens in welche Immobilienarten?).*

Non-property companies

Eine für die Projektentwicklung zunehmend wichtige Gruppe stellt die der Unternehmen dar, die nicht primär im Immobilienbereich tätig sind. Diese treten zum einen als Nutzer von Flächen auf, die sie selbst oder unter Einbezug von Developern für ihren eigenen Bedarf entwickeln. Zum anderen aber weisen Unternehmen in der jüngeren Zeit verstärkt nicht mehr betriebsnotwendige Flächen aus, die entweder an den Markt abgegeben werden oder soweit weiterentwickelt werden, daß sie einer neuen Nutzung zugeführt werden können. In dem Maße wie die sog. *»non property companies«* ihr betriebliches Immobilienmanagement als eigenständiges Geschäftsfeld ausbauen, werden sie zu Wettbewerbern institutioneller Investoren.

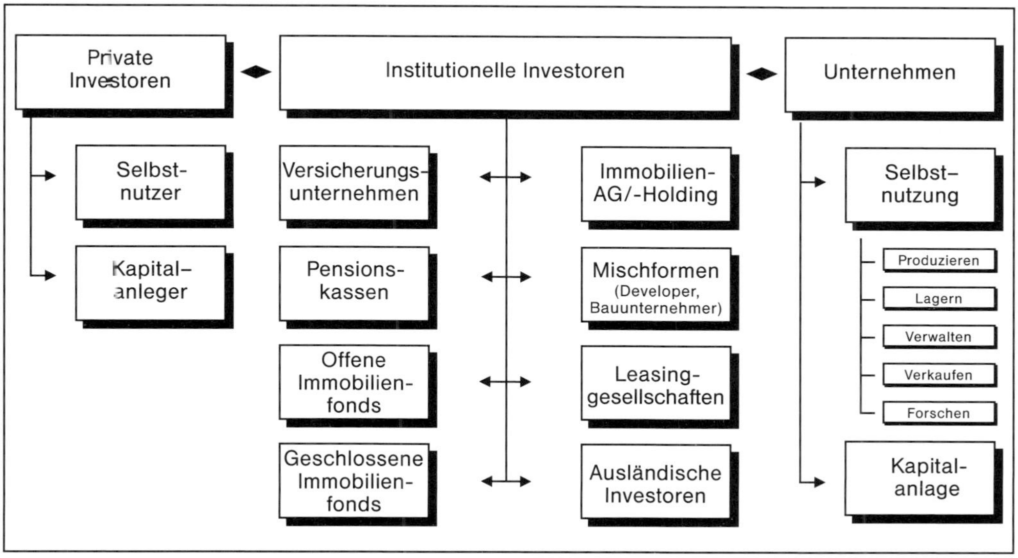

Abb. 4.3.1: Investoren im Immobilienbereich

4.3.2.2 Ziele der Immobilieninvestition

Anfangsrendite und Vervielfältiger als Praktikerkennzahlen

In der Praxis existiert eine Vielzahl von möglichen Zielgrößen einer Immobilieninvestition. Im Mittelpunkt stehen häufig die erzielbare anfängliche Ausschüttungsrendite (als Quotient von Jahresmieteinnahmen und Anfangsinvestition) sowie der Vervielfältiger (als Kehrwert der anfänglichen Ausschüttungsrendite). Das Denken in Anfangsrendite und Vervielfältiger besitzt den Vorteil der leichten Ermittelbarkeit und Schlichtheit, ist jedoch angesichts des Wertes und der durchschnittlichen Haltedauer für die Beurteilung von Immobilieninvestitionen unzureichend.

Performance als Kernziel

Aus Anlegersicht wird in jüngerer Zeit das Ziel der Erreichung einer hohen Performance unter Wahrung einer gewissen Sicherheit und Liquidität als das wesentliche Ziel des Immobilieninvestments angesehen (siehe Abb. 4.3.2[2]). Darunter ist die operative Performance zu fassen, d. h. die jährlich erzielte Ausschüttungsrendite zuzüglich der Wertveränderung der Immobilien.

[2]) S. hierzu auch Bone-Winkel, S.: Ansatzpunkte für eine strategische Bewertung von Immobilienbeständen, in: Der langfristige Kredit, 46. Jg., 1995, S. 68 f.

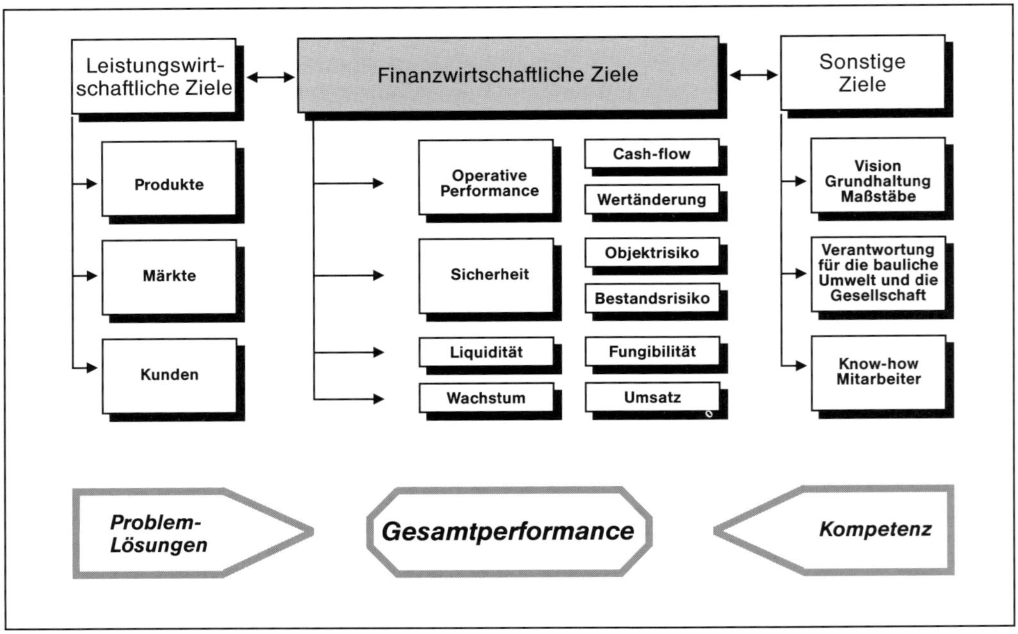

Abb. 4.3.2: Zielsetzungen für das Immobilien-Investment

Strategisches Ziel: Wertschöpfung für Mieter

Diese eher operativen Ziele sind auf lange Sicht von strategischen Zielen und den sonstigen Zielen abhängig. Strategische Ziele betreffen die Frage, auf welche Gebiete ein Investor gegenwärtig und zukünftig die Schwerpunkte seines Engagements setzen will. Antworten auf diese Fragen definieren, mit welchen Leistungen der Investor in welchen Märkten für welche Kunden Problemlösungen anbieten will.

Im Kern müssen die strategischen Ziele des Investors somit in dem Angebot von Problemlösungen für bestimmte Mietergruppen bestehen. Die entsprechende Forderung lautet: *Investoren müssen einen Beitrag zur Wertschöpfung ihrer Mieter leisten.* Da die wesentliche Wertschöpfung nicht durch den Vorgang des Investierens in ein fertiges Objekt allein entsteht, sondern zeitlich vorausgehend durch die eigentliche Herstellung einer Fläche, kann der strategisch denkende Investor an Projektentwicklung nicht vorbeigehen.

Sonstige Ziele

Die sonstigen Ziele stellen in erster Linie auf die soziale Kompetenz des Unternehmens ab. Sie sollen es allen Mitarbeitern des Investors ermöglichen, Entscheidungen und Handlungen an erkennbaren Maßstäben zu orientieren. Es kommt vorrangig darauf an, die Vision und Grundhaltung des Unternehmens zu kommunizieren und Verantwortung für die bauliche Umwelt sowie die Gesellschaft zu übernehmen. Den auf die Mitarbeiter abstellenden Zielen ist das nötige Gewicht zu geben. Schließlich geht es hier um den Aufbau der notwendigen Kompetenz, um erfolgreich im Wettbewerb bestehen zu können.

4.3.2.3 Schnittstellen zwischen Investition und Projektentwicklung

Die Rolle, die ein Investor oder ein Eigennutzer in der Projektentwicklung einnimmt, ist in hohem Maße abhängig von der jeweiligen Zielsetzung vor Beginn und nach Durchführung der Projektentwicklung. McNamara hat diesbezüglich ein Schema entworfen, das in Abb. 4.3.3 wiedergegeben ist. Danach unterscheidet er zum einen ein kurzfristiges Engagement vor Entwicklungsbeginn, das beispielsweise mit dem Kauf eines unbebauten Grundstückes beginnt und etwa von für den eigenen Bestand bauenden Investoren gezeigt wird, und zum anderen ein langfristiges Engagement. Dies

Kurz- oder langfristiges Engagement in der Projektentwicklung

Klassifizierung von Rollen in der Projektentwicklung		Zielsetzung nach Entwicklungsbeginn: *Kurzfristiges Engagement*	*Langfristiges Engagement (Vermietung)*	*Langfristiges Engagemente (Eigennutzung)*
Zielsetzung vor Entwicklungsbeginn	*Kurzfristiges Engagement*	Reiner Bauträger (entrepreneurial builder)	Entwickler & Investor land-developer & investor)	Entwickler & Nutzer (developer-user)
	Langfristiges Engagement (Vermietung)	Bestandsumstrukturierung (asset clearing, probably investment switch)	Bestandsoptimierung (property-improver & rentier)	Expandierender Entwickler & Nutzer (expanding developer & user)
	Langfristiges Engagement (Eigennutzung)	Bestandsbereinigung (capitalizing assets)	Wechsel der Eigentümerrollen (change in returns from property)	Interne Nutzungsoptimierung (owner-occupier & developer)

Abb. 4.3.3: Developerrollen nach McNamara[3])

[3]) McNamara, P.: Towards a classification of land-developers, in: Urban Law and Policy, 6. Jg., 1983, S. 87–94 (zitiert nach Healey, Models, S. 231).

kann auf die Vermietung oder die Eigennutzung gerichtet sein und umfaßt die Revitalisierung bereits genutzter Flächen. Entsprechende Möglichkeiten bestehen nach Entwicklungsbeginn, so daß eine Matrix mit neun Feldern aufgespannt wird.

Die meisten Ausprägungen des Engagements in der Projektentwicklung lassen sich auf diese Weise abbilden. Investoren sind überwiegend dem mittleren Feld »*Bestandsumstrukturierung*« zuzuordnen, während sich reine Developer in dem oberen linken Feld wiederfinden.

Unterschiedliche Perspektiven der Entwicklung

Betrachtet man nun die Schnittstellen zwischen Entwickler und Investor, so ergibt sich eine Reihe von Unterschieden, wie sie in Abb. 4.3.4 dargestellt sind. Grundsätzlich haben Developer und Investoren eine unterschiedliche Perspektive in bezug auf die Immobilie. Die Orientierung des Developers ist tendenziell kurzfristig und projektbezogen. Sie ist darauf gerichtet, ein Projekt in kostengünstiger Form und möglichst kurzer Zeit so zu entwickeln, daß es am Immobilienanlagemarkt zum Zeitpunkt der Fertigstellung bestmöglich plazierbar ist.

Die Orientierung des Investors ist dagegen tendenziell langfristig und portfoliobezogen. Sie ist darauf gerichtet, die dauerhafte Nutzungsabgabe und Wertigkeit der Immobilie vor dem Hintergrund des Gesamtportfolios zu sichern bzw. auszubauen.

Schnittstellen-Optimierung

Wenn beide Seiten an einer Renditemaximierung unter Wahrung einer angemessenen Sicherheit interessiert sind, so ergeben sich hier zwei grundsätzliche Möglichkeiten des gegenseitigen Interessenausgleichs: entweder die gemeinsame Erledigung von Aufgaben durch Kooperation oder die Übernahme von Aufgaben der anderen Partei durch Integration. Darauf wird in Abschnitt 4.3.4 noch einzugehen sein.

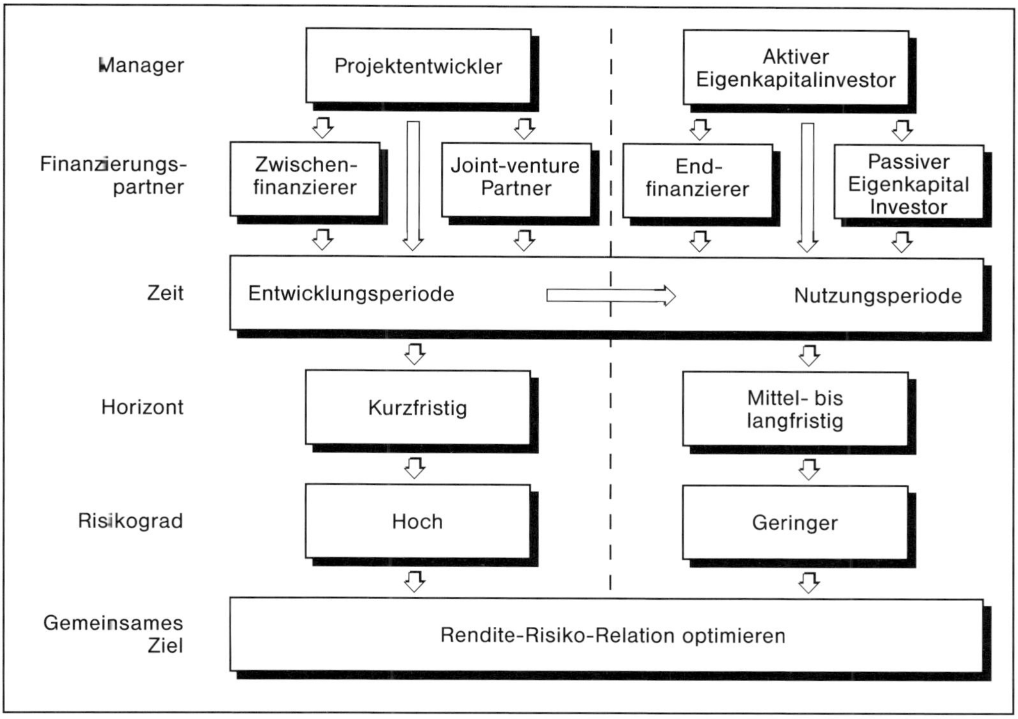

Abb. 4.3.4: Schnittstellen zwischen Entwicklung und Investment nach Pyhrr/Cooper[4])

---

[4]) Pyhrr, S.A./Cooper, J.R./Wofford, L.E./Kapplin, S.D./Lapides, P.D.: Real Estate Investment – Strategy, Analysis, Decisions, 2. Aufl., John Wiley Verlag, New York, Chichester u. a. 1989, S. 19.

4.3.3 Gründe für das Engagement in der Projektentwicklung

Annäherung von Projektentwicklung und Investition

Es kann heute weitgehend unbestritten festgestellt werden, daß in den vergangenen Jahren eine Annäherung zwischen den Funktionen Projektentwicklung und Investition stattgefunden hat und dieser Prozeß in Zukunft weiter voranschreiten wird. Nicht nur Developer und Investoren nutzen Fühlungsvorteile, auch die öffentliche Hand, Finanzierungspartner und spätere Nutzer suchen ihren Einflußbereich in Richtung Produktgestaltung zu erweitern.

Die Vor- und Nachteile des Einstiegs in die Projektentwicklung sind jedoch genauer zu analysieren. Letztlich sind hier deutlich mehr Argumente zu nennen als die in Veröffentlichungen häufig genannte Vereinnahmung des Developergewinns als Vorteil und das Fertigstellungsrisiko als Nachteil. Die Entwicklung einer Immobilie ist zwar stets als Einzelfertigung und damit als nicht standardisierbar zu charakterisieren, doch gibt es eine Reihe typischer Chancen und Risiken, die mit eigenen Bauprojekten verbunden sind und nachfolgend skizziert werden[5]).

4.3.3.1 Chancen der Projektentwicklung

Mangel an geeigneten Objekten

Die Projektentwicklung erweitert das Spektrum der Investoren, sich im Wettbewerb günstig zu plazieren. Da der Wettbewerb auf den Immobilienmärkten in hohem Maße von der jeweiligen Konjunkturlage abhängig ist, muß ein proaktiver Investor nach Wegen suchen, die zyklische Entwicklung zu nutzen. Denn nur selten sind der Nutzungs- und der Investmentmarkt als ausgeglichen zu bezeichnen[6]). Die Auswirkungen von Nachfrage- oder Angebotsüberhängen können jedoch durch geeignete Projektentwicklungsmaßnahmen abgefedert werden.

---

[5]) Zu den folgenden Ausführungen, insbesondere zur Wertkettenbetrachtung, s. Bone-Winkel, S.: Das strategische Management von offenen Immobilienfonds – unter besonderer Berücksichtigung der Projektentwicklung von Gewerbeimmobilien, Köln, 1994, S. 229 ff., und die dort angegebene Literatur.

[6]) S. hierzu Bone-Winkel, S./Sotelo, R.: Warum werden Büroflächen (nicht) vermietet? – Einige grundlegende Anmerkungen über den Immobilienmarkt am Beispiel der Stadt Berlin, in: Grundstücksmarkt und Grundstückswert (GuG), 6. Jg., 1995, S. 201 ff.

Phasen der Hochkonjunktur auf den Immobilienmärkten führen regelmäßig zu einem erhöhten Wettbewerbsdruck und einem ansteigenden Preisniveau, die das Immobilieninvestment zeitweilig unattraktiv erscheinen lassen. Insbesondere in diesen Phasen gehen die Investoren verstärkt dazu über, Immobilien selbst zu entwickeln, anstatt Objekte mit einer niedrigen Performance einzukaufen. In diesem Sinne dient die Projektentwicklungstätigkeit der Entkopplung von den zyklisch verlaufenden Angebots- und Nachfrageschwankungen auf den Immobilienmärkten durch den Vorstoß in einen anderen Branchenbezug.

Entkopplung von Angebots- und Nachfrageschwankungen

Dieser Zusammenhang wird durch die nachfolgende Stellungnahme des Bundesverbandes deutscher Investmentgesellschaften zur Rolle der Projektentwicklung bei offenen Immobilienfonds zum Ausdruck gebracht[7]):

»Im Rahmen der strategisch ausgerichteten Gestaltung und Optimierung des Liegenschaftsbestandes eines offenen Immobilienfonds wird die jeweilige Anlagepolitik – und darin eingeschlossen die Bautätigkeit – der Kapitalanlagegesellschaften unter anderem von der Angebots- und Nachfragesituation am Markt gewerblich genutzter Immobilien geprägt. Entsprechen die am Markt angebotenen Objekte beispielsweise nicht im gewünschten Umfang den speziellen Qualitätsanforderungen, die eine Kapitalanlagegesellschaft an eine Immobilieninvestition stellt – so etwa in bezug auf Standort, Nutzflächenstruktur, Einstandsrendite, Bausubstanz, Architektur, Wirtschaftlichkeit –, finden eigene Bauprojekte tendenziell stärkere Beachtung.

Offene Immobilienfonds sind dank eigener Bauprojekte in der Lage, nicht nur auf das vorhandene Angebot fertiggestellter Objekte durch Kauf oder Nichtkauf zu reagieren, sondern gewünschte Qualitätsimmobilien selbst zu konzipieren und damit zukunftsorientiert und alternativ zu agieren.«

Andererseits bietet die Projektentwicklung auch in Zeiten einer nachlassenden Nachfrage auf den Vermietungsmärkten und einem entsprechend intensivierten Wettbewerb auf der Angebotsseite wesentliche Ansatzpunkte für die Ausnutzung von Erfolgspotentialen. Die Projektentwicklung eröffnet den Investoren vor dem Hintergrund einer solchen Wettbewerbssituation die Möglichkeit, Immobilienvorhaben mit einer besonderen Projektidee oder Projektphilosophie zu entwickeln, die Wettbewerbsvorteile vor bestehenden Konkurrenzobjekten aufweisen.

Wettbewerbsvorteile aufbauen und sichern

---

[7]) BVI Bundesverband deutscher Investmentgesellschaften: Investment 92 – Daten, Fakten, Entwicklungen, Frankfurt 1992, S. 75.

Erzielung strategiegerechter Nutzungskonzeptionen

Nutzerinteressen berücksichtigen

Im Rahmen der Projektentwicklung kann der Investor seine aus dem Immobilienmanagement stammenden Erfahrungen hinsichtlich der Erzielung von Wettbewerbsvorteilen durch mieterspezifische Nutzungskonzeptionen für die Projekte einsetzen. Darüber hinaus ist die frühzeitige Einbeziehung der Interessen von leistungsfähigen Nutzern möglich. Bereits während der Bauphase dient hier eine enge Kooperation und Abstimmung zwischen dem Investor und dem Mieter bzw. Hauptmieter der bedürfnisgerechten Gestaltung der Immobilie.

Funktionalität und Flexibilität einbauen

Die Ausrichtung auf den Mieter bedeutet jedoch nicht, daß ein Gebäude nur von einem Mieter genutzt werden kann, da es auf diesen und keinen anderen Nutzer zugeschnitten ist. Damit wäre die Drittverwendungsfähigkeit des Objektes und damit die Wertsteigerungsperspektive in Frage gestellt. Den Nutzer in den Mittelpunkt zu stellen bedeutet vielmehr, ihm eine funktionale und genügend flexible Fläche zur Verfügung zu stellen, um ihm dauerhaft produktives Wirtschaften auf dieser Fläche zu ermöglichen.

Einfluß auf die Vermietung

Mietermix und Vertragsgestaltung

Der Erwerb fertiger Immobilienobjekte erfolgt in aller Regel unter der Voraussetzung, daß diese vermietet sind. Der Vorteil der Risikoreduzierung durch Vollvermietung eines Gebäudes geht mit dem Nachteil einher, daß der Investor keinen Einfluß mehr auf die Wahl und Ausgestaltung der Mietverhältnisse hat. Bei Projekten hat der Investor dagegen die Option, frühzeitig einen seinen strategischen Zielen gerecht werdenden Mietermix aufzubauen und eine detaillierte Prüfung der wirtschaftlichen Leistungsfähigkeit potentieller Mieter vorzunehmen. Entscheidende Bedeutung messen viele Investoren auch der Möglichkeit zu, die Gestaltung der Mietverträge ihren Anforderungen entsprechend vorzunehmen.

Höhere Objektqualität

Focus auf Kosten oder Bauqualität

Bei Immobilienobjekten sind deren Qualitätsstandards weitgehend fixiert. Das Qualitätsniveau, das sich z. B. in der Wahl und Verwendung von Werkstoffen, Bau- und Ausstattungsmaterialien und technischen Anlagen ausdrückt, wird durch den Developer bestimmt. Bei der Übernahme von Projektentwicklungsfunktionen kann der Investor frühzeitig Einfluß auf Qualitätsmerkmale nehmen. Da das Augenmerk des Investors regelmäßig auf den Erhalt einer dauerhaften Nutzungsabgabe durch die Immobilie gerichtet ist, wird er regelmäßig dem Qualitätsargument den Vorzug vor dem Kostenargument geben.

Verjüngung des Immobilienbestandes

Portfolio balance erzielen

Durch die Entwicklung von Neubauvorhaben verjüngt sich die Vermögenssubstanz des Investors. Auch der Einsatz von Entwicklungsmaßnahmen zur Revitalisierung von Bestandsobjekten bewirkt eine zeitgemäße und ausgeglichene Portfolio-Struktur, da moderne bzw. modernisierte Immobilien im Wettbewerb mit älteren Immobilienobjekten aus der Sicht der Mieter stets Vorteile aufweisen. Gleichzeitig wird durch den laufenden Zugang von jungen Objekten eine risikomindernde Mischung zwischen neuen und älteren Objekten erzielt, so daß der Gesamtbestand nicht einem gleichförmig verlaufenden, wirtschaftlichen und technischen Alterungsprozeß ausgesetzt ist.

Niedrigere Gesamtkosten

Ein Kostenvorteil ergibt sich bei der Projektentwicklung aus einer Reihe von Faktoren. Dazu sind zunächst die ersparte Grunderwerbsteuer sowie die Notar- und Gerichtskosten zu rechnen, da diese nicht auf das Gesamtobjekt, sondern nur auf das erworbene Grundstück zu entrichten sind. Ggf. reduzieren sich weitere Erwerbsnebenkosten, wie z. B. die Maklercourtage.

Darüber hinaus können bei Neubauprojekten für die ersten Jahre Gewährleistungsansprüche durchgesetzt werden. Zudem fällt der anfängliche Management- und Instandhaltungsaufwand regelmäßig niedriger aus als bei älteren Objekten, und es lassen sich durch die Berücksichtigung neuer bauphysikalischer Erkenntnisse Einsparungen bei den laufenden Betriebskosten erzielen.

Schließlich ermöglicht die Übernahme der Projektentwicklung in eigener Regie die Einsparung der Wagnis- und Gewinnzuschläge des Developers und der sonstigen an der Projektdurchführung beteiligten Unternehmen, sofern diese Leistungen nicht extern vergeben werden. Zu nennen wären in diesem Zusammenhang z. B. die Funktionen des Generalübernehmers und des Projektsteuerers. Die Höhe des durch die Übernahme der Projektentwicklung realisierten Vorteils kann durch die Differenz zwischen dem durch den Sachverständigenausschuß ermittelten Verkehrswert des Objektes nach Fertigstellung und dem gesamten Investitionsvolumen des Investors einschließlich des Grundstücksanteils ermessen werden.

Ermittlung des Kostenvorteils

Fazit: Projektentwicklung erweitert Aktionsraum undbegünstigt Performance

Die Summe der zuvor dargelegten Chancen führt zu der Einsicht, daß die Übernahme von Projektentwicklungsaufgaben durch Investoren auf operativer Ebene performancestabilisierend und -erhöhend wirkt und in strategischer Sicht den Aufbau von Wettbewerbsvorteilen für das Portfolio des Investors ermöglicht und unterstützt. Der für das Investormanagement wesentliche Aspekt der Projektentwicklung liegt dabei in der Erweiterung des unternehmerischen Entscheidungs- und Handlungsspielraums durch die aktive gestalterische Einflußnahme auf neue oder vorhandene Bestandsimmobilien.

4.3.3.2 Risiken der Projektentwicklung

Erhöhung des Risikopotentials

Das von institutionellen Investoren üblicherweise übernommene Maß der Gefahrentragung kann als durchaus vertretbar bezeichnet werden, wenn sich diese auf die reine Kapitalanlage in vollvermieteten Gebäuden in gesicherten Lagen beschränken. Durch die Aufnahme von Projektentwicklungstätigkeiten gewinnt das Immobilieninvestment eine neue Dimension, die durch ein höheres unternehmerisches Risiko gekennzeichnet ist. Abb. 4.3.5 enthält eine

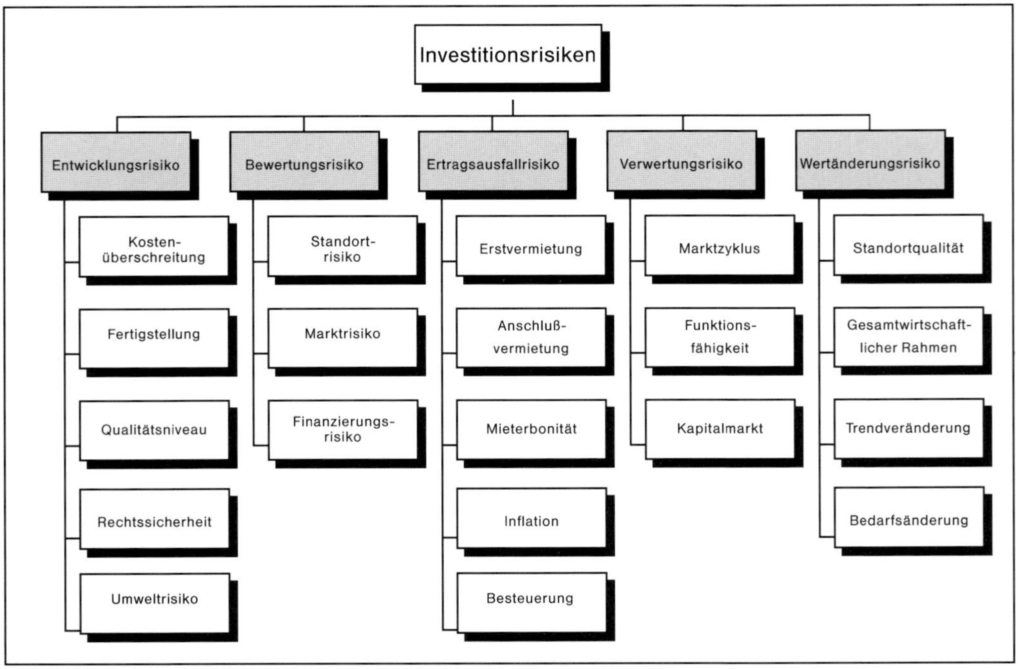

Abb. 4.3.5: Risiken einer Immobilieninvestition

Übersicht über die einzelnen Ausprägungen des Risikos bei Immobilieninvestitionen[8]). Im folgenden sollen nur einige der dort aufgeführten Risikoarten skizziert werden:

Einnahmeverzicht während der Bauphase

Der Rückfluß für das in einem Bauprojekt investierte Kapital kann erst nach Fertigstellung und erfolgreicher Vermietung des Projektes über die Mieteinnahmen erfolgen. Die Konzeptions- und Bauzeit geht daher für den Investor mit einem Einnahmeverzicht einher.

Entwicklungsrisiko

Nutzungs- und Standortadäquanz sichern Verwertbarkeit

Mit der Entfaltung eigener Bautätigkeiten geht das allgemeine Entwicklungsrisiko für das Immobilienprojekt auf den Investor über. Angesprochen sind damit in erster Linie das Wagnis einer Fehlplanung bzw. einer nicht marktkonformen Konzeption des Projektes, die dazu führen kann, daß eine spätere Verwertung durch Weiterverkauf nicht möglich ist.

Vermietungs- bzw. Leerstandsrisiko

Die Entwicklung eigener Bauprojekte oder der Erwerb von Immobilien bereits vor der Fertigstellung erfordert seitens des Investors die Bereitschaft zur Übernahme anfänglicher Vermietungs- bzw. Leerstandsrisiken. Die Gefahr eines Leerstandes des Objektes ist eng verbunden mit dem allgemeinen Entwicklungsrisiko, d.h. mangelnder Nutzungs- und Standortadäquanz der Immobilie. Andererseits können Vermietungsrisiken auch durch das Zusammentreffen der Entwicklung oder Fertigstellung des Projektes mit einer rezessiven Lage in den Branchen der potentiellen Nutzer entstehen, so daß dies zum Ausbleiben einer entsprechenden Nachfrage führt.

Kosten-, Termin- und Qualitätsrisiko

Die lange Entwicklungsdauer von Immobilienprojekten macht auf seiten des Developers ein intensives Kosten- und Terminmanagement erforderlich. Verzögerungen im Rahmen der Erzielung einer Baugenehmigung oder im Bauablauf bedingen das Wagnis einer nicht termingerechten Fertigstellung des Projektes. Dies führt in aller Regel zu erhöh-

---

8) Vgl. Schlag, A.: Innovative Formen der Kapitalanlage in Immobilien – Möglichkeiten und Perspektiven der Beteiligung privater Anleger an Grundstücksvermögen, Wissenschaftsverlag Vank, Kiel 1995, S. 111 ff.

ten Gesamtkosten des Projektes. Darüber hinaus können Kostenrisiken auch entstehen, wenn – wie bei gewerblichen Großprojekten häufig der Fall – nachträgliche Planungsänderungen erforderlich werden. Schließlich ergibt sich ein Qualitätsrisiko durch Abweichungen der Bauausführung von den ausgeschriebenen Leistungen und durch die Entstehung von Mängeln an der Bausache.

Risikomanagement

Hinsichtlich der mit der Projektentwicklung verbundenen Risiken existiert eine Reihe von Mitteln zur Risikobegrenzung, die von der konkreten Gestaltung der Projektorganisation abhängig sind.

Kopplung des Entwicklungsbeginns an bestimmte Voraussetzungen

Grundsätzlich lassen sich die mit der Projektentwicklung verbundenen Risiken dadurch handhabbar machen, daß der Beginn der Entwicklung mit der Erfüllung bestimmter Voraussetzungen verknüpft wird. In diesem Zusammenhang wären die Vollständigkeit der Genehmigungsplanung, das Vorliegen einer umfassenden Baugenehmigung, der Abschluß von Verträgen mit allen Projektbeteiligten sowie die Erreichung eines gewissen Vermietungsstandes zu erwähnen.

Garantien und Bürgschaften

Für den Fall, daß der Investor nur als Bauherr auftritt und die eigentliche Entwicklungsarbeit einem Projektentwicklungsunternehmen überläßt, besteht die Möglichkeit, bestimmte Risiken durch entsprechende Vertragsgestaltung auf dieses Unternehmen zu überwälzen. Dazu zählt hier insbesondere die Abgabe einer Erstvermietungsgarantie bzw. einer befristeten Mietgarantie für die Anlaufphase des Objektes durch den Entwickler. Ferner ist die Abgabe von Fertigstellungs- und Erfüllungsbürgschaften durch den Developer oder Generalübernehmer, die eine termin-, kosten- und qualitätsgerechte Übergabe des Projektes garantieren, ein weiteres Mittel der Risikoreduktion.

4.3.4 Modifizierung der Wertkette von Investoren durch Einsatz der Projektentwicklung

Mit der Darstellung der Vor- und Nachteile, die mit der Übernahme von Projektentwicklungsaufgaben verbunden sind, konnte gezeigt werden, daß die Entfaltung eigener Bautätigkeit eine attraktive Option für Investoren darstellt, um über ihr bestehendes Stammgeschäft hinaus Erfolgspotentiale aufzubauen und wahrzunehmen.

Porters Wertanalyse

Nachfolgend soll daher geprüft werden, auf welche Weise sich die Projektentwicklungsfunktion im Rahmen des strategischen Managements eines Investors darstellen und verankern läßt. Es wird dabei auf das strategische Analyseinstrument der Wertkette zurückgegriffen, deren Grundkonzeption von Porter entwickelt wurde[9]). Die Wertanalyse stellt auf den von einem Unternehmen geschaffenen »Wert« ab. Der Wert steht letztendlich für den Betrag, den ein Kunde für eine spezifische Problemlösung zu zahlen bereit ist. Immobilieninvestoren werden hier als eine Kette von wertsteigernden Aktivitäten interpretiert. Die einzelnen Aktivitäten des Unternehmens sind danach als Bausteine zur Erlangung von Wettbewerbsvorteilen zu verstehen. Jede Wertaktivität ist daraufhin zu untersuchen, welchen Beitrag sie zur Befriedigung der Raumnutzungsbedürfnisse eines Mieters leistet.

Bausteine der Wertkette

Wertsystem erfaßt Schnittstellen

Durch die Zusammenfassung der einzelnen Wertaktivitäten innerhalb der Unternehmen ergibt sich eine Wertkette, und durch die Addition der Wertketten der an der Entwicklung vom unbebauten Grundstück zum Immobilienobjekt beteiligten Unternehmen ergibt sich ein Wertsystem (s. Abb. 4.3.6). Dieses Wertsystem kann auch als vertikaler Leistungsverbund oder als Wertschöpfungspartnerschaft angesehen werden, bei der die Schnittstellen zwischen den Beteiligten optimiert werden. Neben den unmittelbar involvierten Unternehmen lassen sich darüber hinaus auch die Schnittstellen zu den Wertketten mittelbar beteiligter Unternehmen, wie etwa von Maklern und Beratern, Bauunternehmen, Projektsteuerern und weiteren Dienstleistern, abstimmen.

---

[9]) Vgl. Porter, M. E.: Wettbewerbsvorteile (Competitive Advantage), Frankfurt am Main 1989.

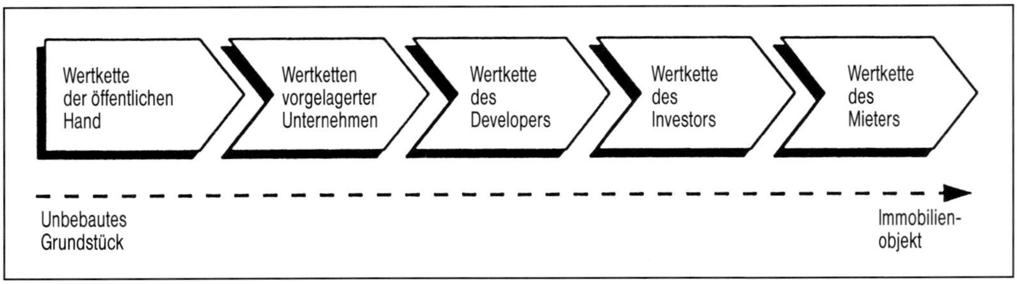

Abb. 4.3.6: Das Wertsystem in der Immobilienwirtschaft

Investoren können generell zwei verschiedene Wege einschlagen, um die Vorteile der Projektentwicklung für sich nutzbar zu machen: Entweder versuchen sie, die für die Wahrnehmung von Developmentaufgaben erforderliche Kompetenz im eigenen Hause aufzubauen, oder sie streben ein Joint-venture mit professionellen Developern an. Die erste Option soll als »*Integrationslösung*«, die zweite Option als »*Kooperationslösung*« bezeichnet werden.

Integrations- oder Kooperationslösung

Eine dritte Lösung bestünde darin, sich an einem im Markt bereits erfolgreich operierenden Projektentwicklungsunternehmen zu beteiligen oder ein solches Unternehmen zu übernehmen. Die Konzernverflechtung, bei der eine Verbindung zwischen Investor und Developern aufgrund der gemeinsamen Anbindung an einen Finanzdienstleistungskonzern gegeben ist, läßt sich in der Praxis ebenfalls beobachten.

Bei beiden Vorgehensweisen handelt es sich um idealtypische Modelle, die für die Praxis je nach der individuellen Ausgangslage des Investoren entweder in dieser Form oder in einer Reihe von Zwischenformen beider Modelle denkbar sind.

4.3.4.1 Selbständiger Aufbau von Projektentwicklungskompetenz als Integrationslösung

Passives Immobilieninvestment erzeugt geringe Wertschöpfung

Das Management von Investoren im herkömmlichen Sinne beschränkt sich auf das sog. *passive Immobilieninvestment.* Darunter ist die Begrenzung auf die Entscheidungen über den Kauf von Immobilien, deren Verwaltung und Instandhaltung sowie ggf. deren Vermietung und Verkauf zu fassen. Die aufgrund der passiven Haltung vom Investor erzielbare Wertschöpfung muß i. d. R. als relativ gering bezeichnet werden.

Der Wert, den eine Immobilie für den Mieter bzw. Nutzer aufweist, ist zu weiten Teilen schon auf einer dem Investor vorgelagerten Leistungsstufe – nämlich auf der Stufe des Projektentwicklers – geschaffen worden. Der passiv agierende

Investor beschränkt sich lediglich auf die Werterhaltung und hofft auf Wertsteigerungen durch Mietsteigerungen. Selbst eine Erneuerung bzw. ein Ausbau des Wertes, wie er etwa durch Revitalisierung oder Erweiterung einer Immobilie erzeugt wird, erfolgt weitgehend durch externe, vom Investor beauftragte Unternehmen.

Die Wertkette eines auf diese Weise operierenden passiven Investors wird in Abb. 4.3.7 wiedergegeben. Die primären Wertaktivitäten werden vereinfachend eingeteilt in die Tätigkeiten der Objektakquisition, des Objektmanagements, der Vermietung und des Kundendienstes sowie der Bestandsoptimierung und des Verkaufs von Objekten.

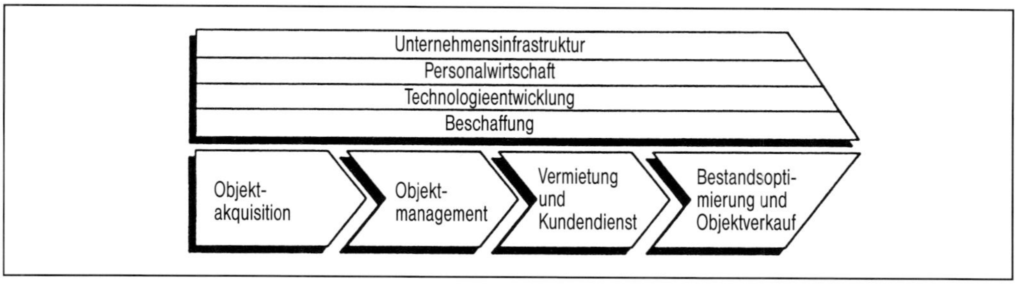

Abb. 4.3.7: Traditionelle Wertkette eines Investors

Einfluß auf Objektgestaltung erhöhen

Dem geringen Maß der eigenen Wertschöpfung entsprechend, sind auch die dem Investor zur Disposition stehenden Mittel zum Aufbau von Wettbewerbsvorteilen relativ eingeschränkt. Folglich muß die Überlegung des Managements dahin gehen, seine Möglichkeiten der Beeinflussung des Produktes zu steigern. Der wesentliche Schritt zur Erweiterung des strategischen Handlungsspektrums von Investoren muß in diesem Zusammenhang in dem Aufbau von Projektentwicklungskompetenz im eigenen Hause gesehen werden.

Integration der Developer-Funktion

Die Übernahme von Projektentwicklungsfunktionen durch Investoren stellt im betriebswirtschaftlichen Sinne eine *Rückwärtsintegration* dar, deren Ziel letztendlich darin besteht, die Dienstleistung eines Developers nicht mehr in Anspruch zu nehmen und damit eine komplette Leistungsstufe zu überspringen.

Die Auswirkungen einer strategischen Neuausrichtung dieser Art auf die Wertschöpfungskette eines Investors sollen im folgenden näher untersucht werden. Ein Vergleich zwischen den in Abb. 4.3.7 und Abb. 4.3.8 wiedergegebenen Wertketten von Investoren zeigt auf schematische Weise die durch die Eingliederung der Projektentwicklung bewirkten Modifikationen.

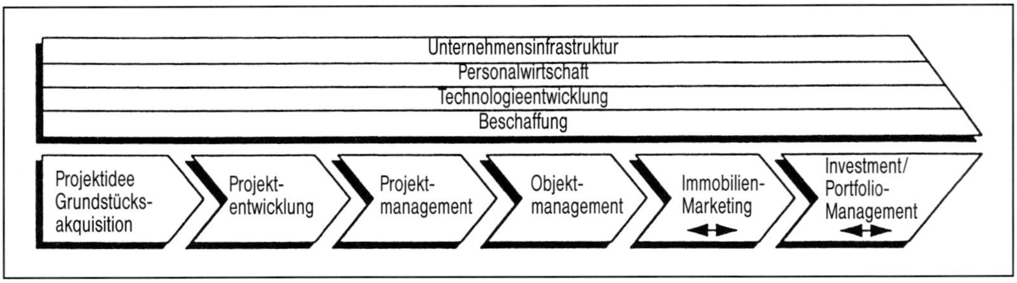

Abb. 4.3.8 Wertkette eines Investors bei Integration der Projektentwicklung

Die Darstellung der Wertkette des Investors verdeutlicht, daß der Umfang der primären Aktivitäten durch die Eingliederung der Projektentwicklung wesentlich zunimmt. Die unternehmerische Tätigkeit des Investors wird nicht erst mit der Akquisition fertiggestellter und vermieteter Immobilien aufgenommen, sondern beginnt bereits mit der Suche nach Entwicklungsgrundstücken auf der Grundlage einer vorhandenen oder einer zu kreierenden Projektidee. Darauf aufbauend übernimmt der Investor sämtliche Führungs- und Koordinationsaufgaben innerhalb des Projektentwicklungsprozesses.

Verknüpfung von Grundstück, Konzept, Kapital

Die eigentliche unternehmerische Wertschöpfung des Investors besteht nun darin, eine Verknüpfung von Grundstück, Projektkonzept und Kapital herzustellen, die eine nachhaltig wettbewerbsfähige Nutzung der Immobilie entsprechend seinen strategischen Leistungszielen ermöglicht. Sie unterscheidet sich von der Zielsetzung eines reinen Projektentwicklungsunternehmens nicht zuletzt darin, daß nach bzw. schon während der Realisierung des Projektes nicht ein Verkauf desselben angestrebt, sondern das Projekt mit langfristiger Perspektive für das eigene Portfolio entwickelt wird.

Kompetenzerweiterung

Mit dem Einstieg in eigene Bauprojekte entsteht eine Vielzahl neuer Aufgaben für den Investor, deren kompetente Durchführung den Erfolg des Projektes am Markt determiniert. Die wichtigsten Aufgaben werden in Abb. 4.3.9 mit den einzelnen Phasen des Projektentwicklungsprozesses verknüpft.

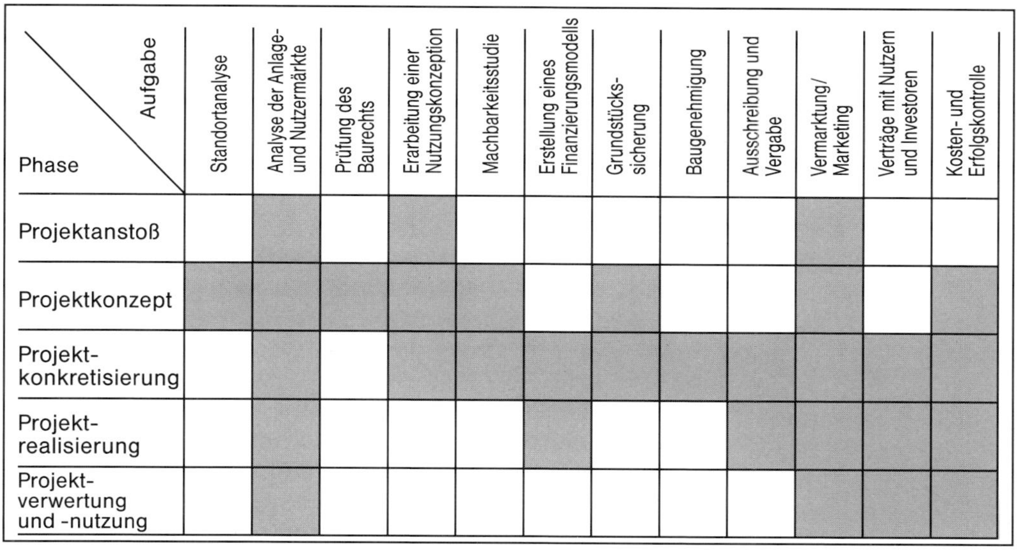

Abb. 4.3.9 Phasen und Aufgaben der Projektentwicklung

Projektteam

Auf dem Weg der Immobilie vom Projekt zum Objekt ist der Investor als Bauherr sicherlich nicht in der Lage, sämtliche der genannten Aufgaben im eigenen Hause zu erfüllen. I. d. R. wird daher ein Projektteam gebildet, in dem der Investorenvertreter die Führungsaufgabe übernimmt und sich der Dienste interner Fachkräfte und externer Unternehmen bedient. Als externe Projektbeteiligte wären insbesondere Architekten und Ingenieure, Generalunternehmer oder bauausführende Unternehmen (soweit eine Einzelvergabe der Bauleistungen angestrebt wird) sowie ggf. Projektsteuerer bei Delegation eines Teils der Bauherrenfunktionen zu nennen. Hinsichtlich der frühzeitigen Vermarktung bzw. Erstvermietung des Projektes und der Einbeziehung von späteren Nutzern der Immobilie wäre eine Zusammenarbeit mit Maklern und Beratern zu prüfen. Kritischer Faktor ist hier die interne Marketingkapazität des Bauherren.

Der Investor kann daher einen Teil der oben angeführten Risiken an Projektbeteiligte übergeben, so daß er im wesentlichen nur das unternehmerische Risiko der Projektentwicklung trägt.

Sekundäre Aktivitäten erfordern Umorientierung

Auch hinsichtlich der unterstützenden Aktivitäten, die im oberen Bereich der Wertkette in Abb. 4.3.8 dargestellt sind, bewirkt die Übernahme von Projektentwicklungsfunktionen eine Ausweitung und eine teilweise erhebliche Neustrukturierung der vorhandenen Ressourcen, Potentiale und Systeme. Von den sich ergebenden Änderungen in sämtlichen Bereichen sekundärer Aktivitäten sollen hier nur einige angesprochen werden.

Unternehmensinfrastruktur

Neue Aufgaben

Das bei dem Investor vorhandene Führungs-, Planungs- und Steuerungssystem muß auf die durch die Projektentwicklungstätigkeit bewirkte grundlegende Erweiterung des Aufgabenspektrums ausgerichtet werden. Dazu ist eine Orientierung an den in der Projektentwicklungsbranche herrschenden Wettbewerbskräften und -bedingungen erforderlich.

Wettbewerbsorientierung, Sicherheitsorientierung

Durch den Wandel ist auch die bei Investoren vorherrschende Unternehmenskultur betroffen, die sich herkömmlicherweise durch eine konservativ-statische, sicherheitsorientierte und adaptive strategische Grundhaltung auszeichnet. Eine solche Grundhaltung ist mit den Wettbewerbsbedingungen im Projektentwicklungsgeschäft nur sehr schwer in Einklang zu bringen, da es hier ganz wesentlich auf Faktoren wie z.B. ein dynamisch-progressives Marktauftreten, Reaktionsschnelligkeit im Umgang mit Anbietern von Grundstücken und anderen Akteuren im Markt sowie Flexibilität in der Anpassung an Marktentwicklungen ankommt.

Rechtliche Hindernisse

Die Entwicklung der Unternehmensinfrastruktur von Investoren in der Weise, daß die Wettbewerbsfähigkeit im Developmentbereich sichergestellt werden kann, muß ebenfalls aufgrund faktischer und rechtlicher Verhältnisse als relativ problematisch beurteilt werden. Rechtliche Verhältnisse, die einer raschen Umsetzung von Projektentwicklungsentscheidungen entgegenstehen, liegen z.B. darin begründet, daß vor einer Grundstücksakquisition die Bewertung des Vorhabens durch Sachverständige erfolgen und etwa die Genehmigung eines Anlagebeirats oder Aufsichtsrats eingeholt werden muß.

Personalwirtschaft

Verändertes Mitarbeiterprofil

Die sekundären Aktivitäten im Bereich der Personalwirtschaft befassen sich mit der Rekrutierung, der Aus- und Weiterbildung, dem Einsatz und der Entwicklung der Mitarbeiter des Investors.

Die Eingliederung der Projektentwicklung bedingt ein stark gewandeltes Anforderungsprofil an die Mitarbeiter in diesem Bereich: »The developer's job description includes shifting roles as creator, promoter, negotiator, manager, leader, risk manager, and investor, adding up to a much more complex vision of an entrepreneur than a person who merely buys low to sell high.«[10]) Inhalte und Struktur des Anforde-

[10]) Miles, M.E. / Malizia, E.E. / Weiss, M.A. u. a.: Real Estate Development – Principles and Process, Urban Land Institue, Washington D.C. 1991, S. 7

Kreativität/Intuition
- Nutzungsideen entwickeln
- Standortpotentiale erkennen
- Marktnischen entdecken
- Nachfrageentwicklungen einschätzen

Analytische Fähigkeiten
- Marktkenntnis (Anbieter/Nachfrager; Mieter/Investoren)
- Entscheidungskriterien der Nachfrager kennen
- Lagekenntnis (Trends erkennen)

Soziale Kompetenz
- Führung heterogener Gruppen
- Teamfähigkeit
- Aufgeschlossenheit gegenüber politischen und gesellschaftlichen Entwicklungen
- Umgang mit der Öffentlichkeit

Kaufmännisches und juristisches Handwerkszeug
- Investitionsrechnung
- Immobilienbesteuerung
- Grundstücks- und Baurecht
- Vertragsrecht

Technische Kenntnisse
- Architektonische Grundlagen
- Bauverfahren/Bauweisen und ihre Besonderheiten

Abb. 4.3.10: Anforderungen an den Projektentwickler

rungsprofils an den professionellen Projektentwickler sind in Abb. 4.3.10 wiedergegeben.

Für den Investor stellt sich in diesem Zusammenhang das Problem, daß sich Fachkräfte, die dem ausgesprochen unternehmerisch geprägten Profil eines Developers entsprechen, eher schwer in ein Unternehmen integrieren lassen, das nicht nur in rechtlicher Hinsicht Kreditinstitutscharakter aufweist. Konflikte können sich dabei nicht nur bezüglich der Einbindung in die bereits angesprochene »*corporate culture*« eines Finanzdienstleistungskonzerns, sondern auch hinsichtlich der Gehaltsstrukturen, der Weisungsgebundenheit sowie der Gestaltung und Ausnutzung von Handlungsfreiräumen ergeben.

Spezialistenteam erforderlich

Neben der Besetzung der Rolle der Projektleiter muß für die Projektkonzeption und -realisierung auch ein Team z.T. hochgradiger Spezialisten aus sehr heterogenen Disziplinen herangezogen werden. Dazu sollten neben Kaufleuten und Juristen auch Architekten, Ingenieure, Stadt- und Raumplaner sowie Verwaltungswissenschaftler treten.

Der Aufbau und die Eingliederung eines solchen Teams aus Fach- und Führungskräften für die Projektentwicklung kann für den Investor eine wesentliche Zugangsbarriere für den Eintritt in das Projektentwicklungsgeschäft darstellen.

Technologieentwicklung

Unter der in einem Unternehmen vorhandenen Technologie ist hier vornehmlich die Gesamtheit des bei dem Investor konzentrierten Wissens und der Arbeitsabläufe zur Unterstützung der primären Aktivitäten zu verstehen.

Das Bemühen mit Projektentwicklung befaßter Investoren muß darauf gerichtet sein, das hierfür benötigte Know-how zu bündeln und zu strukturieren. Dabei ist der Aufbau einer Projektentwicklungskompetenz eng verknüpft mit den Personen bzw. Trägern des Developmentbereichs im Unternehmen.

Projektorganisation

Um die notwendigen Synergieeffekte zwischen den einzelnen Aktivitäten zu erzielen, sollten die Arbeitsabläufe eine zweckmäßige organisatorische Form erhalten und geeignete Kommunikationssysteme organisatorisch verankert werden. Dabei bietet sich über die bei den Investoren vorherrschende funktionale Organisationsform hinaus die Einrichtung einer Projektorganisation als Modell einer die bestehende Struktur übergreifenden Sekundärorganisation an.

Interdisziplinäre »Task force« für Projektteam

Die Verwendung des Begriffs »Projektteam« bei den obigen Ausführungen implizierte bereits die Existenz einer solchen Organisationsform. Danach wird für jedes Entwicklungsvorhaben eine interdisziplinäre »Task force« aus Fachkräften der verschiedenen Funktionsbereiche des Investors sowie externen Dienstleistern zusammengestellt, die sämtliche Aufgaben im Zusammenhang mit der Projektentwicklung übernimmt. Ein Projektteam ist damit nicht in eine fixierte hierarchische Struktur eingebunden, sondern ein loser Verbund, dessen Größe und Zusammensetzung sich in Abhängigkeit von der Phase des Projektentwicklungsprozesses ändert.

Die Einrichtung einer fallweisen Projektorganisation bietet den Vorteil, daß das in den verschiedenen funktionalen Bereichen des Investors aufgebaute Erfahrungs- und Spezialwissen für jedes Projekt individuell konfiguriert werden kann. Darüber hinaus wird der Grad der Flexibilität und der Reaktionsschnelligkeit erhöht.

Beschaffung

Wie bereits ausgeführt, ändert sich mit der Übernahme von Projektentwicklungsaufgaben das Auftreten und das Beschaffungsverhalten des Investors auf den Immobilienmärkten. Damit wandeln sich auch die Beschaffungsregeln bzw. das Akquisitionssystem.

Aktion statt Reaktion in der Grundstücksbeschaffung

Statt Immobilienobjekte zu erwerben, die den investorspezifischen Anforderungskriterien genügen, werden diese Immobilien nun selbständig entwickelt. Während Investoren im Rahmen der Objektakquisition herkömmlicherweise lediglich auf Angebote reagieren, die von externen Quellen an sie herangetragen werden, reicht eine rezeptive Haltung für die Projektentwicklung nicht aus. Bereits der kreative Prozeß einer Suche nach möglichen Projektideen, für die anschließend ein Grundstück gefunden werden muß, verdeutlicht die Notwendigkeit einer aktiven Steuerung der ersten Phasen der Projektentwicklung.

Im Rahmen der Beschaffung sind außerdem die Grundlagen und Vorgehensweisen hinsichtlich der Inanspruchnahme von Dienstleistungen externer Unternehmen festzulegen. Durch die interne Projektentwicklung wird hier das Feld der »make or buy«-Entscheidungen erheblich erweitert. Da es einem Investor – zumindest in der Aufbauphase der Integrationslösung – kaum gelingen wird, sämtliche Aufgaben innerhalb einer Projektentwicklung mit eigenen Kräften zu erfüllen, sind auf dieser Ebene die Anforderungskriterien für Auswahl, Art und Ausmaß des Einsatzes sowie für die Erfolgsbeteiligung potentieller Projektbeteiligter festzulegen.

Horizontaler und vertikaler Leistungsverbund

Die Projektentwicklung stellt sich mithin als Ergebnis eines horizontalen und vertikalen Leistungsverbundes unter der Führung des Investors dar. Es kommt innerhalb der unterstützenden Aktivitäten entscheidend darauf an, ein strategiegerechtes Schnittstellenmanagement einzurichten, um die Optimierung und Koordination der Wertschöpfungsbeiträge aller Projektträger zu gewährleisten und Reibungsverluste zu minimieren.

Fazit: Volle Integration besitzt große Komplexität, Widerstände hoch

Zusammenfassend kann festgestellt werden, daß der als Integrationslösung bezeichnete selbständige Aufbau von Projektentwicklungskompetenz nicht nur mit erheblichen Modifikationen der vorhandenen primären und sekundären Wertschöpfungsaktivitäten einhergeht, sondern darüber hinaus auch die Entfaltung neuartiger Leistungen erfordert. Die Integrationslösung stellt sich damit als ein sehr komplexes strategisches Konzept dar, dessen Realisierung mit erheblichem Aufwand in sachlicher, personeller und zeitlicher Hinsicht verbunden ist.

In der Summe müssen Zweifel daran geäußert werden, ob Investoren in der Praxis tatsächlich in der Lage sind, die Bereitschaft und die notwendige Energie aufzubringen, um die strategischen Weichen für die Integrationslösung zu stellen und die weitreichenden gestalterischen Maßnahmen für die Eingliederung der Projektentwicklung durchzusetzen. Für die Praxis denkbar ist daher z. B. eine eher abgemilderte Form der Integrationslösung, bei der ein Investor zwar die Projektführung übernimmt und das unternehmerische Risiko der Entwicklung zu tragen bereit ist, ansonsten jedoch auf die Leistungen externer Anbieter zurückgreift.

Redevelopment als praktikabler Weg

Des weiteren wäre es möglich, aus Risikoüberlegungen die Projektentwicklungsfunktion lediglich auf das Redevelopment vorhandener Bestandsimmobilien zu beschränken, nicht aber die Entwicklung von unbebauten bzw. Abrißgrundstücken zu übernehmen.

Probleme der Integrationslösung

Der Verzicht auf das selbständige Betreiben von Projektentwicklung wird neben dem Risikoaspekt auch durch das Argument unterstützt, daß sich Investoren bei Neubauprojekten in Konkurrenz zu etablierten Developern begeben, die ansonsten als Objektlieferanten fungieren. Es wird daher die Gefahr gesehen, daß etablierte Lieferantenbeziehungen eingetrübt werden könnten.

Schließlich kann die Integrationslösung tendenziell eine Reihe zusätzlicher Belastungen für den Investor verursachen, die auch als »strategische Kosten« bezeichnet werden: z. B. die Erhöhung des Fixkostenblocks, die geringere Flexibilität bei der Inanspruchnahme externer Developmentleistungen und der geringere Zugang zum Know-how von Developern als ehemaligen Lieferanten, die höheren Marktaustrittsbarrieren und die Problematik der Kapazitätsauslastung des Developmentbereichs.

4.3.4.2 Zusammenarbeit mit einem professionellen Developer als Kooperationslösung

Ein zweiter idealtypischer Weg, um die strategischen Chancen der Projektentwicklung für Investoren nutzbar zu machen und gleichzeitig deren Risiken überschaubar zu halten, liegt in der Zusammenarbeit des Investors mit professionellen Developern.

Fallweise Kooperation

Die Spannweite möglicher Formen der Kooperationslösung ist sehr weit. Die offenste Form der Kooperation stellt die fallweise, d. h. auf einzelne Immobilien-Projekte bezogene Zusammenarbeit zwischen Investor und Projektentwickler dar, die auf dem deutschen Immobilienmarkt heute bereits relativ zahlreich zu finden ist. Eine enge Form der Kooperation kann auf der anderen Seite in der Bildung eines Jointventures bzw. einer strategischen Allianz zwischen Investor und Developer gesehen werden.

Strategische Allianz

Eine strategische Allianz soll hier in weiter Sicht als eine Koalition zwischen zwei rechtlich selbständigen Unternehmen zum Zwecke der gemeinsamen Konzeption und Durchführung von Wertschöpfungsaktivitäten verstanden werden. Das Ziel einer strategischen Allianz kann darin gesehen werden, daß der Investor strategische Wettbewerbsvorteile nicht allein aus eigenen Kräften, sondern im Wege der Partnerschaft mit einem Projektentwicklungsunternehmen aufzubauen sucht.

Diese Form der engen Verknüpfung der Wertschöpfungsaktivitäten zwischen zwei Leistungsstufen kann seit Anfang der neunziger Jahre auf den nordamerikanischen Immobilienmärkten und andeutungsweise auch in Europa beobachtet werden. Nachfolgend werden die Auswirkungen einer strategischen Allianz zwischen Investor und Developer auf deren Wertketten untersucht.

Wertschöpfungspartnerschaft kein Nullsummenspiel

In herkömmlicher Sicht stellt das Immobilienobjekt das Ergebnis der Wertschöpfung des Developers und das Eingangsprodukt für die Wertkette des Investors dar, wobei die beiden Leistungsstufen getrennt voneinander ablaufen und eine Beziehung zwischen beiden Stufen nur jeweils transaktionsbezogen entsteht. Das Ziel einer strategischen Allianz besteht nun darin, beide Wertketten so aufeinander abzustimmen und zu optimieren, daß eine Wertschöpfungspartnerschaft zwischen Investor und Projektentwickler entsteht. Das Ergebnis einer solchen Verknüpfung der Wertketten ist dabei nicht als Nullsummenspiel zu werten, bei dem entweder der Investor oder der Developer auf Kosten des jeweils anderen gewinnt. Vielmehr ergibt sich für beide Seiten eine Reihe von Vorteilen, die die übliche Kunden-Lieferanten-Beziehung nicht gewähren kann.

Deutliche Vorteile der Kooperation

Die wesentlichen Merkmale einer solchen Kooperationsstrategie liegen darin, daß sich die Partner gegenseitig den Zugang zu Marktpotentialen gewähren, fehlende Ressourcen (z. B. Technologie, Know-how, Kapital) nutzbar machen, Risiken abmildern und Synergiepotentiale ausnutzen können. Gegenüber der Integrationslösung besteht des weiteren der Vorteil eines nicht unerheblichen Zeitgewinns für die Erschließung der Projektentwicklungschancen, da Potentiale im Developmentbereich nicht erst von neuem aufgebaut werden müssen.

Die hauptsächlichen Ansatzpunkte für die Entstehung von Wertschöpfungspartnerschaften zwischen Investoren und Projektentwicklern sind in Abb. 4.3.11 dargestellt. Daneben existiert eine Vielzahl weiterer Verknüpfungsmöglichkeiten zwischen den beiden Wertketten, die aus Gründen der Übersichtlichkeit jedoch nicht in die Abbildung aufgenommen wurden.

Die wesentliche Modifikation primärer Aktivitäten auf der Seite des Projektentwicklers ergibt sich aus der Möglichkeit, die Veräußerung seiner Immobilienprojekte nicht mehr an das Ende seiner Wertkette stellen zu müssen, sondern diese bereits in einer der vorangehenden Phasen des Projektentwicklungsprozesses abwickeln zu können.

Reine Beratungsdienstleistung des Developers möglich

Wenn der Rahmen der Zusammenarbeit zwischen Investor und Developer durch eine strategische Allianz abgesteckt wird, ist es sogar möglich, den Verkauf des zu entwickelnden Grundstückes an den Anfang des Entwicklungsprozesses zu stellen und die Tätigkeit des Developers als reine Beratungsdienstleistung in Anspruch zu nehmen. Eine solche Konstellation tritt auch dann ein, wenn der Investor ein unbebautes Grundstück oder eine Redevelopmentimmobilie bereits im eigenen Bestand hält und zur Entwicklung derselben den partnerschaftlich verbundenen Developer einschaltet.

Finanzierungs- und Vermarktungsrisiken geringer

Für den Developer hat eine solche Form der engen Kooperation den entscheidenden Vorteil, daß das Problem der Beschaffung einer Projektfinanzierung durch den Eigenkapitaleinsatz des Investors entfällt. Die Besorgung eines Finanzierungspartners für die Zwischen- und Endfinanzierung bildet regelmäßig den Engpaß für die Initiierung eines Projektes und einen wesentlichen Kostenfaktor im Rahmen der Gesamtentwicklung. Von gleicher Bedeutung für den Developer ist die Eingrenzung des Marktrisikos der Entwicklung in der Form, daß der Verkauf des Projektes vorweggenommen wird.

Risikoausgleich durch Vertragsgestaltung

Für den Investor stellt sich in diesem Zusammenhang jedoch die Frage, ob er den Projektentwickler durch die Übernahme der Bauherreneigenschaften im Wege des frühzeitigen Erwerbes des Bauvorhabens aus der Risikoverantwortung nehmen will. In der Praxis wird hier sicherlich ein vertraglich abgesicherter Kompromiß zu schließen sein, der eine gleichmäßige Verteilung der Chancen und Risiken der Projektentwicklung vorsieht.

Die Einrichtung einer strategischen Allianz hat über die Gestaltung des Eigentumsübergangs hinaus zur Folge, daß sämtliche Kettenglieder der primären Aktivitäten des Projektentwicklers in enger Abstimmung mit dem Investor vorgenommen werden müssen.

Verschränkung der primären Aktivitäten

Die Verknüpfungen zwischen der Objektakquisition des Investors und den Aktivitätsbereichen Projektidee, Grundstücksakquisition, Projektkonzept und Projektkonkretisierung versetzen das Management in die Lage, gemeinsam mit dem Projektpartner eine Immobilie zu entwickeln, die den strategischen Anforderungen des Investors entspricht. Zur

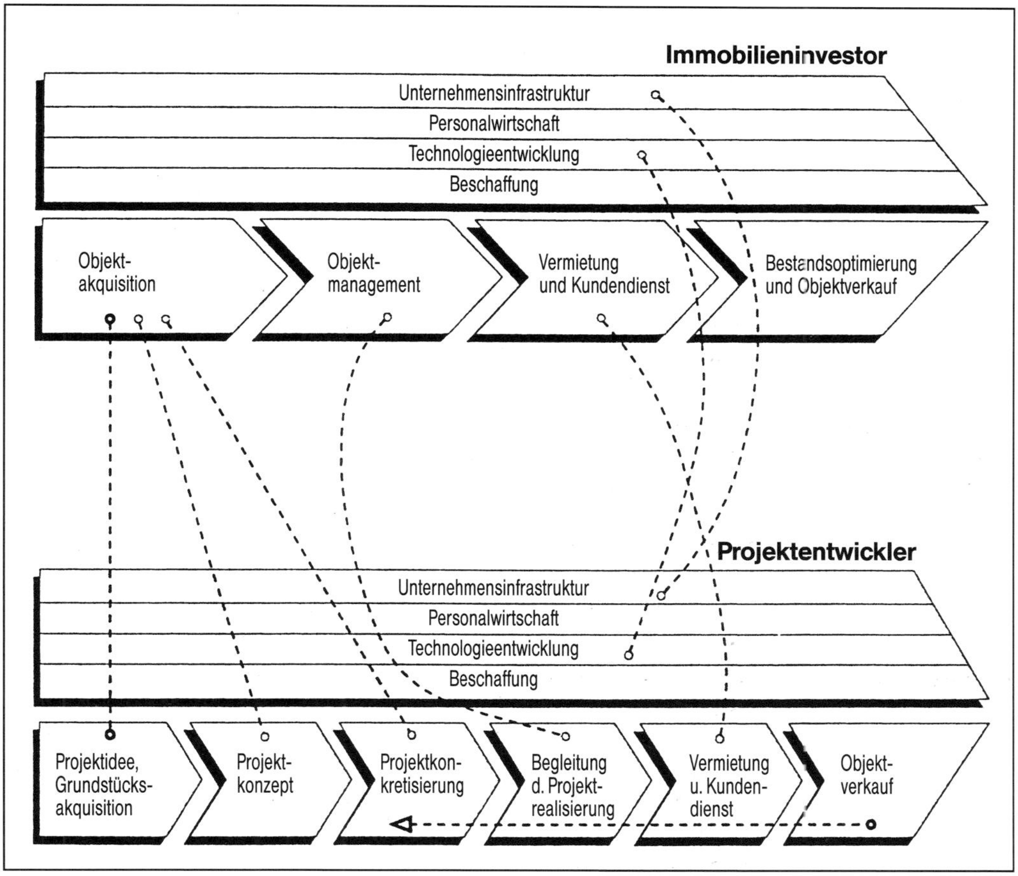

Abb. 4.3.11: Ansatzpunkte für die Verknüpfung der Wertketten eines Investors und eines Projektentwicklers

Gewährleistung einer engen Abstimmung ist in diesem Zusammenhang die Bildung eines unternehmensübergreifenden Projektteams möglich, dem neben den Vertretern des Entwicklungsunternehmens auch Fachkräfte des Investors angehören.

Erfahrungen aus Objektbetreuung einbeziehen

Für die Wertschöpfungsphase der Projektrealisierung können außerdem die Vertreter des technischen Objektmanagements ihre Erfahrungen in das Projektteam einbringen, um eine termin-, kosten- und qualitätsgerechte Ausführung des Bauprojektes zu steuern und zu kontrollieren. Auf die gleiche Weise kann im Rahmen der Wertschöpfungspartnerschaft eine Verknüpfung zwischen den Wertaktivitäten im Bereich Vermietung und Kundendienst hergestellt werden, um die nutzungsadäquate Ansprache und den frühzeitigen Einbezug potentieller Mieter sicherzustellen.

Neben der Verschränkung der Wertketten in den primären Aktivitätsfeldern berührt eine strategische Allianz auch die sekundären bzw. unterstützenden Aktivitäten der beteiligten Unternehmen. Davon betroffen sind in erster Linie die Unternehmensinfrastruktur und die Technologieentwicklung, die auf die Ausnutzung von Kompetenzsynergien und die gemeinsame Erreichung von Wettbewerbsvorteilen ausgerichtet werden müssen. Gleichzeitig erfordert eine Allianz auf der Ebene der sekundären Aktivitäten eine enge Abstimmung hinsichtlich der Kommunikations-, Informations- und Controllingsysteme, um den – durch die gemeinsame Erledigung primärer Aktivitäten – erhöhten Koordinationsaufwand abzubilden.

Abstimmung »Sekundäre« Aktivitäten

Organisation, Abwicklung der Kooperation

Schließlich soll die Frage des organisatorischen Aufbaues und der Durchführung einer solchen Wertschöpfungspartnerschaft zwischen Investor und Projektentwickler erörtert werden. Wie bereits ausgeführt, bedingen strategische Allianzen nicht die Aufgabe der wirtschaftlichen Unabhängigkeit und rechtlichen Selbständigkeit der beteiligten Unternehmen, sondern lediglich eine partielle, auf bestimmte Aktivitäten begrenzte Aufgabe der Autonomie.

Rahmen- und Einzelverträge

Die Zusammenarbeit beruht i. d. R. auf einer recht global gehaltenen vertraglichen Kooperationsvereinbarung, in der die Rechte und Pflichten der Partner geregelt werden. Daneben werden projektbezogene Einzelverträge zwischen Investor und Developer geschlossen, die den situativen Erfordernissen des individuellen Entwicklungsvorhabens gerecht werden und die Tragung von Aufwand und Erfolg für den Einzelfall definieren. Möglich und in der Praxis vorzufinden ist hingegen auch eine außervertragliche Form der Kooperation, die sich im Laufe der Jahre auf der Grundlage positiver Erfahrungen zwischen den Unternehmen bei der Abwicklung von Projektentwicklungen herausgebildet und zu einer Angleichung der Wertketten geführt hat.

Erfahrung als Basis

Kein Ausschließlichkeitscharakter der Kooperation

Wie bereits angedeutet, muß die Bindung an den Projektentwicklungspartner keinen Ausschließlichkeitscharakter in der Hinsicht haben, daß ein Investor in der Praxis – abgesehen von Objektakquisitionen – die Projektentwicklung lediglich mit einem verbundenen Unternehmen betreiben darf. Eine solche Regelung wäre für die Praxis auch nur in Grenzen denkbar, da sich kaum eine Partnerschaft finden ließe, die für sämtliche Tätigkeitsbereiche beider Unternehmen eine bessere Lösung darstellen würde, als sie im marktwirtschaftlichen Wettbewerb erzielbar wäre. Letztlich würde eine weitreichende Bindung dieser Art auch auf eine Verschmelzung beider Unternehmen hinauslaufen, die den natürlichen Wettbewerb ausschalten würde und selbst im Konzernverbund wenig wünschenswert wäre.

Geschäftsfeld-spezifische Zusammenarbeit praktikabel

Die Kooperationsvereinbarung wird hier vielmehr in der Weise erfolgen, daß die strategische Allianz schwerpunktmäßig auf einzelne Geschäftsfelder, geografische Regionen oder Immobilienprodukte abstellt. Demnach ist es beispielsweise denkbar, daß ein Investor speziell auf dem Gebiet der Gewerbeparks mit einem auf dieses Produkt spezialisierten Developer geschäftsfeldübergreifend kooperiert. Gleichzeitig kann er für einzelne Regionen oder weitere Immobilienarten mit anderen Projektentwicklern zusammenarbeiten und sich in anderen Geschäftsfeldern jeweils nur projektbezogen mit einem Developer arrangieren.

Vorteile der Kooperationslösung

Im Rahmen einer zusammenfassenden Betrachtung muß der Kooperationslösung eine Reihe von Vorteilen gegenüber der Integrationslösung eingeräumt werden. Diese liegen – abgesehen von den bereits erwähnten Problemen und strategischen Kosten der Integrationslösung – in der grundsätzlich flexibleren Gestaltung von Kooperationsvereinbarungen, der leichteren und zeitlich schnelleren Bereitstellung der Projektentwicklungskompetenz sowie geringeren Austrittsbarrieren.

Flexibilität erschwert Stabilität

Potentielle Probleme der Kooperationslösung können aus dem Umstand erwachsen, daß die Allianz aufgrund der Unvereinbarkeit der Interessen der sich gegenüberstehenden Unternehmen nur von kurzer Dauer oder sogar nur auf ein Projekt beschränkt ist. Die Stabilität der Wertschöpfungspartnerschaft von Investor und Projektentwickler ist dabei im wesentlichen abhängig von der Möglichkeit, komplementäre Ziele im Rahmen einer strategischen Allianz auch vor dem Hintergrund sich wandelnder Marktbedingungen nachhaltig besser erreichen zu können als im Alleingang.

4.3.5 Fazit

Chancen der Projektentwicklung dominieren Risiken

Die eingangs gestellte Frage, ob es für Investoren sinnvoll ist, intensiver über Projektentwicklung nachzudenken, konnte grundsätzlich bejaht werden. Die strategische Chance eines stärkeren Engagements von Investoren in der Projektentwicklung wurde insbesondere in dem stärkeren Einfluß der Investoren auf die strategiegerechte Gestaltung ihrer Immobilien gesehen. Das Management wäre damit in der Lage, die Immobilie als Produkt bzw. die Zurverfügungstellung von Raumnutzungen als Dienstleistung so zu konzipieren, daß diese den eigenen strategischen Zielen entsprechen. Es kann auf diese Weise rechtzeitig seine aus dem Immobilienmanagement stammenden Erfahrungen bezüglich der standortadäquaten Bedürfnisse der Mieter sowie seine Ansprüche an die Qualität, Funktionalität und Flexibilität der Immobilie in das Projekt einbringen.

Praktikabler: Kooperationslösung

Mit der Integrationslösung und der Kooperationslösung wurden zwei idealtypische Wege dargestellt, um die Vorteile der Projektentwicklung für den Investor zu erschließen. Da die Integrationslösung die Entwicklung neuer und komplexer Wertaktivitäten und eine weitgehende Modifikation vorhandener Tätigkeitsbereiche erfordert, mußte deren problemfreie Realisierung in der Praxis in Frage gestellt werden. Ein flexibler und praktikabler Weg wurde hingegen mit der Kooperationslösung aufgezeigt, da diese durch die Verknüpfung der Wertketten eines Investors und eines Projektentwicklers zugleich die Einflußnahme auf den Projektentwicklungsprozeß für den Investor erschließt und die Risiken handhabbar macht.

Es zeigte sich ferner, daß die Wertanalyse sehr gut geeignet ist, um die Tätigkeit der Investoren analytisch zu erfassen und Ansatzpunkte für die Modifizierung von Wertaktivitäten zu gewinnen. Damit vermag die Wertkettenanalyse eine Antwort auf die Frage zu geben, auf welche Aktivitäten ein Investor seine Mittel und Ressourcen entlang der Wertkette konzentrieren soll.

Literaturverzeichnis

Backhaus, K./Ueckermann, H.: Projektfinanzierung: Eine Methode zur Finanzierung von Großprojekten, in: WiST, Heft 3, 1990, S. 106–112.

Banner, G.: Kommunalverfassung und Selbstverwaltungsleistung, in: Schimanke, D.: Stadtdirektor oder Bürgermeister, Verlag Birkhäuser, Basel 1989.

Blum, R.: Öffentliche Sicherung privaten Wohlstandes, die Rolle des Staates in der marktwirtschaftlichen Ordnung, in: Hauptvorstand der Gewerkschaft ÖTV, Zur Privatisierung öffentlicher Dienstleistungen, Stuttgart 1976.

Bone-Winkel, S.: Ansatzpunkte für eine strategische Bewertung von Immobilienbeständen, in: Der langfristige Kredit, 46. Jg., 1995, S. 68.

Bone-Winkel, S.: Das strategische Management von offenen Immobilienfonds unter besonderer Berücksichtigung der Projektentwicklung von Gewerbeimmobilien, Verlag Rudolf Müller, Köln 1994.

Bone-Winkel, S./Sotelo, R.: Warum werden Büroflächen (nicht) vermietet? – Einige grundlegende Anmerkungen über den Immobilienmarkt am Beispiel der Stadt Berlin, in: Grundstücksmarkt und Grundstückswert (GuG), 6. Jg., 1995, S. 199–205.

Busse, C.: Immobilienleasing: Die Branche hofft auf einen Boom in Ostdeutschland, Handelsblatt 94, 1992.

BVI Bundesverband deutscher Investmentgesellschaften: Investment 92, Daten, Fakten, Entwicklungen, Bundesverband deutscher Investmentgesellschaften e. V., Frankfurt am Main 1992.

Citibank AG (Hrsg.): Informationsbroschüre »Messeturm«, Eigenverlag, Frankfurt am Main 1986.

Corte, Ch.: Die Übernahme kommunaler Aufgaben durch private Unternehmen und Freie Berufe, in: Schriftenreihe zur Mittelstandsforschung, Schäffer-Poeschel Verlag, Stuttgart 1991.

Dieckmann, J.: Unternehmen Stadt, in: Der Städtetag, 11/1991, S. 739.

Diederichs, C.-J. (Hrsg.): DVP-Informationen 1994, 3. Auflage, DVP-Verlag, Wuppertal 1994.

Diederichs, C.-J.: Grundlagen der Projektentwicklung, Intensivseminar Projektentwicklung der ebs IMMOBILIENAKADEMIE vom 3. bis 7. Mai 1993 in Castrop-Rauxel.

Diederichs, C.-J.: Kostensicherheit im Hochbau, DVP-Verlag, Wuppertal 1984.

Diederichs, C.-J.: Nutzerbedarfsprogramm, Meßlatte der Projektziele, in: Bausteine der Projektsteuerung, Teil 1, DVP-Seminar am 25. März 1994 in Berlin, DVP-Verlag, Wuppertal 1994.

Diederichs, C.-J.: Strategische Alternativen für Bauunternehmen, in: Zeitschrift Bauwirtschaft, Hefte März, April und Mai 1991.

Diederichs, C.-J. u. a.: Neue Handlungsspielräume schaffen, Baumarketing-Management und Projektentwicklung, in: Zeitschrift Bauwirtschaft, September 1989.

DIN 18960: Baunutzungskosten von Hochbauten, April 1976.

DIN 69901: Projektwirtschaft/Projektmanagement, Begriffe, August 1987.

Drukarczyk, J.: Theorie und Politik der Finanzierung, 2. Auflage, Vahlens Handbücher der Wirtschaftswissenschaften und Sozialwissenschaften, Verlag Vahlen, München 1993.

v. Einem, E./Tonndorf, Th.: Büroflächenentwicklung im regionalen Vergleich, Schriftenreihe »Forschung« des Bundesministers für Raumordnung, Bauwesen und Städtebau, Heft 484, Berlin 1990.

Ellwein, T.: Gutachten über die Effizienz und Wirtschaftlichkeit der Aufgabenwahrnehmung bei der Stadt Dortmund, Schliersee 1988.

Esser, J./Hirsch, J.: Stadtsoziologie und Gesellschaftstheorie, von der Fordismuskrise zur »postfordistischen« Regional- und Stadtstruktur, in: Prigge, W.: Die Materialität des Städtischen, Verlag Birkhäuser, Basel 1987.

Feinen, K.: Das Leasinggeschäft, 3. Auflage, Fritz Knapp Verlag, Frankfurt am Main 1990.

Follak, K. P.: Immobilien-Projektfinanzierung, Joint-ventures und andere Modelle zur Teilung von Profit und Risiko, in: Der langfristige Kredit, Heft 4, 1993, S. 100–103.

Frank, H.: Project Financing, ein Verfahren zur finanziellen Absicherung des Unternehmenswachstums, Service Fachverlag, Wien 1986.

Fröhlich, G.: Städteübergreifende Public Private Partnership im nördlichen Ruhrgebiet, in: Institut für Landes- und Stadtentwicklungsforschung NRW, Stadtmarketing in der Diskussion, 1. Auflage, Dortmund 1991.

Gereth, B./Schulte, K.-W.: Mezzanine-Finanzierung, Verlag Josef Eul, Bergisch Gladbach/Köln 1992.

Glatzel, L./Hofmann, O./Frikell, E.: Unwirksame Bauvertragsklauseln nach dem AGB-Gesetz, 6. Auflage, Vögel Verlag, Stamsried 1992.

Graaskamp, J. A.: Fundamentals of Real Estate Development, in: Journal of Property Valuation & Investment, 10. Jg., 1992, S. 620.

Grabow, B./Hollbach-Grömik, B./Henkel, D.: Weiche Standortfaktoren, Schriften des Deutschen Instituts für Urbanistik, Bd. 89, Deutscher Gemeindeverlag, Stuttgart 1995.

Grob, H. L.: Investitionsrechnung mit vollständigen Finanzplänen, Verlag Vahlen, München 1989.

Grosse, P.: Projektfinanzierung aus Bankensicht, in: Backhaus, K./Sandrock, O./Schill, J./Uekermann, H. (Hrsg.): Projektfinanzierung, wirtschaftliche und rechtliche Aspekte einer Finanzierungsmethode für Großprojekte, Schäffer-Poeschel-Verlag, Stuttgart 1990, S. 41–62.

Grosse, P.: Projektfinanzierung aus Bankensicht, in: Wirtschaften heute, Heft 2, 1993, S. 37–41.

Häußermann, H.: Lokale Politik und Zentralstaat, in: Heinelt, H./Wollmann, H.: Brennpunkt Stadt, Stadtpolitik und lokale Politikforschung in den 80er und 90er Jahren, Verlag Birkhäuser, Basel 1991.

Healey, P.: Models of the development process: a review, in: Journal of Property Research, 8. Jg., 1991, S. 219–238.

Honorarordnung für Architekten und Ingenieure: HOAI in der Fassung vom 13. Dezember 1990, BGBl I, S. 2707 (4. Novelle).

Honert, S.: Stadtmarketing und Stadtmanagement, in: Der Städtetag, 6/1991, S. 394–401.

Kemming, H.: Zur Gestaltung von Stadtmarketing – Orientierung für die Praxis, in: Institut für Landes- und Stadtentwicklungsforschung NRW, Stadtmarketing in der Diskussion, Dortmund 1991.

Klaus, G.: Philosophisches Wörterbuch, Berlin 1972.

Klumpp, S.: AGB – Gewährleistungsausschluß für »alte« Neubauten, neue Juristische Wochenzeitschrift 1993.

Kruse, D. T.: Bewertungsproblematik bei Development-Projekten, in: Projektentwicklung am Bau, Seminar Management-Circle am 30. und 31. März 1992 in Frankfurt am Main.

Maisel, S. J.: Real Estate Finance, 2. Auflage, The Dryden Press, Fort Worth 1992.

Mayer, M.: Lokale Politik in der unternehmerischen Stadt, in: Borst, R.: Das neue Gesicht der Städte, Stadtforschung aktuell, Band 29, Verlag Birkhäuser, Basel 1990.

Mayer, M.: Postfordismus und lokaler Staat, in: Heinelt, H./Wollmann, H.: Brennpunkt Stadt, Stadtforschung aktuell, Band 31, Verlag Birkhäuser, Basel 1991.

McNamara, P.: Towards a classification of land developers, in: Urban Law and Policy, 6. Jg., 1983, S. 87–94.

Miles, M. E./Malizia, E. E./Weiss, M. A. u. a.: Real Estate Development, Principles and Process, Urban Land Institute, Washington D. C. 1991.

Müller Consult: Büromarktbericht 1994.

Muncke, G.: Markt- und Standortanalysen für Gewerbeimmobilien, Seminar Projektentwicklung an der ebs IMMOBILIENAKADEMIE vom 3. bis 7. Mai 1993 in Castrop-Rauxel.

Nahlik, W.: Finanzierung von Immobilien-Developments, in: Die Bank, Heft 7, 1993, S. 391–396.

Nevitt, P. K.: Project Financing, 4. Auflage, London 1993.

Opitz, G.: Geschlossene Immobilienfonds, wirtschaftliche, rechtliche und steuerliche Konzeptionen, Rudolf Haufe Verlag, Freiburg im Breisgau 1995.

Palandt, T.: Kommentar zum BGB, 53. Auflage, Verlag C. H. Beck, München 1994.

Petzold, K./Müller, W.-H.: Kommunales Marketing, Wibera Sonderdruck/Nr. 207, 1989.

Pfarr, K.-H.: Grundlagen der Bauwirtschaft, Deutscher Consulting Verlag, Essen 1984.

Pfeiffer, U.: Public Private Partnership, Eingrenzung und Definition, Bonn 1990 (unveröffentlichtes Manuskript).

Phyrr, S. A./Cooper, J. R./Wofford, L. E./Kapplin, S. D./Lapides, P. D.: Real Estate Investment – Strategy, Analysis, Decisions, 2. Auflage, John Wiley Verlag, New York, Cichester u. a. 1989.

Porter, M. E.: Wettbewerbsvorteile (Competitive Advantage), Campus Verlag, Frankfurt am Main 1989.

Rautzenberg, A.: Risiken der Projektentwicklung und deren Minimierung, Diplomarbeit, Bergische Universität GH Wuppertal (Prof. Dr.-Ing. Diederichs), September 1993.

Real Estate Norm, in: Real Estate Norm Netherlands Foundation, Real Estate Norm, 2. Auflage, Nieuwegen 1992.

Relles, M.: Finanzierung im Grenzbereich zwischen Projektfinanzierung und öffentlicher Finanzierung am Beispiel von Müllverbrennungsanlagen, in: Backhaus, K./Sandrock, O./Schill, J./Uekermann, H. (Hrsg.): Projektfinanzierung, Wirtschaftliche und rechtliche Aspekte einer Finanzierungsmethode für Großprojekte, Schäffer-Poeschel Verlag, Stuttgart 1990, S. 101–111.

Rieger, H.: Juristische Aspekte der Projektfinanzierung, in: Backhaus, K./Sandrock, O./Schill, J./Uekermann, H. (Hrsg.): Projektfinanzierung, wirtschaftliche und rechtliche Aspekte einer Finanzierungsmethode für Großprojekte, Schäffer-Poeschel Verlag, Stuttgart 1990, S. 63–75.

Schlag, A.: Innovative Formen der Kapitalanlage in Immobilien, Möglichkeiten und Perspektiven der Beteiligung privater Anleger an Grundstücksvermögen, Wissenschaftsverlag Vauk, Kiel 1995.

Schmitt, W.: Internationale Projektfinanzierung bei deutschen Banken, Fritz Knapp Verlag, Frankfurt am Main 1989.

Schulte, K.-W.: Betriebliche Finanz- und Investitionsplanung, in: DSWR-Sonderheft, 1991.

Schulte, K.-W.: Wirtschaftlichkeitsrechnung, 4. Auflage, Physica Verlag, Heidelberg 1986.

Schulte-Althoff, M.: Projektfinanzierung, Lit Verlag, Münster 1992.

Sirmans, C. F.: Real Estate Finance, 2. Auflage, McGraw-Hill Verlag, New York 1989.

Steiner, C.: Immobilienfinanzierung in den Ländern der Europäischen Gemeinschaft, Fritz Knapp Verlag, Frankfurt am Main 1990.

Sutz, R.: Projektfinanzierung im internationalen Bankengeschäft, in: Büschgen, H. E./Richolt, K. (Hrsg.): Handbuch des internationalen Bankgeschäfts, Gabler Verlag, Wiesbaden 1989, S. 211–240.

Tacke, H. R.: Leasing, 2. Auflage, Schäffer-Poeschel Verlag, Stuttgart 1993.

Ueckermann, H.: Technik der internationalen Projektfinanzierung, in: Backhaus, K./Sandrock, O./Schill, J./Uekermann, H. (Hrsg.): Projektfinanzierung, wirtschaftliche und rechtliche Aspekte einer Finanzierungsmethode für Großprojekte, Schäffer-Poeschel Verlag, Stuttgart 1990, S. 13–28.

Stichwortverzeichnis